UTB 2441

Eine Arbeitsgemeinschaft der Verlage

Böhlau Verlag · Köln · Weimar · Wien
Verlag Barbara Budrich · Opladen · Farmington Hills
facultas.wuv · Wien
Wilhelm Fink · München
A. Francke Verlag · Tübingen und Basel
Haupt Verlag · Bern · Stuttgart · Wien
Julius Klinkhardt Verlagsbuchhandlung · Bad Heilbrunn
Lucius & Lucius Verlagsgesellschaft · Stuttgart
Mohr Siebeck · Tübingen
Nomos Verlagsgesellschaft · Baden-Baden
Orell Füssli Verlag · Zürich
Ernst Reinhardt Verlag · München · Basel
Ferdinand Schöningh · Paderborn · München · Wien · Zürich
Eugen Ulmer Verlag · Stuttgart
UVK Verlagsgesellschaft · Konstanz
Vandenhoeck & Ruprecht · Göttingen · Oakville
vdf Hochschulverlag AG an der ETH Zürich

Ulrich Eisenhardt

Einführung in das Bürgerliche Recht

Ein Studien- und Übungsbuch

6., überarbeitete Auflage 2011

facultas.wuv

Ulrich Eisenhardt, Jahrgang 1937, Studium der Rechtswissenschaft in Göttingen und Bonn, Promotion 1964 in Bonn. Habilitation in Bonn 1970 für Deutsche Rechtsgeschichte, Verfassungsgeschichte der Neuzeit, Bürgerliches Recht und Handelsrecht. Wissenschaftlicher Rat und Professor Bonn 1972; o. Professor 1975 Fernuniversität Hagen. Verleihung der Ehrendoktorwürde durch die Panteion-Universität in Athen 2006.Veröffentlichungen u.a.: Die kaiserliche Aufsicht über Buchdruck, Buchhandel und Presse im Heiligen Römischen Reich Deutscher Nation (1496–1806). Ein Beitrag zur Geschichte der Bücher- und Pressezensur, 1970; Gesellschaftsrecht (Lehrbuch), 14. Aufl. 2009; Kapitalanlegerschutz und Schadensersatz nach geltendem Recht, 1978; Die kaiserlichen privilegia de non appellando (in Zusammenarbeit mit E. Markert), 1980; Deutsche Rechtsgeschichte (Lehrbuch), 5. Aufl. 2008; 100 Jahre BGB. Zur Offenheit und Leistungsfähigkeit des deutschen Zivilrechts, in: Jur. Zeitgesch., Kleine Reihe Bd. 1, 2001, S. 3 ff.

Bibliografische Information Der Deutschen Nationalbibliothek

Die Deutsche Nationalbibliothek verzeichnet diese Publikation in der Deutschen Nationalbibliografie; detaillierte bibliografische Daten sind im Internet über http://dnb.d-nb.de abrufbar.

Alle Angaben in diesem Fachbuch erfolgen trotz sorgfältiger Bearbeitung ohne Gewähr, eine Haftung des Autors oder des Verlages ist ausgeschlossen.

Vorwort zur 6. Auflage

Die „Einführung in das Bürgerliche Recht" ist als Studienbuch für Studierende der Rechtswissenschaft gedacht, die sich in der Anfangsphase des Studiums in den Stoff der ersten drei Bücher des BGB einarbeiten müssen. Es wendet sich darüber hinaus auch an Studierende der Wirtschaftswissenschaft, die sich mit dem Bürgerlichen Recht zu befassen haben.

Nach dem didaktischen Konzept des Buches sollen die Studierenden möglichst rasch in das System des bürgerlichen Rechts eingeführt werden und das notwendige Rüstzeug erhalten, um mit dem Gesetzestext selbständig arbeiten, d. h. Lösungen für juristische Probleme finden zu können. Dafür ist es unerlässlich, dass sie sich rasch die Methodik der Fallbearbeitung aneignen. Das Buch enthält deshalb eine Anleitung zur Anfertigung juristischer Gutachten und im Text eine Vielzahl von Übungsfällen (Selbsttestaufgaben), die gelöst werden sollen. Die von ihnen erarbeitete Lösung können die Studierenden mit einer am Schluss des Buches angebotenen Lösung vergleichen.

Für die 6. Auflage dieses Buches waren wiederum viele Ergänzungen und Überarbeitungen notwendig.

Hagen, im August 2010   *Ulrich Eisenhardt*

V

Inhaltsverzeichnis

Verzeichnis der geläufigsten Abkürzungen

a. A.	anderer Ansicht
Abl. EG	Amtsblatt der Europäischen Gemeinschaften
AcP	Archiv für civilistische Praxis (Band, Jahr, Seite)
AG	Aktiengesellschaft
AGB	Allgemeine Geschäftsbedingungen
Alt.	Alternative
Anh.	Anhang
Anm.	Anmerkung
Art.	Artikel
AT	Allgemeiner Teil
Aufl.	Auflage
BAG	Bundesarbeitsgericht
BayObLG	Bayerisches Oberstes Landesgericht
BB	Der Betriebsberater (Jahr, Seite)
Bd.	Band
BGB	Bürgerliches Gesetzbuch
BGB-InfoV	BGB-Informationspflichtenverordnung
BGH	Bundesgerichtshof
BGHZ	Entscheidungen des Bundesgerichtshofs in Zivilsachen (Band, Seite)
Bl	Blatt für Patent-, Muster- und Zeichenwesen
BPatG	Bundespatentgericht
BPatGE	Entscheidungen des Bundespatentgerichts
BT-Drucks.	Bundestags-Drucksache (Wahlperiode/Drucksachennummer)
Buchst.	Buchstabe
BVerfG	Bundesverfassungsgericht
BVerfGE	Entscheidungen des Bundesverfassungsgerichts (Band, Seite)
DB	Der Betrieb (Jahr, Seite)
DNotZ	Deutsche Notar-Zeitschrift (Jahr, Seite)
DPMA	Deutsches Patent- und Markenamt (vor 1998 Deutsches Patentamt [DPA])
DStR	Deutsches Steuerrecht (Jahr, Seite)
EG	Europäische Gemeinschaft; im Zshg. mit Artikeln: EG-Vertrag
EPÜ	Europäisches Patentübereinkommen
FamRZ	Zeitschrift für das gesamte Familienrecht (Jahr, Seite)
FernAbsG	Fernabsatzgesetz
GBO	Grundbuchordnung
GG	Grundgesetz für die Bundesrepublik Deutschland
GmbH	Gesellschaft mit beschränkter Haftung

GmbHG	Gesetz betreffend die Gesellschaften mit beschränkter Haftung
GoA	Geschäftsführung ohne Auftrag
GRUR	Gewerblicher Rechtsschutz und Urheberrecht (Jahr, Seite)
GVG	Gerichtsverfassungsgesetz
GWB	Gesetz gegen Wettbewerbsbeschränkungen
Halbbd.	Halbband
HGB	Handelsgesetzbuch
i. S.	im Sinne
InsO	Insolvenzordnung
i. V. m.	in Verbindung mit
JA	Juristische Arbeitsblätter (Jahr, Seite)
JR	Juristische Rundschau (Jahr, Seite)
Jura	Juristische Ausbildung (Jahr, Seite)
JuS	Juristische Schulung (Jahr, Seite)
JW	Juristische Wochenschrift (Jahr, Seite)
JZ	Juristenzeitung (Jahr, Seite)
KG	Kammergericht, Kommanditgesellschaft
KO	Konkursordnung
LG	Landgericht
LM	Lindenmaier-Möhring, Nachschlagewerk des BGH (Paragraph, Nr.)
LZ	Leipziger Zeitschrift für Deutsches Recht (Jahr, Seite)
MDR	Monatsschrift für Deutsches Recht (Jahr, Seite)
Mitt.	Mitteilungen der deutschen Patentanwälte (Jahr, Seite)
MMR	MultiMedia und Recht (Jahr, Seite)
m. w. H.	mit weiteren Hinweisen
Nachw.	Nachweise(n)
NJW	Neue Juristische Wochenschrift (Jahr, Seite)
NJW-RR	NJW-Rechtsprechungs-Report Zivilrecht (Jahr, Seite)
Nr.	Nummer
NZM	Neue Zeitschrift für Mietrecht (Jahr, Seite)
NZV	Neue Zeitschrift für Verkehrsrecht (Jahr, Seite)
o. a.	oben angegeben
OLG	Oberlandesgericht
OLGE	Die Rechtsprechung der Oberlandesgerichte auf dem Gebiete des Zivilrechts (Band, Seite)
PatG	Patentgesetz
ProdHaftG	Produkthaftungsgesetz
Rdnr.	Randnummer

Recht	Das Recht (Jahr, Nr. der Entscheidung)
RG	Reichsgericht
RGZ	Entscheidungen des Reichsgerichts in Zivilsachen (Band, Seite)
RPA	Reichspatentamt
StGB	Strafgesetzbuch
TKG	Telekommunikationsgesetz
UWG	Gesetz gegen den unlauteren Wettbewerb
VerbrKrG	Gesetz über Verbraucherkredite
VersR	Versicherungsrecht (Jahr, Seite)
VOB	Vergabe- und Vertragsordnung für Bauleistungen
Vorbem.	Vorbemerkung
VwGO	Verwaltungsgerichtsordnung
WM	Wertpapier-Mitteilungen (Jahr, Seite)
WRP	Wettbewerb in Recht und Praxis (Jahr, Seite)
ZGS	Zeitschrift für das gesamte Schuldrecht (Jahr, Seite)
ZIP	Zeitschrift für Wirtschaftsrecht und Insolvenzpraxis (Jahr, Seite)
ZPO	Zivilprozessordnung
ZRP	Zeitschrift für Rechtspolitik (Jahr, Seite)
ZVG	Gesetz über die Zwangsversteigerung und die Zwangsverwaltung

Schrifttumsverzeichnis

Anwaltkommentar BGB. Bd. 2: Schuldrecht, Teilband 1: §§ 241–610 (Hrsg.: Dauner-Lieb/Lange), 2005

Baur/Stürner, Lehrbuch des Sachenrechts, 18. Aufl. 2007

Brox, Allgemeiner Teil des Bürgerlichen Gesetzbuchs, 31. Aufl. 2007

Brox/Walker, Allgemeines Schuldrecht, 34. Aufl. 2010

Brox/Walker, Besonderes Schuldrecht, 34. Aufl. 2010

Bülow, Recht der Kreditsicherheiten, 7. Aufl. 2006

Dauner-Lieb u. a., Fälle zum Neuen Schuldrecht, 2002

Eisenhardt, Gesellschaftsrecht, 14. Aufl. 2009

Erman, Handkommentar zum Bürgerlichen Gesetzbuch, Band 2 (§§ 812–2385), 11. Aufl. 2008

Flume, Allgemeiner Teil des Bürgerlichen Rechts, Bd. 2: Das Rechtsgeschäft, 4. Aufl. 1992

Gebauer/Wiedmann (Hrsg.), Zivilrecht unter europäischem Einfluss, 2004

Haas u. a., Das neue Schuldrecht, 2002

Huber/Faust, Schuldrechtsmodernisierung. Einführung in das neue Recht, 2002

Jauernig, Kommentar zum Bürgerlichen Gesetzbuch, 13. Aufl. 2009

Koller/Roth/Morck, Handelsgesetzbuch, Kommentar, 6. Aufl. 2007

Larenz/Wolf, Allgemeiner Teil des deutschen Bürgerlichen Rechts, 9. Aufl. 2004

Lwowski, Das Recht der Kreditsicherung, 8. Aufl. 2000

Medicus, Allgemeiner Teil des BGB, 9. Aufl. 2006

Medicus, Schuldrecht I, Allgemeiner Teil, 17. Aufl. 2006

Medicus, Schuldrecht II, Besonderer Teil, 14. Aufl. 2007

Münchener Kommentar zum Bürgerlichen Gesetzbuch,
    Bd. 1: Allgemeiner Teil (§§ 1–240), 5. Aufl. 2006
    Bd. 2: Schuldrecht Allgemeiner Teil (§§ 241–432), 5. Aufl. 2007
    Bd. 3: Schuldrecht, Besonderer Teil I (§§ 433 610, Finanzierungsleasing, CISG), 5. Aufl. 2007
    Bd. 5: Schuldrecht – Besonderer Teil III (§§ 705–853), 5. Aufl. 2009
    Bd. 6: Sachenrecht (§§ 854–1296), 5. Aufl. 2009

Palandt, Kommentar zum Bürgerlichen Gesetzbuch, 69. Aufl. 2010

Prütting/Wegen/Weinreich (Hrsg.), BGB-Kommentar, 5. Aufl. 2010
    (zit.: PWW/Bearbeiter)

Rehbinder, Einführung in die Rechtswissenschaft, 8. Aufl. 1995

Rüthers/Stadler, Der allgemeine Teil des BGB, 16. Aufl. 2009

Schapp/Schur, Sachenrecht, 4. Aufl. 2010

Soergel/Siebert, Kommentar zum Bürgerlichen Gesetzbuch mit Einführungsgesetz und Nebengesetzen,
    Bd. 1: Allgemeiner Teil I (§§ 1–103); 13. Aufl. 2000
    Bd. 2: Allgemeiner Teil II (§§ 104–240), 13. Aufl. 1999
    Bd. 14: Sachenrecht 1 (§§ 854–984), 13. Aufl. 2002

Staudinger, v., Kommentar zum Bürgerlichen Gesetzbuch,
§§ 90–133, Neubearbeitung 2004
§§ 134–163, Neubearbeitung 2003;
§§ 164–240, Neubearbeitung 2004
§§ 255–304, Neubearbeitung 2004
§§ 315–327, Neubearbeitung 2001
§§ 362–396, Neubearbeitung 2000
§§ 433–487, Leasing, 14. Aufl. 2004
Stoffels, AGB-Recht, 2. Aufl. 2009
Wolf, Sachenrecht, 25. Aufl. 2010

§ 1 Das bürgerliche Recht im System des deutschen Rechts

Schrifttum: *Basedow*, Grundlagen des europäischen Privatrechts, JuS 2004, 89; *Eisenhardt*, 100 Jahre BGB. Zur Offenheit und Leistungsfähigkeit des deutschen Zivilrechts, in: Jur. Zeitgesch., Kleine Reihe Bd. 1, 2001, S. 3 ff.; *Stürner, R.,* Der hundertste Geburtstag des BGB – nationale Kodifikation im Greisenalter?, JZ 1996, 741 ff.

I. Einleitung

Das **Privatrecht** ist nur **ein Teil** der Gesamtrechtsordnung in der Bundesrepublik Deutschland. Seiner Idee nach ist es derjenige Teil der Rechtsordnung, der die Beziehungen der Personen zueinander auf der Grundlage ihrer Gleichberechtigung und Selbstbestimmung regelt[1]. Das Privatrecht bestimmt deshalb u. a. darüber, in welchem Verhältnis die im Staat lebenden Menschen und die privatrechtlich organisierten Gruppen – wie z. B. Sportvereine und Aktiengesellschaften – zueinander stehen. Das geschieht überwiegend durch die Zuweisung von Rechten und Pflichten.

> **Beispiel:** Gemäß § 903 kann der Eigentümer einer Sache, „soweit nicht das Gesetz oder Rechte Dritter entgegenstehen, mit der Sache nach Belieben verfahren und andere von jeder Einwirkung ausschließen". § 903 weist dem Eigentümer einer Sache Rechte zu.

> **Beispiel:** Gemäß § 242 ist der Schuldner „verpflichtet, die Leistung so zu bewirken, wie Treu und Glauben mit Rücksicht auf die Verkehrssitte es erfordern". § 242 weist dem Schuldner diese genannten Pflichten zu.

Zum Privatrecht gehören z. B. das bürgerliche Recht, das Handelsrecht, das Gesellschaftsrecht, Teile des Wettbewerbsrechts und Teile des Arbeitsrechts.

Die ihm zugewiesenen Rechte kann jeder Inhaber, wenn das notwendig ist, mithilfe der Gerichte zwangsweise durchsetzen.

Privatrechtliche Normen regeln demnach überwiegend,
- was eine Person im Verhältnis zu einer anderen oder mehreren anderen Personen unter bestimmten Voraussetzungen tun darf oder tun muss
- und was eine Person von einer anderen verlangen kann.

Das Privatrecht ist zusammen mit dem öffentlichen Recht Bestandteil einer **einheitlichen Rechtsordnung in der Bundesrepublik Deutschland.**

1

2

---

1 Vgl. *Larenz/Wolf*, AT, § 1 Rdnr. 1; *Palandt-Sprau*, Einl. Rdnr. 2.

Im Gegensatz zum Privatrecht regeln die Vorschriften des **öffentlichen Rechts** überwiegend:
- die Rechtsverhältnisse des Staates und der sonstigen öffentlich-rechtlichen Körperschaften zueinander und zu den Bürgern;
- die Organisation des Staates und der sonstigen öffentlich-rechtlichen Körperschaften.

Zum öffentlichen Recht gehören vor allem das Verfassungsrecht und das Verwaltungsrecht mit seinen vielfachen Verzweigungen im Besonderen Verwaltungsrecht (z. B. Schulrecht, Gewerberecht, Baurecht etc.), das Strafrecht und das Verfahrensrecht.

3 Wenn auch in der Regel zwischen Privatrecht einerseits und öffentlichem Recht andererseits unterschieden werden muss[2], so ist doch stets zu beachten, dass es sich um Teile einer einheitlichen Rechtsordnung handelt. Das führt dazu, dass in Konfliktfällen ähnliche Lebenssachverhalte nach privatrechtlichen Grundsätzen einerseits und öffentlichem Recht andererseits nicht grundverschieden behandelt werden. Beide Rechtsgebiete sind eng miteinander verbunden.

Das Privatrecht ist das ältere, reichere und in mancher Hinsicht reifer ausgeprägte Rechtsgebiet. Deshalb sind auch manche Grundsätze des Privatrechts in das öffentliche Recht übernommen worden[3]. So werden z. B. einige gesetzliche Bestimmungen des Privatrechts im öffentlichen Recht entsprechend angewandt.

> **Beispiel:** Das im BGB verankerte Gebot von Treu und Glauben (§ 242), das das gesamte Privatrecht beherrscht, findet weitgehend auch im öffentlichen Recht Anwendung.

Die dadurch bedingte enge Verflechtung zwischen Privatrecht und öffentlichem Recht sowie auch die eigenständige Entwicklung des öffentlichen Rechts in den letzten Jahrzehnten machen eine genaue Abgrenzung zwischen beiden Rechtsmaterien immer schwieriger.

4 Die Unterscheidung des Privatrechts vom öffentlichen Recht hat praktische Bedeutung für die Wahl des Rechtsweges. So gehören nach § 13 GVG alle bürgerlichen – gemeint sind die privatrechtlichen – Streitigkeiten vor die ordentlichen Gerichte. Dagegen bestimmt § 40 Abs. 1 VwGO für öffentlich-rechtliche Streitigkeiten regelmäßig (soweit nicht Verfassungsgerichte oder besondere Verwaltungsgerichte zuständig sind) die Zuständigkeit der allgemeinen Verwaltungsgerichte.

> **Beispiel:** Zuständig für den Streit über die Höhe des Kaufpreises für ein Grundstück in Höhe von 75 000,– € ist die ordentliche Gerichtsbarkeit – hier das Landgericht in erster Instanz. Zuständig für den Streit über die Erteilung einer Baugenehmigung für ebendieses Grundstück ist in erster Instanz das Verwaltungsgericht.

---

2 Zu den Abgrenzungstheorien und deren heutiger Bedeutung siehe *Larenz/Wolf*, § 1 Rdnr. 18–30.

3 Vgl. dazu *Rehbinder*, § 34 I.

II. Das bürgerliche Recht als Kern des deutschen Privatrechts

1. Der Begriff des bürgerlichen Rechts

Der Kern des deutschen Privatrechts ist im Bürgerlichen Gesetzbuch geregelt.   **5**
Man kann das **bürgerliche Recht** als denjenigen Teil des Privatrechts bezeichnen, dessen Rechtssätze im Bürgerlichen Gesetzbuch zusammengefasst sind und für alle Bürger gelten[4]. Das bürgerliche Recht hat diejenigen Rechtsverhältnisse zum Gegenstand, in denen grundsätzlich jeder Bürger stehen kann.

Alle anderen Gebiete des Privatrechts schließen an die im Bürgerlichen Gesetzbuch enthaltenen Grundregeln an. So gelten z. B. die allgemeinen Regeln des BGB über den Abschluss von Verträgen, die Geschäftsfähigkeit und die Verjährung für das Recht der Handelsgesellschaften ebenso wie für das Wertpapierrecht. Die bürgerlich-rechtlichen Vorschriften über den Abschluss von Verträgen haben z. B. auch für das Handelsrecht und das Arbeitsrecht Gültigkeit. Wer sich mit Spezialgebieten des Privatrechts befassen will, kommt deshalb nicht umhin, sich zunächst mit den Grundzügen des bürgerlichen Rechts zu befassen. In anderen privatrechtlichen Gesetzen, wie z. B. im HGB, werden für bestimmte Bereiche ergänzende, zuweilen auch abändernde Regelungen getroffen.

Neben dem im BGB enthaltenen bürgerlichen Recht werden zum Privatrecht u. a. gezählt: das Urheberrecht, das Versicherungsrecht, das Landwirtschaftsrecht, Teile des Arbeitsrechts, das Handelsrecht, das Gesellschaftsrecht, das Wertpapierrecht und Teile des Wirtschaftsrechts.

2. Überblick über den Inhalt der fünf Bücher des BGB

Das BGB ist in fünf Bücher gegliedert: den Allgemeinen Teil, das Recht der Schuld-   **6**
verhältnisse, das Sachenrecht, das Familienrecht und das Erbrecht.

Mit Wirkung vom 1. Januar 2002 ist ein wesentlich verändertes BGB in Kraft getreten. Die Änderungen betreffen insbesondere das Schuldrecht.

Das **erste Buch des BGB, der Allgemeine Teil**, enthält diejenigen Regelungen, die für alle anderen Teile des Bürgerlichen Gesetzbuches (2.–5. Buch) und darüber hinaus für das gesamte Privatrecht gelten sollen. Der Allgemeine Teil enthält Regelungen über die Rechtspersonen, über die Rechtsgeschäfts- und Vertragslehre und die Ausübung der Rechte. In ihm sind allgemeine Regeln über die Nichtigkeit und die Vernichtbarkeit von Rechtsgeschäften enthalten.

Das **zweite Buch des BGB** enthält Bestimmungen über **das Recht der Schuldverhältnisse**. Aufgrund eines Schuldverhältnisses kann eine Person von einer anderen Person ein Tun oder Unterlassen verlangen (§ 241 Abs. 1). In der Regel sind an einem Schuldverhältnis nur zwei Personen beteiligt (Beispiel: Ein zwischen

---

4 Vgl. dazu *Rüthers/Stadler*, § 1 Rdnr. 2.

Verkäufer und Käufer abgeschlossener Kaufvertrag). Es können jedoch auch mehrere sein (Beispiel: eine aus fünf Anwälten bestehende BGB-Gesellschaft). Die aus dem Schuldverhältnis erwachsenden Rechte und Pflichten berechtigen und verpflichten in der Regel nur die an dem Schuldverhältnis beteiligten Personen. Ein Schuldverhältnis kann durch den Abschluss eines Vertrages, aber auch kraft Gesetzes entstehen. Seit dem 1. Januar 2002 enthält das BGB ein verstärktes Verbraucherschutzrecht.

Der **Allgemeine Teil des Schuldrechts** enthält Regelungen, die grundsätzlich für alle Schuldverhältnisse Anwendung finden sollen, z. B. Regelungen über Pflichtverletzungen (Leistungsstörungen bei Schuldverhältnissen), Vertragsstrafen, den Rücktritt vom Vertrag, die Erfüllung und die Aufrechnung.

7 Im **Besonderen Teil des Schuldrechts** sind Vorschriften über die meisten Vertragstypen enthalten, die täglich geschlossen und vollzogen werden. Dazu gehören: der Kauf, die Miete, die Pacht, das Darlehen, die Geschäftsbesorgung, der Dienstvertrag und der Werkvertrag sowie Maklervertrag, Verwahrung und Schenkung. Die Vorschriften über den Kaufvertrag, den Werkvertrag und das Darlehen sind durch die Reform des BGB maßgeblich geändert worden. Das Besondere Schuldrecht enthält auch ausführliche Regelungen über wichtige gesetzliche Schuldverhältnisse, wie z. B. unerlaubte Handlungen (Schadensersatzrecht), Geschäftsführung ohne Auftrag und die ungerechtfertigte Bereicherung.

Im **dritten Buch des BGB** ist das **Sachenrecht** geregelt. Das BGB unterscheidet zwischen unbeweglichen Sachen einerseits und beweglichen Sachen andererseits. Unbewegliche Sachen sind Grundstücke mit ihren wesentlichen Bestandteilen. Alle anderen Sachen sind bewegliche Sachen. Das wichtigste und umfassendste Sachenrecht ist das Eigentum. Sachenrechte sind aber auch Nutzungsrechte, wie z. B. der Nießbrauch, oder Sicherungsrechte, wie z. B. die Pfandrechte an beweglichen Sachen und Grundstücken (Letztere nennt man Grundpfandrechte; zu ihnen gehören Hypothek und Grundschuld). Sachenrechte wirken absolut, d. h. sie wirken gegenüber jedermann. Das Sachenrecht enthält Regelungen über die Übertragung des Eigentums an beweglichen und unbeweglichen Sachen, die Belastung des Eigentums mit Pfandrechten und den Besitz an Sachen.

8 Das **Familienrecht (viertes Buch des BGB)** umfasst im Wesentlichen die wichtigsten Teile des Eherechts, das Kindschafts- und Verwandtschaftsrecht und das Vormundschaftsrecht. Seit der Verabschiedung des BGB im Jahre 1896 und seinem Inkrafttreten am 1. 1. 1900 hat das Familienrecht fundamentale Wandlungen durchlaufen. Der Grund dafür ist darin zu sehen, dass das Familienrecht in stärkerem Maße als andere Rechtsgebiete von der jeweiligen gesellschaftlichen Ordnung abhängig ist.

Der Gesetzgeber hat das **Erbrecht im fünften Buch des BGB** besonders ausführlich geregelt. Grundsätzlich hat der Erblasser Testierfreiheit, d. h. er kann seine Erben durch letztwillige Verfügung frei bestimmen. Wenn er kein oder nur ein ungültiges Testament hinterlässt, tritt ersatzweise die gesetzlich vorgesehene Erbfolge ein. Im BGB ist die **Familienerbfolge** als die gesetzliche Erbfolge verankert. Sie steht mit der Testierfreiheit in einem Spannungsverhältnis. Die Testierfreiheit gilt deshalb nicht unbeschränkt. Sie ist begrenzt durch das den nächsten Angehörigen des Erblassers zustehende Pflichtteilsrecht am Nachlass. Es wird damit den berechtigten Interessen der engsten Familienmitglieder an einer Teilhabe am Erblasservermögen Rechnung getragen. Das Erbrecht zählt ebenso wie die Eigentumsgarantie zu den klassischen „liberalen Freiheitsrechten". Das Grundgesetz gewährleistet in Art. 14 Abs. 1 Satz 1 ausdrücklich neben dem Eigentum auch das Erbrecht. Das Privateigentum einer Person ist damit über ihren Tod hinaus gesichert.

III. Die Europäisierung des deutschen Privatrechts

Vom Ende des Mittelalters bis zur Französischen Revolution hatten die Juristen in den mittleren und westlichen Ländern Europas ein allgemeines Verständnis vom **ius commune** entwickelt. Dieses **ius commune** war aus dem römisch-kanonischen Recht entstanden und galt als Gemeines Recht als subsidiäre Rechtsquelle und zur Ergänzung nationaler Normen und Gewohnheiten. Erst vom 18. Jahrhundert an begann dieses Modell des **ius commune** einem auf das nationale Recht beschränkten Rechtssystem zu weichen. Seit der Französischen Revolution galt das Privatrecht als tief national verwurzelt, ja als ein Kernbestandteil des nationalen Kulturerbes. Im 19. Jahrhundert und auch noch weit in das 20. Jahrhundert hinein war es einhellige Ansicht, dass das nationale Recht von nationalen Wertentscheidungen geprägt ist, die fest verwurzelte nationale Grundsätze zum Ausdruck bringen.[5]   **9**

Das hat sich mit der **Gründung der Europäischen Gemeinschaft, jetzt Europäische Union,** und ihrem Ziel der Harmonisierung des Rechts in wesentlichen Teilen entscheidend geändert. Der Vertrag von Lissabon (Dezember 2007) sieht vor, dass die **Europäische Union** als Rechtsnachfolgerin an die Stelle der bisherigen und damit aufgelösten Europäischen Gemeinschaft tritt. Die Grundstruktur des EG-Vertrages ist zwar im Wesentlichen erhalten geblieben. Der Vertrag selbst ist allerdings umbenannt worden in **Vertrag über die Arbeitsweise der Europäischen Union (= AEU-Vertrag).**

Wichtige Zielbeschreibungen zur Rechtsvereinheitlichung sind bereits im **primären** Gemeinschaftsrecht, den konstituierenden Verträgen, festgeschrieben, nämlich: **10**
– die Herstellung eines gemeinsamen Marktes bzw. Binnenmarktes (Art. 114 AEU-Vertrag)
– und die grundlegenden Gewährleistungen, insbesondere in Gestalt der Grundfreiheiten und der Diskriminierungsverbote (insbesondere Art. 18 AEU-Vertrag).

---

5   Vgl. zu alledem *Basedow*, Jus 2004, 89 ff.

Hinzu tritt das von den Gemeinschaftsorganen erlassene **Sekundärrecht.** Es gehört zu den Aufgaben der Europäischen Gemeinschaft, auf die Rechtsangleichung der innerstaatlichen Rechtsvorschriften hinzuwirken, soweit dies für das Funktionieren des Binnenmarktes und die Gewährleistung eines hohen Verbraucherschutzniveaus erforderlich ist.

Das deutsche Privatrecht ist in den letzten Jahrzehnten in zunehmendem Maße durch die vielfältigen und in ihrer Gesamtheit nur mit Mühe zu überblickenden Aktivitäten der Europäischen Gemeinschaft beeinflusst worden. Hinzu treten völkerrechtliche Vereinbarungen innerhalb und außerhalb des Rahmens der Europäischen Gemeinschaft, das sogenannte „Konventionsprivatrecht".

11 Das Vertragsrecht als Kernstück der Privatrechtsordnung sieht sich erst seit Ende der Achtzigerjahre durch den Erlass entsprechender Richtlinien einem verstärkten Harmonisierungsdruck ausgesetzt.

Richtlinien sind im Gegensatz zu Verordnungen, die unmittelbar in jedem Mitgliedstaat gelten, für die Mitgliedstaaten nur hinsichtlich des zu erreichenden Ziels verbindlich und überlassen den innerstaatlichen Stellen die Wahl der Form und der Mittel der Umsetzung.

12 Die Europäisierung des Privatrechts erfolgt nicht nur durch primäres und sekundäres Gemeinschaftsrecht und die Umsetzung des Letzteren in nationales Recht. Eine bedeutsame Rolle im Rechtsangleichungsprozess auf europäischer Ebene spielt schließlich auch der **Europäische Gerichtshof.** Durch die Auslegung und Fortbildung des gemeinschaftsrechtlichen Normenbestandes nehmen die von den Gemeinschaftsorganen erlassenen Rechtsakte oftmals erst durch die Rechtsprechungstätigkeit des **Europäischen Gerichtshofs** konkrete, die einzelnen Privatrechtsordnungen unmittelbar berührende Gestalt an. Als Beispiel seien die vielen vom EuGH entschiedenen Fälle zur Niederlassungsfreiheit genannt. Dabei geht es u. a. um die Nichtdiskriminierung von Gesellschaften aus anderen Mitgliedsstaaten der EU und die Herstellung der rechtlichen Möglichkeiten für grenzüberschreitende Tätigkeiten durch Agenturen, Zweigniederlassungen und Tochtergesellschaften.

13 Als wichtigste Antriebsfeder für die Rechtsvereinheitlichung im Vertragsrecht hat sich ohne Zweifel der Gesichtspunkt des **Verbraucherschutzes** (Art. 169 AEU-Vertrag) erwiesen. So ist nicht zuletzt aufgrund der europäischen Vorgaben ein verstärkter Schutz des Verbrauchers im BGB verankert worden.

Aber nicht nur das Vertragsrecht, auch andere Teile des bürgerlichen Rechts, wie etwa das **Deliktsrecht,** sind durch europäisches Richtlinienrecht beeinflusst worden. Hier ist vor allem die Richtlinie 85/374/EWG des Rates vom 25. 7. 1985 zur Angleichung der Rechts- und Verwaltungsvorschriften der Mitgliedstaaten über die Haftung für fehlerhafte Produkte, ABl. EG Nr. L 210, zu nennen, die zum Erlass des deutschen Produkthaftungsgesetzes geführt hat.

14 Noch stärker sind einzelne Bereiche des Sonderprivatrechts von der fortschreitenden Europäisierung betroffen. Stellvertretend seien hier das **Gesellschaftsrecht** und

das **Arbeitsrecht** genannt. Beide Gebiete sind mittlerweile in ganz erheblichem Maße gemeinschaftsrechtlich determiniert. Nahezu alle wichtigen Gesetzgebungsinitiativen, die in letzter Zeit auf diesen Gebieten zu verzeichnen gewesen sind, waren durch entsprechende Vorgaben des Gemeinschaftsrechts veranlasst.

Schon diese erste – ganz rudimentäre und unvollständige – Befassung mit den Vorgaben des europäischen Gemeinschaftsrechts zeigt, dass die deutsche Privatrechtsordnung schon heute nicht mehr aus sich selbst heraus verständlich ist, sondern zunehmend europäische Rechtssetzungsakte mitberücksichtigt werden müssen. Bedenkt man zudem, dass dem europäischen Gemeinschaftsrecht, sowohl dem primären als auch dem sekundären, von der ganz herrschenden Meinung ein Anwendungsvorrang gegenüber dem nationalen Recht eingeräumt wird, so kann die Brisanz dieser Entwicklung kaum hoch genug eingestuft werden.

Festzuhalten ist, dass die Bemühungen der EG, das Privatrecht in den Mitgliedsstaaten zu harmonisieren, auch in Deutschland zu erheblichen praktischen Auswirkungen geführt haben. Man kann von einer Europäisierung des Privatrechts sprechen, die das deutsche bürgerliche Recht verändert hat.

§ 2 Grundprinzipien des deutschen Privatrechts

Schrifttum: *Berg,* Entwicklung und Grundstrukturen der Eigentumsgarantie, JuS 2005, 961; *Busche,* Privatautonomie und Kontrahierungszwang, 1999; *Bydlinski,* Kontrahierungszwang und Anwendung des allgemeinen Zivilrechts, JZ 1980, 378; *Gaier/Wendtlandt,* Allgemeines Gleichbehandlungsgesetz. Eine Einführung in das Zivilrecht, 2006; *Hönn,* Zur Problematik der Privatautonomie, Jura 1984, 57; *Maier-Reimer,* Das Allgemeine Gleichbehandlungsgesetz im Zivilrechtsverkehr, NJW 2006, 2577; *Olzen,* Die geschichtliche Entwicklung des zivilrechtlichen Eigentumsbegriffs, JuS 1984, 328; *Paulus/Zenker,* Grenzen der Privatautonomie, JuS 2001, 1; *Wackerbarth,* Die Vermeidung einer ungerechtfertigten Inanspruchnahme aus dem AGG, ZIP 2007, 453.

Das deutsche Privatrecht wird von einer Reihe von Grundprinzipien wesentlich 15 geprägt. Wenn man das Privatrecht als denjenigen Teil der Rechtsordnung charakterisiert, der die Beziehungen der einzelnen Bürger zueinander auf der Grundlage ihrer Gleichberechtigung und ihrer Selbstbestimmung regelt, so sind damit schon zwei der wesentlichen Grundprinzipien angesprochen, nämlich:
– der Grundsatz der formalen Gleichbehandlung und
– die Privatautonomie.

I. Der Grundsatz der formalen Gleichbehandlung

Der Grundsatz der Rechtsgleichheit aller Menschen ist schon aus dem Grundge- 16 setz (Art. 3 Abs. 1 GG) abzuleiten. Formale Gleichbehandlung bedeutet: Rechtsgleichheit und Gemeinsamkeit des Rechts für alle Bürger. Im Hinblick auf ihre Handlungsfreiheit müssen allen Bürgern die gleichen Regeln auferlegt werden und die gleichen Schranken gesetzt sein. Die Rechtsgleichheit muss auch durch den Rechtsschutz gewährleistet sein, der allen Bürgern in gleicher Weise und in gleichem Maße garantiert sein muss.

Nach dem Grundsatz der Rechtsgleichheit dürfen die in der Lebensstellung der Personen hervortretenden Ungleichheiten nicht zu einer unterschiedlichen Behandlung vor dem Gesetz führen, die sich als Bevorzugung oder Zurücksetzung bestimmter Personen oder Personengruppen darstellt. Das Privatrecht darf also weder diskriminieren noch privilegieren.

Der Grundsatz der Gemeinsamkeit des Rechts bedeutet: Die in der Lebensstellung der Personen hervortretenden Verschiedenheiten sind für das Recht nicht von grundlegender Bedeutung. Die Vorschriften des Rechts gelten unabhängig von der sozialen Stellung für alle Bürger. Sie sind nicht besondere Regeln, die auf die Verhältnisse der verschiedenen sozialen Gliederungen der Gesellschaft zugeschnitten sind. Allen Bürgern wird in gleicher Weise und in gleichem Umfange Rechtsschutz gewährt.

Beispiel: Jeder Bürger kann ohne Rücksicht auf seine Berufszugehörigkeit, sein Geschlecht oder seine Religion Eigentum an Grund und Boden sowie an beweglichen Sachen, wie z. B. Kraftfahrzeugen, erwerben.

Beispiel: Jedem Bürger steht es ohne Ansehung seiner Rasse, seines Geschlechts, seines Berufsstandes und seiner Religion frei, mit anderen Bürgern Verträge, wie z. B. Kaufverträge, Dienstverträge, Mietverträge etc., abzuschließen.

Beispiel: Jedem Bürger (jeder Bürgerin) steht es frei, mit einer Bürgerin (einem Bürger) ohne Ansehung der Rasse, des Berufsstandes, der Einkommensverhältnisse, der Zugehörigkeit zu einer Religion etc. die Ehe zu schließen.

II. Der Grundsatz der Privatautonomie

1. Privatautonomie und Rechtsgeschäft

17   Eines der Hauptprinzipien des deutschen Privatrechts ist die Privatautonomie. Die Privatautonomie ist die Freiheit des Einzelnen, seine Rechtsverhältnisse weitgehend nach seinem Willen zu gestalten. Sie gewährt den einzelnen Bürgern die Möglichkeit, ihre Beziehungen untereinander innerhalb bestimmter Grenzen durch Rechtsgeschäfte, insbesondere durch Verträge, frei zu regeln[1]; die Privatautonomie wird als Teil der allgemeinen Handlungsfreiheit durch das Grundgesetz garantiert (Art. 2 Abs. 1 GG)[2].

---

1   Vgl. *Larenz/Wolf*, AT, § 2 Rdnr. 15, 16.
2   Vgl. BVerfGE 8, 274, 328; 72, 155, 170; 89, 214; NJW 1996, 2021; ausführlich dazu auch *Busche*, S. 23 ff.

Die Bedeutung dieses Prinzips ist weitreichend und bestimmt in großem Umfang die Sozialordnung in der Bundesrepublik Deutschland. Jeder einzelne Bürger ist grundsätzlich in der Wahl seiner Ziele frei[3]. Die Rechtsordnung schreibt ihm nicht vor, welches Ziel er zu erreichen hat. Es besteht weitgehende Freiheit, an den ökonomischen Austauschvorgängen teilzunehmen und die eigenen Vorstellungen und Ziele zu verwirklichen. Bedarf eine Person zur Verfolgung ihrer Ziele jedoch der Mitwirkung anderer Personen, muss sie sich mit diesen darüber einigen. Eine solche Einigung ist in der Regel ein Vertrag.

Mit einem **Rechtsgeschäft** – als Mittel zur Verwirklichung der vom BGB einge- **18** räumten Privatautonomie – wird das Ziel angestrebt, eine Rechtsfolge herbeizuführen. Die von den Privatpersonen angestrebten Rechtsfolgen aus dem privatrechtlichen Bereich können z. B. sein:

- die Änderung der Eigentumsverhältnisse an einer Sache;
- der Abschluss eines schuldrechtlichen Vertrages. Durch einen schuldrechtlichen Vertrag verpflichten sich die Vertragschließenden, einander bestimmte Leistungen zu erbringen. Aufgrund eines solchen Vertrages kann eine Person (der Gläubiger) von einer anderen Person (dem Schuldner) die vereinbarte Leistung fordern;
- die Änderung eines bestehenden Vertrages.

Beispiel für die Änderung der Eigentumsverhältnisse an einer Sache: Überträgt E das Eigentum an dem ihm gehörenden Kraftfahrzeug auf A, geht das Eigentum an dem Kraftfahrzeug auf A über. Die gewollte und eingetretene Rechtsfolge ist die Änderung der Eigentumslage an dem Kraftfahrzeug. Die Übertragung des Eigentums an dem Kraftfahrzeug ist ein Rechtsgeschäft.

Beispiel für die aus dem Abschluss eines Vertrages erwachsenden Rechtsfolgen: Nach dem Abschluss eines Kaufvertrages kann der Verkäufer vom Käufer die Zahlung des vereinbarten Kaufpreises verlangen (§ 433 Abs. 2).

Beispiel für die Änderung eines bestehenden Vertrages: Vermieter und Mieter haben am 1. Januar 2008 einen Mietvertrag abgeschlossen. Am 1. Januar 2009 vereinbaren sie, die monatliche Miete um 10 % zu erhöhen. Die am 1. Januar 2009 getroffene Vereinbarung über die Höhe der Miete verändert die Verpflichtung des Mieters, eine bestimmte Geldsumme als Miete an den Vermieter zu zahlen.

2. Privatautonomie und vertragliche Schuldverhältnisse

Einen wesentlichen Teil der Rechtsgeschäfte bilden die vertraglichen Schuldverhält- **19** nisse. Zu diesen zählen z. B. Kaufverträge, Mietverträge, Dienst- und Werkverträge, Darlehensverträge, Maklerverträge.

Im Hinblick auf die vertraglichen Schuldverhältnisse bedeutet Privatautonomie:

---

3 Vgl. *Paulus/Zenker*, JuS 2001, 1.

a) Die Freiheit des Einzelnen, zu entscheiden, ob er überhaupt einen Vertrag abschließen will.

Beispiel: Der Buchhändler, der eine größere Anzahl Bücher in seinem Ladenlokal aufgestellt hat, kann nicht gezwungen werden, diese Bücher zu veräußern, wenn er sich entschlossen hat, die Bücher für sich zu behalten.

b) Die Freiheit in der Wahl des Partners: Der einzelne Bürger kann sich grundsätzlich – d. h. es gibt Ausnahmen! – frei entscheiden, mit wem er vertragliche Beziehungen aufnehmen will.

Beispiel: K möchte das Grundstück des E kaufen. E lehnt es ab, mit K überhaupt rechtliche Bindungen einzugehen, weil K einer religiösen Sekte angehört, deren Prinzipien E missfallen. Da E aufgrund der Privatautonomie in der Wahl seiner Vertragspartner grundsätzlich frei ist, kann er nicht gezwungen werden, mit K Verträge abzuschließen, selbst wenn die Begründung für seine ablehnende Haltung einer objektiven Wertung durch Dritte nicht standhält.

20 c) Die Freiheit der inhaltlichen Gestaltung (Vertragsfreiheit im engeren Sinne): Die Rechtsordnung bietet für die meisten Verträge, die täglich geschlossen und vollzogen werden, feste Typen mit bestimmten Regeln an, so z. B. im Besonderen Teil des Schuldrechts für den Kauf, die Miete, die Pacht, das Darlehen, die Geschäftsbesorgung. Allerdings ist niemand gezwungen, sich dieser vom Gesetz angebotenen Vertragstypen zu bedienen. Jedermann kann ganz andere Verträge bilden und abschließen oder die vorhandenen Vertragstypen so abändern, dass sie seinen tatsächlichen oder vermeintlichen Bedürfnissen entsprechen. Das geschieht häufig, und zwar vor allem durch Allgemeine Geschäftsbedingungen. Die Freiheit der inhaltlichen Gestaltung von Schuldverhältnissen nennt man Vertragsfreiheit im engeren Sinne.

Dass die Begriffe „Privatautonomie" und „Vertragsfreiheit" häufig synonym gebraucht werden, ergibt sich daraus, dass der Vertrag die Hauptform privatautonomer Gestaltung ist[4].

Beispiel: Wollen S und B einen Vertrag abschließen, der dem B die Möglichkeit einräumt, eine dem S gehörende Sache zu benutzen, sind sie nicht gezwungen, einen Miet-, Pacht- oder Leihvertrag mit genau den Regeln zu vereinbaren, die im BGB enthalten sind. Sie können – gestützt auf den Grundsatz der Privatautonomie – einen atypischen Vertrag abschließen. Sie haben aber auch die Möglichkeit, einen oder mehrere Vertragstypen des BGB zugrunde zu legen und teilweise andere als die gesetzlichen Regeln zu vereinbaren, um den Vertrag den individuellen Bedürfnissen besser anzupassen.

---

4 Vgl. *Flume*, § 1, 80; *Paulus/Zenker*, JuS 2001, 1.

3. Die Grenzen der Privatautonomie

a) Überblick

Die Privatautonomie wird allerdings nicht uneingeschränkt gewährleistet. Das **21** Grundrecht der Selbstbestimmung des einzelnen im Rechtsleben wird vielmehr durch die Rechtsordnung begrenzt und inhaltlich ausgestaltet. So ordnet das BGB z. B. in § 134 die Nichtigkeit solcher Rechtsgeschäfte an, die gegen ein gesetzliches Verbot verstoßen. Ebenfalls nichtig sind sittenwidrige Rechtsgeschäfte (§ 138 Abs. 1).

Dies bildet aber nur die äußerste Grenze der Privatautonomie. Darüber hinaus führt ihre uneingeschränkte Anerkennung nämlich nur dort zu einem angemessenen Interessenausgleich, wo zwischen den Beteiligten ein annähernd ausgewogenes Kräfteverhältnis besteht[5].

Zwar waren die Schöpfer des Bürgerlichen Gesetzbuches von dem Modell formal **22** gleicher Teilnehmer am Rechtsverkehr ausgegangen. Eines ihrer Ziele wurde erreicht: Die privatautonome Gestaltung der Privatrechtsverhältnisse mithilfe des Vertrages und des Eigentums setzte zusammen mit der Gewerbefreiheit die Kräfte frei, die zu einem bis dahin nicht gekannten wirtschaftlichen Aufschwung führten. Eine andere Vorstellung, nämlich die, dass mit Privatautonomie und Gewerbefreiheit der einseitigen Machtentfaltung einzelner durch den Wettbewerb begegnet werden könnte, hat sich indessen in der Praxis als falsch erwiesen[6].

Wenn ein Vertragsteil – aus welchen Gründen auch immer – dem anderen so überlegen ist, dass dieser sein Handeln nicht mehr frei bestimmen kann, so geht die uneingeschränkte Wahrnehmung der Privatautonomie durch den Stärkeren mit einer Beeinträchtigung des Selbstbestimmungsrechts des Schwächeren einher. Da sich jedoch beide auf das Grundrecht der Privatautonomie berufen können (Art. 2 Abs. 1 GG), müssen diese Positionen zu einem gerechten Ausgleich gebracht werden. In Fällen, in denen das Kräftegleichgewicht nachhaltig gestört ist, muss die Rechtsordnung daher den Schwächeren schützen[7].

b) Die Einschränkung der Vertragsfreiheit durch Vorschriften des BGB

Dies geschieht beispielsweise durch die in das BGB eingefügten Bestimmungen **23** über das Recht der Allgemeinen Geschäftsbedingungen. So sind nach § 307 z. B. solche Bestimmungen unwirksam, die den Vertragspartner des Verwenders von Allgemeinen Geschäftsbedingungen „entgegen den Geboten von Treu und Glauben unangemessen benachteiligen". Sie werden in den folgenden Abschnitten dieses Buches weitere wichtige Verbraucherschutzregelungen kennenlernen, z. B. solche über das Verbraucherdarlehen und den Widerruf von Haustürgeschäften und

---

5 Vgl. *Paulus/Zenker*, JuS 2001, 1, 2.
6 *Busche*, S. 51 f.
7 Vgl. BVerfG WM 1993, 2199, 2202 f.; *Paulus/Zenker*, JuS 2001, 1.

ähnlichen Geschäften. Darüber hinaus sind eine Vielzahl von Konfliktsituationen ausdrücklich geregelt, in denen typischerweise ein Ungleichgewicht zwischen den Vertragspartnern besteht. So ist in § 573 Abs. 4 i. V. mit § 573 Abs. 1, Abs. 2 zum Schutze der Mieter von Wohnraum die grundsätzlich freie Gestaltungsmöglichkeit der Privatpersonen über die Beendigung von Leistungsbeziehungen erheblich eingeschränkt[8].

24 Jedoch hat der Gesetzgeber nicht alle Fälle von gestörtem Vertragsgleichgewicht abschließend ausdrücklich regeln können und wollen. Um Missbräuchen der Privatautonomie flexibel und den Umständen des Einzelfalles entsprechend begegnen zu können, hat er sich deshalb sogenannter **Generalklauseln** bedient. Neben § 242 BGB ist hier vor allem § 138 BGB zu nennen. Nach Abs. 1 dieser Vorschrift ist ein Rechtsgeschäft, das gegen die „guten Sitten" verstößt, nichtig.

25 Dem Wortlaut des § 138 Abs. 1 lässt sich nicht entnehmen, was unter „guten Sitten" oder „Sittenwidrigkeit" zu verstehen ist. Das Reichsgericht hat die Formel entwickelt und sich auch – mit Modifizierungen – daran gehalten, dass es sich bei dem, was in § 138 Abs. 1 gemeint sei, um das in der Übung zutage tretende sittliche Empfinden handele, um das „Anstandsgefühl aller billig und gerecht Denkenden"[9]. Dem hat sich zunächst auch der BGH angeschlossen und festgestellt, es seien „stets die besonderen Umstände des einzelnen Falles darauf zu prüfen, ob der Vertrag mit dem Anstandsgefühl aller billig und gerecht Denkenden übereinstimmt"[10].

26 Mit alledem ist den Zivilgerichten ein wirksames Mittel an die Hand gegeben, Auswüchsen der Privatautonomie im Sinne einer Fremdbestimmung durch überlegene Vertragsparteien entgegenzuwirken.

c) Kontrahierungszwang aufgrund besonderer Umstände

27 Auch die Privatautonomie der **Unternehmen**, die eine **marktbeherrschende Stellung** innehaben, ist eingeschränkt. Diese Unternehmen können unter bestimmten Voraussetzungen nicht frei entscheiden, ob und mit wem sie Verträge abschließen wollen. Sie unterliegen dann dem sogenannten **Kontrahierungszwang** (Zwang zum Abschluss eines Vertrages). Das bedeutet: Sie sind verpflichtet, Verträge über die Leistung, die sie erbringen, mit allen abzuschließen, die das wollen, soweit der Abschluss solcher Verträge nicht über das Maß des Zumutbaren hinausgeht.

In die Vertragsfreiheit greift auch das im GWB geregelte **Kartellrecht**, insbesondere in Gestalt des **Diskriminierungsverbotes**, ein. Danach können z. B. durch gerichtliche Entscheidungen Belieferungspflichten marktstarker Unternehmen gegenüber von ihnen abhängigen Unternehmen festgestellt, also ein Kontrahierungs-

---

8 Vgl. dazu und zu anderen gesetzlichen Einschränkungen *Hönn*, Jura 1984, 57, 65; siehe zur Mietrechtsreform auch *Grundmann*, NJW 2001, 2497.

9 So RGZ 80, 219, 221; 120, 142, 148.

10 BGHZ 10, 228, 232.

zwang ausgesprochen werden. Dieser Eingriff in die Vertragsfreiheit wird damit gerechtfertigt, dass eine freiheitliche Marktordnung für **alle** Teilnehmer sichergestellt werden soll.

d) Einschränkungen der Vertragsfreiheit (bei der freien Wahl des Vertragspartners) aufgrund des Allgemeinen Gleichbehandlungsgesetzes (AGG)

Zu einer weiteren nicht unerheblichen Einschränkung der Vertragsfreiheit führt das am 18. August 2006 in Kraft getretene **Allgemeine Gleichbehandlungsgesetz (AGG)**, mit dem Deutschland die Antidiskriminierungsrichtlinien der EG umgesetzt hat. Das Gesetz hat weitreichende Auswirkungen für das Arbeitsrecht, das Sozialrecht, aber auch für das allgemeine Zivilrecht. Nur Letzteres soll hier angesprochen werden.   **28**

Ziel des Gesetzes ist es, „Benachteiligungen aus Gründen der Rasse oder wegen der ethnischen Herkunft, des Geschlechts, der Religion oder Weltanschauung, einer Behinderung, des Alters oder der sexuellen Identität zu verhindern oder zu beseitigen". Einen Schutz gegen Benachteiligung aus anderen Gründen regelt das AGG nicht.

Entgegen seinem Titel führt das AGG allerdings im privaten Bereich keine allgemeine Gleichbehandlungspflicht ein. Die unterschiedliche Behandlung von Vertragspartnern und solchen, die es werden möchten, aus unsachlichen Gründen ist weiterhin zulässig. Erst die „böse Gesinnung", also das Motiv, führt zu einem Verbot der Ablehnung und lässt die Rechtsfolgen des § 21 AGG eintreten[11].

Für den Zivilrechtsverkehr erklärt § 2 Abs. 1 Nr. 8 AGG Benachteiligungen für unzulässig in Bezug auf „den Zugang zu und die Versorgung mit Gütern und Dienstleistungen, die der Öffentlichkeit zur Verfügung stehen, einschließlich von Wohnraum."   **29**

Eine unmittelbare Benachteiligung im Sinne von § 2 AGG liegt nach der Definition des § 3 AGG vor, wenn eine Person wegen eines in § 1 genannten Grundes (= Rasse, ethnische Herkunft, Geschlecht, Religion oder Weltanschauung, Behinderung, Alter oder sexuelle Identität) „eine weniger günstige Behandlung erfährt, als eine andere Person in einer vergleichbaren Situation erfährt, erfahren hat oder erfahren würde."

Das AGG ist nicht nur auf die Benachteiligung beim Vertragsschluss selbst anwendbar, sondern auch auf Benachteiligungen bei der Durchführung und Beendigung von Schuldverhältnissen[12].

4. Zwingendes und dispositives Recht

Die durch die Privatautonomie in weitem Umfange gewährleistete Freiheit der inhaltlichen Gestaltung von Rechtsverhältnissen ermöglicht es den Personen, ihre Rechtsverhältnisse weitgehend durch Vereinbarungen selbst zu gestalten. Wenn die   **30–34**

---

11 *Wackerbarth*, ZIP 2007, 453, 455.
12 Vgl. *Wackerbarth*, ZIP 2007, 453.

am Rechtsverkehr beteiligten Personen die im Gesetz enthaltenen Regelungen nach ihrem Willen durch Vereinbarungen verändern oder ergänzen können, handelt es sich um **nachgiebiges Recht** (dispositives Recht). Dispositiver Natur sind vor allem viele Normen des Schuldrechts.

Beispiel: Die Vorschriften der §§ 434 ff. über die Gewährleistungspflichten der Verkäufer können unter Beachtung der die Käufer schützenden Vorschriften der §§ 305 ff. abgeändert und ergänzt werden. So kann z. b. bei dem Kauf einer gebrauchten Sache vereinbart werden, dass bestimmte Gewährleistungsansprüche ausgeschlossen sind. Die Bestimmungen der §§ 307 ff. verbieten einen völligen Ausschluss von Gewährleistungsansprüchen bei dem Kauf einer neuen Sache (§ 309 Nr. 8b).

35 Im Gegensatz zum dispositiven Recht bezeichnet man diejenigen Vorschriften, die in jedem Fall, also auch dann, wenn die miteinander in Rechtsbeziehungen tretenden Parteien eine davon abweichende Regelung treffen, angewandt werden, als **zwingendes Recht** oder unabdingbare Normen. Zwingendes Recht sind diejenigen gesetzlichen Regelungen, die die in ein bestimmtes Rechtsverhältnis eintretenden Personen oder die schon an einem Rechtsverhältnis beteiligten Personen nicht im Wege der Vereinbarung ausschließen, verändern oder ergänzen können. Zum zwingenden Recht gehören diejenigen Vorschriften, die die Voraussetzungen der Privatautonomie und ihrer Ausübung betreffen, weiterhin diejenigen Normen, die die Sicherheit des Rechtsverkehrs garantieren, das Vertrauen Dritter schützen und grobe Ungerechtigkeiten verhüten sowie sozialen Anforderungen genügen sollen. Zum zwingenden Recht gehören die meisten Vorschriften des Sachen-, Familien- und Erbrechts. Im Sachen-, Familien- und Erbrecht stellt die Rechtsordnung den Bürgern bestimmte Typen zulässiger Regelungen zur Verfügung, unter denen sie wählen können[13].

Beispiel: Die an einem abgeschlossenen Kaufvertrag beteiligten Personen können keine beliebige Übereinkunft darüber treffen, auf welche Art und Weise eine bewegliche Sache, die Gegenstand des Kaufvertrages ist, von dem Verkäufer an den Käufer übereignet wird. Für die Übereignung des Eigentums an beweglichen Sachen enthält das BGB zwingende Vorschriften in den §§ 929 ff. Verkäufer und Käufer können sich nur dieser vom Gesetz angebotenen Möglichkeiten für die Übertragung des Eigentums an beweglichen Sachen bedienen. Eine davon abweichende Regelung ist nicht möglich.

5. Weitere Einschränkungen durch Verbraucherrecht

a) Überblick

36 Über die gesetzlichen Regeln betreffend die Allgemeinen Geschäftsbedingungen (§§ 305 ff.) hinaus wird die Vertragsfreiheit nicht unerheblich durch eine Reihe

---

13 Vgl. zu alledem *Larenz/Wolf*, AT, § 3 Rdnr. 114–116.

von Verbraucherschutzregelungen des BGB eingeschränkt. So wird der Verbraucher gegenüber dem Unternehmer durch eine Reihe von besonderen Schutzvorschriften geschützt. Diesem Zweck dienen z. B.
– die Vorschriften über die Verbraucherverträge (§§ 355 ff.) und
– die Regeln über den Verbrauchsgüterkauf (§§ 474 ff.).

Verbraucherverträge sind solche Verträge, die zwischen einem Unternehmer und einem Verbraucher abgeschlossen werden und für die das Gesetz eine den Schutz des Verbrauchers in besonderer Weise bezweckende Norm, wie z. B. die Einräumung eines Widerrufsrechts, vorsieht, die von der Regelung des Normalvertrages abweicht.

Verbraucher ist nach § 13 jede natürliche Person, die ein Rechtsgeschäft zu einem Zweck abschließt, der weder ihrer gewerblichen noch ihrer selbständigen beruflichen Tätigkeit zugerechnet werden kann.

Demgegenüber ist **Unternehmer** gemäß § 14 jede natürliche oder juristische Person oder rechtsfähige Personengesellschaft, die bei Abschluss eines Rechtsgeschäfts in Ausübung ihrer gewerblichen oder selbständigen beruflichen Tätigkeit handelt. 37

Bei einem Vertragsschluss mit einer natürlichen Person ist grundsätzlich von **Verbraucherhandeln** auszugehen. Anders ist dies nur dann, wenn Umstände vorliegen, nach denen das Handeln aus der Sicht des anderen Teils eindeutig und zweifelsfrei einer gewerblichen oder selbständigen beruflichen Tätigkeit zuzurechnen ist[14].

> **Beispiel:** Wenn der Steuerberater S beim Möbelhaus M-GmbH Büromöbel kauft, sind sowohl S als auch die M-GmbH Unternehmer. Es handelt sich um einen normalen Kaufvertrag, nicht um einen Verbrauchervertrag oder einen Verbrauchsgüterkauf.
>
> **Beispiel:** Rentner R kauft beim Möbelhaus M-GmbH Schlafzimmermöbel. Hier ist R Verbraucher im Sinne des § 13; die M-GmbH ist Unternehmer, denn sie handelt in Ausübung ihrer gewerblichen Tätigkeit § 14). Es handelt sich also um einen Verbrauchsgüterkauf (§ 474).
>
> **Beispiel:** Wenn, anknüpfend an das oben dargestellte **Beispiel**, S bei der M-GmbH Schlafzimmermöbel für sein Eigenheim kauft, ist S Verbraucher im Sinne des § 13, denn der Abschluss des Vertrages kann seiner selbständigen beruflichen Tätigkeit nicht zugerechnet werden. Die M-GmbH ist wiederum Unternehmer (§ 14). Es handelt sich folglich um einen Verbrauchsgüterkauf.

Alle diejenigen gesetzlichen Regelungen, die in diesem Sinne den Verbraucher schützen sollen, können nicht durch Vereinbarungen der vertragschließenden Parteien eingeschränkt oder modifiziert werden. Die Verbraucherschutzvorschriften des BGB unterliegen also nicht der Parteidisposition.

---

14 So BGH MDR 2010, 71.

b) Die Verbraucherverträge

38 Zu den Verbraucherverträgen gehören z. B.
- das Haustürgeschäft im Sinne des § 312,
- der Verbraucherdarlehensvertrag (§§ 491 ff.),
- der Fernabsatzvertrag (§ 312b),
- Ratenlieferungsverträge (§ 505).

39 Für die Verbraucherverträge typisch ist die Gewährung eines Widerrufsrechtes (§ 355), mit dem sich der Verbraucher trotz des schon abgeschlossenen Vertrages von demselben wieder lösen kann, ohne dass es dafür eines besonderen Grundes bedarf. Manche Verträge räumen statt des Widerrufrechts ein Rückgaberecht (§ 356) ein.

c) Der Verbrauchsgüterkauf

40 Einige Besonderheiten ergeben sich für Kaufverträge, die zwischen Verbrauchern (§ 13) als Käufer und Unternehmern (§ 14) als Verkäufer über bewegliche Sachen abgeschlossen werden (Verbrauchsgüterkauf). Hierauf finden abweichend von den §§ 434 ff. die Sonderregelungen der §§ 475 ff. Anwendung. So kann z. B. nach § 475 Abs. 2 die Verjährungsfrist von zwei Jahren für die Gewährleistungsansprüche und Rechte aus § 437 auch durch eine Individualvereinbarung nicht unterschritten werden, wenn es sich um den Kauf neuer Sachen handelt.

III. Das Privateigentum und seine Bedeutung für die Privatrechtsordnung

41 Die in der Bundesrepublik Deutschland geltende Privatrechtsordnung ist durch die Art und Weise, wie sie das Privateigentum behandelt, entscheidend gestaltet. Das BGB enthält keine weitergehende Definition des Eigentums als die, dass der Eigentümer einer Sache mit ihr grundsätzlich nach Belieben verfahren und andere von jeder Einwirkung ausschließen kann (§ 903). Deshalb existiert bis heute eine nicht abgeschlossene Diskussion über die begriffliche Fassung und rechtliche Ausgestaltung des Eigentums. Diese Diskussion steht vor allem in Zusammenhang mit dem Verhältnis des zivilrechtlichen Eigentumsbegriffs zu der verfassungsrechtlichen Garantie des Eigentums in Art. 14 Abs. 1 GG und der Sozialbindung in Art. 14 Abs. 2 GG[15].

Eigentum im Sinne von Art. 14 GG und § 903 bedeutet in erster Linie **Privateigentum**, d. h. ein – allerdings sozial gebundenes (Art. 14 Abs. 2 GG) – Recht, das einen Abwehr- und Schutzanspruch gegen die Staatsgewalt begründet und als Voraussetzung für eine freie und selbstverantwortliche Lebensgestaltung angesehen wird[16].

---

15 Vgl. zu alledem *Olzen*, JuS 1984, 328, 335.

16 Vgl. *Hesse*, § 12 III 1.

Das Bundesverfassungsgericht[17] kennzeichnet das Eigentum u. a. wie folgt:

„Das Eigentum ist ein elementares Grundrecht, das in einem inneren Zusammenhang mit der Garantie der persönlichen Freiheit steht. Ihm kommt im Gesamtgefüge der Grundrechte die Aufgabe zu, dem Träger des Grundrechts einen Freiheitsraum im vermögensrechtlichen Bereich sicherzustellen und ihm damit eine eigenverantwortliche Gestaltung des Lebens zu ermöglichen. Die Garantie des Eigentums als Rechtseinrichtung dient der Sicherung dieses Grundrechts. Das Grundrecht des Einzelnen setzt das Rechtsinstitut ‚Eigentum' voraus; es wäre nicht wirksam gewährleistet, wenn der Gesetzgeber an die Stelle des Privateigentums etwas setzen könnte, was den Namen ‚Eigentum' nicht mehr verdient."[18] **42**

Art. 14 GG enthält keine grundsätzliche Aussage über die Verteilung von Eigentum zwischen Privatwirtschaft und Staat. In der Frage, ob und wieweit das Grundgesetz wirtschaftspolitische Festlegungen getroffen hat, herrscht weitgehende Übereinstimmung: Das Grundgesetz lässt die Frage nach der Wirtschaftsordnung bewusst offen, um der freien Auseinandersetzung, Entscheidung und Gestaltung Raum zu lassen[19]. Es bietet lediglich eine Grundlage, die einen bestimmten, vor allem grundrechtlichen Rahmen zieht, im Übrigen aber dem Gesetzgeber erhebliche Gestaltungsfreiheit einräumt. Danach sind weder marktwirtschaftliche noch planwirtschaftliche Maßnahmen als solche grundgesetzwidrig. Sie müssen sich allerdings, was das Privateigentum anbetrifft, in dem oben bezeichneten Rahmen halten.

§ 903 sagt etwas über die Befugnisse des Eigentümers aus. Im Gegensatz zu Art. 14 GG ist in § 903 nur von **Sachen** die Rede. Es wird deshalb unterschieden zwischen: **43**

a) **dem Eigentumsbegriff des bürgerlichen Rechts**: er ist beschränkt auf Sachen (= körperliche Gegenstände)
und

b) **dem Bestandsschutz des Eigentums gemäß Art. 14 GG**: er umfasst nicht nur das Eigentum an Sachen, sondern auch die Inhaberschaft an anderen **vermögenswerten privaten Rechten**. Dazu zählen u. a.: Lohnforderungen, Gesellschaftsanteile[20], schuldrechtliche Forderungen (wie z. B. Rechte aus Miet- und Pachtverträgen) und der eingerichtete und ausgeübte Gewerbebetrieb; Urheber-, Patent-, Verlags- und Markenschutzrechte fallen mit den vermögensrechtlichen und wirtschaftlichen Verwertungsrechten ebenfalls darunter. Art. 14 GG enthält deshalb nicht nur eine Garantie des sachenrechtlichen Eigentums, sondern eine umfassende Garantie von Vermögensrechten. In diesem Zusammenhang wird auch von dem „verfassungsrechtlichen Eigentum" i. S. des Art. 14 GG gesprochen[21].

---

17 BVerfGE 24, 367, 389; 79, 292, 304 f.; 84, 201, 208 f.; 88, 366, 377.

18 Zur Rechtsprechung des Bundesverfassungsgerichts – insbesondere zu BVerfGE 58, 300 - siehe *Battis*, NJW 1982, 585 ff.

19 Vgl. *Hesse*, § 1 III 2.

20 Vgl. dazu *Hesse*, § 12 III 1.

21 So *M. Wolf*, Sachenrecht, Rdnr. 31.

§ 3 Rechtsgeschäft und Willenserklärung

Schrifttum: *Bydlinski*, Erklärungsbewusstsein und Rechtsgeschäft, JZ 1975, 1 ff.; *Canaris*, Die Vertrauenshaftung im deutschen Privatrecht, 1971; *Eisenhardt*, Zum subjektiven Tatbestand der Willenserklärung, JZ 1986, 875; *John*, Grundsätzliches zum Wirksamwerden empfangsbedürftiger Willenserklärungen, AcP 184 [1984], 385 ff.; *Neuner*, Was ist eine Willenserklärung? JuS 2007, 881; *Schreiber*, Grundbegriffe des BGB – Allgemeiner Teil: Willenserklärung, Vertrag, Rechtsgeschäft, Jura 1999, 275; *Willoweit*, Die Rechtsprechung zum Gefälligkeitshandeln, JuS 1986, 96 ff.

I. Der Begriff Rechtsgeschäft

44　Wie viele andere wichtige Begriffe auch, ist das Rechtsgeschäft vom Gesetzgeber nicht definiert. Mit der Vornahme eines **Rechtsgeschäfts** wird das Ziel angestrebt, eine **Rechtsfolge** (einen Rechtserfolg) herbeizuführen. Das Rechtsgeschäft und die mit ihm herbeigeführte Rechtsfolge beruhen auf jedenfalls einer oder zwei Willenserklärungen, also auf dem erklärten Willen einer oder mehrerer Personen.

> **Beispiel:** Schließen V und K einen Kaufvertrag ab, so tätigen sie ein Rechtsgeschäft. Sie geben Willenserklärungen ab, die zum Vertragsschluss führen. Die beabsichtigte Rechtsfolge ist das Entstehen eines Kaufvertrages.

Beabsichtigte **Rechtsfolgen (Rechtserfolge)** können z. B. sein:
– der Abschluss eines Vertrages,
– der Übergang des Eigentums an einer beweglichen oder unbeweglichen Sache,
– die Beendigung eines Vertragsverhältnisses.

45　Eine **Willenserklärung** ist der notwendige Bestandteil eines Rechtsgeschäfts. Es gibt zweiseitige und einseitige Rechtsgeschäfte. Verträge sind zweiseitige Rechtsgeschäfte. Die Rechtsfolgen eines Vertrages, eines zwei- oder mehrseitigen Rechtsgeschäfts, beruhen auf den sich inhaltlich entsprechenden, auf den Vertragsschluss gerichteten Willenserklärungen der Vertragschließenden. Die Rechtsfolgen bei einem einseitigen Rechtsgeschäft beruhen auf der Willenserklärung nur einer Person.

> **Beispiel:** Gibt ein Vertragspartner eine wirksame Kündigungserklärung ab, so führt er allein damit als Rechtsfolge die Beendigung des Rechtsverhältnisses herbei. Die Kündigung ist deshalb ein einseitiges Rechtsgeschäft.

Manche Rechtsgeschäfte bedürfen, um wirksam zu werden, über die Willenserklärung(en) hinaus noch eines weiteren Tatbestandsmerkmals. Das kann die Form, wie z. B. die Schriftform (§ 126 BGB) oder die notarielle Beurkundung (§ 128 BGB), sein.

> **Beispiel:** Ein Vertrag, der die Verpflichtung zur Übertragung des Eigentums an einem Grundstück zum Gegenstand hat, bedarf der notariellen Beurkundung (§ 311 b BGB). Zum Vertragsschluss ist die Abgabe zweier übereinstimmender auf den Vertragsschluss gerichteter Willenerklärungen notwendig. Dies allein macht den Vertrag allerdings noch nicht wirksam. Der Vertrag kommt erst zustande, wenn die erforderliche Form eingehalten wird.

II. Die Willenserklärung

1. Überblick

Ein weiterer wichtiger, vom Gesetzgeber nicht definierter Begriff ist die **Willenser-** 46
klärung. Eine Willenserklärung ist die Erklärung eines rechtlich erheblichen Willens, der auf die Erzielung einer Rechtsfolge (eines Rechtserfolges) gerichtet ist. Die Person, die rechtsgeschäftlich handeln möchte, also eine Rechtsfolge herbeiführen will, muss eine entsprechende Erklärung, eine Willenserklärung, abgeben.

Das BGB verwendet den Begriff Willenserklärung an vielen Stellen, wie z. B. in §§ 105, 116, 119, 130.

Geht man davon aus, dass eine Willenserklärung eine Erklärung ist, mit der eine Person ihren Willen kundtut, eine Rechtsfolge herbeiführen zu wollen, so gehören zu einer Willenserklärung jedenfalls:
- der auf das Erzielen eines Rechtserfolgs gerichtete innere Wille und
- die Kundgabe dieses Willens, also eine äußerlich wahrnehmbare Erklärung des auf einen Rechtserfolg gerichteten Willens.

> **Beispiel:** Der lediglich gedanklich gefasste, aber in keiner Weise geäußerte Entschluss eines Vermieters, dem Mieter zu kündigen, ist keine Willenserklärung, weil der Wille zu kündigen nicht kundgemacht worden ist.

Daraus ergibt sich: Die Willenserklärung ist entweder mit dem Rechtsgeschäft iden- 47
tisch oder ein Teil desselben; Letzteres trifft auf alle diejenigen Fälle zu, in denen das Rechtsgeschäft aus mehreren Willenserklärungen (wie z. B. beim Vertrag) oder aus einer Willenserklärung und anderen Tatbestandsmerkmalen, wie z. B. die Einhaltung einer bestimmten Form, besteht.

Der Tatbestand einer Willenserklärung besteht also aus einem **objektiven Teil**, der Kundgabe des Willens, und einem **subjektiven Teil**, dem Willen. Man kann auch von dem objektiven und dem subjektiven Tatbestand einer Willenserklärung sprechen.

Der **subjektive Tatbestand** kann in folgende Bestandteile untergliedert werden:
- Handlungswille,
- Erklärungsbewusstsein (Erklärungswille),
- Rechtsfolgewille (man kann auch vom Geschäftswillen sprechen).

2. Der objektive Tatbestand einer Willenserklärung

Der objektive Tatbestand einer Willenserklärung ist die für andere Personen er- 48
kennbare Kundgabe des Willens, eine Rechtsfolge herbeizuführen, also eine sinnlich wahrnehmbare Erklärungshandlung. Erklärungshandlungen sind beispielsweise das Sprechen und das Schreiben.

Das Gesetz schreibt in den meisten Fällen keine bestimmte Art und Weise vor, in der Personen ihren Willen, eine Rechtsfolge herbeizuführen, äußerlich erkennbar machen müssen. Die Art und Weise der Kundgabe eines auf die Herbeiführung eines Rechtserfolges gerichteten Willens bleibt in der Regel dem Einzelnen überlassen. Es ist allerdings erforderlich, dass der Wille des Erklärenden verstanden werden kann.

Wenn auch in der Realität die meisten Willenserklärungen mündlich oder schriftlich abgegeben werden, so ist die Willenskundgabe in dieser Form grundsätzlich nicht zwingend, um die gewollte Rechtsfolge herbeizuführen. Vielmehr kann eine Person eine Willenserklärung auch durch konkludentes (schlüssiges) Verhalten abgeben, ohne ihren Willen ausdrücklich in Worte zu fassen. Ein solches Verhalten muss aber stets – jedenfalls unter Berücksichtigung der Begleitumstände – den Schluss des Adressaten (= der anderen Person, an die sich die Erklärung richten soll) auf einen ganz bestimmten Willen des Handelnden zulassen. Das ist in der Regel dann der Fall, wenn die Person, an die sich die „Erklärung" richtet, die allgemein übliche sozialtypische Bedeutung eines solchen Verhaltens erkennen kann.

> **Beispiel:** K betritt einen Bäckerladen und sagt zu dem Bäcker B: „10 Brötchen bitte." Wortlos packt B 10 Brötchen in die Tüte und übergibt sie dem K. Indem B die 10 Brötchen in die Tüte packt und diese an K übergibt, bringt er durch sein Handeln zum Ausdruck, dass er eine Rechtsfolge, nämlich das Zustandekommen eines Kaufvertrages zwischen ihm und K, herbeiführen will. B hat durch sein konkludentes Verhalten eine Willenserklärung abgegeben, mit der er einen Kaufvertrag zustande kommen lassen will.

49 Eine Willenserklärung als eine Erklärung, die sich als **menschliches Erklärungshandeln** darstellt, liegt auch dann vor, wenn sich der Mensch zur Willensbildung oder zur Erklärung maschineller Hilfen bedient, z. B. Computer einsetzt. Dem Computer fehlt die Fähigkeit zu eigenem, nicht programmiertem Entschluss; er ist Werkzeug des Menschen. Die vom Computer gefertigten und ausgedruckten Erklärungen beruhen in allen ihren Phasen der Herstellung auf dem Willen des Menschen, der die Maschine benutzt und sie gerade zum Erklärungszweck verwendet. Deshalb ist jedenfalls derjenige Mensch, der zur Benutzung der Maschine berechtigt ist, Erklärender im Rechtssinne.

3. Der subjektive Tatbestand einer Willenserklärung

50 Zum subjektiven Tatbestand der Willenserklärung zählen: Handlungswille, Erklärungsbewusstsein und Rechtsfolgewille (Geschäftswille). In der rechtswissenschaftlichen Literatur besteht allerdings keineswegs Einigkeit darüber, was zum subjektiven Tatbestand einer Willenserklärung gehört[1].

---

1 Vgl. *Staudinger-Singer*, Vorbem. zu §§ 116–144 Rdnr. 1 ff. mit Nachw. und *Eisenhardt*, JZ 1986, 875 ff. mit ausführlichen Hinweisen.

a) Der Handlungswille

Der Handlungswille (auch als Betätigungswille bezeichnet) bezieht sich auf die Vornahme der **Erklärungshandlung**. Der Handlungswille ist der Wille, einen Erklärungsakt vorzunehmen. Von einem rechtlich bedeutsamen Handeln kann nur gesprochen werden, wenn es vom Willen bestimmt ist. Demjenigen, der unbewusst etwas tut, fehlt der Handlungswille; er gibt also keine Willenserklärung ab. Bewegungen, die ohne Steuerung des menschlichen Willens, demnach ohne Handlungswillen vorgenommen werden, sind z. B. Bewegungen, die im Traum vorgenommen werden; auch Reflexbewegungen zählen dazu.

Beispiel: Bei einer Versteigerung, bei der das Heben eines Armes eine – konkludent abgegebene – Willenserklärung, nämlich das Angebot zum Abschluss eines Kaufvertrages, darstellt, wird der bei der Versteigerung anwesende A, der nur zuschauen, aber nicht mitbieten will, von einer Biene in den Arm gestochen. Vor Schmerz reißt er den rechten Arm hoch. Der Auktionator sieht dies und erteilt A den Zuschlag. Da A lediglich eine Reflexbewegung ausführte und keine Erklärungshandlung vornehmen wollte, fehlte ihm der Handlungswille. Obwohl hier äußerlich wahrnehmbar ein schlüssiges Verhalten vorliegt, das den objektiven Tatbestand einer Willenserklärung erfüllt, fehlt eine subjektive Voraussetzung, der Handlungswille. A hat deshalb **keine** Willenserklärung abgegeben.

b) Das Erklärungsbewusstsein

Das Erklärungsbewusstsein ist das Bewusstsein, überhaupt eine rechtsgeschäftliche Erklärung abzugeben. Es genügt das Bewusstsein des Handelnden, dass seine Handlung irgendeine rechtserhebliche Erklärung darstellt. Es reicht aus, dass der Erklärende sich bewusst ist, dass sein Verhalten als eine rechtserhebliche Erklärung aufgefasst werden kann[2]. **51**

Beispiel: Derjenige, der seine Unterschrift unter ein Angebot zum Abschluss eines Vertrages setzt, sich dabei aber in dem Irrtum befindet, es handle sich um ein Glückwunschschreiben, hat nicht das Bewusstsein, eine rechtsgeschäftliche Erklärung abzugeben. Ihm fehlt das Erklärungsbewusstsein[3].

Beispiel (als Fall der „Trierer Weinversteigerung" oft als typisches Beispiel genannt): Bei einer Weinversteigerung in Trier winkt ein ortsfremder Besucher einem Freund zu. Er weiß nicht, dass das Heben des Arms die Abgabe eines höheren Gebots (= eine Willenserklärung) bedeutet. Auch hier fehlt das Erklärungsbewusstsein.

c) Der Rechtsfolgewille

Der Rechtsfolgewille (von manchen auch Geschäftswille genannt) ist in der auf die Herbeiführung eines bestimmten rechtsgeschäftlichen Erfolges gerichteten Absicht **52**

---

2 So *Brox/Walker,* Rdnr. 85.
3 Vgl. *Soergel-Hefermehl,* Rdnr. 12 vor § 116.

des Erklärenden zu sehen. Der BGH[4] charakterisiert den Rechtsfolgewillen als den Willen des Erklärenden, „dass seinem Handeln rechtliche Geltung zukommen solle, (wenn) er also eine Rechtsbindung herbeiführen will".

4. Bewusste Willensmängel

53 Willenserklärungen können Mängel aufweisen. Es stellt sich dann die Frage, welche Rechtsfolgen an das Vorhandensein dieser Mängel geknüpft werden. Denkbar sind u. a.:

– die Nichtigkeit der Willenserklärung;
– die Vernichtbarkeit der Willenserklärung durch Anfechtung seitens des Erklärenden;
– die Wirksamkeit der Willenserklärung, weil der Adressat derselben auf die Gültigkeit vertraut hat und der Erklärende nicht schutzwürdig ist.

In den §§ 116 bis 118 sind Fälle gesetzlich geregelt, in denen der Erklärende bewusst eine mit Mängeln behaftete Erklärung abgibt.

So ist in § 116 BGB z. B. der Fall geregelt, dass eine Person eine Erklärung in dem Bewusstsein abgibt, dass es sich um etwas Rechtserhebliches handelt, sich aber insgeheim, also für den Adressaten der Erklärung nicht erkennbar, vorbehält, das Erklärte nicht zu wollen. Hier liegen Handlungswille und Erklärungsbewusstsein vor; es fehlt aber der Rechtsfolgewille, also der Wille, sich an das Erklärte auch halten zu wollen. Gleichwohl ist die Erklärung nach § 116 BGB als wirksame Willenserklärung zu behandeln. Damit wird das Vertrauen, welches der Adressat der Erklärung in die Wirksamkeit der Erklärung setzt, gesetzlich geschützt.

Wird eine Willenserklärung im Einvernehmen mit dem Adressaten nur zum Schein abgegeben, so handelt der Erklärende zwar mit Erklärungsbewusstsein. Es fehlt ihm aber der Rechtsfolgewille.[5] Es handelt sich um eine sogenannte Scheinerklärung. Der Adressat ist nicht schutzwürdig. Deshalb ist die Erklärung gemäß § 117 BGB nichtig.

> **Beispiel:** Um Steuern und Notargebühren zu sparen, geben die Vertragsparteien eines Grundstückskaufvertrages beim Notar zum Schein statt des vereinbarten und gewollten Kaufpreises von 450.000 € lediglich einen solchen von 220.000 € an. Der vom Notar beurkundete Vertrag enthält daraufhin einen Kaufpreis von 220.000 €. Er ist nach § 117 BGB nichtig. Das gewollte, aber nicht beurkundete Geschäft ist ein Kaufvertrag über 450.000 €. Diesem fehlt aber die gesetzlich vorgeschriebene Form; er ist deshalb gemäß §§ 311 Abs. 1 S. 1, 125 BGB nichtig.

5. Willenserklärungen und unverbindliche Erklärungen

54 Die Willenserklärung unterscheidet sich von rechtlich unverbindlichen Erklärungen dadurch, dass eine rechtliche Bindung gewollt ist. Ob eine Erklärung eine rechtliche

---

4   BGHZ 21, 102, 106; 56, 204, 208.
5   Vgl. BGHZ 36, 84, 88.

Bindung herbeiführt, hängt also wesentlich von dem Willen des Erklärenden (dem Rechtsfolgewillen) ab.

Manche Erklärungen, bei denen ein auf einen Rechtserfolg gerichteter Wille fehlt, nennt man rein gesellschaftliche Erklärungen oder Gefälligkeiten nicht rechtsgeschäftlichen Charakters.

> **Beispiel:** Zwei Tennisspieler, die sich zu einem Tennismatch verabreden, wollen sich rechtlich nicht binden. Ihnen fehlt der Rechtsfolgewille, also der auf die rechtliche Bindung gerichtete Wille. Daraus folgt: Zwei Tennisspieler, die sich verabredet haben, können einander nicht zwingen, Tennis zu spielen, weil die rechtsgeschäftliche Bindung fehlt.

Ist klar erkennbar, dass der Erklärende eine Rechtsfolge nicht herbeiführen möchte, ihm also der Rechtsfolgewille fehlt, liegt keine Erklärung vor, die eine rechtliche Bindung schaffen kann. Häufig ist jedoch dem Verhalten einer Person nicht eindeutig zu entnehmen, dass sie sich durch das Erklärungsverhalten nicht rechtlich binden möchte. In solchen Fällen ist der Wille des Erklärenden zu ermitteln.

Geht es darum festzustellen, ob der Handelnde, der den objektiven Erklärungstatbestand geschaffen hat, den Willen hatte, sich rechtlich zu binden, so ist bei **Gefälligkeiten** auf ihre Art, ihren Grund und den Zweck abzustellen. Insbesondere kann wesentlich sein, dass **wirtschaftliche Interessen** des Adressaten berührt werden[6].

Bei der Beurteilung eines Verhaltens als Gefälligkeit ist zu berücksichtigen, dass die Gefälligkeit begriffsnotwendig die Unentgeltlichkeit der Leistung voraussetzt. Wie die gesetzlichen Regelungen von Gefälligkeitsverträgen, wie z. B. Schenkung (§ 516), Leihe (§ 598) und Auftrag (§ 662), zeigen, lässt sich jedoch allein aus der Unentgeltlichkeit noch nicht auf das Fehlen des rechtsgeschäftlichen Charakters schließen[7]. **55**

Allerdings dürften Gefälligkeiten des täglichen Lebens in der Regel nicht rechtsgeschäftlicher Art sein. Das gilt auch für Gefälligkeiten, die im sogenannten rein gesellschaftlichen Verkehr wurzeln[8]. Auf den Willen, sich rechtlich binden zu wollen (den Rechtsfolgewillen), kann dagegen häufig geschlossen werden aus

- der wirtschaftlichen Bedeutung einer Angelegenheit,
- dem Wert einer anvertrauten Sache,
- dem erkennbaren Interesse des Begünstigten und der sowohl ihm als auch dem Leistenden erkennbaren Gefahr, in die er durch eine fehlerhafte Leistung des zur Leistung Verpflichteten geraten kann[9].

> **Beispiel:** A, B und C verabreden, eine sogenannte Fahrgemeinschaft zu bilden, um so jeweils in einem PKW die Fahrstrecke zur gemeinsamen Arbeitsstätte hin und zurück zu bewältigen. Abwechselnd stellt jeder für eine Woche sein Fahrzeug zur Verfügung. Das Benzin bezahlt der Fahrer. Hierbei handelt es sich nicht nur um

---

6 Vgl. BGHZ 21, 102.
7 Vgl. BGHZ 21, 102, 106; 56, 204, 208.
8 Vgl. RGZ 128, 39, 42; BGHZ 21, 102, 107.
9 Vgl. RGZ 151, 203, 208; BGHZ 21, 102, 107.

eine Gefälligkeit, sondern um die Gründung einer Gesellschaft bürgerlichen Rechts nach § 705 BGB. Den Beteiligten war klar, dass sie etwas Rechtserhebliches erklärten, hatten also das Erklärungsbewusstsein; sie hatten darüber hinaus auch den Willen, sich rechtlich binden zu wollen, also den Rechtsfolgewillen.

6. Die Zurechenbarkeit von Erklärungstatbeständen bei fehlendem Rechtsfolgewillen

56 Wenn dem Erklärenden das Erklärungsbewusstsein oder der Rechtsfolgewillen oder gar beides fehlt, so kann man die Meinung vertreten, dass der Tatbestand einer Willenserklärung nicht vorliegt. Damit ist allerdings noch nicht ausgeschlossen, dass derjenige, der den Erklärungstatbestand geschaffen hat, sich das Erklärte unter bestimmten Voraussetzungen als Willenserklärung zurechnen lassen muss.

Da das Gesetz aufgrund rechtlich relevanten Verhaltens in vielen Fällen Rechtsfolgen eintreten lässt, wie sie im Regelfall durch rechtsgeschäftliches Handeln entstehen, lässt sich im Hinblick auf das Fehlen von Erklärungsbewusstsein und Rechtsfolgewillen (Geschäftswillens) bei Willenserklärungen Folgendes sagen: Ein Verhalten, aus dem bei den gegebenen Umständen nach Treu und Glauben mit Rücksicht auf die Verkehrssitte auf das Vorhandensein eines Erklärungsbewusstseins und eines Rechtsfolgewillens (Geschäftswillens) geschlossen werden darf, muss sich der Erklärende als Willenserklärung zurechnen lassen[10]. Dabei ist auch darauf abzustellen, wie sich dem objektiven Beobachter das Verhalten darstellt. Der BGH[11] begründet die Zurechnung eines solchen Erklärungstatbestandes ohne Rechtsfolgewillen (Geschäftswillens) neben der Rücksicht auf die Verkehrssitte mit dem Hinweis auf Treu und Glauben (§ 242 BGB) und dem gebotenen Schutz des Rechtsverkehrs. In solchen Fällen ist von der Fiktion einer Willenserklärung auszugehen.

Beispiel: Das Mitglied A eines Tennisvereins verabredet sich mit dem Clubtrainer für den nächsten Tag um 11 Uhr für eine Stunde. Der Trainer nimmt eine andere mögliche Verpflichtung für diesen Zeitpunkt nicht an. Am nächsten Tag hat A keine Lust, Tennis zu spielen und arbeitet stattdessen im Garten, weil er meint, eine Verpflichtung sei er nicht eingegangen. Hier ist durch zwei übereinstimmende Willenserklärungen ein Vertrag zustande gekommen. Auch wenn dem A das Erklärungsbewusstsein oder der Rechtsfolgewille oder gar beides fehlte, muss sich A sein Verhalten als Willenserklärung, die zum Vertragsschluss führt, zurechnen lassen, denn es handelt sich um ein Verhalten, aus dem bei den gegebenen Umständen nach Treu und Glauben mit Rücksicht auf die Verkehrssitte von einem objektiven Beobachter auf das Vorhandensein eines Erklärungsbewusstseins und eines Rechtsfolgewillens (Geschäftswillens) geschlossen werden darf. Da ein Vertrag geschlossen worden ist, hat der Trainer gegen A einen Anspruch auf die übliche Vergütung.

---

10 Vgl. dazu auch *Staudinger-Singer*, Vorbem. zu §§ 116–144, Rdnr. 33 ff.
11 BGH LM Nr. 6 zu § 150 BGB.

§ 4   Das Wirksamwerden von Willenserklärungen

Schrifttum: *Burgard*, Das Wirksamwerden empfangsbedürftiger Willenserklärungen im Zeitalter moderner Kommunikation, AcP 195 [1995], 74; *Ebnet*, Rechtsprobleme bei der Verwendung von Telefax, NJW 1992, 2985; *Gregor*, Der OK-Vermerk des Telefaxsendeprotokolls als Zugangsnachweis, NJW 2005, 2885; *Mankowski*, Zum Nachweis des Zugangs bei elektronischen Erklärungen, NJW 2004, 1901; *Riesenkampff*, Beweisbarkeit der form- und fristgemäßen Übermittlung durch Telefaxgeräte, NJW 2004, 3296; *Ultsch*, Zugangsprobleme bei elektronischen Willenserklärungen, NJW 1997, 3007; *Weiler*, Der Zugang von Willenserklärungen, JuS 2005, 788.

I. Die Empfangsbedürftigkeit von Willenserklärungen

Die mit einer Willenserklärung beabsichtigte Rechtsfolge tritt erst zu dem Zeitpunkt ein, in dem die Person, der gegenüber die Erklärung abzugeben ist, die Möglichkeit hat, diese Erklärung wahrzunehmen. Bis auf wenige Ausnahmen sind Willenserklärungen deshalb empfangsbedürftig. Das bedeutet: Sie sind einer anderen Person gegenüber abzugeben.   **57**

Abgegeben ist eine Willenserklärung, wenn der Erklärende sie mit Wissen und rechtsgeschäftlichem Wollen für andere wahrnehmbar gemacht hat. Der rechtsgeschäftliche Wille muss demnach auch von der Absicht getragen sein, diese Erklärung an eine andere Person zu richten.

II. Der Zugang

Im Hinblick auf das Wirksamwerden von Willenserklärungen ist zu unterscheiden zwischen: **58**
– Willenserklärungen, die unter Anwesenden abgegeben werden,
   und
– Willenserklärungen, die unter Abwesenden abgegeben werden.

1. Willenserklärungen unter Anwesenden

Willenserklärungen, die unter Anwesenden abgegeben werden, werden sofort mit ihrer Abgabe wirksam.   **59**

> **Beispiel:** Eine Erklärung, die der Verkäufer in Gegenwart des möglichen Käufers in der Absicht macht, den Abschluss eines Kaufvertrages herbeizuführen, wird mit der Aussprache wirksam.

Genauer: Eine Willenserklärung unter Anwesenden wird wirksam, wenn der Empfänger – derjenige, an den die Erklärung gerichtet ist (auch Adressat genannt) – die Erklärung wahrnimmt. Bei Willenserklärungen, die gesprochen werden, ist das der Zeitpunkt, an dem der Empfänger die Worte vernimmt. Wird die Willenserklärung durch konkludentes (= schlüssiges) Verhalten abgegeben, tritt die Wirksamkeit in dem Moment ein, in dem der Empfänger die Bedeutung des schlüssigen Verhaltens erkennt.

Willenserklärungen, die per Telefon abgegeben werden, sind Willenserklärungen unter Anwesenden.

2. Willenserklärungen unter Abwesenden

60 Das BGB regelt in den §§ 130 ff., wann Willenserklärungen wirksam werden, die gegenüber abwesenden Personen abgegeben werden. Willenserklärungen, die in Abwesenheit des Adressaten abgegeben werden und in einem Brief oder einer E-Mail enthalten sind oder die mündlich durch einen Boten überbracht werden, werden erst in dem Moment wirksam, in dem sie dem Empfänger zugehen. Sie sind **empfangsbedürftig**.

§ 130 enthält keine gesetzliche Definition des Begriffes des Zugangs.

Zugang heißt: Die Willenserklärung muss so in den Bereich desjenigen, an den sie gerichtet ist (Empfänger), gelangen, dass dieser sie bei Annahme gewöhnlicher Verhältnisse zur Kenntnis nehmen kann[1].

Anders ausgedrückt: Eine Willenserklärung ist zugegangen, wenn sie in verkehrsüblicher Weise so in den Machtbereich des Empfängers gelangt ist, dass dieser unter normalen Verhältnissen die Möglichkeit hat, sie zur Kenntnis zu nehmen[2].

> **Beispiel:** Ein Brief des K an den S, in dem K gegenüber S eine empfangsbedürftige Willenserklärung abgibt, ist zugegangen, wenn der Briefträger den Brief in den Briefkasten des S gesteckt hat und S normalerweise die Möglichkeit hatte, den Brief an sich zu nehmen und zu lesen.

61 Eine empfangsbedürftige Willenserklärung, die in Abwesenheit der Person abgegeben wird, an die sie gerichtet ist, wird demnach wirksam, wenn sie dem Empfänger zugeht, er sie also normalerweise zur Kenntnis nehmen kann. Unerheblich ist, ob der Empfänger die Willenserklärung tatsächlich zur Kenntnis nimmt. Maßgeblich für das Wirksamwerden der Willenserklärung, die an einen Abwesenden gerichtet ist, ist demnach der Zugang, nicht die Kenntnisnahme.

> **Beispiel** (in Anlehnung an das vorhergehende **Beispiel**): Die Willenserklärung des K, die in einem Brief enthalten ist, wird wirksam, wenn sie dem S am 26. Februar 2010 zugeht. Die Erklärung ist zugegangen, wenn der Briefträger den Brief am 26. Februar 2010 in den Briefkasten gesteckt hat und S normalerweise die Möglichkeit hatte, den Inhalt des Briefes zur Kenntnis zu nehmen. Wenn S den Briefkasten zwei Tage lang nicht leert, obwohl er es hätte tun können, also auch den

---

1 Vgl. dazu BGHZ 67, 271, 275; BGH NJW 1974, 1386.
2 Vgl. *MünchKomm-Einsele*, § 130 Rdnr. 16.

Brief nicht zur Kenntnis nimmt, ändert das nichts daran, dass die in dem Brief enthaltene Willenserklärung schon am 26. Februar 2010 wirksam wird; denn im Hinblick auf das Wirksamwerden einer empfangsbedürftigen Willenserklärung ist gemäß § 130 Abs. 1 der Zeitpunkt des Zugangs, nicht aber der Zeitpunkt der Kenntnisnahme entscheidend.

Abzustellen ist auf die Kenntnisnahmemöglichkeit unter **normalen Verhältnissen.** **62** Das bedeutet: Die Zugangswirkung tritt in dem Zeitpunkt ein, in dem die Überprüfung der Empfangsvorkehrung – also z. B. das Leeren des Briefkastens – nach den Regeln des täglichen Lebens erwartet werden kann. Wer Wert darauf legt, dass die Zugangswirkung auch zu ungewöhnlichen Zeiten, wie z. B. in der Nacht eintritt, ist schließlich nicht daran gehindert, den Empfänger aufzusuchen und ihm die Willenserklärung zu übergeben[3].

> **Beispiel:** Die um Mitternacht vom Vermieter V in den Briefkasten des Mieters M gelegte Kündigungserklärung ist nicht sofort wirksam. Sie wird am darauffolgenden Morgen wirksam, wenn M um diese Zeit den Briefkasten normalerweise leert. Wenn V am frühen Morgen einen Widerruf der Kündigung in den Briefkasten steckt, so geht der Widerruf gleichzeitig mit der Kündigung i. S. des § 130 Abs. 1 S. 2 zu. Die Kündigung ist deshalb nicht wirksam.

Unter Kaufleuten bzw. Unternehmern besteht eine gesteigerte Pflicht, geeignete **63** Empfangsvorkehrungen zu treffen, damit insbesondere fristgebundene Erklärungen wie Kündigungen, Mängelrügen oder Fristsetzungen während der Geschäftszeiten zugehen können. So muss ein Gewerbebetrieb einer gewissen Größe damit rechnen, dass während der Geschäftszeiten rechtsgeschäftliche Erklärungen eingehen, und daher dafür Sorge tragen, dass an seine Geschäftsadresse gerichtete Briefe oder sonstige Erklärungen zugestellt werden können[4]. Auch bei vorübergehender Ortsabwesenheit (Geschäftsreise, Urlaub) hat ein Kaufmann sicherzustellen, dass an ihn gerichtete Post zugehen kann oder einen Vertreter erreicht. Versäumt er dies, kann er sich auf den verspäteten Zugang seiner Geschäftspost nicht berufen[5].

III. Einzelfälle

a) Unterhält der Empfänger ein **Postschließfach**, so geht ihm die schriftliche Willenserklärung in dem Moment zu, in dem er die Möglichkeit hat, das Schreiben an sich zu nehmen, in der Regel also mit dem Einsortieren in das Fach, wenn das Postgebäude für den Publikumsverkehr geöffnet ist. **64**

b) Wird eine Willenserklärung durch **Telefax** übermittelt, ist sie mit Abschluss des Druckvorganges im Empfängergerät des Adressaten zugegangen; bei Geschäfts-

---

3 So im Ergebnis auch *Staudinger-Singer/Benedict*, § 130 Rdnr. 73 ff.
4 Vgl. OLG Celle NJW 1974, 1386 f.
5 So OLG Celle NJW 1974, 1386.

leuten jedoch nur, wenn dies während der üblichen Geschäftsstunden geschieht, sonst mit dem Beginn der nächsten Geschäftsstunden[6].

IV. Das Wirksamwerden empfangsbedürftiger Willenserklärungen bei Benutzung moderner Telekommunikationsmittel

65 Wird unter Einsatz moderner Kommunikationstechnik rechtsgeschäftlich gehandelt, so werden Willenserklärungen im herkömmlichen Sinne abgegeben und übermittelt. Die Besonderheiten der Erstellung und Übermittlung auf elektronischem Wege beeinflussen die rechtliche Qualifizierung einer solchen Erklärung als normale Willenserklärung nicht.

Allen modernen Telekommunikationsmitteln ist gemeinsam, dass die Nachrichtenübertragung – mit Ausnahme der Übersendung von Datenträgern – unverkörpert erfolgt und die Nachricht von der Datenendeinrichtung des Empfängers sodann elektronisch gespeichert und ausgedruckt oder auf andere Art und Weise visualisiert werden kann. Weiterhin ist je nach technischer Ausstattung ein Dialog zwischen Sender und Empfänger möglich.

66 Trotz dieser technischen Möglichkeiten besteht überwiegend Einigkeit darüber, dass weder die Anwesenheit der Parteien bzw. das Bestehen eines direkten Vermittlungskontaktes noch die Nichtverkörperung bzw. Nichtspeicherung der Erklärung Umstände darstellen, die ein Abweichen der in § 130 Abs. 1 S. 1 statuierten Risikoverteilung zulasten des Erklärenden begründen können[7]. Zu fragen ist, wie der „Machtbereich", besser Aufnahmebereich, des Empfängers zu umschreiben ist. Dieser Bereich muss objektiv bestimmt und normalerweise geeignet sein, eine Erklärung anzunehmen und zu speichern[8]. Die Möglichkeit der Speicherung ist vorhanden, wenn es nur noch vom Empfänger abhängt, ob die Erklärung seiner fortgesetzten Verfügbarkeit zugeführt wird. Dabei ist auf gewöhnliche Verhältnisse abzustellen[9]. Das bedeutet, der Empfänger verfügt dann über die Möglichkeit der Kenntnisnahme, wenn seine Empfangseinrichtung die eintreffenden Erklärungen ordnungsgemäß speichert und zum Abruf bereithält. Dies sicherzustellen, gehört zur Risikosphäre des Empfängers, da es außerhalb der Einflusssphäre des Absenders liegt, die Funktionstüchtigkeit der Empfangsvorrichtung zu garantieren[10]. Der Empfänger trägt also das Speicher- und Abrufrisiko.

Dabei ist zwischen der Verwendung von E-Mail-Adressen im geschäftlichen und privaten Rechtsverkehr zu unterscheiden[11].

---

6 *Staudinger-Singer/Benedict*, § 130 Rdnr. 51, 73; *Palandt-Ellenberger*, § 130 Rdnr. 7.
7 Vgl. *Burgard*, AcP 195 [1995], 74, 92 mit Nachw.
8 Vgl. *Burgard*, AcP 195 [1995], 74, 102 f.
9 Vgl. *Burgard*, AcP 195 [1995], 74, 104.
10 *Wülfing/Dieckert*, S. 28.
11 Vgl. dazu *Ultsch*, NJW 1997, 3007.

Eine empfangsbedürftige Willenserklärung ist in dem Moment zugegangen und **67** damit wirksam geworden, in welchem sie derart in den Aufnahmebereich des Empfängers gelangt, dass dieser unter gewöhnlichen Verhältnissen, d. h. bei funktionstüchtigen technischen Geräten, die Möglichkeit hat, die Erklärung zu speichern und zur Kenntnis zu nehmen[12].

Für die Praxis bedeutet dies u. a.:

- Gegenüber einem Unternehmer geht eine per E-Mail übermittelte Erklärung, die in einer Mailbox gespeichert wird, in dem Moment zu, in dem sie gespeichert ist und dies in eine Zeit fällt, in der der Empfänger normalerweise zum Abruf bereit ist[13].

- Bei einem privaten E-Mail-Adressaten geht die E-Mail unter der Voraussetzung, dass er seine E-Mail-Adresse für den Rechts- und Geschäftsverkehr bekanntgegeben hat, ebenfalls in dem Zeitpunkt zu, in dem unter normalen Umständen mit einer Kenntnisnahme zu rechnen ist, spätestens am nächsten Tag nach dem Eingang in der Mailbox[14].

Besondere Schwierigkeiten ergeben sich bei Erklärungen, die elektronisch über- **68** mittelt werden, wenn Zugangshindernisse auftreten. Scheitert die Datenübermittlung an einer Störung oder Unterbrechung im öffentlichen Netz, trifft das damit zusammenhängende Risiko nach dem dem § 120 innewohnenden Grundgedanken den Erklärenden, also den Absender. Die Erklärung ist nicht zugegangen[15].

Trifft die Erklärung auf ein Zugangshindernis im Bereich des Empfängers, obwohl der Erklärende auf einen ungehinderten Zugang vertrauen durfte, so ist anzunehmen, dass die Erklärung nach Treu und Glauben in dem Moment wirksam wird, in welchem sie ohne das Hindernis zugegangen wäre. Etwas anderes muss jedoch dann gelten, wenn der Erklärende erkennt, dass der Empfänger von der Erklärung keine Kenntnis erlangt hat oder er dies nach den Umständen annehmen muss; der Erklärende ist dann nach § 242 verpflichtet, die Übertragung der Erklärung unverzüglich zu wiederholen[16].

V. Der Widerruf von Willenserklärungen

1. Überblick

Das BGB verwendet den Begriff Widerruf im Hinblick auf Willenserklärungen. **69** Zunächst wirksame Willenserklärungen können mit der Folge widerrufen werden,

---

12 Ähnlich *Burgard*, AcP 195 [1995], 74, 134.
13 LG Nürnberg-Fürth, NJW-RR 2002, S. 1721, 1722; *Mankowski*, NJW 2004, 1901; *Ultsch*, NJW 1997, 3007.
14 *Mankowski*, NJW 2004, 1901, 1902; *Ultsch*, NJW 1997, 3007, 3008.
15 Vgl. *Ultsch*, NJW 1997, 3007, 3008; *Ebnet*, NJW 1992, 2985, 2990.
16 So zutreffend *Burgard*, AcP 195 [1995], 74, 135.

dass sie vom Zeitpunkt des Wirksamwerdens des Widerrufs, der selbst eine Willenserklärung ist, unwirksam werden.

Eine Willenserklärung kann widerrufen werden, ohne dass es schon zu einem angestrebten Vertragsschluss gekommen ist (z. B. § 130 Abs. 1 S. 2). Durch den Widerruf einer Willenserklärung kann aber auch, wenn ein Widerrufsrecht eingeräumt ist, ein bereits zustande gekommener Vertrag mit Wirkung von nun an (ex nunc) beendet werden. Das ist z. B. bei Verbraucherverträgen (§ 355) und beim Auftrag (§ 671) der Fall.

2. Der Widerruf vor Zugang der Willenserklärung

70 Eine Willenserklärung, die erst mit dem Zugang beim Adressaten wirksam wird, kann widerrufen und damit nicht wirksam werden. Eine Willenserklärung wird nicht wirksam, wenn dem Empfänger vor deren Zugang oder gleichzeitig ein Widerruf zugeht (§ 130 Abs. 1 S. 2).

Auch der Widerruf ist eine empfangsbedürftige Willenserklärung.

Beispiel: A bestellt schriftlich bei dem Weinhändler W 100 Flaschen Moselwein. Noch am selben Tag bereut er seine Bestellung und schreibt an W, er möchte seine Bestellung rückgängig machen. W findet am nächsten Tag in seinem Briefkasten die Bestellung und den Widerruf des A. Der Widerruf ist damit gleichzeitig mit der Willenserklärung zugegangen, auf die er sich bezog. Infolgedessen ist die Bestellung gemäß § 130 Abs. 1 S. 2 nicht wirksam geworden.

3. Der Widerruf bei Verbraucherverträgen

71 Gemäß § 355 Abs. 1 und 3 hat ein Verbraucher (§ 13), dem im Gesetz ein Widerrufsrecht nach dieser Norm eingeräumt wird, nach Abschluss eines Vertrages mit einem Unternehmer (§ 14) die Möglichkeit, seine Willenserklärung wirksam zu widerrufen, wenn er sich vom Vertrage lösen will. Die Frist für den Widerruf beträgt zwei Wochen (§ 355 Abs. 1). Diese Frist gilt gemäß § 355 Abs. 2 BGB aber nur, sofern der Verbraucher ordnungsgemäß über das Bestehen eines Widerrufsrechts belehrt worden ist. Gemäß § 355 Abs. 3 S. 3 BGB erlischt das Widerrufsrecht bei fehlender Belehrung nicht, auch nicht nach 6 Monaten, wie es § 355 Abs. 3 S. 1 BGB grundsätzlich vorsieht.

Hat der Verbraucher eine Widerrufserklärung abgegeben, ist er „an seine auf den Abschluss des Vertrages gerichtete Willenserklärung nicht mehr gebunden" (§ 355 Abs. 1 S. 1). Das bedeutet, ein Vertrag ist zunächst einmal **schwebend wirksam** zustande gekommen; der Verbraucher kann sich von demselben allerdings durch Widerruf lösen. Von diesem Zeitpunkt an ist der bis dahin schwebend wirksame Vertrag beendet. Sind bis zum Wirksamwerden des Widerrufs bereits Leistungen ausgetauscht worden, so findet die Rückabwicklung des Vertrages nach entsprechender Anwendung der Rücktrittsvorschriften der §§ 346 ff. statt (§ 357 Abs. 1).

§ 5 Das Zustandekommen eines Vertrages

Schrifttum: *Bodewig,* Rechtsfolgen vorvertraglichen Verschuldens bei Abbruch von Vertragsverhandlungen, Jura 2001, 1; *Busche,* Privatautonomie und Kontrahierungszwang, 1999; *Bydlinski,* Probleme des Vertragsabschlusses ohne Annahmeerklärung, JuS 1988, 36; *Eisenhardt,* Ansprüche aus culpa in contrahendo wegen Verletzung der Verpflichtung, über erkennbare Unwirksamkeitsgründe aufzuklären, Festschrift für Zentaro Kitagawa, 1992, S. 297; *ders.,* Die Rechtsfolgen bei Abbruch von Vertragsverhandlungen und Abschluss eines nicht erwartungsgerechten Vertrages, Festschrift für Hans G. Leser, 1998, S. 144; *Gehrlein,* Haftung nach Abbruch von Verhandlungen über formgebundene Verträge, MDR 1998, 445; Petersen, Das Zustandekommen des Vertrags, Jura 2009, 183; *Wertenbruch,* Zur Haftung aus culpa in contrahendo bei Abbruch von Vertragsverhandlungen, ZIP 2004, 1525.

I. Einführung

Bedarf eine Person zur Verfolgung ihrer Ziele der Mitwirkung einer anderen Person, muss sie sich in der Regel mit dieser über deren Mitwirkungsverpflichtung und die von ihr zu erbringende Leistung einigen. Eine solche Einigung zweier Personen ist ein **Vertrag**. 72

Ein abgeschlossener Vertrag bindet die daran beteiligten Personen, die in dem Vertrag gegebenen Zusagen einzuhalten. Jeder Vertragspartner kann den anderen in der Regel mithilfe der Gerichte zwingen, die vertraglichen Verpflichtungen zu erfüllen. Eine nachträgliche Änderung eines einmal abgeschlossenen Vertrages ist grundsätzlich nur noch mit der Zustimmung aller Vertragspartner möglich.

II. Vertragliche und gesetzliche Schuldverhältnisse

Der Vertrag begründet ein Schuldverhältnis. Aufgrund eines Schuldverhältnisses kann eine Person von einer anderen Person ein Tun oder Unterlassen verlangen. 73

In der Regel sind an einem Schuldverhältnis nur zwei Personen beteiligt; es können jedoch auch mehrere sein. Die aus dem Schuldverhältnis erwachsenden Rechte und Pflichten berechtigen und verpflichten in der Regel **nur** die an dem Schuldverhältnis beteiligten Personen.

In § 241 Abs. 1 definiert das Gesetz abstrakt den Inhalt eines Schuldverhältnisses. Kann eine Person von einer anderen oder mehreren anderen Personen ein Tun oder Unterlassen verlangen, so hat sie einen **Anspruch**. Ein Anspruch gibt einer Person also das Recht, von einer oder mehreren anderen Personen ein bestimmtes Tun oder Unterlassen zu verlangen (siehe auch § 194 Abs. 1). Derjenige, der den Anspruch hat und die Leistung verlangen kann, ist der **Gläubiger**. Der, gegen den sich der Anspruch richtet und der zur Leistung verpflichtet ist, ist der **Schuldner**.

Beispiel: Schließen V (Verkäufer) und K (Käufer) einen Kaufvertrag über ein Buch ab, so hat V gegen K einen Anspruch auf Zahlung des vereinbarten Kaufpreises (§ 433 Abs. 2). K hat gegen V einen Anspruch auf Übergabe und Übereignung des gekauften Buches (§ 433 Abs. 1 S. 1). Die Ansprüche aus dem Schuldverhältnis, dem Kaufvertrag, bestehen nur zwischen V und K, nicht aber dritten, nicht am Vertrag beteiligten Personen gegenüber.

Beispiel: Kauft P bei S einen PKW, der zum Zeitpunkt der Übergabe mit erheblichen Mängeln behaftet ist, kann P wegen der Mängel nur den Verkäufer S in Anspruch nehmen. Wendet der Käufer P sich wegen dieser Mängel an dritte Personen, so sind diese nicht verpflichtet, die von P geltend gemachten Ansprüche zu erfüllen, weil zwischen ihnen und P kein Schuldverhältnis besteht.

74 Ein Schuldverhältnis kann durch Abschluss eines Vertrages entstehen oder auf Gesetz beruhen.

Durch den Abschluss eines **vertraglichen Schuldverhältnisses** verpflichten sich die daran Beteiligten, einander bestimmte Leistungen zu erbringen. Ein Vertrag wird durch den geäußerten übereinstimmenden Willen, also durch zwei auf den Vertragsschluss gerichtete Willenserklärungen, der Personen begründet, die den Vertrag schließen wollen.

Im Gegensatz dazu entsteht ein **gesetzliches Schuldverhältnis** nicht aufgrund von Vereinbarungen zwischen Personen, sondern dadurch, dass eine oder mehrere Personen Handlungen vornehmen, durch die ein im Gesetz umschriebener Tatbestand erfüllt wird, an den das Gesetz Rechtsfolgen knüpft.

Beispiel: A zerschlägt mit einem Hammer die Scheinwerfer an dem im Eigentum des E stehenden PKW, um sich an E zu rächen. Der Schaden beträgt 250,– €. A hat das Eigentum des E verletzt. Dadurch ist dem E ein Schaden in Höhe von 250,– € entstanden. A handelte widerrechtlich und vorsätzlich. Er verwirklichte mit seinem Handeln den in § 823 Abs. 1 umschriebenen Tatbestand. Gemäß § 823 Abs. 1 ist er dem E zum Ersatz des entstandenen Schadens verpflichtet. Die Schadensersatzverpflichtung beruht hier auf einem gesetzlichen Schuldverhältnis, das entstanden ist, weil A die in § 823 Abs. 1 genannten Tatbestandsmerkmale erfüllt hat.

75 Auch mit der Eröffnung von Vertragsverhandlungen, sogar bereits mit dem Willensentschluss, Vertragsverhandlungen zu beginnen, entsteht ein **vorvertragliches gesetzliches Schuldverhältnis im Sinne des § 311 Abs. 2 oder 3**, das den Beteiligten die Pflicht auferlegt, in ihrem Herrschaftsbereich alles zu unterlassen, was dem potenziellen Vertragsgegner Schaden zufügen könnte. Bei **schuldhafter** Verletzung dieser Pflichten aus § 241 Abs. 2 (z. B. Schutz-, Obhut-, Unterrichtungs-, Aufklärungs- und Auskunftspflichten) hat der Verletzende gemäß § 280 in Verbindung mit §§ 241 Abs. 2, 311 Abs. 2 dem Geschädigten den entstandenen Schaden zu ersetzen.

Beispiel für die Anbahnung eines Vertrages: K betritt das Kaufhaus V in der Absicht, möglicherweise dort Sportbekleidung zu kaufen. Damit hat die Anbahnung eines Vertrages (§ 311 Abs. 2 Nr. 2) begonnen. Für beide potenziellen Vertragspartner erwachsen aus dem entstandenen vorvertraglichen gesetzlichen Schuldverhältnis gemäß § 241 Abs. 2 Schutz- und Obhutpflichten, deren Verletzung eine zum Schadensersatz verpflichtende Pflichtverletzung darstellen kann (§ 280 in Verbindung mit §§ 241 Abs. 2, 311 Abs. 2). Wenn V ein stark beschädigtes Treppengeländer nicht reparieren lässt und K, der sich darauf stützen möchte und stürzt, schwere Verletzungen erleidet, so liegt darin eine Pflichtverletzung in einem vorvertraglichen Schuldverhältnis.

III. Das Entstehen eines Vertrages durch Angebot und Annahme

1. Einführung

Ein Vertrag entsteht durch zwei übereinstimmende, auf den Vertragsschluss gerichtete Willenserklärungen (Angebot und Annahme) zweier Personen. **76**

Das **Angebot** (der Antrag) ist eine Willenserklärung, mit der sich jemand, der einen Vertrag abschließen möchte, an einen anderen wendet und die zukünftigen Vertragsbedingungen in einer Weise vollständig zusammenfasst, dass der andere, ohne inhaltliche Änderungen vorzunehmen, durch ein bloßes „Ja" (die Annahmeerklärung) den Vertrag entstehen lassen kann.

Die **Annahme** ist die Erklärung, mit der sich derjenige, an den das Angebot gerichtet ist, mit dem Inhalt des Angebotes einverstanden erklärt. Mit Erklärung der Annahme des Angebots ist der Vertrag zustande gekommen.

Angebot und Annahme werden häufig nicht ausdrücklich, sondern konkludent erklärt.

> **Beispiel**: K betritt einen Bäckerladen und sagt zu dem Bäcker B: „10 Brötchen bitte." Wortlos packt B 10 Brötchen in die Tüte und übergibt sie K. Indem K zu B sagt: „10 Brötchen bitte", macht er dem B ein Angebot zum Abschluss eines Kaufvertrages. Da K den Willen hatte, sich durch die Abgabe der Erklärung in der Weise zu binden, dass er Rechte und Pflichten aus dem angestrebten Vertrag übernehmen wollte, liegt ein bindendes Angebot des K vor. Dieses Angebot ist so konkret gefasst, dass B es durch ein bloßes „Ja" als Annahmeerklärung annehmen kann. Dieses Angebot ist eine Willenserklärung, die K ausdrücklich abgegeben hat. B hat auf dieses Angebot nicht mit Worten geantwortet. Indem er 10 Brötchen in eine Tüte packte und sie K übergab, hat er durch sein Handeln aber zum Ausdruck gebracht, dass er eine Rechtsfolge, nämlich das Zustandekommen des Kaufvertrages mit K, herbeiführen wollte. B hat durch sein konkludentes (schlüssiges) Verhalten ebenfalls eine Willenserklärung, nämlich eine Annahmeerklärung auf das Angebot des K, abgegeben, durch die ein Kaufvertrag zustande gekommen ist.

Auch wenn Kontrahierungszwang besteht, kommt der Vertrag durch die Abgabe übereinstimmender auf den Vertragsschluss gerichteter Willenserklärungen zustande. Das bedeutet: Der Vertragswillige unterbreitet der Gegenseite ein annahmefähiges Angebot, welches diese annehmen muss.[1]

2. Die Abgrenzung zwischen Verträgen und rein gesellschaftlichen Beziehungen

77 Häufig ist es schwierig, zwischen Verträgen einerseits und sogenannten rein gesellschaftlichen Beziehungen andererseits abzugrenzen. Rein gesellschaftliche Beziehungen sind rechtlich unverbindlich. Sie kommen aufgrund von Erklärungstatbeständen zustande, bei denen das Erklärungsbewusstsein und der Rechtsfolgewille fehlen. Auch wenn das Erklärungsbewusstsein vorhanden ist, aber der Rechtsfolgewille fehlt, kommt im Zweifel kein Vertrag zustande[2]. Ist zweifelhaft, ob ein Vertrag geschlossen worden ist oder die Beteiligten – oder nur einer von ihnen – lediglich rechtlich unverbindliche gesellschaftliche Beziehungen anknüpfen wollten, ist zunächst zu prüfen, ob die Beteiligten entsprechende **Willenserklärungen** abgegeben haben. Das bedeutet, es ist zu prüfen, ob sie sich rechtlich binden und eine Rechtsfolge herbeiführen wollten, also mit Erklärungsbewusstsein und Rechtsfolgewillen handelten.

> **Beispiel:** Verabreden sich zwei Personen zu einem Abendessen, so handeln sie ohne Erklärungsbewusstsein und ohne Rechtsfolgewillen.

3. Das Angebot zum Abschluss eines Vertrages

a) Die Bindungswirkung des Angebots

78 Derjenige, der ein Angebot (einen „Antrag", wie es in § 145 heißt) abgibt, ist, wenn diese Willenserklärung dem Adressaten zugegangen und wirksam geworden ist, an dieses Angebot gebunden (§ 145). Die Bindung besteht darin, dass der Antragende das Angebot nicht mehr einseitig widerrufen oder seinen Inhalt abändern kann. Die Entscheidung darüber, ob ein Vertrag zustande kommt oder nicht, liegt nun allein beim Empfänger.

Der Antragende hat in der Regel rechtlich also keine Möglichkeit mehr, das Zustandekommen des Vertrages zu verhindern. Die Gebundenheit des Erklärenden an sein Angebot (Antrag) soll dem Empfänger eine sichere Grundlage dafür schaffen, eine Entscheidung über Annahme oder Ablehnung des Angebots treffen zu können.

Bindend ist allerdings nur ein hinreichend bestimmtes Angebot. Vereinfachend ausgedrückt kann man sagen: Das Angebot muss so bestimmt sein, dass derjenige, an den es sich richtet, es mit einem einfachen „Ja" annehmen kann. Daraus ergibt

---

1 Vgl. KG MDR 2008, 675 f.
2 Vgl. oben Rdnr. 54 f.

sich, dass das Angebot bereits alle regelungsbedürftigen Punkte des angestrebten Vertrages enthalten muss.

> **Beispiel:** S teilt seinem Kunden K telefonisch mit, aufgrund der allgemeinen, nicht sehr günstigen Wirtschaftslage könne er ihm Waren aus seinem Sortiment momentan zu Vorzugspreisen anbieten. Ob in dieser telefonischen Erklärung ein Angebot zu sehen ist, richtet sich danach, ob die Erklärung des S bereits alle Punkte des angestrebten Vertrages umfasst, K also durch ein bloßes, von ihm geäußertes „Ja" (Annahmeerklärung) den Vertrag zustande kommen lassen kann. Es wird zwar deutlich, dass S mit K einen Vertrag abschließen möchte, der ein Kaufvertrag sein soll. Es ist allerdings nicht klar, welche Waren zu welchem Preis veräußert werden sollen. Die Erklärung des S enthält also keine Angaben über Leistung und Gegenleistung. Damit fehlt es an wesentlichen Punkten, die im Hinblick auf den Vertrag, der abgeschlossen werden soll, geregelt werden müssen. S hat also kein bindendes Angebot gemacht, sondern lediglich eine Einladung an K ausgesprochen, mit ihm (S) in Vertragsverhandlungen einzutreten.

b) Der Inhalt eines Angebotes

Zu den regelungsbedürftigen Punkten des angestrebten Vertrages zählen: **79**
- die Partner des Vertrages,
- Leistung und Gegenleistung,
- der Geschäftstyp, wie z. B. Kaufvertrag, Mietvertrag etc.

Aus der Benennung von Leistung und Gegenleistung kann in der Regel bereits auf den Geschäftstyp geschlossen werden.

Es ist allerdings nicht notwendig, dass stets alle Einzelheiten des Vertrages bereits aus dem Angebot erkennbar sein müssen. Das BGB sieht sogar ausdrücklich vor, dass die Bestimmung der Leistung oder Gegenleistung dem Vertragspartner oder einem Dritten überlassen sein kann. Das ergibt sich z. B. aus §§ 315 ff., insbesondere aus § 316.

Hinreichend bestimmt und deshalb bindend und wirksam ist ein Angebot auch dann, wenn sich derjenige, der es abgibt, an eine unbestimmte Vielzahl von Personen richtet und damit darauf verzichtet, den Annehmenden als eine bestimmte Person zu benennen. Voraussetzung ist allerdings stets, dass das Angebot mit dem Willen abgegeben wird, den Vertrag mit demjenigen zu schließen, der die Annahme erklärt[3].

> **Beispiel:** In dem Aufstellen eines gefüllten Warenautomaten ist ein auf den Inhalt beschränktes bindendes Angebot des Automatenaufstellers zum Abschluss eines Kaufvertrages zu sehen, das sich an eine unbestimmte Zahl potenzieller Käufer richtet. Derjenige, der auf die dafür vorgesehene Weise Geld in den Automaten einwirft und dessen Mechanismus betätigt, nimmt das Angebot durch konkluden-

---

3   Vgl. *Staudinger-Bork*, § 145 Rdnr. 19.

tes Verhalten an und lässt dadurch einen Kaufvertrag mit dem Automatenaufsteller zustande kommen[4].

c) Einschränkungen der Bindungswirkung

80 Gemäß § 145 kann derjenige, der ein Angebot abgibt, die Gebundenheit (= Bindungswirkung) ausschließen. Ein Bedürfnis dafür besteht insbesondere dann, wenn der Erklärende sich die letzte Entscheidung zum Vertragschluss noch vorbehalten möchte.

Häufig enthalten Angebote Formulierungen wie z. B. „freibleibend", „unverbindlich" oder „ohne obligo". Bei der Entscheidung darüber, welche rechtlichen Konsequenzen solche Klauseln haben, ist zu differenzieren zwischen **unbeschränkten und beschränkten Freiklauseln.**

Um eine **unbeschränkte Freiklausel** handelt es sich dann, wenn sich Formulierungen wie „freibleibend", „ohne obligo" und „unverbindlich" auf das gesamte Angebot beziehen. Da § 145 ausdrücklich vorsieht, dass der Erklärende die Gebundenheit ausschließt, entspricht es der Systematik des Gesetzes, wenn man davon ausgeht, bei unbeschränkten Freiklauseln ein Angebot mit dem Vorbehalt der Nichtgebundenheit anzunehmen. Das bedeutet: Der Erklärende kann sein Angebot nicht nur bis zum Zugang der Annahmeerklärung widerrufen; er hat sich vielmehr die Entscheidung auch noch für die Zeit nach dem Zugang der Annahmeerklärung vorbehalten, sodass er den Widerruf auch noch nach dem Zugang der Annahmeerklärung erklären kann, sofern er unverzüglich widerruft.

Beispiel: V bietet K auf dessen Anfrage hin schriftlich mehrere Waggonladungen verschiedener Holzarten zum Kauf an. Das Kaufangebot ist mit „freibleibend" überschrieben und enthält detaillierte Preisangaben. K bittet um unverzügliche Lieferung einer Waggonladung Kiefernholz zum Preis von 12 500,– €. V lässt hieraufhin 14 Tage lang nichts von sich hören. Kann K Lieferung und Übereignung von V verlangen? Hier handelt es sich um eine Erklärung mit unbeschränkter Freiklausel. Das bedeutet, V kann sein Angebot nicht nur bis zum Zugang der Annahmeerklärung widerrufen; er hat sich vielmehr die Entscheidung auch noch für die Zeit nach dem Zugang der Annahmeerklärung vorbehalten, sodass er den Widerruf auch noch nach dem Zugang der Annahmeerklärung erklären kann, sofern er unverzüglich widerruft.

81 Bei **beschränkten Freiklauseln** bezieht sich die Klausel lediglich auf begrenzbare Teile des Angebots. Ein Beispiel dafür ist die Klausel „Preis freibleibend". In Fällen dieser Art liegt ein wirksames Angebot zum Abschluss eines Vertrages vor. Der Vertrag kommt zustande, wenn der Adressat das Angebot annimmt.

Derjenige, der das Angebot abgibt, kann die Bindungswirkung auch dadurch beschränken, dass er eine Frist setzt, innerhalb derer das Angebot angenommen wer-

---

4   Vgl. *Staudinger-Bork*, § 145 Rdnr. 8.

den kann. Geht die Annahmeerklärung dem Antragenden nicht innerhalb der bestimmten Frist zu (und wird damit gemäß § 130 wirksam), ist sie verspätet. Das Angebot ist nach § 146 erloschen. Die Annahmeerklärung trifft also nicht mehr auf ein existierendes Angebot.

d) Die Abgrenzung zwischen bindendem Angebot und der bloßen Aufforderung, ein Angebot abzugeben

Es bereitet häufig Schwierigkeiten, zwischen einem bindenden Angebot und der **82**
bloßen **Aufforderung, ein Angebot abzugeben** (invitatio ad offerendum), abzugrenzen. Während das Angebot eine bindende Willenserklärung ist, handelt es sich bei der Aufforderung, ein Angebot abzugeben, nicht um eine Willenserklärung. Bei der Beantwortung der Frage, ob eine Person ein bindendes Angebot zum Abschluss eines Vertrages gemacht hat, ist es entscheidend, ob sie mit Erklärungsbewusstsein und Rechtsfolgewillen gehandelt hat.

Zeitungsanzeigen, in denen für bestimmte Waren geworben wird, sind – auch wenn sie den Ausdruck „Angebot" enthalten – **keine** bindenden Angebote zum Abschluss von Verträgen, sondern lediglich Aufforderungen an mögliche Kunden, ihrerseits Angebote an den Werbenden abzugeben[5]. Auch das Zusenden von Preislisten und Katalogen wird nicht als Angebot, sondern als Aufforderung zur Abgabe eines Angebotes angesehen[6]. In den genannten Fällen fehlen das Erklärungsbewusstsein und der Rechtsfolgewille desjenigen, der den Erklärungtatbestand schafft, jedenfalls aber der Rechtsfolgewille. Deswegen liegt jeweils keine Willenserklärung vor.

Eine andere Frage ist die, ob derjenige, der Zeitungsanzeigen aufgibt, Kataloge ver- **83**
schickt etc., sich dies als rechtlich relevantes Verhalten zurechnen lassen muss, wenn andere darauf vertrauen, dass es sich um bindende Angebote handelt. Bei der Beantwortung dieser Frage sind die allgemeinen Regeln so, wie sie oben dargestellt worden sind, anzuwenden. Es ist also zu prüfen, ob bei dem Erklärenden ein Verhalten festzustellen ist, aus dem bei den gegebenen Umständen nach Treu und Glauben mit Rücksicht auf die Verkehrssitte auf das Vorhandensein eines Erklärungsbewusstseins und eines Rechtsfolgewillens geschlossen werden darf. Ist dies zu bejahen, muss der Erklärende sich das Erklärte als Willenserklärung – hier als ein bindendes Angebot – zurechnen lassen. Bei den bisher genannten Beispielen kann weder aus den Umständen noch mit Rücksicht auf die Verkehrssitte auf das Vorhandensein eines Erklärungsbewusstseins und eines Rechtsfolgewillens geschlossen werden.

> **Beispiel:** Wenn das Versandhaus „Globus" an einen großen Kundenkreis Kataloge verschickt, so stellt sich die Frage, ob das Zusenden eines solchen Kataloges ein bindendes Angebot des Versandhauses „Globus" darstellt. Die Erklärung des Versandhauses ist nur dann ein Angebot, wenn sie bereits alle regelungsbedürftigen

---

5 KG JW 1919, 325; *Soergel-Wolf*, § 145 Rdnr. 7.
6 *Soergel-Wolf*, § 145 Rdnr. 7.

Punkte des angestrebten Vertrages enthält und der Erklärende den Willen hatte, sich durch ein Angebot zu binden. Der angestrebte Vertrag ist ein Kaufvertrag; die Leistung des Versandhauses und die Gegenleistung (Lieferung von bestimmten Waren gegen Leistung des dafür verlangten Kaufpreises) sowie der Adressat der Erklärung (der Empfänger des Kataloges) sind bestimmt. Demnach enthält das Angebot bereits alle regelungsbedürftigen Punkte des angestrebten Vertrages. Zweifelhaft ist jedoch, ob das Versandhaus „Globus" sich durch das Zusenden der Kataloge binden wollte. Es ist also zu untersuchen, ob das Versandhaus mit Erklärungsbewusstsein und Rechtsfolgewillen handelt. Aus der Art und Weise, wie Versandhäuser und deren Kunden miteinander zu verfahren pflegen, lässt sich jedenfalls auf das Vorhandensein bzw. Fehlen des **Rechtsfolgewillens** schließen: Durch das Zusenden von Katalogen zeigen Versandhäuser lediglich die Bereitschaft, Kaufverträge abschließen zu wollen, verbunden mit der Aufforderung an die Kunden, ihrerseits bindende Angebote zum Abschluss von Kaufverträgen an das Versandhaus zu richten. Angebote geben erst die Kunden ab, indem sie ausgefüllte Bestellkarten an das Versandhaus schicken. Das Versandhaus entscheidet dann darüber, ob es das Angebot des Kunden annimmt und damit den Vertrag zustande kommen lässt.

Damit gelangt man zu folgendem Ergebnis: Indem das Versandhaus „Globus" Kataloge an mögliche Kunden verschickt, gibt es keine bindenden Angebote zum Abschluss von Verträgen ab. Es will die Adressaten lediglich auffordern, ihrerseits bindende Angebote abzugeben. Vonseiten des Versandhauses „Globus" ist jedenfalls keine Erklärung mit Rechtsfolgewillen abgegeben worden.

Die ohne Rechtsfolgewillen abgegebene **invitatio ad offerendum** muss sich das Versandhaus auch nicht nach den oben geschilderten Grundsätzen als Willenserklärung zurechnen lassen; denn aus den oben bezeichneten Umständen und nach der Verkehrssitte darf **nicht** auf das Vorhandensein eines Rechtsfolgewillens geschlossen werden.

84 Schwieriger ist die Frage zu beantworten, ob mit Preisauszeichnungen versehene Schaufensterauslagen bindende Angebote zum Abschluss von Kaufverträgen sind. Es ist davon auszugehen, dass die Ausstellenden nicht den Willen haben, sich bereits mit der mit Preisen versehenen Schaufensterauslage in der Weise zu binden, dass beliebige kaufwillige Personen durch ihre Annahmeerklärung einen Kaufvertrag zustande kommen lassen können. Dem Ausstellenden fehlt also der Rechtsfolgewille. Schon aus den Umständen ergibt sich, für Interessenten erkennbar, dass die Veräußerer von Waren wegen der beschränkten Anzahl der vorhandenen Waren es nicht jeder aus der Vielzahl der durch die werbenden Auslagen angesprochenen Personen überlassen möchte, durch ihre Annahmeerklärung einen Vertrag über die Ware herbeizuführen und damit eine Lieferungsverpflichtung zu begründen[7].

Schaufensterauslagen sind also, auch wenn sie mit einer Preisauszeichnung versehen sind, keine bindenden Angebote[8].

---

7 So *Flume*, § 35 I 1.
8 So die herrschende Meinung, vgl. u. a. *MünchKomm-Kramer*, § 145 Rdnr. 12; *Soergel-Wolf*, § 145 Rdnr. 7.

Umstritten ist, ob das Aufstellen von Waren in einem Selbstbedienungsladen ein bindendes Angebot darstellt. Bejaht man dies, so kommt der Kaufvertrag zwischen dem Kunden und dem Verkäufer zustande, wenn der Kunde die Ware an der Kasse vorlegt und damit – wenn nicht ausdrücklich, dann jedenfalls konkludent – die Annahme erklärt[9]. Sieht man in dem Aufstellen der Waren jedoch kein Angebot, sondern lediglich die Aufforderung an mögliche Kunden, ihrerseits Angebote abzugeben, so ist in dem Vorlegen der Waren an der Kasse ein Angebot des Kunden zum Abschluss eines Kaufvertrages zu sehen[10].

Auch hier ist zu klären, ob der Erklärende mit Erklärungsbewusstsein und Rechtsfolgewillen gehandelt hat. Der Inhaber des Selbstbedienungsladens dürfte kaum den Willen haben, mit dem Aufstellen der Waren ein bindendes Angebot abzugeben. Wäre dies so, dann würde allein der Kunde darüber entscheiden, ob und wann ein Vertrag zustande kommt. Das hätte zur Folge, dass der Inhaber des Geschäfts und seine Mitarbeiter keine Möglichkeit mehr hätten, das Zustandekommen eines Vertrages mit einer Person, die als Vertragspartner unerwünscht ist – etwa weil sie zahlungsunfähig ist –, zu verhindern. In der Regel dürfte dem Inhaber des Ladens also jedenfalls der Rechtsfolgewille fehlen, wenn er Waren aufstellt. Außerdem dürfte der Kunde kaum das Bewusstsein haben, dass er etwas rechtlich Erhebliches veranlasst – nämlich eine Annahme erklärt, die zum Abschluss eines Vertrages führt –, wenn er die Ware aus dem Regal nimmt und in den Korb oder Einkaufswagen legt; d. h. es fehlt ihm schon das Erklärungsbewusstsein. Erst recht mangelt es am Rechtsfolgewillen. Denn die Erfahrung zeigt, dass Kunden häufig Waren aus dem Regal nehmen und in den Korb legen, die sie später wieder zurückstellen, und zwar in dem Bewusstsein, dies ohne Zustimmung des Inhabers oder seiner Mitarbeiter tun zu dürfen. Da dem Ladeninhaber bei dem Aufstellen von Waren in einem Selbstbedienungsladen in erkennbarer Weise jedenfalls der Rechtsfolgewille fehlt, gibt er kein bindendes Angebot ab. Der Kunde macht vielmehr ein Angebot zum Abschluss eines Vertrages, wenn er die Ware an der Kasse vorlegt. Die Annahme wird im Zweifel von dem Inhaber oder für ihn durch seine Mitarbeiter mit dem Feststellen des Rechnungsbetrages erklärt[11].

Aus den gleichen Gründen sind Anpreisungen von Waren und Dienstleistungen auf Webseiten im Internet in der Regel keine bindenden Angebote, sondern invitationes ad offerendum.

---

9 So *MünchKomm-Kramer*, § 145 Rdnr. 12; *Soergel-Wolf*, § 145 Rdnr. 7; *Palandt-Ellenberger*, § 145 Rdnr. 8; *Staudinger-Bork*, § 145 Rdnr. 7.

10 So *MünchKomm-Kramer*, § 145 Rdnr. 12; *Soergel-Wolf*, § 145 Rdnr. 7; *Palandt-Heinrichs*, § 145 Rdnr. 8; *Staudinger-Bork*, § 145 Rdnr. 7.

11 Vgl. *Rüthers/Stadler*, § 19 Rdnr. 5.

4. Die Annahme eines Angebots

a) Die rechtzeitige Annahme

86 Hat jemand demjenigen, mit dem er einen Vertrag abschließen will, ein entsprechendes Angebot unterbreitet, so entscheidet derjenige, an den sich das Angebot richtet, darüber, ob der Vertrag, der nach dem Willen des Anbietenden geschlossen werden soll, zustande kommt. Lehnt er das Angebot ab, entsteht kein Vertrag zwischen ihm und dem Anbietenden. Nimmt er das Angebot an, so entsteht zwischen ihm und dem Anbietenden der von beiden Personen gewollte Vertrag.

Wie jede Willenserklärung setzt auch die Annahmeerklärung den Willen zur rechtlichen Bindung (Erklärungsbewusstsein und Rechtsfolgewille) voraus.

Annahmeerklärungen werden im täglichen Leben oft **konkludent** abgegeben. Eine Annahmeerklärung, die konkludent abgegeben wird, setzt stets ein Verhalten voraus, das zweifelsfrei erkennen lässt, dass der Adressat des Angebots den Vertrag als abgeschlossen ansieht.

87 Die Annahme kann nur so lange wirksam erklärt werden, wie das Angebot bindend ist. Derjenige, der das Angebot abgegeben hat, ist gemäß § 145 an seinen Antrag gebunden und infolgedessen in seiner Dispositionsfreiheit im Hinblick auf den Gegenstand des angestrebten Vertrages beschränkt. Aus diesem Grunde setzt das Gesetz dem Adressaten des Angebots relativ kurze Fristen, innerhalb derer er das Angebot annehmen kann.

Gemäß § 146 erlischt das Angebot mit der Folge, dass ein Vertrag nicht mehr zustande kommen kann, wenn der Empfänger das Angebot ablehnt oder die Annahme nach den §§ 147 bis 149 nicht rechtzeitig gegenüber dem Antragenden erklärt.

Zur Frage, bis zu welchem Zeitpunkt ein Angebot angenommen werden kann, ist zu unterscheiden zwischen
– einem Angebot, das unter Anwesenden abgegeben wird,
 und
– einem Angebot, das unter Abwesenden gemacht wird.

88 Gemäß § 147 Abs. 1 kann ein unter **Anwesenden** gemachtes Angebot nur sofort angenommen werden. Ein telefonisch abgegebenes Angebot gilt als Angebot unter Anwesenden (§ 147 Abs. 1 S. 2). Es kann also nur sofort angenommen werden.

Ein an einen **Abwesenden** gerichtetes Angebot kann bis zu dem Zeitpunkt angenommen werden, in dem der Antragende die Antwort unter regelmäßigen Umständen erwarten darf (so § 147 Abs. 2). Das bedeutet auch: Wer für die Übermittlung seiner Willenserklärung einen schnellen Weg wählt, wie z. B. Fax oder E-Mail, kann in einem solchen Fall in der Regel erwarten, dass der Empfänger sich eines gleich schnellen Nachrichtenträgers bedient.

Im Übrigen setzt sich die gesetzliche Annahmefrist i. S. des § 147 Abs. 2 als eine einheitliche Frist zusammen aus

– der Zeit, die benötigt wird, um das Angebot zum Empfänger zu befördern,
– dem Zeitraum, den der Empfänger zur Bearbeitung einschließlich Überlegung benötigt,
– und der Zeit, in der die Annahmeerklärung zum Antragenden transportiert wird[12].

Bei der Berechnung dieser Frist ist von einem normalen Zugang des Angebots beim **89** Empfänger i. S. des § 130 und insbesondere davon auszugehen, dass dieser die notwendigen Empfangsvorkehrungen[13] getroffen hat. Dem Empfänger ist eine normale Bearbeitungsdauer des Angebots zuzubilligen. So müssen z. B. bei Geschäftsleuten gegebenenfalls Geschäftszeiten und arbeitsfreie Tage berücksichtigt werden[14].

Beispiel: A und B stehen seit Jahren in ständigen Geschäftsbeziehungen zueinander. Dem A ist bekannt, dass sich B – ein begeisterter Jäger – stets von Freitag bis Sonntagabend auf seinem Jagdgelände aufhält. Wenn A dem B ein schriftliches Kaufvertragsangebot unterbreitet, das an einem Freitag in die Geschäftsräume des B zugestellt wird, so fragt es sich, ob die vorübergehende Abwesenheit des B bei der Berechnung der Annahmefrist zu berücksichtigen ist.

Grundsätzlich kann der Antragende davon ausgehen, dass der Empfänger Anstalten getroffen hat, um die Geschäftspost auch an einem Freitag zu empfangen und zu bearbeiten. Deswegen muss der Freitag als Werktag regelmäßig in die Berechnung der Annahmefrist eingestellt werden. Der regelmäßige Umstand, dass am Freitag noch Geschäftspost zugestellt und erledigt werden kann, trifft allerdings ausnahmsweise im zu erörternden Fall für B nicht zu. Er ist von Freitag bis Sonntagabend stets ortsabwesend. Diesen besonderen Umstand muss man, wenn er dem Antragenden bekannt ist, den regelmäßigen Umständen gleichsetzen[15]. Demnach ist zu berücksichtigen, dass bei B eine Zustellung zwar noch am Freitag möglich ist, aber mit einer Kenntnisnahme der eingehenden Geschäftspost erst am darauffolgenden Montag gerechnet werden kann. In einem solchen Fall verlängert sich die Annahmefrist. Der Zeitraum, den B für die Überlegung und Beantwortung benötigt, beginnt erst am Montag, sodass sich die Annahmefrist insgesamt entsprechend verlängert.

Wie schon erwähnt, kann der Antragende für die Annahme nach § 148 eine Frist **90** setzen. Geht die Annahmeerklärung dem Antragenden nicht innerhalb der bestimmten Frist zu (und wird damit gemäß § 130 wirksam), ist sie verspätet. Das Angebot ist nach § 146 erloschen. Die Annahmeerklärung trifft also nicht mehr auf ein existierendes Angebot.

Es gibt für denjenigen, der ein bindendes Angebot abgegeben hat, außer unter den in § 130 Abs. 1 S. 2 genannten Voraussetzungen keine Möglichkeit, das Angebot zu widerrufen. Da eine angemessene Annahmefrist gemäß § 147 Abs. 2 nur schwer zu

---

12 Vgl. *Staudinger-Bork*, § 147 Rdnr. 10.
13 Vgl. oben Rdnr. 62 f.
14 Vgl. *Staudinger-Bork*, § 147 Rdnr. 12 f.
15 Vgl. *Soergel-Wolf*, § 147 Rdnr. 10.

bestimmen ist, kann es leicht zu Unsicherheiten darüber führen, ob das Angebot noch existiert und bindet. Diese Unsicherheit und die damit verbundene Beschränkung der Dispositionsfreiheit lassen sich dadurch vermeiden, dass der Antragende das Angebot gemäß § 148 befristet.

b) Die verspätete Annahme

91 Die verspätete Annahme kann nicht zum Vertragsschluss führen, weil das Angebot erloschen, also kein annahmefähiges Angebot mehr vorhanden ist. Da aber in der verspäteten Annahme der Wille des Empfängers zum Vertragsschluss seinen Niederschlag gefunden hat, deutet § 150 Abs. 1 die Annahmeerklärung des Empfängers fiktiv um in ein neues Angebot, das nun der Empfänger an den zuerst Antragenden richtet. Ein Vertrag kommt allerdings nur dann zustande, wenn derjenige, dessen Angebot seine Wirkung verloren hat und der nun Empfänger des Angebots i. S. des § 150 Abs. 1 ist, seinerseits eine wirksame Annahmeerklärung abgibt.

§ 149 regelt den Sonderfall, dass eine Annahmeerklärung rechtzeitig abgesandt worden ist, dieselbe dem Empfänger aber wegen unregelmäßiger Beförderung nicht rechtzeitig (verspätet) zugegangen ist **und** der Antragende (der Empfänger der Annahmeerklärung) dies erkennen musste. In dieser Situation tritt ein Schwebezustand ein, der alternativ beendet werden kann:

– Entweder zeigt der Antragende (der Empfänger der Annahmeerklärung) die Verspätung dem Annehmenden unverzüglich (das bedeutet nach § 121 Abs. 1: ohne schuldhaftes Zögern) an; das hat zur Folge, dass die Annahmeerklärung verspätet und das ursprüngliche Angebot erloschen ist. Die verspätete Annahme gilt allerdings nun als neues Angebot i. S. des § 150 Abs. 1;

– oder der Antragende äußert sich nicht oder er verzögert die Absendung der Verspätungsanzeige. In diesem Fall wird die Verspätung der Annahmeerklärung fiktiv (gilt!) beseitigt; es kommt zum Vertragsschluss durch verspätete Annahmeerklärung (§ 149 S. 2), allerdings **nicht** zu einem früheren, der rechtzeitigen Annahme entsprechenden Zeitpunkt[16]. Der Vertrag kommt erst in dem Zeitpunkt zustande, in dem die verspätete Annahmeerklärung tatsächlich zugeht.

c) Die Annahme unter Erweiterungen, Einschränkungen oder sonstigen Änderungen

92 Nimmt derjenige, an den sich das Angebot richtet, dasselbe nicht vorbehaltlos an, so ergeben sich die Folgen dieses Verhaltens aus § 150 Abs. 2. Danach ist eine Erklärung, die das Angebot nicht ohne jeden Vorbehalt akzeptiert, sondern Erweiterungen, Einschränkungen oder sonstige Änderungen des Angebots enthält, nicht als Annahme zu werten. Eine solche Erklärung gilt vielmehr gemäß § 150 Abs. 2 als Ablehnung des gemachten Angebots und als ein neues Angebot, das nunmehr

---

16 Vgl. *Staudinger-Bork*, § 149 Rdnr. 11.

allerdings der Adressat des ersten Angebots an denjenigen richtet, der das erste Angebot unterbreitet hat.

Fall (1): *B will dem K einen PKW verkaufen. Er sagt zu K, er wolle ihm ein bindendes Angebot machen: K könne einen PKW der Marke X, Typ Florida, für 8000,– € kaufen. K antwortet, er sei einverstanden, allerdings müsse B ihm für diesen Preis noch einige Extras, nämlich beheizbare Heckscheibe, Fußmatten und Nebelschlussleuchten mitliefern. B erklärt, damit sei er nicht einverstanden.*

Ist zwischen B und K ein Vertrag zustande gekommen?

Lösung:

B und K haben einen Vertrag abgeschlossen, wenn sie sich durch Angebot und Annahme dieses Angebots geeinigt haben. B hat dem K ein bindendes Angebot zum Abschluss eines Kaufvertrages gemacht. Das Angebot ist so konkret, dass K es durch ein bloßes „Ja" annehmen kann. Fraglich ist allerdings, ob K das Angebot angenommen hat. Er fordert, B solle ihm zu dem genannten Preis (8000,– €) noch eine Reihe von Extras mitliefern. Da dieses Verlangen über den Inhalt des von B gemachten Angebots hinausgeht, handelt es sich um eine Erweiterung i. S. des § 150 Abs. 2. Daraus folgt: Die Erklärung des K ist keine Annahmeerklärung, sondern eine Ablehnung des von B gemachten Angebots, verbunden mit einem Angebot, das nun K an B richtet und das wie folgt aussieht: K möchte den von B bezeichneten PKW zum Preis von 8.000,– € erwerben; die genannten Extras sind im Preis enthalten. Ob ein Kaufvertrag zustande kommt, hängt nun von B ab. Er kann das von K gemachte Angebot durch eine entsprechende Erklärung annehmen. Da B keine Annahmeerklärung abgegeben hat, ist ein Vertrag nicht zustande gekommen.

d) Die vereinfachte Annahme eines Angebots gemäß § 151

Die Annahmeerklärung, mit der jemand das von einem anderen an ihn gerichtete **93** Angebot zum Abschluss eines Vertrages annimmt und damit den Vertrag entstehen lässt, ist eine empfangsbedürftige Willenserklärung. Das bedeutet: Die Annahmeerklärung wird erst wirksam, wenn sie dem Empfänger, also demjenigen, der das Angebot gemacht hat, zugeht. Von dieser grundsätzlichen Regelung macht das Gesetz allerdings in § 151 eine wesentliche Ausnahme.

Satz 1 des § 151 bedeutet: Ein Vertrag entsteht auch unter den dort genannten Voraussetzungen nur durch Angebot und Annahme, die Annahmeerklärung wird aber wirksam, ohne dass sie dem Anbietenden zugegangen ist, wenn

- derjenige, der das Angebot gemacht hat, nach der Verkehrssitte nicht erwarten kann, dass ihm gegenüber die Annahme erklärt wird,
  oder
- derjenige, der das Angebot gemacht hat, darauf verzichtet hat, dass die Annahme ihm gegenüber erklärt wird. Die Verzichtserklärung bedarf keiner Form. Sie kann auch durch konkludentes Verhalten abgegeben werden.

94 Unter **Verkehrssitte** ist das zu verstehen, was sich im Handelsverkehr oder im bürgerlichen Rechtsleben als eine allgemeine oder in bestimmten Kreisen bestehende tatsächliche Gepflogenheit herausgebildet hat. Sie ist eine Verhaltensregel, die aus tatsächlicher Übung bei ähnlichen Geschäften abgeleitet werden kann[17].

Die Annahme ist unter den oben genannten Voraussetzungen eine nicht empfangsbedürftige Willenserklärung.

Auch wenn die Annahme des Angebots dem Antragenden nicht zugehen muss, so muss sie doch erklärt werden, um wirksam zu werden, also nach außen erkennbar sein. Es handelt sich demnach **nicht** um einen Fall, in dem das bloße Stillschweigen als Willenserklärung gilt.

95 Man kann deshalb auch sagen: Unter den in § 151 genannten Voraussetzungen wird eine Annahmeerklärung wirksam, wenn der Wille des Annehmenden nach außen deutlich in Erscheinung tritt; das kann auch durch eine eindeutige Betätigung des Annahmewillens geschehen. Die Annahme i. S. des § 151 ist häufig in Erfüllungs- bzw. Aneignungs-, Gebrauchs- oder Verbrauchshandlungen zu erblicken[18].

In welchen Handlungen eine ausreichende Betätigung des Annahmewillens zu sehen ist, kann nur in Würdigung des konkreten Einzelfalles entschieden werden. Dabei ist nach Auffassung des BGH[19] mangels Erklärungsbedürftigkeit der Willensbetätigung nicht auf den Empfängerhorizont abzustellen; es soll vielmehr darauf ankommen, ob das Verhalten des Angebotsadressaten aufgrund aller äußeren Indizien auf einen „wirklichen Annahmewillen", der nach § 133 zu ermitteln ist, schließen lässt.

> **Beispiel** (nach BGHZ 111, 97): Das Unternehmen U bot dem Geschäftsführer A den Abschluss eines Abfindungsvertrages an und überreichte A zum Zwecke der Vertragserfüllung einen Scheck mit der Maßgabe, dieser dürfe nur bei Annahme des Vertragsangebotes eingelöst werden; gleichzeitig verzichtete U auf den Zugang einer ausdrücklichen Annahmeerklärung seitens des A. In der widerspruchslosen Einreichung des Schecks bei einer Bank zur Einziehung ist die Annahmeerklärung des A auf das Angebot des U auf Abschluss des Abfindungsvertrages zu sehen. Der BGH hält einen solchen Schluss regelmäßig dann für gerechtfertigt, wenn der Anbietende dem Angebotsempfänger eine mit der Erfüllung des angestrebten Vertrages zusammenhängende, den Anbietenden beeinträchtigende Handlung nur für den Fall der Annahme des Angebotes, also des Vertragsschlusses, gestattet und der andere Teil diese Handlung vornimmt, ohne das Angebot durch eine nach außen erkennbare Willensäußerung abzulehnen.

5. Verzicht

96 Verzicht ist die rechtsgeschäftliche Aufgabe eines Rechts oder eines rechtlichen Vorteils. Der materiell-rechtliche Verzicht ist gesetzlich nicht geregelt. Er ist eine

---

17 So *Sonnenberger*, S. 107.
18 Vgl. *Bydlinski*, JuS 1988, 36.
19 BGHZ 111, 97, 101.

nicht empfangsbedürftige Willenserklärung und kann auch durch schlüssige Handlung erfolgen. Seine Wirkungen sind materiell-rechtlicher Natur.

Der Verzicht kann aber auch als Prozesshandlung prozessuale Wirkungen haben. Gemäß § 306 ZPO ist ein prozessualer Verzicht auf den im Prozess geltend gemachten Anspruch möglich. Dieser sog. Prozessverzicht ist von der sachlich-rechtlichen Erklärung streng zu trennen.

Aufgabe 1:

Fall: Der Rentner R, der sich für die Privatrechtsgeschichte des 19. Jahrhunderts interessiert, fragt telefonisch bei dem Antiquar A nach, ob dieser das dreibändige Lehrbuch des Autors W in einem gut erhaltenen Zustand in seinem Bestand habe. A bejaht dies und sagt zu R, er schlage vor, dass er (A) die Bücher zu R schicke, damit R sie sich in Ruhe anschauen könne. A schickt ein Paket mit den Büchern zu R. Den Büchern ist folgender, an R adressierter Brief beigefügt: „Sehr geehrter Herr R, in der Anlage übersende ich Ihnen die gewünschten Bücher. Sollten Sie an dem Erwerb derselben interessiert sein, so bitte ich Sie, mir dies bis zum 2. Oktober 2009 mitzuteilen. Der Kaufpreis würde € 105,– betragen."

R erhält und liest das Schreiben des A am 22. September 2009. Erst am 4. Oktober 2009 entschließt sich R, die Bücher zu kaufen, und teilt dem A dies in einem Schreiben mit, das diesem am 6. Oktober 2009 zugeht. A liest das Schreiben des R und teilt dem R mit, trotz der Verspätung akzeptiere er die Entscheidung des R noch; R möge den Betrag von € 105,– auf das angegebene Konto überweisen. R, der erkennt, dass sein Schreiben verspätet gewesen ist, meint nun, sich noch anders entscheiden zu können, zumal ihm auch Bedenken wegen der Höhe des Preises gekommen sind.

R sendet die Bücher am 12. Oktober 2009 an A zurück und verweigert die Zahlung des Kaufpreises.

Hat A gegen R einen Anspruch auf Zahlung des Kaufpreises in Höhe von € 105,–?

Lösen Sie diese Aufgabe bitte in einem schriftlichen Gutachten und vergleichen Sie Ihre Ausführungen mit der Lösung am Schluss dieses Buches!

IV. Der Vorvertrag

Ein Vorvertrag ist ein Vertrag, der die einklagbare Verpflichtung zur beiderseitigen Mitwirkung beim Abschluss des beabsichtigten Hauptvertrages zum Inhalt hat. Er ist ein schuldrechtlicher Vertrag, in dem die Verpflichtung zum späteren Abschluss eines in seinem äußeren Rahmen festgelegten Hauptvertrages übernommen wird. Er unterliegt als solcher den üblichen Regeln des Vertragsrechts[20].

Der Vorvertrag ist im BGB nicht geregelt. Seine Zulässigkeit ergibt sich aber aus der Privatautonomie.

97

---

20 RGZ 66, 116, 121; BGH NJW 1962, 1812..

Grundsätzlich ist der Vorvertrag formfrei. Ist der Hauptvertrag allerdings formbedürftig, so bedarf der Vorvertrag derselben Form wie der Hauptvertrag, weil sonst Sinn und Zweck der Formvorschriften, wie Beweis- und Warnfunktion, unterlaufen werden könnten.

> **Beispiel:** V und K kommen mündlich überein, innerhalb von 14 Tagen einen notariell beurkundeten Kaufvertrag abzuschließen, in dem sich V verpflichten soll, ein in seinem Eigentum stehendes Grundstück zu einem Preis von 30 000,– € an K zu veräußern. Nachdem 14 Tage vergangen sind, ohne dass ein notariell beurkundeter Vertrag geschlossen wurde, fordert K den V auf, den Vertrag nunmehr abzuschließen. V weigert sich.
>
> Einen Anspruch auf Abschluss des Vertrages mit dem besprochenen Inhalt hat K nur, wenn er mit V einen wirksamen Vorvertrag abgeschlossen hat. Da der Hauptvertrag als ein Kaufvertrag über ein Grundstück gemäß § 311b Abs. 1 der notariellen Beurkundung bedarf, muss auch der Vorvertrag notariell beurkundet werden, um wirksam zu sein. Da diese Form nicht gewahrt ist, ist der Vorvertrag gemäß § 125 nichtig. Infolgedessen hat K auch keinen Anspruch auf Abschluss des Hauptvertrages (Kaufvertrag über das Grundstück).

Wenn der in Aussicht genommene Hauptvertrag in dem Vorvertrag inhaltlich bereits vollständig ausformuliert worden ist, kann derjenige, der den Abschluss des Hauptvertrages erzwingen will, dem anderen Teil ein Angebot zum Abschluss des Hauptvertrages unterbreiten. Weigert sich der andere Teil, das Angebot zum Abschluss des Hauptvertrages anzunehmen, kann der Antragende auf Abgabe der Annahmeerklärung klagen.

V. Allgemeines Gleichbehandlungsgesetz (AGG) und Vertragsschluss

1. Überblick

97a Wie oben (vgl Rdnr. 23 ff.) schon erwähnt, ist die freie Wahl des Vertragspartners durch eine Reihe von Regeln eingeschränkt. So gibt es z. B. Fälle, in denen **Kontrahierungszwang** besteht. Allerdings kommt der Vertrag auch dann nur durch die Abgabe entsprechender, d. h. auf den Vertragsschluss gerichteter Willenserklärungen zustande. Kontrahierungszwang bedeutet also, dass lediglich ein Anspruch auf Abschluss eines bestimmten Vertrages besteht.

2. Das zivilrechtliche Benachteiligungsverbot (§ 19 AGG)

Fraglich ist, wie sich das zivilrechtliche Benachteiligungsverbot in § 19 AGG auswirkt. Nach dieser Vorschrift ist eine Benachteiligung aus Gründen „der Rasse oder wegen der ethnischen Herkunft, wegen des Geschlechts, der Religion, einer Behinderung, des Alters oder der sexuellen Identität" bei der Begründung, Durchführung und Beendigung zivilrechtlicher Schuldverhältnisse, die „typischerweise ohne

Ansehen der Person zu vergleichbaren Bedingungen in einer Vielzahl von Fällen zustande kommen (Massengeschäfte) oder bei denen das Ansehen der Person nach der Art des Schuldverhältnisses eine nachrangige Bedeutung hat und die zu vergleichbaren Bedingungen in einer Vielzahl von Fällen zustande kommen", unzulässig.

Der Tatbestand des § 19 Abs. 1 AGG erfasst vor allem diejenigen Schuldverhält- **97b** nisse, die bei einer typisierenden Betrachtungsweise in einer Vielzahl von Fällen ohne Ansehen der Person zustande kommen. Es handelt sich also um Massengeschäfte, bei denen die folgenden Kriterien erfüllt sein müssen: Es geht um häufig auftretende Fälle und nicht um einmalige Sachverhalte. Ob es sich um eine „Vielzahl von Fällen" im Sinne des § 19 Abs. 1 AGG handelt, ist aus der Sicht der Anbieterseite zu beurteilen, denn an diese und nicht an den nachfragenden Kunden richtet sich das Benachteiligungsverbot[21].

> **Beispiel:** Der Verkauf von Gebrauchtwagen ist für den gewerblichen Kfz-Händler ein Geschäft, welches er in einer Vielzahl von Fällen abwickelt. Es handelt sich also um ein Massengeschäft, das vom Benachteiligungsverbot erfasst wird.

> **Beispiel:** Veräußert der Rentner R seinen Gebrauchtwagen an den Lehrer L, so handelt es sich für den R nicht um ein Geschäft, das er in einer Vielzahl von Fällen abwickelt. Das Benachteiligungsverbot findet also keine Anwendung.

Das Tatbestandsmerkmal „ohne Ansehen der Person" bedeutet: Ein Schuldverhält- **97c** nis wird ohne Ansehen der Person begründet, durchgeführt oder beendet, wenn dabei die in § 1 AGG aufgeführten Merkmale keine Rolle spielen[22]. Die sozial verwerfliche Diskriminierung unterscheidet sich von der durch das Prinzip der Vertragsfreiheit gedeckten erlaubten Differenzierung dadurch, dass willkürlich und ohne sachlichen Grund einzelnen Personen der Zugang zu einer Leistung verwehrt oder erschwert wird, die sonst anderen Personen gleichermaßen zur Verfügung steht. Das allgemeine zivilrechtliche Benachteiligungsverbot des § 19 Abs. 1 AGG erfasst demnach in der Regel Linie die Leistungen, die von Unternehmern in Ausübung ihrer gewerblichen oder beruflichen Selbständigkeit erbracht werden (§ 14 BGB). Bei Unternehmen lässt sich der Eingriff in die Vertragsfreiheit eher rechtfertigen, weil diese sich mit ihrem Leistungsangebot in die öffentliche Sphäre begeben und es damit grundsätzlich an die Allgemeinheit richten[23].

Ohne Ansehen der Person kommen in der Regel Verträge im Bereich der Konsumgüterwirtschaft und bei standardisierten Dienstleistungen zustande[24].

> **Beispiele:** Einzelhandel, Transportunternehmen, Gastronomie, Zahlungswilligkeit und Zahlungsfähigkeit vorausgesetzt.

---

21 So die Begründung zum Gesetzesentwurf, BT-Drucksache 16/1780, S. 41.
22 So BT-Drucksache 16/1780, S. 41.
23 BT-Drucksache 16/1780, S. 41.
24 BT-Drucksache 16/1780, S. 41.

Beispiel: Schließen sich Personen zu einer OHG zusammen, so handelt es sich nicht um ein Massengeschäft. Darüber hinaus wird typischerweise ein Gesellschaftsvertrag auch nicht ohne Ansehen der Person abgeschlossen.

Massengeschäfte kommen regelmäßig ohne Ansehen der Person und deshalb typischerweise auch zu vergleichbaren Bedingungen zustande. Die Gleichbehandlung bei der Erbringung der Leistung ist letztlich das Spiegelbild der Tatsache, dass der Anbieter bei der Auswahl der Vertragspartner keine Unterschiede macht[25].

3. Einschränkungen des Benachteiligungsverbots

97d §§ 19 und 20 AGG enthalten eine Reihe von Einschränkungen des Benachteiligungsverbots, wie z. B.:

1. Die Vorschriften finden keine Anwendung auf familienrechtliche und erbrechtliche Schuldverhältnisse (§ 19 Abs. 4 AGG).

2. Bei der Vermietung von Wohnraum ist eine unterschiedliche Behandlung im Hinblick auf „die Schaffung und Erhaltung sozialer stabiler Bewohnerstrukturen und ausgewogener Siedlungsstrukturen sowie ausgeglichener wirtschaftlicher, sozialer und kultureller Verhältnisse zulässig" (§ 19 Abs. 3 AGG).

3. Das Benachteiligungsverbot soll keine Anwendung finden „auf zivilrechtliche Schuldverhältnisse, bei denen ein besonderes Nähe- oder Vertrauensverhältnis der Parteien oder ihrer Angehörigen begründet wird" (§ 19 Abs. 5 AGG). Letzteres setzt voraus, dass es sich um eine Beziehung handelt, die über das hinausgeht, was ohnehin jedem Schuldverhältnis an persönlichem Kontakt zugrunde liegt. Das ist z. B. anzunehmen, wenn das Schuldverhältnis der anderen Partei Zugang zur Privatsphäre des Anbieters oder seiner Angehörigen verschafft[26].

Beispiel: A bietet Musikunterricht in seinen Wohnräumen an. Hier kann es zu Berührungen mit der Privatsphäre des Anbieters und dessen Familienleben kommen.

Außerdem ist unter den in § 20 AGG genannten Voraussetzungen – Vorliegen eines „sachlichen Grundes" – eine unterschiedliche Behandlung zulässig. Ein sachlicher Grund kann z. B. darin liegen, dass die unterschiedliche Behandlung der Vermeidung von Gefahren, der Verhütung von Schäden oder anderen Zwecken vergleichbarer Art dient (§ 20 Abs. 1 Nr. 1 AGG).

4. Die Rechtsfolgen

97e § 21 Abs. 1 gewährt bei einem objektiven Verstoß gegen das Benachteiligungsverbot einen Beseitigungsanspruch und bei Wiederholungsgefahr, d. h. einer konkret

---

25 BT-Drucksache 16/1780, S. 41; zu den Einzelheiten siehe *Wackerbarth*, ZIP 2007, 453, 454.
26 Vgl. MünchKommBGB/Thüsing § 19 AGG Rdnr. 106 ff.

drohenden bevorstehenden Benachteiligung, auch einen Anspruch auf Unterlassung.

Darüber hinaus ist nach § 21 Abs. 2 AGG derjenige, der das Benachteiligungsverbot verletzt hat, verpflichtet, den hierdurch entstandenen Schaden zu ersetzen.

Streitig ist, ob der Beseitigungsanspruch aus § 21 Abs. 1 S. 1 BGB auch die Verpflichtung zum Vertragsschluss des verweigerten Vertrages, also einen **Kontrahierungszwang** (vgl. dazu oben Rdnr. 27), umfasst[27]. § 21 AGG enthält keine ausdrückliche Normierung einer Verpflichtung zum Vertragsschluss. Die Beseitigung der Beeinträchtigung erfolgt allerdings im Wege der Naturalrestitution. Der Benachteiligte ist also so zu stellen, wie er stehen würde, wenn er die verbotene Benachteiligung nicht hätte erleiden müssen[28]. Daraus können sich Ansprüche auf Vertragsanpassung oder –aufhebung, auf die Ausübung eines Gestaltungsrechts oder auf Vornahme einer tatsächlichen Handlung ergeben. Auch die Verpflichtung zur Abgabe einer auf den Vertragsschluss gerichteten Willenserklärung kann aus der Pflicht zur Naturalrestitution hergeleitet werden. Wenn die Diskriminierung gerade in der Verweigerung des Vertragsschlusses besteht, dann muss der Beseitigungsanspruch, wenn es denn noch möglich ist, zwangsläufig auf die Verpflichtung zum Abschluss des verweigerten Vertrages gerichtet sein[29].

§ 21 Abs. 1 S. 1 AGG gewährt also grundsätzlich einen Anspruch auf Abschluss des unter Verletzung des zivilrechtlichen Benachteiligungsverbotes (§ 19 AGG) verweigerten Vertrages.

VI. Der Anspruch aus Verschulden bei Vertragsschluss (§§ 280, 311, 241 Abs. 2) wegen Abbruchs von Vertragsverhandlungen

Pflichten im Sinne des § 241 Abs. 2, deren Verletzung eine Pflichtverletzung (§ 280) darstellt, können schon vor und auch ohne Vertragsschluss entstehen. Dabei ist zu unterscheiden zwischen   **98**

- einem Schuldverhältnis mit einem **potenziellen Vertragspartner** (§ 311 Abs. 2)
- und einem Schuldverhältnis mit einem **Dritten**, der nicht Vertragspartner werden will (§ 311 Abs. 3).

Mit der Eröffnung von Vertragsverhandlungen, sogar bereits mit dem Willensentschluss, Vertragsverhandlungen zu beginnen, entsteht ein **vorvertragliches gesetzliches Schuldverhältnis im Sinne des § 311 Abs. 2 oder 3**, das den Beteiligten

---

27 Vgl. MünchKommBGB/Thüsing § 21 AGG Rdnr. 17 ff. und 22.

28 Vgl. Bauer/Göpfert/Krieger, AGG § 21 Rdnr. 6.

29 Vgl. MünchKommBGB/Thüsing § 21 AGG Rdnr. 18 ff.; Bauer/Göpfert/Krieger, AGG § 21 Rdnr. 6; *Busche*, S. 230.

Pflichten gemäß § 241 Abs. 2 auferlegt, in ihrem Herrschaftsbereich alles zu unterlassen, was dem potenziellen Vertragsgegner Schaden zufügen könnte. Bei **schuldhafter** Verletzung dieser Pflichten (z. B. Schutz-, Obhut-, Unterrichtungs-, Aufklärungs- und Auskunftspflichten) hat der Verletzende gemäß § 280 in Verbindung mit §§ 241 Abs. 2, 311 dem Geschädigten den entstandenen Schaden zu ersetzen. Zu berechnen ist der Schaden nach §§ 249 ff.

99 Schon während der Verhandlungen über den Abschluss eines Vertrages schuldet jeder Vertragspartner dem anderen im Hinblick auf das durch Vertragsverhandlungen begründete Schuldverhältnis (gemäß § 311 Abs. 2 Nr. 1) die zumutbare Rücksichtnahme auf dessen berechtigte Belange (§ 241 Abs. 2); dazu gehört auch, dass er die Vertragsverhandlungen nicht grundlos, nämlich ohne triftigen Grund oder aus sachfremden Erwägungen, abbricht, wenn er zuvor das Vertrauen des anderen Teils, der Vertrag werde mit Sicherheit zustande kommen, erweckt hat. Ein **schuldhafter** Verstoß gegen diese Pflicht ist eine Pflichtverletzung nach § 280. Sie begründet die Verpflichtung, dem Verhandlungspartner den dadurch verursachten Vertrauensschaden zu ersetzen[30].

§ 6 Die Bedeutung des Schweigens im Rechtsverkehr

Schrifttum: *Canaris*, Handelsrecht, 24. Aufl. 2006, § 23 II; *Deckert*, Das kaufmännische und berufliche Bestätigungsschreiben, JuS 1998, 121; *Geiger,* Aufgedrängte Vertragsschlüsse durch Zusammenwirken von Adresshandel, Telefonmarketing und angemassten Einzugsermächtigungen, NJW 2007, 3030; Hanau, Objektive Elemente im Tatbestand der Willenserklärung, AcP 165 [1965], 220; *Lettl*, Das kaufmännische Bestätigungsschreiben, JuS 2008, 849; *Link*, Ungelöste Probleme bei Zusendung unbestellter Sachen – Auswirkungen in Dreipersonenverhältnissen, NJW 2003, 2811; *Löhnig*, „Zusendung unbestellter Waren" und verwandte Probleme nach Inkrafttreten des § 241a BGB, JA 2001, 33; *Petersen*, Schweigen im Rechtsverkehr, Jura 2003, 687; *Schärtl*, Das kaufmännische Bestätigungsschreiben, JA 2007, 567; *Steding*, Das kaufmännische Bestätigungsschreiben – eine rechtsgeschäftliche Spezialität, JA 1998, 288.

I. Stillschweigen und Willenserklärung

100 Bei dem Zustandekommen von Verträgen ergibt sich häufig die Frage, wie das Schweigen einer Person zu bewerten ist, so z. B. dann, wenn jemand einem anderen ein Angebot zum Abschluss eines Vertrages macht und der andere dazu schweigt.

---

30 BGHZ 71, 386, 395; BGH NJW 2006, 3139, 3141; BGH NJW 2001, 2875, 2876.

Wie schon dargelegt[1], können Willenserklärungen auch durch konkludentes Handeln abgegeben werden. Dabei will derjenige, der konkludent handelt, eine rechtsverbindliche Erklärung abgeben. Wenn der Erklärende auch schweigt, so lässt sein Verhalten jedoch in der Regel eindeutig erkennen, dass er dadurch eine bestimmte Willenserklärung zum Ausdruck bringen möchte. Es liegt also eine Handlung vor, die vom Erklärungsbewusstsein und Rechtsfolgewillen des Erklärenden getragen wird. Der Unterschied zur ausdrücklichen Willenserklärung liegt lediglich in der Art der Äußerung. Der Erklärende spricht und schreibt nicht, er bringt seine Erklärung durch ein anderes Verhalten zum Ausdruck. Es existiert aber ein Erklärungstatbestand. Es liegt eine Willenserklärung vor, falls Erklärungsbewusstsein und Rechtsfolgewille vorhanden sind.

Anders ist es beim bloßen **Stillschweigen** einer Person. Das Schweigen stellt in der Regel keinen Erklärungstatbestand dar. Man kann das Schweigen auch als das Gegenteil einer Erklärung bezeichnen[2]. Es bedeutet im Regelfall weder Zustimmung noch Ablehnung. Das schließt nicht aus, dass auch aus dem Schweigen ein bestimmter Schluss auf einen vorhandenen Willen gezogen werden kann. Die Inanspruchnahme einer Leistung führt allerdings nur dann zum Vertragsschluss, wenn das entsprechende Verhalten nach seinem objektiven Erklärungswert als Annahme zu werten ist[3].

Stillschweigende Willenserklärungen gibt es nicht[4]. Das Privatrecht regelt allerdings eine Reihe von Lebenssachverhalten, in denen das Schweigen wie eine Willenserklärung gewertet wird. Das Gesetz ordnet für einige Tatbestände an, dass bei einem Stillschweigen einer Person so zu verfahren ist, als habe sie eine Willenserklärung abgegeben. Dabei handelt es sich um Fiktionen. Wichtige Fälle dieser Art enthalten u. a. §§ 108 Abs. 2 und 177 Abs. 2. Das Schweigen gilt hier als Verweigerung der Genehmigung.

101

II. Das Schweigen auf ein kaufmännisches Bestätigungsschreiben

1. Überblick

Auch im kaufmännischen Rechtsverkehr gilt Schweigen grundsätzlich nicht als Zustimmung, also nicht als Willenserklärung[5].

102

Davon gibt es allerdings bedeutsame Ausnahmen. Eine ist beispielhaft in § 362 HGB geregelt. Danach gilt das Schweigen eines Kaufmanns auf ein Angebot über

---

1 Vgl. oben Rn. 48.
2 *Palandt–Ellenberger*, Einf. v. § 116 Rdnr. 7.
3 Vgl. KG MDR 2008, 675 f.
4 Zutreffend *Hanau*, AcP 165 [1965], 220, 256.
5 BGHZ 1, 353, 355; 61, 282, 285; BGH NJW 1981, 43, 44.

die Besorgung von Geschäften eines anderen, mit dem er in Geschäftsbeziehung steht, als Annahme dieses Angebots, wenn er nicht unverzüglich antwortet.

Eine für die Praxis bedeutsame Ausnahme von der oben genannten Regel ist das Schweigen auf ein kaufmännisches Bestätigungsschreiben. Dabei sind verschiedene Fallgruppen und Anwendungsbereiche zu unterscheiden, von denen hier zwei behandelt werden sollen:

– Die erste Gruppe betrifft die Abweichungen zwischen dem Bestätigungsschreiben und der vorhergehenden vertraglichen Vereinbarung.

– Bei der zweiten Fallgruppe geht es um das Fehlen eines Abschlusstatbestandes bzw. um das Vorliegen eines versteckten Dissenses.

2. Abweichungen zwischen dem Bestätigungsschreiben und der vorhergehenden vertraglichen Vereinbarung

a) Die Voraussetzungen

103 Zwischen Kaufleuten ist es allgemein üblich, dass eine Vertragspartei der anderen den Inhalt eines bereits mündlich geschlossenen Vertrages schriftlich bestätigt. Sinn dieses Bestätigungsschreibens ist es, spätere Streitigkeiten darüber zu verhindern, ob und mit welchem Inhalt ein Vertrag geschlossen wurde. Dies ist bei mündlichen Vertragsschlüssen sinnvoll, um sicherzustellen, dass alle Einzelheiten des Vertrages geklärt sind.

Nach einem in der Rechtsprechung und der rechtswissenschaftlichen Literatur immer wieder bestätigten Grundsatz bringt ein Kaufmann, der ein solches Bestätigungsschreiben erhält und dieses widerspruchslos entgegennimmt, dadurch grundsätzlich seine Zustimmung zu dem Inhalt des Schreibens zum Ausdruck. Damit wird der Inhalt des Vertrages durch dieses Schreiben bestimmt[6]. Dies gilt grundsätzlich (zu den Ausnahmen siehe unter Rn. 107) auch, wenn das Schreiben gegenüber dem mündlich Vereinbarten abändernde oder ergänzende Bestimmungen enthält[7].

Die Grundsätze des kaufmännischen Bestätigungsschreibens gelten auch dann, wenn der Vertragsschluss fernmündlich, per Fax oder per E-Mail erfolgt.

104 An den Inhalt des Vertrages sind diejenigen, die ihn abgeschlossen haben, gebunden. Deshalb kann ein einmal abgeschlossener Vertrag ohne Zustimmung beider Vertragspartner nicht mehr geändert werden.

In der Praxis kommt es häufiger vor, dass kaufmännische Bestätigungsschreiben Bestimmungen enthalten, die das mündlich bereits Vereinbarte abändern oder ergänzen. Oft handelt es sich dabei nur um Nebenpunkte, die zuvor überhaupt nicht besprochen oder nicht abschließend geklärt worden sind.

---

6 Vgl. *Deckert*, JuS 1998, 121; *Steding*, JA 1998, 288, 290.

7 So u. a. BGHZ 7, 187, 189; 11, 1, 3; 20, 149, 151; 54, 236.

Weicht der Inhalt eines echten kaufmännischen Bestätigungsschreibens von dem ab, was die Parteien eines Vertrages mündlich vereinbart haben, so ist dies als ein Angebot des Bestätigenden zum Abschluss eines Vertrages zu sehen, der die Abänderung und Ergänzung des bereits (mündlich) abgeschlossenen Vertrages zum Gegenstand hat. Nach den allgemeinen Grundsätzen über das kaufmännische Bestätigungsschreiben gilt das Schweigen des Adressaten des Bestätigungsschreibens als Annahme des Angebots zum Abschluss eines Änderungs- und Ergänzungsvertrages[8].

Schweigt der Adressat, kommt somit ein Vertrag über die Änderungen zustande, sodass zwischen den Parteien der neu vereinbarte Vertragsinhalt gilt.

Will der Adressat diese Rechtsfolge vermeiden, muss er unverzüglich (ohne schuldhaftes Zögern) dem Absender mitteilen, er sei mit dem Inhalt des Bestätigungsschreibens nicht einverstanden.

Beispiel: Die Kaufleute A und B vereinbaren mündlich Folgendes:

A verkauft dem B ein Kraftfahrzeug zum Preise von 10 500,– € incl. Mehrwertsteuer. Einen Tag später übersendet A dem B ein Schreiben, in dem er den Inhalt der mündlich getroffenen Vereinbarung fixiert. Bezüglich des Kaufpreises schreibt A allerdings: „Der Kaufpreis beträgt 10 500,– € + Mehrwertsteuer." A ist irrtümlich der Meinung, er und B hätten sich darauf geeinigt. B erkennt die Abweichung von der mündlichen Vereinbarung, unternimmt jedoch nichts.

Es ist zu klären, welchen Inhalt der zwischen A und B geschlossene Kaufvertrag hat. Zunächst ist zwischen A und B mündlich ein Kaufvertrag abgeschlossen worden. Danach hatte A dem B ein Kraftfahrzeug zu übergeben und ihm das Eigentum daran zu verschaffen. B war verpflichtet, an A einen Kaufpreis von 10 500,– € incl. Mehrwertsteuer zu zahlen. Diese letzte Verpflichtung wird im Schreiben des A anders dargestellt, nämlich: „Der Kaufpreis beträgt 10 500,– € + Mehrwertsteuer." Ohne Mitwirkung eines Vertragspartners kann ein abgeschlossener Vertrag nachträglich nicht mehr geändert werden. Das Schreiben des A enthält eine erhebliche Änderung des Vertragsinhaltes. Es ist als ein Angebot zum Abschluss eines Vertrages anzusehen, der den bereits abgeschlossenen Vertrag abändert und ergänzt. B hat dieses Angebot nicht ausdrücklich angenommen. Da das Schreiben des A jedoch ein Bestätigungsschreiben ist und A und B Kaufleute sind, gilt das Schweigen des B als Annahme des Angebots zum Abschluss des Abänderungs- und Ergänzungsvertrages. Der Kaufvertrag ist demnach insoweit abgeändert, als B nun 10 500,– € + Mehrwertsteuer an A zu zahlen hat.

105 Von dem kaufmännischen Bestätigungsschreiben ist die Auftragsbestätigung zu unterscheiden. Die Auftragsbestätigung ist eine Annahmeerklärung auf ein Angebot zum Vertragsschluss in der Form einer Bestätigung. Hier haben keine Vorverhandlungen mit dem Ziel, einen Vertrag abzuschließen, stattgefunden. Der Unterschied zum kaufmännischen Bestätigungsschreiben liegt darin, dass eine inhaltli-

---

8 BGHZ 7, 187, 190.

che Änderung der Auftragsbestätigung gegenüber dem zuvor gemachten Angebot als Ablehnung gemäß § 150 Abs. 2 BGB, verbunden mit einem neuen Angebot, zu sehen ist. Das Schweigen des Adressaten darauf ist grundsätzlich keine Annahmeerklärung.

Die Regeln über das kaufmännische Bestätigungsschreiben, welche die Rechtsprechung entwickelt hat, sind nicht nur auf Kaufleute im Sinne der §§ 1 ff. HGB anwendbar, sondern auch auf Angehörige der Freien Berufe einschließlich Insolvenzverwalter. Nach der Rechtsprechung des BGH kommt es darauf an, ob die beteiligten Vertragspartner in kaufmännischer Weise am Geschäftsverkehr teilnehmen und sowohl damit rechnen müssen als auch darauf vertrauen dürfen, dass sich der andere Teil ebenfalls in kaufmännischer Weise verhält.[9]

b) Die dogmatische Begründung

106   Die dogmatische Begründung für die Wirkung des Schweigens auf ein kaufmännisches Bestätigungsschreiben ist unterschiedlich und umstritten.

Die Rechtsprechung stützt sich auf einen anerkannten diesbezüglichen Handelsbrauch[10]. Andere sprechen angesichts einer in ihrem Kernbereich nahezu unangefochtenen Rechtsprechung zur Lehre vom kaufmännischen Bestätigungsschreiben über fast 100 Jahre von **Gewohnheitsrecht**[11]. Der BGH[12] hat das Schweigen im kaufmännischen Geschäftsverkehr ausnahmsweise als Zustimmung (Annahme) zu einem Angebot gewertet.

Die rechtliche Behandlung des kaufmännischen Bestätigungsschreibens kann ihre gesetzliche Stütze im **Handelsbrauch** finden, auf den gemäß § 346 HGB Rücksicht zu nehmen ist. Unmittelbar vergleichbar ist die für das kaufmännische Bestätigungsschreiben entwickelte rechtliche Regelung mit der gesetzlichen Regelung in § 362 HGB. Deshalb ist es auch gerechtfertigt, die oben bezeichnete Wirkung des kaufmännischen Bestätigungsschreibens nur eintreten zu lassen, wenn der Empfänger nicht **unverzüglich** widerspricht[13].

c) Einschränkungen

107   Im Hinblick auf die abändernde Wirkung von kaufmännischen Bestätigungsschreiben bezüglich vorausgegangener Vereinbarungen sind allerdings Einschränkungen zu machen. Zum einem tritt die oben dargestellte Wirkung des Schweigens auf ein kaufmännisches Bestätigungsschreiben nicht ein, wenn der Bestätigende **bewusst**

---

9 Siehe BGH NJW 1987, 1940 f.; OLG Düsseldorf NJW-RR 1995, 501 f.
10 RGZ 129, 347, 349; BGH NJW 1954, 105.
11 *Canaris*, § 23 Rdnr. 10.
12 NJW 1981, 43, 44.
13 Vgl. *Flume*, § 36, 6 und 7.

eine unrichtige Darstellung des mündlich Vereinbarten abgibt, weil dadurch gegen Treu und Glauben verstoßen wird und deshalb von einem redlichen Geschäftsverkehr nicht mehr die Rede sein kann[14]. Zum anderen ist zu beachten: Entfernt sich die Bestätigung soweit von dem vorher Abgesprochenen, dass der Bestätigende selbst vernünftigerweise nicht mehr mit dem Einverständnis des Empfängers rechnen darf, ist er (der Bestätigende) nicht schutzbedürftig. In einem solchen Fall bleibt das Schweigen des Empfängers ohne Folgen[15]. Das Schweigen gilt nicht als Annahme des Angebots zum Abschluss eines Abänderungsvertrages. Der ursprünglich vereinbarte Vertrag wird nicht abgeändert und bleibt somit unverändert verbindlich. Das trifft auch für den Fall zu, dass beide Partner sich kreuzende und inhaltlich unvereinbare Bestätigungen abgeben[16].

Beispiel im Anschluss an das vorhergehende **Beispiel**: Versucht A, dem B dadurch einen LKW zu verkaufen, dass er in das Bestätigungsschreiben LKW statt PKW und 32 000,– € statt 10 500,– € einsetzt, so gibt er bewusst eine unrichtige Darstellung dessen, was mündlich vereinbart worden ist. Außerdem entfernt sich das Schreiben so weit von dem vorher Abgesprochenen, dass A vernünftigerweise nicht mit dem Einverständnis des B rechnen kann. Schweigt B auch auf dieses Schreiben, so bleibt das ohne Folgen. Das Schweigen des B gilt nicht als Annahme des Angebots zum Abschluss eines Abänderungsvertrages. Der ursprüngliche Vertrag bleibt unverändert so bestehen, wie er mündlich vereinbart worden ist[17].

3. Das Fehlen eines Abschlusstatbestandes

Bei der zweiten Fallgruppe geht es um das **Fehlen eines Abschlusstatbestandes** bzw. um das Vorliegen eines **versteckten Dissenses**. Wenn es zwischen Kaufleuten, die einen Vertrag abschließen möchten, zu einem Schriftwechsel mit Angeboten, Annahmen unter Erweiterungen und Änderungen (im Sinne des § 150 Abs. 2) und Antworten darauf mit Konkretisierungen und Präzisierungen kommt, so besteht ein Bedürfnis nach Klärung der Rechtslage durch ein Bestätigungsschreiben[18]. Wird ein solches Bestätigungsschreiben zugesandt und schweigt der Empfänger darauf, so kann dieses Schweigen jedenfalls dann als Zustimmung zum Vertragsschluss gewertet werden, wenn die Verhandlungen Abschlussreife erlangt haben[19]. In dem Bestätigungsschreiben wäre dann ein Angebot zum Abschluss des Vertrages zu sehen; das Schweigen darauf wird als Willenserklärung, als Annahmeerklärung, fingiert. Hier liegt eine Analogie zu § 362 HGB nahe.

108

---

14 BGHZ 40, 42, 45.
15 BGHZ 7, 187, 190; OLG Köln MDR 1963, 138; BGH WM 1984, 639, 640; BGH ZIP 1994, 618, 619.
16 So BGH WM 1984, 639, 641.
17 Vgl. weitere Beispielsfälle bei *Steding*, JA 1998, 288, 292.
18 Siehe *Canaris*, § 23 Rdnr. 13.
19 So *Canaris*, § 23 Rdnr. 13.

III. Unverlangt zugeschickte Warensendungen

1. Allgemeines

109 Unverlangt zugeschickte Warensendungen sind in Verbindung mit dem Begleitschreiben als bindendes Angebot des Versendenden zum Abschluss eines Vertrages anzusehen, wenn es erkennbar in der Macht des Kunden stehen soll, das Geschäft mit seiner Annahmeerklärung zustande kommen zu lassen. Ein Vertrag kann nur dann zustande kommen, wenn der Empfänger eine entsprechende Annahmeerklärung abgibt. Den Empfänger dieses Vertragsangebotes trifft **keine Ablehnungspflicht**.

Wer Waren, die ihm unverlangt zugeschickt werden, einfach liegen lässt, erklärt damit nicht seinen Annahmewillen. Daran ändert sich auch dadurch nichts, dass der Versendende in einem Begleitschreiben erklärt, dass, wenn die Waren nicht innerhalb einer bestimmten Frist zurückgesandt würden, dies als Annahmeerklärung des Empfängers gelte. Durch eine von ihm abgegebene Erklärung kann der Versendende den Empfänger nicht zu einem Verhalten zwingen, zu dem dieser nach dem Gesetz nicht verpflichtet ist. Eine konkludent erklärte Annahme kann nur dann bejaht werden, wenn der Empfänger seinen Annahmewillen gezielt gegenüber dem Versender kundtut, z. B. durch Begleichen der Rechnung.

2. Die Regelung des § 241a

110 § 241a regelt die Zusendung nicht bestellter Warensendungen sowie die Erbringung nicht verlangter Leistungen von einem Unternehmer (§ 14) an einen Verbraucher (§ 13) und bestätigt die oben genannte Regel. Von einer „unbestellten Sache" kann dann gesprochen werden, wenn die Lieferung nicht auf eine dem Verbraucher zurechenbare Anforderung zurückgeht[20].

§ 241a hat in Bezug auf den Vertragsschluss eine in erster Linie **klarstellende** Funktion dahingehend, dass durch die Zusendung der Ware allein und durch das Schweigen des Empfängers darauf kein Vertrag zustande kommt.

111 Der Empfänger unverlangt zugeschickter Waren ist gemäß § 241a nicht verpflichtet, dieselben zurückzusenden. § 241a Abs. 1 schließt darüber hinaus **alle Ansprüche** gegen den Empfänger auf Herausgabe, Nutzungsersatz und Schadensersatz aus[21].

> **Beispiel:** Das Versandhaus „Globus" (V) schickt dem X unverlangt elektrische Haushaltsgeräte mit einer Rechnung zu. Der Sendung ist ein Schreiben beigefügt, in dem es heißt, sende der Empfänger die erhaltenen Waren nicht innerhalb von 14 Tagen zurück, so habe er damit das Einverständnis zum Abschluss eines Kaufvertrages erklärt. X öffnet das Paket und verstaut die Geräte, die er nicht haben will, im Keller.

---

20 *MünchKomm-Kramer*, § 241a Rdnr. 7; *Gebauer/Wiedmann-Schinkels*, Kapitel 7 Rdnr. 82.
21 *Palandt-Grüneberg*, § 241a Rdnr. 4 m.w.N.; *MünchKomm-Kramer*, § 241a Rdnr. 13.

Verlangt V von X Zahlung des Kaufpreises, stellt sich die Frage, ob zwischen V und X ein Kaufvertrag zustande gekommen ist, aufgrund dessen V von X Zahlung des Kaufpreises verlangen kann. Indem V dem X die Geräte samt Rechnung und das Begleitschreiben mit dem dargestellten Inhalt zuschickt, macht V dem X ein bindendes Angebot; denn X soll erkennbar die Möglichkeit haben, über das Zustandekommen des Vertrages zu entscheiden. Fraglich ist allerdings, ob das Schweigen des X auf das Angebot des V als Annahmeerklärung gewertet werden kann. Das Schweigen kann nur in Ausnahmefällen unter bestimmten Voraussetzungen als rechtlich relevantes Verhalten Wirkungen hervorrufen, die denen einer Willenserklärung gleichzusetzen sind. Im zu erörternden Fall handelt es sich weder um ein kaufmännisches Bestätigungsschreiben noch gibt es eine gesetzliche Regelung, die das Schweigen in dieser Situation als Willenserklärung wertet. Eine ausdrückliche Vereinbarung zwischen X und V darüber, dass das Schweigen des X als Willenserklärung zu werten ist, existiert auch nicht. § 241a Abs. 1 stellt klar, dass durch die Lieferung einer unbestellten Sache kein Anspruch gegen den Empfänger der Lieferung entsteht. Die Vorschrift ist anwendbar, weil V Unternehmer (§ 14) und K Verbraucher (§ 13) ist. Daraus folgt: Das Schweigen des X auf die Sendung des V ist keine Annahmeerklärung, mit der X das Angebot des V zum Abschluss eines Kaufvertrages angenommen hat. Ein Kaufvertrag ist demnach nicht zustande gekommen.

Eine Ausnahme von der Grundregel des § 241 a Abs. 1 enthält Absatz 2, der die Geltendmachung gesetzlicher Ansprüche zulässt, wenn die Leistung nicht für den Empfänger bestimmt war oder in irriger Annahme einer Bestellung erfolgt ist. Allerdings ist erforderlich, dass der Empfänger dies wusste oder erkennen konnte. **112**

§ 7 Der Dissens (Einigungsmangel)

Schrifttum: *Eisenhardt*, Ansprüche aus culpa in contrahendo wegen Verletzung der Verpflichtung, über erkennbare Unwirksamkeitsgründe aufzuklären, in: Festschrift für Zentaro Kitagawa, 1992, 297; *Jung*, Die Einigung über die „essentialia negotii" als Voraussetzung für das Zustandekommen eines Vertrages, JuS 1999, 28; *Leenen*, Abschluss, Zustandekommen und Wirksamkeit des Vertrages – zugleich ein Beitrag zur Lehre vom Dissens –, AcP 188 [1988], 381; *Petersen*, Der Dissens beim Vertragsschluss, Jura 2009, 419.

I. Der offene Dissens

Ein Vertrag kann nur dann entstehen, wenn sich die Parteien über den vollständigen Inhalt des angestrebten Vertrages geeinigt haben. Ob dies der Fall ist, muss notfalls im Wege der **Auslegung des Vertrages** (§§ 133, 157) festgestellt werden. **113**

Ist offensichtlich, dass die Parteien sich noch nicht über alle Punkte eines Vertrages geeinigt haben, über die nach dem Willen auch nur einer Partei eine Übereinkunft erzielt werden sollte, so liegt ein offener Dissens (Einigungsmangel) vor. Solange dieser andauert, kommt gemäß § 154 Abs. 1 ein Vertrag im Zweifel **nicht** zustande.

Beispiel: V und M haben sich über einen Mietvertrag betreffend gewerbliche Räume über wesentliche Punkte einschließlich die Höhe des Mietzinses geeinigt. Keine Übereinstimmung war bisher darüber zu erzielen, wer die Renovierungskosten nach Beendigung der fünfjährigen Mietzeit tragen soll. V meint, der Vertrag sei dennoch zustande gekommen. Da die Kosten der Renovierung kein zu vernachlässigender Vertragsbestandteil sind, besteht ein andauernder Dissens. Nach § 154 ist im Zweifel **kein** Vertrag entstanden.

§ 154 Abs. 1 setzt voraus, dass sich beide Parteien der fehlenden Einigung bewusst sind. Beide Parteien (oder wenigstens eine, für den Vertragspartner erkennbar[1]) gehen davon aus, dass die noch unvollständige Vereinbarung durch beiderseitige Einigung ergänzt und komplettiert werden muss[2].

§ 154 Abs. 1 S. 1 ist als Auslegungsregel gestaltet („im Zweifel"). Dies gestattet es den vertragsschließenden Parteien im Zusammenhang mit dem Grundsatz der Privatautonomie, eine vertragliche Einigung auch unter Offenlassung einzelner Punkte zu schließen[3].

II. Der versteckte Dissens

114   Um einen versteckten Dissens handelt es sich, wenn die Vertragschließenden den Vertrag als zustande gekommen ansehen, obwohl sie sich noch nicht über alle Punkte geeinigt haben, sich dieses Mangels aber nicht bewusst sind. Im Unterschied zum offenen Dissens liegt ein versteckter Dissens also dann vor, wenn die Vertragsparteien nicht wussten, dass eine Einigung über einen oder mehrere regelungsbedürftige Punkte nicht erzielt wurde[4].

Das kann z. B. der Fall sein, wenn es zwischen Personen, die einen Vertrag abschließen möchten, zu einem Schriftwechsel mit Angeboten, Annahmen unter Erweiterungen und Änderungen (im Sinne des § 150 Abs. 2) und Antworten darauf mit Konkretisierungen und Präzisierungen kommt, ohne dass sie sich letztlich über alle wesentlichen Punkte des Vertrages geeinigt haben.

Ein versteckter Dissens kann auch dadurch entstehen, dass die Vertragschließenden es unbewusst unterlassen haben, über einen oder mehrere Punkte eine Einigung herbeizuführen, über die sie eine Vereinbarung treffen wollten. Der Grund

---

1   Vgl. BGH NJW 1998, 3196.
2   *MünchKomm-Kramer*, § 154 Rdnr. 3.
3   Vgl. BGH WM 1965, 950; vgl. auch BGH BB 1966, 1412; *MünchKomm-Kramer*, § 154 Rdnr. 6.
4   *MünchKomm-Kramer*, § 155 Rdnr. 2, 7 ff.

dafür kann in der Unaufmerksamkeit der Vertragschließenden, aber auch in der Unvollständigkeit oder Missverständlichkeit ihrer Erklärungen liegen[5].

In solchen Fällen erklärt das Gesetz, dass trotz des Dissenses zwischen den Betei- **115** ligten hinsichtlich des vereinbarten Inhalts eine vertragliche Bindung eingetreten ist, wenn anzunehmen ist, dass der Vertrag auch ohne eine Einigung über den Punkt, über den keine Vereinbarung zustande gekommen ist, von ihnen geschlossen worden wäre (§ 155). Das bedeutet: Es muss danach gefragt werden, was die Beteiligten gewollt und vereinbart hätten, wenn sie die Umstände des Vertragsschlusses gekannt hätten.

§ 8 Allgemeine Geschäftsbedingungen als Bestandteile von Verträgen

Schrifttum: *Armbrüster*, Das Transparenzgebot für Allgemeine Geschäftsbedingungen nach der Schuldrechtsmodernisierung, DNotZ 2004, 437; *Graf von Westphalen* (Hrsg.), Vertragsrecht und AGB-Klauselwerke, 2006; *Kötz*, Der Schutzzweck der AGB-Kontrolle – Eine rechtsökonomische Skizze, JuS 2003, 209; *Lange,* Auslegung, Unklarheitenregel und Transparenzklausel, ZGS 2004, 208; *Stoffels*, AGB-Recht, 2. Aufl., 2009.

I. Einleitung

Die Privatautonomie als die Freiheit des Einzelnen, seine Rechtsverhältnisse weit- **116** gehend nach seinem Willen zu gestalten, erlaubt eine individuelle Vertragsausgestaltung. Der Grundsatz der Privatautonomie ermöglicht es also, die im BGB im besonderen Teil des Schuldrechts vorgesehenen Vertragstypen und auch viele Regelungen des allgemeinen Teils des Schuldrechts, wie z. B. die Vorschriften über die Leistungsstörungen, durch Allgemeine Geschäftsbedingungen zu ersetzen oder erheblich abzuändern.

Gestützt auf den Grundsatz der Privatautonomie versuchen diejenigen, die Allgemeine Geschäftsbedingungen verwenden und ihre Kunden zur Akzeptierung derselben bewegen wollen, ihre Rechtsstellung gegenüber der gesetzlichen Regelung zu verbessern, soweit die Vorschriften des Bürgerlichen Gesetzbuches nachgiebiges (dispositives) Recht enthalten, das für privatautonome Vertragsausgestaltung Raum gewährt. Diese Möglichkeiten sind allerdings durch die §§ 305 ff. erheblich eingeschränkt.

---

5 Vgl. *Staudinger-Bork*, § 155 Rdnr. 4.

117 Häufig werden mit dem Vertragsschluss Allgemeine Geschäftsbedingungen auf Wunsch einer oder beider Vertragsparteien Vertragsinhalt. Das bedeutet: Wenn die Parteien z. B. einen Kauf-, Miet- oder Werkvertrag abschließen, so werden nicht allein die Rechte und Pflichten Gegenstand des Vertrages, die das Gesetz (hier das BGB) für diesen Vertragstyp vorsieht; manche Regelungen des Gesetzes werden – soweit rechtlich zulässig – durch Allgemeine Geschäftsbedingungen abgeändert, ergänzt oder ersetzt. Wenn die zugrunde gelegten Allgemeinen Geschäftsbedingungen lediglich als Ergänzung und teilweise Ersetzung der gesetzlichen Regelung dienen sollen, so besteht der einheitliche Vertrag einerseits aus einer Individualabrede und andererseits aus Allgemeinen Geschäftsbedingungen. Diese Unterscheidung hat praktische Auswirkungen für die Inhaltskontrolle. Während der Teil des Vertrages, der aus Allgemeinen Geschäftsbedingungen besteht, gegebenenfalls nach den strengen Regeln der §§ 307 ff. überprüft wird, findet eine Kontrolle des individualrechtlichen Teils lediglich nach den milderen allgemeinen Maßstäben des BGB (§§ 138, 242 etc.) statt.

Die meisten atypischen Verträge, die geschlossen werden, wie z. B. Leasingverträge und Altenheimverträge, sind in der Regel typisiert und stellen insgesamt Allgemeine Geschäftsbedingungen dar. Das bedeutet, hier muss nicht unterschieden werden zwischen dem Vertragteil, der eine Individualabrede darstellt, und demjenigen, der aus Allgemeinen Geschäftsbedingungen besteht.

II. Die Gegenstände Allgemeiner Geschäftsbedingungen

118 Abgesehen von den eben genannten atypischen Verträgen, bei denen eine typisierte Gestaltung durch Allgemeine Geschäftsbedingungen jedenfalls sinnvoll ist, sind in Allgemeine Geschäftsbedingungen, durch welche die gesetzlich geregelten Verträge, wie z. B. Kauf- und Mietverträge; ergänzt werden, häufig insbesondere folgende Gegenstände aufgenommen worden:

- bewegliche Liefer- und Zahlungsfristen zugunsten des Verwenders;
- Einschränkungen der Gewährleistungsansprüche zuungunsten des Geschäftspartners;
- eine Verkürzung der Gewährleistungsfristen des Verwenders;
- der Ausschluss der Abtretung von Forderungen, die gegen den Verwender bestehen oder entstehen;
- der Ausschluss der Aufrechnung gegen Forderungen des Verwenders;
- Beweislastregelungen, die es dem Kunden des Verwenders häufig unmöglich machten, seine Rechte vor Gericht durchsetzen zu können.

Manche Allgemeine Geschäftsbedingungen stellen ein umfangreiches Klauselwerk dar, dessen Tragweite auch für geschäftlich erfahrene Kunden nur schwer zu begreifen ist. Zu denken ist hier z. B. an die Allgemeinen Geschäftsbedingungen der Banken, Versicherungen, Spediteure und Beförderungsunternehmen.

Viele andere Allgemeine Geschäftsbedingungen regeln nur einzelne Punkte und ergänzen oder verändern die gesetzliche Regelung auf diese Weise nur mehr oder weniger geringfügig. Zu solchen einzelnen Punkten gehören häufig: die Vereinbarung eines Eigentumsvorbehaltes, Zahlungsfristen, der Ausschluss oder erhebliche Modifizierungen von Gewährleistungsansprüchen. Das bedeutet: Die Rechtsnormen, die das BGB für einen bestimmten Vertragstyp aufstellt, werden nur teilweise, allerdings zum Nachteil der Kunden, abgeändert, ausgeschlossen oder ergänzt. Der vom Gesetzgeber umrissene Vertragstyp bleibt in diesen Fällen noch erkennbar.

Allgemeine Geschäftsbedingungen und die damit zusammenhängenden Probleme spielen nicht nur im Einzelhandel eine Rolle. Auch im Geschäftsverkehr der Unternehmen untereinander werden bei Vertragsschlüssen in der Regel Allgemeine Geschäftsbedingungen zugrundegelegt.

III. Die Vorschriften des BGB zur Regelung des Rechts der Allgemeinen Geschäftsbedingungen

1. Das rechtspolitische Ziel

Die vom BGB zugrunde gelegte Ausgangslage, Verträge würden unter gleich Mächtigen ausgehandelt, sodass jede Partei auf ihren Vorteil selbst achten und deshalb im Vertrage ein Interessenausgleich ausgehandelt werden könne, war schon bei der Schaffung des BGB falsch eingeschätzt worden. Die Vertragsfreiheit ist nur so lange ein Mittel zur selbstverantwortlichen Gestaltung der Rechtsbeziehungen, wie zwischen den Vertragsparteien annähernd tatsächliche Gleichheit besteht und damit die einzelnen Vertragsbedingungen wirklich ausgehandelt werden können. Hauptziel der gegenwärtigen gesetzlichen Regelung ist es deshalb zu verhindern, dass Personen ohne wirklichen Überblick über die vereinbarten Regelungen des Leistungsaustausches Verträge abschließen, denen von dem Vertragspartner vorgegebene, vorformulierte Vertragsbedingungen zugrunde liegen, die eine unangemessene Benachteiligung enthalten. Von der Rechtsordnung sind solche Verträge, die aufgrund struktureller Ungleichheiten keinen gerechten Interessenausgleich enthalten, nicht erwünscht[1].

119

Mit den Regelungen über die Allgemeinen Geschäftsbedingungen soll keineswegs das Prinzip der Privatautonomie beseitigt werden. Man kann sie vielmehr als einen Versuch werten, dem Prinzip der Privatautonomie eine neue Chance zu geben. Diese vertragliche Gestaltungsfreiheit wird sinnvoll durch die Möglichkeit der flexiblen und einzelfallgerechten richterlichen Inhaltskontrolle ergänzt[2].

120

---

1   *Larenz/Wolf*, § 43 Rdnr. 2.
2   *Larenz/Wolf*, § 43 Rdnr. 2.

2. Die wichtigsten Regelungen des BGB über die Einbeziehung und Verwendung Allgemeiner Geschäftsbedingungen (§§ 305 ff.)

a) Der Begriff der Allgemeinen Geschäftsbedingungen

121 Das BGB enthält in § 305 Abs. 1 eine Begriffsbestimmung. Nach dieser Definition liegen Allgemeine Geschäftsbedingungen vor, wenn
a) der Verwender für den potenziellen Vertragspartner vorformulierte Vertragsbedingungen bereithält,
b) die für eine „Vielzahl von Verträgen" bestimmt sind (was nicht notwendigerweise bedeutet, dass sie für den Massenverkehr gedacht sind),
c) und der Verwender diese vorformulierten Vertragsbedingungen dem Vertragspartner stellt, d. h. **einseitig** auferlegt.

122 So fallen unter die Definition des § 305 Abs. 1 z. B.:
– gedruckte Einheitsmietverträge, aufgrund derer die Vermieter mit den Mietern Mietverträge abschließen;
– Grundschuldbestellungsurkunden, die eine Bank als Formular verwendet;
– vorgedruckte Formularverträge, die beim Autokauf verwandt werden;
– vorformulierte Bürgschaftsverträge, wie sie die Banken verwenden.

123 Auch im PC gespeicherte Verträge, die für eine Vielzahl von Fällen vorgesehen sind, stellen Allgemeine Geschäftsbedingungen dar.

Unter die Definition des § 305 Abs. 1 können auch **notarielle Verträge** fallen, wenn diese Verträge von dem Notar nicht nur für Einzelfälle gedachte Regeln enthalten, sondern inhaltlich das wiedergeben, was eine Partei für eine Reihe gleichwertiger Verträge einseitig festgelegt hat[3].

Für eine Vielzahl von Verträgen vorformulierte Vertragsbedingungen im Sinne des § 305 Abs. 1 können auch dann vorliegen, wenn die Bedingungen nicht gegenüber verschiedenen Vertragsparteien verwendet werden sollen. Für eine Vielzahl von Verträgen sind sie bereits dann vorformuliert, wenn ihre **dreimalige Verwendung beabsichtigt ist**[4].

b) Der Vorrang von Individualabreden

124 Gemäß § 305 Abs. 1 S. 3 liegen Allgemeine Geschäftsbedingungen nicht vor, wenn Vertragsbedingungen im Einzelnen **ausgehandelt** sind (sog. Individualabreden). Auf Individualabreden finden deshalb die Vorschriften der §§ 305 ff. grundsätzlich keine Anwendung.

Individualabreden genießen gemäß § 305 b Vorrang vor Allgemeinen Geschäftsbedingungen. Soweit ein inhaltlicher Widerspruch zwischen Individualabreden und Allgemeinen Geschäftsbedingungen besteht, bleiben Letztere ohne Geltung. Dem-

---

3 So BGHZ 83, 56, 58.
4 So BGH ZIP 2004, 315 f.

nach bleiben Klauseln in Allgemeinen Geschäftsbedingungen, die im Widerspruch zu Individualabreden stehen, ohne Wirkung.

Beispiel: Kaufmann K kauft bei V einen LKW für sein Unternehmen unter Einbeziehung Allgemeiner Geschäftsbedingungen. In den Allgemeinen Geschäftsbedingungen des V, die von K unterschrieben werden, wird die gesetzliche Verjährungsfrist für die Mängelhaftung von zwei Jahren auf ein Jahr verkürzt. Unter Zeugen erklärt V dem K jedoch, er gebe ihm, dem K, sogar eine „Garantiefrist" von drei Jahren. Als K 18 Monate nach Übergabe des LKW an ihn einen Mangel geltend macht, beruft sich V auf seine Allgemeinen Geschäftsbedingungen. Es handelt sich nicht um einen Verbrauchsgüterkauf; deshalb kann die Verjährungsfrist grundsätzlich durch Individualvereinbarung im Rahmen des § 202 verkürzt werden (§ 309 Nr. 8 b) ff). Die mündliche Zusicherung des V, er räume dem K sogar eine Garantiefrist – womit die Verjährungsfrist für Mängelansprüche gemeint ist – von drei Jahren ein, ist eine Individualabrede im Sinne des § 305b. Sie geht der entsprechenden Klausel in den Allgemeinen Geschäftsbedingungen vor, die demnach ohne Wirkung bleibt. Der Mängelanspruch des K ist somit noch nicht verjährt.

Individualvereinbarungen können sein: **125**

– Einzelfallvereinbarungen und
– Aushandlungsvereinbarungen.

Einzelfallvereinbarungen liegen vor, wenn Vertragsbedingungen nicht für eine Vielzahl von Fällen, sondern nur für einen Einzelfall formuliert sind. Auf das Aushandeln ist dabei nicht abzustellen. Entscheidend ist vielmehr, ob die Vereinbarung zum Zwecke der einmaligen Verwendung formuliert ist[5].

Aushandlungsvereinbarungen setzen ein Aushandeln i. S. des § 305 Abs. 1 S. 3 **126** voraus. Hiervon kann nach Auffassung des BGH[6] nur gesprochen werden, wenn der Vertragsinhalt das Ergebnis einer selbstverantwortlichen Prüfung, Abwägung und **möglichen** Einflussnahme beider Vertragsseiten ist.

c) Schwerpunkte der gesetzlichen Regelung

Die Vorschriften des BGB über die Allgemeinen Geschäftsbedingungen bilden im **127** Wesentlichen zwei Schwerpunkte: Sie betreffen die Einbeziehung von Allgemeinen Geschäftsbedingungen in den Vertrag und die Inhaltskontrolle.

aa) Die Einbeziehung in den Vertrag: § 305 Abs. 1 und 2 sollen sicherstellen, dass für die Einbeziehung von Allgemeinen Geschäftsbedingungen in den Einzelvertrag der rechtsgeschäftliche Vertragswillen der Parteien maßgeblich ist.

Um sicherzustellen, dass die häufig für den Vertragspartner des Verwenders nach- **128** teiligen Allgemeinen Geschäftsbedingungen wirklich vom Willen der Vertragschließenden getragen werden, macht § 305 Abs. 2 das Zustandekommen eines Vertra-

---

5 *Anwaltkommentar-Kollmann*, § 305 Rdnr. 19; *MünchKomm-Basedow*, § 305 Rdnr. 17.
6 NJW 2005, 2543, 2544; NJW 2002, 2388, 2389; NJW 2000, 1110, 1111.

ges mit dem Inhalt der Allgemeinen Geschäftsbedingungen von einem ausdrücklichen Hinweis auf die Allgemeinen Geschäftsbedingungen abhängig oder ausnahmsweise von einem deutlich sichtbaren Aushang am Ort des Vertragsschlusses – wenn ein ausdrücklicher Hinweis wegen der Art des Vertragsabschlusses nur unter unverhältnismäßigen Schwierigkeiten möglich ist – **und** der Möglichkeit, in zumutbarer Weise vom Inhalt der Allgemeinen Geschäftsbedingungen Kenntnis zu nehmen.

In jedem Fall muss die andere Vertragspartei also eine Einverständniserklärung abgeben („… und wenn die andere Vertragspartei mit ihrer Geltung einverstanden ist"). Damit wird klargestellt, dass die Einbeziehung der Allgemeinen Geschäftsbedingungen auf vertraglicher Grundlage und nicht durch einseitige Maßnahmen des Verwenders erfolgt. Diese Einverständniserklärung ist eine Willenserklärung.

Die Einverständniserklärung kann auch **konkludent** abgegeben werden. Liegen die Voraussetzungen des § 305 Abs. 2 Nr. 1 und 2 vor und nimmt der Kunde die ihm angebotene Leistung an, so kann darin die konkludent abgegebene Einverständniserklärung des Kunden gesehen werden[7].

Beispiel: F fährt mit seinem PKW in die vom Vermieter V betriebene Tiefgarage ein, um sein Kfz dort für einige Stunden zu parken. Als er vor der Schranke hält, um einen Parkschein zu ziehen, sieht er ein Schild mit dem Hinweis darauf, dass der V keine Haftung für Beschädigungen geparkter Kraftfahrzeuge übernehme. F zieht den Parkschein. In der letztgenannten Handlung kann ein konkludent abgegebenes Einverständnis zur Einbeziehung der Vertragsbedingungen des V in den Vertrag gesehen werden.

129   § 305 Abs. 3 sieht vor, dass ein einzelner Vertrag auch dann unter Einbeziehung Allgemeiner Geschäftsbedingungen zustande kommen kann, wenn die Vertragspartner im Voraus generell ihre Geltung für künftige Verträge vereinbart, also eine entsprechende **Rahmenvereinbarung** getroffen haben. Die Rahmenvereinbarung im Sinne des § 305 Abs. 3 ist ein Vertrag, durch den die Geltung Allgemeiner Geschäftsbedingungen eines Partners für künftige Geschäfte vorgesehen wird. Kraft der Rahmenvereinbarung werden die Allgemeinen Geschäftsbedingungen für alle von ihr erfassten Verträge verbindlich, ohne dass die Einbeziehungsvoraussetzungen bei den Einzelverträgen erfüllt zu sein brauchen oder in den Einzelverträgen auf die Rahmenvereinbarung verwiesen werden müsste[8].

Für einige dispensierte Bereiche (z. B. genehmigte Tarife und Beförderungsbedingungen im Linienverkehr und Allgemeine Geschäftsbedingungen für bestimmte Telekommunikationsleistungen) gilt gemäß § 305a, dass Allgemeine Geschäftsbedingungen auch dann Vertragsinhalt werden können, wenn der Kunde nicht ausdrücklich darauf hingewiesen und ihm auch nicht die Möglichkeit verschafft worden ist, in zumutbarer Weise von ihrem Inhalt Kenntnis zu nehmen.

---

7   Vgl. *Stoffels*, AGB-Recht, Rdnr. 291.
8   Vgl. *Stoffels*, AGB-Recht, Rdnr. 308 m. w. N.

Diese strengen Einbeziehungsvoraussetzungen des § 305 Abs. 2 gelten gemäß § 310 Abs. 1 nicht, wenn der Vertragspartner des Verwenders ein Unternehmer (§ 14) oder eine juristische Person des öffentlichen Rechts (z. B. Gemeinde, Hochschule) ist. In einem solchen Fall genügt es für die Einbeziehung, wenn der Vertragspartner erkennbar der Geltung der Allgemeinen Geschäftsbedingungen zustimmt.

bb) Die Inhaltskontrolle: Den §§ 307 ff. lassen sich die Maßstabsnormen für den   **130** rechtlich zulässigen Inhalt von Klauseln in Allgemeinen Geschäftsbedingungen entnehmen, die in einer Generalklausel (§ 307) und einem großen Katalog einzeln aufgeführter unzulässiger Klauseln (§§ 308 und 309) enthalten sind.

> **Beispiel:** Bei Abschluss eines Kaufvertrages, der nicht ein Verbrauchsgüterkauf im Sinne des § 474 ist, werden Allgemeine Geschäftsbedingungen vereinbart, in denen die Verjährungsfrist betreffend Mängelansprüche auf 6 Monate verkürzt wird. Dies stellt einen Verstoß gegen das Klauselverbot des § 309 Nr. 8 b) ff) dar. Die Klausel ist unwirksam.

§ 307 Abs. 1 und 2 legen den grundlegenden Prüfungsmaßstab für die richterliche Inhaltskontrolle Allgemeiner Geschäftsbedingungen fest. Die besonderen Klauselverbote in den §§ 308 und 309 sind als Konkretisierungen der in der Generalklausel des § 307 festgelegten Wertmaßstäbe zu verstehen. Sie greifen exemplarisch wichtige Tatbestände heraus, ohne den Anspruch auf Vollständigkeit zu erheben. § 307 bildet im Verhältnis zu den §§ 308 und 309 einen Auffangtatbestand[9].

Für die Prüfungsreihenfolge bedeutet dies, dass zunächst zu untersuchen ist, ob eines der besonderen Klauselverbote der §§ 308, 309 einschlägig ist. Erst wenn das zu verneinen ist, greift die Generalklausel des § 307.

Nach § 307 Abs. 1 ist eine Klausel in Allgemeinen Geschäftsbedingungen unwirk-   **131** sam, wenn sie den Vertragspartner des Verwenders entgegen den Geboten von Treu und Glauben **unangemessen benachteiligt**. In Absatz 2 des § 307 versucht das BGB eine Definition für eine unangemessene Benachteiligung zu schaffen. Danach ist eine unangemessene Benachteiligung im Zweifel anzunehmen, wenn eine Bestimmung

1. mit wesentlichen Grundgedanken der gesetzlichen Regelung, von der abgewichen wird, nicht zu vereinbaren ist oder
2. wesentliche Rechte und Pflichten, die sich aus der Natur des Vertrages ergeben, so einschränkt, dass die Erreichung des Vertragszwecks gefährdet ist.

Für die Inhaltskontrolle macht es einen großen Unterschied, ob Allgemeine Ge-   **132** schäftsbedingungen gegenüber einem Unternehmer oder gegenüber einem Verbraucher verwendet werden. Bei **Unternehmern** gilt gemäß § 310 Abs. 1, dass sich die Inhaltskontrolle nach § 310 Abs. 1 S. 2 i. V. mit § 307 Abs. 1 richtet. Die Klauselverbote der §§ 308, 309 finden hier keine direkte Anwendung. Allerdings

---

9 *Stoffels*, AGB-Recht, Rdnr. 463 mit Nachw.

ist gemäß § 310 Abs. 1 S. 2 ein Verstoß gegen eines dieser speziellen Klauselverbote ein Indiz für eine unangemessene Benachteiligung i. S. des § 307 Abs. 1 S. 1. Bei der Beurteilung, ob eine unangemessene Benachteiligung vorliegt, sind gemäß § 310 Abs. 1 S. 2 BGB die im Handelsverkehr geltenden Gewohnheiten und Gebräuche angemessen zu berücksichtigen.

Zu beachten ist, dass gemäß § 307 Abs. 3 eine Inhaltskontrolle nur stattfindet, wenn Allgemeine Geschäftsbedingungen von Rechtsvorschriften **abweichen oder diese ergänzen**.

Deshalb unterliegen z. B. in der Regel Leistungsbestimmungs- und Entgeltregelungen nicht der Inhaltskontrolle nach den §§ 307 ff. Davon ist nur dann eine Ausnahme zu machen, wenn diese untransparent, d. h. nicht klar und verständlich im Sinne des § 307 Abs. 1 S. 2 sind und damit gegen das Transparenzgebot verstoßen (§ 307 Abs. 3 S. 2).

Handelt es sich um einen Vertrag, der sich einerseits aus Individualvereinbarungen und andererseits aus Allgemeinen Geschäftsbedingungen zusammensetzt, so unterliegen nur diejenigen Passagen des Vertrages, die Allgemeine Geschäftsbedingungen sind, der Inhaltskontrolle nach den §§ 307 ff. Der andere Teil des Vertrages, die Individualvereinbarungen, können nur anhand der §§ 134, 138 und 242 einer Inhaltskontrolle unterzogen werden.

133 Führt die Inhaltskontrolle nach den §§ 307 ff. zu dem Ergebnis, dass eine oder mehrere Klauseln in den Allgemeinen Geschäftsbedingungen unwirksam sind, so bleibt der Vertrag – abweichend von der Grundregel des § 139 – im Übrigen wirksam (§ 306 Abs. 1). An die Stelle der unwirksamen Vertragsbestandteile treten die gesetzlichen Vorschriften (§ 306 Abs. 2).

In dem oben genannten **Beispiel** ist also nur die entsprechende Klausel unwirksam. Der Vertrag bleibt im Übrigen bestehen (§ 306 Abs. 1). An die Stelle der unwirksamen Klausel tritt die gesetzliche Regelung (§ 306 Abs. 2), hier also § 438 mit der zweijährigen Verjährungsfrist.

IV. Sonderregelungen über missbräuchliche Klauseln in Verbraucherverträgen

134 Aufgrund einer entsprechenden Richtlinie der EG[10] genießen Verbraucher (§ 13) auch innerhalb des Rechts der Allgemeinen Geschäftsbedingungen (§§ 305 ff.) noch einen besonderen Schutz. Auf Verbraucherverträge (= Verträge zwischen Verbrauchern im Sinne des § 13 und Unternehmern im Sinne von § 14) findet § 310 Abs. 3 Anwendung. Danach sind u. a. etliche Vorschriften über die Allgemeinen Geschäftsbedingungen, wie z. B. diejenigen über die Inhaltskontrolle (§§ 307 ff.), auch dann anzuwenden, wenn vorformulierte Vertragsbedingungen nur zur ein-

---

10 Richtlinie 93/13/EWG des Rates vom 5. 4. 1993 über missbräuchliche Klauseln.

maligen Verwendung bestimmt sind und der Verbraucher aufgrund der Vorformulierung auf den Inhalt keinen Einfluss nehmen konnte. Außerdem sind bei der Beurteilung der unangemessenen Benachteiligung im Sinne des § 307 Abs. 1 und 2 die Umstände des Vertragsschlusses zu berücksichtigen.

V. Überraschende Klauseln

Durch die §§ 305 ff. sollen die Vertragspartner der Verwender in ihrem Vertrauen darauf geschützt werden, dass die vereinbarten Allgemeinen Geschäftsbedingungen sich im Rahmen dessen halten, was nach den Umständen beim Abschluss des Vertrages erwartet werden kann. Grundlage der Erwartungen sind das Angebot und die Werbung des Verwenders sowie Aufmachung, Anordnungen und Schriftbild der Vertragsurkunde. $\qquad$ **135**

Durch § 305c Abs. 1 sollen in Allgemeinen Geschäftsbedingungen zusätzliche Einzelpflichten für unwirksam erklärt werden, mit denen angesichts des gesamten Erscheinungsbildes des Vertrages nicht gerechnet werden muss.

Bestimmungen in Allgemeinen Geschäftsbedingungen, die nach den Umständen, insbesondere nach dem äußeren Erscheinungsbild des Vertrages, so ungewöhnlich sind, dass der Vertragspartner mit ihnen nicht zu rechnen braucht, liegen dann vor, „wenn ihnen ein Überrumpelungs- oder Übertölpelungseffekt innewohnt und zwischen ihrem Inhalt und den Erwartungen des Kunden eine deutliche Diskrepanz besteht"[11]. Die Klausel muss, um als überraschend i. S. des § 305c angesehen zu werden, eine Regelung enthalten, mit der der Vertragspartner den Umständen nach vernünftigerweise nicht zu rechnen braucht. Auch der ungewöhnliche äußere Zuschnitt der Klausel, ihre Unterbringung an unerwarteter Stelle, kann die Klausel zu einer ungewöhnlichen und damit überraschenden machen[12].

Beispiel: B kauft bei P zu einem günstigen Preis unter wirksamer Vereinbarung der Allgemeinen Geschäftsbedingungen des P eine Kaffeemaschine. Als B von P plötzlich eine Lieferung Kaffee erhält, stellt er fest, dass in den Allgemeinen Geschäftsbedingungen des P in § 22, den er zuvor nicht gelesen hatte, eine monatliche Kaffeeabnahmepflicht des B enthalten ist. B ist zur Abnahme des Kaffees nicht verpflichtet, da es sich bei der die Kaffeeabnahmepflicht betreffenden Klausel um eine nach dem Erscheinungsbild des Vertrages so ungewöhnliche Bedingung handelt, dass er damit nicht zu rechnen brauchte. Dieser Klausel wohnt ein Überrumpelungs- und Übertölpelungseffekt inne. Zwischen ihrem Inhalt und den Erwartungen des Kunden besteht eine deutliche Diskrepanz. Die Klausel enthält eine Regelung, mit der B vernünftigerweise nicht zu rechnen brauchte[13]. § 22 der Allgemeinen Geschäftsbedingungen ist deshalb gemäß § 305c Abs. 1 nicht Vertragsbestandteil geworden.

---

11 So BGH NJW 1982, 2309; *Anwaltkommentar-Kollmann*, § 305c Rdnr. 2.
12 So BGH NJW 1982, 2309 f.
13 Vgl. BGH NJW 1982, 2309 f.

VI. Einschränkungen bei der Anwendung der §§ 305–309

136 § 310 Abs. 4 nimmt ganze Rechtsgebiete von den Vorschriften der §§ 305 ff. aus. Zu diesen Rechtsgebieten gehören: das Arbeitsrecht (z. B. Tarifverträge und Betriebsvereinbarungen), das Erbrecht, das Familienrecht und das Gesellschaftsrecht.

> **Beispiel:** Da die Vorschriften der §§ 305 ff. über die Allgemeinen Geschäftsbedingungen keine Anwendung auf Gesellschaftsverträge finden, kann ein Gesellschaftsvertrag einer Gesellschaft bürgerlichen Rechts oder einer Kommanditgesellschaft keiner Inhaltskontrolle nach §§ 307 ff. unterliegen. Das bedeutet allerdings nicht, dass eine Inhaltskontrolle von Gesellschaftsverträgen ausgeschlossen ist. Sie findet anhand der Maßstäbe der §§ 138, 242 statt. Daran werden z. B. die sog. Abfindungsklauseln und Wettbewerbsverbote gemessen, denen die Gesellschafter für den Fall ihres Ausscheidens unterworfen werden sollen.

Außerdem sind gemäß § 310 Abs. 1, wie unter III. 2. (Rn. 121 ff.) bereits erläutert, einige Vorschriften, die verstärkt dem Schutz des Verbrauchers zu dienen bestimmt sind, unter den folgenden Voraussetzungen nicht anwendbar: Wenn Allgemeine Geschäftsbedingungen unter Unternehmen oder gegenüber einer juristischen Person des öffentlichen Rechts verwandt werden, finden die Vorschriften der §§ 305 Abs. 2 und 3 (Einbeziehung), 308 und 309 (Klauselverbote) keine Anwendung. Wohl aber kann § 307 Abs. 1 und 2 (Generalklausel für die Inhaltskontrolle) angewandt werden; dabei können die in §§ 308 und 309 enthaltenen Wertungen durchaus einfließen. Allerdings ist auf die Gewohnheiten und Gebräuche des Handelsverkehrs Rücksicht zu nehmen (§ 310 Abs. 1 S. 2).

Der BGH[14] hat wiederholt betont, dass, wenn eine Klausel in Allgemeinen Geschäftsbedingungen bei ihrer Verwendung gegenüber Verbrauchern unter eine Verbotsnorm des § 309 fällt, dies ein Indiz dafür ist, dass sie auch im Fall der Verwendung gegenüber Unternehmen zu einer unangemessenen Benachteiligung i. S. des § 307 führt, es sei denn, sie könne wegen der besonderen Interessenlage und Bedürfnisse des unternehmerischen Geschäftsverkehrs ausnahmsweise als angemessen angesehen werden.

> **Beispiel:** Der Kaufmann K erwirbt von der A-OHG 20 PC-Tastaturen. K untersucht die Tastaturen sofort nach der Anlieferung und stellt fest, dass sie nicht funktionsfähig sind. K sendet die Tastaturen mit einer Mängelrüge zur A-OHG zurück und verlangt die Lieferung fehlerfreier Ware. Die A-OHG verweist auf ihre Allgemeinen Geschäftsbedingungen, wonach für Mängel der gekauften Ware nicht die A-OHG, sondern der jeweilige Hersteller haftet.
>
> Gemäß § 310 Abs. 1 S. 2 ist ein Verstoß gegen eines der speziellen Klauselverbote der §§ 308, 309 ein Indiz für eine unangemessene Benachteiligung i. S. des § 307

---

14 Siehe BGHZ 174, 1ff. mit Nachw.

Abs. 1 S. 1. Damit kann hier der Grundgedanke des § 309 Nr. 8 b) aa) herangezogen werden, der einen Ausschluss der Gewährleistungsrechte verbietet. Bei der Beurteilung, ob eine unangemessene Benachteiligung vorliegt, sind gemäß § 310 Abs. 1 S. 2 die im Handelsverkehr geltenden Gewohnheiten und Gebräuche angemessen zu berücksichtigen. Auch danach ist eine unangemessene Benachteiligung zu bejahen, denn durch den vollständigen Ausschluss der Verkäuferhaftung ist auch für Unternehmer die nach dem Gesetz vorausgesetzte Äquivalenz zwischen Käuferleistung und Verkäuferleistung nicht vorhanden.

VII. Die Bezugnahme beider Vertragsparteien auf die eigenen Allgemeinen Geschäftsbedingungen

Schwierigkeiten entstehen häufig bei der Beantwortung der Frage, wessen Allgemeine Geschäftsbedingungen gelten, wenn beide Vertragschließenden jeweils auf ihre Allgemeinen Geschäftsbedingungen Bezug nehmen, so z. B. wenn die eine Vertragspartei unter Bezugnahme auf ihre eigenen Bedingungen Waren bestellt und die andere Vertragspartei unter Hinweis auf ihre Verkaufsbedingungen auf die Bestellung antwortet, beide Bedingungen sich aber insgesamt oder in einzelnen Punkten widersprechen.

137

Beispiel: Fabrikant F bestellt unter Hinweis auf seine Allgemeinen Geschäftsbedingungen, die auf der Rückseite des Bestellschreibens deutlich abgedruckt sind, bei der W-AG Feinbleche. Diese erklärt sich schriftlich bereit, die bestellten Feinbleche zu liefern, verweist aber in ihrem Antwortschreiben auf ihre in ihrem Schreiben enthaltenen Allgemeinen Geschäftsbedingungen. Die Leistungen werden ausgetauscht.

Es ist davon auszugehen, dass in so gelagerten Fällen der Grundsatz anzuwenden ist, dass im kaufmännischen rechtsgeschäftlichen Verkehr Schweigen grundsätzlich nicht als Zustimmung gilt[15]. Allein die widerspruchslose Hinnahme einer Auftragsbestätigung, die einen Hinweis des Bestätigenden auf dessen Allgemeine Geschäftsbedingungen enthält, lässt deshalb diese Allgemeinen Geschäftsbedingungen noch nicht zum Vertragsinhalt werden.

Nun wäre es allerdings lebensfremd anzunehmen, dass in denjenigen Fällen, in denen beide Vertragschließenden auf ihre Allgemeinen Geschäftsbedingungen verweisen, in der Regel kein Vertrag zustande käme. Das gilt auch dann, wenn die Allgemeinen Geschäftsbedingungen sogenannte Kollisionsklauseln enthalten, wie z. B. die folgende:

138

---

15 So schon BGHZ 1, 353, 355; BGHZ 61, 283, 285; OLG Köln BB 1980, 1237, 1238.

„Die Einkaufsbedingungen des Käufers (= des anderen Vertragschließenden) haben keine Gültigkeit. Durch die Bestellung von Ware wird ausdrücklich anerkannt, dass die Lieferungs- und Zahlungsbedingungen des Verkäufers (= Verwenders) Geltung haben und die Einkaufsbedingungen des Käufers gegenstandslos geworden sind."[16]

Die Praxis lehrt, dass die Vertragschließenden einen Abschluss in der Regel nicht an der mangelnden Einigung über kollidierende Allgemeine Geschäftsbedingungen scheitern lassen wollen und deshalb das Kollisionsproblem – auch bei sog. Kollisionsklauseln – häufig bewusst offen lassen. Zum Streit darüber, wessen Allgemeine Geschäftsbedingungen Vertragsinhalt geworden sind, kommt es erst dann, wenn sich bei der Abwicklung von Verträgen Schwierigkeiten ergeben und sich jede Partei auf ihre Allgemeinen Geschäftsbedingungen beruft[17].

139 Ein Vertrag kommt also auch dann zustande, wenn eine Einigung der Vertragsparteien über kollidierende Allgemeine Geschäftsbedingungen nicht herbeigeführt wird, die Parteien aber gleichwohl mit der Ausführung des Vertrages beginnen[18].

Verweisen beide Vertragschließenden auf einander widersprechende Allgemeine Geschäftsbedingungen, so ist in erster Linie der zwischen den Parteien erzielte Konsens maßgeblich[19]. Das bedeutet im Zweifel, es kommt zwar ein Vertrag zustande, von den Allgemeinen Geschäftsbedingungen werden allerdings nur diejenigen Teile Vertragsinhalt, die sich nicht widersprechen. Im Übrigen werden kollidierende Teile Allgemeiner Geschäftsbedingungen durch die dispositiven gesetzlichen Bestimmungen ersetzt[20].

Beispiel: Die V-AG mit Sitz in Hagen verkauft an die K-GmbH in Münster eine Computer-Anlage zum Preis von 35 000,– €. Nach den sich widersprechenden Allgemeinen Geschäftsbedingungen beider Vertragspartner soll als Gerichtsstand für die V-AG Hagen und für die K-GmbH Münster als vereinbart gelten. Die V-AG klagt den Kaufpreis beim LG Hagen ein. Die K-GmbH vertritt die Ansicht, dass das LG Münster zuständig sei. Wie ist zu entscheiden, wenn es in beiden Allgemeinen Geschäftsbedingungen heißt: „Widersprechen sich die Lieferungs- und Zahlungsbedingungen der Vertragspartner, so gelten nur die vorliegenden Bedingungen."

Da sich die Allgemeinen Geschäftsbedingungen hinsichtlich der zulässigen Gerichtsstandsvereinbarungen widersprechen, sind die kollidierenden Teile der Allgemeinen Geschäftsbedingungen nach der hier vertretenen Auffassung durch die dispositiven gesetzlichen Bestimmungen zu ersetzen. An die Stelle der sich widersprechenden Gerichtsstandsvereinbarungen tritt die in der ZPO getroffene Zuständigkeitsregelung. Der Kaufpreis ist daher entweder vor dem Gericht einzuklagen, in des-

---

16 Nach OLG Köln BB 1980, 1237 ff.
17 Vgl. OLG Köln BB 1980, 1237, 1239; *Flume*, § 37, 3.
18 So im Ergebnis auch OLG Hamm BB 1983, 1815 und BGHZ 61, 282, 288 f.
19 Vgl. *Stoffels*, AGB-Recht, Rdnr. 321 f. mit Nachw.
20 BGH NJW 1991, 1604, 1606; OLG Düsseldorf NJW-RR 1997, 946.

sen Zuständigkeitsbereich der Sitz der K-GmbH liegt, § 17 ZPO, oder am Gericht des Ortes, an dem die streitige Kaufpreisschuld zu erfüllen ist, § 29 ZPO i. V. m. §§ 269, 270. Dies ist in beiden Fällen Münster, sodass die Klage auf Zahlung des Kaufpreises vor dem LG Münster erhoben werden muss.

§ 9   Grundzüge des Vertragsschlusses im Internet

Schrifttum: *Bonke/Gellmann,* Die Widerrufsfrist bei eBay-Auktionen – Ein Beitrag zur Problematik der rechtzeitigen Belehrung des Verbrauchers in Textform, NJW 2006, 3169; *Deutsch,* Vertragsschluss bei Internetauktionen – Probleme und Streitstände, MMR 2004, 586; *Ernst,* Vertragsgestaltung im Internet, 2003; *Grigoleit,* Besondere Vertriebsformen im BGB, NJW 2002, 1151; *Hartung/Hartmann,* „Wer bietet mehr?" – Rechtssicherheit des Vertragsschlusses bei Internetauktionen, MMR 2001, 278 *Hoeren,* Grundzüge des Internetrechts: E-Commerce, Domains, Urheberrecht, 2. Aufl. 2002; *Hoeren/Müller,* Widerrufsrecht bei eBay-Versteigerungen, NJW 2005, 948; *Horn,* Verbraucherschutz bei Internetgeschäften, MMR 2002, 209; *Löhnig,* Die Einbeziehung von AGB bei Internet-Geschäften, NJW 1997, 1688; *Nowak,* Der elektronische Vertrag – Zustandekommen und Wirksamkeit, MDR 2001, 841.

I. Überblick

Die allgemeinen Grundregeln für den wirksamen Abschluss eines zivilrechtlichen Vertrages gelten für alle zivilrechtlichen Verträge, also auch für solche Verträge, die unter Nutzung des technischen Mediums Internet abgeschlossen werden[1]. Das bedeutet, Verträge kommen auch dann, wenn sie unter Nutzung des Internets abgeschlossen werden, durch die Abgabe zweier übereinstimmender Willenserklärungen zustande. Die den Vertrag schließenden Parteien geben ihre Willenserklärungen dadurch ab, dass sie diese in der dafür vorgesehenen Art und Weise eingeben und an den jeweils anderen absenden. Der von manchen verwandte Ausdruck „elektronische Willenserklärung" ist überflüssig.

Für die Abgabe von Willenserklärungen im Internet ergeben sich gegenüber den per E-Mail übertragenen Erklärungen keine Besonderheiten. Die Kommunikation findet nicht unmittelbar zwischen den Vertragsparteien statt, sodass die Willenserklärungen unter Abwesenden abgegeben werden. Das hat zur Folge, dass § 130 Anwendung findet. Die Erklärungen werden also erst dann wirksam, wenn sie zugegangen sind, der Empfänger also die Möglichkeit der Kenntnisnahme hat (vgl. oben Rdnr. 60 ff.). Ob man bei einem auf diese Art und Weise zustande gekommenen Vertrag von einem elektronischen Vertrag sprechen sollte, wie das in

140

---

1   OLG Hamm, ZIP 2001, 291; LG Münster, JZ 2000, 730.

der Literatur häufig geschieht, ist Geschmackssache. Jedenfalls stellen elektronisch geschlossene Verträge keinen eigenständigen Typ dar, der einer Sonderregelung unterliegt[2].

141 Das BGB kennt allerdings den Begriff des **Vertrages im elektronischen Geschäftsverkehr.** Das sind nach § 312e solche Verträge, die ein Unternehmer mit Kunden über die Lieferung von Waren oder die Erbringung von Dienstleistungen abschließt und sich dabei eines „Tele- oder Mediendienstes" (in der Regel des Internet) bedient.

Aus der Besonderheit dieses Mediums ergeben sich beim Vertragsschluss einige Probleme. So ist z. B. die Frage zu stellen, ob die Vertragspartner den notwendigen Schutz genießen, wenn sie im Internet einen Vertrag schließen, den sie sonst nur persönlich abgeschlossen hätten. Einig ist man sich darüber, dass insbesondere Verbraucher (§ 13) einen Schutz vor allzu aggressiven Verkaufsmethoden und vor skrupellosen Anbietern, die die Anonymität des Internets für unlautere Praktiken nutzen, benötigen[3].

142 Schutz vor unlauteren Praktiken gewährt der Gesetzgeber nicht nur den Verbrauchern, sondern allen Nutzern des Internets, also auch Unternehmern (§ 14). Allerdings ist der Schutz unterschiedlich ausgeprägt:

– Die Vorschriften über **den Vertrag im elektronischen Geschäftsverkehr** (§ 312e) finden auf alle Verträge Anwendung, die zwischen einem Unternehmer und Kunden, also auch mit anderen Unternehmern, abgeschlossen werden. Dabei geht es vor allem um Pflichten (vorwiegend Informationspflichten), die dem so agierenden Unternehmer auferlegt werden.

– Die Vorschriften über den **Fernabsatzvertrag** (§§ 312b ff.) sind allerdings Verbraucherschutzregeln, die nur Anwendung finden auf Verträge zwischen Unternehmern und Verbrauchern (Verbraucherverträge), die ausschließlich unter Verwendung von Fernkommunikationsmitteln abgeschlossen werden. Hier stehen Informationspflichten des Unternehmers und das dem Verbraucher gewährte Widerrufsrecht (§§ 312d, 355) im Vordergrund.

II. Der Vertragsschluss

143 Bei der Präsentation von Warenkatalogen o. ä. im Internet ist festzustellen, ob ein bindendes Angebot des Verkäufers, eine Willenserklärung oder eine invitatio ad offerendum vorliegt. Die Abgrenzung ist hier nach den allgemeinen Grundsätzen vorzunehmen, d. h. es ist zu fragen, ob der Verkäufer sich mit seiner Online-Warenpräsentation bereits erkennbar rechtlich binden will, er also mit Erklärungsbe-

---

2 Vgl. *Wülfing/Dieckert*, S. 25 f.; *Nowak*, MDR 2001, 843.
3 Vgl. *Nowak*, MDR 2001, 843.

wusstsein und Rechtsfolgewillen handelt[4]. In der Regel ist von einer **invitatio ad offerendum** auszugehen, da der Verkäufer sonst – wie beim Versand von Prospekten oder Katalogen – möglicherweise mehr Verträge schließen würde als er tatsächlich erfüllen könnte[5].

Somit kommt der Vertrag durch die Bestellung des Kunden (Angebot) und die darauf folgende Auftragsbestätigung des Verkäufers (Annahme) zustande. Die Bestellung, die ein Angebot des Käufers darstellt, wird in der Regel online oder durch Absenden einer E-Mail auf einem vorbereiteten Bestellformular abgegeben. Die Annahme (Auftragsbestätigung) erfolgt entsprechend entweder online durch eine Bestätigungsanzeige, durch E-Mail oder konkludent durch Zusendung der bestellten Waren[6].

Beispiel: Der Bücherversand A verwendet für die Bestellung von Waren über das Internet ein Online-Formular. Der Kunde B möchte bei A drei Bücher erwerben. Er gibt bei seiner Bestellung im Online-Formular die Lieferungsadresse und seine E-Mail-Adresse an. Nachdem B das Online-Formular an A abgesendet hat, schickt A umgehend per E-Mail eine Bestätigung der Bestellung. Somit ist durch die Abgabe der entsprechenden auf den Vertragsschluss gerichteten Willenserklärungen – Angebot und Annahme – ein Vertrag zustande gekommen.

III. Die Einbeziehung von Allgemeinen Geschäftsbedingungen im Internetgeschäft

Bei der Verwendung von Allgemeinen Geschäftsbedingungen beim Internetgeschäft stellt sich die Frage, unter welchen Voraussetzungen diese gemäß § 305 Abs. 2 wirksamer Vertragsbestandteil werden.   **143a**

Das setzt zunächst gemäß § 305 Abs. 2 voraus, dass ausdrücklich auf die Allgemeinen Geschäftsbedingungen hingewiesen wird. Dafür reicht ein deutlicher Hinweis auf einen **Link** zu den Allgemeinen Geschäftsbedingungen auf der Bestellseite aus. Für die Möglichkeit der Kenntnisnahme gemäß § 305 Abs. 2 genügt es, dass dem Kunden durch einen **Link** der direkte Zugriff auf die Allgemeinen Geschäftsbedingungen ermöglicht wird und er diese abspeichern und ausdrucken kann[7]. Für den Vertrag im elektronischen Geschäftsverkehr gemäß § 312e bestimmt dessen Abs. 1 Nr. 4, dass der Kunde die Möglichkeit haben muss, die Allgemeinen Geschäftsbedingungen bei Vertragsschluss abzurufen und in wiedergabefähiger Form zu speichern.

---

4 Vgl. oben Rn. 78 ff. und *Taupitz/Kritter*, JuS 1999, 839, 844; *Wülfing/Dieckert*, S. 27 f.

5 LG Gießen, NJW-RR 2002, 1206; LG Essen, NJW-RR 2002, 1207.

6 *Köhler*, NJW 1998, 187.

7 LG Gießen, NJW-RR 2002, 1207; *Horn*, MMR 2002, 209, 210; *Taupitz/Kritter*, JuS 1999, 839, 844; *Löhnig*, NJW 1997, 1688, 1689.

143b Das gemäß § 305 Abs. 2 erforderliche Einverständnis gibt der Kunde per Mausklick ab. Entweder klickt er gesondert ein **Icon** zur Einbeziehung der Allgemeinen Geschäftsbedingungen an oder er gibt direkt ein Vertragsangebot ab, das eine Einbeziehung der Allgemeinen Geschäftsbedingungen beinhaltet. Die Webseiten einiger Anbieter sind technisch so eingerichtet, dass der Kunde erst den Allgemeinen Geschäftsbedingungen zustimmen muss, um zum Bestellformular zu kommen. Damit stellt der Verkäufer sicher, dass der Kunde sein ausdrückliches Einverständnis erklärt und es nicht im Nachhinein zu Beweisschwierigkeiten kommt.

IV. Die Pflichten des Unternehmers im elektronischen Geschäftsverkehr (§ 312e)

144 Für den Abschluss eines Vertrages im elektronischen Geschäftsverkehr im Sinne des § 312e erlegt das BGB dem Unternehmer eine Reihe von Pflichten auf. Dazu gehören vor allem vorvertragliche und nachvertragliche Informationspflichten.

Pflichten des Unternehmers, wie sie sich aus § 312e Abs. 1 S. 1 Nr. 2 BGB i. V. mit § 3 BGB-InfoV ergeben, sind u. a.:

– Er muss über die einzelnen technischen Schritte informieren, die zu einem Vertragsschluss führen.

– Er muss angemessene, wirksame und zugängliche technische Mittel zur Verfügung stellen, mit deren Hilfe der Kunde Eingabefehler vor Abgabe seiner Bestellung erkennen und berichtigen kann.

– Er muss den Zugang der Bestellung des Kunden unverzüglich, d. h. ohne schuldhaftes Zögern, auf elektronischem Wege bestätigen.

– Außerdem muss der Unternehmer dem Kunden die Möglichkeit verschaffen, die Vertragsbestimmungen einschließlich der Allgemeinen Geschäftsbedingungen bei Vertragsschluss abzurufen und in wiedergabefähiger Form zu speichern.

Diese Pflichten können nicht zulasten des Verbrauchers oder des Kunden verkürzt werden. Allerdings können Vertragsparteien, die nicht Verbraucher sind, also z. B. Unternehmer, untereinander davon abweichende Vereinbarungen treffen.

145 Pflichten, die dem Unternehmer aus § 312e erwachsen, sind solche, die der Unternehmer im vorvertraglichen Bereich, d. h. vor Abschluss des Vertrages wahrzunehmen hat (§ 311 Abs. 2 i. V. m. § 241 Abs. 2). Wie § 311 Abs. 2 klarstellt, beginnt ein Schuldverhältnis mit daraus erwachsenden Schutz-, Fürsorge- und anderen Pflichten (§ 241 Abs. 2) nicht erst mit dem Vertragsschluss, sondern schon vorher, nämlich mit der Aufnahme von Vertragsverhandlungen oder mit einer sonstigen Anbahnung eines Vertrages.

Verletzt ein Unternehmer seine ihm durch § 312e auferlegten Pflichten, kann darin eine Pflichtverletzung im Sinne des § 280 liegen, die, wenn der Unternehmer die Pflichtverletzung zu vertreten hat und dem Kunden ein Schaden entstanden ist, eine Schadensersatzpflicht entstehen lässt.

Beispiel: K ist Computerhändler. Er bestellt beim Computerfachhandel V online 100 Computerspiele Marke WWW, welche derzeit von seinen Kunden stark nachgefragt werden. Der Einkaufspreis beträgt 25,– €/Stück, der Verkaufspreis beträgt 35,– €/Stück.

Das elektronische Bestellsystem des V gibt dem Kunden nicht die Möglichkeit, Eingabefehler zu erkennen. Daher erkennt K nicht, dass er versehentlich eine Bestellung für 100 andere, weit weniger beliebte Computerspiele Marke XYZ abgegeben hat. Wenige Tage später erfolgt die Lieferung der Computerspiele XYZ. K schickt die Computerspiele sofort zurück und wiederholt seine Bestellung für 100 Computerspiele Marke WWW. In der Zwischenzeit waren nachweislich 20 Kunden bei K gewesen, welche das Computerspiel Marke WWW kaufen wollten.

K verlangt nun von V Schadensersatz in Höhe von 200,– €.

Hier hat V seine Pflicht aus § 312e Abs. 1 Nr. 1 verletzt, dem Kunden angemessene, wirksame und zugängliche technische Mittel zur Verfügung zu stellen, mit deren Hilfe der Kunde Eingabefehler erkennen und berichtigen kann. Somit hat K einen Anspruch gegen V auf Schadensersatz in Höhe von 200,– € aus §§ 312e Abs. 1 Nr. 1, 280 Abs. 1, 311 Abs. 2, 241 Abs. 2.

Das pflichtwidrige Verhalten des Unternehmers kann auch dazu führen, dass der Kunde seine Willenserklärung, die zum Vertragsschluss geführt hat, gemäß §§ 119 ff. anfechten kann (siehe zur Anfechtung unten Rdnr. 242 ff.).

V. Der Fernabsatzvertrag

Schließen ein Unternehmer (§ 14) und ein Verbraucher (§ 13) einen Vertrag über die Lieferung von Waren oder über die Erbringung von Dienstleistungen unter ausschließlicher Verwendung von **Fernkommunikationsmitteln** ab, so handelt es sich um einen **Fernabsatzvertrag** (§ 312b Abs. 1). Für diesen stellen die §§ 312b ff. einige besondere Regeln auf. **146**

Fernkommunikationsmittel sind nach der Definition des § 312b Abs. 2 nicht nur das Internet, sondern alle Kommunikationsmittel, die „zur Anbahnung oder zum Abschluss eines Vertrages zwischen dem Verbraucher und einem Unternehmer ohne gleichzeitige körperliche Anwesenheit der Vertragsparteien eingesetzt werden können, insbesondere Briefe, Kataloge, Telefonanrufe, Telekopien, E-Mails, sowie Rundfunk, Tele- und Mediendienste."

§ 312b Abs. 1 setzt voraus, dass der Vertragsschluss „im Rahmen eines für den Fernabsatz organisierten Vertriebs- oder Dienstleistungssystems erfolgt". Der Ausnahmetatbestand des § 312b, letzter Halbsatz BGB („es sei denn, dass der Vertragsschluss nicht … erfolgt") gilt für die Fälle, in denen der Anbieter seine Ware in seinem Laden vertreibt und nur gelegentlich telefonisch Bestellungen annimmt und ausführt. Der Tatbestand des Fernabsatzes ist im Unterschied dazu dann erfüllt, wenn die Unternehmensstruktur so beschaffen ist, dass sie auf den Fernabsatz ausgerichtet ist. Darunter fällt also der gesamte Versandhandel.

147 Bei dem Begriff der „**ausschließlichen Verwendung**" von Fernkommunikationsmitteln ist zu beachten, dass dies während des gesamten Zeitraums, also von der Anbahnung bis zum Abschluss des Vertrages, gelten muss[8]. Hat dagegen während der Vertragsanbahnung ein persönlicher Kontakt stattgefunden, greift der Schutz des Fernabsatzrechts nicht ein[9].

> **Beispiel:** Rentner R bestellt aus einem Katalog mit der beigefügten Bestellkarte bei dem Versandhaus U einige Münzen für seine Sammlung. Da R zusätzlich zu seiner Anschrift auch seine E-Mail-Adresse angegeben hatte, bestätigt das Versandhaus U dem R mit einer E-Mail dessen Bestellung. Der Kaufpreis beträgt 1200,– €. Es handelt sich also um einen Fernabsatzvertrag im Sinne des § 312b.

Da § 312d dem Verbraucher ein Widerrufsrecht im Sinne des § 355 einräumt (siehe dazu oben § 4 V 3), ist der Fernabsatzvertrag ein **Verbrauchervertrag**. § 312d enthält ergänzende und modifizierende Regelungen zu den §§ 355 ff., um den besonderen Gegebenheiten des Fernabsatzvertrages gerecht zu werden.[10]

148 Das BGB lässt dem Verbraucher bei Fernabsatzverträgen einen besonderen Schutz angedeihen. Das geschieht durch

– verschärfte Informationspflichten des Unternehmers dem Verbraucher gegenüber (§ 312c, siehe unten). Die Verletzung solcher Pflichten kann eine Pflichtverletzung im Sinne des § 280 darstellen, die bei Vorliegen entsprechender Voraussetzungen Schadensersatzpflichten auslösen kann,

– die Einräumung eines Widerrufs- und Rückgaberechts, das in den §§ 355 ff. näher ausgestaltet ist.

Die Informationspflichten des Unternehmers bei Fernabsatzverträgen sind in § 312c Abs. 1 BGB in Verbindung mit § 1 BGB-InfoV geregelt. Der Unternehmer muss den Verbraucher unter anderem über folgende Punkte informieren:

– Identität und ladungsfähige Anschrift des Unternehmers;

– Voraussetzungen des Zustandekommens des Vertrages;

– die wesentlichen Aspekte des Vertragsinhalts (Leistungsgegenstand, ggf. Vertragsdauer, Preis, Widerrufs-/Rücktrittsmöglichkeit).

149 Bei von ihm veranlassten Telefongesprächen muss der Unternehmer zu Beginn des Gesprächs seine Identität und den geschäftlichen Zweck des Kontakts ausdrücklich offenlegen (§ 312c Abs. 1 S. 2 BGB).

Im Mittelpunkt der Schutzgewährung steht das Widerrufs- und Rückgaberecht, das allerdings durch § 312d Abs. 3 und 4 eingeschränkt ist.

---

8 *MünchKomm-Wendehorst*, § 312b Rdnr. 46; *Gebauer/Wiedmann-Schinkels*, Kapitel 7, Rdnr. 29.

9 *MünchKomm-Wendehorst*, § 312b Rdnr. 46; *Gebauer/Wiedmann-Schinkels*, Kapitel 7, Rdnr. 29; *Grigoleit*, NJW 2002, 1151, 1152.

10 Vgl. *Palandt-Grüneberg*, § 312d Rdnr. 2.

Beispiel: Angenommen, in dem obigen Beispiel hätte U dem R die bestellten Münzen zugesandt. Nach 14 Tagen entschließt sich R zu einer Italienreise, die er allerdings nur für finanzierbar hält, wenn er die Münzen nicht erwirbt und die dadurch ersparten 1200,– € als Reisekosten einsetzt. R hat den Kaufpreis noch nicht gezahlt. Es handelt sich um einen Fernabsatzvertrag. Nach § 312d hat R ein Widerrufs- und Rückgaberecht. Widerruft R nun seine Willenserklärung, so hat das zur Folge, dass er an diese Erklärung nicht mehr gebunden ist (§ 355 Abs. 1). Der Vertrag ist damit beendet. R muss den Kaufpreis nicht zahlen. Allerdings hat der R dem Z die Münzen gemäß §§ 357, 346 zurückzugewähren.

VI. Die Ersteigerung von Waren bei Internet-Auktionen

Einige Auktionshäuser im Internet bieten Privatpersonen und Gewerbetreibenden ein Forum zur Versteigerung von Waren aller Art. Es werden unterschiedliche Auffassungen dazu vertreten, auf welche Art und Weise ein Kaufvertrag über die zu ersteigernde Ware zwischen Versteigerer und Höchstbieter zustande kommt. Letztlich kommt es darauf an, wie die Freischaltung der Auktionsseite durch den Veräußerer rechtlich zu beurteilen ist. Dies ist in einem Rechtsstreit vom BGH entschieden worden[11].   **150**

Für die Annahme einer bloßen **invitatio ad offerendum**[12] hatte sich das Gericht der 1. Instanz mit der Begründung entschieden, dass der Versteigerer seine Ware zunächst nur einem breiten Interessentenkreis präsentieren will und dementsprechend noch keinen Rechtsbindungswillen besitzt[13]. Dagegen ist der BGH der Auffassung, dass die Freischaltung der Angebotsseite alle Voraussetzungen einer wirksamen Willenserklärung erfüllt[14]. Die Willenserklärung richtet sich an eine nicht konkret bezeichnete Person. Sie genügt aber dem Bestimmtheitserfordernis, weil zweifelsfrei erkennbar ist, mit welchem Auktionsteilnehmer der Vertrag zustande kommen soll, nämlich mit dem, der innerhalb des festgelegten Angebotszeitraums das Höchstgebot abgibt[15]. Was den Rechtsfolgewillen angeht, so sprechen die von den Auktionshäusern generell verwendeten Allgemeinen Geschäftsbedingungen für einen solchen, sodass ein wirksames Angebot des Versteigerers bei entsprechender Formulierung der Allgemeinen Geschäftsbedingungen bejaht werden kann[16].   **151**

---

11 BGHZ 149, 131, 133 f.; zum Sachverhalt und zu den Entscheidungen der Vorinstanzen vgl. *Hartung/Hartmann*, MMR 2001, 278 ff.
12 So LG Münster, JZ 2000, 730.
13 Vgl. LG Münster, JZ 2000, 730, 731.
14 BGHZ 149, 131, 133 f.; in der Vorinstanz OLG Hamm, ZIP 2001, 291, 293.
15 BGHZ 149, 131, 135 f.; OLG Hamm, ZIP 2001, 291, 293.
16 Inzwischen hat der BGH (MDR 2006, 80 ff.) entschieden, das Einstellen eines Warenangebots auf der Webseite von eBay zwecks Durchführung einer Online-Auktion begründe ein verbindliches Angebot.

Beispiel[17]: „Mit der Einstellung eines Artikels auf die Website gibt der Verkäufer ein verbindliches Angebot zum Verkauf des Artikels an denjenigen Bieter ab, der bei Ablauf der Angebotszeit das höchste Gebot abgegeben hat."

152 Da die Allgemeinen Geschäftsbedingungen (auch „Nutzungsbedingungen" genannt) des Auktionshauses zwingend von Versteigerer und Bieter anerkannt werden müssen, muss und darf jeder Teilnehmer dieser Online-Auktionen aus der maßgeblichen Sicht des objektiven Empfängerhorizonts davon ausgehen, dass den abgegebenen Erklärungen der in den Allgemeinen Geschäftsbedingungen beigemessene Erklärungswert zukommt[18].

Somit kann das Höchstgebot rechtlich als Annahme des Angebots beurteilt werden, sodass zwischen den Parteien ein wirksamer Kaufvertrag über den versteigerten Gegenstand zum Höchstgebot zustande kommt[19].

153 Nach Auffassung des BGH[20] kann es dahingestellt bleiben, ob die Willenserklärung des Auktionshauses als Verkaufangebot und das spätere Höchstgebot des Kunden als Annahme zu qualifizieren sind oder ob die Willenserklärung des Auktionshauses eine – rechtlich zulässige – **vorweg erklärte Annahme** des vom Kunden abgegebenen Angebots (Höchstgebotes) darstellt.

§ 10   Die Auslegung

Schrifttum: *Bitter/Rauhut,* Grundzüge zivilrechtlicher Methodik, JuS 2009, 289; *Cziupka,* Die ergänzende Vertragsauslegung, JuS 2009, 103; *Jahr,* Geltung des Gewollten und Geltung des Nicht-Gewollten – Zu Grundfragen des Rechts empfangsbedürftiger Willenserklärungen, JuS 1989, 249; *Lettl,* Die Anpassung von Verträgen des Privatrechts, JuS 2001, 144 ff., 248 ff., 347 ff., 456 ff., 559 ff., 660 ff.; *Petersen,* Die Auslegung von Rechtsgeschäften, Jura 2004, 536; *Schimmel,* Zur Auslegung von Willenserklärungen, JA 1998, 979; *ders.,* Zur ergänzenden Auslegung von Verträgen, JA 2001, 339; *Sonnenberger,* Verkehrssitten im Schuldvertrag, 1970; *Wieling,* Die Bedeutung der Regel „falsa demonstratio non nocet" im Vertragsrecht, AcP 172 [1972], 297; *derselbe,* Falsa demonstratio non nocet, Jura 1979, 524.

I. Überblick

154 Juristisch meint Auslegung die Ermittlung und Klarlegung des Bedeutungsgehaltes eines Rechtsbegriffs oder sonstigen Umstandes. Anders ausgedrückt: Juristisch bedeutet Auslegung, den Sinn zu ermitteln, der einer Erklärung zukommt.

---

17 www.ebay.de.
18 BGHZ 149, 131, 133 f.; OLG Hamm, ZIP 2001, 291, 293.
19 OLG Hamm, ZIP 2001, 291, 293; BGHZ 149, 131, 133 f. lässt diese Frage ausdrücklich offen.
20 BGHZ 149, 131, 134.

Nicht nur Gesetze bedürfen der Auslegung. Auch Willenserklärungen und Verträge müssen ausgelegt werden, wenn ihr Sinn nicht eindeutig ist.

Für die Auslegung von Gesetzen haben Rechtswissenschaft und Rechtsprechung (insbesondere Bundesverfassungsgericht und BGH) Methoden entwickelt, die sie anwenden. Dabei geht es in erster Linie um Fragen der juristischen Methodenlehre. Hier geht es im Folgenden ausschließlich um die Auslegung von Willenserklärungen und Verträgen. **155**

Das BGB enthält in den §§ 133 und 157 nur zwei Vorschriften über die Auslegung. Auslegungsregeln, die man als „subsidiäre" bezeichnen kann, finden sich allerdings auch an anderen Stellen des BGB, wie z. B. in § 154 Abs. 1, § 328 Abs. 2, § 364 Abs. 2 und in §§ 2066 ff. für die Auslegung von Testamenten.

II. Die Auslegung von Willenserklärungen

Die herrschende Meinung geht bei der Auslegung empfangsbedürftiger Willenserklärungen davon aus, dass es bei der Auslegung **nicht** auf den inneren, unerklärt gebliebenen Willen des Erklärenden ankommt[1]. Maßgeblich ist vielmehr der erklärte Wille, also nur das, was als Wille für denjenigen erkennbar geworden ist, für den die Erklärung bestimmt war. Diese Erklärung gilt so, wie sie der Erklärungsempfänger nach Treu und Glauben und nach der Verkehrsanschauung – der natürlichen Betrachtungsweise eines verständigen, unvoreingenommenen Beurteilers – gemäß §§ 133, 157 verstehen musste[2]. Der BGH[3] hat die Formulierung gebraucht, im Auslegungsvorgang gemäß §§ 133, 157 komme es darauf an, „wie der Empfänger der empfangsbedürftigen Willenserklärung dies bei objektiver Würdigung aller Umstände und mit Rücksicht auf Treu und Glauben zu verstehen hatte". Damit wird nach herrschender Meinung[4] auf die **Maßgeblichkeit des Empfängerhorizontes** abgestellt. **156**

> **Beispiel:** Wenn der Gebrauchtwagenhändler V dem Kaufmann K gegenüber ein Angebot zum Kauf eines PKW zu einem Preis von 15.000 € abgibt, so kann K diese Erklärung nach Treu und Glauben und nach der Verkehrsanschauung – der natürlichen Betrachtungsweise eines verständigen, unvoreingenommenen Beurteilers – nur so verstehen, dass der Preis die Umsatzsteuer nicht einschließt. Etwas anderes dürfte gelten, wenn V das Angebot dem Rentner R gegenüber abgibt.

Für eine Auslegung dieser Art ist allerdings nur dann Raum, wenn der Wille des Erklärenden und das Verständnis des Erklärungsempfängers auseinanderklaffen. Stimmt der Wille des Erklärenden bei der Abgabe einer empfangsbedürftigen Wil- **157**

---

1 BGHZ 36, 30, 33; 47, 75, 78.
2 So BGHZ 47, 75, 78.
3 BGH NJW 1984, 721.
4 Vgl. *Staudinger-Roth*, § 157 Rdnr. 3 mit Nachweisen.

lenserklärung mit dem Verständnis desjenigen überein, an den diese Erklärung gerichtet ist, so bestimmt allein der Wille des Erklärenden den Inhalt des Rechtsgeschäfts, auch wenn der Erklärung bei objektiver Betrachtungsweise unter Berücksichtigung der Umstände noch eine andere Bedeutung beigemessen werden könnte – die Willenserklärung also mehrdeutig ist –, weil die Erklärung den Willen des Erklärenden nicht oder nicht genau wiedergibt. Anders ausgedrückt: Der wirkliche Wille des Erklärenden geht, wenn alle Beteiligten die Erklärung übereinstimmend in demselben Sinne verstanden haben, nicht nur dem Wortlaut, sondern jeder anderweitigen Interpretation vor[5].

158 Die Auslegung von Erklärungen darf also erst beginnen, wenn feststeht, dass der Wille des Erklärenden und das Verständnis des Empfängers nicht übereinstimmen.

Da es gemäß § 133 auf den „wirklichen Willen" ankommt, ist es gleichgültig, ob der objektive Erklärungsinhalt mit dem – beim Vertragsschluss von beiden Beteiligten – subjektiv Gewollten übereinstimmt oder nicht. Man kann auch sagen: Die Rechtsordnung schreibt den einzelnen Personen nicht vor, welcher Ausdrucksweise sie sich zu bedienen haben. Stimmt das tatsächliche Verständnis der Vertragsparteien überein, so ist dieses, auch wenn es falsch ausgedrückt ist, für den Vertragsinhalt ausschlaggebend (falsa demonstratio non nocet).

> **Beispiel** (nach RGZ 99, 147): F verkauft an B Walfischfleisch, das beide Vertragsparteien in dem schriftlich fixierten Kaufvertrag mit dem norwegischen Wort „Haakjöringsköd" bezeichnen. Haakjöringsköd heißt aber nicht, wie beide Parteien annehmen, Walfischfleisch, sondern Haifischfleisch. Da F und B Walfischfleisch gemeint und dafür lediglich eine falsche Vokabel benutzt haben, ist Walfischfleisch Gegenstand des Vertrages. Der Kaufvertrag ist trotz der falschen Bezeichnung über Walfischfleisch geschlossen (falsa demonstratio non nocet). Würde F dem B statt Walfischfleisch Haifischfleisch liefern, wäre der Vertrag nicht erfüllt.

III. Die Auslegung von Verträgen

1. Überblick

159 Haben die Parteien einen Vertrag abgeschlossen, können über dessen Inhalt Zweifel und Meinungsunterschiede entstehen. Solche können darin begründet sein, dass ein Begriff oder eine Formulierung im Vertrag unklar ist und deshalb über deren Bedeutung gestritten wird. In einem solchen Fall muss der Vertrag **erläuternd** ausgelegt werden.

Häufig kommt es auch vor, dass die Parteien bei Vertragsschluss ein Vertragsverhältnis abschließend regeln wollen, dennoch aber **aus Versehen** eine oder mehrere regelungsbedürftige Fragen offenlassen. So entstehen **Lücken**, die im Wege der

---

5 BGHZ 71, 75, 77 f.; 86, 41, 46; BGH NJW 1984, 721.

ergänzenden Vertragsauslegung geschlossen werden können, wenn der Wortlaut der abgegebenen Erklärungen dafür Anhaltspunkte gibt.

2. Die erläuternde Vertragsauslegung

Bei einer bestehenden Divergenz über Bedeutung und Umfang des vertraglich Vereinbarten ist das **Ziel der Auslegung stets die Ermittlung des Vertragsinhalts**[6]. Diese Auslegung darf dem übereinstimmend zum Ausdruck gebrachten Erklärungswillen der Vertragsparteien nicht widersprechen[7]. **160**

Ein wichtiger Auslegungsmaßstab ist die **Verkehrssitte** i. S. des § 157. Darunter ist die im Handelsverkehr oder im bürgerlichen Rechtsleben als eine allgemeine oder in bestimmten Kreisen bestehende tatsächliche Übung zu verstehen. Die Verkehrssitte ist eine Verhaltensregel, die aus tatsächlicher Übung bei ähnlichen Geschäften abgeleitet werden kann[8].

Beispiel: Bei der Auslegung von Mietverträgen, die keine oder keine klare Regelung darüber enthalten, ob Besucher des Mieters das Treppenhaus betreten dürfen, kommt der Verkehrssitte Bedeutung zu. Nach der Rechtsprechung entspricht es der heutigen Verkehrssitte, dass grundsätzlich alle Besucher des Mieters freien Zugang durch Treppenhaus und Lift zur Wohnung des Mieters haben. Das gilt unter anderem auch für Zeitungsboten[9].

Verkehrssitte unter Kaufleuten ist der Handelsbrauch i. S. des § 346 HGB (= kaufmännische Verkehrssitte). **161**

Die Verkehrssitte hat bei der Auslegung nur Bedeutung, wenn sie für beide Vertragsteile gilt. Denn im Zweifel wird man davon ausgehen können, dass Erklärender und Erklärungsempfänger, wenn sie demselben Verkehrskreis angehören, ihre Erklärungen so verstehen, wie es der dortigen Verkehrssitte entspricht.

Die erläuternde Vertragsauslegung hat in der Praxis große Bedeutung für die Auslegung typischer und in Verträgen häufig wiederkehrender Klauseln.

Beispiel: Der Eigentümer V eines Grundstücks mit einem Mietshaus überträgt das Eigentum daran an den Erwerber E. V übernimmt im Vertrag eine „Vermietungsgarantie". Fraglich ist, was darunter zu verstehen ist, weil der Eigentümer eines Mietshauses ein doppeltes Risiko im Hinblick auf die Mieteinnahmen trägt. Zum einen ist unsicher, ob überhaupt, alle Räume vermietet werden können. Darüber hinaus besteht das Risiko, dass Mieter die Miete nicht oder nicht vollständig zahlen können. Eine erläuternde Auslegung führt in diesem Fall dazu, dass V wohl das Vermietungsrisiko insofern übernehmen wollte, als er dafür einstehen wollte, dass die Räume überhaupt vermietet werden konnten. Dagegen wollte er im Zweifel nicht das Insolvenzrisiko für die Mieter übernehmen.

---

6 BGHZ 90, 69, 74; *Lettl*, JuS 2001, 248.
7 So BGHZ 71, 75, 77 f.; 90, 69, 77.
8 Vgl. *Sonnenberger*, S. 107.
9 So AG München NJW-RR 1986, 1144.

3. Die ergänzende Vertragsauslegung

a) Die Voraussetzungen

162 Haben die Parteien bei Abschluss des Vertrages ein Vertragsverhältnis abschließend regeln wollen, aber dennoch unbewusst eine oder gar mehrere regelungsbedürftige Fragen offengelassen, so entstehen Lücken, die durch **ergänzende Vertragsauslegung** geschlossen werden können, wenn der Wortlaut der abgegebenen Erklärungen dafür Anhaltspunkte bietet. Die ergänzende Vertragsauslegung muss an den Wortlaut der Erklärungen anknüpfen, weil die Vertragsauslegung den Parteiwillen klarstellen soll, um damit gegebenenfalls eine **Ergänzung des Vertragsinhalts**, nicht aber eine Abänderung, Einschränkung oder Ergänzung des erklärten Parteiwillens herbeizuführen[10].

163 Für eine ergänzende Vertragsauslegung ist demnach nur Raum, wenn
– der Vertrag eine ausfüllungsbedürftige Lücke enthält und
– im Wortlaut der Erklärungen Anhaltspunkte für den anzunehmenden Parteiwillen zu finden sind, die eine Vertragsauslegung gestatten.

164 Der BGH[11] hat stets daran festgehalten, dass eine ergänzende Vertragsauslegung nur vorgenommen werden darf, wenn der Vertrag eine Lücke aufweist. Wenn in einem Vertrag eine Regelung fehlt, liegt nicht immer eine Lücke vor, die durch eine ergänzende Vertragsauslegung geschlossen werden kann. Von einer Vertragslücke kann nur dann gesprochen werden, „wenn ein Vertrag innerhalb des tatsächlich gegebenen Rahmens oder innerhalb der wirklich gewollten Vereinbarungen der Parteien eine ersichtliche Lücke aufweist"[12].

Eine Lücke liegt nur dann vor, wenn die Unvollständigkeit einer vertraglichen Regelung auf einer Planwidrigkeit beruht. Haben die Parteien die Unvollständigkeit planmäßig herbeigeführt, so ist diese gewollte Lücke nicht auslegungsfähig. Das ist z. B. dann der Fall, wenn die Vertragschließenden die Regelungsbedürftigkeit einer Frage erkannt, von ihrer Beantwortung aber bewusst Abstand genommen haben.

Fall (1) *(in Anlehnung an RGZ 119, 354 ff.): V vermietet dem M in einem in seinem Eigentum stehenden Haus ein Ladenlokal, in dem M einen Buch- und Zeitungsladen einrichten will. Da sich in dem Haus noch andere Ladenlokale befinden, wird in den schriftlichen Vertrag eine Bestimmung aufgenommen, die die Überschrift „Wettbewerb" trägt. Darin verpflichtet sich V, kein weiteres Ladenlokal in dem Haus an jemanden zu vermieten, der einen Buch- und Zeitungshandel betreibt, und auch selbst dort nicht mit Büchern und Zeitungen zu handeln. Nach einiger Zeit errichtet V auf dem zu seinem Grundstück gehörenden Platz vor dem Haus einen Kiosk und vermietet diesen an den D, der darin Zeitungen, Zeitschriften und Taschenbücher veräußert. Hat V damit gegen den Vertrag verstoßen?*

---

10 Vgl. BGHZ 23, 282, 285.
11 Vgl. BGHZ 40, 91, 103.
12 BGHZ 40, 91, 103; 16, 71, 76.

Lösung:

V hat gegen den Vertrag verstoßen, wenn es ihm aufgrund des im Vertrag mit M enthaltenen Wettbewerbsverbots untersagt war, den Kiosk an D zu vermieten. Der Vertrag enthält unter der Überschrift „Wettbewerb" eine Vereinbarung, in der sich V verpflichtet, kein weiteres Ladenlokal **in dem Haus** an jemanden zu vermieten, der einen Buch- und Zeitungshandel betreibt, und auch selbst dort nicht mit Büchern und Zeitungen zu handeln. Eine Wettbewerbsregelung, die sich ausdrücklich auf den Vorplatz des Hauses bezieht, fehlt. Eine Lösung muss im Wege der ergänzenden Vertragsauslegung gefunden werden. Dies kann nur geschehen, wenn
a) der Vertrag eine Lücke enthält, die durch ergänzende Vertragsauslegung ausgefüllt werden kann und
b) für die Vertragsauslegung ein Anhaltspunkt im Wortlaut der Erklärung zu finden ist.

Es ist davon auszugehen, dass V und M das Problem des Wettbewerbsverbots untereinander abschließend regeln wollten. Aus Versehen haben sie den Vorplatz des Gebäudes nicht ausdrücklich in die Vereinbarungen mit aufgenommen. Es liegt also eine Lücke im Vertrage vor, die einer ergänzenden Auslegung Raum gibt. Da die Frage des Wettbewerbs im Vertrage ausführlich geregelt ist, kann die Auslegung an den Wortlaut des Vertrages anknüpfen. Eine Auslegung der Wettbewerbsklausel ergibt, dass V dem M in räumlicher Nähe, also auf dem Grundstück, keine Konkurrenz machen darf und dort auch an keinen Konkurrenten vermieten darf. Da er dies dennoch getan hat, hat er gegen die im Vertrage enthaltene Wettbewerbsklausel verstoßen.

b) Der Wille der Parteien und die Grenzen der Vertragsauslegung

Die ergänzende Vertragsauslegung darf nur an den im Vertrage erkennbar zum Ausdruck gekommenen Willen der Vertragschließenden anknüpfen. Denn die Vertragsauslegung hat nur den Vertragsinhalt, nicht aber den Vertragswillen zu ergänzen[13]. Der Inhalt des Vertrages darf deshalb **nicht** im Widerspruch zu dem im Vertrag zum Ausdruck gekommenen Parteiwillen erweitert oder eingeschränkt werden[14]. Nach Ansicht des BGH[15] scheidet eine ergänzende Vertragsauslegung jedenfalls dann aus, wenn verschiedene Gestaltungsmöglichkeiten zur Ausfüllung einer vertraglichen Regelungslücke in Betracht kommen, aber im Vertrag kein Anhaltspunkt dafür zu finden ist, welche Regelung die Parteien getroffen hätten. **165**

IV. Die Auslegung von Allgemeinen Geschäftsbedingungen

Ebenso wie Individualvereinbarungen sind auch Allgemeine Geschäftsbedingungen gemäß §§ 133, 157 auszulegen. Allerdings ist bei der Auslegung von Allge- **166**

---

13 BGHZ 9, 273, 278.
14 So BGHZ 23, 282, 285.
15 BGHZ 93, 358, 370 f.

meinen Geschäftsbedingungen zu berücksichtigen, dass sie nicht für einen bestimmten Einzelfall aufgestellt sind, sondern für eine unbestimmte Vielzahl von Einzelfällen in Vergangenheit, Gegenwart und Zukunft die Vertragsgrundlage bilden. Für ihre Auslegung sind deshalb nicht der Wille und die Absicht der Parteien des Einzelgeschäfts zu erforschen[16]. Nach ständiger Rechtsprechung sind Allgemeine Geschäftsbedingungen vielmehr unabhängig von der Gestaltung des Einzelfalles sowie den Belangen der jeweiligen konkreten Vertragspartner nach **objektiven Gesichtspunkten** auszulegen. Es ist darauf abzustellen, wie die Allgemeinen Geschäftsbedingungen von verständigen und redlichen Vertragspartnern unter Abwägung der Interessen der normalerweise an solchen Geschäften beteiligten Kreise verstanden werden[17]. Dabei ist stets zu beachten, dass gemäß § 305c Abs. 2 Zweifel bei der Auslegung zulasten des Verwenders gehen.

§ 11 Verpflichtungs- und Verfügungsgeschäfte

Schrifttum: *Eisenhardt*, Die Entwicklung des Abstraktionsprinzips im 20. Jahrhundert. in: Festschrift für Karl Kroeschell zum 70. Geburtstag, S. 215; *Ferrari*, Vom Abstraktionsprinzip und Konsensualprinzip zum Abstraktionsprinzip, ZEuP 1993, S. 52; *Jauernig*, Trennungsprinzip und Abstraktionsprinzip, JuS 1994, S. 721; *Lorenz*, Grundwissen – Zivilrecht: Abstrakte und kausale Rechtsgeschäfte, JuS 2009, 489; *Peters*, Kauf und Übereignung, Jura 1986, S. 449; *Senne/Wohlmann*, Die Grundtatbestände des Eigentumserwerbs im internationalen Vergleich – Deutschland, Niederlande, Schweiz, Frankreich, JA 2000, S. 810.

I. Überblick

167 Das deutsche bürgerliche Recht wird u. a. vom Trennungsprinzip und vom Abstraktionsprinzip beherrscht. Das Abstraktionsprinzip setzt die Trennung von Verpflichtungsgeschäft und Verfügungsgeschäft (= Trennungsprinzip) voraus. Die in anderen Rechtsordnungen so gut wie unbekannte strikte Abstraktheit von Verfügungen ist ein Ergebnis der Entwicklung der deutschen Rechtswissenschaft im 19. Jahrhundert.

Was bedeutet nun Trennungsprinzip? Sollen im Wege eines Veräußerungsgeschäftes Vermögensgegenstände übertragen werden, so geschieht das nach deutschem Recht nicht allein durch den Abschluss eines Rechtsgeschäftes (eines Vertrages). Für den Kaufvertrag ist dem Text des § 433 Abs. 1 S. 1 zu entnehmen, dass allein mit

---

16 BGHZ 17, 1, 3.
17 BGHZ 77, 116, 118 f.; 62, 251, 252 f.

dem Abschluss des Kaufvertrages das Eigentum an der gekauften Sache **nicht** auf den Käufer übergeht. Der wirksam zustande gekommene Kaufvertrag verpflichtet den Verkäufer lediglich, die gekaufte Sache den Käufer zu übereignen. Es bedarf eines weiteren Geschäftes – nämlich der Übereignung –, um den Käufer Eigentümer werden zu lassen.

Die Übereignung (Eigentumsübertragung) an beweglichen Sachen geschieht in der Regel gemäß § 929. Veräußerer und Erwerber müssen sich darüber einig sein, dass das Eigentum an der Sache übergehen soll, d. h. sie müssen zwei übereinstimmende Willenserklärungen dieses Inhalts abgeben, und die Sache muss an den Erwerber übergeben werden. Letzteres geschieht in der Regel durch einen Besitzwechsel. Das Eigentum an Grundstücken wird gemäß § 873 BGB dadurch übertragen, dass auch hier Veräußerer und Erwerber sich darüber einig sein müssen, dass das Eigentum an der Sache übergehen soll; die dazu erforderlichen Willenserklärungen nennt man Auflassung. Dazu kommen muss noch die Eintragung in das Grundbuch. Diese ist für die Eigentumsübertragung konstitutiv. **168**

Das deutsche Recht unterscheidet also zwischen Verpflichtungsgeschäften einerseits und Verfügungsgeschäften andererseits (Trennungsprinzip).

II. Das Trennungsprinzip

Das **Verpflichtungsgeschäft** ist ein Rechtsgeschäft, durch das sich eine Person einer anderen gegenüber verpflichtet, eine Leistung zu erbringen. Die meisten Verpflichtungsgeschäfte werden durch Vertragsabschlüsse begründet. Eines der für die Praxis wichtigsten Verpflichtungsgeschäfte ist der Kaufvertrag. **169**

Verpflichtungsgeschäfte (vertragliche Schuldverhältnisse) erfüllen im Warenverkehr eine doppelte Aufgabe:

Sie bereiten eine Güterbewegung, wie z. B. die Übertragung des Eigentums an Sachen oder die Übertragung eines Rechtes durch Abtretung, vor. Der Vertrag (das Verpflichtungsgeschäft) verpflichtet dann zu der Güterbewegung, die als Leistung vereinbart wird. Vollzogen wird die Güterbewegung durch das Verfügungsgeschäft. Aus dem Verpflichtungsgeschäft hat der Gläubiger einen Anspruch auf Vornahme des Verfügungsgeschäftes.

Verpflichtungsgeschäfte sichern die Güterbewegung, indem sie den rechtlichen Grund (die causa) dafür bilden.

Fällt die causa, also das Verpflichtungsgeschäft, weg oder fehlt sie gar von Anfang an, entsteht ein Anspruch aus ungerechtfertigter Bereicherung (§ 812) auf Rückgängigmachung der Verfügung.

Unter einem **Verfügungsgeschäft** versteht man ein Rechtsgeschäft, durch das ein Recht unmittelbar übertragen, belastet, geändert oder aufgehoben wird. Typische **170**

Beispiele für Verfügungsgeschäfte sind: die Übereignung beweglicher und unbeweglicher Sachen gemäß §§ 929 ff. bzw. §§ 873, 925 ff. und die Abtretung von Forderungen bzw. Rechten gemäß §§ 398 ff.

Die Trennung zwischen Verpflichtungsgeschäft und Verfügungsgeschäft begegnet uns nicht nur beim Sachkauf. Auch beim Kauf von Forderungen und Rechten wird zwischen Verpflichtungs- und Verfügungsgeschäft unterschieden. Wird z. B. ein Schutzrecht – etwa ein Patent – veräußert, so wird darüber ein Kaufvertrag im Sinne des § 433 als Verpflichtungsgeschäft abgeschlossen; die Übertragung des verkauften Rechts erfolgt durch Abtretung gemäß §§ 413, 398, also durch eine vom Kaufvertrag zu trennende Vereinbarung. Die Abtretung ist hier das Verfügungsgeschäft.

171 Für die Beteiligten ist die Trennung zwischen Verpflichtungs- und Verfügungsgeschäft häufig nicht erkennbar. Bei Barkäufen des täglichen Lebens fassen Verkäufer und Käufer den Abschluss des Kaufvertrages und die Übereignung der gekauften Sache in der Regel als einheitlichen Vorgang auf.

Beispiel: K tritt an den Verkaufskiosk des V, ergreift eine der dort ausliegenden Zeitungen und übergibt dem V ein 1-€-Stück als Kaufpreis für die Zeitung. Weder V noch K sprechen ein Wort. Obwohl V und K drei Geschäfte (Abschluss des Kaufvertrages, Übereignung der Zeitung und Übereignung des Geldstücks) getätigt haben, gehen sie im Zweifel von der Einheit des Geschäftes aus.

Häufig tritt jedoch die Trennung zwischen Verpflichtungsgeschäft und Verfügungsgeschäft auch nach außen deutlich in Erscheinung. Das ist z. B. stets dann der Fall, wenn der Abschluss des Verpflichtungsgeschäfts und die Vornahme des Verfügungsgeschäfts zeitlich deutlich wahrnehmbar auseinander fallen.

Beispiel: Die Veräußerung eines Grundstücks: Zwischen dem Abschluss des notariell beurkundeten Kaufvertrages (= Verpflichtungsgeschäft) und dem Übergang des Eigentums (= Verfügungsgeschäft), der erst mit der Eintragung in das Grundbuch eintritt, liegen oft mehrere Wochen oder gar Monate. Hier wird der Unterscheidung zwischen Verpflichtungs- und Verfügungsgeschäft durch die zeitliche Versetzung deutlich.

III. Das Abstraktionsprinzip

172 Das **Abstraktionsprinzip** setzt die Trennung zwischen Verpflichtungsgeschäft und Verfügungsgeschäft voraus. Mit der Aufteilung der Rechtsgeschäfte in Verpflichtungsgeschäfte einerseits und Verfügungsgeschäfte andererseits verfolgt der Gesetzgeber den Zweck, die Inhaberschaft an einem Recht wie z. B. dem Eigentum möglichst klar und zweifelsfrei feststellbar zu machen. Durch das Abstraktionsprinzip soll zudem erreicht werden, dass das Verfügungsgeschäft von den Mängeln des Verpflichtungsgeschäfts (Kausalgeschäfts) grundsätzlich unabhängig ist.

Die Konsequenz aus der Unabhängigkeit des Verfügungsgeschäftes vom Verpflichtungsgeschäft ist, dass das Verfügungsgeschäft wirksam sein kann, obwohl das diesem zugrunde liegende Verpflichtungsgeschäft aus irgendeinem Grunde – etwa wegen Verstoßes gegen ein gesetzliches Verbot (§ 134) oder Formmangels (§ 125) – nichtig ist.

Falls das Verpflichtungsgeschäft, das die durch das Verfügungsgeschäft vollzogene Güterbewegung vorbereitet und ihre causa bildet, nichtig, das Verfügungsgeschäft aber gleichwohl wirksam ist, entsteht allerdings in der Regel ein Anspruch aus ungerechtfertigter Bereicherung (§ 812), der darauf gerichtet ist, die ohne rechtlichen Grund erfolgte Vermögensverschiebung rückgängig zu machen.

Das Abstraktionsprinzip beinhaltet zwei Abstraktionen: **173**

– die inhaltliche Abstraktion: Das Verfügungsgeschäft muss keine kausale Zweckbestimmung enthalten. Das bedeutet, es muss nicht angegeben werden, warum das Verfügungsgeschäft vorgenommen wird, z. B. zwecks Erfüllung des zugrunde liegenden Kaufvertrages;

– die äußerliche Abstraktion: Die Wirksamkeit des Verfügungsgeschäftes hängt weder von dem Vorhandensein noch von der Wirksamkeit des Verpflichtungsgeschäftes ab.

Das bedeutet z. B.: Auch wenn der zwischen Verkäufer und Käufer abgeschlossene Kaufvertrag (Verpflichtungsgeschäft) aus irgendwelchen Gründen, z. B. wegen Sittenwidrigkeit gemäß § 138, nicht wirksam sein sollte, kann die vorgenommene Übereignung (Verfügungsgeschäft) dennoch wirksam sein.

Die Trennung zwischen Verpflichtungs- und Verfügungsgeschäft kombiniert mit **174** dem Abstraktionsprinzip so, wie sie das deutsche Privatrecht vorsieht, ist keine Selbstverständlichkeit. Es handelt sich vielmehr um eine Besonderheit des deutschen Rechts, die den meisten anderen Rechtsordnungen fremd ist. So wird z. B. das **französische Recht** vom **Einheitsprinzip** und vom **Konsensprinzip** geprägt.

Einheitsprinzip bedeutet: Die Übertragung von Rechten, wie z. B. dem Eigentum, **175** erfolgt bereits mit dem Abschluss des auf die Übertragung des Rechts gerichteten Schuldvertrages. Das schuldrechtliche und das dingliche Rechtsgeschäft gelten also als ein einheitliches Geschäft. Deshalb umfasst der auf den Abschluss des Kaufvertrages gerichtete Wille zugleich die dingliche Einigung, welche die Eigentumsübertragung bewirken soll. Es existiert also **keine** Trennung zwischen Verpflichtungs- und Verfügungsgeschäft.

Das **Konsensprinzip** besagt, dass die bloße vertragliche Einigung ohne äußeres **176** Zeichen genügt, damit das Eigentum vom Veräußerer auf den Erwerber übergeht. Mit anderen Worten: Der Abschluss des Kaufvertrages reicht aus, um das Eigentum an der Kaufsache übergehen zu lassen. Es ist demnach nicht notwendig, dass die Kaufsache übergeben wird oder der Kaufpreis gezahlt wird.

§ 12 Rechtsfähigkeit und Geschäftsfähigkeit

Schrifttum: *Behnke*, Das neue Minderjährigenhaftungsbeschränkungsgesetz, NJW 1998, 3078; *Derleder/Thielbar*, Handys, Klingeltöne und Minderjährigenschutz, NJW 2006, 3233; *Kulke*, Probleme der beschränkten Geschäftsfähigkeit, JuS 2000, L 81, L 89; *Petersen*, Die Geschäftsfähigkeit, Jura 2003, 97; *Rolfs*, Neues zur Deliktshaftung Minderjähriger, JZ 1999, 233; *Schmitt, Ultsch*, Schenkungen des gesetzlichen Vertreters an Minderjährige, Jura 1998, 524; *Wilhelm*, Das Merkmal „lediglich rechtlich vorteilhaft" bei Verfügungen über Grundstücksrechte, NJW 2006, 2353.

I. Überblick

177   Die Rechtsordnung rechnet Erklärungshandlungen einer Person nur zu, wenn diese ein Mindestmaß an Urteilsvermögen hat und in der Lage ist, ihr Erklärungsverhalten zu beherrschen. Sie knüpft die Fähigkeit einer Person, durch Erklärungshandlungen Rechtsfolgen herbeizuführen (Willenserklärungen abzugeben), deshalb an die Geschäftsfähigkeit an.

178   Die **Geschäftsfähigkeit** ist die Fähigkeit, durch die Abgabe oder den Empfang von Willenserklärungen Rechtsfolgen für sich oder andere herbeizuführen.

Wirksame Willenserklärungen können also nur diejenigen Personen abgeben, die geschäftsfähig sind. Anders ausgedrückt: Ein Rechtsgeschäft kann nur vornehmen, wer geschäftsfähig ist.

179   Der Begriff der Geschäftsfähigkeit ist u. a. abzugrenzen von der **Rechtsfähigkeit** und der **Deliktsfähigkeit.**

II. Die Rechtsfähigkeit

Die **Rechtsfähigkeit** ist die Fähigkeit, Träger von Rechten und Pflichten sein zu können.

Die Rechtsordnung regelt das menschliche Zusammenleben, indem sie den Personen Rechte und Pflichten zuweist. Als Träger von Rechten und Pflichten kennt das Privatrecht nur natürliche Personen und juristische Personen. Sie sind für das Privatrecht die wichtigsten Bezugspunkte.

180   Alle **Menschen** sind **natürliche Personen.** Als solche können sie Träger von Rechten und Pflichten sein. Gemäß § 1 beginnt die Rechtsfähigkeit des Menschen mit seiner Geburt.

Im sozialen Leben spielen allerdings nicht nur einzelne Menschen und damit natürliche Personen eine Rolle. Es wird vielmehr entscheidend durch Organisationen mitgeprägt und beeinflusst, wie z. B. den Staat, die Kirchen, Universitäten,

Aktiengesellschaften und Vereine. Um Organisationen dieser Art die Gelegenheit zur selbständigen Teilnahme am Rechtsverkehr zu geben, sieht die Rechtsordnung die Möglichkeit vor, Personenvereinigungen oder rechtlich verselbständigten Zusammenfassungen von Vermögenswerten eine eigene Rechtsfähigkeit zu geben. Die juristische Terminologie nennt sie juristische Personen.

Juristische Personen sind soziale Organisationen, denen die Rechtsordnung eine eigene Rechtsfähigkeit zuerkennt, damit sie selbst Träger von Rechten und Pflichten sein können. Die juristischen Personen sind also selbst rechtsfähig. Ihre Rechte und Pflichten sind ihre eigenen und nicht diejenigen der ihr angehörenden natürlichen Personen. **181**

> **Beispiel:** Eigentümer des Grundstücks, auf dem die „Europäische Erdöl-Aktiengesellschaft" eine Raffinerie betreibt, ist die Aktiengesellschaft als juristische Person, wenn sie das Eigentum an dem Grundstück erworben hat, und nicht die Aktionäre oder der Vorstand der Aktiengesellschaft.

Die Schaffung der Rechtsfigur „Juristische Person" war notwendig, um einen selbständigen Zuordnungspunkt für diejenigen Rechte und Pflichten zu haben, die nicht einer natürlichen Person zugeordnet werden sollten. Mit der juristischen Person werden Organisationsformen ermöglicht, die für den Rechtsverkehr in einer modernen Industriegesellschaft unerlässlich sind. **182**

Zu den juristischen Personen des Privatrechts gehören u. a.: eingetragene Vereine, Aktiengesellschaften, Gesellschaften mit beschränkter Haftung und eingetragene Genossenschaften. Die Rechtsfähigkeit erwerben die juristischen Personen in der Regel erst durch die Eintragung in ein Register (Vereinsregister, Handelsregister, Genossenschaftsregister).

Die Rechtsfähigkeit versetzt natürliche und juristische Personen in die Lage, **Rechtssubjekt** zu sein und als solches am Rechtsverkehr und damit am sozialen Leben teilnehmen zu können. **183**

Auch Personengesellschaften, wie die Offene Handelsgesellschaft und die Kommanditgesellschaft, sind rechtsfähig (vgl. § 14 Abs. 2), ohne allerdings juristische Person zu sein. Das gilt auch für die Gesellschaft bürgerlichen Rechts, wenn sie nicht eine reine Innengesellschaft ist, d. h. eine Gesellschaft, die kein (Gesamthands-)Vermögen hat, nach außen nicht vertreten werden kann und nicht am Rechtsverkehr teilnimmt.

Geschäftsfähig sind allerdings nur natürliche Personen. Mit anderen Worten: Willenserklärungen können nur natürliche Personen abgeben. Deshalb setzt allein der Erwerb der Rechtsfähigkeit die juristische Person noch nicht in den Stand, im Rechtsverkehr handeln zu können, wie z. B. einen Kaufvertrag abschließen und das Eigentum an Sachen auf andere übertragen zu können. Eine juristische Person kann im Rechtsverkehr nur mithilfe von natürlichen Personen handeln, die die **Organe** der juristischen Person bilden. Organe, die diesen Zweck erfüllen, sind **184**

z. B. der Vorstand eines eingetragenen Vereins und der Vorstand einer Aktiengesellschaft.

185 Auch Personengesellschaften bedürfen der Organe, um am Rechtsverkehr teilnehmen zu können. So handeln z. B. für die Kommanditgesellschaft die persönlich haftenden Gesellschafter (Komplementäre).

III. Die Geschäftsfähigkeit – Der Schutz der Geschäftsunfähigen und beschränkt Geschäftsfähigen

1. Überblick

186 Wie bereits dargestellt, ist die Gestaltung der Rechtsbeziehungen im privatrechtlichen Bereich aufgrund der Privatautonomie in weitem Umfange den einzelnen Personen überlassen. Weil dadurch der Wille des einzelnen für die ihn aus den Rechtsgeschäften treffenden Rechte und Pflichten entscheidend ist, muss die Rechtsordnung festlegen, wer fähig sein soll, seine Rechtsbeziehungen durch Rechtsgeschäfte regeln zu können. Nach dem BGB ist jede Person, die das 18. Lebensjahr vollendet hat, geistig gesund und nicht betreuungsbedürftig ist (vgl. §§ 1896, 1903), voll geschäftsfähig.

Das BGB behandelt alle Bürger, die diese Voraussetzungen erfüllen, im Hinblick auf die Geschäftsfähigkeit völlig gleich. Es wird also z. B. nicht nach der jeweiligen Schul- oder Berufsausbildung differenziert.

187 Bestimmten Personen spricht das Gesetz die Fähigkeit ab, einen rechtlich relevanten Willen bilden zu können. Es entzieht ihnen deshalb die volle Geschäftsfähigkeit. Je nach der Stärke, in der die Fähigkeit, einen vernünftigen Willen zu bilden, nicht vorhanden oder gestört ist, unterscheidet das Gesetz zwischen Geschäftsunfähigen und beschränkt Geschäftsfähigen.

Die gesetzliche Regelung schafft einen Schutz für die Geschäftsunfähigen und die in ihrer Geschäftsfähigkeit Beschränkten. Da Rechtsgeschäfte in der Regel für die davon Betroffenen nicht nur Rechte, sondern auch Pflichten mit sich bringen, sollen diejenigen, die die Folgen einer abgegebenen Willenserklärung nicht oder nicht ganz zu überblicken vermögen, geschützt werden. Insbesondere soll den Geschützten kein in einer Vermögensminderung bestehender Schaden entstehen.

Beispiel: Ein vierjähriges Kind ist nicht in der Lage zu beurteilen, ob ihm durch einen Vertrag, der den Kauf eines Fahrrades zum Gegenstand hat, ein Vorteil oder ein Nachteil entsteht, weil es u. a. den Wert von Leistung und Gegenleistung nicht in vollem Umfange zu erkennen vermag. Die Rechtsordnung schützt das Kind dadurch, dass sie es durch § 104 Nr. 1 i. V. m. § 105 Abs. 1 außerstande setzt, eine wirksame Willenserklärung zum Kauf eines Fahrrades abgeben zu können.

2. Die Geschäftsunfähigen

Nach dem BGB sind geschäftsunfähig: **188**
– Personen, die nicht das 7. Lebensjahr vollendet haben (§ 104 Nr. 1);
– Personen, die sich in einem die freie Willensbestimmung ausschließenden Zustand krankhafter Störung der Geistestätigkeit befinden, sofern nicht der Zustand seiner Natur nach ein vorübergehender ist (§ 104 Nr. 2).

Willenserklärungen, die Geschäftsunfähige abgeben, sind stets nichtig (§ 105 Abs. 1).

Die Nichtigkeit einer Willenserklärung bedeutet: Die angestrebten Rechtsfolgen treten nicht ein. Die Willenserklärung ist deshalb dauernd unwirksam.

> **Beispiel:** Ein sechsjähriges Kind möchte mit einem Erwachsenen einen Kaufvertrag abschließen und macht diesem ein entsprechendes Angebot. Die Willenserklärung des geschäftsunfähigen Kindes, die auf den Abschluss des Kaufvertrages gerichtet ist, ist gemäß § 105 Abs. 1 nichtig. Das bedeutet: Auch wenn der Erwachsene den Kaufvertrag zustande kommen lassen möchte und selbst eine dementsprechende Willenserklärung abgibt, kommt ein Kaufvertrag nicht zustande, weil ein Kaufvertrag nur durch wirksame Willenserklärungen **beider** Personen, die miteinander einen Vertrag abschließen möchten, zustande kommen kann, die Willenserklärung des geschäftsunfähigen Kindes aber nichtig ist.

Nichtig sind gemäß § 105 Abs. 2 auch Willenserklärungen, die im Zustand der Bewusstlosigkeit oder vorübergehender Störung der Geistestätigkeit abgegeben werden. Der in § 105 Abs. 2 genannte Zustand setzt voraus, dass die freie Willensbestimmung ausgeschlossen ist; die geistige Störung muss einen völligen Ausschluss der freien Willensbestimmung zur Folge haben. Das kann auch bei Volltrunkenheit der Fall sein[1].

3. Die beschränkt Geschäftsfähigen

Beschränkt geschäftsfähig sind Personen, die das 7., aber nicht das 18. Lebensjahr **189**
vollendet haben (Minderjährige, §§ 2, 106).

Für volljährige Personen, die aufgrund einer Krankheit oder Behinderung ihre Angelegenheiten nicht allein besorgen können, bestellt das Vormundschaftsgericht gemäß §§ 1896 ff. einen Betreuer. Der Betreuer ist der gesetzliche Vertreter des Betreuten.

Die Anordnung der Betreuung bleibt auf die Geschäftsfähigkeit des Betreuten gemäß § 104 ohne Einfluss. Das kann dazu führen, dass sowohl der Betreuer als auch der Betreute über einen Vermögensgegenstand des Betreuten ein wirksames Rechtsgeschäft abschließen können.

---

1 Vgl. OLG Düsseldorf WM 1988, 1407 f.

Beispiel: Der Betreuer verkauft das Klavier des Betreuten an D. Der Betreute selbst verkauft wenig später dasselbe Klavier an X. Beide Kaufverträge sind wirksam.

Allerdings stellt das Gesetz solche Personen, für die über die „einfache" Betreuung gemäß § 1896 hinaus ein sogenannter Einwilligungsvorbehalt gemäß § 1903 angeordnet worden ist, im Ergebnis einem beschränkt Geschäftsfähigen gleich (§ 1903 Abs. 1 S. 2).

Willenserklärungen, die ein beschränkt Geschäftsfähiger abgibt, sind nicht wie diejenigen der Geschäftsunfähigen stets nichtig. Sie sind vielmehr gemäß §§ 107 ff. entweder
– wirksam oder
– schwebend unwirksam.

190 **Schwebende Unwirksamkeit** bedeutet: Eine Willenserklärung ist nicht wirksam, d. h. ihre Rechtsfolgen treten noch nicht ein; sie kann aber durch nachträgliche Zustimmung (Genehmigung) desjenigen, der sie erteilen kann (bei Minderjährigen sind das in der Regel die gesetzlichen Vertreter, bei gemäß §§ 1896, 1903 Betreuten ist es der Betreuer), wirksam werden.

Wird die Genehmigung verweigert, ist die Willenserklärung endgültig unwirksam (§ 108). Zwischen den Rechtsfolgen der endgültigen Unwirksamkeit und der Nichtigkeit besteht kein praktischer Unterschied, d. h. endgültig unwirksame Willenserklärungen werden behandelt, als wären sie nichtig.

Beispiel: Der 12-jährige A macht dem volljährigen B ohne Einwilligung seiner gesetzlichen Vertreter das Angebot zum Abschluss eines Kaufvertrages über sein Fahrrad. B nimmt das Angebot an. Ein Kaufvertrag ist zunächst schwebend unwirksam (§ 108). Genehmigen die gesetzlichen Vertreter das Geschäft, wird der Kaufvertrag von Anfang an wirksam (§ 184 Abs. 1). Verweigern die gesetzlichen Vertreter die Genehmigung, ist die Willenserklärung des A, sein Angebot zum Abschluss des Kaufvertrages, nichtig. Ein Kaufvertrag ist dann also nicht zustande gekommen.

191 Die **Genehmigung** ist die **nachträgliche Zustimmung** zu einem Rechtsgeschäft, das der Zustimmung bedarf. Die Genehmigung der schwebend unwirksamen Willenserklärung wirkt zurück. Sie lässt die Willenserklärung von Anfang an wirksam werden (§ 184 Abs. 1).

Beispiel im Anschluss an das vorhergehende **Beispiel:** A macht das Angebot am 25. Juni 2009. B nimmt das Angebot sofort an. Die Eltern als die gesetzlichen Vertreter genehmigen die Willenserklärung am 30. Juni 2009. Da die Genehmigung zurückwirkt, wird die Willenserklärung des A zum 25. Juni 2009 wirksam; der Kaufvertrag ist damit am 25. Juni 2009 abgeschlossen worden.

Willenserklärungen, die ein Minderjähriger mit **Einwilligung** der gesetzlichen Vertreter abgibt, sind wirksam (§ 107).

Gesetzliche Vertreter eines minderjährigen Kindes sind in der Regel die Eltern.   **192**
Die Vertretung der Kinder ist ein Teil des elterlichen Sorgerechts. Sie steht beiden
Elternteilen gemeinsam zu (Gesamtvertretung, § 1629 Abs. 1).

> **Zur Erläuterung:** Die **Einwilligung** ist die **vorherige Zustimmung** (vgl. § 183
> Abs. 1) zu einem Rechtsgeschäft.

Zustimmung ist also der Oberbegriff für Einwilligung (vorherige Zustimmung)
und Genehmigung (nachträgliche Zustimmung).

> **Beispiel:** Die Eltern erlauben ihrer 11-jährigen Tochter P, sich von 150,– €, die ihr
> die Großmutter zu Weihnachten geschenkt hat, einen tragbaren CD-Player zu
> kaufen. Wenn P mit dem Radiohändler R einen Kaufvertrag abschließt, so ist ihre
> auf den Abschluss des Kaufvertrages gerichtete Willenserklärung (Angebot zum
> Abschluss eines Kaufvertrages) wirksam, weil die Eltern als die gesetzlichen Ver-
> treter zuvor ihre Einwilligung erklärt haben (§ 107).

Auch Willenserklärungen, die ein gemäß §§ 1896, 1903 Betreuer mit Einwilligung des Betreuers abgibt, sind wirksam (§ 1903 Abs. 1).

4. Die gesetzlichen Vertreter der Geschäftsunfähigen und der in ihrer Geschäftsfähigkeit Beschränkten

Weil die Geschäftsunfähigen und die beschränkt Geschäftsfähigen nach der ge-   **193**
setzlichen Regelung selbst keine wirksamen Willenserklärungen abgeben können,
müssen ihre Rechtsgeschäfte durch andere Personen vorgenommen werden. Die
Rechte und Interessen der Geschäftsunfähigen und der in ihrer Geschäftsfähigkeit Beschränkten nehmen in der Regel deren gesetzliche Vertreter wahr. Diese
handeln für diejenigen, die sie vertreten. Die Rechte und Pflichten aus den Rechtsgeschäften, die ein gesetzlicher Vertreter für einen Geschäftsunfähigen oder einen
beschränkt Geschäftsfähigen vornimmt, treffen in ihren Wirkungen nur die vertretene Person, nicht aber den gesetzlichen Vertreter.

Gesetzliche Vertreter von Geschäftsunfähigen und in der Geschäftsfähigkeit Beschränkten können sein: Eltern, Vormünder, Pfleger.

Die gesetzlichen Vertreter geschäftsunfähiger oder beschränkt geschäftsfähiger Kinder sind in der Regel die Eltern. Die Vertretung steht grundsätzlich beiden Elternteilen zu (Gesamtvertretung, § 1629). Sie ist Teil der elterlichen Sorge i. S. von
§ 1626. Der Grundsatz der Gesamtvertretung kann jedoch durchbrochen werden.
So kann etwa ein Elternteil den anderen bevollmächtigen, soweit er selbst Vertretungsmacht hat.

Die Vertretungsmacht der Eltern ist allerdings nicht unbegrenzt. Sie wird durch
das Gesetz eingeschränkt. Zu einer Reihe wesentlicher Geschäfte bedürfen die Eltern der Genehmigung des Vormundschaftsgerichts.

Beispiel: Zur Verfügung über ein Grundstück, das im Eigentum ihres Kindes steht, bedürfen die Eltern der Genehmigung des Vormundschaftsgerichts (§ 1643 Abs. 1 i. V. m. § 1821 Abs. 1 Nr. 1).

194 Minderjährige, die nicht unter elterlicher Sorge stehen, erhalten einen Vormund. Die **Vormundschaft** umfasst grundsätzlich die allgemeine Fürsorge in persönlichen und Vermögensangelegenheiten des unter Vormundschaft Stehenden (Mündel). Dazu zählen z. B. die Sorge für die sittliche, geistige und körperliche Entwicklung (Erziehung) des Minderjährigen.

Ähnlich wie die Eltern ist auch der Vormund in seinen Maßnahmen beschränkt (vgl. z. B. § 1821).

Ebenso wie die Vormundschaft hat die **Pflegschaft** Fürsorgetätigkeit zum Inhalt. Im Gegensatz zur Vormundschaft umfasst die Pflegschaft aber nicht alle, sondern nur besondere Angelegenheiten. Im Hinblick auf geschäftsunfähige und beschränkt geschäftsfähige Personen handelt es sich im Wesentlichen um eine Ergänzung des elterlichen oder vormundschaftlichen Schutzes.

Beispiel: Wenn die Kinder mit den Eltern eine Kommanditgesellschaft begründen wollen, muss für jedes Kind ein Pfleger bestellt werden[2].

5. Das Gesetz zur Beschränkung der Haftung Minderjähriger (MHbeG)

195 Das Gesetz zur Beschränkung der Haftung Minderjähriger (MHbeG) ist am 1. Januar 1999 in Kraft getreten (Bundesgesetzblatt 1998, Teil I, S. 2487).

Nach der früheren Rechtslage konnten die Eltern kraft ihrer Eigenschaft als gesetzliche Vertreter des Minderjährigen (§ 1629 BGB) diesen beim Abschluss von Rechtsgeschäften vertreten. Hatten die Eltern dadurch für den Minderjährigen Verpflichtungen begründet, war der Minderjährige bei Eintritt in die Volljährigkeit unter Umständen bereits erheblich verschuldet.

Das MHbeG sollte diesbezüglich Abhilfe schaffen. Auslöser für die Neuregelung war ein Beschluss des Bundesverfassungsgerichts vom 13. Mai 1986[3]. Darin hatte das Bundesverfassungsgericht den Gesetzgeber für verpflichtet erklärt, den – insoweit unvollständigen – Grundrechtsschutz des Minderjährigen entsprechend zu ergänzen.

Das MHbeG enthält unter anderem Änderungen des Bürgerlichen Gesetzbuchs. Es ist insbesondere auf § 1629a BGB hinzuweisen, der die Haftung des Minderjährigen auf das zur Zeit seiner Volljährigkeit vorhandene Vermögen beschränkt[4].

---

2 Vgl. BayObLG FamRZ 1959, 125.
3 BVerfGE 72, 155 = BVerfG NJW 1986, 1859.
4 *Behnke*, NJW 1998, 3078.

6. Die Regelung des § 107

a) Die Einwilligung

Die Einwilligung der gesetzlichen Vertreter muss grundsätzlich zu jedem **einzelnen Rechtsgeschäft** des Minderjährigen erteilt werden. Ein **unbeschränkter Generalkonsens** dergestalt, dass die gesetzlichen Vertreter von vornherein für alle zukünftigen Rechtsgeschäfte die Einwilligung erklären, ist unzulässig, weil damit die vom Gesetzgeber gewollte Aufsicht der gesetzlichen Vertreter über den Minderjährigen vereitelt würde und die gesetzlichen Vertreter sich damit ihrer erzieherischen Pflichten entziehen würden. Dies würde dem Zweck der §§ 107 ff. zuwiderlaufen[5]. Das schließt allerdings nicht aus, dass eine generelle Einwilligung für eine Gruppe von Geschäften erteilt werden kann, die als wirtschaftliche Einheit erfassbar und verkehrsüblich mit einem bestimmten Vorhaben verbunden sind[6].

> **Beispiel:** Unterstützen die Eltern E ihre 17-jährige Tochter S, die in einer anderen Stadt ausgebildet wird, so willigen sie in der Regel generell darin ein, dass die S diejenigen Rechtsgeschäfte tätigt, die mit ihrer Ausbildung in einem wenn auch entfernten Zusammenhang stehen. Zum Kreis dieser Geschäfte dürften deshalb u. a. zu zählen sein: der Abschluss eines Mietvertrages über ein Zimmer bzw. eine kleine Wohnung, der Abschluss von Kaufverträgen betreffend notwendige Lebensmittel etc.

196

Eine **begrenzte Generaleinwilligung** dieser Art begegnet keinen Bedenken, zumal im Geschäfts- und Wirtschaftsverkehr ein Bedürfnis dafür besteht, einem Minderjährigen die Einwilligung zu einer Reihe von zunächst noch nicht individualisierten Geschäften zu erteilen. Grenzen sieht der BGH[7] allerdings mit Recht dort, wo eine generelle Einwilligung dieser Art über die Ausnahmetatbestände der §§ 112, 113 hinaus zu einer partiell erweiterten Geschäftsfähigkeit führen würde.

197

Die Einwilligung der gesetzlichen Vertreter ist eine Willenserklärung. Ihr Inhalt und Umfang ist deshalb durch Auslegung festzustellen. Da die Einwilligung eine Willenserklärung ist, kann sie auch konkludent abgegeben werden.

b) Der lediglich rechtliche Vorteil

Die Willenserklärung eines Minderjährigen kann gemäß § 107 auch ohne Einwilligung der gesetzlichen Vertreter von vornherein wirksam sein, wenn der Minderjährige durch das mit der Willenserklärung angestrebte Rechtsgeschäft „lediglich einen rechtlichen Vorteil erlangt" oder seine Vermögensverhältnisse dadurch überhaupt nicht berührt werden. Abzustellen ist auf den **rechtlichen Vorteil** und nicht auf die wirtschaftlichen Folgen des konkreten Geschäftes. Auch ein wirtschaftlich noch so günstiges Geschäft kann der Minderjährige ohne Einwilligung seiner ge-

198

---

5 Vgl. *Staudinger-Knothe*, § 107 Rdnr. 36 ff.; *MünchKomm-Schmitt*, § 107 Rdnr. 14.
6 Vgl. *Soergel-Hefermehl*, § 107 Rdnr. 14.
7 BGHZ 47, 352, 359.

setzlichen Vertreter nicht wirksam vornehmen, wenn er dadurch irgendwelche rechtlichen Nachteile erleiden würde[8].

Einen **lediglich rechtlichen Vorteil** i. S. des § 107 erlangt der Minderjährige durch solche Rechtsgeschäfte, die die **Rechtsstellung** des Minderjährigen **lediglich verbessern**. Darunter fallen vor allem solche Rechtsgeschäfte, die ausschließlich darauf gerichtet sind, dem Minderjährigen etwas zuzuwenden. Einen rechtlichen Nachteil erleidet der Minderjährige hingegen, wenn ihn durch den Abschluss eines Rechtsgeschäfts **irgendwelche** persönlichen Verpflichtungen – seien es Haupt- oder Nebenpflichten – treffen. Der Minderjährige kann deshalb ohne Einwilligung seiner gesetzlichen Vertreter keine gegenseitig verpflichtenden Verträge abschließen. Unerheblich ist hingegen, dass gegen den Minderjährigen durch den Abschluss des Rechtsgeschäfts Ansprüche aus ungerechtfertigter Bereicherung (§§ 812 ff.) entstehen[9].

> **Beispiel:** Da ein Minderjähriger durch den Abschluss eines Kaufvertrages, der wirtschaftlich noch so günstig und vernünftig wäre, nicht nur gemäß § 433 Abs. 1 einen Anspruch auf Übereignung der gekauften Sache gegen den Verkäufer erwerben, sondern gleichzeitig auch aus § 433 Abs. 2 zur Zahlung des Kaufpreises verpflichtet würde, erlangt er **nicht** lediglich einen rechtlichen Vorteil. Die Willenserklärung des Minderjährigen, die zum Abschluss eines Kaufvertrages führen soll, bedarf deshalb, um wirksam zu sein, der Zustimmung der gesetzlichen Vertreter.

199 Für die Praxis relevante Fälle, in denen Minderjährige auch ohne Einwilligung ihrer gesetzlichen Vertreter ein wirksames Rechtsgeschäft abschließen, sind vor allem Schenkungen und der Erwerb von Forderungen durch Abtretung (§ 398) sowie der Erwerb des Eigentums an beweglichen und unbeweglichen Sachen.

> **Beispiel:** Der Abschluss eines schuldrechtlichen Vertrages, durch den ein minderjähriges Kind ein Grundstück geschenkt bekommt (Schenkungsvertrag), bringt dem Minderjährigen jedenfalls einen lediglich rechtlichen Vorteil i. S. des § 107, weil durch den Abschluss des Schenkungsvertrages noch nicht die mit dem Grundstückseigentum etwa verbundenen öffentlich-rechtlichen Pflichten steuerlicher oder polizeilicher Art begründet werden.

200 Der Erwerb des Eigentums an beweglichen Sachen bringt für den Minderjährigen in der Regel einen lediglich rechtlichen Vorteil mit sich. Bei Grundstücken kann dies wegen der mit dem Erwerb des Grundeigentums verbundenen öffentlich-rechtlichen Verpflichtungen polizeilicher und steuerlicher Art fraglich sein[10]. Bei einer Schenkung des **gesetzlichen Vertreters** muss der rechtliche Vorteil aus einer Gesamtbetrachtung des schuldrechtlichen und dinglichen Vertrages ermittelt werden, d. h. die Frage nach dem rechtlichen Vorteil bzw. Nachteil ist nicht isoliert

---

8 Vgl. *MünchKomm-Schmitt*, § 107 Rdnr. 28.
9 Vgl. *MünchKomm-Schmitt*, § 107 Rdnr. 32.
10 Offen lässt dies noch BGHZ 15, 168.

nach schuldrechtlichem und dinglichem Vertrag zu beurteilen[11]. Dabei sind die mit dem Erwerb des Grundeigentums verbundenen öffentlich-rechtlichen Verpflichtungen lediglich als eine Eigentumsbindung, nicht aber als eine besondere persönliche Verpflichtung anzusehen.[12]

Beispiel: Schenkung von Wohnungseigentum.

Will ein Minderjähriger von einem Veräußerer eine Sache ohne Einwilligung seiner gesetzlichen Vertreter erwerben, so ist der Kaufvertrag, der geschlossen werden soll (das Verpflichtungsgeschäft), zunächst schwebend unwirksam und dann nichtig, wenn die gesetzlichen Vertreter die Genehmigung verweigern; denn der Minderjährige hat durch den Abschluss des Kaufvertrages nicht lediglich einen rechtlichen Vorteil i. S. des § 107 erlangt, weil er durch einen ihn bindenden Kaufvertrag zur Zahlung des Kaufpreises gemäß § 433 Abs. 2 verpflichtet wäre. Hingegen ist die Übereignung der Sache durch Einigung und Übergabe gemäß § 929 S. 1 (das Verfügungsgeschäft) wirksam. Die Einigungserklärung des Minderjährigen ist eine Willenserklärung, durch die er einen lediglich rechtlichen Vorteil i. S. des § 107 erlangt, nämlich das Eigentum als das stärkste Recht an einer Sache überhaupt, ohne zu einer Gegenleistung verpflichtet zu werden.

201

Beispiel: Die 17-jährige M einigt sich ohne Einwilligung ihrer gesetzlichen Vertreter mit dem 19-jährigen V über den Erwerb eines Fernsehgerätes zum Preise von 200,– €. M zahlt 200,– an V und nimmt das Gerät mit. Die Eltern verweigern ihre Genehmigung zu dem Geschäft, nachdem sie davon erfahren haben. Der Kaufvertrag, den M und V abschließen wollten, war zunächst schwebend unwirksam. Da M durch den Abschluss des sie zur Zahlung des Kaufpreises verpflichtenden Kaufvertrages nicht lediglich einen rechtlichen Vorteil erlangte, bedurfte ihre zum Vertragsschluss führende Willenserklärung der Zustimmung der gesetzlichen Vertreter. Nachdem diese die Genehmigung verweigert haben, ist die Willenserklärung, mit der M den Kaufvertrag abschließen wollte und die mangels Einwilligung zunächst schwebend unwirksam war, nun nichtig geworden. Hingegen ist die Übereignung des Fernsehgerätes gemäß § 929 S. 1 wirksam, weil die zum Eigentumsübergang notwendige Einigungserklärung der M von vornherein ohne Einwilligung ihrer gesetzlichen Vertreter wirksam war; denn der Erwerb des Eigentums an dem Fernsehgerät stellt einen lediglich rechtlichen Vorteil i. S. des § 107 dar. Hier ist also das Verpflichtungsgeschäft (Kaufvertrag) nichtig, das Verfügungsgeschäft hingegen wirksam. Allerdings hat V gegen M gemäß § 812 Abs. 1 S. 1, 1. Alt. einen Anspruch auf Rückübereignung des Fernsehgerätes und M gegen V einen Anspruch auf Rückzahlung von 200,– € aus § 812 Abs. 1 S. 1, 1. Alt., weil die beiden Vermögensverschiebungen – Übereignung des Fernsehgerätes von V an M und die Zahlung von 200,– € von M an V – wegen des nichtigen Kaufvertrages ohne rechtlichen Grund erfolgt sind.

---

11 BGHZ 78, 28, 34.
12 BGH NJW 2005, 415.

7. Die Auflösung des Schwebezustandes gemäß §§ 108, 109

202 Wie schon erwähnt, ist eine Willenserklärung, die ein Minderjähriger ohne Einwilligung seiner gesetzlichen Vertreter abgibt, schwebend unwirksam (§ 108 Abs. 1). Dieser Schwebezustand kann durch die Genehmigung oder die Verweigerung derselben durch die gesetzlichen Vertreter beendet werden, was im erstgenannten Fall das rückwirkende Wirksamwerden des Geschäftes (§ 184 Abs. 1), im letztgenannten die Nichtigkeit desselben zur Folge hat.

Gemäß § 182 Abs. 1 können die gesetzlichen Vertreter die Genehmigung dem Minderjährigen oder dem Geschäftsgegner gegenüber erklären. Die Genehmigung ist formlos (§ 182 Abs. 2) und an keine Frist gebunden. Das Gleiche gilt für die Verweigerung.

Häufig erteilen die gesetzlichen Vertreter die Genehmigung nicht, noch verweigern sie dieselbe. In vielen Fällen unterbleibt ein Handeln der gesetzlichen Vertreter schon deswegen, weil sie von dem Abschluss eines Rechtsgeschäfts durch den Minderjährigen nichts wissen. Der deshalb andauernde Schwebezustand beschränkt den Geschäftspartner des Minderjährigen in seiner Dispositionsfreiheit. § 108 Abs. 2 gibt ihm allerdings die Möglichkeit, den für ihn lästigen Schwebezustand zu beenden. Der Geschäftspartner kann eine baldige Entscheidung der gesetzlichen Vertreter dadurch herbeiführen, dass er sie zur Erklärung über die Genehmigung auffordert.

Die Aufforderung hat zur Folge, dass die Entscheidung über die Genehmigung – über ihre Erteilung ebenso wie über ihre Verweigerung – nur noch gegenüber dem Geschäftspartner erfolgen kann. § 108 Abs. 2 S. 1 2. Halbsatz knüpft an die den gesetzlichen Vertretern gegenüber abgegebene Aufforderung sogar noch die weitere Rechtsfolge, dass sowohl eine dem Minderjährigen gegenüber vor der Aufforderung erklärte Genehmigung als auch eine Verweigerung derselben unwirksam werden. Im letztgenannten Fall wird also der bereits beendete Zustand der schwebenden Unwirksamkeit erneut hergestellt.

203 § 108 Abs. 2 S. 2 setzt eine Ausschlussfrist: Die Genehmigung der gesetzlichen Vertreter kann nur bis zum Ablauf von zwei Wochen nach dem Empfang der Aufforderung dem Geschäftspartner gegenüber erklärt werden; erfolgt keine Erklärung, so wird das Nichterklären als Verweigerung der Genehmigung gewertet.

Wird ein Minderjähriger während des Schwebezustandes volljährig, geht das Recht, die schwebend unwirksame Willenserklärung durch eine Genehmigung wirksam werden zu lassen, gemäß § 108 Abs. 3 auf die nun volljährig und damit voll geschäftsfähig gewordene Person über. Zu beachten ist, dass eine schwebend unwirksame Willenserklärung nicht automatisch mit dem Eintritt der unbeschränkten Geschäftsfähigkeit wirksam wird. Es bedarf vielmehr einer Genehmigung durch den bis zu diesem Zeitpunkt Minderjährigen, die auch durch schlüssiges Verhalten erklärt werden kann. Eine Genehmigung durch schlüssiges Verhalten setzt allerdings voraus, dass der Erklärende sich der schwebenden Unwirksamkeit des Rechtsgeschäfts bewusst ist oder mindestens mit ihr gerechnet hat[13].

Der Geschäftspartner soll während des Schwebezustandes nicht einseitig an den Vertrag gebunden sein. Er kann deshalb gemäß § 109 widerrufen. Dieser Widerruf ist eine empfangsbedürftige Willenserklärung, dessen Adressat die gesetzlichen Vertreter oder der Minderjährige selbst sind (§ 109 Abs. 1 S. 2).

8. Der Sondertatbestand des § 110

Gemäß § 110 sind ausnahmsweise auch ohne Zustimmung der gesetzlichen Vertreter geschlossene Verträge des Minderjährigen von Anfang an durch Erfüllung wirksam, wenn er die vertragsmäßige Leistung mit Mitteln **bewirkt**, die ihm von den gesetzlichen Vertretern oder mit deren Zustimmung von einem Dritten zu diesem Zwecke oder zur freien Verfügung überlassen worden sind.   **204**

Die gesetzliche Regelung des § 110 enthält allerdings keine Ausnahme von dem Grundsatz des § 107, wonach der Minderjährige zu einer Willenserklärung, durch die er nicht lediglich einen rechtlichen Vorteil erlangt, der Einwilligung seiner gesetzlichen Vertreter bedarf. Den praktischen Bedürfnissen des Wirtschaftslebens Rechnung tragend, gestattet § 110 lediglich, dass „diese Einwilligung durch Überlassung gewisser Mittel an den Minderjährigen vom Vertreter im Allgemeinen erklärt wird, und lässt das vom Minderjährigen geschlossene Geschäft auch ohne besondere Zustimmung sowohl nach der dinglichen wie nach der schuldrechtlichen Seite von Anfang an wirksam werden", wenn es vom Minderjährigen erfüllt wird[14]. Auch in den Fällen des § 110 wird also im Wesentlichen auf die Einwilligung des gesetzlichen Vertreters abgestellt.

Hierbei ist auch zu beachten, dass das Vermögen des Minderjährigen insgesamt gemäß § 1626 Abs. 1 S. 2 der elterlichen Sorge unterliegt. Der elterlichen Verwaltung unterliegt nicht das, was dem Minderjährigen i. S. des § 110 zur freien Verfügung überlassen worden ist[15].

Bewirkt i. S. des § 110 bedeutet: Der Minderjährige muss den Vertrag mit den ihm zu diesem Zweck oder zur freien Verfügung überlassenen Mitteln i. S. des § 362 **erfüllt** haben. Deshalb sind insbesondere **Teilzahlungsgeschäfte** mit Minderjährigen, denen die Abrede zugrunde liegt, dass der vereinbarte Kaufpreis nicht auf einmal, sondern in mehreren aufeinanderfolgenden Raten gezahlt werden soll, für den Verkäufer risikobehaftet. Bei einem Teilzahlungsgeschäft sind Leistung **und** Gegenleistung **nicht** teilbar; deshalb ist eine Teilerfüllung durch den Minderjährigen nicht möglich. Ein zwischen einem Verkäufer und einem Minderjährigen   **205**

13 Vgl. BGHZ 53, 174, 178.
14 So RGZ 74, 234, 235; *MünchKomm-Schmitt*, § 110 Rdnr. 4.
15 *Palandt-Diederichsen*, § 1626 Rdnr. 19.

ohne Einwilligung der gesetzlichen Vertreter abgeschlossenes Teilzahlungsgeschäft, das mit Mitteln bewirkt werden soll, die dem Minderjährigen zur freien Verfügung überlassen sind, ist also schwebend unwirksam, bis die letzte Rate und damit der vollständige Kaufpreis gezahlt ist.

Beispiel: Der 16-jährige M kauft ohne Einwilligung seiner Eltern bei R ein Fernsehgerät zum Preise von 600,– €. Es wird vereinbart, dass M 150,– € anzahlt, was auch geschieht, und der Restkaufpreis in monatlichen Raten zu je 50,– € gezahlt werden soll. M zahlt nur noch eine Rate. Anzahlung und Rate stammen aus Mitteln, die ihm die Eltern zur freien Verfügung überlassen haben. Der Kaufvertrag zwischen M und R ist noch nicht wirksam, sondern schwebend unwirksam, weil M noch nicht bewirkt, d. h. erfüllt hat. M ist deshalb auch nicht verpflichtet, die noch ausstehenden Raten zu zahlen. Tut er es dennoch, wird der Vertrag rückwirkend zum Zeitpunkt des Abschlusses wirksam.

Aufgabe 2:

Der 17-jährige M erwirbt bei dem Juwelier J ohne Wissen seiner Eltern einen Ring zum Preise von 300,– €, um ihn seiner 16-jährigen Freundin F zum Geschenk zu machen. M, der von seinem monatlichen Taschengeld in Höhe von 40,– € heimlich 200,– € gespart hat, zahlt diesen Betrag auf den Kaufpreis an und kommt mit J, der ihn gut kennt, überein, den Restkaufpreis in monatlichen Raten von je 20,– € zu zahlen. J übergibt den Ring an M, der ihn am Tage darauf der F schenkt. Als die Eltern des M von dem Geschehenen hören, missbilligen sie sowohl den Erwerb des Ringes als auch die Zuwendung an F und fordern M auf, alles rückgängig zu machen.

1) Wer ist gegenwärtig Eigentümer des Ringes?
2) Welche Ansprüche hat J gegen M?

Lösen Sie diese Aufgabe bitte in einem schriftlichen Gutachten und vergleichen Sie Ihre Ausführungen mit der Lösung am Schluss dieses Buches!

---

9. Die partielle Geschäftsfähigkeit

a) Der selbständige Betrieb eines Erwerbsgeschäftes

206 Mit § 112 sollten die rechtlichen Voraussetzungen dafür geschaffen werden, dass ein Minderjähriger als selbständiger Unternehmer im Erwerbsleben tätig sein kann[16]. Mit der Senkung der Volljährigkeitsgrenze auf 18 Jahre dürfte § 112 erheblich an Bedeutung verloren haben.

Nach § 112 kann ein Minderjähriger allerdings nur für einen bestimmten, abgegrenzten Kreis von Rechtsgeschäften mit der vollen Geschäftsfähigkeit ausgestattet werden. Für alle übrigen Rechtsgeschäfte fehlt ihm die volle Geschäftsfähigkeit.

---

16 Vgl. *Soergel-Hefermehl*, § 112 Rdnr. 1.

b) Dienst- oder Arbeitsverhältnisse von Minderjährigen

Ähnlich wie § 112 schafft § 113 die Möglichkeit, einem Minderjährigen die volle   207
Geschäftsfähigkeit für einen bestimmten Kreis von Rechtsgeschäften zu verleihen.
Dieser Kreis ist durch die Eingehung und Aufhebung eines Dienst- oder Arbeitsverhältnisses und durch die Erfüllung der sich daraus ergebenden Verpflichtungen begrenzt. Im Übrigen fehlt dem Minderjährigen die volle Geschäftsfähigkeit.
Aus § 113 lässt sich nicht ableiten, dass der an den Minderjährigen gezahlte Arbeitslohn diesem zur freien Verfügung steht[17]. Vielmehr gilt, dass der Arbeitslohn
zum Vermögen des Minderjährigen gehört, welches gemäß § 1626 Abs. 1 S. 2 der
elterlichen Sorge unterliegt[18].

Beispiel: Die Eltern haben ihrem 17-jährigen Sohn M gestattet, ein Arbeitsverhältnis seiner Wahl einzugehen. M arbeitet, nachdem er einen entsprechenden Arbeitsvertrag abgeschlossen hat, in einem Betrieb der metallverarbeitenden Indust-
rie und tritt in die Industriegewerkschaft Metall ein. Die Eltern verbieten dem M
den Eintritt in die Gewerkschaft. Die Frage, ob M überhaupt Mitglied der IG-
Metall geworden ist, ist unter Anwendung des § 113 zu beantworten. Dabei ist darauf abzustellen, ob der Eintritt in eine Gewerkschaft zur „Erfüllung der sich aus
einem solchen Verhältnis (gemeint ist das Arbeitsverhältnis) ergebenden Verpflichtungen" i. S. des § 113 gehört. Wegen des engen Zusammenhanges zwischen
Arbeitsverhältnis und Gewerkschaftszugehörigkeit ist dies zu bejahen, weil die
Gewerkschaft für die Arbeitnehmer die Arbeitsbedingungen aushandelt und sie in
ihrer Stellung als Arbeitnehmer berät[19].

10. Das Wirksamwerden einer dem Minderjährigen zugehenden Willenserklärung (§ 131 Abs. 2)

Da an den Zugang von Willenserklärungen Rechtsfolgen geknüpft sind, hat das   208
BGB den Schutz der beschränkt Geschäftsfähigen dadurch konsequent durchge-
führt, dass eine einer beschränkt geschäftsfähigen Person gegenüber abgegebene
Willenserklärung grundsätzlich nicht wirksam wird, bevor sie dem gesetzlichen
Vertreter zugeht. Nur dann, wenn die Erklärung der in der Geschäftsfähigkeit be-
schränkten Person lediglich einen rechtlichen Vorteil bringt oder der gesetzliche
Vertreter seine Einwilligung erteilt, wird dieselbe mit Zugang an den beschränkt
Geschäftsfähigen wirksam (§ 131 Abs. 2).

Die Einwilligung, also die vorherige Zustimmung des gesetzlichen Vertreters gemäß § 131 Abs. 2 S. 2, bezieht sich auf den Wirksamkeitseintritt der empfangenen
Willenserklärung. Die Einwilligung muss also zu diesem Zeitpunkt bestehen. Eine
solche Einwilligung kann in der Regel auch darin gesehen werden, dass der ge-

---

17 So mit Recht *Derleder/Thielbar*, NJW 2006, 3233, 3236.
18 *Palandt-Diederichsen*, § 1626 Rdnr. 18; vgl. auch *Derleder/Thielbar*, NJW 2006, 3233, 3236.
19 So inzwischen die herrschende Meinung, vgl. u. a. LG Essen, NJW 1965, 2302; LG Frankfurt,
    FamRZ 1967, 680; *Staudinger-Knothe*, § 113 Rdnr. 13 mit Nachw.

setzliche Vertreter mit dem Abschluss eines zweiseitigen Rechtsgeschäfts sein Einverständnis erklärt hat[20].

11. Die Regelung des § 1903

209 Wie bereits erwähnt, stellt das Gesetz solche volljährigen Personen, für die eine Betreuung mit Einwilligungsvorbehalt gemäß §§ 1896, 1903 angeordnet ist, im Ergebnis einem Minderjährigen gleich. Insbesondere gelten die §§ 108–113 entsprechend (§ 1903 Abs. 1 S. 2), soweit der Einwilligungsvorbehalt reicht (vgl. §§ 1902, 1903 Abs. 2). § 1903 Abs. 3 S. 1 enthält eine dem § 107 entsprechende Regelung; darüber hinaus sind Willenserklärungen, die geringfügige Angelegenheiten des täglichen Lebens betreffen, ohne Einwilligung des Betreuers wirksam (§ 1903 Abs. 3 S. 2).

IV. Die Deliktsfähigkeit

209a Die Deliktsfähigkeit (Verschuldensfähigkeit) ist die Fähigkeit einer Person, für eigenes schuldhaftes Handeln verantwortlich zu sein. Die Deliktsfähigkeit ist von wesentlicher Bedeutung im Hinblick auf die Schadensersatzansprüche, die aus unerlaubten Handlungen (§§ 823 ff.) entstehen können.

Die Forderung nach Schadensersatz ist der häufigste Gegenstand ziviler Rechtsstreitigkeiten. Schadensersatzansprüche aus Delikt (unerlaubter Handlung) beruhen auf außervertraglichen Haftungstatbeständen, die im Gesetz umschrieben sind. Die meisten dieser außervertraglichen Haftungstatbestände sind im Recht der unerlaubten Handlungen (§§ 823 ff.) geregelt (siehe oben Rdnr. 410 ff.).

Das Recht der unerlaubten Handlungen beruht auf dem **Verschulden als Zurechnungsgrund**. Das bedeutet: Ein Schadensersatzanspruch aus unerlaubter Handlung entsteht nur, wenn der Schädiger rechtswidrig und schuldhaft, d. h. vorsätzlich oder fahrlässig handelt (Verschuldensprinzip). Es kann allerdings nur derjenige in Anspruch genommen werden, der **verschuldensfähig (deliktsfähig)** ist.

Nicht deliktsfähig sind:
- Kinder, die das 7. Lebensjahr noch nicht vollendet haben (§ 828 Abs. 1), und
- Personen, die sich im Augenblick der Schadenszufügung in einem Zustand befunden haben, wie er in § 827 geschildert wird.

209b Personen, die das 7., aber noch nicht das 18. Lebensjahr vollendet haben, sind nur **beschränkt deliktsfähig**. Das bedeutet: Es muss im Einzelfall stets festgestellt werden, ob der Jugendliche nach seiner geistigen Entwicklung in der Lage war,

---

20 Vgl. *Staudinger-Dilcher*, § 131 Rdnr. 8.

das Unrecht seiner Tat **und** die allgemeine Verpflichtung zur Ersatzleistung zu erkennen (§ 828 Abs. 2 und 3)[21].

Im Straßenverkehr gilt dagegen eine Altersgrenze von 10 Jahren. Das bedeutet: Rennt z. B. ein 9-jähriges Kind auf die Straße und verursacht einen Unfall, haftet es nicht. Dies gilt aber nicht bei vorsätzlichem Handeln (§ 828 Abs. 2 S. 2).

§ 13   Die Form

Schrifttum: *Armbrüster,* Treuwidrigkeit der Berufung auf Formmängel, NJW 2007, 3317; *Bohrer,* Notarielle Form Beurkundung und elektronischer Rechtsverkehr, DNotZ 2008, 39; *Degen,* Zukunftsvision wir Realität: Elektronosche Klage statt Gang zum Nachtbriefkasten – Verschlüsselung durch Signaturkarte, NJW 2009, 199; *Fischer-Dieskau/Hornung,* Erste höchstrichterliche Entscheidung zur elektronischen Signatur, NJW 2007, 2897; *Noack,* Digitaler Rechtsverkehr: Elektronische Signatur, elektronische Form und Textform, DStR 2001, 1893; *ders.,* Der elektronische Vertrag – Zustandekommen und Wirksamkeit, MDR 2001, 841; *Roßnagel,* Die fortgeschrittene elektronische Signatur, MMR 2003, 164; *Schippers,* Form und Erklärung – Verkörperungsform, Abgabeform, Zugangsform, DNotZ 2006, 726.

I. Das Prinzip der Formfreiheit

Im Privatrecht können Rechtsgeschäfte grundsätzlich ohne Beachtung einer be- **210**
stimmten Form, also formlos abgeschlossen werden (Prinzip der Formfreiheit).
Das bedeutet: Das Gesetz schreibt den am Rechtsverkehr Beteiligten in der Regel
nicht vor, dass sie Rechtsgeschäfte wirksam nur unter Beachtung einer bestimmten Form tätigen können. Es ist also für die Wirksamkeit eines Rechtsgeschäftes
glcichgültig, ob die Beteiligten ihren Willen schriftlich, mündlich, durch Gebärden oder elektronische Signale ausdrücken. Nur ausnahmsweise ist für bestimmte
Rechtsgeschäfte eine besondere Form vorgeschrieben.

In den Fällen, in denen das Gesetz eine Form zwingend vorschreibt, sollen bestimmte Zwecke erreicht werden, wie z. B.:
- **Beweissicherung** im Hinblick auf später auftretende Streitigkeiten;
- **Warnfunktion:** Die Parteien sollen vor einem leichtfertigen Geschäftsabschluss geschützt werden, z. B. bei der Übertragung des gesamten Vermögens;
- **Beratungsfunktion:** Durch den Zwang zur notariellen Beurkundung eines Rechtsgeschäfts sollen die daran Beteiligten durch eine juristische Beratung über die möglichen Konsequenzen aufmerksam gemacht werden;

---

21 BVerfG NJW 1998, 3557 zur Frage der Haftungsbeschränkung aus verfassungsrechtlichen Gründen; siehe auch *Rolfs,* JZ 1999, 233.

   – **Wahrung öffentlicher Interessen** über den Schutz der Parteien hinaus durch eine inhaltliche Überwachung des Rechtsgeschäfts oder eine behördliche Kontrolle derselben.

211 Rechtsgeschäfte unterliegen nur dann einem Formzwang, wenn

a) das Gesetz eine bestimmte Form vorschreibt oder

b) die Parteien vereinbaren, dass auch für Rechtsgeschäfte, die nach dem Gesetz formfrei sind, eine bestimmte Form eingehalten werden soll (gewillkürte Form, § 127).

Ein Kaufvertrag kann also mündlich abgeschlossen werden, ebenso ein Leihvertrag oder ein Darlehensvertrag und viele andere Rechtsgeschäfte. Selbst Gesellschaftsverträge für eine Gesellschaft bürgerlichen Rechts, für eine offene Handelsgesellschaft oder eine Kommanditgesellschaft können mündlich abgeschlossen werden. Der Grund für die in der Praxis von den Beteiligten häufig gewählte Schriftform liegt darin, dass der Abschluss und der Inhalt eines mündlichen Vertrages schwieriger zu beweisen sind als das Zustandekommen und der Inhalt eines schriftlich fixierten Vertrages.

II. Die vom Gesetz vorgeschriebene Form

212 Das Gesetz schreibt je nach dem verfolgten Zweck verschiedene Formen vor. Die gesetzlichen Formvorschriften sind zwingendes Recht. Deshalb können die Parteien sich in der Regel nicht im Wege der Vereinbarung ohne weitreichende Konsequenzen über sie hinwegsetzen.

Das Gesetz kennt u. a.:

– die einfache Schriftform,

– die elektronische Form,

– die Textform,

– die öffentliche Beglaubigung,

– die notarielle Beurkundung,

– die völlige Eigenhändigkeit einer Urkunde (Holographie).

1. Die einfache Schriftform

213 Die einfache Schriftform ist gewahrt, wenn eine Urkunde von dem Aussteller eigenhändig durch Namensunterschrift unterzeichnet wird (§ 126). Der Aussteller muss den Urkundentext nicht selbst verfasst und geschrieben haben. Es ist ausreichend, zugleich aber auch notwendig, dass der Erklärende die Urkunde unterschreibt. Man kann deshalb davon sprechen, dass die einfache Schriftform nur **Unterschriftsform** bedeutet. Der Unterzeichnung wird Abschluss- und Deckungswirkung zugemessen. Das bedeutet, dass die Unterzeichnung den Text der Urkunde abschließen muss und nur das vor der Unterschrift Stehende durch die Unterschrift gedeckt wird. Bedarf ein Vertrag der Schriftform, müssen die beteiligten Parteien auf derselben Urkunde unterzeichnen (§ 126 Abs. 2).

Die einfache Schriftform ist u. a. erforderlich bei: **214**
a) der Bürgschaftserklärung (§ 766),
b) einem Verbraucherdarlehensvertrag (§ 492),
c) einem Mietvertrag über ein Grundstück (auch eine Wohnung), der für längere Zeit als ein Jahr abgeschlossen wird (§ 550).

Fraglich ist, ob die Schriftform i. S. des § 126 auch bei der Übersendung eines **Te-**   **215**
lefax eingehalten wird. Das Telefax enthält nicht eine **eigenhändige** Unterschrift, sondern übernimmt nur die des Originals.

Da die von § 126 geforderte eigenhändige Unterschrift nicht vorliegt, wahrt ein Telefax die Schriftform nicht[1].

2. Elektronische Form und Textform

a) Überblick

Die Frage nach der Einhaltung der Schriftform stellt sich entsprechend bei der **E-**   **216**
Mail. Durch den Computerausdruck wird die E-Mail zwar verkörpert. Es fehlt jedoch auch hier die handschriftliche Unterzeichnung des Schriftstücks, sodass nach bisheriger Auffassung dem Schrifterfordernis nicht entsprochen wurde.

Aufgrund der heutigen Möglichkeiten und Praktiken, welche die modernen Kommunikationstechniken eröffnen, war der Gesetzgeber gezwungen, neue Vorschriften über die für manche Rechtsgeschäfte notwendige Form zu schaffen. Er hat dies mit den §§ 126a und 126b sowie mit dem Signaturgesetz getan.

b) Die elektronische Form (§ 126a)

§ 126a schafft die Möglichkeit, die vorgeschriebene Schriftform durch die elektroni-   **217**
sche Form zu ersetzen. Dies geschieht dadurch, dass der Aussteller der Erklärung derselben seinen Namen hinzufügt und das elektronische Dokument **mit einer qualifizierten elektronischen Signatur** nach dem Signaturgesetz versieht (§ 126a).

Die der Schriftform gleichgestellte elektronische Form ist also gewahrt, wenn die Erklärung gemäß dem Signaturgesetz qualifiziert elektronisch signiert ist. Dadurch soll sichergestellt werden, dass die leicht zu fälschende elektronisch übermittelte Datei authentisch den Empfänger erreicht und außerdem den Absender so identifiziert, dass dieser im Nachhinein nicht seine Urheberschaft bestreiten kann[2].

---

1 BGHZ 121, 224, 229; BGH NJW 1997, 3169, 3170; OLG Frankfurt, NJW 1991, 2154; OLG Hamburg, NJW 1990, 1613.
2 *Nowak*, MDR 2001, 843; *Steinbeck*, DStR 2003, 647; *Palandt-Ellenberger* § 126 a Rdnr. 5.

Das Signaturgesetz regelt die notwendige Sicherheitsinfrastruktur für die elektronischen Signaturen („Online-Unterschriften"), die der eigenhändigen Unterschrift gleichgestellt wird. Unter den im Signaturgesetz genannten Voraussetzungen ist es also möglich, eine Urkunde digital wirksam zu unterschreiben[3].

218 Die elektronische Unterschrift wird als verschlüsselter Code auf einer besonders gesicherten Chipkarte des Benutzers gespeichert (§ 2 SigG). Der Benutzer einer solchen Chipkarte kann sich mithilfe eines Lesegerätes, das an den Computer angeschlossen wird, im System ausweisen und verschlüsselt über einen PIN-Code unterschreiben (§ 2 SigG).

Die elektronischen Schlüssel werden von besonderen Zertifizierungsdiensteanbietern an die Benutzer vergeben, welche die Nutzung auch überwachen (§§ 4 ff. SigG). Diese Anbieter haften gemäß § 11 SigG für schuldhaft verursachte Schäden, die ein Dritter dadurch erleidet, dass er auf eine unrichtige elektronische Signatur (= „gefälschte elektronische Unterschrift") vertraut hat.

> **Beispiel:** Ist für eine Kündigung die einfache Schriftform vorgesehen, so ist die Schriftform gewahrt, wenn der Kündigende die Kündigung per E-Mail erklärt, wenn er seinen Namen und seine elektronische Signatur hinzusetzt (§ 126a).

Nicht in jedem Fall kann die Schriftform durch die elektronische Form ersetzt werden. So schließt § 766 S. 2 dies z. B. für die Bürgschaft aus.

c) Die Textform (§ 126b)

219 Manche gesetzlichen Bestimmungen schreiben die Textform vor, so u. a. § 355 für die Berechnung der Widerrufsfrist bei Verbraucherverträgen.

Textform bedeutet nach § 126b: In der Erklärung in einer Urkunde muss die Person des Erklärenden genannt sein, und der Abschluss der Erklärung muss durch Nachbildung der Namensunterschrift oder anders erkennbar gemacht werden. Die Textform stellt somit gegenüber der Schriftform eine Erleichterung dar[4]. Vom Gesetzgeber ist die Textform dann vorgesehen, wenn die Informations- und Dokumentationsfunktion im Vordergrund steht, die Warn- und Beweisfunktion dagegen weniger bedeutsam ist[5] (Beispiele: §§ 312c, 355, 356).

Bei der Textform handelt es sich um nicht viel mehr als um lesbare Schriftzeichen. Deshalb fallen auch Telefax und E-Mails ohne Signatur darunter. Erforderlich ist, dass das Medium eine Erklärung so fixieren kann, dass es dem Empfänger möglich ist, den Inhalt der Erklärung unverändert und wiederholt zur Kenntnis zu

---

3   *Steinbeck*, DStR 2003, 647; *Roßnagel*, MMR 2003, 164.
4   *Steinbeck*, DStR 2003, 649; *MünchKomm-Einsele*, § 126b Rdnr. 1.
5   *Steinbeck*, DStR 2003, 649; *Noack*, DStR 2001, 1896; *Jauernig-Jauernig*, § 126b Rdnr. 1; *Münch-Komm-Einsele*, § 126b Rdnr. 1.

nehmen. Dazu gehören Papierdokumente, elektronische Datenträger, aber auch Internet-Seiten, die der Empfänger ausdrucken kann.[6]

3. Die öffentliche Beglaubigung

Diese ist eingehalten, wenn der Notar die Echtheit der Unterschrift unter einer **220** schriftlichen Erklärung bezeugt (§ 129). Die öffentliche Beglaubigung bezieht sich nur auf die Unterschrift, nicht aber auf den Inhalt der Urkunde. Sie ist deshalb ein amtliches Zeugnis über die Identität des Unterzeichners[7].

Praktische Bedeutung hat die öffentliche Beglaubigung z. B. für die Anmeldungen zum Vereinsregister (§ 77), bei der Abtretung von Forderungen (§§ 403, 411) und im ehelichen Güterrecht (§§ 1491 und 1492).

4. Die notarielle Beurkundung

Die notarielle Beurkundung gemäß § 128 ist die Niederschrift über die Verhand- **221** lung der Beteiligten vor einem Notar, die ihn und die Beteiligten genau bezeichnet. Sie enthält das gesamte Rechtsgeschäft, also die entsprechenden Willenserklärungen der Beteiligten. Die Niederschrift wird den Beteiligten in Gegenwart des Notars vorgelesen und von ihnen genehmigt. Die Beteiligten und der Notar unterschreiben sie eigenhändig. Das Verfahren der notariellen Beurkundung richtet sich nach dem Beurkundungsgesetz.

Werden Verträge vor dem Notar beurkundet, so ist eine gleichzeitige Anwesenheit der vertragschließenden Parteien vor dem Notar nur in den vom Gesetz vorgesehenen Fällen, wie z. B. beim Ehevertrag (§ 1410), notwendig. Im Regelfall ist es ausreichend, wenn zuerst das Angebot zum Abschluss eines Vertrages und später die Annahme desselben beurkundet wird. Im Zweifel kommt der Vertrag dann gemäß § 152 mit der Beurkundung der Annahme zustande.

Die notarielle Beurkundung ist u. a. vorgesehen:

a) bei der Verpflichtung zur Übertragung des Eigentums an einem Grundstück, z. B. Grundstückskaufvertrag (§ 311b),

b) für den Abschluss eines Gesellschaftsvertrages bei der Gründung einer GmbH (§ 2 GmbHG).

---

6 Vgl. Steinbeck, DStR 2003,649.
7 *MünchKomm-Einsele*, § 129 Rdnr. 5.

Beispiel für den Anfang eines notariell beurkundeten Vertrages:

1376 der Urkundenrolle für 2009
Verhandelt
Altheim, den 16. September 2009

Vor dem unterzeichnenden Notar
Dr. Hans Neumann in Altheim
erschienen heute von Person bekannt:
1. Der Bauer Hans Berger aus Altheim, Im Tal 16
2. Der Kaufmann Dirk Schulz aus Altheim, Schützenstr. 9

    Die Erschienenen erklärten ...
    (es folgt der Text des Vertrages)

---

5. Die völlige Eigenhändigkeit einer Urkunde

Die gesamte Urkunde muss in ihrem vollen Wortlaut eigenhändig, d. h. mit der Hand niedergeschrieben und unterschrieben sein, wie z. B. das eigenhändig geschriebene und unterschriebene Testament (§§ 2231 Nr. 2, 2247).

III. Die gewillkürte Schriftform

222   Das BGB gestattet es, den Formzwang auch durch Rechtsgeschäft zu begründen. Die Parteien können deshalb gemäß § 127 vereinbaren, dass für ein bestimmtes Rechtsgeschäft eine bestimmte Form eingehalten werden soll. Die Parteien haben sich dann selbst unter Formzwang gesetzt.

Es können also auch die elektronische (§ 126a) oder die Textform (§ 126b) vereinbart werden.

Für die Wahrung der vereinbarten Schriftform und der elektronischen Form sehen die Abs. 2 und 3 des § 127 einige Erleichterungen vor.

IV. Die Folgen des Formmangels

223   Wird die gesetzlich vorgeschriebene Form nicht eingehalten, ist das Rechtsgeschäft nichtig (§ 125 S. 1).

Beispiel: Eine mündlich gegebene Bürgschaftserklärung ist nichtig (§§ 766 S. 1, 125).

Eine Ausnahme vom Grundsatz des § 125 ist die Sondervorschrift des § 566, die auch auf den Pachtvertrag anwendbar ist (§ 581). Danach ist ein ohne Beachtung der vorgeschriebenen Schriftform geschlossener Mietvertrag wirksam. Er gilt als auf unbestimmte Zeit geschlossen und kann frühestens zum Schluss des ersten Jahres gekündigt werden.

In einigen anderen Fällen wird der Formmangel durch die Ausführung des zunächst formnichtigen Geschäfts geheilt (vgl. §§ 311b, 518, 766).

Zu dem vorstehenden **Beispiel:** Wird der Bürge in Anspruch genommen und leistet er das vom Gläubiger Geforderte, wird der Bürgschaftsvertrag wirksam (§ 766 S. 2).

In diesem Beispiel ist das gewollte Rechtsgeschäft nichtig (§ 125). Die Formnichtigkeit kann allerdings dadurch geheilt werden, dass der Schuldner die im nichtigen Vertrag versprochene Leistung erbringt.

Wird die gemäß § 127 vereinbarte Form nicht eingehalten, so ist nach § 125 S. 2 im **224** Zweifel anzunehmen, dass Rechtsgeschäfte, die ohne Beachtung dieser vereinbarten Form abgeschlossen werden, nichtig sind.

> **Beispiel:** Zwei Unternehmen, die häufig miteinander Geschäfte abwickeln, vereinbaren, dass Verträge, die sie untereinander abschließen, nur wirksam sein sollen, wenn sie schriftlich fixiert und von beiden Seiten unterschrieben sind. Wird nun mündlich ein Kaufvertrag abgeschlossen, so ist dieser Vertrag gemäß §§ 127, 126, 125 nichtig.

Nicht nur Verträge, sondern auch einseitige Rechtsgeschäfte wie z. B. die Kündigung können durch rechtsgeschäftliche Vereinbarung unter Formzwang gestellt werden[8]. Hier ist aber zu prüfen, ob das Formerfordernis konstitutiv für die Wirksamkeit der Erklärung sein soll oder lediglich deklaratorisch, d. h. im Sinne einer Beweiserleichterung[9].

Durch Rechtsgeschäft kann nicht nur die einfache Schriftform, sondern auch jede **225** andere Form vereinbart werden, z. B. die Form des eingeschriebenen Briefes für Kündigungen.

Bei Klauseln in Allgemeinen Geschäftsbedingungen, die Formvereinbarungen betreffen, ist zu beachten, dass gemäß § 309 Nr. 13 für Anzeigen und Erklärungen eine strengere Form als die Schriftform nicht wirksam vereinbart werden kann[10].

Auch spätere Änderungen und Ergänzungen eines Vertrages, der dem Formerfordernis unterliegt, bedürfen der Form[11].

---

8 Vgl. *Staudinger-Singer,* § 125 Rdnr. 121, 127; *MünchKomm-Einsele,* § 127 Rdnr. 4.

9 *MünchKomm-Einsele,* § 127 Rdnr. 4; *Jauernig-Jauernig,* § 125 Rdnr. 11.

10 *Jauernig-Jauernig,* § 309 Rdnr. 22; *Palandt-Ellenberger,* § 309 Rdnr. 104–107. Vgl. allgemein zur Vereinbarung der Schriftformklausel in Allgemeinen Geschäftsbedingungen BGH NJW 1986, 1809 ff.; grundlegend auch *Teske,* S. 205 ff.

11 Vgl. *Palandt-Ellenberger,* § 125 Rdnr. 10 mit Nachw.

§ 14 Die Nichtigkeit von Rechtsgeschäften

Schrifttum: *Honsell,* Die zivilrechtliche Sanktion der Sittenwidrigkeit, JA 1986, 573; *Mayer-Maly,* Die guten Sitten als Maßstab des Rechts, JuS 1986, 596; *ders.,* Was leisten die guten Sitten, AcP 194 [1994], 105; *Petersen,* Gesetzliches Verbot und Rechtsgeschäft, Jura 2003, 532; *Sack,* Das Anstandsgefühl aller billig und gerecht Denkenden und die Moral als Bestimmungsfaktoren der guten Sitten, NJW 1985, 761; *Ulrici,* Verbotsgesetz und zwingendes Gesetz, JuS 2005, 1073; *Zöllner,* Regelungsspielräume im Schuldvertragsrecht, AcP 196 [1996], 1.

I. Einführung

226 Die Rechtsordnung stellt an das Zustandekommen von Rechtsgeschäften, insbesondere von Verträgen, bestimmte Anforderungen. Wird eine dieser Anforderungen nicht erfüllt, ist das angestrebte Rechtsgeschäft in der Regel entweder nichtig, schwebend unwirksam oder anfechtbar.

Ist ein Rechtsgeschäft schwebend unwirksam, so bedeutet dies: Das Rechtsgeschäft ist noch nicht wirksam; es kann durch die Genehmigung desjenigen, der sie erteilen kann, wirksam werden. Wird die Genehmigung verweigert, ist das Rechtsgeschäft nichtig.

Die Anfechtung eines Rechtsgeschäfts bedeutet: Der Anfechtungsberechtigte kann durch eine einseitige, empfangsbedürftige Willenserklärung seine anfechtbar abgegebene Willenserklärung mit rückwirkender Kraft vernichten. Die wirksam angefochtene Willenserklärung ist von Anfang an nichtig (§ 142).

227 Ist ein Rechtsgeschäft nichtig, dann treten die mit dem Rechtsgeschäft angestrebten Folgen nicht ein; das Rechtsgeschäft ist dauernd unwirksam. Das angestrebte oder nichtige Rechtsgeschäft ist allerdings kein reines nullum, denn es existiert ein äußerer Tatbestand. Dieser vermag allerdings nicht diejenigen Wirkungen herbeizuführen, die seine Verursacher beabsichtigen.

Die wichtigsten Gründe dafür, dass ein Rechtsgeschäft von Anfang an, d. h. von vornherein, nichtig ist, sind:

a) die Geschäftsunfähigkeit desjenigen, der eine Willenserklärung abgegeben hat (§§ 104, 105),
b) der Verstoß gegen eine gesetzlich vorgeschriebene oder vereinbarte Form (§ 125),
c) der Verstoß gegen ein gesetzliches Verbot (§ 134),
d) die Sittenwidrigkeit des Rechtsgeschäfts (§ 138).

II. Der Verstoß gegen ein gesetzliches Verbot (§ 134)

1. Die gesetzliche Regelung

228 Die vertragschließenden Parteien genießen nach dem Prinzip der Privatautonomie weitgehende Freiheit, den Inhalt der Verträge zu gestalten. Diese Freiheit wird allerdings u. a. durch § 134 begrenzt.

Die Rechtsordnung versucht, die Vornahme bestimmter Rechtsgeschäfte ihres besonderen Inhalts wegen zu verhindern. Sie definiert diese missbilligten Geschäfte in den Gesetzen und bestimmt, dass sie, falls sie vorgenommen werden, nichtig sind. Um ein Verbotsgesetz handelt es sich dann, wenn ein Rechtsgeschäft seines Inhalts wegen unterbunden werden soll und nicht nur wegen der Art und Weise des Zustandekommens[1].

Wenn ein Rechtsgeschäft gegen ein im Gesetz ausgesprochenes Verbot verstößt, ist es damit nicht automatisch nichtig. Gemäß § 134 soll die Nichtigkeitsfolge vielmehr nur dann eintreten, „wenn sich nicht aus dem Gesetz ein anderes ergibt". Dieser Formulierung ist zu entnehmen: § 134 führt nicht schlechthin zur Nichtigkeit des angestrebten Rechtsgeschäfts, sondern stellt nur eine **Auslegungsregel** auf. Nach der Rechtsprechung des BGH[2] bleibt in jedem Fall zu prüfen, ob das Verbotsgesetz nach seinem Sinn und Zweck die endgültige Unwirksamkeit (Nichtigkeit) des verbotenen Geschäfts erfordert.

2. Verbotsgesetze im Sinne des § 134

Verbotsgesetze i. S. des § 134 finden sich im Zivilrecht und im öffentlichen Recht einschließlich des Strafrechts. **229**

Zivilrechtliche Verbotsgesetze außerhalb des BGB finden sich u. a. im Gesellschaftsrecht (z. B. §§ 133 Abs. 3 HGB, 723 Abs. 3 BGB; § 71a AktG) und im Wettbewerbsrecht (z. B. § 1 GWB; § 3 UWG). Gemäß § 134 können Verträge nichtig sein, die zur Begehung unlauteren Wettbewerbs verpflichten, allerdings nur dann, wenn der rechtsgeschäftlichen Verpflichtung selbst das wettbewerbswidrige Verhalten innewohnt[3].

Es existieren auch eine Reihe von arbeitsrechtlichen Verbotsgesetzen, wie z. B. die Vorschriften des Gesetzes zur Bekämpfung der Schwarzarbeit[4].

Die aktuellen Entwicklungen der modernen Telekommunikation führen in diesem Rechtsgebiet zu neuen Verbotsgesetzen. So sind z. B. § 43b Abs. 3 S. 1 TKG und § 43b Abs. 4 S. 1 TKG Verbotsgesetze im Sinne des § 134 BGB[5].

3. Die Folgen eines Verstoßes gegen ein gesetzliches Verbot

Wie bereits dargestellt, folgt aus dem Verstoß gegen ein gesetzliches Verbot i. S. des § 134 nicht automatisch die Nichtigkeit des Rechtsgeschäfts. Die Frage, ob der Verstoß gegen ein gesetzliches Verbot gemäß § 134 zur Nichtigkeit eines Rechts- **230**

---

1 Vgl. *Staudinger-Sack*, § 134 Rdnr. 2.
2 BGHZ 45, 322, 326.
3 BGH NJW 1991, 287; BGH NJW 1998, 2531, 2533.
4 So BGHZ 85, 39.
5 BT- Drucks. 15/907, S. 10. Vgl. zu dieser Problematik *Rösler*, NJW 2003, 2633.

geschäfts führt, ist nach Sinn und Zweck der einzelnen Verbotsvorschriften zu entscheiden[6].

Richtet sich ein gesetzliches Verbot an beide Geschäftspartner, so ist das Rechtsgeschäft in der Regel nichtig. Richtet sich das Verbot hingegen lediglich gegen einen der beiden Geschäftspartner, so ist das Geschäft grundsätzlich nicht wegen Gesetzesverstoßes nichtig[7].

III. Sittenwidrige Geschäfte (§ 138)

1. Überblick

231 Zu den wichtigsten Vorschriften, die der Privatautonomie – insbesondere in Gestalt der Vertragsfreiheit – Grenzen setzen, gehört § 138.

Weil die Möglichkeiten eines Missbrauchs der Privatautonomie so vielfältig sind, dass sie vom Gesetzgeber nicht abschließend im Einzelnen ausdrücklich verboten werden können, ist die Generalklausel des § 138 als Korrektiv von großer Bedeutung. Sie setzt der privatautonomen Rechtsgestaltung dort eine Grenze, wo sie in Widerspruch zu den Grundprinzipien unserer Rechts- und Sittenordnung tritt[8].

Verfassungsrechtlicher Anknüpfungspunkt ist dabei die grundrechtliche Gewährleistung der Privatautonomie als Teil der allgemeinen Handlungsfreiheit in Art. 2 Abs. 1 GG[9]. Deshalb kann die uneingeschränkte Wahrnehmung der Privatautonomie durch einen Vertragsteil mit einer Beeinträchtigung des Selbstbestimmungsrechts des anderen verbunden sein. Bei der Lösung dieses Interessenkonflikts ermöglicht § 138 z. B. eine Inhaltskontrolle und gegebenenfalls eine Korrektur solcher Rechtsgeschäfte, die sich als Ergebnis einer Fremdbestimmung darstellen.

Damit ist allerdings nur der verfassungsrechtliche Rahmen abgesteckt, den die privatautonome Gestaltung von Rechtsverhältnissen einzuhalten hat. Der konkrete Umfang und die Maßstäbe der danach gebotenen Angemessenheitskontrolle sind dadurch noch nicht geklärt.

§ 138 kann nicht alle Fälle erfassen, in denen das Verhandlungsgleichgewicht mehr oder weniger gestört ist. Vielmehr können nach dieser Vorschrift nur solche Rechtsgeschäfte für nichtig erklärt werden, deren Inhalt für eine Seite ungewöhnlich belastend und als Interessenausgleich „offensichtlich unangemessen" ist und die sich weiter als Folge „struktureller ungleicher Verhandlungsstärke" darstellen[10].

---

6 Vgl. BGHZ 93, 264, 267 mit Nachw.
7 Vgl. BGHZ 71, 358, 360; 46, 24, 26.
8 Vgl. *MünchKomm-Armbrüster*, § 138 Rdnr. 1.
9 Vgl. BVerfG WM 1993, 2199, 2202 f.
10 BVerfG WM 1993, 2199, 2203.

2. Die Generalklausel des § 138 Abs. 1

Dem Wortlaut des § 138 Abs. 1 lässt sich nicht entnehmen, was unter „guten Sitten" oder „Sittenwidrigkeit" zu verstehen ist. Die guten Sitten sind ein unbestimmter, der Konkretisierung bedürftiger und fähiger Rechtsbegriff[11]. Rechtswissenschaftliche Literatur und Rechtsprechung haben stets große Mühe gehabt, diese Konkretisierung vorzunehmen, zumal sich in manchen Bereichen die Auffassung über das, was „gute Sitten" sind, im Laufe der Zeit geändert hat.

232

Das Reichsgericht hat die Formel entwickelt und sich auch – mit Modifizierungen – daran gehalten, dass es sich bei dem, was in § 138 Abs. 1 gemeint sei, um das in der Übung zutage tretende sittliche Empfinden handle, um das „Anstandsgefühl aller billig und gerecht Denkenden"[12]. Dem hat sich zunächst auch der BGH angeschlossen und festgestellt, es seien „stets die besonderen Umstände des einzelnen Falles darauf zu prüfen, ob der Vertrag mit dem Anstandsgefühl aller billig und gerecht Denkenden übereinstimmt"[13]. Allerdings hat der BGH auch versucht zu bestimmen, wer billig und gerecht denkt, und dazu ausgeführt: „Dabei sind vor allem die Anschauungen der in Betracht kommenden beteiligten Kreise, hier der ehrbaren Kaufmannschaft, zu berücksichtigen, wobei das Durchschnittsmaß von Redlichkeit und Anstand zugrunde zu legen ist. Etwaige Missbräuche, die sich in bestimmten Kreisen gebildet haben, sind nicht zu beachten"[14].

Der Unzulänglichkeit der oben geschilderten „einfachen" Formel bewusst, hat der BGH später nach anderen Kriterien gesucht und, an die bisherige Definition anknüpfend, auf eine Gesamtwürdigung des Rechtsgeschäfts abgestellt: Ein Vertrag sei dann sittenwidrig, „wenn er nach dem Anstandsgefühl aller billig und gerecht Denkenden und nach seinem aus der Zusammenfassung von Inhalt, Beweggrund und Zweck zu entnehmenden Gesamtcharakter den guten Sitten zuwiderläuft"[15].

233

Dieser Inhaltsbestimmung des § 138 Abs. 1 durch die Rechtsprechung ist immerhin zu entnehmen, dass die Frage danach, ob ein Vertrag gemäß § 138 Abs. 1 nichtig ist, in der Regel aufgrund einer **umfassenden Gesamtwürdigung** und „unter Berücksichtigung aller Umstände, die ihn kennzeichnen, der objektiven Verhältnisse, unter denen er zustande gekommen ist, seiner Auswirkungen sowie der subjektiven Merkmale, wie dem verfolgten Zweck und dem zugrunde liegenden Beweggrund, beurteilt werden kann"[16].

---

11 Vgl. *MünchKomm-Armbrüster*, § 138 Rdnr. 11 mit Hinweisen.
12 So RGZ 80, 219, 221; 120, 142, 148.
13 BGHZ 10, 228, 232.
14 BGHZ 10, 228, 232.
15 BGHZ 34, 169, 176; ähnlich BGHZ 146, 298, 301.
16 *Soergel-Hefermehl*, § 138 Rdnr. 19.

Beispiel (nach LG Bremen MDR 1974, 134): Eine Vereinssatzung enthält u. a. folgende Bestimmungen:

„... Mitglieder können nur ausländische Arbeitnehmer sein ...; über die Aufnahme von Mitgliedern, die zu zahlenden Mitgliedsbeiträge und die Einberufung der zumindest alle 10 Jahre abzuhaltenden Mitgliederversammlung entscheidet allein der Vorstand ...; der Vorstand besteht aus einem auf Lebenszeit zu wählenden Mitglied."

Jede einzelne Bestimmung dieser Satzung stellt für sich allein noch keinen Verstoß gegen § 138 Abs. 1 dar, denn jede Bestimmung kann bei bestimmter Ausgestaltung eines Vereins durchaus seine sachliche Rechtfertigung haben und letztlich dem Interesse der einzelnen Mitglieder dienen. Im zu erörternden Fall führt aber die Gesamtwürdigung der Umstände zu einer Knebelung der Mitglieder und damit zu einem Verstoß gegen § 138 Abs. 1. Durch das Zusammenspiel der einzelnen Satzungsvorschriften werden die wesentlichen Entscheidungen allein dem Vorstand überlassen. Dieser ist auch nicht abwählbar, sodass eine Einflussnahme der Mitglieder letztlich nicht möglich ist.

234   Nach herrschender Meinung[17] ist von einer Wirkung der objektiven Wertordnung, die in den im Grundgesetz verankerten Grundrechten ihren Ausdruck gefunden hat, auf die Interpretation der guten Sitten auszugehen. Der BGH[18] hat sich grundsätzlich zu dieser Auffassung bekannt und im Hinblick auf § 138 ausgeführt: „Für das Verständnis dessen, was heute unter ‚guten Sitten' im Sinne von § 138 Abs. 1 zu verstehen ist, hat allerdings die Wertordnung des Grundgesetzes, wie sie insbesondere auch in den Grundrechten niedergelegt ist, wesentliche Bedeutung." Dies alles führt zwangsläufig zu einer weitreichenden Inhaltskontrolle von Verträgen und anderen Rechtsgeschäften am Maßstab der Verfassung[19].

Beispiel (nach OLG Düsseldorf, MDR 1983, 932): Das OLG hat einen Darlehensvertrag, den ein Ausländer mit einer Deutschen schließt, um diese zum Abschluss einer Scheinehe zwecks Täuschung der Ausländerbehörden zu bewegen, wegen Verstoßes gegen die guten Sitten gemäß § 138 Abs. 1 als nichtig angesehen und dies wie folgt begründet: Die Scheinehe stelle eine Missachtung des durch Art. 6 GG unter den Schutz der staatlichen Ordnung gestellten Instituts der Ehe dar; sie widerspreche der allgemeinen Rechtsmoral und verletze die Gemeinschaftsordnung, weil die Allgemeinheit ein Interesse daran habe, dass die Ehe als Grundlage der Familie und Lebensgrundlage der menschlichen Gemeinschaft nicht ausgehöhlt werde.

Verstoßen Rechtsgeschäfte wegen ihres objektiven Inhalts gegen die guten Sitten, so sind sie nichtig. Nach herrschender Meinung müssen die Beteiligten **nicht** das Bewusstsein gehabt haben, sittenwidrig oder verwerflich gehandelt zu haben[20].

---

17   BVerfGE 7, 198; 73, 261; 89, 214; BGHZ 70, 313, 324.
18   BGHZ 70, 313, 324.
19   So Schiemann, in: Staudinger/Eckfeiler (2005), S. 95.
20   *MünchKom-Armbrüster*, § 138 Rdnr. 116 f., 124 f., 130 f.; *Soergel-Hefermehl*, § 138 Rdnr. 31.

Würde man bei den Geschäftspartnern ein „Bewusstsein der Sittenwidrigkeit" fordern, würden diejenigen, deren Sittenauffassung weniger streng wäre, gegenüber denjenigen bevorteilt, deren sittliche Vorstellungen strenger sind.

3. Die Anwendung des § 138 Abs. 1 in der Praxis

Der Grundsatz, dass ein Rechtsgeschäft gegen die guten Sitten verstößt, wenn es sich nach seinem aus der Zusammenfassung von Inhalt, Beweggrund und Zweck ergebenden Gesamtcharakter als sittenwidrig darstellt, ist bei der Anwendung im praktischen Einzelfall häufig nur schwer zu konkretisieren. Um die Anwendung des § 138 Abs. 1 in der Praxis zu erleichtern, haben Rechtsprechung und Literatur sogenannte Hauptfallgruppen gebildet, die für das Wirtschaftsleben von besonderer Bedeutung sind[21]. Von diesen sogenannten Hauptfallgruppen seien im Folgenden nur einige beispielhaft genannt und erläutert.   **235**

Ein Verstoß gegen die guten Sitten ist z. B. anzunehmen, wenn ein Rechtsgeschäft eine so weitgehende Beschränkung der Freiheit des Betroffenen bewirkt, dass dieser seine geschäftliche Selbständigkeit verliert[22]. Man bezeichnet solche Verträge auch als **Knebelungsverträge**, die zutreffend als Verträge charakterisiert werden, durch die eine Vertragspartei die andere durch die im Vertrage verankerten Bedingungen so einengt, dass ihre wirtschaftliche Bewegungsfreiheit gelähmt ist und sie dadurch in eine sittlich zu missbilligende Abhängigkeit gerät[23].

Zu den langfristigen Verträgen, bei denen häufig geprüft worden ist, ob es sich um Knebelungsverträge handelt, gehören auch die sogenannten Bierlieferungs- oder Bierbezugsverträge. Diese werden zwischen einer Brauerei und einem Gastwirt abgeschlossen. Die Brauerei gewährt dem Gastwirt ein Darlehen, damit dieser eine Gastwirtschaft einrichten kann; der Gastwirt übernimmt die – regelmäßig langfristige – Verpflichtung, nur bei der Brauerei Bier zu beziehen.

> **Beispiel** (in Anlehnung an OLG Karlsruhe MDR 1968, 493): Die Brauerei B gewährt dem Gastwirt E ein Darlehen, mit dessen Hilfe er seine Gastwirtschaft einrichten kann. Die Brauerei B sichert sich vertraglich neben dem Verzinsungs- und Rückzahlungsanspruch ein ausschließliches Bierlieferungsrecht und eine gleichzeitige Bierabnahmepflicht. Der Vertrag soll eine Dauer von 18 Jahren haben. Das ist der Zeitraum, in dem das – im Vergleich zu ähnlichen Krediten günstige – Darlehen zurückgezahlt werden muss. Gegen den langen Zeitraum des Vertrages bestehen keine Bedenken, weil die Dauer der Bierbezugs- und Bierabnahmefrist sich mit der Frist deckt, innerhalb derer das – günstige – Darlehen zurückzuzahlen ist. Ein langfristiger Vertrag dieser Art, in dem langdauernde Verpflichtungen mit der

---

21 Vgl. zur Bildung solcher Fallgruppen beispielhaft die Kommentierung zu § 138 in: *MünchKomm-Armbrüster*, § 138 Rdnr. 71 ff.
22 Vgl. *MünchKomm-Armbrüster*, § 138 Rdnr. 71.
23 Vgl. *Soergel-Hefermehl*, § 138 Rdnr. 116.

Gewährung eines größeren – günstigen – Darlehens gekoppelt sind, wurde bisher von der Rechtsprechung weder nach § 138 Abs. 1 noch nach § 138 Abs. 2 für nichtig erachtet.

236 Besonders häufig kommen Knebelungsverträge im Rahmen von Rechtsgeschäften vor, die eine Kreditsicherung zum Gegenstand haben (sogenannte Sicherungsgeschäfte). Solche Rechtsgeschäfte dienen dazu, den Gläubiger einer Forderung davor zu schützen, dass er einen Verlust erleidet, wenn der Schuldner nicht leisten will oder nicht leisten kann. Das Interesse der Gläubiger geht naturgemäß dahin, sich möglichst weitgehend abzusichern. In Verfolgung dieses Interesses lassen die Gläubiger sich häufig im Rahmen von Sicherungsübereignungen wesentlich mehr übereignen, als zur Absicherung notwendig ist. Man spricht dann von einer sogenannten **Übersicherung**[24].

Beispiel (in Anlehnung an KG LZ 1919, 413): Die D-Bank gewährt dem Textilgroßhändler T ein Darlehen in Höhe von 20 000,– €. Zur Sicherung der Darlehensrückzahlungsforderung übereignet T der D-Bank alle gegenwärtig und künftig zu seinem Eigentum gehörenden Waren und sein gesamtes Geschäftsinventar. Der gegenwärtige Lagerbestand hat einen Wert von 200 000,– €. Das Geschäftsinventar verkörpert einen Verkaufswert von 50 000,– €. Außerdem räumt T in dem mit der D-Bank geschlossenen Sicherungsvertrag der D-Bank ein Mitwirkungsrecht bei der Leitung des Geschäfts und eine Generalvollmacht ein. Die genannten Vereinbarungen sind Gegenstand des Sicherungsvertrages. Einer zu sichernden Forderung in Höhe von 20 000,– € steht ein Sicherungsgut im Wert von 250 000,– € gegenüber. Es handelt sich also um einen Fall der Übersicherung. Außerdem lähmen die zusätzlichen Abreden den T in seiner wirtschaftlichen Bewegungsfreiheit und bringen ihn in eine sittlich zu missbilligende Abhängigkeit vom Gläubiger. Wegen Verstoßes gegen die guten Sitten ist der Sicherungsvertrag gemäß § 138 Abs. 1 nichtig.

4. Der Wucher

237 In § 138 Abs. 2 ist der Wucher als ein Sonderfall eines gegen die guten Sitten verstoßenden Rechtsgeschäfts geregelt. Wird bejaht, dass Wucher i. S. des § 138 Abs. 2 vorliegt, ist damit die Sittenwidrigkeit festgestellt.

Der Tatbestand des Wuchers (§ 138 Abs. 2) ist erfüllt, wenn

- ein Rechtsgeschäft vorliegt, durch das jemand sich oder einem Dritten für eine Leistung Vermögensvorteile versprechen oder gewähren lässt;

- ein auffälliges Missverhältnis zwischen Leistung und Gegenleistung besteht;

- derjenige, der die Gegenleistung, die in einem auffälligen Missverhältnis zur empfangenen Leistung steht, erbringen muss (= der Bewucherte), unerfahren ist,

---

24 Vgl. dazu im Einzelnen § 45 IV.

an Willensschwäche oder einem Mangel an Urteilsvermögen leidet oder sich in einer Zwangslage befindet

– und der Wucherer die Situation des Bewucherten, seine Zwangslage, Unerfahrenheit etc. **ausbeutet.**

Der Wuchertatbestand wird stark geprägt von dem **auffälligen Missverhältnis von Leistungen und Gegenleistungen.** Bei den Ermittlungen dazu ist der objektive Wert der Leistungen zu vergleichen; es ist das verkehrsübliche Äquivalent zugrunde zu legen und nicht ein subjektives Interesse eines Vertragsteils, wenngleich auch Risikofaktoren veranschlagt werden können[25]. **238**

Eine **Zwangslage** ist eine nicht notwendigerweise durch wirtschaftliche Bedrängnis hervorgerufene Lage, in der ein dringendes Bedürfnis nach Sach- und Geldleistungen besteht. Auch psychische Zwangslagen kommen in Betracht[26], wenn sie tatsächlich und nicht nur vermeintlich vorhanden sind[27].

Unerfahrenheit bedeutet, dass ein Mangel an Lebens- oder Geschäftserfahrung besteht, z. B. bei Jugendlichen oder bei Aussiedlern[28].

Ein **Mangel an Urteilsvermögen** besteht, wenn der Betreffende nur eingeschränkt in der Lage ist, sich bei seinen Entscheidungen durch vernünftige Beweggründe leiten zu lassen[29]. Anhaltspunkte dafür liegen z. B. vor, wenn jemand ohne Prüfung von Alternativen den erstbesten Weg zur Erreichung eines Zieles verfolgt oder wenn jemand Anschaffungen macht, die zu seinen finanziellen Mitteln in keinem Verhältnis stehen[30].

Unter einer **erheblichen Willensschwäche** leidet jemand, der dem Abschluss eines für ihn nachteiligen Geschäfts wegen verminderter psychischer Widerstandskraft nicht entsagen kann, z. B. wegen einer Drogen-, Alkohol- oder Spielsucht[31].

Unter **Ausbeutung** ist die bewusste Ausnutzung der Situation des Bewucherten zu verstehen. Derjenige, der die Situation ausnutzt, muss also jedenfalls Kenntnis von der Zwangslage, dem auffälligen Missverhältnis von Leistung und Gegenleistung etc. gehabt und diese Situation bewusst ausgenutzt haben. Eine **Ausbeutungsabsicht ist nicht erforderlich**[32]. **239**

Nicht jedes, auch nicht jedes auffällige Missverhältnis zwischen Leistung und Gegenleistung führt zur Sittenwidrigkeit eines Rechtsgeschäfts. Nach ständiger Recht-

---

25 Vgl. *MünchKomm-Armbrüster*, § 138 Rdnr. 144.

26 Vgl. BGHZ 50, 63, 71.

27 Vgl. *MünchKomm-Armbrüster*, § 138 Rdnr. 149.

28 *Palandt-Ellenberger*, § 138 Rdnr. 71; *MünchKomm-Armbrüster*, § 138 Rdnr. 150.

29 *Palandt-Ellenberger*, § 138 Rdnr. 72; *MünchKomm-Armbrüster*, § 138 Rdnr. 151.

30 *MünchKomm-Armbrüster*, § 138 Rdnr. 151.

31 *MünchKomm-Armbrüster*, § 138 Rdnr. 152; *Palandt-Ellenberger*, § 138 Rdnr. 73.

32 Vgl. *MünchKomm-Armbrüster*, § 138 Rdnr. 154; *Palandt-Ellenberger* § 138 Rdnr. 74.

sprechung des Bundesgerichtshofs kann von einem besonders groben Missverhältnis, das eine Vermutung für die subjektiver Voraussetzungen der Sittenwidrigkeit begründet, ausgegangen werden, wenn der Wert der Leistung jedenfalls knapp doppelt so hoch ist wie der Wert der Gegenleistung[33].

5. Wucherähnliche Rechtsgeschäfte

240 Das Hauptanwendungsgebiet des § 138 bilden in der Praxis hochverzinsliche Raten- bzw. Teilzahlungskredite. Der Wuchertatbestand des § 138 Abs. 2 greift hier häufig nicht ein, weil es entweder an der erforderlichen Schwächesituation aufseiten des Bewucherten (Zwangslage, Unerfahrenheit etc.) oder an einer Ausbeutung derselben fehlt. Die Rechtsprechung misst solche Kredite daher an § 138 Abs. 1. Ihr zufolge ist ein Darlehensvertrag nichtig, wenn zwischen Leistung und Gegenleistung ein auffälliges Missverhältnis besteht und der Darlehensgeber die wirtschaftlich schwächere Lage seines Vertragspartners bewusst zu seinem Vorteil ausnutzt (sogenanntes wucherähnliches Rechtsgeschäft). Dem soll es gleichstehen, wenn sich der Darlehensgeber „leichtfertig der Erkenntnis verschließt, dass sich der Darlehensnehmer nur wegen seiner schwächeren Lage auf die drückenden Bedingungen einlässt"[34]. Die Prüfung, ob ein auffälliges Missverhältnis zwischen Leistung und Gegenleistung besteht, hat anhand eines Vergleiches zwischen dem Vertragszins und dem zur Zeit des Vertragsschlusses marktüblichen Effektivzinses zu erfolgen. Danach ist ein auffälliges Missverhältnis in der Regel zu bejahen, wenn der Vertragszins den Marktzins **relativ** um 90–100 %[35] oder **absolut** um 12 %[36] übersteigt.

241 Ist ein objektives Missverhältnis festgestellt, so sind bei Kreditinstituten auch die subjektiven Voraussetzungen – das mindestens fahrlässige Ausnutzen der Lage des Kunden – in aller Regel erfüllt, wenn es sich beim Kreditnehmer um einen Verbraucher handelt[37]. Ist der Kreditnehmer dagegen Kaufmann oder Freiberufler, gilt diese tatsächliche Vermutung nicht[38].

> **Beispiel** (nach BGHZ 99, 333, 335): Beträgt der vereinbarte Zins (Vertragszins) 26,29 % und der Marktzins 8,52 %, so ergibt der Marktvergleich, dass der Vertragszins den Marktzins relativ um etwa 200 % übersteigt. Bei einem solchen Missverhältnis von Leistung und Gegenleistung sind die objektiven und subjektiven Voraussetzungen des § 138 Abs. 1 erfüllt; der Kreditvertrag ist deshalb nichtig.

---

33 Vgl. BGHZ 146, 298, 302 ff.; BGH WM 2004, 417, 418.

34 St. Rspr. seit BGHZ 80, 153, 160 f.

35 BGHZ 104, 102, 105; 110, 336, 338.

36 BGHZ 110, 336, 340; vgl. i. E. *Palandt-Ellenberger* § 138 Rdnr. 27 f.

37 BGHZ 98, 174, 178; *Palandt-Ellenberger* § 138 Rdnr. 30.

38 BGH NJW 1995, 1019, 1022; BGH NJW 1991, 1810, 1811.

§ 15   Die Anfechtbarkeit von Willenserklärungen

Schrifttum: *Bodenstedt,* „Alles für einen Euro"? – Abgrenzung von Zugangsbestätigungen und Annahmeerklärungen im Internet, MMR 2004, 719; *Coester-Waltjen,* Die Anfechtung von Willenserklärungen, Jura 2006, 348; *John,* Auslegung, Anfechtung, Verschulden beim Vertragsschluss und Geschäftsgrundlage beim sog. Kalkulationsirrtum, JuS 1983, 176; *Kellermann,* Problemfelder des Anfechtungsrechts, JA 2004, 405; *Leßmann,* Irrtumsanfechtung nach § 119 BGB, JuS 1969, 478; *Peters,* Die Rechtsfolgen der widerrechtlichen Drohung, Jura 2006, 660; *Petersen,* Täuschung und Drohung im Bürgerlichen Recht, Jura 2006, 904; *Waas,* Der Kalkulationsirrtum zwischen Anfechtung und unzulässiger Rechtsausübung – BGHZ 139, 177, JuS 2001, 14; *Wertenbruch,* Gewährleistung beim Kauf von Kunstgegenständen nach neuem Schuldrecht, NJW 2004, 1977; *Wieser,* Der Kalkulationsirrtum, NJW 1972, 708.

I. Überblick

Ist ein Rechtsgeschäft wirksam zustande gekommen, besteht dennoch die Möglichkeit,   **242**
– es durch Vertrag wieder aufzuheben oder
– bei Vorliegen bestimmter Voraussetzungen seine Nichtigkeit herbeizuführen.

Eine Möglichkeit, ein wirksam zustande gekommenes Rechtsgeschäft nachträglich einseitig zu vernichten, gewährt die Anfechtung.

Unter den im Gesetz genannten Voraussetzungen kann derjenige, der eine Willenserklärung abgegeben hat, diese Erklärung mit der Folge anfechten, dass das gesamte Rechtsgeschäft – rückwirkend (ex tunc) – vernichtet wird.

„Als von Anfang an nichtig", wie es in § 142 heißt, bedeutet: Die Anfechtung beseitigt das angefochtene Rechtsgeschäft rückwirkend; es wird so behandelt, als sei es von Anfang an nicht wirksam gewesen.

Nicht schon die im Gesetz eingeräumte Anfechtungsmöglichkeit als solche be-   **243**
wirkt die Nichtigkeit des Rechtsgeschäfts; vielmehr muss derjenige, der einen Anfechtungsgrund hat, seine auf den Vertragsschluss gerichtete Willenserklärung durch eine einseitige empfangsbedürftige Willenserklärung anfechten. Erst durch diese Erklärung wird die Unwirksamkeit des Rechtsgeschäfts herbeigeführt. Der Anfechtungsberechtigte kann also wählen, ob er das anfechtbare Rechtsgeschäft bestehen lassen oder ob er es durch seine Erklärung vernichten will.

Die Anfechtungserklärung ist selbst eine Willenserklärung, nämlich eine Erklärung, in der der Wille kundgemacht wird, eine Rechtsfolge – hier die rückwirkende Vernichtung der anfechtbaren Erklärung – herbeizuführen. Sie ist empfangsbedürftig, d. h. sie wird erst wirksam, wenn sie dem nicht anwesenden Anfechtungsgegner – in der Regel ist das die andere an einem Rechtsgeschäft beteiligte Person – zugeht (vgl. § 130).

II. Die Anfechtung wegen Irrtums. Die unbewusste Nichtübereinstimmung von Wille und Erklärung

1. Einleitung

244 Würde die Rechtsordnung jeden Irrtum für beachtlich erklären, wäre eine unerträgliche Rechtsunsicherheit die Folge, da nahezu jede Willenserklärung auf Erwartungen beruht, die sie zumindest nicht voll erfüllen kann. Jeder könnte sich dann von Rechtsgeschäften, die seine Erwartungen nicht erfüllen, durch Anfechtung lösen und das Risiko der Wirksamkeit des Rechtsgeschäfts auf seinen Vertragspartner abwälzen. Dadurch wäre das Prinzip der Verbindlichkeit geschlossener Verträge aufgehoben und das auf vertraglichen Leistungsaustausch angewiesene arbeitsteilige Wirtschaftssystem gefährdet.

Beispiel: Einzelhändler E bestellt beim Fabrikanten F 10 000 schwarz-rot-goldene Gipseier in der Erwartung, diese mit Gewinn weiterverkaufen zu können. Kurz nach der Lieferung der Eier durch F stellt E fest, dass er sich geirrt hat. Die Eier sind unverkäuflich. E möchte seine zum Vertrage führende Willenserklärung anfechten. Würde die Rechtsordnung in diesem Fall eine Anfechtung zulassen, wäre es den vertragschließenden Parteien nicht mehr möglich, sich auf die Verbindlichkeit eines einmal abgeschlossenen Vertrages zu verlassen. Der auf bindende Verträge angewiesene Leistungsaustausch der privaten Personen und damit eine effiziente Arbeitsteilung wäre nahezu unmöglich gemacht. Eine Anfechtung der zum Vertrag führenden Willenserklärung durch E muss daher ausgeschlossen sein.

245 Das BGB hat das Problem so gelöst, dass es nur die in den §§ 119, 120 und 123 Abs. 1 definierten Irrtümer als Anfechtungsgründe zulässt und zudem denjenigen, der sich zu einer Anfechtung nach den §§ 119 und 120 entschließt, gemäß § 122 zur Schadensersatzleistung gegenüber demjenigen verpflichtet, der auf die Irrtumsfreiheit und die Gültigkeit der angefochtenen Willenserklärung ohne Verschulden vertraut hat. Nur derjenige, der aufgrund einer arglistigen Täuschung oder einer widerrechtlichen Drohung eine Willenserklärung abgegeben hat, kann, ohne von einer Schadensersatzpflicht belastet zu werden, seine Willenserklärung vernichten. Eine Anfechtung ist also nur möglich, wenn ein gesetzlicher Anfechtungsgrund vorliegt.

2. Die Anfechtung wegen Erklärungs- oder Inhaltsirrtums

a) Überblick

246 Bei Abweichungen zwischen dem Erklärten und dem Willen soll der Erklärende nicht gegen seinen wirklichen Rechtsfolgewillen (Geschäftswillen) an die aus seiner Sicht „falsche" Erklärung gebunden sein und deshalb bei Vorliegen bestimmter Voraussetzungen die Möglichkeit haben, seine Willenserklärung anzufechten. Ob Wille und Erklärung i. S. des § 119 voneinander abweichen und deshalb eine

Anfechtungsmöglichkeit besteht, ist durch **Auslegung** zu ermitteln. Es gilt deshalb der Grundsatz: Auslegung geht vor Anfechtung![1]

§ 119 Abs. 1 enthält zwei Irrtumstatbestände:
a) den Tatbestand des **Erklärungsirrtums** („eine Erklärung dieses Inhalts überhaupt nicht abgeben wollte") und
b) den Tatbestand des **Inhaltsirrtums** („bei der Abgabe einer Willenserklärung über deren Inhalt im Irrtum war").

Da § 119 Abs. 1 nur eingreift, wenn einer seiner beiden Tatbestände vorliegt, müssen diese jedenfalls von anderen Irrtumstatbeständen abgegrenzt werden.

b) Der Erklärungsirrtum

aa) Der Erklärende **will** eine Willenserklärung abgeben, er gibt sie aber in einer Art und Weise ab, in der er sie nicht abgeben wollte. Der äußere Tatbestand der Willenserklärung weicht von dem ab, was der Erklärende kundtun wollte. Ein Erklärungsirrtum liegt in der Regel vor, wenn sich jemand verspricht oder verschreibt.   **247**

Neben dem Irrtum im Erklärungsakt ist weitere Voraussetzung für das Entstehen des Anfechtungsrechts, dass davon auszugehen ist, dass der Erklärende die Willenserklärung bei Kenntnis der Sachlage und ihrer verständigen Würdigung nicht abgegeben haben würde (§ 119 Abs. 1).

Beispiel: Der Winzer B macht dem Weinhändler Z schriftlich ein Angebot zum Abschluss eines Kaufvertrages. Er will die Flasche zu 21,– € anbieten, verschreibt sich aber und schreibt 12,– €. Z nimmt das Angebot an. Kann B sein Angebot anfechten? B hat hier ein Interesse daran, seine Willenserklärung (das Angebot zum Abschluss eines Vertrages) mit einer Anfechtung zu vernichten. Denn wenn das Angebot rückwirkend vernichtet wird, ist, da dann nur eine Annahmeerklärung, nicht aber ein Angebot vorhanden ist, kein Kaufvertrag zustande gekommen. Im zu erörternden Sachverhalt hat B dem Z ein wirksames Angebot zum Abschluss eines Kaufvertrages gemacht. Dass B sich verschrieb und statt 21,– € 12,– € geschrieben hat, ist auf die Wirksamkeit seines Angebots ohne Einfluss. Da Z das Angebot auch angenommen hat, ist ein Kaufvertrag zustande gekommen. Weil B sich aber verschrieben hat, er also „eine Erklärung dieses Inhaltes überhaupt nicht abgeben wollte" und diese Erklärung auch bei Kenntnis der Sachlage und bei verständiger Würdigung des Falles nicht abgegeben hätte, kann er seine Willenserklärung gemäß § 119 Abs. 1 anfechten. Anfechtungsgrund ist also ein Erklärungsirrtum. Wenn B die Anfechtung auch fristgemäß gegenüber Z erklärt, hat das zur Folge, dass sein Angebot – und damit, wie oben bereits dargestellt, der gesamte Vertrag – gemäß § 142 Abs. 1 rückwirkend vernichtet wird. Mit der wirksamen Anfechtung kann B demnach den mit Z bereits wirksam abgeschlossenen Kaufvertrag beseitigen.

bb) Der **Irrtum bei der Übermittlung** (§ 120) ist ein Unterfall des Erklärungsirrtums. Auch hier wird etwas anderes erklärt, als erklärt werden soll. Allerdings er-   **248**

---

1 Vgl. *Brox*, AT, Rdnr. 407.

klärt nicht der Erklärende selbst irrtümlich etwas Falsches, sondern die Person (Bote) oder Anstalt, derer sich der Erklärende zur Übermittlung bedient. Falls eine Erklärung falsch wiedergegeben wird, besteht wie beim Erklärungsirrtum eine Nichtübereinstimmung zwischen dem Willen des Erklärenden und dem dem Empfänger bekanntgewordenen Erklärungstatbestand.

c) Der Inhaltsirrtum

249 Ein Inhaltsirrtum liegt vor, wenn der äußere Tatbestand der Erklärung zwar dem Willen des Erklärenden entspricht, die Willenserklärung aber inhaltlich eine andere Bedeutung hat, als der Erklärende ihr beimessen wollte. Bei einem Inhaltsirrtum stimmt also die Vorstellung, die der Erklärende vom Inhalt seiner Erklärung hat, nicht mit dem Inhalt überein, den die Willenserklärung objektiv hat. Im Gegensatz zum Erklärungsirrtum ist beim Inhaltsirrtum der Erklärungsakt selbst vom Erklärenden gewollt; dieser wollte jedoch mit dem Erklärungsakt etwas anderes zum Ausdruck bringen, als er es in Wirklichkeit getan hat[2].

Beispiel: Der aus Berlin stammende A bestellt in einer Kölner Gaststätte nach der ihm vorgelegten Karte einen „halven Hahn". A weiß nicht, dass in Köln unter einem „halven Hahn" eine mit Käse belegte Brötchenhälfte verstanden wird. A hatte ein halbes Hähnchen erwartet. Da er mit dem Inhalt, den seine Erklärung objektiv hat – wobei der „Kölner Empfängerhorizont" zugrunde zu legen ist –, eine andere Vorstellung verbindet, kann A wegen Inhaltsirrtums gemäß § 119 Abs. 1 anfechten.

250 Auch **Rechtsirrtümer** können **Inhaltsirrtümer** (Rechtsfolgenirrtümer) sein, und zwar dann, wenn die aufgrund der Erklärung eingetretene **Rechtsfolge zum Inhalt der Erklärung** gehört. Der Erklärende will eine bestimmte Rechtsfolge herbeiführen, aber wegen Verkennung der rechtlichen Bedeutung tritt kraft des Willens des Erklärenden eine andere Rechtswirkung ein. Deshalb kann auch ein Irrtum über den mit einer Willenserklärung zu erzielenden rechtlichen Erfolg ein Irrtum über den Inhalt sein[3].

Beispiel: Bei der Bestellung einer Hypothek ist der Eigentümer der Meinung, das Grundstück sei schon mit einer ersten Hypothek belastet. Die von ihm abgegebenen Erklärungen beziehen sich deshalb auf die Bestellung einer zweiten Hypothek, die aber, weil das Grundstück bisher unbelastet war, an erster Stelle im Grundbuch eingetragen wird. Es handelt sich um einen Inhaltsirrtum, der gemäß § 119 Abs. 1 anfechtbar ist[4].

251 Ein Inhaltsirrtum liegt indessen nicht vor, wenn bei einem vorgenommenen Rechtsgeschäft außer den angestrebten noch weitere, weder erkannte noch gewollte Nebenfolgen als Rechtsfolgen eintreten[5]; diese Rechtsfolgen, auf die sich der Irrtum

---

2 Vgl. *Staudinger-Singer*, § 119 Rdnr. 38.
3 RGZ 89, 29, 33.
4 Vgl. RGZ 89, 29 ff.
5 RGZ 134, 195, 197 f.

bezieht, sind nicht Inhalt der rechtsgeschäftlichen Erklärung, sie treten vielmehr kraft Gesetzes ein.

Beispiel: K erwirbt von V ein an M vermietetes Einfamilienhaus in der Absicht, dort selbst einzuziehen. Dabei erkennt er nicht, dass er als Erwerber gemäß § 566 Abs. 1 automatisch in den Mietvertrag zwischen V und M eintritt und deshalb nur nach vorheriger ordnungsgemäßer und fristgerechter Kündigung das Haus beziehen kann. Die Rechtsfolge des § 566 tritt kraft Gesetzes ein. Sie ist nicht Inhalt der beim Abschluss des Kaufvertrages von K abgegebenen Erklärung. Es liegt kein Inhaltsirrtum vor, der zur Anfechtung gemäß § 119 Abs. 1 berechtigen würde.

3. Die Anfechtung wegen Irrtums über verkehrswesentliche Eigenschaften einer Person oder Sache

a) Einleitung

Durch § 119 Abs. 2 wird demjenigen ein Anfechtungsrecht eingeräumt, der sich bei der Abgabe seiner Willenserklärung über die bei diesem Rechtsgeschäft wesentliche Eigenschaft seines Vertragspartners oder der Sache, die Leistungsgegenstand ist, geirrt hat. Als **Eigenschaften** kommen nur tatsächliche oder rechtliche Verhältnisse in Betracht, die in dem Rechtsgeschäft als wesentlich zum Ausdruck gebracht worden sind. Darunter sind alle diejenigen Merkmale und Verhältnisse einer Person oder Sache zu bezeichnen, die infolge ihrer Beschaffenheit und Dauer auf die Brauchbarkeit und den Wert von Einfluss sind[6]. Wie bei Erklärungs- und Inhaltsirrtum kann der Erklärende seine Willenserklärung nur anfechten, „wenn anzunehmen ist, dass er sie bei Kenntnis der Sachlage und bei verständiger Würdigung des Falles nicht abgegeben haben würde".

252

Bei dem Irrtum über Eigenschaften handelt es sich um einen Irrtum, der den Entschluss zur Abgabe der Erklärung beeinflusst, und nicht um einen Irrtum, der den Erklärungsvorgang selbst betrifft. Es handelt sich deshalb um einen **Motivirrtum**, d. h. um einen **Irrtum im Beweggrund**. Motivirrtümer sind grundsätzlich unbeachtlich; sie berechtigen nicht zur Anfechtung. Das BGB enthält lediglich im Hinblick auf solche Irrtümer eine Ausnahme, die sich auf Eigenschaften der Person oder Sache beziehen, die im Verkehr als wesentlich angesehen werden. § 119 Abs. 2 stellt diese im Wege einer Fiktion einem Inhaltsirrtum gleich[7].

b) Der Irrtum über verkehrswesentliche Eigenschaften einer Person

Zu den verkehrswesentlichen Eigenschaften einer Person zählen „sowohl die natürlichen Persönlichkeitsmerkmale als auch solche tatsächlichen und rechtlichen Verhältnisse, die infolge ihrer Beschaffenheit und vorausgesetzten Dauer nach

253

---

6 Vgl. BGHZ 34, 32, 41.
7 Vgl. BGHZ 88, 240, 245.

den Anschauungen des Verkehrs Einfluss auf die Wertschätzung der Person in allen oder doch in gewissen Rechtsverhältnissen auszuüben pflegen"[8]. Solche Eigenschaften können sein:

- der **Gesundheitszustand** eines Menschen, insbesondere bei Dienst- und Arbeitsverträgen;
- die **berufsrechtliche Qualifikation**, wie sie z. B. für die Eintragung in die Handwerksrolle erforderlich ist[9];
- die **Vertrauenswürdigkeit** bei Vertragstypen mit engen persönlichen Beziehungen. In Betracht kommen in erster Linie Dauerschuldverhältnisse wie Dienst- oder Arbeitsverträge, die ein besonderes Vertrauensverhältnis voraussetzen. Letzteres hat das OLG Köln[10] im Hinblick auf den Maklervertrag verneint;
- die **Zahlungs- und Kreditwürdigkeit** jedenfalls bei Kreditgeschäften.

Verkehrswesentliche Eigenschaften einer Person sind nur solche, die vom Erklärenden in irgendeiner Weise erkennbar dem Vertrage zugrunde gelegt worden sind, ohne dass er sie geradezu zum Inhalt seiner Erklärung gemacht haben muss[11].

c) Der Irrtum über verkehrswesentliche Eigenschaften einer Sache

254 aa) Als Eigenschaften einer Sache i. S. des § 119 Abs. 2 werden alle tatsächlichen und rechtlichen Verhältnisse der Sache angesehen, die wegen ihrer Beschaffenheit und vorausgesetzten Dauer nach der Verkehrsanschauung einen Einfluss auf die Wertschätzung und ihre Brauchbarkeit auszuüben pflegen[12]. Als solche sind u. a. angesehen worden:

- die Bebaubarkeit oder gewerbliche Nutzungsmöglichkeit eines Grundstücks[13]
- die Echtheit eines Kunstwerkes[14]
- das Alter eines gebrauchten Kraftfahrzeuges[15].

Keine Eigenschaften einer Sache sind:
- das Eigentum an einer Sache, weil es keinen Einfluss auf die Brauchbarkeit und den Wert der Sache hat[16]
- der Wert einer Sache, wohl aber die den Wert bildenden Faktoren[17].

255 bb) Um zu weit ausgreifenden Konsequenzen rein subjektiver Vorstellungen entgegenzuwirken, soll nur ein Irrtum über **verkehrswesentliche Eigenschaften** ei-

---

8   So BGHZ 88, 240, 245 mit weiteren Nachw.
9   BGHZ 88, 240, 246.
10 MDR 1961, 231.
11 Vgl. BGHZ 88, 240, 246.
12 Vgl. BGHZ 16, 54, 57 und 34, 32, 41.
13 Vgl. OLG Köln MDR 1965, 292 f.
14 Vgl. *Heinbuch*, NJW 1984, 15, 16 f.; BGH NJW 1988, 2597, 2599.
15 Vgl. BGHZ 78, 216, 221.
16 So BGHZ 34, 32, 41 f.
17 Vgl. OLG Köln MDR 1965, 292, 293.

ner Sache zur Anfechtung berechtigen. Als solche kommen alle diejenigen in Betracht, auf die der Verkehr bei Geschäften von der typischen Eigenart des jeweils vorliegenden Geschäftes entscheidenden Wert legt.

cc) Nach herrschender Meinung[18] ist die Anfechtung wegen Irrtums über eine verkehrswesentliche Eigenschaft einer Sache gemäß § 119 Abs. 2 insoweit ausgeschlossen, als die Vorschriften über die Sachmängelhaftung des Verkäufers gemäß §§ 434 ff. eingreifen. Die Vorschriften über die Gewährleistung bei Sachmängeln verdrängen als leges speciales also die Anfechtung wegen eines Eigenschaftsirrtums beim Kauf gemäß § 119 Abs. 2. Die Begründung für den Ausschluss der Käuferanfechtung nach dem Gefahrübergang ist darin zu sehen, dass die Gewährleistungsvorschriften als spezielle Normen zu bewerten sind, die insbesondere im Hinblick auf die kurzen Verjährungsvorschriften des § 438 Abs. 1 Nr. 3 der Sicherheit des Rechtsverkehrs dienen sollen[19].

Beispiel: K hat von V ein Bild des niederländischen Malers Rembrandt gekauft. Nach Übergabe des Bildes an K stellt sich heraus, dass das Bild nicht von Rembrandt stammt, sondern eine wertlose Fälschung ist. Da mit der Übergabe des Bildes der Gefahrübergang auf den Käufer erfolgt ist (§ 446 Abs. 1), haftet der Verkäufer nunmehr nach Maßgabe der §§ 434 ff. Wären nun zwischen der Übergabe des Bildes und der Entdeckung der Fälschung bereits zwei Jahre vergangen, so wären die Gewährleistungsansprüche gemäß § 438 Abs. 1 Nr. 3 bereits verjährt. Der Käufer wäre auf die Anfechtungsmöglichkeit nach § 119 Abs. 2 angewiesen, weil die Anfechtungsfrist gemäß § 121 Abs. 1 erst mit Kenntniserlangung zu laufen beginnt. Allerdings verdrängen die §§ 434 ff. als leges speciales den § 119 Abs. 2. Die Möglichkeit der Anfechtung besteht somit für K ebenfalls nicht mehr.

dd) Während nach herrschender Meinung die kaufrechtlichen Gewährleistungsvorschriften die Anfechtung des Käufers wegen eines Irrtums über solche Eigenschaften der Kaufsache ausschließen, die Gewährleistungsansprüche begründen können, kann von einer „Konkurrenz" zwischen den Sachmängelansprüchen und einem Anfechtungsrecht des **Verkäufers** keine Rede sein, weil dem Verkäufer Gewährleistungsansprüche nie zustehen[20]. Deshalb kann der Verkäufer unter gewissen Umständen ein Anfechtungsrecht gemäß § 119 Abs. 2 ausüben. Hat sich z. B. der Verkäufer über die Urheberschaft eines Bildes geirrt und deshalb den Preis zu niedrig festgesetzt, ist dem Käufer an einer Nacherfüllung oder einem Rücktritt nicht gelegen; der Verkäufer kann nach § 119 Abs. 2 anfechten, weil er sich damit nicht der gesetzlich angeordneten Gewährleistungspflicht entzieht[21].

256

---

18 Vgl. statt vieler *Staudinger-Singer*, § 119 Rdnr. 82; BGHZ 16, 54, 57; 78, 216, 218.
19 So *Staudinger-Singer*, § 119 Rdnr. 82 mit Nachw. Zur Anwendung des § 119 Abs. 2 vor Gefahrübergang siehe BGHZ 34, 32, 37.
20 So BGH NJW 1988, 2597, 2598.
21 Vgl. dazu BGH NJW 1988, 2597, 2598.

III. Die Anfechtung wegen Willensbeeinflussung durch arglistige Täuschung

1. Einleitung

257 Wenn eine Person unter dem Einfluss einer arglistigen Täuschung eine Willenserklärung abgegeben hat, räumt die Rechtsordnung dem durch bewusst falsche Informationen unlauter Beeinflussten die Möglichkeit ein, die zunächst wirksame Erklärung anzufechten, ohne dass dadurch Schadensersatzverpflichtungen entstehen. Auch die Person, deren freier Wille durch eine widerrechtliche Drohung beeinträchtigt wurde, kann sich von ihrer unter Druck abgegebenen Willenserklärung durch eine Anfechtung lösen, ohne dass eine Schadensersatzverpflichtung begründet wird. § 123 schützt die Freiheit der Willensentschließung[22].

Das Gesetz unterscheidet in § 123 Abs. 1 zwei Anfechtungstatbestände:
– die arglistige Täuschung und
– die widerrechtliche Drohung.

2. Die Anfechtung wegen arglistiger Täuschung

a) Überblick

258 Eine Anfechtung wegen arglistiger Täuschung ist möglich, wenn derjenige, der die Willenserklärung abgegeben hat, getäuscht worden ist,
– dadurch bei ihm ein Irrtum erregt worden ist,
– er aus diesem Irrtum heraus eine Willenserklärung abgegeben hat und
– der Täuschende **arglistig**, d. h. mit dem Vorsatz, auf den Erklärungswillen des anderen einzuwirken, gehandelt hat.

b) Die Täuschungshandlung

259 Die **Täuschung** stellt ein Verhalten dar, durch das beim Erklärenden eine irrige Vorstellung hervorgerufen, verstärkt oder erhalten wird.

aa) Die Täuschungshandlung kann in dem **Behaupten von Tatsachen** i. S. objektiv nachprüfbarer Umstände liegen. Dazu zählen u. a.:
– Angaben über den Kilometerstand eines Gebrauchtwagens und
– die Angaben über das Alter eines Teppichs[23].

bb) Eine **Täuschungshandlung** kann auch derjenige vornehmen, der es unterlässt, jemanden, der sich in einem Irrtum befindet, aufzuklären. Ein solches Un-

---

22 Vgl. RGZ 134, 43, 55; BGHZ 6, 348, 351.
23 BGH DB 1977, 671.

terlassen ist aber nur dann von Bedeutung, wenn eine **Rechtspflicht zur Aufklärung** besteht. Ob dies der Fall ist, ist oft schwer festzustellen.

Es gibt keine allgemeine Rechtspflicht, den potenziellen Vertragspartner über alle diejenigen Umstände aufzuklären, die auf seine Entschließung Einfluss haben können. Eine **Aufklärungspflicht** ist immer nur aus besonderen Gründen anhand der Umstände des Einzelfalles zu bejahen[24]. Die Rechtsprechung[25] hat eine Aufklärungspflicht aus den konkreten, zwischen den Partnern bestehenden Vertragsbeziehungen dann abgeleitet, wenn das Verschweigen von Tatsachen gegen den Grundsatz von Treu und Glauben verstoßen würde und der Erklärungsgegner die Mitteilung der verschwiegenen Tatsache nach der Verkehrsauffassung erwarten durfte[26]. **260**

Der Umfang der rechtlich gebotenen Aufklärung hängt nicht nur von der Art des angestrebten Vertrages ab. Ohne Rücksicht darauf kann sich insbesondere bei länger andauernden Vertragsverhandlungen zwischen den Vertragspartnern ein **Vertrauensverhältnis** entwickeln, das nach den Grundsätzen von Treu und Glauben eine Rechtspflicht des Vertragspartners zur Aufklärung begründet[27].

> **Beispiel:** Unternehmer U, der seine Fabrikation von Kaufhauseinrichtungsmöbeln rationalisieren möchte, steht bereits seit 2005 mit F wegen des Kaufs einer Furniermaschine in Verhandlungen. Zum Abschluss eines Kaufvertrages war es bislang nicht gekommen, weil die von F angebotenen Maschinen sich für den Bedarf des U nicht eigneten. Im Frühjahr 2010 verkauft F dem U eine Furniermaschine „XG 100". Dabei verschweigt er dem U, dass diese Maschine die Holzplatten nur einseitig furniert, obwohl er weiß, dass U überwiegend beidseitig furnierte Spanplatten verarbeitet. Durch das Verschweigen einer für U wichtigen Eigenschaft der Maschine täuscht F seinen Vertragspartner durch Unterlassen. Da F und U mehr als 5 Jahre in Vertragsverhandlungen gestanden haben und sich in dieser Zeit ein Vertrauensverhältnis zwischen den Parteien entwickelt haben dürfte, war F verpflichtet, den U über alle wesentlichen Eigenschaften der Furniermaschine aufzuklären. U kann den Kaufvertrag wegen einer Täuschung durch Unterlassen gemäß § 123 Abs. 1 anfechten.

c) Die Kausalität

Die Täuschungshandlung muss einen Irrtum beim Erklärenden hervorgerufen haben, der für die Abgabe der Willenserklärung kausal war. Ob es sich bei dem hervorgerufenen Irrtum um einen Inhalts- oder Motivirrtum handelt, ist unerheblich. Kausal ist eine Täuschungshandlung auch dann, wenn durch sie eine für die Abgabe der Willenserklärung wesentliche Fehlvorstellung (ein Irrtum), die bereits vorhanden ist, aufrechterhalten wird. **261**

---

24 Vgl. BGH NJW 1983, 2493 f. mit Nachw.
25 Vgl. BGH NJW 1983, 2493 f. mit Nachw.
26 Vgl. auch BGH JZ 1980, 522 f.
27 Vgl. BGH NJW 1983, 2493, 2494.

d) Die Arglist

262 Arglistig handelt, wer den Vorsatz, also den **Täuschungswillen** hat. Dolus eventualis (Eventualvorsatz) genügt, nicht hingegen grobe Fahrlässigkeit. Eventualvorsatz liegt vor, wenn der Täuschende die Unrichtigkeit seiner Aussage zumindest für möglich hält. Arglistig handelt deshalb nicht, wer gutgläubig unrichtige Angaben macht, auch wenn der gute Glaube auf Fahrlässigkeit oder Leichtfertigkeit beruht[28].

Der Täuschende muss allerdings mit dem Bewusstsein handeln, dass der Getäuschte zur Abgabe einer Willenserklärung bestimmt wird[29].

Arglistig handelt nicht nur derjenige, der weiß, dass die angegebenen Tatsachen nicht der Wahrheit entsprechen; arglistig handelt vielmehr auch der, der einem anderen versichert, eine bestimmte Kenntnis von Vorgängen oder Umständen zu haben, diese Kenntnis in Wirklichkeit aber nicht hat[30].

3. Die Täuschung durch Dritte (§ 123 Abs. 2)

263 Auch eine dritte Person, die an dem Rechtsgeschäft nicht als Partner beteiligt ist, kann die Täuschung verüben, die zur Abgabe einer Willenserklärung führt. In einem solchen Fall soll der Getäuschte nur eine eingeschränkte Möglichkeit haben, seine Willenserklärung anzufechten. Die Erklärung ist nur anfechtbar, wenn der Erklärungsempfänger die Täuschung kannte oder kennen musste.

Knüpft man an den Wortlaut des § 123 Abs. 2 an, so ist Dritter jeder außer dem, der die Willenserklärung abgegeben hat und dem gegenüber sie abgegeben worden ist. Dieser vom Wortsinn abgeleitete Begriff des Dritten ist seit jeher als zu weit gefasst angesehen worden. So hat die Rechtsprechung[31] stets Stellvertreter – also Personen, die als Erklärende oder Empfänger bei der Abgabe oder Entgegennahme von Willenserklärungen andere Personen rechtsgeschäftlich oder gesetzlich vertreten – nicht als Dritte i. S. des § 123 Abs. 2 angesehen. Als Dritter i. S. des § 123 Abs. 2 kann nur ein **unbeteiligter Dritter** in Betracht kommen. Das kann derjenige **nicht** sein, der aufseiten des Erklärungsgegners (Geschäftspartners) steht und bei dem Zustandekommen des Geschäftes eine Rolle gespielt hat, ebenso nicht diejenigen Personen, deren Verhalten dem des Anfechtungsgegners gleichzusetzen ist[32].

264 Dies hat die Rechtsprechung[33] über den Bereich der gesetzlichen oder rechtsgeschäftlichen Vertretung hinaus auch bei einem vom Erklärungsempfänger beauf-

---

28 So BGH JZ 1980, 522 f.
29 Vgl. u. a. *Staudinger-Singer/von Finckenstein*, § 123 Rdnr. 28.
30 BGH JZ 1980, 523.
31 RGZ 101, 97, 98; BGHZ 20, 36, 39.
32 BGHZ 33, 302, 309 f.; BGH WM 1980, 1452 f.
33 Vgl. BGHZ 47, 224, 230 f.; BGH MDR 1992, 961.

tragten Verhandlungsführer oder -gehilfen bejaht sowie bei einem Beteiligten, dessen Verhalten dem Erklärungsempfänger wegen besonders enger Beziehungen zwischen beiden oder wegen sonstiger besonderer Umstände billigerweise zugerechnet werden muss. Wer dagegen einen Vertragsschluss lediglich vermittelt, z. B. als Makler, ist „Dritter", dessen Täuschungshandlung sich der Erklärungsempfänger nur bei Kenntnis oder Kennenmüssen zurechnen lassen muss. Gleiches soll im Grundsatz auch gelten, wenn eine Person aus eigenem Antrieb einen Vertrag anbahnt. Das bedeutet: Eine Vertragspartei muss sich nicht ohne Weiteres die arglistige Täuschung zurechnen lassen, die eine andere Person bei der eigenmächtigen Anbahnung eines Vertragsabschlusses begangen hat.

Eine täuschende Person ist also auch dann **nicht** Dritter i. S. des § 123 Abs. 2, wenn **265** sie eine **Vertrauensperson des Erklärungsempfängers** ist, für deren Verschulden der Erklärungsempfänger gemäß § 278 einstehen müsste, weil er sich ihrer zur Erfüllung einer Verbindlichkeit bedient. In solchen Fällen ist eine Anfechtung gemäß § 123 Abs. 1 möglich[34].

> **Beispiel** (nach BGHZ 47, 224): K kauft von dem Autohändler V einen Neuwagen für 7500,– €. Da K den Kaufpreis nicht sofort bezahlen kann, legt V dem K ein vorformuliertes Angebot zum Abschluss eines Darlehensvertrages mit der Teilzahlungsbank T vor, mit der V schon lange zusammenarbeitet und von der er die Formulare zugesandt bekommt. Dabei erklärt V dem K, seine Unterschrift unter das Formular sei reine Formsache; mit der Bank habe er nichts zu tun, sondern nur mit ihm, sodass auch der im Formular enthaltene hohe Zinssatz nicht gelte. Als nach der Unterschrift des K die Bank sein Angebot annimmt, die Darlehenssumme auszahlt und von K die erste Rate verlangt, erklärt dieser die Anfechtung des Darlehensvertrages. Zu Recht?
>
> In diesem Fall hat nicht der Vertragspartner des K (die Bank), sondern eine vertragsfremde Person (V) die Täuschung verübt. Dennoch ist V nicht Dritter i. S. von § 123 Abs. 2, sodass die Anfechtungserklärung des K auch erfolgreich und somit der Darlehensvertrag gemäß § 142 nichtig ist. V war hier zwar nicht Vertreter der Bank, denn er gab keine Willenserklärung im Namen der Bank ab (vgl. § 164). V war vielmehr Verhandlungsgehilfe, was zur Folge hat, dass sich die Bank ein von V „bei Durchführung dieser Aufgabe begangenes Verschulden nach § 278 als eigenes Verschulden zurechnen lassen muss"[35]. Daher ist V Vertrauensperson der Bank und mithin kein Dritter i. S. von § 123 Abs. 2.

Selbst wenn der Täuschende nicht Vertreter oder Vertrauensperson des Erklärungsempfängers ist oder zu sein scheint, muss unter Billigkeitsgesichtspunkten und unter Berücksichtigung der Interessenlage beurteilt werden, ob aufgrund besonderer Umstände die Eigenschaft als Dritter zu verneinen ist[36].

---

34 BGHZ 47, 224, 230.
35 BGHZ 47, 224, 230.
36 So zu Recht BGH WM 1980, 1452, 1453; vgl. auch BGH WM 1983, 1156.

IV. Die Anfechtung wegen widerrechtlicher Drohung

266 Da die aufgrund einer widerrechtlichen Drohung abgegebene Willenserklärung nicht auf dem freien Willen des Erklärenden beruht, gestattet das Gesetz die Anfechtung unter den in § 123 Abs. 1 genannten Voraussetzungen.

1. Die Drohung

Eine Drohung ist das Inaussichtstellen eines künftigen Übels, auf dessen Eintritt oder Nichteintritt der Drohende einwirken zu können behauptet; es genügt nicht die Ausnutzung eines bestehenden Übels[37].

Die Möglichkeit, wegen Drohung anfechten zu können, beruht darauf, dass der Wille des Erklärenden beeinflusst worden ist. Deshalb gehört zum Tatbestand der Drohung eine psychische Einwirkung, die darin besteht, dass Furcht vor einem künftigen Übel erregt wird; physischer Zwang (vis absoluta) reicht nicht aus[38]. Die Ankündigung einer Strafanzeige kann z. B. eine Drohung sein.

Ob eine durch eine Drohung hervorgerufene **psychologische Zwangslage** vorliegt oder nicht, ist subjektiv aus der Sicht des Bedrohten zu beurteilen. Deshalb kann auch eine nicht ernstlich gemeinte Drohung zur Anfechtung berechtigen, wenn der Erklärende sie als ernstlich auffassen durfte[39].

2. Die Widerrechtlichkeit

267 Zwischen der Drohung und der Abgabe der Willenserklärung muss ein **ursächlicher Zusammenhang** bestehen; außerdem muss die Drohung **widerrechtlich** sein.

Die Widerrechtlichkeit betrifft die unzulässige Art und Weise der Willensbeugung, die verwerfliche Benutzung einer Drohung als Druckmittel, um einen anderen in seinem Entschluss, eine Willenserklärung abzugeben, zu bestimmen.

Die Rechtswidrigkeit kann darauf beruhen, dass
- der erstrebte Erfolg rechtswidrig ist
  oder
- das angewandte Mittel rechtswidrig ist
  oder
- das Verhältnis, in dem Mittel und Zweck zueinander stehen (Mittel-Zweck-Relation), rechtswidrig ist.

268 Die Drohung ist z. B. auch widerrechtlich, wenn sich der Drohende an sich erlaubter Mittel bedient, auf die Leistung, zu der sich der Erklärende unter der Ein-

---

37 So BGHZ 2, 287, 295; BGH NJW 1988, 2599, 2600 f.
38 Vgl. *Staudinger-Singer/von Finckenstein*, § 123 Rdnr. 61.
39 Vgl. BGH NJW 1982, 2301 f.

wirkung des Druckes verpflichtet, aber kein Recht hat[40]. Andererseits ist aber auch nicht allein darauf abzustellen, ob der Drohende einen Rechtsanspruch auf die Erklärung des Bedrohten hat. Vielmehr ist bei erlaubtem Mittel und erlaubtem Ziel darauf abzustellen, ob der Drohende an der Erreichung des von ihm erstrebten Erfolges ein berechtigtes Interesse hat und ob die Drohung nach der Auffassung aller billig und gerecht Denkenden ein angemessenes Mittel darstellt[41].

Das angewandte **Mittel** ist rechtswidrig, wenn mit einem strafbaren (z. B. Einwerfen von Fensterscheiben) oder sittenwidrigen Verhalten gedroht wird oder mit einem Vertragsbruch oder einem sonst rechtswidrigen Verhalten[42]. Dies gilt auch dann, wenn der Drohende auf die Erklärung des Bedrohten einen Anspruch hat, d.h. ein Gläubiger darf nicht seinen Schuldner durch die Drohung mit einer widerrechtlichen Handlung dazu bestimmen, seine Schuld zu begleichen[43].

Der angestrebte **Erfolg** ist rechtswidrig, wenn die vom Bedrohten abzugebende Willenserklärung für sich allein gesehen verboten bzw. sittenwidrig ist[44]. **269**

Beispiel: Abschluss eines wucherischen Darlehensvertrages (§ 138 Abs. 2).

Dabei ist zu beachten, dass der angestrebte Erfolg nicht allein deswegen rechtswidrig ist, weil der Drohende keinen Anspruch auf die Abgabe der Willenserklärung hat[45].

Die **Mittel-Zweck-Relation** ist dann rechtswidrig, wenn zwar Mittel und Zweck **270** für sich betrachtet nicht widerrechtlich sind, die Benutzung dieses Mittels zu diesem Zweck aber gegen Treu und Glauben verstößt. Dabei bedarf es einer Gesamtwürdigung aller Umstände des Einzelfalls unter besonderer Berücksichtigung der Belange der Beteiligten. Insbesondere ist zu prüfen, ob der Drohende an der Erreichung des von ihm erstrebten Erfolges ein berechtigtes Interesse hat und ob die Drohung ein angemessenes Mittel darstellt[46].

Beispiel: Der Angestellte A hat eine Unterschlagung begangen. Der Inhaber des Betriebes, B, fordert A auf, in einem schriftlichen Schuldanerkenntnis (§ 781) zu erklären, dass A dem B die unterschlagene Summe schuldet. Als A sich weigert, droht B mit der Strafanzeige, zu deren Erstattung er allerdings keine Veranlassung sehe, wenn A unterzeichne. A unterzeichnet das Schuldanerkenntnis und möchte später gemäß § 123 anfechten. Kann er das?

Die Ankündigung der Strafanzeige ist eine Drohung. Frage ist nur, ob sie widerrechtlich ist. Hier ist weder das angestrebte Ziel (die Wiedergutmachung des Scha-

---

40 So BGHZ 6, 348, 351.
41 So BGHZ 25, 217, 220.
42 *Palandt-Ellenberger*, § 123 Rdnr. 19; *MünchKomm-Kramer*, § 123 Rdnr. 42.
43 *MünchKomm-Kramer*, § 123 Rdnr. 42.
44 *MünchKomm-Kramer*, § 123 Rdnr. 42.
45 BGHZ 25, 217, 220; BGH NJW 1997, 1980, 1981.
46 BGHZ 25, 217, 220 f.; BGH NJW 1983, 384 f.

dens durch Bestätigung eines ohnehin vorhandenen Anspruchs) noch das Mittel (die Strafanzeige) für sich allein zu beanstanden. Die Widerrechtlichkeit ergibt sich auch nicht aus dem Verhältnis von Mittel und Zweck, da die Beziehung zwischen der Straftat (Unterschlagung) und dem geltend gemachten Anspruch auch eine solche Drohung nach der Auffassung aller billig und gerecht Denkenden als ein angemessenes Mittel erscheinen lässt[47]. Demnach kann A seine Willenserklärung, die zum Schuldanerkenntnis führte, nicht gemäß § 123 wegen widerrechtlicher Drohung anfechten.

3. Die subjektiven Voraussetzungen

271   Der Drohende muss den Vorsatz haben, Furcht zu erregen, um dadurch die Abgabe der Willenserklärung zu erzwingen; dolus eventualis genügt[48]. Ein Bewusstsein der Rechtswidrigkeit muss nicht vorliegen. Es reicht aus, dass der Drohende die Umstände kennt, aus deren Bewertung sich die Widerrechtlichkeit ergibt[49].

Nach Ansicht des BGH[50] soll die Widerrechtlichkeit bei einem unverschuldeten Irrtum über die Grundlagen der Wertung ausgeschlossen sein.

V. Fristgemäße Anfechtungserklärung gegenüber dem Anfechtungsgegner

272   Das Gesetz räumt dem Anfechtungsberechtigten das Recht ein, seine Willenserklärung durch eine Anfechtungserklärung zu vernichten oder aber seine Willenserklärung unverändert so, wie sie abgegeben worden ist, weiter gelten zu lassen. Damit alle von einem anfechtbaren Rechtsgeschäft Betroffenen möglichst bald wissen, ob das vereinbarte, aber anfechtbare Rechtsgeschäft durch eine Anfechtungserklärung vernichtet wird oder ob es bestehen bleiben wird, hat das Gesetz dem Anfechtungsberechtigten eine Frist gesetzt, innerhalb derer er die Anfechtung erklären muss. Nicht schon die Anfechtungsmöglichkeit als solche, sondern erst die fristgemäße Anfechtungserklärung gegenüber dem Erklärungsgegner führt die Nichtigkeit der anfechtbaren Willenserklärung herbei.

Die Anfechtung erfolgt gemäß § 143 Abs. 1 gegenüber dem Anfechtungsgegner. Eine Anfechtungserklärung ist eine Willenserklärung, die gegenüber dem Anfechtungsgegner (Erklärungsempfänger) abgegeben wird und unzweideutig den Willen des Anfechtenden zum Ausdruck bringt, er wolle das Geschäft gerade wegen des Willensmangels nicht bestehen lassen, sondern **rückwirkend** beseitigen. Das Wort „anfechten" muss nicht benutzt werden. Je nach den Umständen genügt es

---

47   Vgl. BGHZ 25, 217, 220.
48   Vgl. *Staudinger-Singer*, § 123 Rdnr. 66.
49   Vgl. *Staudinger-Singer*, § 123 Rdnr. 68 mit Nachw.
50   BGHZ 25, 217, 224 f.

durchaus, wenn eine nach dem objektiven Erklärungswert der Willensäußerung übernommene Verpflichtung bestritten oder nicht anerkannt oder wenn ihr widersprochen wird[51].

Anfechtungsgegner ist bei einem Vertrag der Vertragspartner (§ 143 Abs. 2). Stehen dem Anfechtenden mehrere Vertragspartner gegenüber, so muss er die Anfechtung allen gegenüber erklären[52].
 273

Liegt ein Anfechtungstatbestand der §§ 119, 120 vor, muss unverzüglich, d. h. nach der gesetzlichen Definition des § 121 Abs. 1 ohne schuldhaftes Zögern, angefochten werden.

Bei Vorliegen eines Anfechtungstatbestandes des § 123 Abs. 1 muss gemäß § 124 binnen Jahresfrist die Anfechtung erfolgen. Der Beginn dieser Frist bestimmt sich nach § 124 Abs. 2.

Eine Anfechtung ist ausgeschlossen, wenn der Anfechtungsberechtigte durch eine Willenserklärung deutlich macht, dass er ein ihm bekanntes Anfechtungsrecht nicht ausüben will (Bestätigung gemäß § 144).

> **Beispiel:** M wird von H bei dem Kauf eines Wagens arglistig getäuscht. Bezahlt M den Kaufpreis, obwohl er weiß, dass er aufgrund der arglistigen Täuschung anfechten kann, so bestätigt er durch dieses Vorgehen im Zweifel den anfechtbaren Kaufvertrag und verzichtet dadurch auf sein Anfechtungsrecht.

VI. Die Schadensersatzpflicht des Anfechtenden gemäß § 122

In den Fällen, in denen jemand aus den in § 119 und § 120 genannten Gründen eine Willenserklärung angefochten hat, ist der Anfechtende verpflichtet, dem Empfänger der Erklärung „den Schaden zu ersetzen, den der andere oder ein Dritter dadurch erleidet, dass er auf die Gültigkeit der Erklärung vertraut, jedoch nicht über den Betrag des Interesses hinaus, welches der andere oder der Dritte an der Gültigkeit der Erklärung hat" (§ 122 Abs. 1).
 274

Mit § 122 wird der Zweck verfolgt, den Partner des Rechtsgeschäfts, der auf die Gültigkeit der Willenserklärung vertraut, gegen Nachteile, die ihm aus der Anfechtung erwachsen, zu schützen, soweit dieses Vertrauen schutzwürdig ist. Deshalb entsteht der Anspruch aus § 122 ohne Rücksicht darauf, ob den Anfechtenden ein Verschulden an seinem Irrtum trifft oder nicht.

Die Schadensersatzpflicht dessen, der gemäß § 122 in Anspruch genommen werden kann, erstreckt sich auf den **Vertrauensschaden**, das sogenannte negative Interesse. Das bedeutet: Der Anfechtungsgegner ist so zu stellen, wie er stehen würde, wenn er von dem angefochtenen Rechtsgeschäft nichts gehört hätte.

---

51 So BGHZ 91, 324, 331 f.; vgl. auch BGH WM 1988, 502 f.
52 Vgl. BGHZ 96, 302, 309 f.

Beispiel: V verkauft dem K eine Porzellanvase; der Kaufvertrag kann von K gemäß § 119 Abs. 1 angefochten werden. Verpackt V vor der Anfechtung durch K die Vase mit kostspieligem Verpackungsmaterial, so stellen die aufgewandten Verpackungskosten den Vertrauensschaden dar, den K dem V gemäß § 122 Abs. 1 zu ersetzen hat. Diese Kosten wären nicht entstanden, wenn es zu keinem Vertragsschluss gekommen wäre.

275 Ein Schadensersatzanspruch ist gemäß § 122 Abs. 2 ausgeschlossen, wenn der Geschädigte den Anfechtungsgrund kannte oder fahrlässig nicht kannte. Jede Fahrlässigkeit reicht dabei aus.

In § 122 ist das **negative Interesse** durch das Erfüllungsinteresse, das sogenannte positive Interesse, begrenzt („jedoch nicht über den Betrag des Interesses hinaus, welches der andere … an der Gültigkeit der Erklärung hat").

Erfüllungsinteresse (= positives Interesse) heißt: Derjenige, der in Anspruch genommen werden kann, hat den Gläubiger so zu stellen, wie dieser stehen würde, wenn der Schuldner den Vertrag ordnungsgemäß erfüllt hätte. Zur Feststellung des positiven Interesses ist also zu fragen: Wie stünde der Berechtigte bei Gültigkeit der Willenserklärung?

Beispiel: A fragt schriftlich bei dem Musiker F an, ob dieser bereit sei, am 24.9. die Hochzeitsfeierlichkeiten des A musikalisch zu untermalen. Bei der Abfassung des Briefes an F verschreibt sich A und bietet dem F statt der gewollten 150,– € 250,– €. F nimmt das Angebot des A an und schlägt kurz darauf ein Angebot des B, am 24. 9. auf dessen Geburtstag für 300,– € zu musizieren, aus. Kurz vor dem 24.9. erklärt A wirksam die Anfechtung des Vertrages. Der Vertrauensschaden des F ist hier mit 300,– € zu beziffern, da er das Angebot des B in dieser Höhe ausgeschlagen hat, weil er von der Gültigkeit des Vertrages mit A ausging. Da F von A aber bei ordnungsgemäßer Durchführung des angefochtenen Vertrages lediglich 250,– € erhalten hätte, dieser Betrag also das Erfüllungsinteresse (= positives Interesse) des Vertrages zwischen A und F darstellt, wird der Erfüllungsschaden des F hier auf 250,– € begrenzt.

§ 16   Teilnichtigkeit und Umdeutung von Rechtsgeschäften

Schrifttum: *Canaris*, Gesamtunwirksamkeit und Teilgültigkeit rechtsgeschäftlicher Regelungen, Festschrift für Steindorff, 1990, 519; *Eisenhardt*, Die Einheitlichkeit des Rechtsgeschäfts und die Überwindung des Abstraktionsprinzips, JZ 1991, 271; *Jauernig*, Trennungsprinzip und Abstraktionsprinzip, JuS 1994, 721; *Keim*, Keine Anwendung des § 139 BGB bei Kenntnis der Parteien von der Teilnichtigkeit?, NJW 1999, 2866; *Maier-Reimer*, Die Form verbundener Verträge, NJW 2004, 3741; *Waas*, Sinn und Tragweite der Bestätigung eines nichtigen Rechtsgeschäfts nach § 141 BGB, in: FS Eisenhardt 2007, S. 347 ff.

I. Die Teilnichtigkeit von Rechtsgeschäften

1. Überblick

Die auf einem Verstoß gegen ein gesetzliches Verbot oder die guten Sitten oder die auf einer Anfechtung beruhende Nichtigkeit kann zuweilen nur Teile eines Rechtsgeschäfts betreffen. Dann entsteht die Frage, ob das ganze Rechtsgeschäft oder nur der gegen ein gesetzliches Verbot oder die guten Sitten verstoßende Teil bzw. angefochtene Teil nichtig, der Rest des Rechtsgeschäfts aber wirksam ist. **276**

Nach der gesetzlichen Regel in § 139 spricht eine Vermutung für die Gesamtnichtigkeit des Rechtsgeschäfts. Diese gesetzliche Vermutung wird allerdings eingeschränkt durch die Formulierung „wenn nicht anzunehmen ist, dass es auch ohne den nichtigen Teil vorgenommen sein würde". Somit wird gemäß § 139 darauf abgestellt, ob nach dem Willen der am Vertrage Beteiligten der Rest eines Rechtsgeschäfts als eigenes Geschäft bestehen bleiben soll. Es kommt also vor allem darauf an,

– ob das Rechtsgeschäft teilbar ist
– und welchen Willen die Parteien hatten.

2. Die Teilbarkeit des Rechtsgeschäfts

Eine Teilnichtigkeit kann nur unter der Voraussetzung angenommen werden, dass nach Abtrennung des unwirksamen Teils ein Rest bleibt, der als selbständiges Rechtsgeschäft bestehen kann[1]. Die Teilbarkeit kann eine objektive, quantitative oder subjektive sein. **277**

– Objektive Teilbarkeit: es sind mehrere selbständige Hauptleistungen vorhanden;
– quantitative Teilbarkeit: bei Dauerschuldverhältnissen kann nach Zeitabschnitten unterteilt werden;
– subjektive Teilbarkeit: auf einer Seite sind mehrere Personen beteiligt, sodass die Teilung in der Weise erfolgen kann, dass das Rechtsgeschäft nur gegenüber einem Beteiligten nichtig ist und gegenüber den anderen Beteiligten wirksam bleibt.

3. Parteiwille und Auslegung

§ 139 stellt bei der Nichtigkeit eines Teiles des Rechtsgeschäftes im Hinblick auf den Bestand des Restes auf den **hypothetischen Parteiwillen** ab. Das bedeutet: Es muss – bezogen auf den Zeitpunkt des Geschäftsabschlusses – ein auf die Geltung des Rechtsgeschäfts gerichteter Parteiwille zu bejahen sein. Ob dieser Wille vorhanden war, ist durch **Auslegung** zu ermitteln[2]. **278**

---

1 Vgl. RGZ 93, 334, 338.
2 Vgl. *Staudinger-Roth*, § 139 Rdnr. 75 ff.

Enthält ein Vertrag für den Fall der Teilnichtigkeit keine Regelung, so ist eine Lücke vorhanden, die im Wege der **ergänzenden Vertragsauslegung** zu schließen ist. Es ist deshalb zu ermitteln, was die Parteien vernünftigerweise und unter Berücksichtigung von Treu und Glauben sowie des Vertragszwecks gewollt haben würden[3].

Für ein Fortbestehen kann insbesondere sprechen, wenn nur ein geringfügiger Teil des Geschäftes nichtig ist und der für die Beteiligten im Vordergrund stehende überwiegende Teil nicht betroffen ist[4].

Beispiel: In einem umfangreichen Pachtvertrag verstößt nur die Vereinbarung über den Pachtzins gegen die guten Sitten (§ 138). Nun muss entschieden werden, ob der gesamte Vertrag nichtig ist oder nur die Vereinbarung über den Pachtzins, der Vertrag im Übrigen aber wirksam ist.

Die Vereinbarung über den Pachtzins ist bei einem Pachtvertrag einer der Hauptpunkte. Da ohne die Pachtzinsabrede ein Pachtvertrag rechtlich nicht möglich ist (vgl. § 581), ist das Rechtsgeschäft nicht teilbar. Bereits aufgrund der mangelnden Teilbarkeit ist der gesamte Vertrag daher nichtig.

279 Häufig werden in Verträgen sogenannte „salvatorische Klauseln" verwendet. Diese beinhalten die Aussage, dass bei Unwirksamkeit einer oder mehrerer Vertragsklauseln der Vertrag im Übrigen wirksam sein soll.

Beispiel (nach BGH ZIP 2003, 126, 127): „Sollten eine oder mehrere Bestimmungen dieses Vertrages unwirksam oder nichtig sein, wird die Wirksamkeit der übrigen Bestimmungen nicht berührt."

Nach Auffassung des Bundesgerichtshofs[5] enthalten diese salvatorischen Klauseln nur eine Bestimmung über die Verteilung der Darlegungs- und Beweislast, welche bei der Auslegung zu berücksichtigen ist. Beruft sich eine Vertragspartei auf die Gesamtnichtigkeit des Vertrages, trägt sie beim Vorhandensein einer salvatorischen Klausel hierfür die Darlegungs- und Beweislast. Fehlt eine salvatorische Klausel, ist umgekehrt diejenige Vertragspartei, welche den teilnichtigen Vertrag aufrechterhalten will, darlegungs- und beweispflichtig[6].

4. Das Problem der Fehleridentität

280 Wegen des Abstraktionsprinzips ist das Verfügungsgeschäft nicht schon allein deshalb nichtig, weil das Verpflichtungsgeschäft nichtig ist (vgl. oben Rdnr. 172 f.). Allerdings darf das Abstraktionsprinzip nicht dahingehend missverstanden werden, als wolle es die Wirksamkeit des Verfügungsgeschäftes unter allen Umständen gewährleisten. So wirkt sich das Abstraktionsprinzip dann nicht aus, wenn dersel-

---

3 Vgl. *Staudinger-Roth*, § 139 Rdnr. 75 f.
4 *Brox/Walker*, AT, Rdnr. 359.
5 BGH ZIP 2003, 126.
6 BGH ZIP 2003, 126, 127.

be Unwirksamkeitsgrund sowohl das Verpflichtungs- als auch das Verfügungsgeschäft betrifft. Man spricht in diesen Fällen von Fehleridentität und meint damit: Derselbe Anfechtungs- oder Nichtigkeitsgrund, der das Verpflichtungsgeschäft anfechtbar oder unwirksam macht, haftet auch dem Verfügungsgeschäft an. Deshalb und nicht wegen einer Durchbrechung des Abstraktionsprinzips ist auch das Verfügungsgeschäft anfechtbar oder nichtig.

Als Unwirksamkeitsgründe, die zu einer Fehleridentität führen können, kommen in Betracht:

– Fehlende Geschäftsfähigkeit: Sie wirkt sich grundsätzlich auf das Verpflichtungsgeschäft und das Verfügungsgeschäft aus. Fallen diese zeitlich auseinander, muss geprüft werden, ob zum Zeitpunkt der Vornahme des Verfügungsgeschäftes die Geschäftsunfähigkeit noch vorliegt.

– Sittenwidrigkeit gemäß § 138 Abs. 1: Wenn das Verpflichtungsgeschäft sittenwidrig und deshalb nichtig ist, muss geprüft werden, ob auch das Verfügungsgeschäft als Erfüllungsgeschäft nichtig ist. Diese Frage ist heftig umstritten. Dass allein die Nichtigkeit des Verpflichtungsgeschäfts zur Nichtigkeit auch des Verfügungsgeschäftes führt, wird einhellig verneint. In der Regel dürften die Verfügungsgeschäfte als „sittlich neutral" anzusehen sein; sie sind deshalb in den meisten Fällen trotz der Unwirksamkeit des Verpflichtungsgeschäftes wirksam. Allerdings hat die Rechtsprechung Verfügungsgeschäfte dann als sittenwidrig angesehen, wenn also mit dem dinglichen Rechtsvorgang sittenwidrige Zwecke verfolgt werden oder in ihm die Sittenwidrigkeit begründet ist.

In den Irrtumsfällen, die zur Anfechtung berechtigen, muss differenziert werden: **281**

– In den Fällen des Erklärungsirrtums und des Inhaltsirrtums dürfte der Irrtum regelmäßig auf das Verpflichtungsgeschäft beschränkt sein, sodass nur dieses und nicht das Verfügungsgeschäft angefochten werden kann.

– In den Fällen der arglistigen Täuschung und der widerrechtlichen Drohung liegt häufig, aber nicht notwendigerweise Fehleridentität vor. Davon ist jedenfalls auszugehen, wenn der durch Täuschung hervorgerufene Irrtum oder die durch Drohung herbeigeführte Zwangslage bei der Vornahme des Verfügungsgeschäftes noch andauern.

5. Die Sonderregelung in § 306

Für den Anwendungsbereich der §§ 305 ff., also für das Recht der Allgemeinen **282**
Geschäftsbedingungen, enthält § 306 eine Sonderregelung.

Abweichend von § 139 sieht § 306 die grundsätzliche Wirksamkeit der restlichen Vertragsbestandteile vor, obwohl durch den ganzen oder teilweisen Ausfall der Allgemeinen Geschäftsbedingungen Lücken im Vertragswerk entstehen. Gemäß § 306 Abs. 2 sind diese Lücken durch die einschlägigen gesetzlichen Vorschriften zu füllen. Eine Einschränkung macht nur § 306 Abs. 3, wonach ausnahmsweise der Gesamtvertrag nichtig sein soll, wenn ein Festhalten am Vertrag für eine Partei eine unzumutbare Härte darstellen würde.

Der wesentliche Unterschied zwischen § 139 und § 306 besteht darin, dass, soweit nicht § 306 Abs. 3 eingreift, der Vertrag im Zweifel **unabhängig vom Willen der Parteien** fortbesteht, wenn Allgemeine Geschäftsbedingungen insgesamt oder teilweise unwirksam sind.

II. Die Umdeutung (§ 140)

1. Überblick

283 Neben § 139 bietet die Umdeutung (Konversion) eine weitere Möglichkeit, ein nichtiges Rechtsgeschäft aufrechtzuerhalten.

§ 140 ermöglicht es, den von den Parteien angestrebten wirtschaftlichen Erfolg eintreten zu lassen, wenn das von den Parteien gewählte Rechtsgeschäft unwirksam ist, gleichzeitig aber den Voraussetzungen eines anderen Rechtsgeschäftes Genüge getan wird.

Stets geht die Auslegung der Umdeutung i. S. des § 140 vor. Erst wenn eine Auslegung gemäß §§ 133, 157 nicht zu einem Erfolg geführt hat, kann, falls Nichtigkeit vorliegt, der Versuch einer Umdeutung unternommen werden.

2. Die Nichtigkeit des Rechtsgeschäfts

284 Die Umdeutung setzt voraus, dass das Rechtsgeschäft, um das es geht, nichtig ist. Die Nichtigkeit kann von vornherein bestehen; sie kann aber auch später – z. B. durch Anfechtung mit der Rechtsfolge aus § 142 – herbeigeführt werden[7]. Ein bislang schwebend unwirksames Rechtsgeschäft ist jedenfalls dann der Umdeutung fähig, wenn es durch Verweigerung der Genehmigung endgültig unwirksam geworden ist[8].

3. Die weiteren Voraussetzungen

285 Die Umdeutung eines nichtigen Rechtsgeschäfts setzt zunächst einmal die Feststellung darüber voraus, was die Parteien im Zeitpunkt des Vertragsabschlusses[9] bei Kenntnis der Nichtigkeit vereinbart hätten (= Feststellung des **mutmaßlichen Parteiwillens**). Dabei ist auf die von den Parteien verfolgten Zwecke unter Berücksichtigung ihrer beiderseitigen Interessenlage abzustellen[10].

---

7 Vgl. *Staudinger-Roth*, § 140 Rdnr. 14 f.
8 So BGHZ 40, 218, 222.
9 So BGHZ 40, 218, 223.
10 So BGH NJW 1980, 2517 f.

Bei der Ermittlung des mutmaßlichen Parteiwillens handelt es sich um die Feststellung dessen, was die Parteien gewollt hätten, wenn sie die Nichtigkeit des abgeschlossenen Rechtsgeschäfts gekannt hätten. Von einem solchen mutmaßlichen Parteiwillen wird in der Regel auszugehen sein, wenn „durch das andere Rechtsgeschäft derselbe wirtschaftliche Erfolg erreicht wird wie durch das nichtige Rechtsgeschäft, da im Allgemeinen davon ausgegangen werden kann, dass es den Parteien als vernünftig denkenden Menschen beim Vertragsabschluss auf den von ihnen angestrebten wirtschaftlichen Erfolg angekommen ist"[11].

Die Umdeutung des nichtigen Geschäfts in ein anderes Geschäft setzt voraus, dass alle Bestandteile des anderen Geschäfts vorhanden sind, das nichtige Geschäft also die Bestandteile des Geschäfts, in das die Umdeutung erfolgt, „in sich schließt"; denn die Umdeutung darf nicht dazu führen, dass an die Stelle des nichtigen Geschäfts ein solches gesetzt wird, das über den Erfolg des ursprünglich gewollten hinausgeht[12].

Nicht jedes nichtige Rechtsgeschäft ist der Umdeutung fähig, wenn ein entsprechender mutmaßlicher Parteiwille ermittelt worden ist. Problematisch ist vor allem die Umdeutung solcher Rechtsgeschäfte, die gemäß § 138 nichtig sind[13]. Hierbei ist darauf abzustellen, dass sich der Vorwurf der Sittenwidrigkeit gegen den Gesamtinhalt des betreffenden Rechtsgeschäfts richtet, nicht aber nur gegen die Rechtsform, die die Parteien gewählt haben[14]. Soll aber das sittlich zu missbilligende wirtschaftliche Ziel mithilfe der Umdeutung gemäß § 140 ohne Veränderung des Inhalts lediglich über eine Änderung des rechtlichen Weges erreicht werden, so steht dies im Widerspruch zu Sinn und Zweck des § 138. Solange die gegen § 138 verstoßende wirtschaftliche Zielsetzung des Geschäftes nicht geändert wird, entzieht es sich also einer Umdeutung gemäß § 140[15].

286

Beispiel: Ein Mietvertrag über Wohnraum ist grundsätzlich nur unter Einhaltung bestimmter Kündigungsfristen (vgl. § 580a) kündbar. Nur in wenigen, im Gesetz genau geregelten Ausnahmefällen ist eine fristlose Kündigung möglich (vgl. §§ 543, 569). Kündigt der Vermieter seinem Mieter ohne Einhaltung der Frist, obwohl ein solcher Ausnahmefall nicht gegeben ist, so ist die Kündigung wegen Verstoßes gegen § 580a nichtig. Allerdings ist diese Kündigung gemäß § 140 in eine fristgemäße Kündigung umzudeuten, wenn feststeht, dass der Vermieter das Mietverhältnis auf jeden Fall beenden will, etwa weil er beabsichtigt, in die Wohnung selbst einzuziehen.

---

11 So BGHZ 19, 269, 273.
12 So BGHZ 26, 320, 329.
13 Für eine Umdeutungsfähigkeit auch sittenwidriger Geschäfte u.a. *MünchKomm-Busche*, § 140 Rdnr. 11.
14 So BGHZ 68, 204, 206.
15 Vgl. BGHZ 68, 204, 206 f.

III. Die Bestätigung (§ 141)

287 In § 141 Abs. 1 wird die Bestätigung eines Rechtsgeschäfts als dessen Neuvornahme fingiert[16].

Die Bestätigung setzt ein nichtiges Rechtsgeschäft voraus. Der Nichtigkeitsgrund ist unerheblich. Eine Bestätigung setzt grundsätzlich die Kenntnis des Bestätigenden von der Nichtigkeit voraus[17].

Die Bestätigung gemäß § 141 setzt weiter einen **Bestätigungswillen** und dessen **Äußerung** voraus. Die Erklärung der Bestätigung kann ausdrücklich, aber auch durch **schlüssiges (konkludentes) Verhalten** erfolgen[18]. Wenn diejenigen, die einen nichtigen Vertrag geschlossen haben, in Kenntnis der Nichtigkeit gleichwohl ihre vertraglichen Pflichten erfüllen, so liegt darin im Zweifel die Bestätigung eines nichtigen Vertrages durch konkludentes Verhalten.

Wenn das Rechtsgeschäft formunwirksam war, die Parteien also z. B. gegen die Vorschrift des § 311b verstoßen haben, können sie dem Rechtsgeschäft nur dadurch zur Wirksamkeit verhelfen, dass sie die versäumte Form nachholen[19].

Beispiel: BWL-Student B gibt dem Gläubiger G mündlich ein Bürgschaftsversprechen für die Schulden des S. Kurze Zeit später schließt B sein Studium ab und gründet einen Verlag. Auf Nachfrage des G, ob er weiterhin zu seinem Bürgschaftsversprechen stehe, bejaht B dies.

Das von S als Student abgegebene Bürgschaftsversprechen war, da es nur mündlich erfolgte, gemäß §§ 766, 125 nichtig. Die Bestätigung des Bürgschaftsversprechens durch B erfolgte, als er einen Verlag betrieb. In dieser Funktion ist B gemäß § 1 Abs. 2 HGB Kaufmann. Er durfte deshalb nach § 350 HGB ein mündliches Bürgschaftsversprechen abgeben. Durch die Bestätigung des Bürgschaftsversprechens ist dieses nunmehr gemäß § 141 BGB wirksam geworden.

Die Bestätigung entfaltet **keine** Rückwirkung. Das bestätigte Rechtsgeschäft ist erst vom Zeitpunkt seiner Bestätigung an voll wirksam. Allerdings schafft § 141 Abs. 2 für die Beteiligten eine beschränkte schuldrechtliche Rückbeziehung: Sie müssen einander das gewähren, was sie haben würden, wenn der Vertrag von Anfang an gültig gewesen wäre.

---

16 Vgl. *Staudinger-Roth*, § 141 Rdnr. 1.
17 Vgl. *Waas*, in: FS Eisenhardt, 2007, S. 347, 357 f. mit Nachw.
18 Vgl. BGHZ 11, 59, 60.
19 Vgl. *Waas*, in: FS Eisenhardt, 2007, S. 347, 361 ff. mit Nachw.

§ 17   Die Stellvertretung

Schrifttum: *Beuthien,* Zur Wissenszurechnung nach § 166 BGB, NJW 1999, 3585; *Giesen/Hegermann,* Die Stellvertretung, Jura 1991, 357; *Fehrenbach,* Die Haftung bei Vertretung einer nicht existierenden Person, NJW 2009, 2173; *Häublein,* § 174 S. 1 BGB – eine (Haftungs-) Falle nicht nur für Rechtsanwälte, NJW 2002, 1398; *Mock,* Grundfälle zum Stellvertretungsrecht, JuS 2008, 378; *Monhemius,* Grundprinzipien der Stellvertretung mit Bezügen zum Handels- und Gesellschaftsrecht, JA 1998, 378; *Petersen,* Bestand und Umfang der Vertretungsmacht, Jura 2003, 310; *Prölss,* Haftung bei der Vertretung ohne Vertretungsmacht, JuS 1986, 169; *Stöhr,* Rechtsscheinhaftung nach § 172 I BGB, JuS 2009, 106.

I. Überblick und Abgrenzung

1. Unmittelbare und mittelbare Vertretung

In einer vom Prinzip der Arbeitsteilung geprägten Gesellschaft ist es oft notwendig, dass eine Person für eine andere rechtsgeschäftlich handelt. Dies kann auf unterschiedliche Art und Weise geschehen: **288**

– Der Handelnde tritt so auf, dass er das Geschäft erkennbar **für einen anderen** abschließen möchte, oder

– der Handelnde tritt im eigenen Namen auf und schließt das Geschäft **im eigenen Namen** ab, obwohl die wirtschaftlichen Folgen den anderen treffen sollen.

a) Unmittelbare Vertretung

Im ersten Fall sollen nicht nur die wirtschaftlichen, sondern auch die Rechtsfolgen denjenigen treffen, in dessen Namen der Handelnde auftritt. Dabei handelt es sich um die **unmittelbare Stellvertretung.** Sie bedeutet rechtsgeschäftliches Handeln an Stelle eines anderen mit Wirkung für diesen. Die unmittelbare Stellvertretung ermöglicht es, dass eine Person nicht selbst Willenserklärungen abgibt oder entgegennimmt, sondern eine andere Person kraft Vertretungsmacht befugt ist, mit Wirkung für den Vertretenen Willenserklärungen abzugeben und entgegenzunehmen. Auf die unmittelbare Stellvertretung wird unter III. (Rdnr. 296 ff.) eingegangen. **289**

b) Mittelbare Vertretung

Es kommt vor, dass jemand ein Geschäft tätigen möchte, ohne dabei nach außen in Erscheinung treten zu müssen. Er will in den Genuss des wirtschaftlichen Erfolges kommen, ohne dass sein Name dabei bekannt wird. Dieses Ziel ist nicht mit der unmittelbaren Stellvertretung zu erreichen, weil der Vertreter dabei den Namen des Vertretenen preisgeben muss. **290**

Beispiel: Will N ein wertvolles Schmuckstück verkaufen, ohne dass dies bekannt wird, so nutzt es wenig, wenn er S beauftragt und bevollmächtigt, dies in seinem Namen zu tun. Denn in dem Moment, in dem S im Namen des N einen Vertrag abschließt, wird bekannt, dass N verkauft. Will N wirklich unbekannt bleiben, kann er S bitten, **im eigenen (des S) Namen zu handeln**, wenn er den Schmuck verkauft. Im eigenen Namen auftreten heißt: S schließt, ohne den Namen des N zu nennen, einen Kaufvertrag mit einem gefundenen Käufer ab. Partner des Kaufvertrages sind dann S und der Käufer. Den Anspruch auf Zahlung des Kaufpreises gemäß § 433 Abs. 2 hat S. Auch zwischen N und S besteht allerdings ein Rechtsverhältnis: ein Auftrag (= unentgeltliche Geschäftsbesorgung), aufgrund dessen S sich verpflichtet hat, den Schmuck zu veräußern und den Erlös an N herauszugeben.

In dem Beispiel handelt es sich um einen Fall der mittelbaren Stellvertretung: Der **mittelbare Stellvertreter** handelt im eigenen Namen, aber für fremde Rechnung; Rechtsbeziehungen zwischen dem Auftraggeber und dem Dritten entstehen nicht. Der wirtschaftliche Erfolg soll allerdings nicht dem mittelbaren Stellvertreter zugute kommen, sondern demjenigen, der ihn beauftragt hat.

Obwohl die mittelbare Stellvertretung im BGB nicht geregelt ist, ist ihre Zulässigkeit unbestritten.

Das Handelsgesetzbuch enthält einen gesetzlich geregelten Fall der mittelbaren Stellvertretung, nämlich die Regelungen über den **Kommissionär** (§§ 383 ff. HGB).

291 **Kommissionär** ist, wer es gewerbsmäßig übernimmt, Waren oder Wertpapiere für Rechnung eines anderen (des Kommittenten) im eigenen Namen zu kaufen oder zu verkaufen (§ 383 HGB).

Zu unterscheiden ist zwischen Einkaufs- und Verkaufskommission. **Einkaufskommission** bedeutet: Der Kommittent beauftragt den Kommissionär durch Abschluss eines Kommissionsvertrages, im eigenen Namen Waren zu **kaufen**. Handelt der Kommissionär in Erfüllung dieses Kommissionsvertrages, schließt er im eigenen Namen Kaufverträge mit anderen ab. Aus diesen Verträgen wird nur er zur Zahlung des Kaufpreises an die Verkäufer verpflichtet. Das Geschäft zwischen Verkäufer und Käufer (Kommissionär) hat also **keinerlei direkte rechtliche Wirkung** für denjenigen, der den Kommissionär beauftragt hat (Kommittent). Da das Geschäft aber auf Rechnung des Kommittenten erfolgt, tritt zumindest eine mittelbare, wirtschaftliche Wirkung ein.

292 Bei der **Verkaufskommission** beauftragt der Kommittent den Kommissionär, für ihn im eigenen Namen, d. h. im Namen des Kommissionärs, Waren zu verkaufen. Der Kommissionär schließt als Verkäufer mit den Käufern im eigenen Namen Verträge ab, die wirtschaftlich zu Nutzen und Lasten des Kommittenten gehen. Partner der Kaufverträge werden der Kommissionär und die Käufer. Der Kommittent wird aus diesen Kaufverträgen weder berechtigt noch verpflichtet.

Beispiel: F hat es gewerbsmäßig übernommen, in Düsseldorf Kunstwerke dort ansässiger Künstler für Rechnung der Künstler im eigenen Namen zu verkaufen. U. a. hat er mit dem Maler R einen Kommissionsvertrag abgeschlossen. S kauft bei F das in dessen Galerie ausgestellte Bild „Vision einer Sozialisation der Lilie", das R geschaffen hat. Der Kaufvertrag kommt zwischen F und S zustande. Dementsprechend hat F gegen S den Anspruch auf Zahlung des Kaufpreises.

Aus dem Kommissionsvertrag hat der Kommissionär gegen den Kommittenten einen Anspruch auf Provision und Erstattung der Aufwendungen, wenn die in § 396 HGB genannten Voraussetzungen vorliegen.

Im inländischen Warenverkehr spielt die Kommission heute nicht mehr die überragende Rolle, die sie einmal gespielt hat. Wichtig ist allerdings nach wie vor die sogenannte **Effektenkommission**, d. h. der An- und Verkauf von Wertpapieren, die zum Handel an der Börse zugelassen sind. Dabei treten die Banken als Kommissionäre auf.

2. Stellvertreter und Bote

Als **Stellvertreter** handelt nur derjenige, der eine eigene Willenserklärung im Namen des Vertretenen abgibt. **293**

Der **Bote** überbringt eine bereits fertige, d. h. abschließend – mündlich oder schriftlich – formulierte Willenserklärung eines anderen an den Empfänger.

Bei der Entscheidung darüber, ob jemand als Bote oder als Stellvertreter handelt, ist also stets darauf abzustellen, ob die betreffende Person lediglich eine bereits fertige Willenserklärung im Namen eines anderen übermittelt (Bote) oder eine eigene Willenserklärung im Namen eines anderen abgibt (Stellvertreter): Eine eigene Willenserklärung kann nur derjenige abgeben, dem noch ein Mindestmaß an Entscheidungsfreiheit im Hinblick auf die Auswahl der Person des Geschäftspartners, den Gegenstand des Geschäfts oder den Abschluss überhaupt geblieben ist[1].

> **Beispiel:** Wenn A seinen 15-jährigen Neffen N in die Buchhandlung des B schickt, damit er ihm das von L verfasste Lehrbuch „Einführung in die Wirtschaftswissenschaft", 4. Aufl., zum Preise von 31,50 € kauft, so handelt N als Bote, wenn er bei B das bezeichnete Buch für A fordert. N überbringt lediglich eine bereits fertige Willenserklärung des A, ohne noch irgendeinen Spielraum für eine eigene Entscheidung zu haben.

Kommt es zu einer **fehlerhaften Übermittlung** einer vom Erklärenden korrekt ausformulierten Willenserklärung durch den Erklärungsboten, so kann der Erklärende gemäß §§ 120, 119 anfechten.

II. Die gesetzliche Vertretung

Es ist zu unterscheiden zwischen der durch Rechtsgeschäft erteilten (gewillkürten) Vertretungsmacht – diese wird auch Vollmacht genannt – einerseits und der gesetzlichen Vertretungsmacht andererseits. **294**

---

1 *Monhemius*, JA 1998, 380.

Bei der gesetzlichen Vertretungsmacht beruht die Befugnis des Vertreters, für den Vertretenen Rechtsgeschäfte vornehmen zu können, auf dem Gesetz. Im Gesetz ist u. a. die gesetzliche Vertretung für diejenigen angeordnet, die nicht in der Lage sind, für sich selbst rechtsgeschäftlich zu handeln.

Beispiele:
- Kinder, die nicht das siebente Lebensjahr vollendet haben,
- juristische Personen, die nicht als solche, sondern nur durch ihre Organe handlungsfähig sind;
- Personengesellschaften, wie z. B. die Gesellschaft bürgerlichen Rechts oder die OHG, können ebenfalls nur durch Organe handeln.

295 Bei den gesetzlichen Vertretern lassen sich verschiedene Gruppen unterscheiden, so u. a.:

Das Gesetz bestimmt den Personenkreis der Vertreter und den Umfang der Vertretungsmacht. Hier ist die Vertretungsmacht der Eltern für ihre Kinder einzuordnen, vgl. § 1629.

Das Gesetz schreibt vor, dass unter bestimmten Voraussetzungen ein Gericht Personen zu Vertretern für andere Personen ernennen muss. Hierher gehören die Vormundschaft (§§ 1773 ff.) und die Pflegschaft (§§ 1909 ff.) über Minderjährige und die Betreuung Volljähriger (§§ 1896 ff.).

Gesetzliche Vertretungsmacht haben auch manche Organe von juristischen Personen:

Der eingetragene Verein wird von seinem Vorstand gerichtlich und außergerichtlich vertreten (§§ 26 ff.). Gemäß § 26 Abs. 2 hat er „die Stellung eines gesetzlichen Vertreters".

Die AG wird durch den Vorstand (§§ 76, 78 AktG) gesetzlich vertreten. Die GmbH hat als gesetzliche Vertreter einen oder mehrere Geschäftsführer (§ 35 GmbHG).

Auch Personengesellschaften können als solche nicht rechtsgeschäftlich handeln; für sie müssen Gesellschafter als Vertreter am Rechtsverkehr teilnehmen. Die Vertretungsmacht als die Befugnis, im Namen der Gesellschaft mit Wirkung für die Gesellschaft rechtsgeschäftliche Erklärungen (Willenserklärungen) abzugeben und entgegenzunehmen, steht nach der gesetzlichen Regelung bei der OHG jedem einzelnen Gesellschafter (§ 125 HGB), bei der KG dem oder den persönlich haftenden Gesellschaftern (Komplementären, §§ 161 Abs. 2 i. V. m. 125 HGB) zu. Auch hier handelt es sich um Fälle der gesetzlichen Vertretungsmacht.

III. Die unmittelbare Stellvertretung

1. Begriff und Wirkung

296 Stellvertretung bedeutet rechtsgeschäftliches Handeln an Stelle einer anderen Person mit Wirkung für diese.

Die Stellvertretung ist im BGB in den §§ 164 ff. geregelt. Vorschriften über eine Reihe von typisierten Vollmachten, wie z. B. die Prokura und die Handlungsvollmacht, finden sich im HGB (§§ 48 ff.).

Die durch Rechtsgeschäft erteilte Vertretungsmacht wird auch Vollmacht genannt.

Die Wirkungen von Willenserklärungen, die ein Stellvertreter für den Vertretenen abgibt, treten für die Person des Vertretenen nur ein, wenn die Tatbestandsmerkmale, die in § 164 Abs. 1 aufgezählt sind, vorliegen.

Danach müssen folgende Voraussetzungen erfüllt sein, wenn die Rechtsfolgen einer abgegebenen Willenserklärung nicht den Erklärenden selbst, sondern denjenigen treffen sollen, für den die Willenserklärung abgegeben worden ist (§ 164 Abs. 1): **297**

1. Es muss sich um ein **Rechtsgeschäft** handeln,
2. der Bevollmächtigte (Stellvertreter) muss eine **eigene Willenserklärung** abgeben,
3. er muss die Willenserklärung im Namen des Vertretenen abgeben,
4. er muss **Vertretungsmacht** für das Rechtsgeschäft haben, das er für den Vertretenen tätigt.

Der Stellvertreter kann auch, falls er dazu befugt ist, durch den **Empfang einer Willenserklärung** eines Dritten Rechtswirkungen für den Vertretenen herbeiführen (§ 164 Abs. 3). **298**

Da die Rechtsfolgen einer vom Stellvertreter innerhalb der ihm erteilten Vertretungsmacht abgegebenen Willenserklärung nur den Vertretenen treffen, können auch beschränkt geschäftsfähige Personen bevollmächtigt werden (§ 165).

Beispiel: A kann seine 14-jährige Tochter T bevollmächtigen, für ihn einen PKW bei V zu kaufen.

2. Das Offenkundigkeitsprinzip

a) Der Regelfall

Der Stellvertreter muss die Willenserklärung, aus der der Vertretene verpflichtet oder berechtigt sein soll, im **Namen des Vertretenen** abgeben (sogenanntes **Offenkundigkeitsprinzip**). **299**

Vertreter i. S. der §§ 164 ff. ist also nur derjenige, der **eine eigene Erklärung in fremdem Namen** abgibt.

Kein Vertreter i. S. der §§ 164 ff. ist derjenige, der im eigenen Namen rechtsgeschäftlich handelt.

Das Offenkundigkeitsprinzip dient dem Schutz des Geschäftsgegners. Dieser soll von vornherein wissen, wer sein Vertragspartner ist. Wenn dem Geschäftsgegner allerdings die Identität des Vertragspartners gleichgültig ist, kann unter gewissen Voraussetzungen auf die Offenkundigkeit verzichtet werden.

300 Wenn in § 164 Abs. 1 vorausgesetzt wird, dass der Vertreter **im Namen** des Vertretenen eine Willenserklärung abgeben muss, so ist damit gefordert, dass für den Dritten **erkennbar** sein muss, dass der Erklärende nicht für sich, sondern für einen anderen rechtsgeschäftlich handelt. Dies muss sich der Erklärung nicht ausdrücklich entnehmen lassen. Es genügt, dass „die Umstände ergeben", dass die Erklärung für einen anderen abgegeben wird (§ 164 Abs. 1 S. 2). Von dem Empfänger der Willenserklärung kann erwartet werden, dass er die Erklärung auslegt. Bei der Klärung der Frage, ob jemand als Vertreter oder im eigenen Namen handelt, ist wie stets im Rechtsverkehr bei der **Auslegung** von Willenserklärungen auf den objektiven Erklärungswert abzustellen, darauf also, „wie sich die Erklärung nach Treu und Glauben für den Empfänger darstellt"[2]. Die Auslegung ist auch erforderlich, wenn ungewiss ist, in welchem Namen der Vertreter einen Vertrag abschließt[3]. Auch in einem solchen Fall ist die Willenserklärung des Vertreters gemäß §§ 133, 157 unter Berücksichtigung aller Gesichtspunkte auszulegen. Dabei sind dann die gesamten Umstände des Einzelfalles zu berücksichtigen, insbesondere die dem Rechtsverhältnis zugrunde liegenden Lebensverhältnisse, die Interessenlage, der Geschäftsbereich, dem der Erklärungsgegenstand zugehört, und die typischen Verhaltensweisen[4].

b) Die Sonderregelung in § 164 Abs. 2

301 Grundsätzlich trifft eine Rechtsfolge aus einer Willenserklärung, mit der ein Vertrag begründet werden soll, nur denjenigen, der sie gewollt hat. Eine Ausnahme von diesem Grundsatz bildet unter dem Gesichtspunkt des **Vertrauensschutzes** § 164 Abs. 2.

Derjenige, der durch die Abgabe einer Willenserklärung Rechtsfolgen für einen anderen (den Vertretenen) herbeiführen will, wird aus dieser Willenserklärung selbst verpflichtet und berechtigt, wenn der Wille, in fremdem Namen zu handeln, nicht erkennbar wird – und zwar auch dann, wenn er das nicht wollte. Der Adressat der Willenserklärung soll davon ausgehen können, dass derjenige, der das Vertretungsverhältnis nicht offenbart, selbst aus der abgegebenen Willenserklärung berechtigt und verpflichtet werden will. Wenn unklar ist, ob oder für wen Stellvertretung gewollt ist, so schützt § 164 Abs. 2 im Zweifel den Geschäftsgegner.

Beispiel: M betritt das Reisebüro R und bucht dort eine dreiwöchige Reise auf die Malediven zum Preis von 2400,– €, ohne zu erkennen zu geben, dass er dies als Vertreter des S tun möchte. Allein M wird aus dem abgeschlossenen Reisevertrag berechtigt und verpflichtet. Nur er kann die Reiseleistungen in Anspruch nehmen und muss den Reisepreis zahlen. Um S aus dem Reisevertrag zu berechtigen und zu verpflichten, hätte M gemäß § 164 Abs. 1 im Reisebüro deutlich machen müssen, dass er in dessen Namen bucht.

---

2 So BGHZ 36, 30, 33.
3 So BGH WM 1988, 466, 467.
4 So BGH WM 1988, 466, 467.

§ 164 Abs. 2 enthält mit seiner Regelung, dass ohne Kundgabe des Vertreterwillens der Vertreter Vertragspartei wird, allerdings keinen ausnahmslos geltenden Rechtssatz, sondern nur eine Auslegungsregel[5]. Ergeben z. B. die Umstände, dass trotz fehlender Erkennbarkeit eines Vertreterhandelns ein Dritter Vertragspartei werden soll, so kommt der angestrebte Vertrag mit dem Dritten zustande[6]. **302**

c) Ausnahmen vom Offenkundigkeitsprinzip

Es kommt häufig vor, dass ein Stellvertreter dem Geschäftsgegner zu erkennen gibt, dass er nicht für sich, sondern für eine andere Person (den Vertretenen) handeln will, ohne preiszugeben, wer diese Person ist. **303**

> **Beispiel:** Der verheiratete A, der für seine Freundin ein teures Schmuckstück kaufen will, dabei aber unerkannt bleiben möchte, schickt den B zu dem Juwelier X, damit B für ihn das Schmuckstück kauft. B teilt dem X mit, dass er nicht für sich, sondern für eine andere Person einen Vertrag abschließen möchte, die ungenannt bleiben will.

In Fällen dieser Art weiß der Geschäftspartner zwar, dass der Erklärende als Stellvertreter handelt, ihm ist aber unbekannt, wer die Person ist, mit der der Vertrag zustande kommen soll. Wer auf ein solches Geschäft eingeht, obwohl er darüber im Ungewissen ist, wer sein Geschäftspartner werden möchte, nimmt diese Ungewissheit in Kauf, oder es ist ihm gleichgültig, wer der Vertragspartner werden wird. Man spricht dann von einem **verdeckten Geschäft**. Nach herrschender Meinung[7] wird darin eine zulässige Art der Stellvertretung gesehen. Das der Stellvertretung innewohnende **Offenkundigkeitsprinzip** wird hierbei insoweit noch als gewahrt angesehen, als derjenige, der als Vertreter auftritt, erkennbar nicht im eigenen, sondern in fremdem Namen handelt, wenngleich offenbleibt, für wen[8].

> Zu dem vorhergehenden **Beispiel:** Wenn X sich auf das Geschäft einlässt, kommt cin Kaufvertrag zwischen ihm und A zustande.

Welche Person Vertragspartner ist, kann insbesondere dann von Bedeutung werden, wenn Mängel bei der gekauften Sache auftreten und deswegen Gewährleistungsansprüche geltend gemacht werden. **304**

In der Praxis werden sich in der Regel nur bei bar abgewickelten Geschäften Personen darauf einlassen, dass ihnen der Geschäftspartner unbekannt bleibt.

Bei **Bareinkäufen des täglichen Lebens** ist oft für den Verkäufer **nicht** erkennbar, ob diejenige Person, die ihm gegenüber eine Willenserklärung zum Abschluss eines Kaufvertrages abgibt, diese Erklärung für sich oder für eine andere Person abgeben will. Im Gegensatz zu den oben aufgeführten Fällen ist also nicht er-

---

5 So BGHZ 62, 216, 220 f.
6 Vgl. BGHZ 62, 216, 220 f.
7 U. a. *Larenz-Wolf*, AT, § 46 Rdnr. 83-86; *Staudinger-Schilken*, Vorbem. 52-54 zu § 164.
8 Vgl. *Larenz-Wolf*, AT, § 46 Rdnr. 83.

kennbar, ob die auftretende Person als Stellvertreter handeln will oder nicht („verdecktes Geschäft für den, den es angeht").

> **Beispiel:** D bittet F, bei V für ihn einen CD-Player zu erwerben. F ersteht bei V einen CD-Player, ohne zu erkennen zu geben, dass er ihn für D erwerben möchte. F bezahlt mit dem Geld, das D ihm mitgegeben hat. Hier ist fraglich, zwischen wem ein Kaufvertrag zustande gekommen ist.

305 In den Fällen, in denen es dem Geschäftsgegner gleichgültig ist, wer sein Vertragspartner wird, findet nicht ohne Weiteres § 164 Abs. 2 Anwendung, denn dass „ohne Kundgabe des Vertreterwillens der Vertreter Vertragspartei wird (vgl. § 164 Abs. 1 und 2), ist kein ausnahmslos geltender Rechtssatz, sondern nur eine Auslegungsregel"[9] (siehe oben unter Rdnr. 301 f.). Wenn es dem Erklärungsgegner gleichgültig ist, wer sein Vertragspartner wird, ist die besondere Schutzfunktion des Offenkundigkeitsgrundsatzes entbehrlich. Deshalb kann auch der nicht offen Vertretene Vertragspartei werden, wenn
- es dem Geschäftspartner völlig gleichgültig ist, wer Partner des Vertrages wird,
- und die aufgetretene Person mit Vertretungsmacht handelt und den Willen hat, das Geschäft für die nicht offen vertretene Person zustande zu bringen[10].

Zu dem vorhergehenden **Beispiel:** F **wollte** den Vertrag **für** D abschließen und war von diesem auch dazu bevollmächtigt. Unter der Voraussetzung, dass es V gleichgültig ist, wer Partner des Kaufvertrages wird – was anzunehmen ist, da sofort bezahlt wurde –, kommt ein Vertrag zwischen D und V zustande. Hier ist dem Kenner der Verhältnisse dadurch, dass der Erwerb mit Mitteln des D geschieht, erkennbar, dass D Geschäftspartei werden sollte. Dies ist hinreichend dokumentiert. Zwischen wem der Vertrag zustande gekommen ist, ist z. B. wichtig, wenn die gekaufte Sache einen Mangel aufweist und der Käufer Mängelansprüche geltend machen möchte.

3. Das Handeln unter fremdem Namen

306 Benutzt eine Person bei rechtsgeschäftlichem Handeln einen fremden Namen als eigenen, so spricht man von einem **Handeln unter fremdem Namen**. Bei der Beantwortung der Frage, ob in solchen Fällen die Vorschriften der §§ 164 ff. anwendbar sind, ist zu differenzieren:

a) Jemand tritt unter einem frei erfundenen oder häufig vorkommenden Namen auf, mit dem keinerlei Identitätsvorstellungen erweckt werden. Im Zweifel liegt dann ein Eigengeschäft des Handelnden vor; er wird Vertragspartner.

b) Jemand tritt unter fremdem Namen auf, d. h. er bezeichnet sich als eine andere Person, als er ist, um die Identität mit einer bestimmten existierenden Person vorzutäuschen. Hier ist es erforderlich, noch einmal zu differenzieren:

---

9 So BGHZ 62, 216, 220.
10 So u. a. *Larenz-Wolf*, AT, § 46 Rdnr. 83; a. A. *Flume*, § 44 II, 2.

aa) Ist es demjenigen, mit dem kontrahiert werden soll, gleichgültig, mit wem er einen Vertrag abschließt, so kommt ein Vertrag zwischen den Handelnden zustande. Es liegt ein Fall der „Eigenwirkung des Rechtsgeschäfts für den Handelnden" vor[11].

bb) Kommt es dem anderen (dem Erklärungsempfänger) allerdings darauf an, dass er ein Geschäft mit dem wirklichen Namensträger abschließt, so ist im Interesse des Erklärungsempfängers, der vom Handelnden über seine Identität getäuscht wird und der mit dem wahren Namensträger abschließen möchte, davon auszugehen, dass kein Eigengeschäft des Handelnden, sondern ein Fremdgeschäft für den (wahren) Namensträger vorliegt[12]. Da es nach herrschender Meinung[13] bei der Anwendung der §§ 164 ff. nicht darauf ankommt, ob der Handelnde einen Vertretungswillen hatte oder nicht, sind folgende Lösungen denkbar:

307

(a) Der Handelnde tritt in fremdem Namen auf, um beim Geschäftsgegner falsche Identitätsvorstellungen zu erwecken; er will das Geschäft als eigenes abschließen, hat aber Vertretungsmacht des Namensträgers: Hier erfordern es der Schutz des Namensträgers und des Geschäftsgegners, falls dieser das Geschäft mit dem Namensträger abschließen wollte, dass das Geschäft mit dem Namensträger zustande kommt[14].

(b) Wie (a), aber der Handelnde hat keine Vertretungsmacht des Namensträgers: Auf diese Fälle des Handelns unter fremdem Namen können die Regeln über den Vertreter ohne Vertretungsmacht (§§ 177 ff.) jedenfalls entsprechend angewandt werden[15].

4. Die Wirkungen der Stellvertretung

Gibt der Vertreter innerhalb der ihm zustehenden Vertretungsmacht im Namen des Vertretenen eine Willenserklärung ab oder nimmt er die eines Dritten entgegen, so treffen die daraus entstehenden Rechtsfolgen gemäß § 164 Abs. 1 allein den Vertretenen, nicht auch den Vertreter. Weil dies so ist, kann gemäß § 165 auch ein beschränkt Geschäftsfähiger zum Vertreter bestellt werden.

308

> **Beispiel:** A bevollmächtigt seinen 17-jährigen Neffen N, für ihn bei V ein Autoradio für nicht mehr als 400,– € zu kaufen. N schließt mit V im Namen des A einen Kaufvertrag über ein Autoradio zum Preise von 300,– € ab. Partner des Kaufvertrages sind A (Käufer) und V (Verkäufer). Nur A und V sind aus dem Kaufvertrag berechtigt und verpflichtet. Den N treffen keinerlei Rechtsfolgen.

---

11 Vgl. *Staudinger-Schilken*, Vorbem. zu §§ 164 ff. Rdnr. 92.
12 So zutreffend *Brox/Walker*, AT, Rdnr. 530.
13 Vgl. u. a. BGHZ 45, 193, 195 f.; *Brox/Walker*, AT, Rdnr. 528 ff.
14 So BGHZ 45, 193, 196.
15 Vgl. u. a. BGHZ 45, 193, 195; *Staudinger-Schilken*, Vorbem. zu § 164 Rdnr. 91; *Brox/Walker*, AT, Rdnr. 530; weiter differenzierend *MünchKomm-Schramm*, § 164 Rdnr. 36 ff.

Das schließt nicht aus, dass der Dritte, demgegenüber der Vertreter für den Vertretenen rechtsgeschäftlich handelt, Ansprüche gegen den Vertreter erwirbt. Das kann z. B. dann der Fall sein, wenn der Vertreter seine Vertretungsmacht überschreitet und als Vertreter ohne Vertretungsmacht handelt (§§ 177, 179; vgl. dazu unten Rdnr. 335 ff.).

5. Willensmängel und ihre Folgen (§ 166)

309 § 166 regelt in dem Verhältnis zwischen Vertreter und Vertretenem den Fall, in dem die Kenntnis oder das Kennenmüssen des einen demjenigen zugerechnet wird, auf dessen Kenntnis es an sich für bestimmte Rechtsfolgen ankäme[16].

Gemäß § 166 Abs. 1 wird bei
- Willensmängeln und
- Kenntnis oder Kennenmüssen gewisser Umstände

auf die **Person des Vertreters** abgestellt, weil dieser die Willenserklärung für den Vertretenen abgibt. Da die Folgen der fehlerhaften Willenserklärung des Vertreters aber den Vertretenen treffen, ist der Vertretene und nicht der Vertreter anfechtungsberechtigt, falls ein Anfechtungstatbestand vorliegt. Das bedeutet: Wenn der Vertreter sich i. S. der §§ 119, 123 geirrt hat, gut- oder bösgläubig war oder es auf die Kenntnis oder das Kennenmüssen von Umständen ankommt, wird dies dem Vertretenen zugerechnet. Der Vertretene kann z. B. eine vom Vertreter abgegebene Willenserklärung wie eine eigene anfechten, wenn der Vertreter sich geirrt hat.

> **Beispiel:** Rechtsanwalt R beauftragt seine Sekretärin S, einen neuen PC zu kaufen. Wird S von dem Händler H, bei dem sie den PC kauft, über die Qualitäten des Gerätes getäuscht, kann R gemäß § 123 i. V. m. § 166 Abs. 1 anfechten, obwohl er selber gar nicht getäuscht wurde.

310 Auch im Hinblick auf andere Tatbestände, in denen es auf ein Kennen oder Kennenmüssen – gemäß der Definition in § 122 Abs. 2 „infolge von Fahrlässigkeit" – ankommt, ist gemäß § 166 Abs. 1 ebenfalls auf die Person des Vertreters abzustellen. Zu denken ist hier vor allem an Fälle des gutgläubigen Erwerbs, wie z. B. §§ 932 und 892.

Nur ausnahmsweise kommt es auf die Kenntnis oder das Kennenmüssen des Vertretenen an (§ 166 Abs. 2). Das ist z. B. dann der Fall, wenn der Vertreter nach Weisungen des Vertretenen gehandelt hat. Dann ist die Kenntnis bzw. fahrlässige Unkenntnis des Vertretenen neben der des Vertreters erheblich. Der Grund für diese Regelung ist darin zu sehen, dass der Vertretene für den Fall, dass er selbst rechtserhebliche Umstände kennt, sich nicht hinter der Gutgläubigkeit des seine Weisungen befolgenden Vertreters verstecken darf[17]. Der Begriff „Handeln auf

---

16 BGHZ 41, 17, 21.
17 So BGHZ 51, 141, 147.

Weisung" i. S. des § 166 Abs. 2 ist weit auszulegen, um die Erreichung des Gesetzeszweckes sicherzustellen[18].

6. Die Erteilung der Vollmacht

Die durch Rechtsgeschäft erteilte Vertretungsmacht wird Vollmacht genannt. Die Vollmacht kann gemäß § 167 wirksam erteilt werden: **311**

– durch eine empfangsbedürftige Willenserklärung des Bevollmächtigenden dem Vertreter gegenüber (interne Vollmacht) oder

– durch eine Willenserklärung gegenüber dem Dritten, demgegenüber die Vertretung stattfinden soll (externe Vollmacht).

Die Vollmacht kann intern wie auch extern durch konkludentes Handeln erteilt werden.

Die Bevollmächtigung ist grundsätzlich formlos wirksam. Nur ausnahmsweise ist für die Vollmacht eine besondere Form vorgeschrieben. Als formbedürftig wird z. B. die unwiderrufliche Vollmacht zum Abschluss eines nach § 311b Abs. 1 formbedürftigen Vertrages angesehen[19].

Bei der in der Praxis häufigsten Art der Bevollmächtigung erteilt eine Person (der Vertretene) einer anderen Person (dem Stellvertreter) durch eine mündliche oder schriftliche Willenserklärung Vollmacht (= interne Vollmacht).   **312**

> **Beispiel:** A bevollmächtigt den S, für ihn bei V eine Stereoanlage auszusuchen und zu kaufen. Es handelt sich hierbei um den typischen Fall einer internen Vollmacht verbunden mit einem Auftrag (= unentgeltliche Geschäftsbesorgung i. S. des § 662).

Im Gegensatz zu der internen Vollmacht schafft der Vollmachtgeber bei der externen Vollmacht einen Vertrauenstatbestand, weil der Dritte darauf vertrauen kann, dass die Vollmacht existiert. Dieses Vertrauen schützt das Gesetz durch §§ 170, 173 (vgl. dazu im Einzelnen unten Rdnr. 318 ff.).

Besondere Regelungen gelten für die Vertretung bei einseitigen Rechtsgeschäften (z. B. Kündigung). Gemäß § 180 S. 1 sind einseitige Rechtsgeschäfte nur wirksam, wenn der Vertreter mit Vertretungsmacht handelt. Andernfalls sind sie nichtig und nicht genehmigungsfähig. Ausnahmen gelten gemäß § 180 S. 2 und S. 3.

Gemäß § 174 hängt die Wirksamkeit eines einseitigen Rechtsgeschäfts davon ab, dass der Bevollmächtigte eine Vollmachtsurkunde vorlegt, sofern nicht der Dritte das Rechtsgeschäft auch ohne Vorlage der Vollmachtsurkunde gelten lässt. Die Vorschrift hat große praktische Bedeutung, vor allem für die Haftung von Rechtsanwälten.   **313**

---

18 Vgl. BGHZ 50, 364, 368.
19 Vgl. *Staudinger-Schilken*, § 167 Rdnr. 21 mit Nachw.

Aber auch wenn auf andere Weise als durch Erteilung einer externen Vollmacht ein Vertrauenstatbestand geschaffen wird, schützt das Gesetz in bestimmten Fällen den guten Glauben des Dritten an das Bestehen der Vollmacht (§§ 171–173).

Beispiel: A bevollmächtigt den B, für ihn ein bestimmtes Gemälde zu kaufen, und händigt ihm eine Vollmachtsurkunde aus. Bevor B das Geschäft tätigt, widerruft A die Vollmacht, vergisst aber, die Vollmachtsurkunde zurückzuverlangen. Kauft B trotzdem im Namen des A unter Vorlage der Vollmachtsurkunde das Bild kommt – obwohl die Vollmacht nach § 168 erloschen ist – aufgrund der Regelung in § 172 zwischen A und dem Verkäufer des Gemäldes ein Vertrag zustande.

7. Das Innenverhältnis

314   Häufig entstehen Zweifel über Art und Umfang der erteilten Vollmacht. In solchen Fällen ist der Umfang der Vollmacht, soweit möglich, gemäß § 133 aus der Willenserklärung des Vollmachtgebers zu bestimmen[20]. Dabei sind außer dem Wortlaut auch die begleitenden Umstände sowie der Zweck der Vollmacht zu berücksichtigen[21]. Insbesondere aber ist das der Vollmacht zugrunde liegende Rechtsverhältnis heranzuziehen[22].

Bei einer durch Rechtsgeschäft erteilten Vollmacht ist der Bestand der Vollmacht unabhängig davon, ob ein und gegebenenfalls welches Rechtsverhältnis zwischen dem Vertreter und dem Vertretenen besteht. Die Vollmachterteilung durch Rechtsgeschäft bestimmt in der Regel zugleich den Umfang der Vertretungsmacht.

Die Vollmacht ist also abstrakt. Das bedeutet: Es muss unterschieden werden zwischen der Erteilung der Vollmacht einerseits und dem zwischen dem Vertretenen und dem Vertreter etwa bestehenden Rechtsverhältnis, das u. U. den Grund für die Erteilung der Vollmacht bildet, andererseits. Da die Vollmacht abstrakt ist, kann sie auch dann wirksam sein, wenn das zugrunde liegende Rechtsverhältnis aus irgendeinem Grunde unwirksam ist[23]. Diese Abstraktion soll der Sicherheit des Rechtsverkehrs dienen.

In der Regel liegt der Bevollmächtigung allerdings ein Rechtsverhältnis zwischen dem Vertreter und dem Vertretenen zugrunde. Dieses Rechtsverhältnis ist sehr häufig ein Auftrag oder ein Arbeitsvertrag.

315   Ein **Auftrag** i. S. des § 662 hat eine unentgeltliche Verrichtung tatsächlicher oder rechtsgeschäftlicher Art im Interesse des Auftraggebers zum Gegenstand. Der Auftrag ist ein Vertrag zwischen dem Auftraggeber und dem Beauftragten. Der Beauftragte verpflichtet sich dem Auftraggeber gegenüber, für diesen **unentgelt-**

---

20   Vgl. RGZ 71, 219, 223; 73, 347, 349.
21   *Soergel-Leptien*, § 167 Rdnr. 39.
22   Vgl. OLG Hamburg, MDR 1967, 399; *Soergel-Leptien*, § 167 Rdnr. 39.
23   Vgl. RGZ 69, 232, 234; 121, 30, 35.

lich ein Geschäft zu besorgen. Da der Auftrag ein Vertrag ist, ist stets zu prüfen, ob die Beteiligten durch die Abgabe entsprechender Willenserklärungen überhaupt eine Rechtsbindung erreichen wollten. Ist dies zu verneinen, liegt kein Vertrag, sondern ein bloßes Gefälligkeitsverhältnis zugrunde.

Fall (1): *K hat dem Gebrauchtwagenhändler B schon mehrfach gesagt, er suche für seine Frau einen geeigneten Zweitwagen. B schreibt dem K einen Brief, in dem er K einen PKW Marke X, Baujahr 2007, zum Preise von 1600,– € anbietet und gleichzeitig erklärt, K müsse sich innerhalb der nächsten 5 Tage entscheiden. K bittet seinen Freund S, zu B zu fahren, sich den Wagen anzusehen und für ihn (K) zu kaufen, wenn er es schaffe, den Preis um einige hundert Euro herunterzuhandeln. S fährt zu B, findet den Zustand des PKW zufriedenstellend und kann den Preis auf 1200,– € drücken. Daraufhin erklärt S, den PKW für K kaufen zu wollen. B ist damit einverstanden. S sind durch die Fahrt in die andere Stadt u. a. Fahrtkosten in Höhe von 30,– € entstanden, die er von K erstattet haben möchte.*

Hat er darauf einen Anspruch?

Lösung:

S könnte gegen K einen Anspruch auf Ersatz der Aufwendungen (zu denen auch die Fahrtkosten gehören) gemäß § 670 haben, wenn zwischen K und S ein Auftrag zustande gekommen wäre. Das setzt voraus, dass beide durch Abgabe entsprechender Willenserklärungen eine rechtliche Bindung i. S. von § 662 mit der Folge anstrebten, dass S verpflichtet war, für K das Geschäft zu tätigen. Der Wert des zu erwerbenden Gegenstandes sowie das damit verbundene Risiko und das erkennbare Interesse des K an einem günstigen Erwerb führen zu dem Schluss, dass es den Parteien darum ging, dass S **verpflichtet** sein sollte, tätig zu werden. K ist gemäß § 670 verpflichtet, dem S die Aufwendungen zu ersetzen, also u. a. die Fahrtkosten zu zahlen.

Zur Verdeutlichung: Zwischen S und K sind zwei Rechtsgeschäfte getätigt worden:
- K und S haben einen Vertrag (Auftrag) geschlossen
  und
- K hat S Vollmacht erteilt.

Außer dem Auftrag können der Vollmacht auch andere Rechtsverhältnisse zugrunde liegen, wie z. B.
- ein Dienst- oder Arbeitsvertrag (§ 611),
- ein entgeltlicher Geschäftsbesorgungsvertrag (§ 675).

8. Das Erlöschen der durch Rechtsgeschäft erteilten Vertretungsmacht

a) Der Fristablauf

Der Vollmachtgeber kann über das Erlöschen der Vollmacht Bestimmungen treffen, die von dem zugrunde liegenden Rechtsverhältnis unabhängig sind. Insbesondere kommt eine Befristung in Betracht. Ist eine Frist für die Dauer der Vollmacht bestimmt worden, endet die Vollmacht mit Zeitablauf.

316

b) Die Beendigung des zugrunde liegenden Rechtsverhältnisses und der Widerruf der Vollmacht

317 Ist eine Frist nicht bestimmt, erlischt die Vollmacht im Zweifel mit der Beendigung des der Vollmachterteilung zugrunde liegenden Rechtsverhältnisses (§ 168). Hier ist der Abstraktionsgrundsatz durchbrochen.

Beispiel: L beauftragt und bevollmächtigt seinen Freund T zum Kauf der Stute „Wind" vom Pferdehändler M für 80 000,– €. Bevor T das Geschäft tätigen kann, kommt es zwischen ihm und L zum Zwist. L erklärt daraufhin dem T: „Ich widerrufe den Auftrag zum Kauf der Stute".

Kauft T dennoch im Namen des L die Stute, so wird Letzterer nicht Vertragspartner des M, da nach § 168 die Vollmacht mit Beendigung des zugrunde liegenden Rechtsverhältnisses erloschen ist und der **Auftrag** gemäß § 671 durch Widerruf endete.

Dem § 168 S. 2 ist zu entnehmen, dass die Vollmacht auch unabhängig vom Grundverhältnis widerrufen werden kann. Der Widerruf – eine Willenserklärung – führt zum Erlöschen der Vollmacht.

Der Widerruf kann dabei gemäß § 168 S. 3 i. V. mit § 167 Abs. 1 entweder gegenüber dem Vertreter oder gegenüber dem Dritten, dem gegenüber die Vertretung stattfinden soll, erklärt werden. Für die Wirksamkeit des Widerrufs kommt es nicht darauf an, wem gegenüber die Bevollmächtigung erklärt wurde. Somit kann der Vertretene eine Innenvollmacht auch gegenüber dem Geschäftspartner widerrufen und umgekehrt. Allerdings sind in diesen Fällen u. U. die Vertrauensschutzregelungen der §§ 170 bis 173 zu beachten (siehe dazu sogleich unten Rdnr. 318 ff.).

Fraglich ist, inwieweit die Widerruflichkeit der Vollmacht eingeschränkt werden kann. Die herrschende Meinung geht davon aus, dass durch **Vertrag** die Unwiderruflichkeit zwischen Vollmachtgeber und zu Bevollmächtigendem vereinbart werden kann[24].

c) Die Folgen des Erlöschens der Vollmacht

318 Ist die Vollmacht mit Beendigung des ihr zugrunde liegenden Rechtsverhältnisses oder durch Widerruf erloschen, so ist dem bisherigen Vertreter die Vertretungsmacht entzogen. Nimmt er dennoch im Namen des Vertretenen Rechtsgeschäfte vor, so handelt er als Vertreter ohne Vertretungsmacht mit den sich aus §§ 177 ff. ergebenden Konsequenzen.

Von dieser Regel enthalten §§ 170 bis 173 allerdings einige bedeutsame Ausnahmen. Durch diese Vorschriften werden Dritte geschützt, die kraft eines erzeugten Rechtsscheins auf das Entstehen und das Fortbestehen einer einmal wirksam erteilten Vollmacht vertrauen und auch vertrauen durften.

---

24 RGZ 109, 331, 333; OLG Schleswig, MDR 1963, 675; *Staudinger-Schilken*, § 168 Rdnr. 8 ff. mit weiteren Hinweisen.

Die §§ 170 bis 173 gehen davon aus, dass dem Geschäftspartner die Nachprüfung der Bevollmächtigung nicht zumutbar ist, wenn das Verhalten des Vollmachtgebers auf das Bestehen einer Vollmacht schließen lässt. Sie finden dann Anwendung, wenn der Erklärungsempfänger das Erlöschen der Vollmacht nicht kannte und auch nicht kennen musste (§ 173) und wenn ein Rechtsscheintatbestand der §§ 170 bis 172 vorliegt.

§ 170 betrifft die Außenvollmacht gemäß § 167 Abs. 1, 2. Alt.. Die Außenvollmacht gilt gegenüber dem Dritten so lange als wirksam, bis ihn der Vollmachtgeber über das Erlöschen der Vollmacht informiert. Von Bedeutung ist die Regelung des § 170 insbesondere dann, wenn zunächst eine Außenvollmacht erteilt wurde und diese später im Innenverhältnis, also vom Vollmachtgeber gegenüber dem Bevollmächtigten, widerrufen wird (§§ 168 S. 3, 167 Abs. 1). **319**

§ 171 regelt den Fall, dass dem Erklärungsempfänger die Erteilung einer Innenvollmacht (§ 167 Abs. 1, 1. Alt.) kundgegeben wird. Der Empfänger gilt in diesem Fall als genauso schutzwürdig wie derjenige, dem gegenüber eine Außenvollmacht erteilt wurde. Unter dem Begriff „Kundgabe" ist eine bewusste und an einen bestimmten Adressaten oder Adressatenkreis gerichtete Erklärung zu verstehen. Es reicht nicht aus, wenn der Dritte von der Vollmachtserteilung nur zufällig Kenntnis erlangt[25].

Gemäß § 172 begründet auch die Aushändigung einer Vollmachtsurkunde an den Vertreter und deren Vorlage gegenüber dem Geschäftsgegner den Rechtsscheintatbestand der Vollmacht. Hier wird das berechtigte Vertrauen auf die Urkunde geschützt. Die Vollmachtsurkunde ist eine schriftliche Erklärung des Vollmachtgebers, welche dem Schriftformerfordernis des § 126 genügen muss. Sie muss also vom Vollmachtgeber unterschrieben sein und den Umfang der Vollmacht bezeichnen[26]. Die Anwendung des § 172 Abs. 1 setzt allerdings voraus, dass der Vertreter dem Dritten diejenige Urkunde, die den Rechtsschein erzeugt, selbst – in Urschrift oder in einer Ausfertigung – vorlegt[27]. § 172 setzt die Aushändigung, also die willentliche Übergabe an den Vertreter voraus. Der Vertretene braucht sich den Rechtsschein also nicht zurechnen zu lassen, wenn ihm die Vollmachtsurkunde abhanden gekommen ist (z. B. vom Vertreter gestohlen wurde)[28]. **320**

9. Duldungs- und Anscheinsvollmacht

a) Überblick

Es kommt hin und wieder vor, dass eine Vollmacht nicht ausdrücklich worden ist, der Dritte aber aufgrund des Erscheinungsbildes, das sich ihm bietet, da- **321**

---

25 *MünchKomm-Schramm*, § 171 Rdnr. 3a.
26 *MünchKomm-Schramm*, § 172 Rdnr. 2.
27 So BGHZ 102, 60.
28 Vgl. *MünchKomm-Schramm*, § 172 Rdnr. 5.

von ausgehen darf oder gar muss, dass eine Vollmacht erteilt worden ist. Wenn derjenige, für den der „Vertreter" aufgetreten ist, dazu beigetragen hat, dass dieses Erscheinungsbild entstanden ist, so kann der Dritte, demgegenüber der Vertreter aufgetreten ist, schutzwürdiger sein als der Vertretene. Deshalb haben rechtswissenschaftliche Literatur und Rechtsprechung Regeln entwickelt, mithilfe derer der schutzwürdige Dritte vor Schaden bewahrt werden soll. In Anlehnung an die in den §§ 170 ff. enthaltenen Rechtsgedanken sind die Regeln über die Duldungsvollmacht und die Anscheinsvollmacht entwickelt worden. Über die Abgrenzung und die Rechtsfolgen ist bislang allerdings keine Einigung erzielt worden.

b) Die Duldungsvollmacht

322 Von einer Duldungsvollmacht ist auszugehen,
– wenn eine zum Handeln in fremdem Namen nicht befugte Person während einer gewissen Dauer und zu wiederholtem Male für den Geschäftsherrn als Stellvertreter aufgetreten ist,
– wenn der Geschäftsherr davon **wusste** und nicht dagegen eingeschritten ist, obwohl ihm das möglich gewesen wäre,
– und der Geschäftsgegner das Verhalten des Vertreters sowie dessen Duldung durch den Geschäftsherrn zur Zeit der Vornahme des fraglichen Geschäfts gekannt und er diese Duldung dahingehend gewertet hat und nach Treu und Glauben mit Rücksicht auf die Verkehrssitte auch so werten durfte, dass der Handelnde Vollmacht habe[29].

323 Voraussetzung für die Annahme einer Duldungsvollmacht ist es also, dass der Vertretene es wissentlich geschehen lässt, es also duldet, dass ein anderer für ihn wie ein Vertreter auftritt.

Streitig ist, ob es sich bei der Duldungsvollmacht um einen Rechtsscheintatbestand oder um eine vom Vertretenen durch eine konkludent abgegebene Willenserklärung erteilte (rechtsgeschäftliche) Vollmacht handelt. Letzterenfalls wären die §§ 164 ff. direkt anwendbar; außerdem könnte der Vertretene die Erteilung der Vollmacht anfechten (§§ 119 ff.).

Ist einer festgestellten Duldung zu entnehmen, dass der Vertretene das Verhalten des zunächst ohne Vertretungsmacht Handelnden billigte, nachdem er davon Kenntnis erhalten hatte, so kann daraus je nach den Umständen im Wege der Auslegung geschlossen werden, dass die zunächst angeblich vertretene Person dem erst angeblichen Vertreter durch konkludentes Handeln (also eine Willenserklärung) rechtsgeschäftlich Vollmacht erteilt hat[30].

> **Beispiel:** A ist bei dem Unternehmer U, der einen Reifenhandel betreibt, als Fahrer beschäftigt. Bei der Auslieferung von Reifen kommt es in den letzten Jahren nicht selten vor, dass A ohne Vollmacht mit Kunden zusätzliche Verträge über die

---

29 So *MünchKomm-Schramm*, § 167 BGB Rdnr. 47; BGH LM Nr. 4 zu § 167.
30 Vgl. zur Problematik *Flume*, § 49, 3; *MünchKomm-Schramm*, § 167 Rdnr. 47 ff.

Lieferung von neuen Reifen abschließt, den Kunden dabei Rabatte einräumt und auf diese Weise als Vertreter des U auftritt. Als A im Frühjahr 2010 dem K beim Abschluss eines Vertrages im Namen des U einen Rabatt von 15 % gewährt, hält U, der zuvor niemals gegen das Handeln des A eingeschritten ist, den Vertrag mit K für unwirksam. Fraglich ist hier, ob A im Rahmen einer Duldungsvollmacht gehandelt hat. U wusste von dem Handeln des A einschließlich der Einräumung von Rabatten. Da er keine Anstalten gemacht hat, das Tun des A zu unterbinden, obwohl ihm dies möglich und zumutbar war, ist von einer Duldung auszugehen, die aus der Sicht des K dahin zu interpretieren ist, dass U den A entsprechend bevollmächtigt hat. Es handelt sich um eine Duldungsvollmacht, welche die Gewährung von Rabatten einschließt. Der Vertrag ist daher wirksam.

c) Die Anscheinsvollmacht

Nach ständiger Rechtsprechung des BGH[31] und der herrschenden Auffassung in der Literatur[32] ist von dem **Vertrauenstatbestand** einer **Anscheinsvollmacht** auszugehen, wenn
324

- eine Person, ohne Vertretungsmacht zu haben, wiederholt und über einen längeren Zeitraum für eine andere Person als deren Stellvertreter handelt,
- der so Vertretene das Auftreten und Handeln seines angeblichen Vertreters zwar nicht kennt, es bei pflichtgemäßer Beobachtung der notwendigen Sorgfalt aber hätte erkennen und verhindern können und
- der Geschäftsgegner nach Treu und Glauben annehmen durfte, der angeblich Vertretene dulde und billige dies.

Es handelt sich also um einen **Vertrauenstatbestand**, der auf einem Rechtsschein beruht, der dem Vertretenen zurechenbar sein muss[33].
325

Die **objektive** Rechtfertigung für die Zurechnung ergibt sich aus einem Rechtsscheintatbestand, der nach Treu und Glauben einen Schluss auf das Vorliegen der Vollmacht zulässt; dazu ist regelmäßig eine gewisse Häufigkeit des nicht erkennbar beanstandeten Handelns des Vertreters erforderlich[34]. Die **subjektive** Berechtigung des Vertrauens fehlt jedenfalls dann, wenn der Geschäftsgegner trotz des Vorliegens des Rechtsscheintatbestandes bei der Vornahme des Rechtsgeschäftes das Fehlen der Vollmacht kennt oder kennen muss[35].

Darüber hinaus ist das Vertrauen des Geschäftsgegners nur berechtigt, wenn der geschaffene Rechtsschein für seine getroffene Entscheidung ursächlich geworden ist[36].

---

31 Vgl. u. a. BGHZ 5, 111, 116; 86, 273; BGH WM 1981, 171 f. und BGH WM 1986, 901 f.
32 Vgl. u. a. *MünchKomm-Schramm,* § 167 BGB Rdnr. 54 ff.; *Soergel-Leptien,* § 167 BGB Rdnr. 19 ff.; *Staudinger-Schilken,* § 167 BGB Rdnr. 34 ff.
33 Vgl. u. a. *MünchKomm-Schramm,* § 167 Rdnr. 59 ff.; *Staudinger-Schilken,* § 167 Rdnr. 40 ff
34 So BGH WM 1986, 901 f.
35 Vgl. BGH WM 2004, 417, 421.
36 Vgl. BGH WM 1981, 171 f.

326 Die herrschende Meinung[37] geht davon aus, dass die Wirkungen der Anscheinsvollmacht grundsätzlich die gleichen sind wie die einer rechtsgeschäftlich erteilten Vollmacht. Das bedeutet, dass der Geschäftsgegner in entsprechender Anwendung des § 164 Vertragspartei wird und gegebenenfalls nicht nur für den Vertrauensschaden, sondern auf Erfüllung und bei Schadensersatz auf das Erfüllungsinteresse haftet[38].

> **Beispiel:** S ist als Sekretärin im Unternehmen des U beschäftigt. Sie hat sich angewöhnt, die von Kunden eingehenden Bestellungen selbst entgegenzunehmen und weiter zu bearbeiten, obwohl sie dazu nicht bevollmächtigt ist. U ist geschäftlich viel unterwegs und kümmert sich nicht genügend um seinen Betrieb. Als der Dauerkunde K bei U anruft und eine ausbleibende Lieferung anmahnt, welche er telefonisch bei S bestellt hatte, erklärt U, die S sei nicht vertretungsbefugt. K hatte schon mehrere Bestellungen über die S abwickeln lassen. Hier muss U sich so behandeln lassen, als habe S mit Vertretungsmacht gehandelt. K konnte aufgrund der Umstände davon ausgehen, dass das Verhalten der S vom Einverständnis des U gedeckt war. Hätte U sich ordnungsgemäß um seinen Betrieb gekümmert, hätte er das Verhalten der S erkannt und entsprechend abstellen können.

IV. Das Insichgeschäft (§ 181)

327 Der Gesetzgeber hat mit § 181 Insichgeschäfte – den Abschluss von Rechtsgeschäften mit sich selbst – für unzulässig erklärt, es sei denn,
a) sie werden ausschließlich in Erfüllung einer Verbindlichkeit vorgenommen oder
b) sie sind gestattet worden.

Ein Insichgeschäft liegt nach § 181 in zwei Fällen vor: beim sogenannten Selbstkontrahieren und bei der sogenannten Mehrvertretung.

> **Beispiel:** G bittet den L, er möge für ihn (im Namen des G) einen gebrauchten PKW möglichst günstig verkaufen. G bevollmächtigt also den L, im Namen des G einen Kaufvertrag abzuschließen. L will den PKW nun selbst erwerben und schließt als Vertreter des G mit sich selbst einen Kaufvertrag ab (sogenanntes Selbstkontrahieren), in dem ein extrem niedriger Preis vereinbart wird.

> **Beispiel:** F und K wollen einen Kaufvertrag abschließen. Sie sind beide verhindert, die dazu notwendigen Willenserklärungen abzugeben. Deshalb bevollmächtigen sie **beide** den A, für sie die notwendigen Erklärungen (Angebot und Annahme) abzugeben. K und F wissen, dass A jeden von ihnen vertreten soll. Auch hier handelt es sich um ein Insichgeschäft, denn Angebot und Annahme werden durch eine Person erklärt, wenn A sowohl als Vertreter des F wie auch als Stellvertreter des K auftritt (sogenannte Mehrvertretung).

---

37 U. a. BGHZ 86, 273; *Staudinger-Schilken*, § 167 Rdnr. 44; *MünchKomm-Schramm*, § 167 Rdnr. 74 ff. jeweils mit Nachw.
38 Vgl. *Soergel-Leptien*, § 167 Rdnr. 24 mit Nachw.

Das BGB erklärt Insichgeschäfte grundsätzlich für unzulässig, weil sich aus dem   **328**
Verhandeln mit sich selbst Interessenkollisionen ergeben können, die dazu ver-
führen, die Vertretungsmacht zu missbrauchen.

Zu dem vorletzten **Beispiel:** Hier geht es um eine typische Situation, die dazu
führt, die Vertretungsmacht durch ein Insichgeschäft zu missbrauchen. Während
G ein Interesse daran hat, einen möglichst hohen Kaufpreis zu erzielen, möchte L
den PKW möglichst billig erwerben. Es liegt in diesem Fall ein Verstoß gegen § 181
vor.

Die Folge eines Verstoßes gegen § 181 besteht darin, dass das Rechtsgeschäft, das
abgeschlossen werden sollte, schwebend unwirksam ist. Es kann durch Genehmigung des Betroffenen gemäß § 184 voll wirksam werden. Wird die Genehmigung
nicht erteilt, ist das Geschäft nichtig[39].

Die Gestattung eines Insichgeschäfts gemäß § 181 ist ein einseitiges empfangsbe-
dürftiges Rechtsgeschäft, das keiner Form bedarf. Sie kann auch konkludent erklärt werden. Eine Gestattung durch konkludentes Verhalten ist z. B. dann anzunehmen, wenn nach den Umständen des Falles unter Berücksichtigung des der
Vertretungsmacht zugrunde liegenden Rechtsverhältnisses das Vertretergeschäft
nur durch ein Insichgeschäft abgeschlossen werden kann[40].

Beispiel: Veräußerer und Erwerber eines Grundstücks bevollmächtigen bewusst
dieselbe Person, die notwendigen Auflassungserklärungen abzugeben bzw. entgegenzunehmen.

Zuständig für die Gestattung ist der Vertretene. Ob er ausdrücklich oder konklu-   **329**
dent die Gestattung erklärt hat, ist häufig durch Auslegung zu ermitteln, bei der
allerdings Vorsicht geboten ist[41].

In Erfüllung einer Verbindlichkeit i. S. des § 181 kann nur ein reines Erfüllungsgeschäft vorgenommen werden. Die zu erfüllende Verbindlichkeit muss allerdings
schon rechtswirksam bestehen und nicht erst durch Erfüllung wirksam und damit
bindend werden[42].

V. Die Vertretung ohne Vertretungsmacht bei einem Vertrag

1. Möglichkeiten der Vertretung ohne Vertretungsmacht

Es kommt vor, dass jemand im Namen einer Person rechtsgeschäftlich handelt,   **330**
ohne von dieser dazu bevollmächtigt zu sein. Es handelt sich dann um Fälle der
Vertretung ohne Vertretungsmacht.

---

39 Vgl. u. a. BGHZ 65, 123, 126.
40 So *MünchKomm-Schramm*, § 181 Rdnr. 49.
41 Vgl. dazu *MünchKomm-Schramm*, § 181 Rdnr. 48 ff.
42 *MünchKomm-Schramm*, § 181 Rdnr. 56.

Der Vertreter ohne Vertretungsmacht dringt in den Geschäftskreis dessen ein, in dessen Namen zu handeln er vorgibt. Für die dadurch auftretenden Probleme, insbesondere die Interessenkollisionen, versucht das BGB in den §§ 177 ff. Lösungsmöglichkeiten zu finden.

Es gibt verschiedene Arten, in denen jemand als Vertreter ohne Vertretungsmacht handeln kann:

331 Vertreter ohne Vertretungsmacht ist

a) derjenige, der ohne jede Vertretungsmacht im Namen eines anderen rechtsgeschäftlich handelt.

Beispiel: D tritt im Namen des E auf und schließt mit G für E einen Kaufvertrag ab, obwohl E den D niemals bevollmächtigt hat. D ist hier Vertreter ohne Vertretungsmacht.

b) auch derjenige, der zwar Vertretungsmacht hat, aber die Grenze, die durch den Umfang der Vertretungsmacht gezogen wird, überschreitet.

Beispiel: M bittet seinen Freund N, für ihn bei dem Buchhändler B sechs Kriminalromane (Taschenbücher) zu kaufen. N kauft bei B im Namen des M sechs Kriminalromane und Thomas Manns gesammelte Werke.

c) die Person, die aufgrund einer erteilten Vollmacht im Namen des Vertretenen ein Rechtsgeschäft abschließt, wenn die Vollmacht später wirksam angefochten wird.

Beispiel: S schließt für A aufgrund einer ihm von A erteilten Vollmacht mit B einen Kaufvertrag ab. Anschließend ficht A die Vollmachtserteilung gemäß § 123 an, weil S ihn arglistig getäuscht hat. Ist die Anfechtung wirksam, so wirkt sie gemäß § 142 zurück. Die Vollmacht wird so behandelt, als sei sie niemals erteilt worden. S war Vertreter ohne Vertretungsmacht, als er mit B einen Kaufvertrag abschloss.

d) derjenige, der einmal bevollmächtigt war und noch nach Erlöschen der Vollmacht im Namen des Vertretenen für diesen rechtsgeschäftlich handelt.

2. Das Rechtsverhältnis zwischen dem Vertretenen und dem Dritten

332 Ein Vertrag, den der Vertreter ohne Vertretungsmacht mit einer anderen Person abschließt, ist nicht wirksam, sondern schwebend unwirksam (§ 177).

Schwebend unwirksam bedeutet hier: Der Vertrag ist noch nicht wirksam, d. h. die Rechtsfolgen treten noch nicht ein. Der Vertrag kann aber durch nachträgliche Zustimmung (Genehmigung) desjenigen, in dessen Namen der Vertreter ohne Vertretungsmacht gehandelt hat, wirksam werden. Derjenige, in dessen Namen der Vertreter ohne Vertretungsmacht aufgetreten ist, kann die Genehmigung allerdings auch verweigern. In einem solchen Fall wird er aus dem Vertrag weder verpflichtet noch berechtigt.

Auf das erste **Beispiel** (oben unter 1.) angewandt bedeutet dies: Der Kaufvertrag, den D im Namen des E mit G abgeschlossen hat, ist schwebend unwirksam, bis E das Rechtsgeschäft genehmigt oder die Genehmigung verweigert. Genehmigt E das Geschäft, ist der Kaufvertrag zwischen E und G zustande gekommen. Verweigert E die Genehmigung, ist G aus dem Geschäft weder berechtigt noch verpflichtet.

Die Genehmigung kann der Vertretene gemäß § 182 entweder gegenüber dem Vertreter oder gegenüber dem Dritten (dem Geschäftsgegner) erklären. Gemäß § 184 Abs. 1 wirkt die Genehmigung auf den Zeitpunkt des Vertragsabschlusses zurück. Bis zur Erteilung der Genehmigung kann der Dritte (der Geschäftsgegner) den **Widerruf** erklären und damit die Unwirksamkeit des Geschäftes herbeiführen (§ 178). Das Widerrufsrecht steht ihm allerdings nur zu, wenn er den Mangel der Vertretungsmacht bei Abschluss des Vertrages nicht gekannt hat. **333**

Schwierigkeiten können auftreten, wenn eine Person, der Vollmacht erteilt worden ist, die Vertretungsmacht überschreitet und der Vertretene den nicht von der Vollmacht gedeckten Teil des Rechtsgeschäfts nicht genehmigt.

Lässt sich das Geschäft in einen durch die Vollmacht gedeckten und einen ungedeckten Teil aufgliedern, so ist nach § 139 zu verfahren und zu entscheiden, ob wegen der Unwirksamkeit des einen Teils das gesamte Rechtsgeschäft unwirksam ist[43]. Zur Teilbarkeit von Rechtsgeschäften vgl. oben § 16 I (Rdnr. 276 ff.).

Ist das Rechtsgeschäft unteilbar, so sind auf das gesamte Rechtsgeschäft die §§ 177 ff. anzuwenden. Handelt es sich hingegen um ein teilbares Rechtsgeschäft, so ist der innerhalb der Vertretungsmacht vorgenommene Teil des Geschäfts wirksam. Im Hinblick auf den übrigen Teil liegt ein Handeln des Vertreters ohne Vertretungsmacht vor[44]. Die §§ 177 ff. finden diesbezüglich Anwendung. **334**

Beispiel: Angenommen, M genehmigt in dem vorletzten Beispiel den Kauf von Thomas Manns gesammelten Werken nicht, dann ist zu prüfen, ob nach § 139 das gesamte Geschäft zwischen B und M unwirksam ist. Das abgeschlossene Geschäft lässt sich in einen durch die Vollmacht gedeckten und einen durch dieselbe nicht gedeckten Teil, die jeweils selbständig Bestand haben können, aufteilen. Es ist davon auszugehen, dass M und B bei Kenntnis der Nichtigkeit des Teilgeschäfts über die Werke Thomas Manns den Teil des Kaufvertrages, der sich auf die Kriminalromane bezog, aufrechterhalten würden. Nach § 139 ist deshalb nicht das ganze Geschäft, der gesamte Kaufvertrag zwischen B und M unwirksam, sondern nur der Teil, der sich auf die Werke Thomas Manns bezog. Im Hinblick auf diesen Teil des Rechtsgeschäfts kann B Ansprüche aus § 179 gegen N geltend machen.

---

43 Vgl. *MünchKomm-Schramm*, § 177 Rdnr. 10; *Staudinger-Schilken*, § 177 Rdnr. 5.
44 Vgl. *Staudinger-Schilken*, § 167 Rdnr. 89.

3. Das Rechtsverhältnis zwischen dem Vertreter ohne Vertretungsmacht und dem Dritten

a) Überblick

335 Verweigert der Vertretene die Genehmigung des Rechtsgeschäfts, das der Vertreter ohne Vertretungsmacht (falsus procurator) vorgenommen hat, so haftet Letzterer je nachdem, ob der Vertreter das Fehlen der Vertretungsmacht gekannt hat oder nicht, nach § 179 Abs. 1 oder Abs. 2. Es handelt sich dabei um die Haftung aus einem gesetzlichen Schuldverhältnis. Diese Haftung ist **verschuldensunabhängig**. Sie ist eine **Vertrauenshaftung** im Interesse der Verkehrssicherheit, die das Risiko dem Vertreter ohne Vertretungsmacht auferlegt[45].

b) Der Anspruch aus § 179 Abs. 1

336 Hat der Vertreter den Mangel der Vertretungsmacht gekannt, haftet er dem Dritten (Geschäftsgegner) nach dessen Wahl auf Erfüllung oder Schadensersatz wegen Nichterfüllung.

Entscheidet sich der Dritte, Erfüllung zu verlangen, so handelt es sich dennoch um einen Anspruch aus einem **gesetzlichen Schuldverhältnis**; mit dem Vertreter ohne Vertretungsmacht kommt **kein Vertrag** zustande. Der Vertreter ohne Vertretungsmacht muss sich aber so behandeln lassen, als sei er Vertragspartei[46]. Der Anspruch aus dem gesetzlichen Schuldverhältnis ist **inhaltlich** dem Erfüllungsanspruch gleichzusetzen, der gegen den Vertretenen bestanden hätte mit dem Zweck des Interessenausgleichs[47]. Der Anspruch kann jedoch nicht über das hinausgehen, was der Vertretene geschuldet hätte, falls er Vertragspartei geworden wäre. Beiden – dem Geschäftsgegner und dem Vertreter – können Ansprüche aus §§ 280 ff. und Gewährleistungsansprüche zustehen[48].

> **Beispiel** (im Anschluss an das vorhergehende **Beispiel**): B entschließt sich, hinsichtlich Thomas Manns gesammelter Werke gegenüber N seinen Erfüllungsanspruch, also seinen Anspruch auf Zahlung des Kaufpreises, geltend zu machen. Nachdem die gegenseitigen Leistungen ausgetauscht worden sind, stellt N fest, dass der Druck auf einer Seite viel zu schwach und kaum lesbar ist. N hat jetzt gegenüber B einen Anspruch auf Nacherfüllung (§§ 437 Nr. 1, 439, 434) oder Rücktritt (§§ 437 Nr. 2, 323, 434) oder Minderung (§§ 437 Nr. 2, 441, 434).

c) Der Anspruch aus § 179 Abs. 2

337 Die strenge Haftung des Vertreters ohne Vertretungsmacht aus § 179 Abs. 1 entsteht nur dann, wenn dieser den Mangel der Vertretungsmacht kennt. Hat er den

---

45 Vgl. *MünchKomm-Schramm*, § 179 Rdnr. 1 ff.; *Prölss*, JuS 1986, 169.
46 Vgl. BGH NJW 1970, 240, 241 und 1971, 429, 430.
47 Vgl. BGH NJW 1971, 429, 430; *MünchKomm-Schramm*, § 179 Rdnr. 32.
48 Vgl. *MünchKomm-Schramm*, § 179 Rdnr. 32; *Prölss*, JuS 1986, 169, 171.

Mangel der Vertretungsmacht nicht gekannt, haftet er gemäß § 179 Abs. 2 nur auf das negative Interesse (Vertrauensinteresse). Auf ein Verschulden des Vertreters kommt es nicht an; unerheblich ist auch, ob der Mangel für ihn überhaupt erkennbar war[49].

Der Vertrauensschaden (das negative Interesse) ist in gleicher Weise zu berechnen wie ein Schaden gemäß § 122. Das bedeutet, dass der Anspruch auf Ersatz des negativen Interesses durch die Höhe des Erfüllungsinteresses (positiven Interesses) begrenzt ist.

d) Der Ausschluss der Haftung nach § 179 Abs. 3

Wenn der Dritte (der Geschäftsgegner) den Mangel der Vertretungsmacht gekannt oder infolge Fahrlässigkeit („kennen musste") nicht gekannt hat, entfällt die Haftung des Vertreters ohne Vertretungsmacht aus § 179 Abs. 1 oder 2. Der Dritte ist grundsätzlich nicht verpflichtet, Erkundigungen darüber einzuziehen, ob der Vertreter mit Vertretungsmacht ausgestattet ist oder nicht. Eine solche Pflicht kann ausnahmsweise dann bestehen, wenn sich im Einzelfall für den Dritten tatsächliche Anhaltspunkte ergeben, die Zweifel an der Vertretungsmacht begründen[50].

Beschränkt geschäftsfähige Vertreter haften nicht, es sei denn, sie haben mit der Zustimmung ihrer gesetzlichen Vertreter gehandelt (§ 179 Abs. 3 S. 2).

338

§ 18   Zustimmungsbedürftige Rechtsgeschäfte

Schrifttum: *Einsele*, Formerfordernisse bei mehraktigen Rechtsgeschäften, DNotZ 1996, 835; *Finkenauer*, Rückwirkung der Genehmigung, Verfügungsmacht und Gutglaubensschutz, AcP 203 (2003), 282; *Lerch*, Beurkundung und formfreie Genehmigung, ZRP 1998, 347; *Schmidt, K.*, Beseitigung der schwebenden Unwirksamkeit durch Verweigerung einer Genehmigung, AcP 189 (1989), 1.

I. Überblick und Begriffsbestimmung

An verschiedenen Beispielen ist schon erläutert worden, dass es eine Reihe von Fällen gibt, in denen Rechtsgeschäfte der Zustimmung eines Dritten bedürfen, um Wirksamkeit zu erlangen. So werden z. B. die Rechtsgeschäfte, die Minderjährige abschließen, nur sofort wirksam, wenn die gesetzlichen Vertreter dazu die vorherige Zustimmung (= Einwilligung) erteilt haben. Verträge, die ohne Einwilligung

339

---

49 Vgl. *MünchKomm-Schramm*, § 179 Rdnr. 38.
50 Vgl. RGZ 104, 194.

der gesetzlichen Vertreter geschlossen worden sind, sind schwebend unwirksam; sie werden rückwirkend wirksam, wenn die gesetzlichen Vertreter die nachträgliche Zustimmung (= Genehmigung) erteilen. Verträge, die Vertreter ohne Vertretungsmacht schließen, sind gemäß § 177 schwebend unwirksam; sie können durch die nachträgliche Zustimmung (= Genehmigung) des Vertretenen wirksam werden.

Rechtsgeschäfte, die kraft Gesetzes zu ihrer Wirksamkeit der Zustimmung eines Dritten bedürfen, d. h. einer Person, die selbst das Rechtsgeschäft nicht vorgenommen hat, nennt man **zustimmungsbedürftige Rechtsgeschäfte**.

340 **Zustimmung** ist der Oberbegriff für
– **Einwilligung** (= vorherige Zustimmung, § 183) und
– **Genehmigung** (= nachträgliche Zustimmung, § 184).

Die Zustimmung ist eine empfangsbedürftige Willenserklärung, auf die die allgemeinen Regeln für Willenserklärungen, wie z. B. §§ 119 ff. und § 130 Anwendung finden.

Der Zustimmungsberechtigte (der Dritte) kann die Zustimmung „sowohl dem einen als dem anderen Teil gegenüber" erklären (§ 182 Abs. 1). Die die Zustimmung beinhaltende Erklärung bedarf nicht der Form, die für das Rechtsgeschäft vorgeschrieben ist (§ 182 Abs. 2). Auch die Verweigerung der Zustimmung ist nach herrschender Meinung[1] ein Rechtsgeschäft. Das bedeutet u. a., dass die Verweigerung gemäß §§ 119 ff. mit ex tunc-Wirkung angefochten werden kann.

II. Die Wirkung der Genehmigung

341 Gemäß § 184 Abs. 1 wirkt die Genehmigung grundsätzlich auf den Zeitpunkt der Vornahme des genehmigten Rechtsgeschäfts zurück. Das hat zur Folge, dass das genehmigte Geschäft so angesehen wird, als sei seine Wirksamkeit schon zur Zeit seiner Vornahme eingetreten[2].

> **Beispiel:** Am 1. 7. 2009 schließt V als Vertreter ohne Vertretungsmacht im Namen des Eigentümers E mit K einen Kaufvertrag über eine im Eigentum des E stehende Taschenuhr ab. Wenn E am 1. 9. 2009 das Rechtsgeschäft genehmigt, dann wird der Kaufvertrag rückwirkend am 1. 7. 2009 wirksam.

Gemäß § 184 Abs. 2 werden allerdings solche Verfügungen nicht unwirksam, die der **Genehmigende** vor der Genehmigung über den Gegenstand des Hauptgeschäfts getroffen hat (sog. Zwischenverfügungen). § 184 Abs. 2 schützt also denjenigen, zu dessen Gunsten der Genehmigende die Zwischenverfügung vorgenommen hat.

---

1 Vgl. BGHZ 13, 179, 187; *Staudinger-Gursky*, § 182 Rdnr. 35.
2 RGZ 134, 185, 187; 142, 59, 62 f.; *Staudinger-Gursky*, § 184 Rdnr. 31.

Beispiel: Am 1. 7. 2009 wird nicht nur der Kaufvertrag abgeschlossen, V übereignet auch als vollmachtloser Vertreter an diesem Tag die Uhr an K durch Einigung und Vereinbarung eines Besitzmittlungsverhältnisses gemäß §§ 929, 930; E bleibt im Besitz der Uhr. Am 1. 8. 2009 verpfändet E die Uhr an D nach § 1205. Wenn E am 1. 9. 2009 Kaufvertrag und Übereignung genehmigt, werden diese Rechtsgeschäfte rückwirkend zum 1. 7. 2009 wirksam. Obwohl E am 1. 8. 2009 nicht mehr Eigentümer war, bleibt die Bestellung des Pfandrechts gemäß § 184 Abs. 2 wirksam. K erwirbt das Eigentum an der Uhr, belastet mit einem Pfandrecht des D.

III. Die Verfügung eines Nichtberechtigten und die Zustimmung (§ 185)

1. Überblick

§ 185 behandelt solche Fälle, in denen ein Nichtberechtigter **im eigenen Namen** Verfügungen trifft. Tritt der Verfügende in fremdem Namen auf, liegt Stellvertretung (§ 164) vor; unter Umständen handelt es sich um Vertretung ohne Vertretungsmacht (§ 177 ff.). § 185 ist dann jedenfalls unanwendbar.   **342**

Unter Verfügung ist ein Rechtsgeschäft zu verstehen, das auf den Bestand, Inhalt oder Umfang eines Rechts unmittelbar im Sinne einer Rechtsänderung einwirkt.

Verfügungen sind z. B. die Übertragung des Eigentums an beweglichen und unbeweglichen Sachen und die Abtretung einer Forderung. Eine Verfügung ist aber auch die Belastung eines Rechts mit einem anderen Recht, wie z. B. einem Pfandrecht. So ist z. B. die Belastung eines Grundstücks mit einem Grundpfandrecht (z. B. einer Hypothek oder Grundschuld) eine Verfügung.

Berechtigter ist der, dem der betroffene Gegenstand, über den verfügt werden soll, materiellrechtlich zusteht. **Nichtberechtigter** i. S. des § 185 ist hingegen u. a.   **343**
- derjenige, dem der von der Verfügung betroffene Gegenstand materiellrechtlich nicht zusteht;
- derjenige, der über ein Recht verfügt, das zugunsten eines Dritten belastet ist, und der den Eindruck erweckt, als sei es unbelastet;
- auch der Inhaber des von der Verfügung betroffenen Gegenstandes, wenn ihm die Verfügungsmacht fehlt, wie z. B. der Erbe bei der Testamentsvollstreckung[1].
- auch derjenige, der vom Berechtigten in einem gewissen Rahmen ermächtigt ist, die Grenzen der Ermächtigung mit der getroffenen Verfügung aber überschritten hat.

2. Wirksame Verfügung eines Nichtberechtigten mit Zustimmung des Berechtigten

Der Nichtberechtigte kann im eigenen Namen eine wirksame Verfügung über ein Recht treffen, wenn der Berechtigte dazu vorher seine Zustimmung erteilt hat.   **344**

---

1 Siehe zu alledem *Staudinger-Gursky*, § 185 Rdnr. 8 ff.

Verfügt der Nichtberechtigte ohne Einwilligung des Berechtigten über den Gegenstand, kann diese Verfügung durch die Genehmigung des Berechtigten (§ 184) rückwirkend wirksam werden (§ 185 Abs. 2 S. 1). Bis zur Genehmigung oder deren Verweigerung ist die Verfügung **schwebend unwirksam**[2]. Allerdings muss derjenige, der die Verfügung eines Nichtberechtigten genehmigt, im Zeitpunkt der Genehmigung die Verfügungsmacht hierfür haben. Andernfalls würde mit der Genehmigung in das Recht eines Anderen eingegriffen[3].

3. Wirksame Verfügung eines Nichtberechtigten ohne Zustimmung des Berechtigten

345   Es kommt vor, dass ein Nichtberechtigter im eigenen Namen über einen Gegenstand verfügt und der Erwerber in dem Glauben handelt, der Veräußerer sei der Berechtigte.

>**Beispiel:** A verkauft und übereignet eine dem E gehörige Sache an K.

Trotzdem bedarf es in einigen Fällen der Zustimmung des Berechtigten nicht, um den gutgläubigen Erwerber Rechtsinhaber werden zu lassen.

>**Beispiel** (im Anschluss an das vorhergehende **Beispiel**): K ist gutgläubig, und die Sache ist dem E nicht abhandengekommen. In diesem Fall erwirbt K Eigentum gemäß §§ 929, 932.

Die Verfügung des Nichtberechtigten kann auch ohne die Zustimmung des Berechtigten, allerdings nicht rückwirkend, sondern nur mit ex nunc-Wirkung wirksam werden,
– wenn der Verfügende den Gegenstand erwirbt und damit selbst Berechtigter wird (§ 185 Abs. 2 S. 1);
– wenn der Berechtigte den Verfügenden beerbt und für die Nachlassverbindlichkeiten unbeschränkt haftet (§ 185 Abs. 2 S. 1).

IV. Die Ermächtigung

346   Der Begriff der Ermächtigung ist in Anlehnung an die Einwilligung (§ 182) entwickelt worden. Sie ermöglicht es dem Rechtsinhaber, eine andere Person mit der Macht auszustatten, im eigenen Namen durch Rechtsgeschäft auf die Rechte des Ermächtigenden einzuwirken.

Die **Verfügungsermächtigung** ist in § 185 Abs. 1 geregelt und damit gesetzlich anerkannt. Die Verfügungsermächtigung begründet nach § 185 Abs. 1 die aus dem

---

2 Vgl. *MünchKomm-Schramm*, § 185 Rdnr. 55.
3 Vgl. BGHZ 107, 340, 341.

Recht des Ermächtigenden abgeleitete Zuständigkeit des Ermächtigten, über ein subjektives Recht des Ermächtigenden im eigenen Namen zu verfügen[4].

Beispiel: Der Verkäufer V, der Waren unter Eigentumsvorbehalt an den Käufer K veräußert, ermächtigt diesen gemäß § 185, über das Eigentum an den gekauften Sachen zu verfügen. Damit ist K berechtigt, das Eigentum an Sachen, die noch im Eigentum des V stehen, auf Dritte zu übertragen.

Der Ermächtigende kann die Verfügungsbefugnis – wie eine Vollmacht – beliebig begrenzen und dadurch das „Können" des Ermächtigten dem „Dürfen" (nach Maßgabe der schuldrechtlichen Absprachen) anpassen. Überschreitet der Ermächtigte seine Ermächtigung, wird der Verfügungsempfänger lediglich im Rahmen der Vorschriften über den gutgläubigen Rechtserwerb geschützt[5].

Umstritten ist die Zulässigkeit einer **Verpflichtungsermächtigung**, also die Ermächtigung, durch ein im eigenen Namen vorzunehmendes Rechtsgeschäft den Ermächtigenden unmittelbar vertraglich zu verpflichten. Mit Hinweis auf das Offenkundigkeitsprinzip, das dem Schutz des Geschäftsgegners dient, wird diese Konstruktion überwiegend abgelehnt[6].   **347**

Beispiel: A ermächtigt den F, für ihn (A), aber in eigenem Namen, bei der Sparkasse S, deren angesehener Kunde der F ist, ein Darlehen in Höhe von 30.000 € aufzunehmen. A gilt als nicht kreditwürdig und würde bei S als Darlehensschuldner nicht akzeptiert. F schließt den Darlehensvertrag mit S im eigenen Namen ab und gibt nicht zu erkennen, dass A der Darlehensnehmer sein soll. Da eine Verpflichtungsermächtigung nicht zulässig ist, wird F Darlehensnehmer und Schuldner der Darlehensrückzahlungs- und Zinsforderung. A ist an dem Vertrag nicht beteiligt.

§ 19   Die Bedingung

Schrifttum: *Brox,* Das Anwartschaftsrecht des Vorbehaltskäufers, JuS 1984, 657.

I. Der Begriff und die Wirkung der Bedingung

Häufig besteht das Bedürfnis, die Wirksamkeit eines Rechtsgeschäfts davon abhängig zu machen, dass ein bestimmtes Ereignis in der Zukunft stattfindet bzw. nicht stattfindet.   **348**

---

4   BGHZ 106, 1, 4.
5   So BGHZ 106, 1, 4.
6   Vgl. *MünchKomm-Schramm,* § 185 Rdnr. 46.

Beispiel: E möchte auf einem in seinem Eigentum stehenden Grundstück ein Haus bauen. Er hat bei der zuständigen Baubehörde einen Antrag auf Erteilung einer Baugenehmigung gestellt. Bevor die Baugenehmigung erteilt wird, erhält E die Gelegenheit, bei L zu einem besonders günstigen Preis einen Sonderposten Ziegelsteine zu erwerben. E möchte mit L einen Kaufvertrag abschließen, gleichzeitig aber sicher sein, dass der Kaufvertrag für ihn nur bindend ist, wenn die Baugenehmigung erteilt wird. Hier besteht das Bedürfnis, die Wirksamkeit des Kaufvertrages von der Erteilung der Baugenehmigung abhängig zu machen.

Diese Möglichkeit bietet die **Bedingung.**

349 Die **Bedingung** ist die einer Willenserklärung beigefügte Beschränkung, durch die die Wirksamkeit eines Rechtsgeschäfts von dem Eintritt oder Nichteintritt eines ungewissen, in der Zukunft liegenden Ereignisses abhängig gemacht wird.

Aufgeschoben werden kann das Wirksamwerden eines Rechtsgeschäfts auch durch eine **Befristung.**

Bei einer **Befristung** wird die Wirksamkeit eines Rechtsgeschäfts im Gegensatz zur Bedingung nicht von dem Eintritt eines ungewissen Ereignisses, sondern von dem Eintritt eines zukünftigen gewissen Ereignisses, nämlich einem bestimmten Zeitpunkt, abhängig gemacht.

Beispiel: Vereinbaren M und K, dass der zwischen ihnen am 1. 9. 2009 abgeschlossene Pachtvertrag erst am 1. 11. 2009 in Kraft treten soll, so wird der Pachtvertrag erst mit Wirkung vom 1. 11. 2009 an wirksam. Die Wirksamkeit des Pachtvertrages wird hier von einem in der Zukunft liegenden gewissen Ereignis, nämlich dem Eintritt des 1. 11. 2009, abhängig gemacht. Es handelt sich deshalb nicht um eine Bedingung, sondern um eine Befristung, die in das Rechtsgeschäft, den Pachtvertrag, eingebaut ist.

Für die Befristung gelten im Wesentlichen die Regeln über die Bedingung entsprechend (§ 163).

Wird einem Rechtsgeschäft eine Bedingung hinzugefügt, entsteht dadurch ein Schwebezustand. Das Rechtsgeschäft ist nicht bzw. noch nicht endgültig wirksam.

II. Arten der Bedingung

1. Die aufschiebende Bedingung

350 Ist ein Rechtsgeschäft unter einer aufschiebenden Bedingung abgeschlossen worden, wird es erst mit dem Eintritt der Bedingung wirksam (§ 158 Abs. 1).

Bis zum Eintritt der Bedingung ist das Rechtsgeschäft in einem Schwebezustand. Es ist noch nicht wirksam. Tritt die Bedingung ein, wird das Rechtsgeschäft von diesem Zeitpunkt an (ex nunc) wirksam. Tritt die Bedingung nicht ein, ist das Rechtsgeschäft endgültig wirkungslos.

Beispiel (im Anschluss an das vorletzte **Beispiel**): Im Interesse von E kann in den Kaufvertrag, den er mit L abschließen möchte, durch folgende Klausel eine aufschiebende Bedingung eingefügt werden: „Der Vertrag wird erst wirksam, wenn E die beantragte Genehmigung für den Bau eines Einfamilienhauses erhält." Die Erteilung der Baugenehmigung ist eine Bedingung i. S. des § 158 Abs. 1, denn ihre zukünftige Erteilung ist ungewiss. Die Erteilung einer Baugenehmigung ist also ein ungewisses, in der Zukunft liegendes Ereignis.

Auch ein Verfügungsgeschäft kann unter einer aufschiebenden Bedingung abgeschlossen werden. Ein typisches Beispiel dafür ist der Eigentumsvorbehalt (§ 449). Der Kaufvertrag wird ohne eine Bedingung abgeschlossen. Bei der Übereignung gibt der Verkäufer und bisherige Eigentümer seine Einigungserklärung i. S. des § 929 unter der aufschiebenden Bedingung der Zahlung des Restkaufpreises ab. **351**

Aus dem aufschiebend bedingten Rechtsgeschäft ergeben sich als Rechtsfolgen: Das Rechtsgeschäft ist **vollendet**, allerdings treten seine Rechtsfolgen erst später, nämlich mit Eintritt der Bedingung ein. Daraus folgt u. a.: Eine bei Vornahme des Rechtsgeschäfts bestehende Willenseinigung, die zum Entstehen des Rechtsgeschäfts geführt hat, muss bei Eintritt der Bedingung nicht notwendigerweise mehr vorhanden sein.

Die zur Übertragung des Eigentums an einem Grundstück nach § 873 erforderliche Einigung des Veräußerers und des Erwerbers (Auflassung) kann allerdings **nicht** unter einer Bedingung abgegeben werden. Geschieht dies dennoch, ist die Auflassung unwirksam (§ 925 Abs. 2).

2. Die auflösende Bedingung

Wird ein Rechtsgeschäft unter einer auflösenden Bedingung abgeschlossen, wird es zunächst wirksam. Dennoch bleibt die endgültige Wirksamkeit des Rechtsgeschäfts in der Schwebe, weil das Rechtsgeschäft in dem Moment seine Wirksamkeit verliert, in dem das als Bedingung vereinbarte zukünftige Ereignis eintritt (§ 158 Abs. 2). Tritt das Ereignis ein, wird das zunächst wirksam entstandene Rechtsgeschäft unwirksam. Tritt das Ereignis nicht ein, bleibt das Rechtsgeschäft wirksam. **352**

Beispiel (im Anschluss an das letzte **Beispiel**): E kann mit L auch eine auflösende Bedingung vereinbaren. Es könnte dann folgende Klausel in den Vertrag aufgenommen werden: „Der Kaufvertrag soll unwirksam werden, wenn die Baugenehmigung nicht erteilt wird." Der Kaufvertrag ist dann zunächst wirksam; er verliert allerdings seine Wirksamkeit, wenn die auflösende Bedingung eintritt.

3. Echte und unechte Bedingungen

Eine Bedingung i. S. des § 158 ist nur vereinbart, wenn das Ereignis, von dessen Eintritt oder Nichteintritt die Wirksamkeit eines Rechtsgeschäfts abhängen soll, **353** aus objektiver Sicht noch ungewiss ist. Eine objektive Ungewissheit liegt nicht vor, wenn der Umstand, der über die Wirksamkeit entscheiden soll, bereits feststeht und nur die Vertragsparteien subjektiv noch keine Kenntnis davon haben.

Beispiel: Antragsgemäß ist dem Unternehmer B eine Baugenehmigung zur Errichtung einer Werkshalle erteilt worden. Hiervon hat er aber noch keine Kenntnis genommen, obwohl dazu Gelegenheit bestand. Beim Kauf von drei Werkzeugmaschinen, die in der Halle aufgestellt werden sollen, wird auf die Anregung des B deshalb in den Vertrag mit der Kölner Maschinenfabrik AG folgende Klausel eingefügt: „Der Kaufvertrag soll nur wirksam werden, wenn dem Käufer die Baugenehmigung für die neu zu errichtende Werkshalle erteilt wird." Von den vertragschließenden Parteien gewollt ist die Vereinbarung einer aufschiebenden Bedingung. Das bedeutet: Der Kaufvertrag soll erst in dem Moment wirksam werden, in dem die Baugenehmigung erteilt ist. Eine Bedingung liegt allerdings nur vor, wenn die Wirksamkeit eines Rechtsgeschäfts von einem ungewissen, in der Zukunft liegenden Ereignis abhängig gemacht wird. Hier ist das Ereignis, von dem die Wirksamkeit des Rechtsgeschäfts abhängig gemacht werden soll, nicht ungewiss; die Erteilung der Baugenehmigung ist aus objektiver Sicht bereits tatsächlich erfolgt. Infolgedessen ist keine Bedingung i. S. des § 158 vereinbart worden. Der Kaufvertrag über die drei Werkzeugmaschinen ist ohne jede Bedingung sofort wirksam.

4. Bedingungsfeindliche Willenserklärungen

354 Es gibt Willenserklärungen, bei denen die Beifügung einer Bedingung nicht zulässig ist, weil der Empfänger der Erklärung vor einer nicht zumutbaren Unsicherheit geschützt werden muss. Das betrifft insbesondere die Gestaltungserklärungen, wie z. B. Anfechtungs-, Rücktritts- und Aufrechnungserklärungen, die ein bestehendes Rechtsverhältnis umgestalten oder vernichten.

Beispiel (in Anlehnung an RGZ 66, 153; vgl. auch BGHZ 97, 263): K tritt unter der Bedingung von dem mit V abgeschlossenen Kaufvertrag zurück, dass er einen Dritten findet, der die Leistung, die V erbringen sollte, übernimmt. Auch wenn dem K – was hier unterstellt wird – ein Rücktrittsrecht zusteht, kann er den Rücktritt nicht unter der genannten Bedingung erklären. Es ist dem V nicht zuzumuten, sich auf eine Rücktrittserklärung einzulassen, die nur wirksam sein soll, wenn K jemanden findet, der die Leistung, die V erbringen sollte, übernimmt; die Rechtsunsicherheit wäre für V zu groß.

Die Bedingungsfeindlichkeit der Aufrechnungserklärung ist gesetzlich verankert (§ 388 S. 2).

III. Die Rechtslage während der Schwebezeit

355 Wie bereits dargestellt, führt die Vereinbarung einer Bedingung einen Schwebezustand herbei, der in der Regel erst mit dem Eintritt der Bedingung beendet wird.

Während dieser Schwebezeit ist der Inhaber eines Rechts, das Gegenstand des bedingt abgeschlossenen Vertrages ist, noch Vollrechtsinhaber und als solcher verfügungsbefugt.

Beispiel: Hat sich der Verkäufer einer Sache bei der Übereignung derselben das Eigentum an der Sache bis zur vollständigen Zahlung des Kaufpreises vorbehalten, so handelt es sich um die Vereinbarung eines Eigentumsvorbehaltes (§ 449). Die Übereignung wird erst mit dem Eintritt der aufschiebenden Bedingung (= Zahlung des vollständigen Kaufpreises) wirksam. Solange der Käufer den Kaufpreis noch nicht bezahlt hat, bleibt der Verkäufer also Eigentümer, sodass er grundsätzlich die Sache noch an eine dritte Person übereignen (= darüber verfügen) könnte.

Um weitere Verfügungen während der Schwebezeit zu erschweren, bestimmt § 161, dass in der Schwebezeit Verfügungen, die die Rechtsstellung desjenigen berühren, der bei Eintritt der Bedingung den Gegenstand erwerben würde, unwirksam sind, soweit sie die von der Bedingung abhängige Wirkung vereiteln oder beeinträchtigen würden. **356**

Zu dem vorhergehenden Beispiel: Zahlt der Käufer den Kaufpreis, wird er Eigentümer der gekauften Sache, da nun die aufschiebende Bedingung eingetreten ist, auch wenn der Verkäufer die Sache zwischenzeitlich einem anderen übereignet hat. Der Dritte kann das Eigentum nicht erwerben bzw. behalten.

Derjenige, dessen Erwerb eines Gegenstandes nur noch von dem Eintritt einer Bedingung abhängt, hat bereits eine durch § 161 rechtlich geschützte Position, die überwiegend als **Anwartschaft** bezeichnet wird. Die Person, die die Anwartschaft erworben hat, wird auch Anwartschaftsberechtigter genannt. Der BGH[1] sieht das Anwartschaftsrecht als eine „bloße Vorstufe des Eigentums" an; es sei allerdings „im Vergleich zum Eigentum kein aliud, sondern ein wesensgleiches minus". Das Anwartschaftsrecht ist demnach ein subjektives Recht, das auch übertragbar ist. Auf die Übertragung des Anwartschaftsrechts im Hinblick auf das Eigentum an beweglichen Sachen sind dieselben Regeln anwendbar wie bei der Übereignung beweglicher Sachen[2]. In seinem Bestand bleibt das Anwartschaftsrecht allerdings von dem schuldrechtlichen Grundgeschäft (dem Kaufvertrag) abhängig[3]. Das Anwartschaftsrecht wird z. B. dann hinfällig, wenn der Verkäufer gemäß § 449 Abs. 2 wirksam vom Vertrage zurücktritt[4].

---

1 Vgl. u. a. BGHZ 28, 16, 21 u. 35, 85, 89.
2 Vgl. u. a. BGHZ 28, 16, 21; 75, 221, 225.
3 Vgl. BGHZ 75, 221, 225 f.
4 Vgl. BGHZ 35, 85, 94.

IV. Die treuwidrige Einflussnahme auf Eintritt oder Ausfall der Bedingung (§ 162)

357 Die Partner eines unter einer Bedingung geschlossenen Rechtsgeschäfts sind nicht verpflichtet, sich um den Eintritt der Bedingung zu bemühen[5]. Gemäß § 162 sind die an dem Rechtsgeschäft Beteiligten allerdings gehalten, während des Schwebezustandes nichts zu unternehmen, was gegen Treu und Glauben verstößt und geeignet ist, den Eintritt der Bedingung zu verhindern.

> **Beispiel** (nach RGZ 122, 247 ff.): H schließt mit L einen Vertrag, in dem es u. a. heißt: „H überlässt dem L am Giebel des ihm gehörenden Gasthofes einen Platz zur Ausnutzung für Lichtreklame gegen eine Vergütung von 2500,– € jährlich. Der Vertrag wird zunächst für vier Jahre abgeschlossen. Die Wirksamkeit des Vertrages hängt von der Erteilung der behördlichen Genehmigung für die Lichtreklame ab, deren Kosten L zu tragen hat." Nach Abschluss des Vertrages befürchtet L, dass die hohen Kosten der Anbringung der Anlage ihn in wirtschaftliche Schwierigkeiten bringen würden. Wenn L daraufhin der Genehmigungsbehörde lediglich Entwürfe einreicht, von denen er weiß, dass sie nicht genehmigt werden können, so verhindert er damit wider Treu und Glauben den Eintritt der Bedingung, sodass diese gemäß § 162 Abs. 1 als eingetreten gilt.

Nach herrschender Meinung enthält § 162 einen **allgemeinen Grundsatz**, der entsprechend auf andere Sachverhalte anwendbar ist, die eine vergleichbare Interessenlage aufweisen[6]: Aus einem von ihm treuwidrig herbeigeführten Ereignis darf niemand eine für sich günstige Rechtsfolge herleiten.

§ 20   Die Verjährung

Schrifttum: *Köhler,* Zur Geltendmachung und Verjährung bei Unterlassungsansprüchen, JZ 2005, 489; *Lakkis,* Die Verjährungsvereinbarung nach neuem Recht, AcP 203 (2003), 763; *Mansel,* Die Neuregelung des Verjährungsrechts, NJW 2002, 89; *Mansel/Budzikiewicz,* Verjährungsanpassungsgesetz: Neue Verjährungsfristen, insbesondere für die Anwaltshaftung und im Gesellschaftsrecht, NJW 2005, 321; *Rieble,* Verjährung „verhaltener" Ansprüche – am Beispiel der Vertragsstrafe, NJW 2004, 2270; *Wagner,* Die Verjährung gewährleistungsrechtlicher Rechtsbehelfe nach neuem Schuldrecht, ZIP 2002, 789; *Witt,* Schuldrechtsmodernisierung 2001/2002 – das neue Verjährungsrecht, JuS 2002, 105.

I. Der Sinn der Verjährung

358 Alle gesetzlichen und vertraglichen Ansprüche sind gemäß §§ 194 ff. der Verjährung unterworfen und damit im Hinblick auf ihre Durchsetzbarkeit zeitlich begrenzt.

---

5   Vgl. *Staudinger-Bork,* § 162 Rdnr. 1.
6   *Palandt-Ellenberger,* § 162 Rdnr. 6.

Verjährung bedeutet: Der Gläubiger kann den Anspruch nicht mehr durchsetzen, wenn der Schuldner die **Einrede** geltend macht, der Anspruch sei verjährt. Hat der Schuldner die Einrede der Verjährung erhoben, ist er berechtigt, die Leistung dauernd zu verweigern (§ 214 Abs. 1). Nur Ansprüche, nicht auch andere subjektive Rechte unterliegen der Verjährung.

Sinn und Zweck der Verjährung ist es, Rechtssicherheit und Rechtsfrieden zu bewahren. Kann sich ein Schuldner auf die Verjährung seiner Leistungsverpflichtung berufen, so macht er eine **Einrede** geltend. Eine Rechtsnorm gewährt eine Einrede, wenn sie einem Schuldner das Recht gibt, seine Leistung zu verweigern (Leistungsverweigerungsrecht).

Die Verjährung bedeutet nicht, dass der Anspruch nicht mehr besteht. Die Verjährung ist nur zu beachten, wenn der Schuldner sich darauf beruft, die **Einrede der Verjährung** also geltend macht. Der Schuldner entscheidet letztlich darüber, ob er sich auf die Verjährung beruft (die Einrede der Verjährung geltend macht). Ein Gericht darf demnach nicht von Amts wegen, d. h. ohne dass die **Einrede** der Verjährung erhoben worden ist, prüfen, ob eine Forderung verjährt ist. **359**

> **Beispiel:** K kauft bei V eine Stereoanlage, die nach zwei Jahren und 3 Monaten nach Übergabe einen schweren Defekt aufweist. K verlangt eine kostenlose Reparatur der Anlage. Gemäß § 438 verjähren Ansprüche wegen Mängeln der gekauften Sache in zwei Jahren nach Ablieferung der Kaufsache. Hier kann sich V also auf Verjährung berufen. Wenn K ein guter Kunde ist, wird V es sich allerdings überlegen, ob das klug wäre. Aus Kulanz wird er sich im Zweifel nicht auf die Verjährung berufen, sondern dem K die Mängelbeseitigung gewähren.

Vergisst der Schuldner, sich auf die Verjährung zu berufen, muss er auch einen verjährten Anspruch erfüllen; er kann eine Leistung, die er bereits erbracht hat, nicht mehr zurückfordern (§ 214).

Probleme der Verjährung spielen in der Praxis eine große Rolle[1].

II. Die Verjährungsfristen

Gemäß § 195 beträgt die regelmäßige Verjährungsfrist 3 Jahre. So verjähren etwa die Ansprüche aus Verträgen, wie etwa Kaufpreisforderungen und Forderungen auf Schadensersatz wegen Pflichtverletzungen, sowie Ansprüche aus ungerechtfertigter Bereicherung (§ 812) in **drei** Jahren. **360**

Für zahlreiche Ansprüche sieht das Gesetz jedoch eine kürzere oder längere Verjährungsfrist vor.

Das für die Praxis wichtigste Beispiel für kürzere Verjährungsfristen sind die Mängelansprüche beim Kauf beweglicher Sachen (§§ 437 ff.). Sie verjähren gemäß § 438

---

1 Zur Vertiefung: *Mansel*, NJW 2002, 89 ff.

in **zwei** Jahren von der Ablieferung an gerechnet. Die Verjährung tritt ohne Rücksicht darauf ein, ob der Käufer den Mangel kannte oder erkennen konnte. Das gilt auch für verborgene Mängel.

Bei Mängeln an einem gekauften Bauwerk beträgt die Verjährungsfrist hingegen **fünf** Jahre (§ 438 Abs. 1 Nr. 2).

361 Bei einem anderen für die Praxis sehr wichtigen Vertrag, dem Werkvertrag, verjähren die Mängelansprüche ebenfalls in **zwei** Jahren, es sei denn, es handelt sich um ein Bauwerk; im letztgenannten Fall verjähren die Mängelansprüche in **fünf** Jahren (§ 634a).

362 Einer **zehnjährigen** Verjährungsfrist unterliegen u. a. Ansprüche auf die Übertragung des Eigentums an Grundstücken und auf die Begründung von Rechten an einem Grundstück (z. B. Grundschulden) (§ 196).

In **dreißig** Jahren verjähren nach § 197 u. a.:
- Herausgabeansprüche aus Eigentum und anderen dinglichen Rechten,
- familien- und erbrechtliche Ansprüche,
- rechtskräftig festgestellte Ansprüche, wie z. B. Zahlungsansprüche, die in einem rechtskräftigen Urteil festgestellt sind,
- Ansprüche, die durch die im Insolvenzverfahren erfolgte Feststellung vollstreckbar geworden sind.

III. Der Beginn und die Berechnung der Verjährungsfristen

363 Wann die Verjährungsfrist beginnt, ist nicht einheitlich geregelt. Deshalb ist zu differenzieren, ob es sich um die regelmäßige Verjährungsfrist von drei Jahren oder um davon abweichende kürzere oder längere Verjährungsfristen handelt.

Die regelmäßige Verjährungsfrist von drei Jahren (§ 195) beginnt nach § 199 Abs. 1 mit dem Schluss des Jahres, in dem der Anspruch entstanden ist (§ 199 Abs. 1 Nr. 1) **und** der Gläubiger von den den Anspruch begründenden Umständen und der Person des Schuldners Kenntnis erlangt hat oder ohne grobe Fahrlässigkeit hätte erlangen müssen (§ 199 Abs. 1 Nr. 2). § 199 Abs. 1 Nr. 2 knüpft also den Beginn der regelmäßigen Verjährungsfrist an die zusätzliche Voraussetzung der Kenntnis oder grob fahrlässigen Unkenntnis des Gläubigers.

> **Beispiel:** Am 12. 8. 2006 kauft K bei V einen Gebrauchtwagen zum Preis von 3200,– €. K zahlt nicht, und V vergisst, dass K den Kaufpreis noch nicht entrichtet hat. Das fällt ihm erst Anfang September 2009 ein. Als V von K Zahlung verlangt, beruft sich K auf Verjährung. Die Kaufpreisforderung verjährt gemäß § 195 in drei Jahren. Der Beginn der dreijährigen Verjährungsfrist ist nach § 199 Abs. 1 zu berechnen. Die Frist beginnt mit Jahresschluss 2006, endet also mit Ablauf des 31.12.2009. Infolgedessen ist der Anspruch des V noch nicht verjährt.

§ 199 Abs. 2 und 3 enthalten Höchstfristen, nach deren Ablauf die Verjährung unabhängig von der Kenntnis eintritt.

Die Verjährungsfrist von Ansprüchen, die nicht der regelmäßigen Verjährungs- **364**
frist von drei Jahren unterliegen, beginnt mit der Entstehung des Anspruchs, soweit gesetzliche Regelungen nichts Abweichendes vorsehen. So beginnt z. B. die
zweijährige Verjährungsfrist bei Mängelansprüchen
– beim Kauf beweglicher Sachen mit der Ablieferung (Übergabe) der Sache
  (§ 438 Abs. 2),
– beim Werkvertrag im Regelfall mit der Abnahme (§ 634a Abs. 2).

IV. Vereinbarungen über die Verlängerung und Verkürzung von Verjährungsfristen

Grundsätzlich kann die Verjährungsfrist durch eine entsprechende Vereinbarung **365**
verkürzt oder verlängert werden. § 202 schließt lediglich aus, dass die Haftung wegen Vorsatzes erleichtert oder ausgeschlossen wird oder die Verjährungsfrist über
30 Jahre hinaus verlängert wird.

In der Praxis spielt vor allem die Verlängerung oder Verkürzung von Verjährungsfristen betreffend Mängelansprüche bei Kauf- und Werkverträgen eine Rolle.

Nicht selten werden dem Käufer von Markenartikel längere als die gesetzlichen Verjährungsfristen eingeräumt. Dafür wird häufig der Ausdruck „Garantiefrist" verwandt.

> **Beispiel:** Ein Autohersteller gibt den Käufern seiner Produkte eine Garantie darauf,
> dass die Karosserie seiner Fahrzeuge acht Jahre lang nicht durchrosten.

Bei Werkverträgen über die Errichtung oder Einrichtung von Bauwerken hat der
Bauherr häufig ein Interesse daran, dass die Verjährungsfrist über die gesetzliche
Regelung (5 Jahre nach § 634a) hinaus verlängert wird.

In vielen Fällen hat der Verkäufer oder Werkunternehmer allerdings ein Interesse
daran, die Verjährungsfristen wegen Mängelansprüchen zu verkürzen.

> **Beispiel:** Der Verkäufer von Computern und Zubehör möchte im Regelfall nicht
> zwei Jahre lang nach Übergabe der Waren von Kunden wegen Mängeln in Anspruch
> genommen werden können, wie § 438 das vorsieht.

Vereinbarungen über die Verkürzung von Verjährungsfristen sind zwar grund- **366**
sätzlich möglich, unterliegen aber nicht unerheblichen Einschränkungen.

Das gilt vor allem dann, wenn die Verkürzung der Verjährungsfrist über die Vereinbarung Allgemeiner Geschäftsbedingungen erreicht werden soll. § 309 Nr. 8b) ff.)
schreibt vor, dass bei Verträgen über Lieferungen neu hergestellter Sachen und
über Werkleistungen die verkürzte Verjährungsfrist 1 Jahr nicht unterschreiten darf.
Eine Klausel, die dagegen verstößt, ist unwirksam. Eine Verkürzung der Verjährungsfrist unter 1 Jahr, die nicht durch Allgemeine Geschäftsbedingungen, sondern
durch eine Individualvereinbarung getroffen wird, ist hingegen wirksam.

Beim Verbrauchsgüterkauf sind der Verkürzung von Verjährungsfristen noch größere Grenzen gesetzt als sonst. Nach § 475 Abs. 2 kann die Verjährungsfrist von zwei Jahren für die Gewährleistungsansprüche und Rechte aus § 437 auch durch eine Individualvereinbarung nicht unterschritten werden, wenn es sich um den Kauf neuer Sachen handelt. Für gebrauchte Sachen darf die Verjährungsfrist nicht unter einem Jahr liegen.

V. Die Hemmung und der Neubeginn der Verjährung

1. Überblick

367 Es gibt eine Reihe von Ereignissen, die den Ablauf der Verjährungsfrist beeinflussen können. So gibt es z. B. anerkennenswerte Gründe, die den Gläubiger daran hindern können, den Anspruch geltend zu machen. Dies muss Einfluss auf das Weiterlaufen der Verjährungsfrist haben. Schließlich muss sichergestellt werden, dass ein Anspruch nicht verjährt, wenn der Gläubiger bereits ernsthafte und angemessene Schritte zur Durchsetzung desselben unternommen hat. Das BGB wird dieser Interessenlage gerecht durch

- die Hemmung der Verjährung; d. h. bestimmte Zeiten werden in die Verjährungsfrist nicht eingerechnet.
- die Ablaufhemmung. Dabei handelt es sich um einen Unterfall der Hemmung. Die Verjährungsfrist läuft frühestens eine bestimmte Zeit nach Wegfall von bestimmten Gründen ab, die der Geltendmachung des Anspruchs entgegenstehen.
- den Neubeginn der Verjährung. Dieser hat zur Folge, dass die bis zum Neubeginn verstrichene Zeit nicht mehr mitgezählt wird. Der Lauf der Verjährungsfrist beginnt erneut.

2. Die Hemmung

368 Das Gesetz zählt eine Reihe von Gründen auf, die dazu führen, dass in dem Zeitraum, in dem diese Gründe vorhanden sind, die Verjährungsfrist nicht weiterläuft.

Das Gesetz kennt u. a. folgende Gründe für den Eintritt der Hemmung der Verjährung:
- Klageerhebung (§ 204 Abs. 1 Nr. 1);
- Zustellung eines Mahnbescheides im Mahnverfahren (§ 204 Abs. 1 Nr. 3);
- die Anmeldung des Anspruchs im Insolvenzverfahren (§ 204 Abs. 1 Nr. 10);
- die Vereinbarung zwischen Gläubiger und Schuldner, aufgrund derer der Schuldner berechtigt ist, vorübergehend die Leistung zu verweigern (§ 205). Dazu zählt z. B. die Stundung.
- tatsächliche Hindernisse, die dazu führen, dass der Berechtigte einen bestehenden Anspruch nicht geltend machen kann (§ 206). Dazu zählt vor allem höhere Gewalt. Ein Fall der höheren Gewalt i. S. des § 206 liegt dann vor, wenn die

Verhinderung auf Ereignissen beruht, die durch die vom Anspruchsberechtigten billigerweise zu erwartende Sorgfalt nicht verhütet werden konnten; schon das geringste eigene Verschulden schließt höhere Gewalt aus[2]. Höhere Gewalt liegt z. B. vor, wenn der Anspruchsberechtigte überraschend und unvorbereitet schwer erkrankt.

– familiäre und ähnliche Gründe (§ 207). So sind in der Verjährung z. B. die Ansprüche unter Eheleuten und Lebenspartnern gehemmt, solange die Ehe bzw. die Lebenspartnerschaft besteht.

– den Eintritt der Parteien in Verhandlungen über einen streitigen oder zweifelhaften Anspruch oder über Umstände, aus denen sich ein Anspruch ergeben kann (§ 203).

Dass im letztgenannten Fall (Verhandlungen) die Verjährung gehemmt ist, hat den Sinn, die Verhandlungen, die dem rechtspolitisch erwünschten Zweck, Rechtsstreitigkeiten zu vermeiden, dienen, nicht unter dem Druck einer ablaufenden Verjährungsfrist stattfinden müssen. Die Hemmung dauert allerdings nur so lange, bis der eine oder der andere Teil die Fortsetzung der Verhandlungen verweigert (§ 203 S. 1). Wann das der Fall ist, dürfte nicht immer leicht zu bestimmen sein. **369**

Das gilt insbesondere für den Fall, dass Verhandlungen durch Verschleppung beendet werden. Es ist davon auszugehen, dass die Verhandlungen dann als beendet anzusehen sind, wenn von einem der Beteiligten nach Treu und Glauben Schritte zur Fortsetzung zu erwarten gewesen wären.

Die Hemmung bedeutet stets ein Ruhen der Verjährung. Nach Beseitigung des Hemmungsgrundes läuft die Verjährungsfrist sofort weiter. Die bis zur Hemmung der Verjährung bereits abgelaufene Frist wird mit eingerechnet (§ 209).

Beispiel: V ist Inhaber eines Kaufpreisanspruchs gegen K. Dieser Anspruch ist am 1. 7. 2009 entstanden und verjährt gemäß § 195 in drei Jahren. Als K bis zum 1. 10. 2009 nicht gezahlt hat, beantragt V beim zuständigen Amtsgericht einen Mahnbescheid. Mit der Zustellung des Mahnbescheids bei K ist der Ablauf der Verjährung gemäß § 204 Abs. 1 Nr. 3 gehemmt.

VI. Der Neubeginn der Verjährung

Eine weitaus einschneidendere Wirkung als die Hemmung der Verjährung hat der Neubeginn der Verjährung. Gemäß § 212 hat der Neubeginn der Verjährung zur Folge, dass die bis zum Neubeginn verstrichene Zeit nicht mehr mitgezählt wird. Der Ablauf der vollständigen Verjährungsfrist beginnt erneut. **370**

Die Gründe für den Neubeginn der Verjährung sind begrenzt. § 212 sieht vor, dass die Verjährung erneut beginnt, wenn

---

2 So BGH DB 1953, 593; *Soergel-Augustin*, § 203 Rdnr. 3.

– der Schuldner gegenüber dem Gläubiger den Anspruch anerkennt. Das kann durch Abschlag- oder Zinszahlung, durch Sicherheitsleistung oder auf andere Weise geschehen;

– eine gerichtliche oder behördliche Vollstreckungshandlung vorgenommen oder beantragt wird.

VII. Ausschlussfristen

371 Von der Verjährung zu unterscheiden sind die sogenannten Ausschlussfristen. Es handelt sich dabei um Fristen, innerhalb derer bestimmte Gestaltungsrechte, zu denen u. a. die Anfechtung, die Kündigung und die Ausübung des Rücktrittsrechts zählen, geltend gemacht werden können. Ist die Frist, innerhalb derer das Gestaltungsrecht geltend gemacht werden kann, abgelaufen, ist das Gestaltungsrecht erloschen.

Die Ausschlussfrist für die Geltendmachung der Anfechtung ist in §§ 121 und 124 geregelt.

In einem Prozess hat das Gericht den Ablauf von Ausschlussfristen zu prüfen und von Amts wegen zu berücksichtigen. Das heißt, das Gericht hat die Ausschlussfrist auch dann zu beachten, wenn sich der Gegner im Prozess darauf nicht beruft. Ausschlussfristen sind in einem gerichtlichen Verfahren rechtsvernichtende Einwendungen.

§ 21   Rechtssubjekte und subjektive Rechte

Schrifttum: *Damm,* Personenrecht – Klassik und Moderne der Rechtsperson, AcP 202 (2002), 841; *Degenhart,* Das allgemeine Persönlichkeitsrecht, JuS 1992, 361; *Ehmann,* Zur Struktur des Allgemeinen Persönlichkeitsrechts, JuS 1997, 193; *Fezer,* Teilhabe und Verantwortung, 1986; *Kasper,* Das subjektive Recht – Begriffsbildung und Bedeutungsmehrheit, 1967; *Wüstenbecker,* Die subjektiven Privatrechte, JA 1984, 227

I. Rechtssubjekte

1. Der Personenbegriff des BGB

372 Als Träger von Rechten und Pflichten kennt das Privatrecht nur natürliche Personen und juristische Personen. Beide sind als Träger subjektiver Rechte Rechtssubjekte.

Alle Menschen sind natürliche Personen. Als solche können sie Träger von Rechten und Pflichten sein.

Gemäß § 1 ist jeder Mensch von der Geburt an rechtsfähig, d. h. eine „natürliche Person".

Das BGB sieht also den Menschen als „geborene Person" an. Dem liegt das Verständnis vom Menschen zugrunde, dass er seiner „eigentümlichen Natur und Bestimmung nach darauf angelegt ist, sein Dasein und seine Umwelt im Rahmen der ihm jeweils gegebenen Möglichkeiten frei und verantwortlich zu gestalten, sich Ziele zu setzen und selbst Schranken des Handelns aufzuerlegen"[1]. Dieses Verständnis wurzelt in der christlichen Religion ebenso wie in der abendländischen Philosophie, insbesondere in dem ethischen Personalismus Kants, der die Verfasser des BGB nicht unerheblich beeinflusst haben dürfte[2].

Die Rechtsfähigkeit als die Fähigkeit einer Person, Träger von Rechten und Pflichten sein zu können, versetzt die Person in die Lage, **Rechtssubjekt** zu sein und als solches am Rechtsverkehr und damit am sozialen Leben teilnehmen zu können. 373

Wie sich aus dem schon erwähnten Grundsatz der formalen Gleichbehandlung aller Staatsbürger ergibt, steht die Rechtsfähigkeit allen Menschen in gleicher Weise zu. Das bedeutet u. a., dass die Rechtsfähigkeit den Menschen unabhängig von Geschlecht, Abstammung, Rasse, Alter, Beruf, Einkommensverhältnissen, Religion oder politischen Überzeugungen verliehen ist.

2. Der Schutz der Persönlichkeit

a) Überblick

Die natürlichen Personen werden durch das im BGB nicht ausdrücklich geregelt, aber in Rechtsprechung und rechtswissenschaftlicher Literatur allgemein anerkannte allgemeine Persönlichkeitsrecht umfassend geschützt. 374

Das allgemeine Persönlichkeitsrecht ist ein umfassendes Recht auf Achtung und Nichtverletzung der Person, durch das die Privat- und Intimsphäre, die Ehre sowie Schrift und Rede geschützt werden[3]. Das Grundgesetz garantiert das allgemeine Persönlichkeitsrecht in Art. 1 Abs. 1 GG und Art. 2 Abs. 2 GG. Das BGB schützt das allgemeine Persönlichkeitsrecht durch § 12 und vor allem durch § 823 Abs. 1, denn das allgemeine Persönlichkeitsrecht ist ein sonstiges Recht im Sinne dieser Vorschrift.

b) Das Namensrecht

Der Name einer Person ist deren ständige Bezeichnung, die dem Zweck dient, sie von anderen Personen zu unterscheiden. In der Bundesrepublik Deutschland be- 375

---

1 *Larenz/Wolf*, AT, § 2 Rdnr. 2.
2 Vgl. *Larenz/Wolf*, AT, § 2 Rdnr. 3.
3 Vgl. dazu BGHZ 13; 334; 24, 72; 35, 363; 39, 124; 66, 182.

steht nach dem Personenstandsgesetz die Pflicht, einen Namen zu führen (§§ 11, 21 und 22 Personenstandsgesetz).

Nach § 12 erfüllt der Name nicht nur den Zweck, die Person zu kennzeichnen. Der Name ist auch ein **absolutes Persönlichkeitsrecht**, das die Person in zweierlei Hinsicht schützt:

– § 12 bietet einen Schutz gegen den Gebrauch des Namens durch einen anderen (Namensanmaßung); er gewährt damit ein Ausschlussrecht gegen die unbefugte Führung des Namens durch andere Personen.

– § 12 gewährt außerdem einen Schutz für den Gebrauch des eigenen Namens durch eine Person (Namensbestreitung); wenn einer Person das Recht zum Gebrauch des eigenen Namens von einer anderen streitig gemacht wird, kann sie eine Beseitigung der Beeinträchtigung durch den Nichtberechtigten verlangen.

376 Man kann deshalb auch sagen, dass das Namensrecht das Recht beinhaltet, den eigenen Namen ungehindert zu führen und andere von dem unbefugten Gebrauch des Namens auszuschließen.

Eine Verletzung des Namensrechts des Berechtigten durch den unbefugten Gebrauch seines Namens i. S. des § 12 liegt in erster Linie dann vor, wenn der Name von einem anderen, dem er nicht zukommt, als sein Kennzeichen oder Unterscheidungsmerkmal benutzt wird[4].

> **Beispiel:** Frau Karoline Grau erfährt von einer guten Bekannten, dass sich ihr Ehemann mit seiner Geliebten Eva Grünvogel in Bad Ems in einem Hotel aufhält. Sie fährt nach Bad Ems und stellt dort fest, dass sich Frau Grünvogel im Hotelbuch als Karoline Grau eingetragen hat. In diesem Fall gibt § 12 Frau Grau einen Anspruch auf Beseitigung der Namensbeeinträchtigung. Sie kann darüber hinaus auf Unterlassung des Gebrauchs des Namens Karoline Grau durch die Eva Grünvogel für die Zukunft klagen, wenn die Besorgnis weiterer Beeinträchtigungen besteht.

c) Das Recht am eigenen Bild

377 Gemäß §§ 22 und 23 des Kunst- und Urhebergesetzes (Gesetz betreffend das Urheberrecht an Werken der bildenden Künste und der Fotografie) darf die Verbreitung oder die öffentliche Zurschaustellung des Bildes einer Person nur mit deren Zustimmung erfolgen. Liegt die Einwilligung der Person nicht vor, ist diese befugt, die Verbreitung oder die öffentliche Zurschaustellung des Bildes zu untersagen[5].

> **Beispiel:** Anton Adler findet zu seiner Überraschung im Rahmen eines Artikels über die Deutschen in einer Illustrierten sein Bild mit der Unterschrift „Prototyp eines satten Deutschen". Da eine Einwilligung des Adler nicht vorliegt, kann er gemäß §§ 22, 23 Kunst- und Urhebergesetz die Verbreitung des Bildes untersagen.

---

4   RGZ 91, 350, 352; BGHZ 30, 7, 9.

5   Vgl. dazu BGH NJW 1996, 593 ff.

Ausnahmen von der genannten Regel gelten gemäß § 23 Kunst- und Urhebergesetz nur
- für Bilder von Personen der Zeitgeschichte;
- für Bilder, auf denen die Personen nur als Beiwerk neben einer Landschaft oder einer sonstigen Örtlichkeit erscheinen;
- für Bilder, bei denen ein höheres Interesse der Kunst die Schaustellung rechtfertigt;
- für Bilder, auf denen die Personen lediglich als Teilnehmer von Massenveranstaltungen zu sehen sind.

Einschränkungen sind jedoch auch bei Bildern aus dem Bereiche der Zeitgeschichte zu machen. Bilder von Personen der Zeitgeschichte dürfen nicht verbreitet werden, wenn dadurch ein berechtigtes Interesse der Person verletzt wird. Das bedeutet u. a., dass Personen der Zeitgeschichte es in der Regel nicht hinnehmen müssen, dass Bilder aus ihrer Privat- und Intimsphäre ohne ihren Willen angefertigt und veröffentlicht werden.   **378**

> **Beispiel:** Das Bild des Politikers A bei einer Wahlveranstaltung darf veröffentlicht werden, nicht aber das Bild des Politikers A, welches ihn beim Austausch von Intimitäten mit seiner Freundin B zeigt.

> **Beispiel:** Das Bild des gesuchten Straftäters darf veröffentlicht werden, nicht aber das seiner Eltern.

d) Die Verletzung der in § 823 Abs. 1 genannten Lebensgüter

In § 823 Abs. 1 sind vier Lebensgüter genannt, deren rechtswidrige und schuldhafte Verletzung unter den übrigen in dieser Vorschrift genannten Voraussetzungen einen Schadensersatzanspruch entstehen lässt. Diese Lebensgüter sind: das Leben, der Körper, die Gesundheit und die Freiheit.   **379**

Die genannten Lebensgüter sind auch durch das Grundgesetz in Art. 2 Abs. 2 GG ausdrücklich geschützt. Es ist dort von dem „Recht auf Leben und körperliche Unversehrtheit", der „Freiheit der Person" (Schutz der Freiheit) die Rede. Aus § 823 Abs. 1 BGB i. V. m. Art. 2 Abs. 2 GG ist deshalb das Recht jeder Person auf Nichtverletzung des Lebens, des Körpers, der Gesundheit und der Freiheit abzuleiten[6].

e) Der Schutz des allgemeinen Persönlichkeitsrechts

Das allgemeine Persönlichkeitsrecht garantiert einen umfassenden Schutz der Persönlichkeitssphäre. Es wird aus dem Grundgesetz (Art. 1 und 2) abgeleitet und ist gemäß § 823 Abs. 1 als ein „sonstiges Recht" geschützt[7].   **380**

---

6 Vgl. u. a. BGHZ 24, 72, 76 ff.
7 Vgl. BGHZ 13, 334, 338; 24, 72.

Die Grenzen des allgemeinen Persönlichkeitsrechts sind nur schwer zu ziehen. Sie dürften sich aus der Gleichheit des Rechts für alle Personen, aus einem berechtigten Interesse der Öffentlichkeit an Unterrichtung und Information i. V. m. dem Grundrecht der freien Meinungsäußerung (Art. 5 GG) ergeben; allerdings ist Letzteres ebenso wie die Freiheit der Kunst nicht grenzenlos.

Beispiel (in Anlehnung an BGHZ 39, 124): Die Juli-Ausgabe der von X herausgegebenen Illustrierten Y enthält einen Bericht über die Fernsehansagerin K. In Verbindung mit der Wiedergabe ungünstiger Lichtbilder wird ausgeführt, K sehe aus „wie eine ausgemolkene Ziege" und passe „in ein zweitklassiges Tingeltangel auf der Reeperbahn". K wurde wegen dieser Angriffe in der Presse von der Rundfunkanstalt, bei der sie angestellt war, entlassen. Sie verlangt nun von X und dem verantwortlichen Redakteur Schadensersatz und Schmerzensgeld.

Hier geht es u. a. um die Frage, ob das allgemeine Persönlichkeitsrecht der K verletzt ist. Der BGH (vgl. BGHZ 39, 124 ff.) ist der Ansicht, dass der geschilderte Bericht eine schwerwiegende rechtswidrige Verletzung des Persönlichkeitsrechts der K enthält. Zwar sei es der Presse erlaubt, die Leistungen der K als Ansagerin einer Rundfunkanstalt zu kritisieren und dabei auch auf das den Fernsehteilnehmern bekannte äußere Erscheinungsbild einzugehen und es negativ zu würdigen. Die Ausführungen in der Illustrierten Y gingen aber über das Maß einer erlaubten Kritik weit hinaus. Das gelte vor allem für die Beleidigungen, K passe in „ein zweitklassiges Tingeltangel auf der Reeperbahn" und sehe aus wie eine „ausgemolkene Ziege". Diese Beleidigungen seien auch nicht mit einer Berufung auf das Grundrecht der Pressefreiheit zu rechtfertigen. Dieses Grundrecht werde „in seinem Wesen verkannt, wenn ihm die von einer Verantwortung entbundene Freiheit entnommen wird, Klatsch zu verbreiten und die Berichterstattung auf Kosten der Ehre anderer zugkräftig zu machen (vgl. Art. 5 Abs. 2 GG)". Ebendies sei aber in dem Bericht geschehen, indem in verzerrter und beleidigender Art auf das Privatleben der K ohne sachlichen Grund eingegangen worden sei.

In dieser Entscheidung hat der BGH deutlich gemacht, dass mit ehrverletzenden Äußerungen das allgemeine Persönlichkeitsrecht einer Person verletzt werden kann. Er hat sich zugleich mit den Grenzen, die dem allgemeinen Persönlichkeitsrecht gezogen sein können, befasst, indem er geprüft hat, ob das Grundrecht der Pressefreiheit in einem solchen Fall eine Berichterstattung dieser Art zulässt.

381 Eine Verletzung des allgemeinen Persönlichkeitsrechts kann auch in der Verletzung des Datenschutzes liegen[8] und – ein Verschulden vorausgesetzt – zur Entstehung eines Schadensersatzanspruches aus § 823 Abs. 1 führen. Die Rechte der Betroffenen sind allerdings durch das Bundesdatenschutzgesetz ausführlich geregelt. Jede durch das Bundesdatenschutzgesetz nicht gedeckte Übermittlung personenbezogener Daten stellt eine Verletzung des allgemeinen Persönlichkeitsrechts dar[9]. Nach

---

8 BGHZ 91, 233 ff.
9 So BGHZ 91, 233, 239 f.

Ansicht des BGH[10] scheidet ein Anspruch aus § 823 Abs. 1 allerdings aus, soweit das Bundesdatenschutzgesetz die Rechte des Betroffenen aus unzulässiger Datenverarbeitung abschließend regelt, weil die Verletzung des allgemeinen Persönlichkeitsrechts nur ein sogenannter „Auffangtatbestand" ist, der grundsätzlich gegenüber einer Spezialregelung des Persönlichkeitsrechts zurücktritt.

II. Subjektive Rechte

1. Subjektives Recht und objektives Recht

Das objektive Privatrecht enthält die Teile der Rechtsordnung als Zusammenfassung von Rechtsregeln, denen das menschliche Zusammenleben unterworfen ist und die allgemein gültig und verbindlich sind. Das objektive Recht verleiht den einzelnen Personen unter den in ihm genannten Voraussetzungen subjektive Rechte, die durchsetzbare Rechtspositionen darstellen. Sie sind vor Gericht einklagbar und vollstreckbar. 382

> **Beispiel:** § 823 Abs. 1 ist Bestandteil des objektiven Rechts. Verletzt der A den B vorsätzlich mit einem Messer am rechten Oberarm, so erfüllt er damit den Tatbestand des § 823 Abs. 1. Das objektive Recht – die Rechtsnorm des § 823 Abs. 1 – verleiht unter den genannten Voraussetzungen dem B ein subjektives Recht gegen A, nämlich das Recht, von ihm wegen des erlittenen Schadens Ersatz zu verlangen.

2. Begriff und Arten der subjektiven Rechte

a) Der Begriff des subjektiven Rechts

Ein **subjektives Recht** ist die dem einzelnen von der Rechtsordnung verliehene, zur Befriedigung seiner Bedürfnisse und Interessen dienende Rechtsmacht[11]. Allerdings ist diese Definition umstritten[12]. Der in der Definition gebrauchte Ausdruck „Rechtsmacht" soll keinen Zweifel daran lassen, dass nicht an wirtschaftliche Macht, sondern „an einen normativen Sachverhalt, nämlich an eine dem Berechtigten von der Rechtsordnung erteilte Ermächtigung, ein „Handeln-Dürfen" oder ein „rechtliches Können" gedacht ist"[13]. 383

Das subjektive Recht steht einer Person, also einem Menschen (= natürliche Person) oder einer juristischen Person, zu.

---

10 BGHZ 91, 233, 237 f.
11 So in etwa *Medicus*, AT, Rdnr. 61 ff.; und *Larenz/Wolf*, AT, § 14 Rdnr. 1.
12 Zu den Bemühungen um einen rein formalen Begriff des subjektiven Rechts siehe *Larenz/Wolf*, AT, § 14 Rdnr. 10 ff. mit Literaturnachweisen.
13 So zutreffend *Larenz/Wolf*, AT, § 14 Rdnr. 11.

b) Arten der subjektiven Rechte

384 Die subjektiven Rechte des Privatrechts lassen sich nach verschiedenen Gesichtspunkten einteilen.

aa) Die Einteilung der subjektiven Rechte nach Inhalten

(1) Die Persönlichkeitsrechte: Zu den wesentlichen subjektiven Rechten zählen die Persönlichkeitsrechte. Zu ihnen gehören die in § 823 Abs. 1 genannten Rechtsgüter, neben Gesundheit, Körper und Freiheit das Namensrecht, das Recht am eigenen Bild und das allgemeine Persönlichkeitsrecht.

Das allgemeine Persönlichkeitsrecht verleiht der einzelnen Person ein umfassendes Recht auf Achtung und Nichtverletzung der Person; durch dasselbe werden die Privat- und die Intimsphäre geschützt. Das allgemeine Persönlichkeitsrecht ist also eine dem Einzelnen von der Rechtsordnung verliehene Rechtsmacht, seine persönlichen Interessen – hier Achtung und Nichtverletzung der Person – zu befriedigen und durchzusetzen.

385 *(2) Die persönlichen Familienrechte:* Die persönlichen Familienrechte sind ein eigener Typus subjektiver Rechte, die den oben bezeichneten Persönlichkeitsrechten verwandt sind. Mit den Persönlichkeitsrechten haben sie gemein, dass sie streng an die Person gebunden sind, also weder übertragbar noch vererblich sind[14].

Die persönlichen Familienrechte haben die Beziehungen einer natürlichen Person zu anderen natürlichen Personen zum Gegenstand, die keinen vermögensrechtlichen Charakter haben. Zu diesen zählen u. a. die elterliche Sorge und das Recht der Ehegatten auf Achtung der ehelichen Lebensgemeinschaft.

386 *(3) Die Herrschaftsrechte:* Herrschaftsrechte, die man auch als Beherrschungsrechte bezeichnen kann, verleihen die Rechtsmacht, auf ein bestimmtes Objekt (Sache, Geistesprodukt, Recht, Vermögen) unmittelbar einzuwirken. Mit dieser Befugnis zur eigenen Einwirkung ist häufig die Befugnis zum Ausschluss fremder Einwirkung verbunden[15].

Das stärkste Herrschaftsrecht in Bezug auf Sachen ist das Eigentum.

Der Eigentümer einer Sache kann – allerdings im Rahmen der in Art. 14 GG geschaffenen Sozialbindung – mit der ihm gehörenden Sache tun und lassen, was er will, soweit nicht gesetzliche Bestimmungen oder Rechte Dritter entgegenstehen.

Es existieren auch Herrschaftsrechte an unkörperlichen Gütern, den Geistesschöpfungen, auch Immaterialgüterrechte genannt. Geistesschöpfungen können Geisteswerke und Erfindungen sein. Geisteswerke sind Werke der bildenden Kunst, der Musik und der Literatur. An ihnen besteht ein Urheberrecht. Das Urheberrechtsgesetz verleiht einen Schutz. Erfindungen werden durch das Patentrecht (Patentgesetz) geschützt.

---

14 Vgl. *Larenz/Wolf*, AT, § 15 Rdnr. 26.
15 *Medicus*, AT, Rdnr. 66 f.

(4) Ansprüche: Ein **Anspruch** gibt einer Person das Recht, von einer anderen oder mehreren anderen Personen ein bestimmtes Tun oder Unterlassen zu verlangen (§ 194 Abs. 1).

> **Beispiel:** Schließen V (Verkäufer) und K (Käufer) einen Kaufvertrag über ein Buch ab, so hat V gegen K einen Anspruch auf Zahlung des vereinbarten Kaufpreises (§ 433 Abs. 2). K hat gegen V einen Anspruch auf Übergabe und Übereignung des gekauften Buches (§ 433 Abs. 1).

Ergibt sich ein Anspruch aus einem Schuldverhältnis, wie es z. B. der Kaufvertrag darstellt, so handelt es sich um eine **Forderung**.

(5) Die Gestaltungsrechte: Unter einem Gestaltungsrecht als einem subjektiven Recht soll hier lediglich die Rechtsmacht verstanden werden, die einer Person die Möglichkeit gibt, allein durch die Ausübung ihres Willens solche Rechtsfolgen herbeizuführen, die in der Aufhebung oder Veränderung eines bestehenden Rechtsverhältnisses bestehen[16]. Während es zum Zustandekommen eines **vertraglichen Schuldverhältnisses** der Mitwirkung mindestens zweier Personen bedarf, die den Vertrag entstehen lassen wollen, gibt das Gesetz den Vertragspartnern unter gewissen Voraussetzungen das Recht, durch **einseitige Erklärung** das vertragliche Schuldverhältnis aufzuheben oder zu verändern. Zu den Gestaltungsrechten dieser Art gehören Kündigung, Rücktritt vom Vertrage und Anfechtung.

bb) Absolute und relative Rechte: Stellt man in erster Linie auf die Person des Verpflichteten ab, so ist zu unterscheiden zwischen absoluten Rechten einerseits und relativen Rechten andererseits.

Absolute Rechte wirken gegenüber jedermann. Das bedeutet: Absolute Rechte geben dem Inhaber einen absoluten Schutz. Zu den absoluten Rechten gehören die Persönlichkeitsrechte wie die in § 823 Abs. 1 genannten Rechtsgüter Leben, körperliche Unversehrtheit, Gesundheit und Freiheit, das Namensrecht und das allgemeine Persönlichkeitsrecht. Ein wichtiges absolutes Recht ist auch das Eigentum. Auch Immaterialgüterrechte, wie z. B. Patente, zählen zu den absoluten Rechten.

> **Beispiel:** Der Eigentümer einer Sache genießt einen absoluten Schutz. Verletzt jemand das Eigentum an der Sache und fügt schuldhaft dem Eigentümer einen Schaden zu, so kann der Eigentümer von dem Schädiger Ersatz des entstandenen Schadens verlangen (§ 823 Abs. 1). Nimmt ein anderer dem Eigentümer die Sache weg, ohne dazu berechtigt zu sein, so kann der Eigentümer von dem anderen die Herausgabe der Sache verlangen (§ 985). Wird der Eigentümer auf sonstige Weise im Gebrauch seines Eigentums gestört, so hat er gegen den Störer, gleich wer derselbe ist, einen Anspruch auf Beseitigung und Unterlassung der Störung (§ 1004).

Im Gegensatz zu den absoluten Rechten, die gegenüber jedermann wirken, wirken die **relativen Rechte** nur zwischen bestimmten Personen innerhalb eines Rechtsverhältnisses. Ein solches Rechtsverhältnis ist in der Regel ein vertragliches Schuld-

387

388

389

390

---

16 Zu weiteren Definitionen der Gestaltungsrechte siehe *Larenz/Wolf*, AT, § 15 Rdnr. 65 ff.

verhältnis (es kommt durch den Abschluss eines Vertrages zustande) oder ein gesetzliches Schuldverhältnis (ein solches entsteht dadurch, dass eine oder mehrere Personen Handlungen vornehmen, durch die ein im Gesetz umschriebener Tatbestand erfüllt wird). Das typische relative Recht ist der Anspruch, den eine Person gegen eine andere hat und kraft dessen sie von der anderen Person ein bestimmtes Tun oder Unterlassen verlangen und erzwingen kann.

Beispiel: Aufgrund eines abgeschlossenen Kaufvertrages (vertragliches Schuldverhältnis) kann der Käufer vom Verkäufer gemäß § 433 Abs. 1 Übereignung und Übergabe der gekauften Sache verlangen. Er hat darauf einen Anspruch, also ein relatives Recht. Aus demselben Kaufvertrag kann der Verkäufer von dem Käufer Zahlung des Kaufpreises verlangen (§ 433 Abs. 2). Der Verkäufer erwirbt aus dem Kaufvertrag also ebenfalls einen Anspruch, ein relatives Recht.

Beispiel: Verletzt A den B vorsätzlich mit einem Messer am rechten Oberarm, so erfüllt sein Verhalten den Tatbestand des § 823 Abs. 1 (gesetzliches Schuldverhältnis). B kann von A Schadensersatz verlangen (§ 823 Abs. 1) und Schmerzensgeld (§ 847). Er hat einen Anspruch darauf, also ein relatives Recht.

3. Die Grenzen der Durchsetzbarkeit subjektiver Rechte

391 Grundsätzlich kann jede Person frei darüber entscheiden, ob sie ein ihr zustehendes subjektives Recht durchsetzen will oder nicht. Allerdings garantiert die Rechtsordnung nicht die schrankenlose Ausübung und Durchsetzung subjektiver Rechte. Auch die subjektiven Rechte gewähren nur Rechtsstellungen, die begrenzt sind. Diese Grenzen entstehen dadurch, dass die Rechtsordnung auch andere Rechtsgüter schützt. Deshalb wird der Inhalt eines subjektiven Rechts nur innerhalb des Rahmens seiner rechtsethischen und sozialen Funktion rechtlich geschützt. So lässt sich aus der durch die Gesamtrechtsordnung vorgegebenen Sozialbindung subjektiver Rechte auch der Begriff des **Rechtsmissbrauchs** ableiten. Rechtsmissbräuchlich und deshalb unzulässig ist die Ausübung eines subjektiven Rechtes dann, wenn der Inhaber des Rechtes damit
– gegen das Schikaneverbot (§ 226),
– gegen die guten Sitten (§§ 138, 826) oder
– gegen Treu und Glauben (§ 242) verstößt.

392 In § 226 werden die Grenzen der zulässigen Rechtsausübung gezogen. Diese Bestimmung wird durch §§ 138, 242 und 826 ergänzt. Insgesamt lässt sich aus diesen gesetzlichen Bestimmungen folgender Grundsatz ableiten: Eine Rechtsausübung ist unzulässig, wenn sie sich als grober Verstoß gegen den das gesamte bürgerliche Recht beherrschenden Grundsatz von Treu und Glauben darstellt[17]. Der Schikanetatbestand des § 226 ist sehr eng gefasst. Da zur Anwendung des § 226 erforder-

---

17 Vgl. RGZ 146, 396; *Palandt-Ellenberger*, § 226 Rdnr. 1.

lich ist, dass die Ausübung eines Rechtes **ausschließlich** den Zweck haben muss, einem anderen Schaden zuzufügen, dürfte dieser Tatbestand selten erfüllt werden[18].

4. Die erlaubte Verteidigung subjektiver Rechte

Die Durchsetzung subjektiver Rechte bereitet Schwierigkeiten, wenn der Anspruchsgegner, der Verpflichtete, sich weigert, das von ihm verlangte Tun oder Unterlassen zu vollziehen. Wie schon erwähnt, ist es Aufgabe des Staates, dem Bürger bei der Durchsetzung des Rechts zu helfen. Dieser Aufgabe wird er durch die Einrichtung von Gerichten und besonderer Verfahren gerecht. Auch die Vollstreckung der von den Gerichten gefällten Entscheidungen ist Aufgabe des Staates.   393

Die Verwirklichung bzw. Durchsetzung subjektiver Rechte geschieht also grundsätzlich mithilfe der dafür vorgesehenen staatlichen Organe, der Gerichte und der Vollstreckungsorgane.

Das genannte staatliche Gewaltmonopol schließt private Eigenmacht und Selbsthilfe bei der Durchsetzung des Rechts in der Regel aus. Allerdings gewährt die Rechtsordnung dem Rechtsinhaber in **Ausnahmefällen** die Befugnis zur Verteidigung und Selbsthilfe. Im BGB geregelt sind Notwehr, Notstand und Selbsthilfe (§§ 227 ff., 859, 904).

§ 22   Rechtsobjekte

Schrifttum: *Bydlinski,* Der Sachbegriff im elektronischen Zeitalter: zeitlos oder anpassungsbedürftig?, AcP 198 (1998), 287; *Giesen,* Scheinbestandteil – Beginn und Ende, AcP 202 (2002), 689; *Schmieder,* Name – Firma – Titel – Marke. Grundzüge des Rechts an der Bezeichnung, JuS 1995, 119; *Witte,* Eigentumsanspruch und Urheberrecht bei Standardsoftware, DStR 1996, 1048.

I. Überblick

Ein subjektives Recht als die dem einzelnen Menschen von der Rechtsordnung verliehene Rechtsmacht, die der Befriedigung seiner Bedürfnisse und Interessen dient, kann sich auf alle diejenigen Objekte beziehen, die von Menschen beherrschbar sind und ihm von der Rechtsordnung auch zugeordnet werden können. Die Rechtsordnung kennt keine Rechte an Menschen. Objekte eines Rechts (Rechtsobjekte) können deshalb in erster Linie Sachen und Rechte sein.   394

---

18   Vgl. *Larenz/Wolf,* AT, § 16 Rdnr. 13.

Man kann sagen: Rechtsobjekt ist all das, was von Menschen beherrschbar ist und Menschen von der Rechtsordnung in der Art zugeordnet werden kann, dass der menschliche Wille für das zugeordnete Objekt rechtlich entscheidend sein soll[1]. Die rechtliche Herrschaftsmacht kann sich erstrecken auf Sachen, Rechte und Immaterialgüter.

II. Sachen

1. Begriff und Arten von Sachen

395   Sachen im Sinne des BGB sind nur körperliche Gegenstände (§ 90). Sie sind von Menschen beherrschbar.

Körperlich ist im Sinne von räumlicher Ausdehnung zu verstehen. Festigkeit ist nicht erforderlich. Deshalb gehören auch Gase und Flüssigkeiten zu den Sachen im Sinne des § 90, weil sie in Flaschen und anderen Behältern aufbewahrt, also beherrscht werden können. Nach der herrschenden Meinung[2] gehören Elektrizität, Licht- und Schallwellen sowie Strahlen nicht zu den Sachen im Sinne des § 90. Von Menschen beherrschte Energien sollen ebenfalls „unkörperliche Rechtsgegenstände" sein[3]. Die h. M. wendet auf die elektrische Energie gleichwohl die Vorschriften über die beweglichen Sachen an[4]. Gleiches gilt für Computerprogramme, sobald sie auf einem Datenträger festgelegt sind[5]. Zu den Sachen gehören auch Pflanzen.

396   Die früher geltende formale Gleichstellung des Tieres mit einer Sache ist dagegen durch das Gesetz zur Verbesserung der Rechtsstellung des Tieres im bürgerlichen Recht vom 20. 8. 1990 (abgedruckt im Bundesgesetzblatt 1990 I, S. 1762 f.) aufgehoben worden. § 90a stellt klar, dass Tiere keine Sachen sind. Gleichwohl sind die für Sachen geltenden Vorschriften entsprechend anzuwenden, soweit nicht die dem Tierschutz dienenden gesetzlichen Vorschriften, insbesondere das Tierschutzgesetz, entgegenstehen (vgl. § 90a S. 3).

Das BGB unterscheidet zwischen beweglichen Sachen (u. a. in § 929) und unbeweglichen Sachen, d. h. Grundstücken (§ 925). Die Unterscheidung ist wesentlich, weil bewegliche Sachen z. B. auf andere Art und Weise übereignet werden als Grundstücke (unbewegliche Sachen). Ein **Grundstück** ist ein Teil der Erdoberfläche, der im Grundbuch (einem staatlichen Register) als Grundstück geführt wird. **Bewegliche Sachen** sind körperliche Sachen, die nicht Grundstücke sind.

---

1 So *Rüthers/Stadler*, § 11 Rdnr. 1.
2 *Larenz/Wolf*, AT, § 20 Rdnr. 15; *Palandt-Ellenberger*, § 90 Rdnr. 2.
3 Vgl. *Larenz/Wolf*, AT, § 20 Rdnr. 15.
4 *MünchKomm-Holch*, § 90 Rdnr. 25.
5 *Palandt-Ellenberger*, § 90 Rdnr. 2; noch weiter differenzierend *MünchKomm-Holch*, § 90 Rdnr. 26 ff.

Beispiele: Autos, Bücher, Bierflaschen und Kleidungsstücke sind bewegliche Sachen.

§ 91 unterscheidet zwischen vertretbaren Sachen und nicht vertretbaren (unver- **397** tretbaren) Sachen. Nach der Definition des § 91 sind vertretbare Sachen bewegliche Sachen, die im Verkehr nach Zahl, Maß oder Gewicht bestimmt werden. Dies trifft auf solche Sachen zu, die sich von anderen nicht durch ausgeprägte Individualisierungsmerkmale abheben und daher ohne Weiteres austauschbar sind, deren Qualitätsmerkmale sich also gegenüber anderen Sachen derselben Art nur aus Maß, Zahl oder Gewicht ergeben[6]. Nach Auffassung des BGH[7] erfüllt Wein diese Begriffsmerkmale, ist also eine vertretbare Sache, weil Wein beim Abschluss von Schuldverhältnissen im Rahmen der gewünschten Sorte üblicherweise nach Zahl und Maß (Flaschen, Liter, Fässer, Fuder) bestimmt wird, ohne dass sich die jeweiligen Teilmengen, auf die sich das Geschäft bezieht, von anderen der gleichen Art durch individuelle Besonderheiten unterscheiden. Zu den vertretbaren Sachen gehören z. B. Geld, Wertpapiere und Obst.

Nicht vertretbare Sachen sind solche Sachen, die individuell charakterisiert sind, **398** sich von anderen Sachen also durch ausgeprägte Individualisierungsmerkmale abheben. Unvertretbare Sachen sind z. B. Originalkunstwerke und nach Beschreibung angefertigte Möbel[8].

Bei beweglichen Sachen wird außerdem zwischen verbrauchbaren und unverbrauchbaren Sachen unterschieden (§ 92). Lebensmittel sind z. B. verbrauchbare bewegliche Sachen, weil „deren bestimmungsmäßiger Gebrauch in dem Verbrauch … besteht". Verbrauchbar sind auch solche Sachen, „deren bestimmungsmäßiger Gebrauch … in der Veräußerung besteht". Dazu zählt in erster Linie Geld.

2. Verbindungen von Sachen

a) Bestandteile

Aus Gründen der Rechtsklarheit kennt das BGB dingliche Rechte, wie z. B. das **399** Eigentum und das Pfandrecht, nur an bestimmten einzelnen Sachen, auf die sich die Rechte beziehen müssen[9]. Da es zweckmäßig ist, wirtschaftliche Einheiten, zu denen Sachen zusammengefasst sind, auch als rechtliche Einheiten – jedenfalls in Grenzen – anzuerkennen, enthalten die §§ 93 ff. und §§ 946 ff. die Möglichkeit, mehrere Sachen zu einer engen oder auch losen Einheit miteinander zu verbinden.

Das BGB unterscheidet u. a. zwischen wesentlichen Bestandteilen, unwesentlichen Bestandteilen und Scheinbestandteilen.

§ 946 trifft eine Aussage darüber, wie die Rechtsverhältnisse an solchen Sachen gestaltet sind, die wesentliche Bestandteile eines Grundstücks geworden sind: Die

---

6 So BGH WM 1985, 837, 838.
7 WM 1985, 837, 838.
8 RGZ 107, 339, 340.
9 *Baur/Stürner*, § 4 Rdnr. 17 ff.

wesentlichen Bestandteile stehen in der Regel im Eigentum dessen, der Eigentümer des Grundstücks ist. § 93 enthält eine Definition der wesentlichen Bestandteile. Das BGB geht davon aus, dass Sachen so eng miteinander verbunden werden können, dass eine neue körperliche Einheit entsteht. Ist dies der Fall, so spricht man von wesentlichen Bestandteilen.

Beispiel: E ist Eigentümer eines Kraftfahrzeuges. In der Werkstatt des W wird in das Kraftfahrzeug des E ein Austauschmotor eingebaut. An diesem Motor behält sich W das Eigentum vor, bis E den Restkaufpreis vollständig bezahlt hat (Eigentumsvorbehalt). E hat erst ein Drittel des Kaufpreises entrichtet, als die Frage wichtig wird, wer Eigentümer des Austauschmotors ist. Wenn der Motor wesentlicher Bestandteil des Kraftfahrzeuges geworden ist, ist gemäß § 947 ein Alleineigentum des W an diesem Austauschmotor nicht möglich, weil an wesentlichen Bestandteilen gemäß § 93 keine besonderen Rechte bestehen können. Nach BGHZ 18, 226, 229 ist der Motor durch den Einbau nur einfacher, aber nicht wesentlicher Bestandteil des Kraftfahrzeuges geworden. Wesentliche Bestandteile einer beweglichen Sache sind nach § 93 nur diejenigen Bestandteile, die voneinander nicht getrennt werden können, ohne dass der eine oder andere zerstört oder in seinem Wesen verändert wird. Ein Motor kann aus einem Kraftfahrzeug wieder ausgebaut werden, ohne dass die sonstigen Teile des Kraftfahrzeuges dadurch beschädigt werden. Außerdem sind der Motor und das Kraftfahrzeug ohne Motor nach der Trennung noch zu nutzen. Der Motor kann jederzeit wieder als Antriebsmaschine für ein anderes Kraftfahrzeug verwandt werden. Ebenfalls können die übrigen Bestandteile des Kraftfahrzeuges nach dem Ausbau des Motors weitergenutzt werden[10]. Da es sich bei dem Motor nicht um einen wesentlichen Bestandteil des Kraftfahrzeuges handelt, konnte sich W das Eigentum daran vorbehalten. Eigentümer des Motors ist also W und nicht E.

400 § 94 definiert für Grundstücke näher, was unter wesentlichen Bestandteilen zu verstehen ist.

Wesentliche Bestandteile eines Grundstücks sind danach vor allem Gebäude. Das bedeutet: Die auf einem Grundstück errichteten Gebäude sind in der Regel Eigentum des Grundstückseigentümers, auch dann, wenn eine andere Person als der Grundstückseigentümer das Gebäude errichtet hat.

Beispiel (in Anlehnung an BGHZ 53, 324): A ist Eigentümer eines Grundstücks, auf dem ein Wohnhaus steht, das im Jahre 1935 gebaut ist. Das Gebäude ist mit einer Zentralheizung ausgestattet, die mit Koks befeuert wird. Im Jahre 2005 lässt A die Heizungsanlage auf Ölfeuerung umstellen. B liefert u. a. einen Ölbrenner und zwei Batterietanks. Zwischen B und A wird vereinbart, dass der Ölbrenner und die beiden Batterietanks so lange im Eigentum des B bleiben sollen, bis A den gesamten Kaufpreis bezahlt hat (Eigentumsvorbehalt). Bisher hat A nur die Hälfte des Kaufpreises bezahlt. Als A das Grundstück mit dem Gebäude veräußern will, taucht die Frage auf, wer Eigentümer des Ölbrenners und der Batterietanks ist. Die-

---

10 Vgl. auch BGHZ 61, 80 ff.

se Frage ist nach den §§ 946 und 94 zu entscheiden. Sind Ölbrenner und Batterietanks wesentliche Bestandteile des Grundstücks des A geworden, so ist A und nicht B Eigentümer. Nach Auffassung des BGH[11] gehören zu den wesentlichen Bestandteilen eines Gebäudes die Sachen, die zur Herstellung des Gebäudes eingefügt sind. Die Frage, ob eine Sache zur Herstellung des Gebäudes eingefügt ist, entscheidet sich danach, ob die Einfügung dieser Sache dem Gebäude ein bestimmtes Gepräge gegeben hat. Ob dies der Fall ist, ist nach der Verkehrsanschauung bei natürlicher Auffassung über das Wesen, den Zweck und die Beschaffenheit des Gebäudes zu beurteilen. Der BGH[12] geht davon aus, dass Zentralheizungsanlagen in ihrer Gesamtheit, also einschließlich aller nach technischen und wirtschaftlichen Erfordernissen eingefügten Teile, wesentliche Bestandteile neuzeitlich eingerichteter Wohnhäuser darstellen, und zwar auch dann, wenn eine solche Anlage nachträglich in ein Altgebäude eingebaut worden ist. Infolgedessen gelangt der BGH[13] zu dem Ergebnis, dass der Ölbrenner und die Tankanlage wesentliche Bestandteile des Grundstücks im Sinne des § 94 sind. Gemäß § 946 hat A als der Grundstückseigentümer also das Eigentum daran erworben.

401   Es kommt auch vor, dass bewegliche Sachen nur vorübergehend mit einem Grundstück verbunden werden. In solchen Fällen wäre es unzweckmäßig, diese Sachen in das Eigentum des Grundstückseigentümers übergehen zu lassen, wenn es sich um Sachen handelt, die vorher nicht im Eigentum des Grundstückseigentümers gestanden haben. Das Gesetz sieht in § 95 für Fälle dieser Art eine Sonderregelung vor. Sachen, die nur zu einem vorübergehenden Zweck mit dem Grundstück verbunden werden, werden nicht Bestandteile des Grundstücks.

Beispiel: A mietet von C ein Grundstück auf die Dauer von 10 Jahren. A errichtet auf diesem Grundstück ein vorgefertigtes, im Wesentlichen aus Holz bestehendes Wochenendhaus, das er in einem Baumarkt erworben hat. Er hat vor, dieses Haus nach Ablauf der Mietzeit wieder von dem Grundstück zu entfernen. Das Haus wird nur zu einem vorübergehenden Zweck mit dem Grundstück verbunden. Es wird gemäß § 95 nicht Bestandteil desselben und geht deshalb auch nicht nach § 946 in das Eigentum des C über. Eigentümer bleibt vielmehr A.

b) Zubehör

402   Das BGB unterscheidet zwischen Bestandteilen und Zubehör. Nach § 97 sind Zubehör solche beweglichen Sachen, die dem wirtschaftlichen Zweck einer Hauptsache dienen, zu ihr in einem entsprechenden räumlichen Verhältnis stehen und nach der Verkehrsanschauung als Zubehör angesehen werden.

Beispiel: Die Stühle und Tische eines auf einem Grundstück betriebenen Gartenlokals sind Zubehör und nicht Bestandteile des Grundstücks.

---

11 BGHZ 53, 324, 325 f.
12 BGHZ 53, 324, 326.
13 BGHZ 53, 324, 326.

Sachen, die Zubehör sind, sind rechtlich selbständig. Das bedeutet u. a., dass der Eigentümer eines Grundstücks nicht auch der Eigentümer der Sachen sein muss, die Zubehör des Grundstücks sind (vgl. § 98).

III. Rechte

403 Nicht nur Sachen sind Gegenstand subjektiver Rechte; subjektive Rechte können sich auch auf Rechte beziehen, soweit es sich um **Vermögenswerte** handelt. Dazu zählen die dinglichen Rechte, wie z. B. das Eigentum und die Pfandrechte, die Forderungen, die Mitgliedschaftsrechte an Personen- und Kapitalgesellschaften sowie Immaterialgüterrechte. Letztere können z. B. bestehen an Patenten, Markenschutzrechten und Werken der Literatur und Kunst (Urheberrechte). **Nicht** dazu zählen wegen ihres höchstpersönlichen Charakters die Persönlichkeitsrechte und die Familienrechte. Auch die Gestaltungsrechte, wie z. B. Anfechtung und Rücktritt, gehören nicht zu den Rechtsobjekten, weil nicht sie, sondern die Rechte, aus denen sie abgeleitet werden, Gegenstand rechtlicher Herrschaft sind[14].

> **Beispiel:** Der Gläubiger G hat gegen den Schuldner S einen Anspruch auf Zahlung von 200,– €. Da S nicht zahlt, erwirkt G gegen ihn ein entsprechendes Urteil. Aufgrund dieses Urteils lässt G dann bei dem Arbeitgeber des S dessen Arbeitseinkommen ab der pfändbaren Höhe bis zur Höhe seines Anspruches pfänden. Das Pfandrecht ist ein subjektives Recht, das sich auf ein Recht, welches ein Rechtsobjekt darstellt, bezieht, nämlich auf den Anspruch des S gegen seinen Arbeitgeber auf Zahlung des Lohnes.

IV. Nutzungen (Früchte und Gebrauchsvorteile)

404 Das BGB bezeichnet in § 100 die Erträge aus Rechtsobjekten, also Sachen und Rechten, als Nutzungen.

Nutzungen ist der Oberbegriff für die Gebrauchsvorteile und Früchte einer Sache oder eines Rechtes. Früchte im Rechtssinne sind nicht zu verwechseln mit der Bedeutung, die diesem Ausdruck im täglichen Sprachgebrauch beigemessen wird (vgl. § 99).

V. Gesamtheiten von Sachen und Rechten

1. Das Vermögen

405 Der Begriff Vermögen wird im BGB in etlichen Bestimmungen verwandt (vgl. u. a. §§ 311b Abs. 2, Abs. 3, 419 und 1922). Es fehlt allerdings an einer gesetzlichen Definition.

---

14 Vgl. *Brox/Walker*, AT, Rdnr. 778.

Das **Vermögen** einer Person ist die Gesamtheit der ihr zustehenden geldwerten Rechte[15].

Geldwerte Rechte sind die Rechte, die unter normalen Verhältnissen gegen Geld veräußert oder nur gegen Geld erworben werden können oder sonst einen in Geldwert ausdrückbaren wirtschaftlichen Nutzen gewähren. Dazu zählen u. a.: Eigentumsrechte, Forderungen, soweit sie einen Geldwert haben, Anteilsrechte an Kapitalgesellschaften (Aktiengesellschaft, Gesellschaft mit beschränkter Haftung), Patente.

Beispiel: Der Angestellte H macht zum Jahresende eine Vermögensaufstellung. Sein Vermögen setzt sich zusammen aus: dem Eigentum an einem Hausgrundstück, dem Eigentum an einem PKW, einer Darlehensforderung in Höhe von 250,– € gegen seinen Onkel S, einem Vergütungsanspruch für den Monat Dezember in Höhe von 2500,– € gegen den Arbeitgeber sowie dem Eigentum an 10 Aktien. **Nicht** zum Vermögen zählen z. B.: seine Mitgliedschaft in dem Spiel- und Sportverein e.V. und das Recht der Personensorge für sein Kind C.

2. Das Unternehmen

Obwohl der Begriff Unternehmen in Gesetzen verwandt wird, wie z. B. in § 15 AktG und § 1 GWB, ist er gesetzlich nicht definiert.   **406**

Das **Unternehmen** ist ein zusammengesetztes Gebilde. Es umfasst Sachen, Rechte und sonstige wirtschaftliche Werte. Nach überwiegender Auffassung stellt das Unternehmen eine auf einer Verbindung personeller und sachlicher Mittel beruhende wirtschaftliche Einheit dar[16].

Zu den **Sachen** können zählen: Grundstücke samt Gebäude und Zubehör, Warenlager, Einrichtungsgegenstände wie z. B. Büromöbel, Schreibmaschinen, Regale, Fahrzeuge, Maschinen etc.

Zu den **Rechten** können gehören: Markenschutzrechte, Patente und Urheberrechte sowie Forderungen aus Geschäftsverbindungen.

Zu den **sonstigen wirtschaftlichen Werten** zählen: technisches und kaufmännisches Know-How, der Ruf des Unternehmens, die Beziehungen zu den Kunden und Mitarbeitern.

Danach schälen sich im Wesentlichen zwei Gruppen von Werten heraus, die das Unternehmen ausmachen: **407**

a) das **Betriebsvermögen** (Sachen und Rechte) und

b) die **Chancen**, u. a. die oben genannten Verhältnisse und Beziehungen, die Mittel ertragbringender wirtschaftlicher Tätigkeit sein können.

---

15 So RGZ 78, 239, 240.
16 Vgl. *Brox/Walker*, AT, Rdnr. 791.

408 Äußerlich sichtbare Merkmale der Verselbständigung des Unternehmens sind die Vorschriften über die Firma im HGB (§§ 17 ff. HGB). Die Firma ist der Name des Vollkaufmanns bzw. Unternehmens, unter dem die Geschäfte betrieben werden. Unter diesem Namen kann das Unternehmen auch klagen und verklagt werden.

409 Ein umfassender Schutz des Unternehmens, der lückenlos alle Fälle der Beeinträchtigungen und Verletzungen von Unternehmen erfasst, fehlt. Die Rechtsprechung hat versucht, diese Lücke zu schließen und einen umfassenden Unternehmensschutz, anknüpfend an § 823 Abs. 1, in Gestalt des „Rechts am eingerichteten und ausgeübten Gewerbebetrieb" zu schaffen. Die Rechtsprechung zählt den eingerichteten und ausgeübten Gewerbebetrieb zu den „sonstigen Rechten" i. S. des § 823 Abs. 1. Damit soll der Bestand des Unternehmens gegen unmittelbare, d. h. betriebsbezogene Eingriffe Dritter geschützt werden[17].

§ 23 Einführung in das Recht der unerlaubten Handlungen

Schrifttum: *Coester-Waltjen,* Die Naturalrestitution im Deliktsrecht, Jura 1996, 270; *Deutsch,* Die Fahrlässigkeit im neuen Schuldrecht, AcP 202 (2002), 889; *Katzenmeier,* Die Neuregelung des Anspruchs auf Schmerzensgeld, JZ 2002, 1029; *Raab,* Die Bedeutung der Verkehrspflichten und ihre systematische Stellung im Deliktsrecht, JuS 2002, 1041.

I. Überblick

410 Die Forderung nach Schadensersatz ist der mit Abstand häufigste Gegenstand ziviler Rechtsstreitigkeiten. Das im BGB geregelte Haftungs- und Schadensersatzrecht kann nicht isoliert gesehen werden. Es wird ergänzt durch ein differenziertes System staatlicher Ersatzleistungen sowie Ausgleichsregelungen, die u. a. Bestandteil des Arbeits- und Sozialrechts sind.

Das deutsche Privatrecht kennt weder einen allgemeinen Haftungstatbestand noch eine umfassende Verpflichtung jeder Person, Schädigungen anderer zu vermeiden. Das bedeutet: Nicht jeder Personen- oder Sachschaden wird ersetzt.

Es gibt verschiedene Arten von Schadensersatzansprüchen. Es ist zu unterscheiden zwischen

- **vertraglichen** Schadensersatzansprüchen,
- **deliktischen** Schadensersatzansprüchen und
- Schadensersatzansprüchen aus **Gefährdungshaftung**.

---

17 Vgl. dazu BGHZ 3, 270, 279 f.; 38, 200 ff.

1. Vertragliche Schadensersatzansprüche entstehen, wenn ein Vertragspartner   **411**
seine aus dem Vertrag erwachsenden Verpflichtungen gar nicht, nicht rechtzeitig
oder nicht richtig erfüllt.

> **Beispiel:** K (der Käufer) hat mit V (dem Verkäufer) einen Kaufvertrag abgeschlossen. Zahlt K den Kaufpreis zu dem vereinbarten Zeitpunkt nicht, gerät er mit der von ihm zu erbringenden Leistung (Zahlung des Kaufpreises) im Zweifel in Verzug. Entsteht V dadurch ein Schaden, kann er Ersatz desselben von K verlangen (§§ 280 Abs. 1, Abs. 2, 286 Abs. 1). Es handelt sich dabei um einen vertraglichen Schadensersatzanspruch.

2. Schadensersatzansprüche aus Delikt (unerlaubter Handlung) beruhen auf
außervertraglichen Haftungstatbeständen, die im Gesetz detailliert beschrieben
sind. Die meisten dieser außervertraglichen Haftungstatbestände befinden sich
im Recht der unerlaubten Handlungen (§§ 823 ff.).

> **Beispiel:** Um sich an seinem Nachbarn N zu rächen, zerkratzt A mit einem Schraubenzieher die Motorhaube des im Eigentum des N stehenden PKW. Damit erfüllt A den in § 823 Abs. 1 genau beschriebenen Tatbestand. Mit seiner Handlung verletzt A das Eigentum des N; dadurch erwächst dem N ein Schaden. Die Handlung des A ist widerrechtlich, da die Rechtsgutsverletzung nicht gerechtfertigt ist. Da A vorsätzlich handelte, ist dem N gegen A ein Schadensersatzanspruch aus § 823 Abs. 1 entstanden.

3. Es existiert eine Reihe von Gesetzen, die **Gefährdungstatbestände** enthalten,
die ohne Rücksicht auf ein Verschulden des den Schaden Verursachenden dem Geschädigten Schadensersatzansprüche gewähren, wenn Lebensgüter oder bestimmte Rechte verletzt werden (Gefährdungshaftung, siehe dazu unten XII.).

> **Beispiel:** Einen typischen Gefährdungshaftungstatbestand enthält § 1 Umwelthaftungsgesetz: Wird durch eine Umwelteinwirkung, wie z. B. durch Gase oder Strahlen, die von bestimmten Anlagen, wie z. B. Kraftwerken oder Produktionseinrichtungen zur Herstellung von anorganischen Chemikalien wie Säuren, ausgehen, eine Person verletzt oder eine Sache beschädigt, so ist der Inhaber der Anlage ohne Rücksicht darauf, ob ihn ein Verschulden trifft oder nicht, zum Schadensersatz verpflichtet.

Im Folgenden soll zunächst nur von den deliktischen Schadensersatzansprüchen   **412**
und der Gefährdungshaftung die Rede sein. Schadensersatzansprüche aus Vertrag
werden später (§§ 26 ff., Rdnr. 523 ff.) behandelt.

Ein Schadensersatzanspruch aus **Delikt** entsteht nur, wenn die den Schaden verursachende Handlung widerrechtlich ist. Widerrechtlich ist jede Handlung, durch die ein fremdes Recht oder ein Rechtsgut verletzt wird, es sei denn, es liegt ein Rechtfertigungsgrund – z. B. Notwehr oder die Einwilligung des Verletzten – vor.

> **Beispiel:** A sticht dem B ein Messer in den Leib, weil er glaubt, B unterhalte ein Verhältnis mit seiner (des A) Freundin. Die Leber des B wird verletzt. Es entstehen Arztkosten und Verdienstausfall in Höhe von 10 000,– €. Indem A dem B ein Mes-

ser in den Leib sticht und die Leber trifft, verletzt er den Körper und die Gesundheit – zwei der in § 823 Abs. 1 genannten Rechtsgüter – des B. Dadurch entstehen dem B die oben genannten Kosten, ein Schaden. Die Handlung des A ist widerrechtlich, denn ein Rechtfertigungsgrund liegt nicht vor. A handelt vorsätzlich und damit schuldhaft. Somit ist er dem B zum Schadensersatz verpflichtet.

413 Ein Schadensersatzanspruch aus unerlaubter Handlung ist ein Anspruch aus einem **gesetzlichen Schuldverhältnis**. Das schließt nicht aus, dass **neben** dem Anspruch aus unerlaubter Handlung auch ein Anspruch aus Vertrag, ein vertraglicher Schadensersatzanspruch entsteht.

Beispiel: Verletzt ein Vertragspartner den Körper eines anderen Vertragspartners vorsätzlich, weil über die Abwicklung des Vertrages unterschiedliche Meinungen entstanden sind, so können
– sowohl ein vertraglicher Schadensersatzanspruch
– als auch ein Anspruch aus unerlaubter Handlung entstehen
und vom Geschädigten geltend gemacht werden. Der Geschädigte erhält den Schaden allerdings nur einmal ersetzt.

II. Das Verschulden als Zurechnungsgrund

1. Überblick

414 Das Recht der unerlaubten Handlung beruht auf dem **Verschulden als Zurechnungsgrund**. Das bedeutet: Ein Schadensersatzanspruch aus unerlaubter Handlung entsteht nur, wenn der Schädiger rechtswidrig und **schuldhaft**, d. h. vorsätzlich **oder** fahrlässig handelt.

2. Der Vorsatz

Das BGB enthält keine Definition des Vorsatzes. Nach herrschender Meinung[1] ist Vorsatz das Wissen und Wollen des rechtswidrigen Erfolges. Das Bewusstsein der Rechtswidrigkeit gehört also zum Vorsatz[2].

Nach der Schwere des Schuldvorwurfes lassen sich zwei Arten des Vorsatzes unterscheiden:
– Der **direkte Vorsatz** (dolus directus), der vorliegt, wenn der Handelnde den Erfolg als notwendige Folge seines Handelns voraussieht und dennoch handelt.
– Der **bedingte Vorsatz** (dolus eventualis). Diesen hat der Täter, wenn er den als möglich erkannten Erfolg billigend in Kauf nimmt, d. h. für den Fall des Eintritts mit diesem einverstanden ist[3]. Schwierigkeiten kann die Abgrenzung zwischen bedingtem Vorsatz und bewusster Fahrlässigkeit bereiten.

---

1 Vgl. *Palandt-Grüneberg*, § 276 Rdnr. 11.
2 Vgl. u. a. BGH NJW 1965, 963.
3 So BGHZ 7, 311, 313.

2. Die Fahrlässigkeit

§ 276 Abs. 2 enthält eine für das gesamte bürgerliche Recht geltende Begriffsbe-   **415**
stimmung. Danach handelt derjenige fahrlässig, der die im Verkehr erforderliche
Sorgfalt außer Acht lässt. Dabei ist kein individueller, sondern ein objektiver Sorg-
faltsmaßstab anzuwenden. Dies schließt jedoch die Berücksichtigung „typischer
Verschiedenheiten ganzer Berufs- und Altersgruppen" nicht aus[4].

§ 276 unterscheidet nicht zwischen leichter und grober Fahrlässigkeit. In den meisten Fällen kommt es auf das Maß der Fahrlässigkeit nicht an. So genügt z. B. bei
einer schädigenden Rechtsgutverletzung i. S. des § 823 Abs. 1 leichte Fahrlässigkeit,
um den Schadensersatzanspruch entstehen zu lassen. Dennoch ist in der Praxis nicht
selten zwischen **grober** Fahrlässigkeit einerseits und **leichter** (einfacher) Fahrlässigkeit andererseits zu unterscheiden. Das ist insbesondere dann der Fall, wenn vertraglich die Haftung für leichte Fahrlässigkeit ausgeschlossen ist.

Unter **grober Fahrlässigkeit** wird im Allgemeinen ein Handeln verstanden, „bei
dem die erforderliche Sorgfalt nach den gesamten Umständen in ungewöhnlich
großem Maße verletzt worden ist und bei dem dasjenige unbeachtet geblieben ist,
was im gegebenen Fall jedem hätte einleuchten müssen"[5].

Die Unterscheidung zwischen leichter und grober Fahrlässigkeit ist, wie schon erwähnt, insbesondere dann von Bedeutung, wenn eine Haftungsbeschränkung vereinbart wird, aufgrund derer dem Schuldner die Haftung wegen leichter Fahrlässigkeit im Voraus erlassen wird. Dass solche Haftungsausschlüsse und -begrenzungen
(Freizeichnungen) vertraglich vereinbart werden können, ergibt sich schon aus § 276
Abs. 1. In der Praxis wird von dieser Möglichkeit häufig mittels AGB Gebrauch
gemacht; in diesen Fällen sind allerdings die §§ 307 ff. zu beachten.

III. Die Verletzung von Rechtsgütern und absoluten Rechten im Sinne des § 823 Abs. 1

1. Die Voraussetzungen für das Entstehen eines Schadensersatzanspruches gemäß § 823 Abs. 1

Die rechtswidrige und schuldhafte Verletzung von Leben, Körper, Gesundheit, Ei-   **416**
gentum und Freiheit oder eines sonstigen Rechtes eines anderen kann unter den
in § 823 Abs. 1 genannten Voraussetzungen eine Schadensersatzpflicht des Verlet-
zenden begründen. Zu den „sonstigen Rechten" i. S. des § 823 Abs. 1 wird vor allem
das allgemeine Persönlichkeitsrecht gezählt, das – abgeleitet aus Art. 1 und 2 GG –
einen umfassenden Schutz der Persönlichkeitssphäre garantiert. Ein weiteres wichtiges „sonstiges Recht" ist das Recht am Unternehmen, auch als Recht am eingerichteten und ausgeübten Gewerbebetrieb bezeichnet (siehe oben Rdnr. 409).

---

4   Vgl. BGHZ 39, 281, 283; *Deutsch*, AcP 202 (2002), 900.
5   So BGHZ 77, 274, 276.

417 Ein Schadensersatzanspruch gemäß § 823 Abs. 1 entsteht, wenn folgende Voraussetzungen vorliegen:

a) Es muss eine Handlung (Tun oder Unterlassen) desjenigen vorliegen, gegen den sich der Anspruch richtet. Eine Handlung in diesem Sinne ist jedes menschliche Verhalten, „das der Bewusstseinskontrolle und Willenslenkung unterliegt und somit beherrschbar ist"[6].

b) Durch diese Handlung muss in adäquat kausaler Weise eines der in § 823 Abs. 1 genannten **Rechtsgüter oder Rechte** verletzt sein.

c) Durch diese Rechtsverletzung muss in adäquat kausaler Weise ein Schaden entstanden sein.

d) Diese Handlung muss **rechtswidrig** sein.

e) Der Täter muss **schuldhaft** (im Sinne des § 276), also vorsätzlich oder fahrlässig gehandelt haben.

Beispiel: A wirft am Silvesterabend einen angezündeten Feuerwerkskörper durch ein offenes Fenster in die Wohnung seines Nachbarn N, um diesen zu erschrecken. In der Wohnung des N bricht ein Brand aus. An den im Eigentum des N stehenden Sachen entsteht ein Schaden in Höhe von 5000,– €, N selbst erleidet Brandverletzungen. Die ärztliche Behandlung kostet 1200,– €. Kann N Schadensersatz von A verlangen?

N kann von A Schadensersatz aus § 823 Abs. 1 verlangen, wenn die oben unter a) – e) genannten Voraussetzungen vorliegen.

Zu a) Es müsste eine Handlung des A vorliegen. Indem A den Feuerwerkskörper in die Wohnung des N warf, nahm er eine Handlung vor.

Zu b) A müsste durch diese Handlung adäquat kausal Rechtsgüter oder Rechte des N verletzt haben. Durch diese Handlung wurden der Körper und das Eigentum des N und somit zwei der in § 823 Abs. 1 genannten Rechtsgüter verletzt. Die Handlung des A (das Werfen des Feuerwerkskörpers) war also ursächlich für die Rechtsgutverletzungen.

Zu c) Die Rechtsgutsverletzung müsste in adäquat kausaler Weise einen Schaden verursacht haben. Durch die Verletzung der genannten Rechtsgüter entstand dem N ein Schaden in Höhe von 5.000,– €.

Zu d) Die Handlung des A müsste auch rechtswidrig gewesen sein. Jede Verletzung eines fremden Rechtes oder Rechtsgutes, die nicht durch das Vorliegen eines Rechtfertigungsgrundes gerechtfertigt ist, ist rechtswidrig. Für A's Handlung liegt kein Rechtfertigungsgrund vor. Folglich handelte er rechtswidrig.

Zu e) Ferner müsste A vorsätzlich oder fahrlässig gehandelt haben. A wollte kein Recht oder Rechtsgut des N verletzen. Somit handelte er nicht vorsätzlich. Er musste aber wissen, dass ein Feuerwerkskörper einen Brand verursachen konnte. Damit ließ er bei seiner Handlung die erforderliche Sorgfalt außer Acht und handelte folglich fahrlässig.

Ergebnis: N hat gegen A einen Anspruch auf Schadenersatz gemäß § 823 Abs. 1 erworben.

---

6 BGHZ 39, 103, 106.

2. Der Schaden

a) Eine der wesentlichen Voraussetzungen dafür, dass ein Schadensersatzanspruch   **418**
aus unerlaubter Handlung entsteht, ist, dass demjenigen, der den Anspruch geltend macht, ein **Schaden** zugefügt wird.

Schaden ist jede Einbuße, die jemand unfreiwillig infolge eines bestimmten Ereignisses an seinen Lebensgütern wie Gesundheit, Ehre oder Eigentum erleidet[7].
Genauer ausgedrückt: Der **Schaden** besteht in der Differenz zwischen zwei **Gü-
terlagen**: Die durch das schädigende Ereignis geschaffene Güterlage ist mit der unter Ausschaltung dieses Ereignisses gedachten Güterlage zu vergleichen, wobei der
Ersatzanspruch selbst unberücksichtigt bleibt[8].

> **Beispiel:** E ist Eigentümer einer chinesischen Vase, die einen Wert von 2000,– €
> hat. S stößt diese Vase fahrlässig um. Die Vase zerbricht in viele Stücke, sodass eine
> Restaurierung nicht mehr möglich ist. Das schädigende Ereignis ist das Umstoßen
> der Vase durch S. Der Vergleich der Güterlage des E nach dem schädigenden Er-
> eignis ohne Berücksichtigung des Ersatzanspruches mit der Güterlage, die ohne
> das schädigende Ereignis bestehen würde, ergibt: Nach dem schädigenden Ereig-
> nis (dem Umstoßen der Vase) hat E **keine** chinesische Vase im Wert von 2000,– €
> mehr; denkt man das schädigende Ereignis hinweg, hätte E die Vase noch. Der
> Schaden besteht in dem Verlust der chinesischen Vase, die einen Wert von 2000,–
> € hat. Der Ersatzanspruch bleibt unberücksichtigt.

b) Es ist zwischen dem Vermögensschaden (materiellem Schaden) einerseits und   **419**
dem Nichtvermögensschaden (immateriellem Schaden) andererseits zu unterscheiden. Diese Unterscheidung ist schon deshalb wichtig, weil für einen immateriellen
Schaden Entschädigung in Geld nur in den durch das Gesetz bestimmten Fällen
gefordert werden kann (§ 253 Abs. 1).

Das Vermögen einer Person ist die Gesamtheit der ihr zustehenden geldwerten
Rechte[9].

Geldwerte Rechte sind die Rechte, die unter normalen Verhältnissen gegen Geld
veräußert oder nur gegen Geld erworben werden können oder einen sonst in einem
Geldwert ausdrückbaren, wirtschaftlichen Nutzen gewähren (siehe oben Rdnr. 405).

Ein **Vermögensschaden** kann bestehen   **420**
- in der **Beeinträchtigung eines Vermögensgutes** (eines der oben genannten geldwerten Rechte),
- in der **Verminderung des Vermögens** im Ganzen.

Auch bei der Verletzung eines ideellen Gutes, wie etwa der Gesundheit, kann als
Folge ein Vermögensschaden entstehen, z. B. durch die finanziellen Aufwendungen
zur Wiederherstellung der Gesundheit.

---

7   Vgl. *Palandt-Grüneberg*, Vorbem. v. § 249 Rdnr. 9.
8   BGHZ 27, 181, 183 f.; 40, 345, 347.
9   So RGZ 78, 239, 240.

421 Ein **Nichtvermögensschaden** ist ein Schaden, der durch die Verletzung ideeller (immaterieller) Güter entsteht und keinen Vermögensschaden darstellt, z. B. körperliche Schmerzen, Minderung von Heiratschancen etc.

3. Der ursächliche Zusammenhang

422 Wie oben dargestellt, muss die Handlung für die Verletzung eines der in § 823 Abs. 1 geschützten Rechtsgüter ursächlich sein. Dies ist die **haftungsbegründende Kausalität**.

Weiterhin muss die Verletzung eines oder mehrerer Rechtsgüter für das Entstehen eines Schadens ursächlich sein. Letzteres ist die **haftungsausfüllende Kausalität**.

Ursächlich (kausal) ist jedes Ereignis, das nicht hinweggedacht werden kann, ohne dass der Erfolg entfiele.

> **Beispiel:** K fährt mit seinem PKW über eine Kreuzung, obwohl die Ampel für ihn rot anzeigt. Er fährt die Fußgängerin F, die bei Grün den Zebrastreifen betreten hat, an und verletzt sie schwer. Arzt- und Heilungskosten betragen 5000,– €. Der durch die Verletzung bedingte Verdienstausfall beläuft sich auf 6.000,– €.

> Das verkehrswidrige Verhalten des K kann nicht hinweggedacht werden, ohne dass die Verletzung von Körper und Gesundheit der F entfielen. Somit war die Handlung des K (das verkehrswidrige Verhalten) ursächlich für die Verletzung von Rechtsgütern der F im Sinne von § 823 Abs. 1 (= haftungsbegründende Kausalität).

> Die von K begangene Rechtsgutverletzung (Verletzung von Körper und Gesundheit der F) kann nicht hinweggedacht werden, ohne dass das Entstehen der Arzt- und Heilungskosten und des Verdienstausfalls entfiele. Folglich war der Unfall mit Körperverletzung auch ursächlich für die Entstehung des Schadens, der sich aus Arzt- und Heilungskosten sowie aus dem Verdienstausfall zusammensetzt (= haftungsausfüllende Kausalität).

> Das verkehrswidrige Verhalten des K ist damit für die Rechtsgutsverletzung **und auch** für den Eintritt des Schadens ursächlich.

Besteht das haftungsbegründende Verhalten in einem Unterlassen, so liegt die haftungsbegründende Kausalität vor, wenn das richtige Verhalten nicht **hinzugedacht** werden kann, ohne dass die konkrete Verletzung mit an Sicherheit grenzender Wahrscheinlichkeit verhindert worden wäre.

423 Im Hinblick auf die Ursächlichkeit von Ereignissen für die Schadensentstehung ist es allerdings häufig unbillig, jedes Ereignis als gleichwertig ursächlich anzusehen. Täte man dies, wäre eine uferlose Haftung die Folge. Dies mag das folgende Beispiel verdeutlichen:

> **Beispiel** im Anschluss an das vorhergehende **Beispiel**, aber: Während F in einem Unfallrettungswagen in das Krankenhaus transportiert wird, ereignet sich über der Stadt der Zusammenstoß zweier Flugzeuge. Teile eines Flugzeuges stürzen auf den

Platz vor dem Krankenhausportal, den der Krankenwagen mit F gerade passiert. Brennende Flugzeugwrackteile setzen das Auto in Brand. F kann zwar gerettet werden, erleidet aber schwere Verbrennungen. Die dadurch entstandenen Arzt- und Krankenhausaufenthaltskosten betragen insgesamt 220 000,– €. Haftet K auch für die zuletzt eingetretenen Schäden?

Zwischen der Rechtsgutverletzung (hier von Körper und Gesundheit der F) und weiterer Schadensfolge (Entstehen von Arzt- und Krankenhauskosten) müsste ein ursächlicher Zusammenhang bestehen. Die Rechtsgutverletzung (Körperverletzung) durch den Verkehrsunfall kann nicht hinweggedacht werden, ohne dass der entstandene Schaden entfiele. Der Unfall ist also auch ursächlich für die Kosten der Arztbehandlung und des Krankenhausaufenthaltes, die F für die Heilung der Brandverletzungen entstanden sind.

Dieses Beispiel zeigt, dass man zu unbilligen Ereignissen käme, wollte man jede Bedingung, die für den Schaden ursächlich ist, gleich schwergewichtig werten.

Rechtslehre und Rechtsprechung haben sich bemüht, eine uferlose Haftung zu vermeiden, indem sie nicht jedes Ereignis als gleichwertig kausal berücksichtigen. Eine Einschränkung der Haftung wird durch folgende Bewertung der ursächlichen Ereignisse erreicht: **Ein Ereignis soll für die Schadensfolge nur dann berücksichtigt werden, wenn es eine adäquate (angemessene) Ursache darstellt.** **424**

Allerdings ist häufig nur schwer festzustellen, ob ein Ereignis für den weiteren Erfolg adäquat ursächlich ist oder nicht. Der BGH hat – soweit das mit einer abstrakten Definition überhaupt möglich ist – zu umschreiben versucht, unter welchen Voraussetzungen eine Ursache als adäquat anzusehen ist:

„Adäquat ist eine Bedingung dann, wenn das Ereignis im Allgemeinen und nicht unter besonders eigenartigen, unwahrscheinlichen und nach dem gewöhnlichen Lauf der Dinge außer Betracht zu lassenden Umständen geeignet ist, einen Erfolg dieser Art herbeizuführen"[10].

Zu dem vorhergehenden **Beispiel:** Mithilfe dieser – formelhaften – Beschreibung der Adäquanz kann die in diesem Beispiel gestellte Frage beantwortet werden: Der von K schuldhaft herbeigeführte Verkehrsunfall mit der Folge der Körperverletzung von F ist eine Ursache, die nicht hinweggedacht werden kann, ohne dass die Entstehung der weiteren Schäden der F durch den Flugzeugabsturz entfiele. Die weiteren Schäden der F sind durch den Flugzeugabsturz entstanden, den man als „besonders eigenartigen, unwahrscheinlichen und nach dem gewöhnlichen Lauf der Dinge außer Betracht zu lassenden Umstand" ansehen muss. Die durch einen Verkehrsunfall von K herbeigeführte Körperverletzung der F ist also nicht adäquat kausal für die Entstehung der weiteren Schäden (Arzt- und Krankenhausaufenthaltskosten in Höhe von 220 000,– €).

---

10 BGHZ 57, 137, 141; vgl. dazu *Palandt-Grüneberg*, Vorbem. v. § 249 Rdnr. 26 mit Nachw.

IV. Der Gegenstand der Schadensersatzverpflichtung

1. Überblick

425 Für den Schädiger gibt es im Wesentlichen zwei Möglichkeiten, Schadensersatz zu leisten:

a) Er führt den Zustand tatsächlich herbei, der ohne das schädigende Ereignis bestehen würde.

Beispiel: Wenn jemand die Sache eines anderen beschädigt, ist er verpflichtet, sie zu reparieren.

b) Er zahlt einen Ausgleich in Geld.

Beispiel: Derjenige, der die Sache eines anderen beschädigt hat, zahlt eine Entschädigung in Geld, und zwar die Summe, welche die Reparatur oder gegebenenfalls die Neuanschaffung der Sache kostet.

Grundsätzlich erlegt das BGB gemäß § 249 Abs. 1 dem Schädiger die Verpflichtung auf, den Zustand herzustellen, der bestehen würde, wenn das schädigende Ereignis nicht eingetreten wäre (**Grundsatz der Naturalherstellung**). Da es nicht möglich ist, den früheren Zustand „wieder" herzustellen, ist damit die Herstellung eines wirtschaftlich gleichwertigen Zustands gewollt[11]. Das Gesetz hebt den Grundsatz der Naturalherstellung hervor; nur in Ausnahmefällen soll der Geschädigte Ersatz in Geld erhalten.

Beispiele für Naturalherstellung:

Beispiel: Die weggenommene Sache muss herausgegeben werden.

Beispiel: Derjenige, der Tatsachen behauptet, die im Hinblick auf einen anderen ehrverletzend und kreditgefährdend sind, muss diese Äußerungen widerrufen.

426 Dass der Geschädigte Naturalherstellung leisten muss, ist in den meisten Fällen weder zweckmäßig noch möglich. Deshalb **kann** der Geschädigte bei der Verletzung einer Person oder Sache statt Naturalherstellung Schadensausgleich durch Zahlung eines Geldbetrages verlangen (§ 249 Abs. 2). Das bedeutet: Er kann wählen, was er vom Schädiger verlangen möchte, nämlich Naturalrestitution oder Schadensersatz durch Zahlung einer Geldsumme. In der Praxis überwiegt bei weitem der Schadensausgleich durch Geldleistung.

Wenn die Naturalherstellung nicht möglich ist oder zur Entschädigung nicht ausreicht, hat der Geschädigte in jedem Fall Anspruch auf Entschädigung durch eine Geldzahlung (§ 251 Abs. 1). Diese Vorschrift soll den Geschädigten davor schützen, dass er zu wenig erhält.

Demgegenüber schützt § 251 Abs. 2 den Schädiger. Er soll den Geschädigten mit der Zahlung einer Geldsumme entschädigen dürfen, wenn dieser sich für Natu-

---

11 Vgl. RGZ 76, 146, 148.

ralrestitution entscheidet, aber „die Herstellung nur mit unverhältnismäßigen Aufwendungen möglich ist".

Beispiel: S hat den PKW des E so schwer beschädigt, dass ein sogenannter „wirtschaftlicher Totalschaden" vorliegt. Die Reparaturkosten wären wesentlich höher als die – zumutbare – Anschaffung eines vergleichbaren Gebrauchtwagens.

Wie oben (Rdnr. 418 ff.) schon erwähnt, ist zwischen Vermögensschäden einerseits und Nichtvermögensschäden andererseits zu unterscheiden. Eine Entschädigung in Geld ist grundsätzlich nur für Vermögensschäden zu leisten; für Nichtvermögensschäden kann eine solche nur in den vom Gesetz bestimmten Fällen gefordert werden (§ 253 Abs. 1). Die wichtigste gesetzliche Ausnahmeregelung dieser Art ist § 253 Abs.2.

2. Die Schadensberechnung

In der Praxis bereitet die Berechnung der Schadenshöhe häufig Schwierigkeiten.　　**427**

a) Sachschäden

aa) Neuwertige, in ihrem Wert durch den Gebrauch nicht geminderte Sachen:
Kann eine beschädigte Sache repariert werden, richtet sich die Höhe der vom Schädiger zu zahlenden Geldentschädigung grundsätzlich nach den für die Wiederherstellung aufzuwendenden Kosten.

In vielen Fällen ist eine Sache zerstört oder so stark beschädigt, dass eine Reparatur nicht möglich oder wegen ungewisser Erfolgsaussichten dem Geschädigten nicht zumutbar ist. Es ist auch möglich, dass die Reparaturkosten den Zeitwert erheblich übersteigen. In diesen Fällen muss bei Gebrauchsgegenständen der **Wiederbeschaffungspreis** als der zu ersetzende Wert in Ansatz gebracht werden, der in der Regel höher sein dürfte als der mutmaßliche Verkaufspreis[12]. Denn der Geschädigte hat in der Regel ein Interesse daran, dass er möglichst schnell in die Lage versetzt wird, sich eine gleichwertige Sache zu beschaffen, schon um die ihm entzogene Gebrauchsmöglichkeit zurückzuerhalten[13].

Handelt es sich um **vertretbare Sachen** (im Sinne des § 91), so entstehen in der Regel keine Schwierigkeiten, wenn es sich um **neuwertige Sachen** handelt, die in gleicher Art und Güte auf dem Markt beschafft werden können. Das ist z. B. bei neuwertigen Fernsehgeräten, Kühlschränken und Kraftfahrzeugen der Fall, die serienmäßig hergestellt werden. Hier ist der Wiederbeschaffungspreis in der Regel der Geldbetrag, den der Schädiger als Schadensersatz zu leisten hat.

Zu den Wiederherstellungskosten, die ersetzt werden müssen, gehören bei einer Sachbeschädigung auch die **Sachfolgeschäden**. Das sind die Aufwendungen, die

---

12 Vgl. *Larenz*, Schuldrecht, Allg. Teil, § 29 II a.
13 *Larenz*, Schuldrecht, Allg. Teil, § 29 II a.

der Geschädigte im Zusammenhang mit der Wiederherstellung des bisherigen Zustandes hatte.

Beispiele: Rechtsverfolgungskosten für einen Anwalt und erforderliche Kosten für ein Sachverständigengutachten.

428 **bb) Gebrauchte Sachen:** Schwierigkeiten ergeben sich meist, wenn es sich um eine gebrauchte Sache handelt, weil häufig
– entweder gebrauchte Sachen dieser Art nicht gehandelt werden, die Beschaffung einer gleichwertigen Sache also nicht möglich ist,
– der Grad der Abnutzung und damit der vorhandene Gebrauchswert kaum berechenbar sind oder
– dem Geschädigten die Anschaffung und Benutzung eines von anderen bereits genutzten Gegenstandes dieser Art – z. B. eines gebrauchten Kleidungsstücks – nicht zumutbar ist[14].

429 In diesen Fällen kann das Interesse des Geschädigten an der Erhaltung der Gebrauchsmöglichkeit nur dadurch verwirklicht werden, dass ihm die Anschaffung einer neuen Sache derselben Art ermöglicht wird. Bekommt der Geschädigte vom Schädiger als Ersatzleistung den Anschaffungspreis für eine neue Sache derselben Art, erhält er – an Geldwert gerechnet – mehr, als er verloren hat, weil die meisten Sachen durch Abnutzung und Zeitablauf an Wert verlieren. Deshalb muss der Geschädigte sich die Differenz zwischen neuem Wert und Zeitwert als **„Abzug neu für alt"** anrechnen lassen[15].

Beispiel: A zerstört vorsätzlich den drei Jahre alten Mantel des B. Ein Mantel dieser Art kostet 450,– €. Der Zeitwert des alten Mantels ist kaum messbar. Dem B ist im Zweifel nicht zuzumuten, in Zukunft einen gebrauchten Mantel, der als Ersatzstück zu beschaffen wäre, zu tragen. B kann von A allerdings nicht ohne Weiteres den Anschaffungspreis für einen neuen Mantel verlangen. Er muss sich einen Differenzbetrag zwischen Neuwert (Anschaffungspreis) und (geschätztem) Zeitwert als „Abzug neu für alt" anrechnen lassen.

Ein Abzug „neu für alt" ist allerdings nicht ausnahmslos anzurechnen. Er entfällt z. B. dann, wenn dem Geschädigten ein solcher Abzug nicht zuzumuten ist[16]. Es ist stets der Grundsatz zu beachten, dass der Schadensersatz einerseits grundsätzlich nicht zu einer Besserstellung des Geschädigten führen, andererseits aber der Schädiger nicht unbillig begünstigt werden soll[17].

430 Besonders häufig treten Probleme der Schadensberechnung bei Kraftfahrzeugen auf, die durch Unfälle beschädigt werden. Nach einem Unfall ist das reparierte Fahrzeug oft als „Unfallfahrzeug" für den Fall eines späteren Verkaufs weniger wert.

---

14 Vgl. *Larenz*, Schuldrecht, Allg. Teil, § 29 II a.
15 BGHZ 30, 29; *Palandt-Grüneberg*, Vorbem. v. § 249 Rdnr. 97.
16 Vgl. BGHZ 30, 29, 33.
17 Vgl. BGHZ 10, 107, 108; 30, 29, 33.

Dieser Schaden tritt zu den Reparaturkosten hinzu. Der Schädiger muss deshalb zusätzlich einen Ausgleich für den **verminderten Verkaufswert (merkantilen Minderwert)** leisten, und zwar auch dann, wenn der Geschädigte die Sache behält und weiter benutzt, der Minderwert sich also nicht in einem Verkauf konkretisiert[18].

Beispiel: E ist Eigentümer eines PKW, den er vor zwei Jahren für 24 000,– € erworben hat. Der gegenwärtige Verkaufswert bei einem Kilometerstand von 43 000 beträgt 13 000,– €. S verursacht schuldhaft einen Unfall, bei dem der PKW des E beschädigt wird. Die Reparaturkosten betragen 3500,– €. Da es sich nun um ein Unfallfahrzeug handelt, sinkt der Verkaufswert des Fahrzeugs um 700,– € (= 20 % der Reparaturkosten[19]). Der Schaden, den S zu ersetzen hat, beträgt 4200,– €. Er setzt sich zusammen aus 3500,– € Reparaturkosten und 700,– € vermindertem Verkaufswert (merkantilem Minderwert).

b) Schäden bei der Verletzung von Menschen

Menschen können an Leben, Körper, Gesundheit und Freiheit verletzt werden. Dabei können Vermögensschäden und Nichtvermögensschäden entstehen. **431**

Beispiel für einen Vermögensschaden: Infolge einer Körperverletzung müssen Arzt- und Krankenhauskosten aufgewandt werden.

Als Schadenskategorien kommen in Betracht: Heilungskosten, entgangener Gewinn (Verdienstausfall) und Schmerzensgeld. Auch hier gilt die Regel, dass der Schädiger Naturalrestitution schuldet (§ 249 Abs. 1). Der Geschädigte wird sich wegen Personenschäden noch weniger dafür entscheiden als bei Sachschäden.

Beispiel: Wenn G infolge eines von dem ihm nicht bekannten Arzt A verschuldeten Verkehrsunfalls körperlich schwer verletzt wird, wird er sich im Hinblick auf die Heilung kaum von A behandeln lassen wollen. Im Zweifel wird G von seinem Wahlrecht gemäß § 249 Abs. 2 Gebrauch machen und eine Entschädigung in Geld verlangen.

Im Hinblick auf Personenschaden werden die §§ 249 ff. durch die §§ 842-846 ergänzt. So stellt z. B. § 843 zusätzlich zu § 249 noch klar, dass unter bestimmten Voraussetzungen bei einer Körper- oder Gesundheitsverletzung eine Geldrente zu zahlen ist.

c) Der entgangene Gewinn

Weil der Geschädigte so gestellt werden soll, wie er stehen würde, wenn das schädigende Ereignis nicht eingetreten wäre, ist auch der entgangene Gewinn zu ersetzen. Dies legt § 252 ausdrücklich fest. Der entgangene Gewinn ist bei Sach- und Personenschäden zu ersetzen. **432**

---

18 Vgl. BGHZ 35, 396; *Palandt-Grüneberg,* § 251 Rdnr. 14 ff.

19 Vgl. zur Berechnung *Palandt-Grüneberg,* § 249 Rdnr. 21 ff.

Beispiel: S fährt mit seinem PKW bei Rot über die Ampel und erfasst den PKW des Anwalts A an der rechten Seite. A wird schwer verletzt und kann seinen Beruf 6 Monate nicht ausüben. A hat gegen S u. a. einen Schadensersatzanspruch aus § 823 Abs. 1 erworben. Nach § 249 Abs. 2 hat S dem A die Arzt- und Heilungskosten und die Reparaturkosten für den PKW einschließlich eines Betrages für den merkantilen Minderwert zu ersetzen. Darüber hinaus hat A gegen S einen Anspruch auf entgangenen Gewinn für 6 Monate.

Im vielen Fällen ist der Nachweis des entgangenen Gewinns schwer zu führen. Deshalb enthält § 252 S. 2 eine Regel, anhand derer festgestellt werden soll, ob ein Gewinn gemacht worden wäre und wie hoch dieser gegebenenfalls zu beziffern ist. Es handelt sich dabei um eine Beweiserleichterung: Der Gläubiger muss die Umstände dartun, aus denen der Gewinn mit Wahrscheinlichkeit erwartet werden konnte. Gelingt ihm dies, wird gesetzlich vermutet, dass der Gewinn erzielt worden wäre. Der Beweis des Gewinns wird also erleichtert.

In dem oben gebildeten **Beispiel** dürfte die Schadensberechnung nach § 252 S. 2 darauf hinauslaufen, dass A seinen in der Zeit vor dem Unfall erzielten Gewinn nachweist. Dem „gewöhnlichen Lauf der Dinge" entspricht es, dass ein gleicher Gewinn auch in der Zeit nach dem Unfall erreicht worden wäre. Da dies eine gesetzliche Vermutung ist, steht es dem S allerdings frei, den – in der Regel allerdings schwer zu führenden – Beweis zu erbringen, dass A den so errechneten Gewinn nicht erzielt hätte.

d) Die Nichtvermögensschäden

433 Auch bei der Entstehung von Nichtvermögensschäden kann grundsätzlich Naturalherstellung verlangt werden.

Beispiel: Wer in der Öffentlichkeit unwahre Tatsachen über einen anderen verbreitet, die ehrverletzend sind, ist zum Widerruf, also zur Wiederherstellung des Rufes des Verletzten verpflichtet. Auf diese Weise wird jedenfalls zum Teil der immaterielle Schaden beseitigt.

In der Praxis spielt der Anspruch auf Naturalherstellung allerdings nur eine geringe Rolle, da die Naturalherstellung meist unmöglich ist. So sind Ärger, körperliche und seelische Schmerzen etc. nachträglich nicht mehr zu beseitigen.

§ 253 Abs. 1 bestimmt, dass grundsätzlich keine Geldentschädigung zu leisten ist, wenn und soweit die Beseitigung des Nichtvermögensschadens durch Naturalherstellung nicht möglich ist. In § 253 Abs. 1 ist allerdings auf Ausnahmen von dieser Regel hingewiesen. Die wichtigste Ausnahmebestimmung in dieser Hinsicht ist § 253 Abs. 2. Danach hat der bzw. die Geschädigte einen Anspruch auf eine billige Entschädigung in Geld (Schmerzensgeld), wenn wegen Verletzung des Körpers, der Gesundheit, der Freiheit oder der sexuellen Selbstbestimmung Schadensersatz zu leisten ist. Weitere wichtige gesetzliche Bestimmungen, aufgrund derer Ersatz des Nichtvermögensschadens verlangt werden kann, sind § 11 StVG, § 8 ProdHaftG und § 651 f BGB.

§ 253 Abs. 2 ist nicht lediglich ein Rechnungsposten des Gesamtschadens, sondern **434** ein selbständiger Anspruch neben dem auf Ersatz des materiellen Schadens[20]. **§ 253 Abs. 2 ist daher als eigene Anspruchsgrundlage zu prüfen.**

Unter den in § 253 Abs. 2 genannten Voraussetzungen hat der Schädiger dem Geschädigten **Schmerzensgeld** zu zahlen.

Das Gesetz beschränkt die Gewährung von Schmerzensgeld auf Fälle der Verletzung des Körpers und der Gesundheit sowie der Freiheitsentziehung und der sexuellen Selbstbestimmung. Dieser Regelung liegt der Gedanke zugrunde, dass Schäden entstehen können, die allein durch den Ersatz von Heilungskosten und entgangenem Gewinn nicht abgegolten werden können.

Beispiel: Wegen einer an ihm begangenen **Körperverletzung** ist der Geschädigte auf die Benutzung eines Rollstuhls angewiesen. Er hat nicht nur körperliche Schmerzen, sondern ist in seiner ganzen Lebensgestaltung durch die Verletzung gehindert. Er kann seinen Beruf nicht mehr ausüben und die Hobbys, die er zuvor betrieben hat, wie z. B. wandern und schwimmen, nicht mehr betreiben. Die hier verletzten Güter haben keinen Vermögenswert und können nur gemäß § 253 Abs. 2 mit einer „billigen Entschädigung in Geld" berücksichtigt werden.

Nach Ansicht des BGH[21] ist der Schmerzensgeldanspruch ein Anspruch eigener Art, der neben der Funktion des Ausgleichs auch noch die weitere habe, dem Geschädigten Genugtuung zu verschaffen. Bei der Bemessung sollen die Umstände des Falles, insbesondere der Grad des Verschuldens und die wirtschaftlichen Verhältnisse von Schädiger und Geschädigtem, berücksichtigt werden. Einvernehmen besteht darüber, dass die Höhe des Schmerzensgeldes erkennbar in einer angemessenen Beziehung zu der Art und Dauer der erlittenen immateriellen Schäden stehen muss. Dabei sind das Ausmaß und die Schwere der physischen und psychischen Schäden zu berücksichtigen[22].

An dem oben geschilderten **Beispiel** wird deutlich, wie schwer es ist, im Einzelfall die Höhe eines Schmerzensgeldes zu bemessen.

Aufgabe 3:

A wohnt in einer Reihenhaussiedlung. Auf der Rückseite des von ihm bewohnten Hauses befindet sich eine etwa 150 m² große Rasenfläche. An die Rasenfläche grenzt ein Kinderspielplatz, auf dem nachmittags viele Kinder spielen. An einem Nachmittag sieht A gegen 16 Uhr fünf Karnickel auf dem Rasen hinter seinem Haus. Er holt ein Kleinkalibergewehr und zielt – in Richtung auf den stark besuchten Kinderspielplatz – auf die Karnickel. A gibt drei Schüsse ab. Ein Geschoss trifft den zwölfjährigen J in den Oberschenkel. Als das Geschoss den J trifft, turnt er ge-

---

20 *Palandt-Grüneberg*, § 253 Rdnr. 4.
21 BGHZ 18, 149
22 Vgl. *Palandt-Grüneberg*, § 253 Rdnr. 15 ff.; *Katzenmeier*, JZ 2002, 1031.

rade an einem auf dem Spielplatz aufgestellten Gerät. J muss operiert werden. Die Kosten für die ärztliche Behandlung betragen insgesamt 5000,– €. Kann J Ersatz dieser Kosten und Schmerzensgeld von A verlangen?
Prüfen Sie diese Frage bitte in einem Gutachten. Vergleichen Sie Ihre Ausführungen anschließend mit der Lösung am Schluss dieses Buches!

e) Die Haftung mehrerer Verletzer

435 Mehrere Verletzer haften nach den § 840 als Gesamtschuldner, z. B. als Hersteller, Händler und Benutzer nebeneinander. Der Innenausgleich kann gegebenenfalls nach § 426 erfolgen.

Ebenso sind Bestimmungen des BGB und des Handelsrechts im Rahmen der Haftung für fremdes Handeln anwendbar. Bei der OHG und KG haften die geschäftsführungs- und vertretungsbefugten Gesellschafter gemäß § 128 HGB als Gesamtschuldner.

f) Die Ersetzungsbefugnis des Schuldners

436 Gemäß § 251 Abs. 2 kann der Schuldner den Gläubiger mit der Zahlung einer Geldsumme entschädigen, wenn die Herstellung selbst nur mit **unverhältnismäßigen** Aufwendungen möglich ist (= Ersetzungsbefugnis).

Zur Erläuterung: Dem Schuldner steht eine **Ersetzungsbefugnis** zu, wenn er von Anfang an zwar nur eine Leistung schuldet, er aber ohne Zustimmung des Gläubigers ersatzweise eine andere erbringen kann.

Die Unverhältnismäßigkeit ergibt sich in der Regel aus einem Vergleich zwischen dem Herstellungsaufwand und dem gemäß § 251 geschuldeten Schadensersatz[23].

> **Beispiel:** Bei einem gebrauchten PKW, der beschädigt worden ist, sind die für die Reparatur notwendigen Aufwendungen unverhältnismäßig hoch, wenn der für eine Reparatur zu zahlende Geldbetrag um mehr als 30 % über dem Wert des PKW liegt[24]. In einem solchen Fall steht dem Schädiger (Schuldner) gemäß § 251 Abs. 2 eine Ersetzungsbefugnis zu. Er kann den Gläubiger mit einer Geldleistung entschädigen, die in der Regel der Höhe nach dem Wiederbeschaffungswert entspricht.

g) Vorteilsausgleichung

437 Nicht selten bringt das schädigende Ereignis dem Geschädigten neben dem Schaden auch einen Vorteil. Dann stellt sich die Frage, ob und gegebenenfalls wieweit der erlangte Vorteil auf den Schadensersatzanspruch anzurechnen ist. Eine allgemeine gesetzliche Regel dazu existiert nicht. Aber es gibt etliche Sondervorschrif-

---

23 So *Palandt-Grüneberg*, § 251 Rdnr. 7.
24 Zur Berechnung vgl. *Palandt-Grüneberg*, § 251 Rdnr. 6.

ten dazu. So beruht z. B. § 255 auf dem Gedanken der Vorteilsausgleichung: Es erfolgt grundsätzlich keine Anrechnung des Vorteils bei der Ermittlung des Schadens; aber alle Ansprüche, die der Geschädigte aufgrund des Eigentums an der Sache oder aufgrund des Rechts gegen Dritte erworben hat, sind abzutreten.

Die gesetzlichen Sondervorschriften, wie z. B. § 255 lassen den Schluss zu, dass der Schädiger grundsätzlich durch die Leistungen Dritter nicht entlastet werden soll[25].

Die Rechtsprechung[26] hat den Leitgedanken entwickelt, dass eine Vorteilsausgleichung nur unter der Voraussetzung durchgeführt werden soll, dass zwischen dem schädigenden Ereignis und dem erlangten Vorteil ein adäquater Zusammenhang besteht; außerdem muss die Anrechnung aus der Sicht des Geschädigten zumutbar sein, dem Zweck des Schadensersatzanspruchs entsprechen und sie darf den Schädiger nicht unbillig entlasten[27].

Nach dieser Formel findet eine Anrechnung nicht statt bei Vorteilen, die der Geschädigte durch eigene Leistungen vor dem Schadensfall selbst erkauft hat.

Beispiel: Hauptanwendungsfälle solcher „erkaufter Vorteile" sind Zahlungen von Versicherungen, Renten- und Pensionsansprüche sowie die vertragliche Entgeltzahlung durch den Arbeitgeber[28].

V. Die Verletzung eines Schutzgesetzes gemäß § 823 Abs. 2

Gemäß § 823 Abs. 2 ist derjenige zum Schadensersatz verpflichtet, der rechtswidrig   438
und schuldhaft gegen ein Gesetz verstößt, das den Schutz eines anderen bezweckt.
§ 823 Abs. 2 gewährt, wenn die entsprechenden Voraussetzungen vorliegen, einen
von § 823 Abs. 1 unabhängigen, selbständigen Anspruch. Es ist also möglich, dass
ein Geschädigter gegen den Schädiger einen Anspruch aus § 823 Abs. 2, nicht aber
auch aus § 823 Abs. 1 hat. Es kommt allerdings auch häufig vor, dass ein Geschädigter gegen den Schädiger sowohl aus § 823 Abs. 1 als auch aus § 823 Abs. 2 einen Anspruch auf Schadensersatz erwirbt. Diese Ansprüche stehen nebeneinander.
Der Geschädigte kann beide Ansprüche geltend machen. Das ist insbesondere dann
sinnvoll, wenn noch nicht genau feststeht, ob die tatsächlichen Voraussetzungen des
einen oder des anderen Anspruches bewiesen werden können. Der Schaden wird
dem Geschädigten allerdings nur einmal ersetzt.

Gegenüber § 823 Abs. 1 erweitert § 823 Abs. 2 den Güterschutz. So wird z. B. das
Vermögen einer Person als solches (die Gesamtheit aller geldwerten Güter) nicht
durch § 823 Abs. 1 geschützt. Nach § 823 Abs. 2 entsteht hingegen eine Schadensersatzpflicht auch bei einer Schädigung fremden Vermögens, wenn der Vermögens-

---

25 Vgl. *Brox/Walker*, Schuldrecht AT, § 31 Rdnr. 23.
26 Vgl. BGHZ 91, 206, 209 f.
27 Vgl. *Staudinger/Eckpfeiler-Vieweg*, S. 389.
28 Vgl. *Staudinger/Eckpfeiler-Vieweg*, S. 389.

schaden dadurch eintritt, dass der Schädiger gegen ein den Schutz eines anderen bezweckendes Gesetz verstößt, also eine von der Rechtsordnung ausdrücklich verbotene Handlung begeht.

439 Ein Schadensersatzanspruch gemäß § 823 Abs. 2 entsteht unter folgenden Voraussetzungen:

a) Es muss eine Handlung (Tun oder Unterlassen) desjenigen vorliegen, gegen den sich der Anspruch richtet.

b) Diese Handlung muss gegen ein Schutzgesetz (ein den Schutz eines anderen bezweckendes Gesetz) verstoßen.

c) Der Verstoß gegen das Schutzgesetz muss für den entstandenen Schaden adäquat ursächlich sein.

d) Der Verstoß gegen das Schutzgesetz muss rechtswidrig und

e) schuldhaft sein (§ 823 Abs. 2 S. 2).

Schutzgesetze im Sinne des § 823 Abs. 2 sind nur solche Rechtsnormen, die dazu dienen sollen, den Einzelnen oder einzelne Personenkreise gegen die Verletzung eines Rechtsgutes zu schützen. Dabei ist nicht auf die Wirkung, sondern auf den Inhalt und den Zweck des Gesetzes abzustellen sowie darauf, ob der Gesetzgeber bei Erlass des Gesetzes gerade einen Rechtsschutz, wie er wegen der behaupteten Verletzung in Anspruch genommen wird, zugunsten von Einzelpersonen oder Personenkreisen gewollt oder doch mitgewollt hat[29].

Zu den Schutzgesetzen gehören die meisten Strafvorschriften des StGB, wie z. B. diejenigen, die Körperverletzungen (§§ 223 ff. StGB) und die Vermögensdelikte (wie z. B. § 242 StGB) betreffen.

Beispiel: Das Strafgesetzbuch stellt in § 263 den Betrug unter Strafe, um u. a. das Vermögen des Einzelnen zu schützen. Wer einen Betrug begeht, verstößt damit zugleich gegen ein Schutzgesetz im Sinne des § 823 Abs. 2.

Schutzgesetze können nicht nur solche Rechtsnormen sein, die auf parlamentarischem Wege zustande gekommen sind. In Betracht kommen auch Rechtsverordnungen und kommunale Satzungen.

Beispiel: E ist Eigentümer eines Grundstückes mit Gebäude. Trotz für Fußgänger gefährlichen Glatteises kommt E seiner Streupflicht, die ihm aufgrund einer kommunalen Satzung über die Räum- und Streupflicht auferlegt ist, nicht nach. Weil E den Gehsteig vor seinem Haus weder geräumt noch gestreut hat, verunglückt der Fußgänger A schwer. Er erleidet einen Fußgelenk- und Armschaden. Die Kosten für die Heilung und den gegebenenfalls entgangenen Gewinn kann A als Schadensersatz gemäß § 823 Abs. 2 i. V. m. der kommunalen Satzung über die Räum- und Streupflicht und §§ 249 ff. verlangen. Darüber hinaus ist zu prüfen, ob ihm noch ein Anspruch auf Gewährung von Schmerzensgeld nach § 253 Abs. 2 zusteht.

---

29 So BGHZ 12, 146, 148.

VI. Die sittenwidrige Schädigung gemäß § 826

1. Überblick

§ 826 stellt in dem Bemühen des Gesetzgebers, einen möglichst umfassenden Schutz vor Schädigungen durch andere zu schaffen, eine wichtige Ergänzung zu § 823 Abs. 1 und § 823 Abs. 2 dar.   **440**

Voraussetzung für das Entstehen eines Schadensersatzanspruches gemäß § 826 ist, dass jemand einem anderen **vorsätzlich** und **sittenwidrig** einen **Schaden** zufügt.

2. Der Verstoß gegen die guten Sitten

In § 826 ist von einer „gegen die guten Sitten verstoßenden Weise" die Rede. Ein   **441**
Handeln verstößt gegen die guten Sitten, wenn dem „Anstandsgefühl aller billig und gerecht Denkenden" zuwidergehandelt wird[30]. Auch diese Formel bedarf im jeweils zu entscheidenden Einzelfall noch einer weiteren Konkretisierung. Es ist häufig schwierig festzustellen, was das „Anstandsgefühl aller billig und gerecht Denkenden" ist, zumal die anzuwendenden Maßstäbe dem Wandel der Zeiten und Anschauungen unterworfen sind[31]. Bei der Beurteilung ist ein durchschnittlicher Maßstab anzuwenden, der mit dem allgemeinen Anstands- und Billigkeitsgefühl im Zeitpunkt der Vornahme der Handlung in Einklang steht[32].

Beispiel: Begeht B gegenüber N einen Betrug, so handelt B sittenwidrig im Sinne des § 826, denn in der Rechtsgemeinschaft wird als Richtschnur für menschliches Handeln anerkannt, keine Straftaten zu begehen. Wer eine strafbare Handlung begeht, verstößt also gegen das Anstandsgefühl aller billig und gerecht Denkenden.

3. Der Vorsatz

Nur wer **vorsätzlich** handelt, setzt sich einer Haftung nach § 826 aus.   **442**

Zum Vorsatz im Sinne des § 826 gehört, dass der Handelnde das Bewusstsein hat, sein Handeln werde den schädigenden Erfolg herbeiführen. Der Vorsatz muss also auch den Eintritt des Schadens umfassen. Bedingter Vorsatz genügt, nicht aber grobe Fahrlässigkeit[33].

Eine Haftung aus § 826 setzt nicht voraus, dass der Handelnde sich der Sittenwidrigkeit seines Handelns bewusst ist. Allerdings muss der Täter die Umstände gekannt haben, die sein Verhalten als sittenwidrig erscheinen lassen[34].

---

30 RGZ 48, 114; BGHZ 10, 228, 232.
31 Vgl. *Palandt-Ellenberger*, § 138 Rdnr. 10.
32 So *Palandt-Ellenberger*, § 138 Rdnr. 2, 9.
33 Vgl. *Palandt-Sprau*, § 826 Rdnr. 10, 11.
34 Vgl. *Palandt-Sprau*, § 826 Rdnr. 8.

442a Die Anwendungsbreite des § 826 zeigt sich z. B. im Gesellschaftsrecht. So hat der BGH[35] sein Modell der Existenzvernichtungshaftung bei der GmbH auf § 826 gestützt.

Beispiel: A und B sind Gesellschafter der A-GmbH, die mit einem Stammkapital von 100 000,– € ausgestattet ist, von dem A und B je die Hälfte als Stammeinlagen übernommen und eingezahlt haben. Ab Februar 2009 lassen sich A und B wegen eigener wirtschaftlicher Schwierigkeiten die wesentlichen Vermögenswerte der GmbH – darunter das Eigentum an Betriebsgrundstücken, PKW und Forderungen gegen Kunden in Höhe von 210 000,– € – übertragen. Nach einem Vermögensstatus der GmbH per 30. Juni 2009 standen Aktiva in Höhe von 22 000,– € Passiva in Höhe von 350 000,– € gegenüber. Bauunternehmer W, der die Geschäftsräume der A-GmbH aufwändig renoviert hat, hat eine Vergütungsforderung in Höhe von 123 000,– € gegen die Gesellschaft. Diesen Anspruch macht W nun gegen die Gesellschafter A und B persönlich geltend.

In diesem Fall könnte der Gläubiger W gegen die Gesellschafter A und B einen Anspruch aus § 826 BGB erworben haben. A und B haben durch ihre Handlungsweise die Gesellschaft geschädigt, indem sie ihr zweckgebundenes Gesellschaftsvermögen entzogen haben. Dies ist auch in sittenwidriger Weise geschehen, weil die Gesellschafter den Kapitalerhaltungsgrundsatz (§ 30 GmbHG) in besonders grober Weise verletzt haben, indem sie das Vermögen der GmbH sozusagen „ausräumten". Da bedingter Schädigungsvorsatz genügt, kann darauf hier aus objektiv feststellbaren Umständen geschlossen werden.

Nach der Rechtsprechung des BGH[36] ist ein Anspruch der A-GmbH gegen die Gesellschafter A und B aus § 826 BGB entstanden. Es handelt sich dabei allerdings um eine reine Innenhaftung. Der Gesellschaftsgläubiger W ist von dem Eingriff in das Gesellschaftsvermögen nur mittelbar betroffen. Er hat deshalb nach Ansicht des BGH keinen Anspruch aus § 826 BGB gegen A und B erworben.

Fall: *A ist Techniker und nimmt eine verantwortliche Position im Betrieb des B wahr. D, der Produkte der gleichen Art und Güte wie B herstellen möchte, veranlasst den A, vertragswidrig seine Tätigkeit bei B sofort einzustellen und für monatlich 1000,– € Gehalt mehr in seinem Betrieb mit der Arbeit für ihn zu beginnen. Für 20 000,– € verrät A dem D wichtige geheimgehaltene Produktionsverfahren des B. Für weitere 10 000,– € bringt A dem D auf dessen Drängen auch noch die Kundenkartei des B mit. Schon nach kurzer Zeit ist D in der Lage, aufgrund der ihm nun bekanntgewordenen besseren Produktionsverfahren Produkte herzustellen, die denen des B gleichwertig sind. Mithilfe der Kundenkartei des B kann D einen großen Kundenkreis ansprechen. Nachdem D 30 % des Marktanteils, den B bisher hatte, an sich gebracht hat, verlangt B von D Schadensersatz. Die Höhe seines entgangenen Gewinns beziffert B auf 300 000,– €. Kann B von D Schadensersatz verlangen?*

---

35 BGHZ 173, 246 ff.
36 BGHZ 173, 246 ff.

Lösung:

Dem B könnte gegen D ein Anspruch auf Schadensersatz in Höhe von 300 000,– €
aus § 826 zustehen.

(Möglicherweise kann B auch Ansprüche aus § 823 Abs. 1 und § 823 Abs. 2 geltend
machen. Diese Anspruchsgrundlagen sollen hier jedoch außer Betracht bleiben.)

Der Verlust von 30 % Marktanteil ist ein Schaden, der auf das Handeln des D zurückzuführen ist. Ein Anspruch des § 826 entsteht allerdings nur, wenn der Schädiger (hier D)

a) in einer gegen die guten Sitten verstoßenden Weise
b) vorsätzlich gehandelt
c) und dadurch, d. h. adäquat kausal den bezeichneten Schaden herbeigeführt hat.

Zunächst ist zu klären, ob D sittenwidrig gehandelt hat. Sittenwidrig ist ein Handeln dann, wenn es gegen das Anstandsgefühl aller billig und gerecht Denkenden
verstößt. D hat den Angestellten eines fremden Unternehmens abgeworben und
gleichzeitig das betroffene Unternehmen ausgebeutet und in seiner Tätigkeit be-
hindert, weil er sich geheimgehaltener Produktionsverfahren, die A ihm verraten
hat, bedient hat. Es ist zu prüfen, ob das gegen Grundregeln des zwischenmenschlichen Anstandes, die in der Rechtsgemeinschaft akzeptiert werden, verstößt. Das
Abwerben von Arbeitskräften wird, wenn die Umworbenen die für sie bestehenden gesetzlichen oder vertraglichen Kündigungsfristen einhalten, als ein adäqua-
tes Mittel der Marktwirtschaft grundsätzlich als erlaubt angesehen[37]. Die Verlei-
tung des Angestellten eines Konkurrenten zum Vertragsbruch mit dem Ziel,
diesen Angestellten dann selbst einzustellen, wird dagegen in der Regel als Verstoß
gegen die Grundregeln des zwischenmenschlichen Anstandes gewertet. Im zu erörternden Fall kommt noch hinzu, dass mit der Abwerbung einschließlich des Verlei-
tens zum Vertragsbruch eine Ausbeutung und Behinderung des betroffenen Unternehmens verbunden ist. Jedenfalls damit sind die Grundregeln des zwischenmenschlichen Anstandes verletzt. D handelte also sittenwidrig.

D hat darüber hinaus den A noch dazu angehalten, eine Straftat zu begehen, nämlich die Kundenkartei des B zu stehlen. Diese Handlung ist ebenfalls sittenwidrig.
D handelte auch vorsätzlich, denn er wusste, dass er B einen Schaden zufügen würde. Der Verlust von 30 % des Marktanteils, der sich in einem entgangenen Gewinn
von 300 000,– € niederschlägt, ist durch das sittenwidrige und vorsätzliche Handeln des D verursacht worden. Es handelt sich um einen Schaden, den D gemäß
§ 826 in Verbindung mit §§ 249 ff., 252 zu ersetzen hat. Demnach ist D dem B
zum Ersatz des Schadens in Höhe von 300 000,– € verpflichtet.

VII. Die Verletzung von Verkehrssicherungspflichten (Verkehrspflichten)

Die Praxis hat gezeigt, dass das System der unerlaubten Handlungen mit seinen   **443**
Einzeltatbeständen nicht ausreicht, um den angestrebten umfassenden Schutz der
Personen vor Schädigungen durch Dritte zu gewährleisten. Deshalb hat die Recht-

---

37 Vgl. u. a. BGH, NJW 1961, 1308 ff.; BAG, DB 1963, 1700.

sprechung eine Anzahl zusätzlicher Verhaltensnormen entwickelt, um den Schutz vor Schädigungen durch andere zu vervollständigen. Ein großer Teil dieser zusätzlichen Verhaltensnormen wird als **Verkehrssicherungspflichten (Verkehrspflichten)** bezeichnet.

Verkehrssicherungspflicht bedeutet die allgemeine Rechtspflicht, im Verkehr Rücksicht auf die Gefährdung anderer zu nehmen. Diese Verpflichtung beruht auf dem Gedanken, dass jeder, der Gefahrenquellen schafft, die notwendigen Vorkehrungen zum Schutze Dritter zu schaffen hat[38]. Diese Verpflichtung trifft jeden, der in der Lage ist, über die Sache zu verfügen; dieser hat Gefahren, die von einer Sache auszugehen drohen, zunächst abzuwenden[39]. Das bedeutet allerdings nicht, dass eine allgemeine Pflicht besteht, andere Personen durch positives Tun vor möglichen Schäden zu bewahren[40].

444 **Verkehrssicherungspflichten (Verkehrspflichten)**, aufgrund derer für Personen eine Rechtspflicht zum Handeln besteht, ergeben sich insbesondere aus **vorangegangenem Tun**. So ist z. B. jeder, der eine Gefahrenquelle geschaffen hat oder unterhält, verpflichtet, im Rahmen des Zumutbaren alles in seiner Macht Stehende zu tun, um vermeidbare Schädigungen Dritter, die von dieser Gefahrenquelle ausgehen, zu verhindern[41]. Des Weiteren kann sich eine Verkehrssicherungspflicht aus der Verantwortlichkeit für den eigenen Herrschaftsbereich ergeben[42].

Jeder, der einen gefährlichen Beruf oder ein gefährliches Gewerbe ausübt, trägt der Allgemeinheit gegenüber die Verantwortung für einen geordneten und gefahrlosen Ablauf der Dinge. Dies gilt nicht nur für Bauunternehmer, Spediteure und andere Gewerbetreibende, sondern auch für andere Berufe wie Architekten und Ärzte[43].

Fall: *Bauunternehmer K führt an einer öffentlichen Straße Bauarbeiten durch. Mangelnde Kennzeichnung und fehlende Absicherung der Baustelle führen dazu, dass M in der Nacht mit seinem PKW ohne Verschulden in die Baustelle hineinfährt. Dadurch auf den Gehsteig geschleuderte Baumaterialien treffen den Passanten A am Kopf und verletzen ihn schwer. K kannte die Baustelle, hatte sich um deren Sicherung jedoch nicht gekümmert. Arztkosten und Verdienstausfall des A betragen insgesamt 30 000,– €. Kann A diesen Betrag von K verlangen?*

Lösung:

A könnte gegen K einen Anspruch auf Zahlung von Schadensersatz in Höhe von 30 000,– € aus § 823 Abs. 1 i. V. m. §§ 249 ff. haben.

Dann müsste zunächst eine Handlung (aktives Tun oder Unterlassen) des K vorliegen. K hat es unterlassen, die Baustelle ordnungsgemäß zu sichern. Das Unter-

---

38 So *Palandt-Sprau*, § 823 Rdnr. 46.
39 So *Palandt-Sprau*, § 823 Rdnr. 48.
40 So zu Recht *Larenz*, Schuldrecht, Bes. Teil, § 72 I d; in etwa auch BGHZ 56, 228, 238.
41 Vgl. BGHZ 14, 83, 85; 24, 124, 126; *Raab*, JuS 2002, 1043, 1044.
42 *Raab*, JuS 2002, 1044.
43 Vgl. zu den Einzelheiten *Palandt-Sprau*, § 823 Rdnr. 48 ff.; *Raab*, JuS 2002, 1043.

lassen einer aktiven Handlung ist für das Entstehen eines Schadensersatzanspruches jedoch nur dann von Bedeutung, wenn denjenigen, der sie unterlassen hat, eine Rechtspflicht zum Handeln trifft. Den K traf eine Rechtspflicht zum Handeln, wenn er aufgrund einer Verkehrssicherungspflicht (Verkehrspflicht) gehalten war, die Baustelle ordnungsgemäß zu sichern. Verkehrssicherungspflichten ergeben sich insbesondere aus vorangegangenem Tun. So ist jeder, der eine Gefahrenquelle geschaffen hat und unterhält, verpflichtet, im Rahmen des Zumutbaren alles ihm Mögliche zu tun, um vermeidbare Schädigungen Dritter durch diese Gefahrenquelle zu verhindern[44]. Indem K die Baustelle auf einer öffentlichen Straße einrichtete, schuf er eine Gefahrenquelle. Er war deshalb verpflichtet, die Baustelle so zu sichern, dass vorhersehbare Unfälle vermieden wurden. Dies war ihm möglich und zumutbar. K oblag also eine Verkehrssicherungspflicht, aufgrund derer er verpflichtet war, die Baustelle ordnungsgemäß zu sichern. Das aber hat er unterlassen und damit eine ihm obliegende Verkehrssicherungspflicht verletzt.

Durch dieses Unterlassen müsste eines der in § 823 Abs. 1 genannten Rechtsgüter oder Rechte verletzt worden sein. Die Unterlassung des K führte dazu, dass Körper und Gesundheit des A verletzt wurden.

Das Verhalten des K müsste für die Verletzung dieser Rechtsgüter des A ursächlich sein (haftungsbegründende Kausalität). Dies setzt zunächst voraus, dass das richtige Verhalten des K nicht hinzugedacht werden kann, ohne dass die konkreten Verletzungen des A mit großer Wahrscheinlichkeit verhindert worden wären. Hätte K die Baustelle ordnungsgemäß abgesichert, wäre A mit großer Wahrscheinlichkeit nicht verletzt worden, sodass die Kausalität des Verhaltens des K insoweit gegeben ist. Darüber hinaus ist jedoch erforderlich, dass das Verhalten des K auch adäquat kausal für die Verletzungen des A war. Das wäre nur dann der Fall, wenn die Verletzung der Verkehrssicherungspflicht im Allgemeinen – und nicht nur unter besonders eigenartigen, unwahrscheinlichen Umständen – geeignet war, einen Erfolg der eingetretenen Art herbeizuführen. In diesem Sinne ist es nicht besonders eigenartig oder unwahrscheinlich, dass Fahrzeuge wie das des M nachts in eine ungesicherte Baustelle geraten, dabei Steine hochschleudern und Passanten schwer verletzen. Das Unterlassen der Sicherung der Baustelle durch K war somit adäquat kausal für die bezeichnete Verletzung von Rechtsgütern des A.

Durch dieses Verhalten ist dem A ein Schaden in Höhe von insgesamt 30 000,– € entstanden, der gemäß § 249 Abs. 2 S. 1 (Arztkosten) bzw. gemäß § 252 (Verdienstausfall) ersatzfähig ist.

Dem K stand kein Rechtfertigungsgrund zur Seite. Somit war sein Verhalten auch rechtswidrig.

Schließlich müsste K schuldhaft gehandelt haben; in Betracht kommt fahrlässiges Verhalten, § 276 Abs. 2. Danach handelt fahrlässig, wer die im Verkehr erforderliche Sorgfalt außer Acht lässt. Dies hat K getan und damit fahrlässig, also schuldhaft gehandelt.

Demnach kann A gemäß § 823 Abs. 1 i. V. m. §§ 249 Abs. 2 S. 1, 252 von K Zahlung von 30 000,– € verlangen.

---

44 *Raab*, JuS 2002, 1043.

445 Unter die Fälle der Verletzungen von Verkehrssicherungspflichten (**Verkehrspflich-ten**) ist auch die sogenannte **Produzentenhaftung** (auch Produkthaftung genannt) einzuordnen, soweit sie auf § 823 Abs. 1 gestützt wird. Wird jemand bei der be-stimmungsgemäßen Verwendung eines Industrieerzeugnisses an einem seiner durch § 823 Abs. 1 geschützten Rechtsgüter geschädigt, weil das Produkt fehler-haft ist und den Produzenten im Hinblick auf die Fehlerhaftigkeit ein Verschul-den trifft, so ist der Produzent gemäß § 823 Abs. 1 zum Ersatz des daraus entstan-denen Schadens verpflichtet[45].

Die Haftung für fehlerhafte Produkte aus dem Produkthaftungsgesetz tritt **neben** die **verschuldensabhängige** Produzentenhaftung aus § 823 Abs. 1.

446 Nach dem Produkthaftungsgesetz ist die Produkthaftung ein Fall der **verschul-densunabhängigen** Haftung (§ 1 ProdHaftG). Neben dem tatsächlichen Herstel-ler ist jede Person, die sich als Hersteller ausgibt, sowie – unter gewissen Voraus-setzungen – auch der Importeur und der Lieferant der Haftung unterworfen (§ 4 ProdHaftG). Mit der gesetzlichen Regelung wird das Ziel verfolgt, eine verschul-densunabhängige Haftung für fehlerhafte Produkte (§ 3 ProdHaftG) zu verwirkli-chen, die in erster Linie dem Schutz des privaten Endverbrauchers dient. Zuguns-ten des Letzteren begründet § 1 Abs. 1 ProdHaftG eine verschuldensunabhängige Haftung des Herstellers für alle durch ein fehlerhaftes Produkt verursachten Kör-per-, Gesundheits- und für bestimmte Sachschäden (zu den Einzelheiten siehe un-ten Rdnr. 729 ff.).

Eine weitere spezielle gesetzliche Regelung der Ersatzansprüche bei Verstößen ge-gen Verkehrssicherungspflichten enthält das Umwelthaftungsgesetz (UmweltHG), das seit dem 1. 1. 1991 gilt. Es erlegt den Inhabern von bestimmten größeren In-dustrie-, Energiegewinnungs- und Bergbauanlagen in § 1 eine verschuldensunab-hängige Gefährdungshaftung für Personen- und Sachschäden auf, die durch eine von diesen Anlagen hervorgerufene Umwelteinwirkung verursacht werden. Dabei steht dem Geschädigten unter bestimmten Voraussetzungen die Vermutung zur Sei-te, dass der Schaden durch die Anlage verursacht worden ist (§§ 6 f. UmweltHG).

VIII. Die Haftung für Verrichtungsgehilfen

1. Überblick

447 Ein Unternehmer führt nur selten die Arbeiten persönlich aus, die erforderlich sind, um die Leistungen zu erbringen, zu deren Erfüllung er sich verpflichtet hat. In der Regel bedient er sich dazu der bei ihm beschäftigten Arbeitnehmer. Bei der Ausführung der Arbeiten können Schäden entstehen, die auf unerlaubten Hand-lungen der eingesetzten Arbeitnehmer beruhen.

---

45 Vgl. BGHZ 51, 91, 102, 105.

Der Geschädigte hat häufig ein Interesse daran, den Unternehmer (Geschäftsherrn), für den der Arbeitnehmer, der den Schaden verursacht hat, eine Verrichtung ausgeführt und dabei eine unerlaubte Handlung begangen hat, selbst in Anspruch nehmen zu können. Dass der Arbeitnehmer, der den Schaden verursacht hat, in der Regel selbst aus unerlaubter Handlung haftet, hilft dem Geschädigten wenig, wenn es sich um einen beträchtlichen Schaden handelt und der Arbeitnehmer nicht in der Lage ist, Schadensersatz in der erforderlichen Höhe zu leisten.

Beispiel: Der Maurer M ist bei dem Bauunternehmer U beschäftigt. M arbeitet auf einem Baugerüst, das an der Vorderfront eines Geschäftshauses steht, welches an einer vielbegangenen Fußgängerzone gelegen ist. Durch grobe Unachtsamkeit des M fallen Baumaterialien und Werkzeuge von dem Gerüst auf den Bürgersteig. S wird von einem Stein am Kopf getroffen und schwer verletzt. Der Schaden des S (Arzt- und Heilungskosten, Einkommenseinbuße etc.) beträgt insgesamt 12 000,– €. M ist mittellos. Hier besteht ein Interesse des S daran, den U wegen des entstandenen Schadens in Anspruch zu nehmen, da nicht zu erwarten ist, dass M den Schaden ersetzen kann.

Das BGB versucht, dieser Interessenlage gerecht zu werden. Es kennt allerdings **448** **keine uneingeschränkte Haftung des Unternehmers (Geschäftsherrn)** für die unerlaubten Handlungen, die seine Arbeitnehmer bei der Ausführung der ihnen übertragenen Arbeiten begehen. Nach § 831 haftet derjenige, der einem anderen eine Tätigkeit überträgt (Geschäftsherr), wenn der mit der Verrichtung Betraute in Ausführung der ihm übertragenen Aufgaben eine unerlaubte Handlung begeht und dadurch einem anderen einen Schaden zufügt. Das bedeutet: Der Geschädigte kann den Geschäftsherrn in Anspruch nehmen, wenn der Verrichtungsgehilfe in Ausführung der ihm übertragenen Tätigkeit rechtswidrig den objektiven Tatbestand einer unerlaubten Handlung im Sinne der §§ 823 ff. erfüllt hat. Dieser Anspruch besteht selbst dann, wenn den Verrichtungsgehilfen kein Verschulden trifft.

2. Verrichtungsgehilfe

Verrichtungsgehilfe im Sinne des § 831 ist jeder, der **449**
– von einem Geschäftsherrn gegen Entgelt oder unentgeltlich mit einer Tätigkeit tatsächlicher oder rechtsgeschäftlicher Art betraut ist
– und dabei an die Weisungen des Geschäftsherrn gebunden ist.

Weisungsgebunden ist derjenige, dessen Tätigkeit der Geschäftsherr jederzeit beschränken, untersagen oder nach Zeit und Umfang bestimmen kann[46].

Beispiel: Der Metallarbeiter B, der im Betrieb des Fabrikanten G beschäftigt ist und dort eine Presse bedient, die Metallstücke ausstanzt, ist Verrichtungsgehilfe des G. Er ist gegen Entgelt damit betraut, eine Tätigkeit tatsächlicher Art, nämlich

---

46 So BGHZ 45, 311, 313.

das Bedienen der Maschine, auszuüben. Er ist im Rahmen seines Arbeitsverhältnisses an die Weisungen des G gebunden. G kann ihn z. B. anweisen, eine andere Maschine zu bedienen.

Beispiel: K bittet den Klempnermeister W, den Abfluss eines Waschbeckens zu reparieren. Zwischen K und W besteht zwar ein Vertrag, in dessen Rahmen W es gegen Entgelt übernommen hat, eine Tätigkeit tatsächlicher Art, die Reparatur eines Waschbeckens, auszuführen; W ist aber nicht weisungsgebunden, denn K kann dem nach dem Vertrage im Hinblick auf die Reparatur des Waschbeckens keine bis ins Einzelne gehenden Vorschriften machen, z. B. nicht Art und Umfang der Arbeiten bestimmen. W ist deshalb **nicht** Verrichtungsgehilfe des K.

3. Unerlaubte Handlung des Verrichtungsgehilfen

449a Der Verrichtungsgehilfe muss eine unerlaubte Handlung i. S. der §§ 823 ff. begangen haben. Die Erfüllung eines dieser Tatbestände muss rechtswidrig, aber nicht notwendigerweise schuldhaft sein. Eines Verschuldens des Verrichtungsgehilfen bedarf es nicht, weil § 831 eine Haftung des Geschäftsherrn für *eigenes* und nicht für fremdes Verschulden begründet.

4. Schadenszufügung in Ausführung der Verrichtung

450 Der Geschäftsherr haftet für unerlaubte Handlungen seines Verrichtungsgehilfen nur, wenn der Verrichtungsgehilfe die unerlaubte Handlung in **Ausführung der ihm übertragenen Verrichtung begangen hat.** Das bedeutet: Die Handlung des Verrichtungsgehilfen, die den Schaden verursacht hat, muss in den Kreis der Maßnahmen fallen, die die Ausführung der Verrichtung darstellen und mit dieser Maßnahme in einem inneren Zusammenhang stehen[47].

Zu dem obigen **Beispiel** mit dem Maurer M: Die Benutzung von Handwerkszeug und das Hantieren mit Baumaterialien auf dem Baugerüst gehören zu den Handlungen, die die Verrichtung darstellen, zu der der Maurer M bestellt ist. Fallen Baumaterialien und Werkzeuge auf die Straße, so geschehen diese Unachtsamkeiten „in Ausführung der Verrichtung" im Sinne des § 831.

Fortführung dieses **Beispiels:** M verlässt die Baustelle, nachdem er seine Arbeiten beendet hat. Er betrinkt sich, stiehlt ein Kraftfahrzeug und verursacht schuldhaft einen Verkehrsunfall, bei dem der Fußgänger K schwer verletzt wird. Hier ist K durch Handlungen des M verletzt und geschädigt worden, die nicht mehr in den Kreis der Verrichtungen fallen, zu denen M als Maurer bestellt ist. Sie stehen auch in keinem inneren Zusammenhang mit den Bauarbeiten. M handelte demnach, als er den Unfall verursachte, nicht als Verrichtungsgehilfe des Bauunternehmers U. Dieser haftet infolgedessen nicht aus § 831 für die dem K entstandenen Schäden.

---

47 BGHZ 11, 151, 154, *Palandt-Sprau,* § 831 Rdnr. 9.

5. Das Verschulden des Geschäftsherrn (Unternehmers) und der Exkulpationsbeweis

Der Grund für die Anordnung einer Ersatzpflicht des Geschäftsherrn ist in einem eigenen vermuteten Verschulden des Geschäftsherrn bei der Auswahl und Anleitung des Verrichtungsgehilfen zu sehen. § 831 begründet also eine Haftung des Geschäftsherrn für **eigenes Verschulden**.   **450a**

Die auf den ersten Blick sehr weitgehende Haftung des Geschäftsherrn wird in der Praxis dadurch auf ein Minimum reduziert, dass der Geschäftsherr gemäß § 831 Abs. 1 S. 2 dann von der Haftung befreit wird, wenn er nachweisen kann, dass ihn im Hinblick auf die Auswahl und Anleitung seiner Gehilfen ein Verschulden nicht trifft. Der Geschäftsherr muss beweisen, dass der Verrichtungsgehilfe ordnungsgemäß ausgesucht und auch im Hinblick auf die konkrete Tätigkeit hinreichend überwacht worden ist. Kein Verschulden liegt vor, wenn der Geschäftsherr bei Auswahl und Anleitung die im Verkehr erforderliche Sorgfalt beobachtet hat bzw. wenn der Schaden auch bei Anwendung dieser Sorgfalt entstanden sein würde. Das Ausmaß der Überwachung richtet sich bei recht strengen Maßstäben nach Qualifikation und Zuverlässigkeit des Verrichtungsgehilfen[48].   **451**

Bei Großbetrieben, für die § 831 nicht geschaffen ist, ist ein sog. dezentralisierter Entlastungsbeweis zulässig. Es genügt, dass die ordnungsgemäße Aufsicht durch höhere Angestellte ausgeübt wird und diese von der Unternehmensleitung beaufsichtigt werden[49].

IX. Die Deliktsfähigkeit

Aus einer unerlaubten Handlung haftet nur derjenige, der schuldhaft gehandelt hat (**Verschuldensprinzip**). Es kann allerdings nur derjenige in Anspruch genommen werden, der **verschuldensfähig (deliktsfähig)** ist (vgl. oben Rdnr. 209 a).   **452**

Nicht deliktsfähig sind:
a) Kinder, die nicht das 7. Lebensjahr vollendet haben (§ 828 Abs. 1), und
b) Personen, die sich im Augenblick der Schadenszufügung in einem Zustand befunden haben, wie er in § 827 geschildert wird. Zu beachten ist aber die Ausnahme davon in § 827 S. 2.

Personen, die das 7., aber noch nicht das 18. Lebensjahr vollendet haben, sind nur **bedingt deliktsfähig**. Das bedeutet: Es muss im Einzelfall stets festgestellt werden, ob der Jugendliche nach seiner geistigen Entwicklung in der Lage war, das Unrecht seiner Tat **und** die allgemeine Verpflichtung zur Ersatzleistung zu erkennen (§ 828 Abs. 2 und 3).

---

48 Vgl. *Jauernig-Teichmann*, § 831 Rdnr. 11 m. Nachw.
49 Vgl. BGHZ 4, 1, 2.

Gemäß § 828 Abs. 2 ist die Deliktsfähigkeit bei Kindern bei Unfällen mit Kraftfahrzeugen, Schienen- und Schwebebahnen von 7 auf 10 Jahre heraufgesetzt.

453 **Eine Ausnahme vom Verschuldensprinzip** stellt die **Billigkeitshaftung** gemäß § 829 dar[50]. Die Haftung nach § 829 geht über den Rahmen hinaus, den § 828 absteckt. § 829 verpflichtet zum Schadensersatz unter bestimmten Voraussetzungen auch denjenigen, der für den von ihm verursachten Schaden nach den §§ 827, 828 nicht verantwortlich ist.

Die Billigkeitshaftung nach § 829 hat drei Voraussetzungen:

1. Der Handelnde muss einen der Tatbestände der §§ 823 bis 826 verwirklicht haben, und die Handlung muss rechtswidrig gewesen sein.

2. Der Geschädigte kann seinen Schaden nicht gemäß § 832 von einem aufsichtspflichtigen Dritten ersetzt verlangen. Dabei kommt es nicht darauf an, ob die Anspruchsvoraussetzungen nach § 832 nicht vorliegen oder ob sich ein nach § 832 bestehender Anspruch aus wirtschaftlichen Gründen nicht durchsetzen lässt[51].

3. Die Billigkeit erfordert unter Berücksichtigung aller Umstände des Falles eine Schadloshaltung des Geschädigten. Bei der Abwägung sind in erster Linie die wirtschaftlichen Verhältnisse der Beteiligten zu berücksichtigen[52]. Hierbei ist ein sogenanntes „wirtschaftliches Gefälle" zwischen den Beteiligten zulasten des Geschädigten erforderlich, welches den Schadensersatz als billig erscheinen lässt[53]. Daneben sind aber auch die konkreten Umstände des Schadensereignisses von Bedeutung, nämlich der Anlass der Tat, die Schwere der Verletzung (z. B. dauerhafte Minderung der Erwerbsfähigkeit) und ein mögliches Mitverschulden des Geschädigten[54].

Aufgabe 4:

Fuhrunternehmer S stellt den Kraftfahrer K als Fahrer ein. K ist zuvor zehn Jahre lang als LKW-Fahrer tätig gewesen, ohne jemals einen Unfall verursacht zu haben. Bei dem Einstellungsgespräch, das S mit K führt, antwortet K wahrheitsgemäß, dass er niemals alkoholische Getränke zu sich nehme, bevor und während er ein Kfz führe. S kontrolliert ständig, ob seine Fahrer während der Arbeitszeit trinken. Zu Weiberfastnacht ist K mit einem Lastzug des S im Rheinland unterwegs. In einer Kneipe lässt er sich dazu überreden, Schnaps und Bier zu trinken. Anschließend fährt K in volltrunkenem Zustand mit dem Lastzug weiter. Da er kaum noch richtig sehen kann, beachtet er eine Ampel, die für die von ihm benutzte Fahrspur auf rot geschaltet ist, nicht. Er fährt auf den PKW des D auf. Der D wird bei diesem Unfall schwer verletzt. Auch der PKW erleidet erhebliche Schäden. Es entsteht insgesamt ein Personen- und Sachschaden in Höhe von 25 000,– €.

---

50 *MünchKomm-Wagner*, § 829 Rdnr. 7; *Palandt-Sprau*, § 829 Rdnr. 2.
51 *MünchKomm-Wagner*, § 829 Rdnr. 12; *Palandt-Sprau*, § 829 Rdnr. 3.
52 *MünchKomm-Wagner*, § 829 Rdnr. 14; *Palandt-Sprau*, § 829 Rdnr. 4.
53 BGH NJW 1995, 452, 454; *MünchKomm-Wagner*, § 829 Rdnr. 16.
54 *MünchKomm-Wagner*, § 829 Rdnr. 15; *Palandt-Sprau*, § 829 Rdnr. 4.

Kann D von
a) K und
b) S Schadensersatz verlangen?
Lösen Sie diese Aufgabe bitte in einem schriftlichen Gutachten und vergleichen Sie Ihre Ausführungen mit der Lösung am Schluss dieses Buches!
Bearbeitungshinweis: Schadensersatzansprüche gemäß § 823 Abs. 2 i. V. m. Vorschriften des StGB sollen außer Betracht bleiben.

X. Das mitwirkende Verschulden

Wenn der Geschädigte selbst bei Eintritt oder Vergrößerung des Schadens in zure-   **454**
chenbarer Weise mitgewirkt hat, wäre es unbillig, wenn er vom Schädiger Ersatz des
gesamten ihm entstandenen Schadens verlangen könnte. Als Ausprägung des Grundsatzes von Treu und Glauben (§ 242) regelt § 254 die Rechtsfolgen der Mitwirkung
des Geschädigten bei der Entstehung und der weiteren Entwicklung des Schadens.[55]

Trifft den Geschädigten bei der Entstehung des Schadens ein Mitverschulden, so
kann das nach § 254
a) zu einer Verminderung des Schadensersatzanspruches bis hin
b) zu einem völligen Ausschluss des Anspruchs führen.

> **Beispiel:** P fährt mit seinem PKW in einer geschlossenen Ortschaft mit 63 km/h
> über eine verkehrsreiche Straße. Er fährt den Fußgänger K an, der, ohne zuvor
> nach links und rechts zu sehen, die Fahrbahn betreten hat, um sie zu überqueren.
> Dem K entstehen wegen einer dabei erlittenen Verletzung Arztkosten und Einkommenseinbußen in Höhe von insgesamt 6000,– €.
> P hat sich (abgesehen von den Vorschriften des Straßenverkehrsrechts) u. a. gemäß
> § 823 Abs. 1 schadensersatzpflichtig gemacht. Er hat fahrlässig den Körper des K
> verletzt und dadurch einen Schaden in Höhe von 6000,– € verursacht. Bei der Berechnung der Schadenshöhe ist ein **Mitverschulden** des K gemäß § 254 Abs. 1 zu
> berücksichtigen, denn K hat durch sein fahrlässiges Verhalten im Straßenverkehr
> zum Entstehen des Schadens beigetragen. K hat also keinen Anspruch auf Ersatz
> des gesamten Schadens.

§ 254 ist sowohl bei gesetzlichen als auch bei vertraglichen Schuldverhältnissen
anzuwenden.

Unter **Verschulden** im Sinne des § 254 versteht die Rechtsprechung ein „**Verschul-**   **455**
den gegen sich selbst"[56]. § 254 beruht auf dem Rechtsgedanken, dass derjenige,
der die Sorgfalt außer Acht lässt, die nach Lage der Sache erforderlich erscheint,
um sich selbst vor Schaden zu bewahren, den Verlust oder die Kürzung seines Scha-

---

55 Vgl. *Staudinger/Eckpfeiler-Vieweg*, S. 399.
56 Vgl. BGHZ 53, 137, 145; *Palandt-Grüneberg*, § 254 Rdnr. 1.

densersatzanspruches hinnehmen muss[57]. Es handelt sich also um ein Verschulden in eigenen Angelegenheiten[58].

Das Verschulden des Geschädigten kann sich auf ein Tun oder Unterlassen beziehen. Zwei Fälle des Mitverschuldens durch Unterlassen sind in § 254 Abs. 2 genannt, u. a. das schuldhafte Unterlassen den Schaden abzuwenden oder zu mindern. Der Geschädigte ist also verpflichtet, im Rahmen des Zumutbaren durch geeignete Maßnahmen den Schaden in Grenzen zu halten (Schadensminderungspflicht). Der Ersatzanspruch des Geschädigten verringert sich entsprechend, wenn er dieser Pflicht nicht nachkommt.

Beispiel: S verschuldet einen Verkehrsunfall, bei dem das Cabriolet des G so schwer beschädigt wird, dass das offene Verdeck nicht mehr geschlossen werden kann. Da der Wagen noch fahrtüchtig ist, fährt G nach Hause und stellt das offene Cabriolet vor der Garage ab, obwohl Regenfälle drohen. Aufgrund eines in der Nacht einsetzenden Platzregens nimmt der Wagen weiteren Schaden. Denselben kann G von S nicht verlangen, weil er seine Schadensminderungspflicht verletzt hat. Es war ihm ohne Weiteres zumutbar, den Wagen in die Garage zu fahren.

XI. Unterlassungsansprüche

1. Überblick

456 Das Recht der unerlaubten Handlungen gewährt so, wie es im BGB enthalten ist, einen Schutz nur dann, wenn ein Schaden bereits entstanden ist. Ist ein Schaden eingetreten, gewährt es einen Schadensausgleich, wenn die übrigen Voraussetzungen für das Entstehen eines Schadensersatzanspruches vorliegen.

Für den Fall, dass ein Eingriff in ein Recht oder Rechtsgut unmittelbar bevorsteht, enthält das Recht der unerlaubten Handlungen keine allgemeine Regel, die es erlaubt, vorbeugende Maßnahmen zur Verhinderung der bevorstehenden Rechtsgutverletzung und der weiteren Folgen zu treffen, damit drohende Schäden vermieden werden können. Im Hinblick auf die Beeinträchtigung des Eigentums gewährt § 1004 einen Anspruch auf Beseitigung und Unterlassung der Beeinträchtigung. Aber auch andere Vorschriften, wie z. B. §§ 12 und 862, gewähren einen Unterlassungsanspruch gegen drohende Beeinträchtigungen. Daraus leitet man einen allgemeinen Rechtsgedanken ab, der auf die übrigen Rechte des § 823 Abs. 1, aber auch auf die Schutzpositionen erstreckt wird, die § 823 Abs. 2 abdeckt[59]. Dem liegt der Gedanke zu Grunde, dass Schadensverhütung der Schadensregulierung vorgehen soll[60].

---

57 Vgl. BGHZ 3, 46, 49; 9, 316, 318 f.
58 So BGHZ 3, 46, 49.
59 So *Staudinger/Eckpfeiler J. Hager*, S. 823; vgl. BGHZ 99, 133, 136.
60 Vgl. *Staudinger/Eckpfeiler J. Hager*, S. 823.

Aber auch in den übrigen Fällen, in denen schon ein Eingriff in ein Recht oder   **457**
Rechtsgut stattgefunden hat und damit gerechnet werden muss, dass weitere Eingriffe folgen, ist das Bedürfnis vorhanden, den von den Eingriffen Betroffenen vor
weiteren Eingriffen zu schützen.

2. Die analoge Anwendung des § 1004

Es besteht in Rechtsprechung und Literatur Einigkeit darüber, dass demjenigen,
dem erstmals oder wiederholt ein Schaden droht, Schutz gewährt werden muss.
Man wendet deshalb den in § 1004 enthaltenen Rechtsgedanken auch auf andere
geschützte Rechte und Rechtsgüter, insbesondere auf die in § 823 Abs. 1 genannten
an, also auf Leben, Gesundheit, Freiheit und das allgemeine Persönlichkeitsrecht[61].

§ 1004 gewährt dem Eigentümer gegenüber dem Störer einen Anspruch auf Unterlassung der Beeinträchtigung, ohne dass den Störer ein Verschulden treffen muss.
Es genügt, dass die Störung rechtswidrig ist.

In Analogie zu § 1004 werden alle deliktsrechtlich geschützten Positionen gegen
rechtswidrige – nicht notwendigerweise auch schuldhafte – Eingriffe Dritter geschützt. Darunter können auch die gemäß § 823 Abs. 2 i. V. m. einem Schutzgesetz
deliktisch geschützten Rechtsgüter fallen[62].

3. Die Voraussetzungen für eine Unterlassungsklage

Voraussetzung dafür, dass jemand einen Unterlassungsanspruch geltend machen   **458**
kann, ist eine bereits eingetretene oder eine **konkret drohende Rechts- oder
Rechtsgutverletzung**. Dem so Bedrohten steht ein solcher Anspruch, mit dem er
sich gegen jeden rechtswidrigen Eingriff in seine durch §§ 823 ff. geschützte Sphäre
wehren kann, auch dann zu, wenn es zuvor noch nicht zu einem solchen Eingriff
gekommen ist. Denn es ist dem Bedrohten nicht zuzumuten, den bevorstehenden
Eingriff zunächst abzuwarten und erst, nachdem er erfolgt ist, Schadensersatz zu
verlangen, was er ohnehin nur kann, wenn der Schädiger schuldhaft gehandelt hat.

Durchgesetzt wird der Unterlassungsanspruch mit der Unterlassungsklage.

Voraussetzungen für die Durchsetzung eines Unterlassungsanspruchs im Wege
der Unterlassungsklage sind:

Die **konkret drohende Verletzung** eines Rechts oder Rechtsgutes, falls ein Eingriff vorher noch nicht stattgefunden hat; **konkret drohend** heißt: Es müssen Tatsachen vorliegen, die die Vorbereitung und die Absicht eines Eingriffs mit Sicherheit erkennen lassen[63];

Wiederholungsgefahr eines rechtswidrigen Eingriffs, wenn ein Eingriff bereits
stattgefunden hat.

---

61   Vgl. BGHZ 91, 293; 122, 3; *Palandt-Bassenge*, § 1004 Rdnr. 4.
62   Vgl. BGHZ 122, 3; *Palandt-Bassenge*, § 1004 Rdnr. 4.
63   BGH NJW 1957, 1362, 1363; *Palandt-Bassenge*, § 1004 Rdnr. 31 f.

Beispiel: Unternehmer S, der in hartem Konkurrenzkampf mit dem Unternehmer K steht, lässt ein Rundschreiben drucken, das er an alle vorhandenen und möglichen Kunden des K versenden will. In diesem Schreiben behauptet S wider besseres Wissen, K sei völlig verschuldet, die Eröffnung des Insolvenzverfahrens stünde unmittelbar bevor; vor weiteren geschäftlichen Kontakten mit K müsse deshalb dringend gewarnt werden. K erhält davon Kenntnis, dass S dieses Rundschreiben in den nächsten Tagen verschicken will.

Mit der Geltendmachung eines Schadensersatzanspruches – gestützt u. a. auf § 824 – müsste K warten, bis ihm ein Schaden entstanden ist, z. B. durch Verringerung des Kundenstammes und dadurch verminderten Absatz, Kündigung von Krediten etc. K hat ein Interesse daran, dass der Eintritt von Schäden verhindert wird. Es liegen Tatsachen vor, die die Vorbereitung und die Absicht des Eingriffs in das nach § 824 geschützte Rechtsgut mit Sicherheit erkennen lassen. Da kein Grund ersichtlich ist, der einen solchen Eingriff durch S rechtfertigen könnte, droht ein rechtswidriger Eingriff. Nach den oben dargestellten Grundsätzen – alle deliktsrechtlich geschützten Positionen werden gegen rechtswidrige Eingriffe Dritter durch Unterlassungsansprüche in Analogie zu § 1004 geschützt – hat K einen Anspruch darauf, dass S es unterlässt, das vorbereitete Schreiben zu verschicken.

Um seinen Anspruch auf Unterlassung durchzusetzen, könnte K zunächst einen ordentlichen Zivilprozess gegen S mit dem Ziel führen, ein Urteil zu erlangen, durch das S das Versenden der Rundschreiben untersagt wird. Ein solcher Zivilprozess kann, zumal wenn der Instanzenweg voll ausgeschöpft wird, lange Zeit in Anspruch nehmen. K würde das Obsiegen in einem langwierigen Rechtsstreit jedoch nichts nützen, wenn ihm noch vor dem Urteilsspruch irreparable Schäden entstünden. Es geht für ihn also darum, zu verhindern, dass S das Rundschreiben überhaupt verschickt. Kann er vor dem Zeitpunkt der Versendung keine gerichtliche Entscheidung mehr erlangen, geht sein Anspruch auf Unterlassung ins Leere.

459 Dem Bedürfnis nach einem schnellen (wenn auch vorläufigen) Rechtsschutz dient das – in der ZPO – geregelte Verfahren der **einstweiligen Verfügung**. Der Antragsteller muss dem Gericht glaubhaft machen, dass er einen (in der Regel nicht auf Geld gerichteten) Anspruch gegen den Antragsgegner hat und dass ohne die einstweilige Verfügung die Durchsetzung dieses Anspruches vereitelt oder wesentlich erschwert werden würde. Erlässt das Gericht die einstweilige Verfügung, droht es für den Fall der Zuwiderhandlung eine Geld- oder Haftstrafe an.

Zu dem vorhergehenden **Beispiel:** K müsste dementsprechend bei dem für den Rechtsstreit zuständigen Gericht glaubhaft darlegen, dass er einen Anspruch auf Unterlassung gegen S hat und dass Schäden nur dann vermieden werden können, wenn S die Versendung der Rundschreiben sofort untersagt wird.

XII. Die Gefährdungshaftung

460 Da das Recht der unerlaubten Handlungen auf dem Verschulden als Zurechnungsgrund beruht, kann ein Schadensersatz aus unerlaubter Handlung nur entstehen, wenn der Schädiger vorsätzlich oder fahrlässig handelt. Es hat sich allerdings gezeigt, dass die auf Verschulden gestützte Deliktshaftung in vielen Lebensbereichen keinen ausreichenden Schutz gewährt. Das wurde umso deutlicher, je mehr gefährliche Anlagen und Maschinen gebaut und benutzt wurden. Wenn das deutsche Privatrecht auch heute weder einen allgemeinen Haftungstatbestand noch eine umfassende Verpflichtung jeder Person kennt, Schädigungen anderer zu vermeiden, so gibt es inzwischen doch eine Reihe von Gesetzen, die unterschiedlich ausgestaltete Gefährdungshaftungstatbestände enthalten. Diese **Gefährdungshaftungstatbestände** gewähren **ohne Rücksicht auf Verschulden Schadensersatzansprüche**, wenn Rechtsgüter oder bestimmte Rechte verletzt werden.

Beispiel: Der für das tägliche Leben sehr wichtige § 7 Abs. 1 des Straßenverkehrsgesetzes:

„Wird bei dem Betrieb eines Kraftfahrzeugs ein Mensch getötet, der Körper oder die Gesundheit eines Menschen verletzt oder eine Sache beschädigt, so ist der Halter des Fahrzeugs verpflichtet, dem Verletzten den daraus entstehenden Schaden zu ersetzen."

Diese Ersatzpflicht tritt auch dann ein, wenn der Schädiger nicht schuldhaft gehandelt hat.

Wichtige Gefährdungshaftungstatbestände sind außerdem u. a.: **461**
a) Haftung der Eisenbahn für Personen- und Sachschäden (§ 1 Haftpflichtgesetz).
b) Haftung von Produktherstellern, deren fehlerhafte Produkte Personen- und Sachschäden verursacht haben (§ 1 Produkthaftungsgesetz).
c) Haftung der Inhaber von größeren Industrie-, Energiegewinnungs- und Bergbauanlagen (§ 1 Umwelthaftungsgesetz).
d) Haftung für Elektrizitäts- und Gasleitungen (§ 2 Haftpflichtgesetz).
e) Haftung für Atomschäden (§§ 25, 26 Atomgesetz).
f) Haftung für Gewässerverunreinigung (§ 22 Wasserhaushaltsgesetz).

Den aufgezählten Gefährdungshaftungstatbeständen ist gemeinsam, dass sie eine **462**
Schadensersatzpflicht des Schädigers auch dann entstehen lassen, wenn den Schädiger ein Verschulden nicht trifft. (Zur Haftung nach dem Produkthaftungsgesetz siehe oben Rdnr. 446.)

Gefährdungshaftungstatbestände hat der Gesetzgeber in Gesetze aufgenommen, wenn es um den Ausgleich von Schäden geht, die bei unverschuldeten Unglücksfällen entstehen, bei denen es unbillig wäre, wenn das – meist zufällig betroffene – Opfer den Schaden tragen müsste. In solchen Fällen wird der Schaden demjenigen aufgebürdet, der die Gefahrenquelle beherrscht oder beherrschen sollte. Dazu kommt in vielen Fällen, dass der gefahrdrohende Zustand in erster Linie im Interesse desjenigen geduldet wird, der den Schaden verursacht. Wenn der Verletzte bei der Entstehung oder Vergrößerung des Schadens mitgewirkt hat, so ist § 254 anzuwenden (vgl. dazu oben Rdnr. 454 f.).

Schadensersatzansprüche aus unerlaubter Handlung und Vertrag sowie aus Gefährdungshaftung können nebeneinander geltend gemacht werden. Das Verlangen nach Schadensersatz ist dann nach mehreren Vorschriften begründet.

Beispiel: Der Halter eines Kraftfahrzeuges, der schuldhaft einen Verkehrsunfall verursacht, bei dem Personenschaden entsteht, haftet aus Gefährdungshaftung (§ 7 Straßenverkehrsgesetz) und Delikt (§ (823 Abs. 1 und Abs. 2 i. V. m. der Verletzung eines Schutzgesetzes). Der Geschädigte erhält seinen Schaden allerdings nur einmal ersetzt.

§ 24   Der Inhalt vertraglicher Schuldverhältnisse

Schrifttum: *Hadding*, Schuldverhältnis, Forderung, rechtlicher Grund, FS Kroeschel, 1997, 293; *Krebs*, Sonderverbindung und außerdeliktische Schutzpflichten, 2000; *Kuhlmann*, Leistungspflichten und Schutzpflichten, 1999; *Medicus*, Probleme um das Schuldverhältnis, 1987; *Schur*, Leistung und Sorgfalt, 2001.

I. Die Gläubiger- und Schuldnerstellung

1. Überblick

462a   Ein Schuldverhältnis im Sinne des § 241 Abs. 1 kann durch Abschluss eines Vertrages entstehen oder auf Gesetz beruhen.

Durch den Abschluss eines **vertraglichen Schuldverhältnisses** verpflichten sich die daran Beteiligten, einander bestimmte Leistungen zu erbringen. Ein Vertrag wird durch den geäußerten übereinstimmenden Willen, also durch zwei auf den Vertragsschluss gerichtete Willenserklärungen, der Personen begründet, die den Vertrag schließen wollen.

Im Gegensatz dazu entsteht ein **gesetzliches Schuldverhältnis** nicht aufgrund von Vereinbarungen zwischen Personen, sondern dadurch, dass eine oder mehrere Personen Handlungen vornehmen, durch die ein im Gesetz umschriebener Tatbestand erfüllt wird, an den das Gesetz Rechtsfolgen knüpft.

463   Aufgrund eines Schuldverhältnisses kann eine Person, der Gläubiger, von einer anderen Person, dem Schuldner, ein Tun oder Unterlassen verlangen (§ 241 Abs. 1. Siehe dazu oben Rdnr. 72 ff.).

In der Regel sind an einem Schuldverhältnis nur zwei Personen, Gläubiger und Schuldner, beteiligt; es können jedoch auch mehrere sein. Die aus dem Schuldver-

erwachsenden Rechte und Pflichten berechtigen und verpflichten in der Regel **nur** die an dem Schuldverhältnis beteiligten Personen.

§ 311 stellt noch einmal klar, dass ein vertragliches Schuldverhältnis im Gegensatz zu einem gesetzlichen durch Rechtsgeschäft, nämlich durch die Abgabe zweier übereinstimmender Willenserklärungen, zustande kommt.

2. Der Schuldner

Aus dem abgeschlossenen Vertrag oder, falls dieser keine Bestimmung darüber enthält, aus dem Gesetz ist zu entnehmen, ob der Schuldner die zu erbringende Leistung **persönlich** bewirken muss. Handelt es sich nach der vertraglichen Vereinbarung oder kraft Gesetzes um eine vom Schuldner höchstpersönlich zu erbringende Leistung, so kann ein Dritter die Leistung nicht erbringen.   **464**

> **Beispiel:** In dem Vertrag, den der Anwalt G mit seinem Mandanten, den er in einem Strafprozess verteidigen soll, abschließt, wird ausdrücklich vereinbart, dass G sich bei der Verteidigung nicht vertreten lassen darf. Hier ergibt sich aus dem Vertrag selbst, dass G die geschuldete Leistung höchstpersönlich zu erbringen hat.

Das Gesetz spricht in § 362 Abs. 1 nur davon, dass „die geschuldete Leistung an den Gläubiger bewirkt" werden muss, damit das Schuldverhältnis erlischt. Es sagt nichts darüber aus, wer die Leistung erbringen muss. Gemäß § 267 kann sogar ein Dritter (= nicht der Schuldner) die Leistung erbringen, ohne dass der Schuldner damit einverstanden sein muss. Dieser gesetzlichen Regelung liegt der Gedanke zugrunde, dass es dem Gläubiger grundsätzlich gleichgültig ist, welche Person die geschuldete Leistung erbringt.   **465**

> **Beispiel:** Ist bei Abschluss eines Werkvertrages zwischen dem Klempner K und dem Hauseigentümer E über die Reparatur einer Dusche keine ausdrückliche Regelung darüber in den Vertrag aufgenommen worden, dass der Schuldner die Leistung persönlich zu erbringen hat, so muss K die geschuldete Leistung nicht persönlich erbringen. Er kann die notwendigen Arbeiten von seinem Gehilfen G vornehmen lassen, der dann als Erfüllungsgehilfe (§ 278) fungiert.

Die Zuwendung des Dritten an den Gläubiger muss sich – jedenfalls auch – auf die Erfüllung eines fremden Schuldverhältnisses richten.

3. Der Gläubiger

Um seiner Leistungsverpflichtung Genüge zu tun mit der Folge, dass das zwischen Gläubiger und Schuldner bestehende Schuldverhältnis erlischt, muss der Schuldner an den Gläubiger selbst leisten (§ 362 Abs. 1). Die Leistung an eine andere Person als den Gläubiger ist im Regelfall nur wirksam, wenn der Gläubiger sich vorher damit einverstanden erklärt hat oder wenn er nachträglich die Genehmigung dazu erteilt (§§ 362 Abs. 2, 185).   **466**

Erfüllung ist also die Bewirkung der geschuldeten Leistung an den Gläubiger oder einen Dritten im Sinne des § 362 Abs. 1 durch die Vornahme der Leistungshandlung und den Eintritt des Leistungserfolges[1].

II. Gegenseitig verpflichtende Verträge und nicht gegenseitig verpflichtende Verträge

1. Überblick

467 Die meisten Verträge, die täglich abgeschlossen werden, sind gegenseitig verpflichtende Verträge, bei denen die Vertragschließenden gleichwertige Leistungen austauschen wollen. Hierzu gehören u. a.: Kauf- und Tauschverträge, Miet-, Pacht-, Dienst- und Werkverträge, Darlehensverträge über Geld sowie entgeltliche Geschäftsbesorgungsverträge.

Gegenseitig verpflichtende Verträge sind dadurch gekennzeichnet, dass derjenige, der sich zur Leistung verpflichtet, dies tut, weil und damit der andere sich zur Gegenleistung verpflichtet.

> **Beispiel:** In einem Kaufvertrag verpflichtet sich der Käufer zur Zahlung des Kaufpreises, weil und damit der Verkäufer sich zur Übergabe und Übereignung der gekauften Sache verpflichtet. Der Verkäufer verpflichtet sich zur Übergabe und Übereignung der gekauften Sache, weil und damit der Käufer sich zur Zahlung des Kaufpreises verpflichtet.

468 Die in einem Austauschverhältnis eingebundenen Leistungspflichten kann man auch als **Hauptleistungspflichten** bezeichnen. Sie stehen zueinander in einer gegenseitigen Abhängigkeit.

Es gibt eine Reihe von Vertragstypen, die nicht zu der Gruppe der gegenseitig verpflichtenden Verträge zu zählen sind, weil der von einem Vertragsteil zu erbringenden Leistung keine entsprechende Gegenleistung des anderen gegenübergestellt wird oder sich überhaupt nur eine Seite zu einer Leistung verpflichtet.

> **Beispiel:** In einem Bürgschaftsvertrag (§ 765) verpflichtet sich der Bürge dem Gläubiger des Schuldners gegenüber, für die Erfüllung der Verbindlichkeiten des Schuldners einzustehen. Nur der Bürge hat eine Leistung zu erbringen, nicht aber der Gläubiger als Partner des Bürgschaftsvertrages. Es handelt sich deshalb um einen nicht gegenseitig verpflichtenden Vertrag, in dem sich nur eine Vertragspartei zu einer Leistung verpflichtet.

> **Beispiel:** Bei einem Auftrag wird der Beauftragte zu einer Geschäftsbesorgung ohne Entgelt verpflichtet (§ 662); der Auftraggeber muss nach § 670 lediglich die Aufwendungen des Beauftragten ersetzen, falls überhaupt solche entstehen. Es handelt sich zwar um einen beide Seiten verpflichtenden Vertrag; die zu erbringenden

---

1 Vgl. BGHZ 87, 156, 162 f.

Leistungen haben jedoch keinen Leistungsaustausch zum Ziel. Die Verpflichtung zum Ersatz der Aufwendungen stellt kein Austauschziel, sondern nur eine Kosten-freistellung des Beauftragten dar. Deshalb ist der Auftrag kein gegenseitig verpflich-tender Vertrag.

2. Die primären Leistungspflichten

Im Schuldrecht wird unterschieden zwischen Leistungspflichten einerseits und **469** Schutzpflichten (auch weitere Verhaltenspflichten genannt) andererseits.

Die **Leistungspflichten** zielen regelmäßig auf eine Veränderung der Güterlage des Gläubigers ab.

> **Beispiel:** Nach Abschluss des Kaufvertrages über einen PKW ist der Käufer Gläu-biger des Anspruchs aus § 433 Abs. 1 auf Übereignung des PKW. Die Leistungs-pflicht des Verkäufers als Schuldner besteht darin, dem Gläubiger das Kfz zu über-eignen und damit die Güterlage des Gläubigers (Käufers) um das Eigentum an dem Kfz zu verändern.

Auch bei einem gegenseitig verpflichtenden Vertrag müssen nicht alle Leistungs-pflichten der Parteien zueinander im Verhältnis der Gegenseitigkeit stehen. Dies trifft vielmehr nur auf die sogenannten Hauptpflichten des Vertrages zu. Haupt-pflichten sind die vertraglichen Leistungen, die nach dem durch Auslegung zu ermittelnden Willen der Vertragsparteien von wesentlicher Bedeutung sind[2].

Beim **Kaufvertrag** sind (falls der Gegenstand des Kaufs eine Sache ist) die Über-eignung der gekauften Sache auf der einen und die Zahlung des Kaufpreises auf der anderen Seite die Hauptleistungspflichten.

Bei einem **Mietvertrag** sind die Gebrauchsüberlassung einer Sache auf der einen und die Zahlung des Mietzinses auf der anderen Seite Hauptleistungspflichten. Die Pflicht des Mieters, nach Beendigung des Mietverhältnisses die Sache zurück-zugeben (§ 546), ist nur eine Nebenpflicht.

Aber auch Verpflichtungen, die nach dem Gesetz Nebenleistungspflichten sind, **470** können **kraft vertraglicher Vereinbarung** zu Hauptpflichten erhoben werden. Letzten Endes entscheiden daher die Vertragsparteien darüber, welche Pflichten Haupt- und welche Nebenleistungspflichten sein sollen.

> **Beispiel:** Die Verpflichtung des Käufers gemäß § 433 Abs. 2, die Sache abzunehmen, ist im Regelfall eine Nebenpflicht, die der Käufer im Kaufvertrag übernimmt. Wenn es dem Verkäufer aus bestimmten Gründen – etwa weil er in seinen Räumen Platz schaffen will – besonders wichtig ist, dass der Käufer die Sache auch abnimmt, kann die Abnahmepflicht durch Vereinbarung zur Hauptleistungspflicht erhoben werden.

Ob es sich um einen gegenseitig verpflichtenden Vertrag handelt oder nicht, spielt u. a. für die Anwendung der gesetzlichen Vorschriften über die Leistungsverwei-

---

2 *Palandt-Grüneberg*, Einf v. § 320 Rdnr. 17.

gerungsrechte eine Rolle. So sind die §§ 320 ff. nur auf gegenseitig verpflichtende Verträge anwendbar.

3. Die Schutz- bzw. weiteren Verhaltenspflichten

471 Schutzpflichten erwachsen aus jedem Schuldverhältnis, also auch aus den vertraglichen. **Schutzpflichten** sollen die gegenwärtige Güterlage jedes an dem Schuldverhältnis Beteiligten vor Beeinträchtigungen bewahren. Man kann diese Pflichten auch als Obhuts-, Fürsorge- oder Sorgfaltspflichten bezeichnen. Sie verpflichten jede an einem Schuldverhältnis beteiligte Person, sich so zu verhalten, dass der anderen kein Schaden an Rechtsgütern einschließlich dem Vermögen entsteht. Auf vertragliche Schuldverhältnisse bezogen bedeutet dies: Jeder Vertragspartner soll z. B. vor Körperverletzungen oder Vermögensfehldispositionen geschützt werden. § 241 Abs. 2 definiert diese Schutzpflichten als Pflichten „zur Rücksicht auf die Rechte, Rechtsgüter und Interessen des anderen Teils".

Darunter können fallen:
- Schutzpflichten, d. h. Fürsorge- und Obhutpflichten;
- Aufklärungs-, Beratungs-, Informations- und Auskunftspflichten;
- Unterlassungs- und Verschwiegenheitspflichten.

Die Verletzung von Schutzpflichten stellt in der Regel eine Pflichtverletzung im Sinne des § 280 dar, die u. a. zum Entstehen einer Schadensersatzpflicht führen kann.

Beispiel: Malermeister M renoviert im Rahmen eines mit R abgeschlossenen Werkvertrages dessen Praxisräume. Infolge einer Unachtsamkeit wirft M einen Farbeimer um und beschädigt dadurch den wertvollen Teppichfußboden in einem der Zimmer, in dem er arbeitet. Hier hat M eine der Schutzpflichten i. S. des § 241 Abs. 2, nämlich die Pflicht zur Rücksichtnahme auf die Rechtsgüter und Interessen seines Vertragspartners R verletzt. Diese Pflichtverletzung lässt nach § 280 einen Schadensersatzanspruch entstehen.

III. Die Inhaltsbestimmung von Schuldverhältnissen

1. Überblick

472 Welches der Inhalt eines vertraglichen Schuldverhältnisses ist, ergibt sich in erster Linie aus der getroffenen Vereinbarung selbst. Mangels einer besonderen vertraglichen Vereinbarung ist der Inhalt direkt dem Gesetz zu entnehmen, soweit dasselbe eine Regelung enthält.

Die vertragschließenden Parteien können allerdings auch vereinbaren, dass eine genaue Bestimmung des Vertragsinhalts zunächst nicht erfolgen, sondern die nähere Ausgestaltung des Vertrages später durch eine Partei oder einen Dritten vorgenommen werden soll. Falls sie eine ausdrückliche oder stillschweigende Vereinbarung darüber getroffen haben, dass einer Partei ein Leistungsbestimmungsrecht zustehen soll, ist § 315 anzuwenden.

2. Die Bestimmung des Leistungsinhalts durch eine Partei

Gemäß § 315 kann die nachträgliche Bestimmung der Leistung oder einzelner Modalitäten kraft vertraglicher Vereinbarung sowohl durch den Gläubiger als auch durch den Schuldner geschehen. § 315 Abs. 1 enthält die **Auslegungsregel**, dass die Bestimmung der Leistung stets nach billigem Ermessen zu treffen ist.   **473**

Was dem „billigen Ermessen" entspricht, ist „unter Abwägung der Interessenlage der Vertragsparteien sowie unter Berücksichtigung der Bedeutung der vom Bestimmenden erbrachten Leistung, welche sich aus der Schwierigkeit, der Ungewöhnlichkeit, dem Umfang oder der Dauer der Leistung ergeben kann, festzuhalten"[3] § 315 Abs. 3 erfordert im Wesentlichen „eine Prüfung und Abwägung der objektiven und wirtschaftlichen Interessenlagen" bei den Vertragspartnern[4].

Nach § 315 Abs. 2 erfolgt die Bestimmung der Leistung durch eine Willenserklärung, die dem Vertragspartner gegenüber abzugeben ist. Diese Willenserklärung konkretisiert den Leistungsinhalt.

3. Die Bestimmung des Leistungsinhalts durch Dritte

Die Vertragspartner können sich auch darauf einigen, dass die Bestimmung der Leistung durch einen Dritten erfolgen soll.

§ 317 Abs. 1 enthält die gleiche Auslegungsregel wie § 315 (= im Zweifel Bestimmung der Leistung nach billigem Ermessen).

IV. Gattungs- und Stückschuld

1. Die Unterscheidung

Schuldet der Schuldner eine Sache, so ist zwischen Gattungsschuld einerseits und Stückschuld andererseits zu unterscheiden. In erster Linie spielt die Unterscheidung zwischen Stückschuld und Gattungsschuld eine Rolle bei Kaufverträgen über Sachen.   **474**

Während bei einem Stückkauf (auch Spezieskauf genannt) der Verkäufer die Übergabe und Übereignung einer ganz bestimmten Sache schuldet, bezieht sich die Verpflichtung des Verkäufers bei einem Gattungskauf auf eine Sache, die lediglich nach Gattungsmerkmalen wie Material, Maß, Gewicht, Farbe etc. bezeichnet ist.

---

3   So OLG Hamburg, MDR 1977, 51; vgl. BGH NJW 1966, 314.
4   BGHZ 41, 271, 279.

Die Gattungsschuld begründet für den Schuldner grundsätzlich eine Beschaffungspflicht. Das bedeutet, dass er von seiner Leistungspflicht nur dann frei werden kann, wenn die gesamte Gattung untergeht, Sachen der betreffenden Art also am Markt nicht mehr erhältlich sind (vgl. § 275). Hat der Schuldner allerdings das Beschaffungsrisiko übernommen, kann es sich um eine Pflichtverletzung nach §§ 280, 276 handeln (siehe dazu unten Rdnr. 533 ff.).

475 Bei der Stückschuld (Speziesschuld) wird der Leistungsgegenstand individuell festgelegt. Über eine Reihe von Sachen, nämlich solche, die es nur einmal gibt (sog. Unikate), kann nur eine Stückschuld begründet werden. Im Übrigen wird eine Sache im Rahmen eines Stückkaufs geschuldet, wenn die Parteien sich auf eine bestimmte, eindeutig identifizierbare Sache als Gegenstand der Leistung geeinigt haben.

Beispiel: L sucht bei dem Gebrauchtwagenhändler N einen der ausgestellten gebrauchten PKW aus und schließt mit ihm darüber einen Kaufvertrag ab. Hier haben die Parteien (L und N) den Leistungsgegenstand eindeutig und unverwechselbar bestimmt. Im Übrigen handelt es sich bei Gebrauchtwagen stets um Unikate. Es kann deshalb nur ein Stückkauf sein.

Die Gattungsschuld gehört zu den Schuldverhältnissen mit unbestimmtem, aber bestimmbarem Leistungsgegenstand[5]. Die Vertragsparteien beschränken sich darauf, den Leistungsgegenstand nach Gattungsmerkmalen, insbesondere nach seinen natürlichen, technischen oder wirtschaftlichen Eigenschaften wie Material, Maß, Gewicht, Farbe etc., zu beschreiben. Sie überlassen im Übrigen die Auswahl des zu leistenden einzelnen Stückes aus der definierten Gattung dem Schuldner.

Beispiel: Der Kauf von 3 t Weizen ist in der Regel ein Gattungskauf, wenn Verkäufer und Käufer sich nicht auf eine bestimmte Menge von 3 t Weizen geeinigt haben, die so gelagert ist, dass sie eindeutig identifizierbar ist.

Beispiel: W kauft bei S ein neues Kraftfahrzeug der Marke X, Typ Y mit mehreren Extras, Farbe grün etc. nach Katalog. Bei Vertragsschluss ist den Partnern klar, dass S den Wagen erst bei dem Herstellerwerk bestellen muss und die Auslieferung an W frühestens nach Ablauf von vier Wochen stattfinden kann. Hier ist nicht ein individuell bestimmtes Kraftfahrzeug Gegenstand des Kaufvertrages. W und S haben sich vielmehr darauf beschränkt, den Leistungsgegenstand nach Gattungsmerkmalen zu bezeichnen. Solche Gattungsmerkmale sind u. a.: Marke X, Typ Y, Farbe grün etc. Kraftfahrzeuge mit diesen Merkmalen gibt es viele. Eines davon soll Gegenstand des Kaufvertrages sein. Es handelt sich also um einen Gattungskauf.

Ob eine Gattungsschuld vorliegt oder nicht, bestimmen also in der Regel die am Vertrage beteiligten Parteien im Wege einer Parteivereinbarung.

---

5   Vgl. *Palandt-Grüneberg*, § 243 Rdnr. 1.

2. Die Konkretisierung

Gemäß § 243 Abs. 2 wird aus der Gattungsschuld durch Konkretisierung eine Stückschuld, wenn der Schuldner „das zur Leistung einer solchen Sache seinerseits Erforderliche getan" hat. Was der Schuldner unternehmen muss, damit – in seinem Interesse – aus der Gattungsschuld eine Stückschuld wird, richtet sich nach der getroffenen Vereinbarung. **476**

Hat der Schuldner die Sache dem Gläubiger z. B. an einen bestimmten Ort zu bringen (Bringschuld), tritt die Konkretisierung erst ein, wenn der Schuldner die von ihm aus der Gattung ausgeschiedene Sache so angeboten hat, dass es nur noch am Gläubiger liegt, ob dieser die Sache in Empfang nimmt oder nicht.

Die Konkretisierung wirkt sich zugunsten des Schuldners aus. Seine Leistungspflicht bezieht sich nun nur noch auf die konkretisierten Sachen.

V. Die Leistungszeit

Die **Leistungszeit** markiert in erster Linie den Zeitpunkt der **Fälligkeit der Leistung**. Dabei handelt es sich um denjenigen Zeitpunkt, zu dem der Gläubiger die Leistung von dem Schuldner verlangen kann, der Schuldner also leisten muss. Die Leistungszeit bestimmt aber auch den Zeitpunkt, zu dem der Schuldner die Leistung erbringen **darf**. **477**

Die Leistungszeit ergibt sich entweder aus der Vereinbarung der Vertragsparteien oder – mangels einer solchen – aus dem Gesetz.

Haben die Parteien eine vertragliche Vereinbarung über die Leistungszeit nicht getroffen, so ist die Leistung gemäß § 271 Abs. 1 **sofort** fällig. Sofort bedeutet, dass der Gläubiger die Leistung verlangen kann, sobald der Schuldner sie unter Berücksichtigung der unter den konkreten Umständen im Allgemeinen erforderlichen Vorbereitungshandlungen bewirken kann.

Eine Parteivereinbarung über die Leistungszeit geht der gesetzlichen Regelung in § 271 Abs. 1 vor.

> **Beispiel:** K kauft bei V einen gebrauchten PKW. Der Kaufvertrag wird am 2. Februar 2010 geschlossen. Darin wird vereinbart, dass V den PKW am 15. 2. 2010 an K übergeben und ihm das Eigentum daran verschaffen muss. Nach der gesetzlichen Regelung des § 271 Abs. 1 wäre die dem V aus dem Kaufvertrag erwachsene Leistung (Übergabe des PKW und Eigentumsverschaffung) sofort, also im Zweifel am 2. 2. 2010 fällig gewesen. Gemäß § 271 Abs. 2 geht jedoch die vertragliche Vereinbarung über die Leistungszeit vor. Eine solche ist hier getroffen worden. Danach ist die Leistung des V erst am 15. 2. 2010 fällig.

Das Hinausschieben der Fälligkeit durch vertragliche Vereinbarung wird **Stundung** genannt. **Stundung** bedeutet die vertragliche Abrede über das Hinausschieben der **478**

Fälligkeit einer Forderung bei fortbestehender Erfüllbarkeit[6]. Eine Stundung kann auch nachträglich vereinbart werden.

Beispiel: G kauft bei F ein Fernsehgerät zum Preis von 550,– €. Nach Abschluss des Vertrages merkt G, dass er seine Geldbörse vergessen hat. Da im Vertrag eine Leistungszeit nicht vereinbart ist, muss G seine Verpflichtung, den Kaufpreis zu zahlen (§ 433 Abs. 2), gemäß § 271 Abs. 1 sofort erfüllen. Wenn F sich damit einverstanden erklärt, dass G den Kaufpreis einen Tag später entrichtet, so handelt es sich um eine Stundung, die durch eine nachträgliche Änderung des Vertrages – es wird eine Bestimmung über die Leistungszeit der von G zu erbringenden Leistung hinzugefügt – erreicht wird.

VI. Der Leistungsort

479 An welchem Ort der Schuldner die Leistung zu erbringen hat (Leistungs- oder Erfüllungsort), kann bedeutsam werden für die Feststellung, ob rechtzeitig geleistet worden ist und welche Rechtsfolgen daraus entstehen, wenn eine Sache auf dem Wege vom Schuldner zum Gläubiger untergeht oder verschlechtert wird. Der Leistungsort (Erfüllungsort) ist der Ort, an dem die Leistungshandlung erbracht werden muss. Begrifflich davon zu unterscheiden ist der Ort, an dem der Leistungserfolg eintritt (Erfolgsort).

Es ist zu unterscheiden zwischen: Holschuld, Bringschuld und Schickschuld.

Holschuld: Der Schuldner hat die Sache so bereitzustellen, dass der Gläubiger sie abholen kann. Gegebenenfalls muss er dem Gläubiger mitteilen, dass die Sache zur Abholung bereitsteht. Leistungsort – der Ort, an dem der Schuldner die Leistungshandlung vorzunehmen hat – ist gemäß § 269 Abs. 1 im Regelfall der Wohnort des Schuldners bzw. bei Verbindlichkeiten, die im Gewerbebetrieb des Schuldners entstehen, gemäß § 269 Abs. 2 der Ort der gewerblichen Niederlassung.

Beispiel: Kauf von Lebensmitteln im Supermarkt.

480 **Schickschuld:** Leistungsort ist hier ebenfalls der Wohnsitz des Schuldners bzw. dessen gewerbliche Niederlassung. Der Leistungserfolg tritt aber am Wohnsitz des Gläubigers ein (= Erfolgsort). Leistungs- und Erfolgsort fallen also auseinander. Der Schuldner muss aber nicht nur die Sache bereitstellen, sondern die Sache auch an den Gläubiger abschicken. Er hat rechtzeitig geleistet, wenn er die Sache termingerecht an den Gläubiger abgesandt hat.

Beispiel: Versendungskauf (§ 447).

Gemäß § 270 sind Geldschulden im Zweifel Schickschulden.

---

6 Vgl. *Palandt-Grüneberg*, § 271 Rdnr. 12.

Bringschuld: Leistungsort ist der Wohnsitz des Gläubigers. Der Schuldner hat die Sache dem Gläubiger an dessen Wohnsitz oder einem sonst vereinbarten Ort zu übergeben.

Beispiel: Lieferung von Heizöl kraft Vereinbarung in den Tank beim Hause des Käufers.

Aus § 269 ergibt sich: Ob der Leistungsort der Wohnsitz des Gläubigers, der Wohnsitz des Schuldners oder ein sonstiger Ort ist, ergibt sich aus der Vereinbarung der Vertragsparteien. Diese können also frei bestimmen, welches der Leistungsort sein soll. § 269 enthält lediglich eine Regelung für den Fall, dass die Parteien eine Vereinbarung über diese wichtige Frage nicht getroffen haben: Im Zweifel ist dann eine Holschuld anzunehmen.   **481**

Beispiel: F verkauft dem T in seinem Laden ein Fernsehgerät. Aus dem Kaufvertrag erwächst für den F die Verpflichtung, dem T das Gerät zu übergeben und zu übereignen (§ 433 Abs. 1). Ist keine besondere Regelung über den Leistungsort getroffen worden, so ist § 269 anzuwenden: Übergabe und Übereignung des Fernsehgerätes haben im Laden des F zu geschehen, der Laden des F ist Erfüllungsort.

Beispiel im Anschluss an das vorhergehende **Beispiel**, aber: F und T vereinbaren, dass F das Gerät auf seine Kosten in die Wohnung des T bringen und dort aufstellen lässt. Hier handelt es sich um eine Bringschuld.

Bei der Holschuld und der Bringschuld fallen Leistungs- und Erfolgsort zusammen; bei der Schickschuld fallen sie auseinander.

Ergibt sich der Leistungsort nicht aus dem (ausdrücklich oder konkludent geäußerten) Parteiwillen, so müssen zunächst die Umstände, insbesondere die Natur des Schuldverhältnisses, herangezogen werden. Zu berücksichtigen sind dabei alle Umstände, insbesondere die Verkehrssitte. Typische Merkmale können sich dabei auch aus der Art der Leistung ergeben[7].

Beispiel: Bei Ladengeschäften des täglichen Lebens ist Leistungsort wegen der Umstände für beide Parteien der Ladenraum[8].

VII. Die Vertragsstrafe

Die Vertragsstrafe, auch Konventionalstrafe genannt, ist eine in der Regel in Geld bestehende Leistung, die der Schuldner für den Fall zu erbringen verspricht, dass er eine vertraglich eingegangene Verpflichtung nicht oder nicht in gehöriger Weise erfüllt (§ 339).   **482**

Sinn und Zweck einer Vertragsstrafe bestehen darin, dem Gläubiger ein zusätzliches Druckmittel zur rechtzeitigen Erfüllung der Hauptforderung durch den Schuld-

---

7 *MünchKomm-Krüger*, § 269 Rdnr. 18.
8 *MünchKomm-Krüger*, § 269 Rdnr. 20.

ner zu verschaffen[9]. Darüber hinaus soll sie dem Gläubiger im Verletzungsfall die Möglichkeit einer erleichterten Schadloshaltung ohne Einzelnachweis eröffnen[10]. Für den Fall, dass der Schuldner nicht, nicht rechtzeitig oder schlecht leistet, wird dem Gläubiger der Nachweis eines Schadens erspart, soweit dieser mit der Vertragsstrafe abgedeckt werden soll.

Man spricht deshalb auch von der Doppelfunktionalität der Vertragsstrafe.

Bei der Vertragsstrafe handelt es sich um eine zwischen dem Gläubiger und dem Schuldner vereinbarte **bedingte Verbindlichkeit**. Die Bedingung ist die Nichterfüllung oder die nicht gehörige Erfüllung einer Verpflichtung. Letztere besteht häufig in der Verzögerung der Leistung. Falls die Bedingung eintritt, ist der Schuldner zur Leistung der Vertragsstrafe verpflichtet. Weil die Vertragsstrafe die ordentliche Erfüllung der Hauptverbindlichkeit sichern soll, ist sie von deren Bestehen abhängig, also akzessorisch. Ist der Vertrag (die Hauptverbindlichkeit) nichtig, ist auch das Strafversprechen unwirksam (vgl. § 344).

483 Die Verwirkung einer Vertragsstrafe setzt in der Regel voraus:
- ein **Vertragsstrafeversprechen** des Schuldners, das unselbständig an einen Vertrag (Hauptverbindlichkeit) angelehnt ist.
- eine Pflichtverletzung **des Schuldners**: Der Schuldner leistet nicht, er leistet verspätet, oder er leistet schlecht.

Eine Pflichtverletzung im Sinne des § 280 setzt voraus, dass der Schuldner die Pflichtverletzung zu vertreten hat (zu Einzelheiten siehe unten Rdnr. 527 ff.). Abweichend davon können die Parteien des Vertrages allerdings auch vereinbaren, dass die Vertragsstrafe unabhängig vom Vertretenmüssen verwirkt sein soll[11].

VIII. Leistungsverweigerungsrechte

1. Überblick

484 Wenn dem Schuldner gegen den Gläubiger auch seinerseits ein Anspruch zusteht – der Schuldner also gleichzeitig auch in der Position des Gläubigers ist –, kann er ein berechtigtes Interesse daran haben, seine Leistung so lange zurückzuhalten, bis die Leistung, die er vom Gläubiger verlangen kann, erbracht ist.

Beispiel: B verkauft dem K einen gebrauchten PKW zum Preis von 8500,– €. B ist Gläubiger des Kaufpreisanspruches (§ 433 Abs. 2); K ist der Schuldner, von dem B die Leistung, Zahlung des Kaufpreises, verlangen kann. K ist Gläubiger des Anspruches, der auf die Übergabe und die Übereignung des PKW gerichtet ist (§ 433 Abs. 1). B ist der Schuldner, der diese Leistung erbringen muss. B hat im Zweifel

---

9 BGHZ 49, 84, 89; 105, 24, 25.
10 Vgl. BGHZ 85, 305, 312 f.
11 Vgl. BGHZ 72, 174, 178.

kein Interesse daran, dem K den PKW zu übergeben und zu übereignen, bevor er den Kaufpreis erhalten hat. K möchte den Kaufpreis nicht zahlen, bevor B die ihm auferlegte Leistung nicht erbracht hat.

Das BGB trägt dieser Interessenlage Rechnung und gibt dem Schuldner bei Vor- **485** liegen bestimmter Voraussetzungen ein **Leistungsverweigerungsrecht**, nämlich
– ein Zurückbehaltungsrecht (§ 273) oder
– die Einrede des nicht erfüllten Vertrages (§ 320).

Darüber hinaus bestimmt § 321 für den Fall, dass aus einem gegenseitigen Vertrage ein Vertragspartner sich zur Vorleistung verpflichtet hat, dass diese Vorleistung verweigert werden kann, wenn sich nach Abschluss des Vertrages herausstellt, dass der Anspruch auf die Gegenleistung durch die mangelnde Leistungsfähigkeit des anderen Teils gefährdet wird.

> **Beispiel:** H verkauft am 10. 1. 2010 einen LKW zum Preise von 73 000,– € an den Spediteur S. Es wird vereinbart, dass der LKW am 20. 1. 2010 an S geliefert, der Kaufpreis aber erst Mitte Februar 2010 fällig sein soll. Am 18. 1. 2010 erfährt H, dass, was den Tatsachen entspricht, S zahlungsunfähig sei und die Eröffnung des Insolvenzverfahrens beantragt werden müsse. H kann sich nun auf § 321 berufen und seine Leistung, die Übereignung des LKW, verweigern.

2. Die Einrede des Zurückbehaltungsrechts gemäß § 273

Wenn dem Schuldner aus demselben rechtlichen Verhältnis mit dem Gläubiger ein **486** fälliger Anspruch gegen den Gläubiger zusteht, kann er seine Leistung verweigern, bis der Gläubiger die Leistung, die der Schuldner verlangen kann, bewirkt hat.

Die Voraussetzungen für die Geltendmachung eines Zurückbehaltungsrechts gemäß § 273 sind:

a) Der Gläubiger hat gegen den Schuldner einen Anspruch, den er geltend macht.

b) Der Schuldner hat gegen den Gläubiger einen fälligen Gegenanspruch.

c) Beide Ansprüche – der des Gläubigers gegen den Schuldner und der des Schuldners gegen den Gläubiger – müssen aus „demselben rechtlichen Verhältnis" stammen. Damit ist allerdings nicht mehr gefordert als „ein innerlich zusammengehöriges einheitliches Lebensverhältnis, das es wider Treu und Glauben verstoßend erscheinen lässt, wenn der eine Anspruch ohne Rücksicht auf den anderen geltend gemacht und verwirklicht werden könnte"[12].

> **Beispiel:** Ansprüche aus verschiedenen Verträgen bei laufender Geschäftsverbindung.

Der Schuldner muss sich auf die **Einrede** berufen, d. h. er muss das Zurückbehaltungsrecht geltend machen.

---

12 So BGHZ 92, 194, 196.

Das Zurückbehaltungsrecht darf nicht ausgeschlossen sein (aufgrund einer gesetzlichen Regelung oder aus dem Schuldverhältnis selbst).

Der Schuldner kann zwar seine Leistung verweigern, wenn er das Zurückbehaltungsrecht im Wege der Einrede geltend macht. Das hindert jedoch nicht, dass ein Gericht den Schuldner auf Betreiben des Gläubigers zur Leistung verurteilt. Das Geltendmachen des Zurückbehaltungsrechts führt jedoch dazu, dass der Schuldner verurteilt wird, die Leistung Zug um Zug gegen Empfang der Gegenleistung zu erbringen (§ 274).

3. Die Einrede des nicht erfüllten Vertrages gemäß § 320

487 Bei **gegenseitig verpflichtenden Verträgen** kann der Schuldner eines Anspruches die von ihm zu erbringende Leistung verweigern, bis die Gegenleistung bewirkt ist (**Einrede des nicht erfüllten Vertrages, § 320**).

Die Einrede des nicht erfüllten Vertrages kann nur geltend gemacht werden, wenn die Forderung und die Gegenforderung aus demselben gegenseitigen Vertrag erwachsen sind. Außerdem müssen sich die wechselseitigen Forderungen als Leistung und Gegenleistung gegenüberstehen, was in der Regel nur bei sogenannten Hauptpflichten (siehe dazu oben § 20 I) der Fall ist.

Beispiel: K kauft bei V einen PKW zum Preis von 20 000,– €. V verlangt von K die Zahlung des Kaufpreises, ist aber nicht bereit, den PKW sofort an K zu übergeben und zu übereignen. Da nichts anderes vereinbart ist, sind sowohl die Forderung, die K gegen V hat (= Anspruch auf Übergabe und Übereignung des PKW), als auch die Forderung, die V gegen K zusteht (= Anspruch auf Zahlung des Kaufpreises), gemäß § 271 sofort fällig. Wenn V die von ihm geschuldete Leistung nicht erbringt, seinerseits von K aber Leistung verlangt, kann K gemäß § 320 die Einrede des nicht erfüllten Vertrages geltend machen. Er hat dann ein Leistungsverweigerungsrecht.

Macht der Schuldner in einem Prozess die Einrede des nicht erfüllten Vertrages geltend, so führt dies dazu, dass er lediglich Zug um Zug gegen den Empfang der Gegenleistung zur Leistung verurteilt wird (§ 322).

Derjenige, der sich zur **Vorleistung** verpflichtet hat, kann die Einrede des nicht erfüllten Vertrages nicht erheben.

Beispiel: G kauft bei S einen Kühlschrank. In dem schriftlichen Kaufvertrag ist im Hinblick auf die Zahlung des Kaufpreises die folgende Klausel enthalten: „Zahlbar nach Eintreffen der Ware.“ Hier hat der Verkäufer sich zur Vorleistung – jedenfalls, soweit es die Übergabe des Kühlschrankes betrifft – verpflichtet. Der Vorleistungspflichtige hat auf die Geltendmachung der Einrede aus § 320 verzichtet. S kann die Einrede des nicht erfüllten Vertrages nicht geltend machen, falls G die von S vor der Lieferung verlangte Zahlung verweigert.

4. Das kaufmännische Zurückbehaltungsrecht

Ein Sonderfall des Zurückbehaltungsrechts ist das kaufmännische Zurückbehaltungsrecht gemäß § 369 HGB. **488**

Es muss sich nicht um Forderungen aus demselben rechtlichen Verhältnis wie in § 273 handeln. Es genügen Forderungen unter Kaufleuten aus beiderseitigen Handelsgeschäften.

§ 25 Das Erlöschen von Schuldverhältnissen

Schrifttum: *Bülow*, Grundfragen der Erfüllung und ihrer Surrogate, JuS 1991, 529; *Coester-Waltjen*, Die Aufrechnung, Jura 2003, 246 ff.; *Habermeier*, Grundfragen der Aufrechnung, JuS 1997, 1057; *v. Hase*, Fristlose Kündigung und Abmahnung nach neuem Recht, NJW 2002, 2278; *Lorenz*, Grundwissen Zivilrecht: Erfüllung (§ 362 BGB), JuS 2009, 109; *derselbe*, Grundwissen Zivilrecht: Aufrechnung (§§ 387 ff. BGB), JuS 2008, 951; *Muscheler/Bloch*, Erfüllung und Erfüllungssurrogate, JuS 2000, 729; *Schreiber*, Leistungen an Erfüllungs Statt und erfüllungshalber, Jura 1996, 328; *Schwab*, Schuldrechtsmodernisierung 2001/2002 – Die Rückabwicklung von Verträgen nach §§ 346 ff. BGB n.F., JuS 2002, 630

I. Überblick

Ein Schuldverhältnis kann auf mancherlei Art und Weise beendet werden. So werden z. B. Verträge, die auf einen einmaligen Leistungsaustausch gerichtet sind, durch die Erfüllung beendet. **489**

> **Beispiel:** Ein Kaufvertrag über einen PC ist durch Erfüllung (§ 362) erloschen, wenn der Verkäufer dem Käufer den PC übereignet und der Käufer den Kaufpreis gezahlt hat.

Auch ein gesetzliches Schuldverhältnis erlischt durch Erfüllung.

> **Beispiel:** Der Schädiger S ist dem A wegen Verletzung von Körper und Gesundheit aus § 823 Abs. 1 zum Schadensersatz durch eine Geldleistung (§ 249 S. 2) verpflichtet. Leistet S den geschuldeten Betrag an A, ist damit das gesetzliche Schuldverhältnis aus unerlaubter Handlung beendet.

Der durch zwei übereinstimmende Willenserklärungen zustande gekommene Vertrag bindet die daran beteiligten Personen. Die im Vertrage vereinbarten Leistungen müssen erbracht werden.

Zu einer Aufhebung oder Änderung des Vertrages bedarf es grundsätzlich der Mitwirkung beider Vertragsparteien, also eines erneuten Vertragsschlusses, eines

Aufhebungs- oder Änderungsvertrages. Das Änderungsbegehren nur einer Partei vermag nichts zu bewirken. Nur unter ganz besonderen Umständen, die nur selten vorliegen, kann eine Pflicht zur Nachverhandlung bestehen.

Nur bei Vorliegen ganz bestimmter Voraussetzungen kann sich eine Vertragspartei **einseitig,** d. h. ohne Mitwirkung der anderen Vertragspartei, vom Vertrage lösen. Das ist z. B. dann der Fall, wenn eine Vertragspartei

– aus Vertrag oder Gesetz von einem ihr zustehenden Rücktrittsrecht Gebrauch machen kann (siehe dazu Rdnr. 499 ff.),
– ein Anfechtungsrecht hat (siehe dazu oben Rdnr. 242 ff.),
– oder von einer Kündigungsmöglichkeit Gebrauch machen kann (siehe dazu Rdnr. 496 ff.).

II. Die Erfüllung

1. Die Erfüllung gemäß § 362

490 Gemäß § 362 erlischt ein Schuldverhältnis, wenn die geschuldete Leistung an den Gläubiger bewirkt wird. Ist dies der Fall, ist das Schuldverhältnis erfüllt. Damit ist gemeint, dass die einzelne Leistungspflicht erlischt. Das Schuldverhältnis hat nur noch als Rechtsgrund der Leistung i. S. d. §§ 812 ff. Bedeutung (vgl. dazu unten Rdnr. 874 ff.).

Die Frage, ob ein Schuldner erfüllt hat oder nicht, kann nur nach dem konkreten Inhalt der Pflichten beurteilt werden, die dem Schuldner aus dem Vertrag erwachsen.

Häufig ist ein bestimmter Leistungserfolg geschuldet.

> **Beispiel:** Wenn ein Kaufvertrag über eine Sache abgeschlossen wird, schuldet der Verkäufer dem Käufer die Übergabe der gekauften Sache und die Verschaffung des Eigentums daran. Der Leistungserfolg und damit die Erfüllung sind eingetreten, wenn der Verkäufer dem Käufer die Sache übergeben und ihm das Eigentum an der Sache verschafft hat.
>
> Der Käufer schuldet dem Verkäufer die Zahlung des Kaufpreises (§ 433 Abs. 2). Mit der Zahlung des gesamten Kaufpreises ist der vom Käufer geschuldete Leistungserfolg eingetreten. Der Käufer hat seine aus dem Vertrag erwachsene Verpflichtung erfüllt.
>
> Haben beide Vertragspartner den jeweils von ihnen geschuldeten Leistungserfolg erbracht, ist das gesamte Schuldverhältnis gemäß § 362 erloschen.

In der Regel tritt die Erfüllungswirkung ein, wenn der richtige Schuldner die richtige Leistung am richtigen Ort zur richtigen Zeit an den richtigen Gläubiger erbracht hat[1].

---

1 Zu Leistungen des Schuldners und eines Dritten vgl. *Muscheler/Bloch*, JuS 2000, 735.

2. Die Leistung an Erfüllungs Statt

Die Erfüllungswirkung, das Erlöschen des Schuldverhältnisses, kann auch eintreten, wenn der Gläubiger eine andere als die geschuldete Leistung an deren Stelle (= an Erfüllungs Statt) annimmt (§ 364 Abs. 1). **491**

Die Erfüllungswirkung tritt in einem solchen Fall allerdings erst dann ein, wenn Gläubiger und Schuldner sich vertraglich darüber geeinigt haben, dass die vom Schuldner erbrachte Leistung an die Stelle der ursprünglich geschuldeten treten und angenommen sein soll[2].

> **Beispiel** (in Anlehnung an BGHZ 46, 338): K kauft bei dem Kfz-Händler V einen neuen PKW. Es wird vereinbart, dass der Altwagen des K „in Zahlung genommen" wird. Wenn der Verkäufer bei der Veräußerung eines Kraftfahrzeuges den Gebrauchtwagen des Erwerbers für einen Teil des Preises in Zahlung nimmt, so liegt im Zweifel ein Kaufvertrag vor, bei dem der Käufer das Recht hat, einen vertraglich festgelegten Teil des Kaufpreises durch Übereignung des Gebrauchtwagens zu tilgen[3]. Kraft Vereinbarung ist der Käufer als der Schuldner der Kaufpreisforderung berechtigt, für einen Teil der geschuldeten Leistung (einer Geldzahlung) eine andere Leistung, nämlich die Übereignung des Gebrauchtwagens, zu erbringen. Es handelt sich um die Vereinbarung einer Ersetzungsbefugnis, die, wenn der Schuldner von ihr Gebrauch macht, zu einer Leistung an Erfüllungs Statt (§ 364 Abs. 1) führt, durch welche die Verbindlichkeit erlischt[4].

Hat die an Erfüllungs Statt übereignete Sache oder das übertragene Recht einen Mangel, so hat der Gläubiger die Rechte eines Käufers (§ 365). Er kann also z. B. die Mängelansprüche aus §§ 434 ff. geltend machen.

> **Beispiel:** Hat der Gebrauchtwagen in dem oben geschilderten **Beispiel** einen Getriebeschaden und sind die Mängelansprüche dieserhalb nicht vertraglich ausgeschlossen, so stehen V gegen K die Ansprüche aus §§ 434 ff. zu.

3. Die Leistung erfüllungshalber

Um dem Gläubiger eine erhöhte Sicherheit zu bieten – etwa weil die Leistungszeit vertraglich hinausgeschoben wurde –, kann der Schuldner „zum Zwecke der Befriedigung des Gläubigers eine neue Verbindlichkeit" übernehmen (§ 364 Abs. 2). Übernimmt der Schuldner eine „neue Verbindlichkeit", so tritt dieselbe im Zweifel **neben** die bereits bestehende; Letztere erlischt also nicht. Nach der Auslegungsregel des § 364 Abs. 2 handelt es sich dann im Zweifel nicht um eine Leistung an Erfüllungs Statt, sondern um eine Leistung erfüllungshalber. Der Gläubiger hat nun zwei Forderungen gegen den Schuldner. Bei Vorliegen einer entsprechenden vertraglichen Vereinbarung muss der Gläubiger zunächst die Befriedigung aus der **492**

---

2 Vgl. BGHZ 89, 126, 133; *Muscheler/Bloch*, JuS 2000, 740.
3 BGHZ 46, 338; vgl. auch BGHZ 89, 126, 133.
4 So BGHZ 46, 338, 342.

neuen Verbindlichkeit versuchen. Erfüllt der Schuldner die neue Verbindlichkeit, so geht damit zugleich die alte Schuld unter.

Ein **Wechsel** (= eine Urkunde, in der eine oder mehrere Zahlungsverpflichtungen verbrieft sind) wird in der Regel im Hinblick auf eine bestehende Schuld **erfüllungshalber** gegeben[5]. Bei der Bezahlung einer Kaufpreisschuld mit einem Wechsel tritt im Verhältnis des Gläubigers zum Schuldner **neben** die bereits bestehende Verbindlichkeit (= Kaufpreisschuld) eine weitere Verbindlichkeit hinzu, die Wechselverbindlichkeit. Mit der Zahlung auf die Wechselverbindlichkeit erlischt zugleich auch die Kaufpreisforderung.

Bei der Bezahlung einer Geldschuld mit einem Scheck handelt es sich ebenfalls um eine Leistung erfüllungshalber[6].

> **Beispiel:** K kauft bei V Waren für 10 000,– €. Aus dem abgeschlossenen Kaufvertrag schuldet K dem V gemäß § 433 Abs. 2 den Kaufpreis in Höhe von 10 000,– €. Er zahlt nicht bar, sondern gibt dem V einen Scheck über 10 000,– €. Gezogen ist der Scheck auf die Deutsche Bank AG, bei der K ein Konto unterhält. Die Hingabe des Schecks bedeutet nur eine Leistung erfüllungshalber. Sie bewirkt also noch keine Tilgung der Kaufpreisschuld. Erst mit der Auszahlung des in dem Scheck ausgewiesenen Betrages an den Scheckinhaber V oder mit der endgültigen Gutschrift auf dessen Konto tritt die Erfüllung ein.

III. Die Beendigung des vertraglichen Schuldverhältnisses durch Zeitablauf

493 Viele vertragliche Schuldverhältnisse sind für eine bestimmte Dauer geschlossen. Sie enden durch Ablauf der Zeit, für die sie geschlossen sind. Das ist z. B. bei vielen Mietverträgen und Arbeitsverträgen der Fall (vgl. § 542 Abs. 2 und § 620 Abs. 1).

> **Beispiel:** Der Student S schließt mit der Universität Hagen einen Dienstvertrag, kraft dessen er vom 1. 7. 2009 bis zum 31. 12. 2009 bei der Fernuniversität als studentische Hilfskraft tätig sein soll. Das damit geschaffene Arbeitsverhältnis ist befristet. Es endet gemäß § 620 Abs. 1 mit Ablauf des 31. 12. 2009.

IV. Die Aufhebung eines Schuldverhältnisses

494 Ein Schuldverhältnis, wie z. B. ein Vertrag, kann aber auch durch einen **Aufhebungsvertrag** beendet werden. Der Aufhebungsvertrag ist gesetzlich nicht geregelt. Dass er vereinbart werden kann, ergibt sich aus dem Grundsatz der Vertragsfreiheit.

---

5 Vgl. BGHZ 96, 182, 186.
6 Vgl. BGHZ 83, 96, 101.

Der reine Aufhebungsvertrag beschränkt sich auf die Vereinbarung betreffend die Beendigung des Schuldverhältnisses. Er beendet das Schuldverhältnis, also z. B. einen Vertrag, vollständig, ohne ein neues an dessen Stelle zu setzen.

Beispiel: V und K haben einen wirksamen Pachtvertrag abgeschlossen, kommen jedoch danach übereinstimmend zu dem Ergebnis, die Erfüllung dieses Vertrages sei für beide Seiten wirtschaftlich wenig sinnvoll. Sie beschließen deshalb, den Pachtvertrag aufzuheben. Die Aufhebung des Pachtvertrages ist ein Vertrag, mit dem V und K den Pachtvertrag wieder beseitigen. Die daraus erwachsende Folge ist die, dass weder V noch K aus dem Pachtvertrag weiterhin berechtigt und verpflichtet sind.

Findet nur K den Pachtvertrag unbefriedigend, kann er diesen nicht einfach einseitig auflösen. K kann nur versuchen, den V zum Abschluss eines Aufhebungsvertrages zu bewegen. Gelingt ihm dies nicht, bleibt er aus dem Pachtvertrag verpflichtet.

Soll ein Schuldverhältnis nur teilweise aufgehoben werden, ist im Zweifel von einem **Abänderungsvertrag** auszugehen. **495**

Die Aufhebung des alten Vertrages kann auch verknüpft sein mit der Schaffung eines neuen Vertrages, der an die Stelle des alten treten soll. In solchen Fällen handelt es sich um einen Aufhebungsvertrag, der Teil einer **Schuldersetzung (Novation)** ist. Von einem Abänderungsvertrag unterscheidet sich die Schuldersetzung (Novation) dadurch, dass das alte Schuldverhältnis nicht nur abgeändert, sondern aufgehoben wird.

V. Die Kündigung

Viele auf Dauer angelegte Verträge sehen Kündigungsmöglichkeiten vor. Abgesehen davon räumt das Gesetz bei manchen Verträgen (Dauerschuldverhältnissen) die Möglichkeit ein, einen wirksam geschlossenen Vertrag durch eine Kündigung **einseitig** und unabhängig von der Zustimmung des Vertragspartners aufzulösen. Dem liegt die Überlegung zugrunde, dass bei bestimmten auf Dauer oder jedenfalls für einen längeren Zeitraum angelegten Rechtsbeziehungen das Bedürfnis besteht, unter gewissen Voraussetzungen eine vorzeitige Auflösung zu ermöglichen. Dauerschuldverhältnisse, für welche die Kündigung eine bedeutende Rolle spielt, sind z. B. Miet- und Pachtverträge, Dienst- und Arbeitsverträge, Darlehensverträge und Gesellschaftsverträge. **496**

Die **Kündigung** ist eine einseitige, empfangsbedürftige Willenserklärung, die ein auf Dauer angelegtes vertragliches Schuldverhältnis mit Wirkung für die Zukunft auflöst.

In der Regel sehen entweder das Gesetz oder die einzelnen Verträge **Kündigungsfristen** vor. Wenn eine wirksame Kündigungserklärung abgegeben worden ist, endet das Schuldverhältnis mit dem Ablauf der Frist.

497 Eine Kündigung **aus wichtigem Grund** sehen u. a. die Vorschriften des § 569 für die Miete, § 626 für den Dienstvertrag und § 723 für den Gesellschaftsvertrag vor.

§ 314 bestimmt, dass jeder Vertragsteil den Vertrag jederzeit ohne Einhaltung einer Kündigungsfrist aus wichtigem Grund kündigen kann.

Eine **wichtiger Grund** liegt gemäß § 314 Abs. 1 S. 2 vor, wenn dem kündigenden Vertragspartner unter Berücksichtigung aller Umstände des Einzelfalles und unter Abwägung der beiderseitigen Interessen die Fortsetzung des Vertragsverhältnisses bis zur vereinbarten Beendigung oder bis zum Ablauf der Kündigungsfrist nicht zugemutet werden kann. Ein Verschulden des anderen Teils ist nicht erforderlich.

> **Beispiel:** D gewährt seinem Freund F, der in wirtschaftliche Schwierigkeiten geraten ist, ein niedrig verzinsliches Darlehen über 10 000,– €, das auf zwei Jahre befristet sein soll. Zwei Monate nach der Darlehensgewährung bricht F in das Haus des D ein und stiehlt Schmuck und eine Münzsammlung. Daraufhin kündigt D das Darlehen fristlos und verlangt die Darlehenssumme zurück. D hat gegen F einen Darlehensrückzahlungsanspruch aus § 488 Abs. 1 und 3, wenn er das Darlehen wirksam gekündigt hat. Ein Kündigungsrecht aus §§ 489 oder 490 kommt nicht in Betracht. Ein Kündigungsrecht könnte sich aber aus § 314 ergeben, wenn ein wichtiger Grund vorliegt. F hat durch sein Verhalten das freundschaftliche Vertrauensverhältnis mit D zerstört. Dem D ist deshalb eine Fortsetzung des Vertrages nicht mehr zumutbar. Wegen der Schwere der Tat muss auch das Interesse des D an der Fortsetzung des Vertrages zurückstehen. Demnach liegt ein wichtiger Grund vor, der dem D die sofortige Kündigung aus wichtigem Grund gemäß § 314 ermöglicht. Die Kündigung ist also wirksam. D hat gegen F einen Anspruch aus § 488 Abs. 1 und 3 auf Rückzahlung des Darlehens.

Besteht der wichtige Grund in einer Pflichtverletzung (Verletzung vertraglicher Pflichten), ist in der Regel eine Fristsetzung oder eine Abmahnung erforderlich, ehe das Kündigungsrecht entsteht. Der Fristsetzung bzw. Abmahnung bedarf es nicht, wenn die in § 323 Abs. 2 genannten Voraussetzungen vorliegen[7].

> In dem oben genannten **Beispiel** bedarf es einer Abmahnung nicht, weil besondere Umstände vorliegen, die unter Abwägung der beiderseitigen Interessen eine sofortige Kündigung rechtfertigen (§ 323 Abs. 2 Nr. 3).

498 Die außerordentliche Kündigung gemäß § 314 beendet den Vertrag mit Wirkung für die Zukunft; wird sie als fristlose Kündigung erklärt, tritt die Beendigungswirkung sofort ein.

Um soziale Härten zu vermeiden, hat die Rechtsordnung der freien Vertragsausgestaltung im Hinblick auf die Kündigungsmöglichkeiten Grenzen gesetzt und für eine Reihe von Schuldverhältnissen einen Kündigungsschutz eingeführt. So genießen Arbeitnehmer besonderen Schutz durch das **Kündigungsschutzgesetz**. Das

---

7 Zum Verhältnis zwischen Fristsetzung und Abmahnung vgl. *v. Hase*, NJW 2002, 2280.

BGB enthält u. a. in §§ 573 ff. Kündigungsschutzbestimmungen zugunsten des Mieters.

Trotz des Kündigungsschutzes ist auch bei Dauerschuldverhältnissen, für die ein Kündigungsschutz gesetzlich bestimmt ist, eine **Kündigung aus wichtigem Grund** stets möglich.

VI. Der Rücktritt vom Vertrag

1. Überblick

Ein Vertrag kann auch dadurch beendet werden, dass eine der Vertragsparteien aufgrund eines ihr zustehenden Rücktrittsrechts vom Vertrag zurücktritt. Mit dem Wirksamwerden der einseitig empfangsbedürftigen Rücktrittserklärung entfallen die auf den Austausch von Leistungen gerichteten Vertragswirkungen. An die Stelle der bisherigen vertraglichen Verpflichtungen tritt die Pflicht der Vertragspartner, das, was bisher an Leistungen ausgetauscht worden ist, zurückzugewähren (§ 346 Abs. 1).   **499**

Die zuletzt genannte Verpflichtung entsteht nur, wenn bereits Leistungen ausgetauscht worden sind.

Ein allgemeines Rücktrittsrecht, das jederzeit ausgeübt werden könnte, gibt es nicht. Ein Rücktritt ist vielmehr nur möglich, wenn

- ein Rücktrittsrecht im Vertrag vereinbart worden ist (§ 346 Abs. 1) – was in der Regel durch ausdrückliche Vereinbarung eines Rücktrittsvorbehalts als Nebenbestimmung zum Vertrag erfolgt – (= **vertragliches Rücktrittsrecht**) oder
- das Gesetz bei Vorliegen bestimmter Voraussetzungen die Ausübung eines Rücktrittsrechts (= **gesetzliches Rücktrittsrecht**) gewährt (z. B. §§ 323 und 324).

Die §§ 346 ff. gelten sowohl für das vertraglich vereinbarte als auch für das gesetzliche Rücktrittsrecht.

Bei **Dauerschuldverhältnissen** gibt es jedenfalls dann, wenn sie in Vollzug gesetzt sind, **kein** Rücktrittsrecht, weil eine Rückabwicklung der gegenseitigen Leistungen nur schwer durchsetzbar wäre. An die Stelle des Rücktritts tritt die **Kündigung**.   **500**

Das Rücktrittsrecht übt der Berechtigte durch Abgabe einer Willenserklärung dem Vertragspartner gegenüber aus (§ 349).

2. Das vertraglich vereinbarte Rücktrittsrecht

Ein Rücktrittsrecht wird vertraglich durch einen entsprechenden Vorbehalt vereinbart. Dies kann ausdrücklich oder stillschweigend erfolgen. Ob ein Vorbehalt stillschweigend vereinbart sein sollte, ist im Zweifel durch Auslegung (§§ 133, 157) zu ermitteln.   **501**

Beispiel: A und B vereinbaren einen sogenannten Aufhebungsvertrag „freibleibend". Diese Formulierung ist als Rücktrittsvorbehalt zu interpretieren[8] und gewährt beiden Vertragsparteien ein Rücktrittsrecht.

Nach § 354 ist eine Vertragsklausel, die den Vorbehalt enthält, dass der Schuldner seine Rechte aus dem Vertrage verlieren soll, wenn er seine Verbindlichkeit nicht erfüllt, so auszulegen, dass dem Gläubiger für den geschilderten Fall ein Rücktrittsrecht zustehen soll.

502 Fraglich ist, ob der vertraglich vereinbarte Rücktrittsvorbehalt einen Rücktrittsgrund enthalten muss und ob dieser sachlich gerechtfertigt sein muss. Für Rücktrittsvorbehalte in Allgemeinen Geschäftsbedingungen schränkt § 308 Nr. 3 die Freiheit der Vertragschließenden jedenfalls insoweit ein, als eine Abwägung der beiderseitigen Interessen vorzunehmen und zu prüfen ist, ob der vorformulierte Rücktrittsgrund durch ein überwiegendes oder zunächst anerkennenswertes Interesse aufseiten des Klauselverwerters gerechtfertigt ist. Außerdem muss der Lösungsgrund in den AGB so konkret angegeben werden, dass der Durchschnittskunde erkennen kann, wann der Verwender sich vom Vertrage lösen darf.

Beispiel: In einem Vertrag (AGB), der die Veräußerung eines gebrauchten PKW unter Eigentumsvorbehalt zum Gegenstand hat, wird eine Klausel aufgenommen, nach welcher der Verkäufer vom Vertrage zurücktreten kann, wenn der Käufer die Sache „unsachgemäß" benutzt. Nun erfährt der Verkäufer, dass K, obwohl der PKW laut Betriebsanleitung mit Superbenzin zu fahren ist, nur einfaches Benzin tankt, um zu sparen. Der Verkäufer kann zurücktreten, denn die Klausel verstößt nicht gegen § 308 Nr. 3. Sie lässt den Lösungsgrund, der durch ein anerkennenswertes Interesse des Verkäufers gerechtfertigt ist, hinreichend konkret erkennen.

503 Auch gegenüber einem Unternehmen kann § 308 Nr. 3 gemäß §§ 310 Abs. 1, 307 entsprechend anwendbar sein. Willkürliche, eines sachlichen Grundes entbehrende Lösungsrechte sind auch in diesem Bereich als unwirksam zu behandeln[9]. Allerdings sind an die Angabe eines sachlich gerechtfertigten Lösungsgrundes keine allzu hohen Anforderungen zu stellen[10].

Beispiel: Ein Vertrag unter Kaufleuten enthält die Klausel:

„Der Verkäufer ist nur nach Maßgabe seiner Liefermöglichkeiten zur Belieferung des Käufers verpflichtet."

Die Rechtsprechung[11] sieht in einer solchen Klausel einen Rücktrittsvorbehalt, der zulässig und deshalb nicht wegen Verstoßes gegen § 308 Nr. 3, 307, 310 unwirksam ist.

---

8 Vgl. RGZ 105, 370.
9 BGHZ 92, 396, 398.
10 Vgl. BGHZ 124, 351, 361.
11 Vgl. BGHZ 124, 351, 361.

3. Das gesetzliche Rücktrittsrecht (§§ 323 ff.)

Bei **gegenseitig verpflichtenden Verträgen** gewährt § 323 ein Rücktrittsrecht, wenn   **504**
der Schuldner nicht oder nicht vertragsgemäß leistet. Voraussetzung ist allerdings
im Regelfall, dass der Gläubiger dem Schuldner erfolglos eine angemessene Frist
zur Leistung oder Nacherfüllung gesetzt hat.

Das Rücktrittsrecht entsteht **verschuldensunabhängig**. Das bedeutet, der Schuldner muss weder eigenes noch fremdes Verschulden zu vertreten haben.

Im Kern geht es in den Regelungen der §§ 323 ff. darum, unter welchen Voraussetzungen sich der Gläubiger von einem gegenseitigen Vertrage und damit auch
von seinen Gegenleistungsverpflichtungen lösen kann, wenn die Abwicklung des
Vertrages durch eine Pflichtverletzung (i. S. des § 280) beeinträchtigt wird.

Unter die Nichterbringung der Leistung i. S. des § 323 Abs. 1 fällt jede Verspätung
(Verzögerung). Leistungsverzögerung setzt stets **Fälligkeit** voraus. Diese ist gemäß
§ 271 zu bestimmen.

Mit der Fristsetzung erlangt der Schuldner eine letzte Chance zur Vertragserfüllung.

Angemessen ist die Frist, wenn sie dem Schuldner die Gelegenheit gibt, die bereits   **505**
in Angriff genommene Leistung zu beenden. Dabei sind nun, da der Schuldner seiner ursprünglichen Leistungspflicht nicht hinreichend entsprochen hat, auch größere Anstrengungen und schnelleres Handeln zu erwarten.

> **Beispiel:** Malermeister M sollte die Praxisräume der Kanzlei R bis zum 12. Oktober 2010 renoviert haben. Bis zu diesem Tage hat er lediglich mit seinen Gehilfen ein paar Wände gesäubert. R setzt M nun eine Nachfrist bis zum 18. Oktober 2010. Diese Frist ist angemessen, denn von M ist zu erwarten, dass er nun auch Samstag, den 14. Oktober 2010 nutzt, um seine Arbeiten zu beenden.

Bei Geldschulden ist zu berücksichtigen, dass der Schuldner für seine finanzielle
Leistungsfähigkeit regelmäßig einzustehen hat.

> **Beispiel:** K schuldet dem V aus einem am 4. Oktober 2010 abgeschlossenen Kaufvertrag über einen PKW 5000,– €. Da nichts anderes vereinbart ist, wird der Kaufpreisanspruch am 4. Oktober 2010 fällig (§ 271). K zahlt nicht. V setzt dem K nun am 8. Oktober 2010 eine Frist zur Nachholung der Leistung bis zum 11. Oktober 2010. Diese Frist ist angemessen. Leistet K bis zum genannten Termin nicht, hat V das Recht, vom Vertrage zurückzutreten.

Einer Fristsetzung bedarf es in folgenden Fällen nicht: **506**
- wenn der Schuldner die Leistung ernsthaft und endgültig verweigert (§ 323 Abs. 2 Nr. 1)
- oder ein Fixgeschäft im Sinne des § 323 Abs. 2 Nr. 2 vorliegt (dazu unten Rdnr. 576 ff)
- oder „besondere Umstände vorliegen, die unter Abwägung der beiderseitigen Interessen den sofortigen Rücktritt rechtfertigen" (§ 323 Abs. 2 Nr. 3).

Tritt eine dieser Voraussetzungen ein, so ist der Gläubiger sofort, d. h. ohne Fristsetzung, zum Rücktritt berechtigt.

4. Die Folgen des Rücktritts

506a **a) Rückgewähr in natura gemäß § 346 Abs. 1**

Mit der Ausübung des Rücktrittsrechts wandelt sich das Schuldverhältnis in seinem Inhalt und für die Zukunft (ex nunc) in ein **Rückgewähr-Abwicklungs-Schuldverhältnis** um. Das bedeutet:

– Die noch nicht erfüllten Leistungspflichten (Primärleistungspflichten) erlöschen, soweit sie nicht schon erfüllt sind (Befreiungswirkung);
– soweit Leistungen bereits ausgetauscht worden sind, müssen dieselben gemäß §§ 346 ff. zurückgewährt werden. Daneben findet ein zusätzlicher Bereicherungsausgleich gemäß §§ 812 ff. **nicht** statt, weil für die erbrachten Leistungen bis zum Rücktritt aus dem Schuldverhältnis jeweils ein rechtlicher Grund bestand[12].

Beispiel: D und M schließen einen Kaufvertrag mit Rücktrittsvorbehalt (§ 346), in dem D dem M ein Fernsehgerät zum Preise von 900,– € verkauft. D übergibt dem M das Fernsehgerät; M zahlt 450,– € mit dem Versprechen, den Rest (450,– €) innerhalb von 3 Monaten zu zahlen. Als M den Rest des Kaufpreises nach 4 Monaten noch nicht gezahlt hat, tritt D vom Vertrag zurück. Welche Wirkung hat die Rücktrittserklärung?

Die Wirkungen der Rücktrittserklärung des D ergeben sich aus §§ 346 ff. Mit dem Wirksamwerden der Rücktrittserklärung entfallen die auf den Austausch der vereinbarten Leistungen gerichteten Wirkungen des Kaufvertrages. Das bedeutet: Weder D noch M haben einen Anspruch darauf, dass der Kaufvertrag erfüllt wird. An die Stelle der bisherigen Leistungspflichten aus dem Kaufvertrag tritt ein Rückgewährschuldverhältnis, aufgrund dessen D und M verpflichtet sind, das, was an Leistungen bereits ausgetauscht worden ist, zurückzugewähren. Deshalb hat M den Fernsehapparat an D zurückzugeben (für den Fall, dass das Eigentum schon auf M übergegangen sein sollte, hat eine Rückübereignung stattzufinden); D muss an M die erhaltenen 450,– € zurückzahlen.

506b Die Verpflichtung, die empfangene Leistung als solche zurückzugewähren, ist gemäß § 275 Abs. 1 erst dann ausgeschlossen, wenn die Rückgewähr unmöglich ist. Unter bestimmten Voraussetzungen ist dann Wertersatz, Nutzungsvergütung oder Schadensersatz zu leisten.

Wenn im oben genannten **Beispiel** der M den Fernsehapparat in normalem Rahmen benutzt hat, so ist das Gerät im Wert gemindert. Dennoch muss M nach dem Rücktritt keinen Wertersatz leisten, weil nach § 346 Abs. 2 Nr. 3 die durch die bestimmungsgemäße Ingebrauchnahme entstandene Verschlechterung außer Betracht bleibt. Anders wäre es, wenn M aus Zorn über die schlechten Programme mancher

---

12 Vgl. BGH MDR 1968, 223.

Sender das Gerät zerschlagen hätte. In diesem Fall hätte er Wertersatz zu leisten (§ 346 Abs. 2 Nr. 3).

Nach § 346 Abs. 1 hat der Schuldner auch die gezogenen Nutzungen, also Früchte und Gebrauchsvorteile (§ 100), herauszugeben. Zieht der Schuldner keine Nutzungen, so ist er unter den in § 347 Abs. 1 genannten Voraussetzungen zum Wertersatz verpflichtet.

b) Wertersatz

§ 346 Abs. 2 und 3 enthalten Regelungen darüber, wie zu verfahren ist, wenn der Rückgewährschuldner die empfangene Sache nicht oder nur verschlechtert herausgeben kann.   **506c**

Nach § 346 Abs. 2 sind drei Fälle denkbar, in denen Wertersatz zu leisten ist:

aa) Die Rückgewähr oder die Herausgabe ist nach der Natur des Erlangten nicht möglich. Das betrifft in erster Linie unkörperliche Leistungen, wie z. B. Gebrauchsüberlassungen (§ 346 Abs. 2 Nr. 1).

Beispiel: Im Rahmen eines Vertrages, von dem der Schuldner wirksam zurückgetreten ist, hat eine Beratung, die dem Gläubiger nutzt, stattgefunden. Hier ist die Rückgewähr wegen der Natur des erlangten Vorteils nicht möglich. Es ist stattdessen Wertersatz gemäß § 346 Abs. 2 Nr. 1 zu leisten.

Beispiel: K hat bei V einen PKW gekauft und sich übereignen lassen. Nachdem er das Fahrzeug 2 Monate lang gebraucht hat, tritt er wirksam vom Vertrage zurück. Die Rückgewähr dieser Gebrauchsvorteile ist wegen der Natur des Erlangten nicht möglich. K könnte deshalb zur Leistung von Wertersatz gemäß § 346 Abs. 2 Nr. 1 verpflichtet sein. In der Regel wird der Anspruch allerdings auf § 346 Abs. 1 (Herausgabe der gezogenen Nutzungen) gestützt.

bb) Wertersatz hat der Schuldner auch zu leisten, wenn er den empfangenen Gegenstand verbraucht, veräußert, belastet, verarbeitet oder umgestaltet hat (§ 346 Abs. 2 Nr. 2).   **506d**

Beispiel: V hat dem U Bleche geliefert, welche dieser zu Rohren verarbeitet hat. Nachdem V wirksam vom Vertrage zurückgetreten ist, kann er die Bleche nicht zurückerhalten, weil sie verarbeitet worden sind. V hat gegen U einen Anspruch auf Wertersatz gemäß § 346 Abs. 2 Nr. 2.

cc) § 346 Abs. 2 Nr. 3 sieht Wertersatz auch für den Fall vor, dass der empfangene Gegenstand sich verschlechtert hat oder gar untergegangen ist. Dieser Anspruch soll jedoch entfallen, wenn die Verschlechterung durch die bestimmungsgemäße Ingebrauchnahme entstanden ist.

c) Privilegierungen des Rückgewährschuldners

Für einige Fallkonstellationen sieht § 346 Abs. 2 Nr. 3 eine Privilegierung des Rückgewährschuldners vor. So wird z. B. der Schuldner beim **gesetzlichen Rück-**   **506e**

trittsrecht von der Pflicht zum Wertersatz befreit, wenn die Verschlechterung oder der Untergang des empfangenen Gegenstandes eingetreten ist, obwohl der Schuldner diejenige Sorgfalt, die er in eigenen Angelegenheiten anzuwenden pflegt, beobachtet hat (diligentia quam in suis, § 277).

d) Schadensersatz

Verletzt der Gläubiger seine Rückgewähr- und Herausgabepflichten gemäß § 346 Abs. 1, kann unter den Voraussetzungen der §§ 280 bis 283 ein Schadensersatzanspruch entstehen (§ 346 Abs. 4). Der Anspruch auf Wertersatz nach § 346 Abs. 2 umfasst nur den Verkehrswert der zurückzugewährenden Leistung. Der Anspruch auf Schadensersatz gemäß §§ 280 ff. i. V. mit §§ 249 ff. ist im Zweifel der weitergehende Anspruch.

Beispiel: Nach erfolgtem Rücktritt kommt der Schuldner der entstandenen Rückgewährpflicht trotz Mahnung durch den Gläubiger nicht nach. Entsteht dem Gläubiger dadurch ein Schaden, kann er denselben nach §§ 280, 286 vom Schuldner verlangen. Es kann auch ein Anspruch auf Schadensersatz statt der Leistung gemäß §§ 280, 281 entstehen.

VII. Das Widerrufsrecht und das Rückgaberecht bei Verbraucherverträgen

1. Überblick

507 §§ 355 ff. regeln generell das Widerrufsrecht und das Rückgaberecht bei **Verbraucherverträgen.** Das sind solche Verträge, die zwischen einem Verbraucher (§ 13) und einem Unternehmer (§ 14) abgeschlossen werden und bei denen das Gesetz dem Verbraucher einen Widerruf oder einen anderen besonderen Schutz einräumt.

Zu den Verbraucherverträgen gehören z. B.
– das Haustürgeschäft im Sinne des § 312 (siehe dazu unten Rdnr. 754 ff.);
– der Verbraucherdarlehensvertrag (§§ 491 ff.; siehe dazu unten Rdnr. 834 ff.) und
– der Fernabsatzvertrag (§ 312b; siehe zu diesem oben Rdnr. 146 ff.),
– Ratenlieferungsverträge (§ 505).

Für die Verbraucherverträge typisch ist die Gewährung eines Widerrufsrechtes, mit dem sich der Verbraucher trotz des schon abgeschlossenen Vertrages von demselben wieder lösen kann, ohne dass es dafür eines besonderen Grundes bedarf.

2. Das Widerrufsrecht

508 Gemäß § 355 Abs. 1 und 3 hat ein Verbraucher (§ 13), dem im Gesetz ein Widerrufsrecht nach dieser Norm eingeräumt wird, nach Abschluss eines Vertrages mit einem Unternehmer (§ 14) gemäß § 355 Abs. 1 S. 2 zwei Wochen Zeit, seine Wil-

lenserklärung wirksam zu widerrufen, wenn er sich vom Vertrag lösen will. Hat der Verbraucher eine Widerrufserklärung abgegeben, ist er „an seine auf den Abschluss des Vertrages gerichtete Willenserklärung nicht mehr gebunden" (§ 355 Abs. 1 S. 1). Das bedeutet, ein Vertrag ist zunächst einmal **schwebend wirksam** zustande gekommen; der Verbraucher kann sich von demselben allerdings durch Widerruf lösen. Von diesem Zeitpunkt an wandelt sich der zunächst schwebend wirksame Vertrag in ein Rückgewährschuldverhältnis um, auf das nach § 357 die Vorschriften über die Rückabwicklung beim gesetzlichen Rücktritt (§§ 346 ff.) mit den Abweichungen gemäß § 357 Abs. 2 Anwendung finden. Die bereits ausgetauschten Leistungen sind zurückzugewähren. Der Widerruf ist deshalb als ein **modifiziertes Rücktrittsrecht** anzusehen.

Zur Wahrung der Zwei-Wochen-Frist genügt die rechtzeitige Absendung des Widerrufs. Die Frist beginnt gemäß § 355 Abs. 2, wenn der Verbraucher eine deutliche Belehrung über sein Widerrufsrecht auf einem dauerhaften Datenträger zur Verfügung gestellt bekommen hat. Gemäß § 355 Abs. 3 S. 1 erlischt das Widerrufsrecht spätestens 6 Monate nach Vertragsschluss.

Dem Verbraucher steht ein Widerrufsrecht – etwa aus einem Fernabsatzvertrag (§§ 312 d, 355) – auch dann zu, wenn der Vertrag nichtig ist. Das ergibt sich aus Sinn und Zweck des Widerrufsrechts. Dem Verbraucher soll ein an keine materiellen Voraussetzungen gebundenes, einfach auszuübendes Recht zur einseitigen Loslösung vom Vertrage zur Verfügung stehen, das neben und unabhängig von den allgemeinen Rechten besteht, die jedem zustehen, der einen Vertrag schließt. Auch wenn der Vertrag wegen Verstoßes gegen die §§ 134 oder 138 nichtig ist oder die Nichtigkeit durch Anfechtung herbeigeführt werden kann, rechtfertigt es der Schutzzweck des Widerrufsrechts, dem Verbraucher die Möglichkeit zu erhalten, sich von dem geschlossenen Vertrag auf einfache Weise durch Ausübung des Widerrufsrechts zu lösen, ohne mit dem Unternehmer in eine rechtliche Auseinandersetzung über die Nichtigkeit des Vertrages eintreten zu müssen[13]. **508a**

> **Beispiel:** A bestellt bei V telefonisch ein Haarwuchsmittel, über dessen Wirkungen V den A anlässlich des Telefongesprächs arglistig getäuscht hat. A erfährt davon 8 Tage nach Erhalt der Ware. A hat die Möglichkeit, den Kaufvertrag nach § 123 Abs. 1 mit der Rechtsfolge aus § 142 (Nichtigkeit von Anfang an) anzufechten. Bei einem Streit über die arglistige Täuschung müsste A dieselbe beweisen, was angesichts eines Telefongesprächs zwischen zwei Personen schwierig sein dürfte. Der sicherere Weg ist der Widerruf nach §§ 312 d, 355. Da es sich um einen Fernabsatzvertrag nach § 312 b handelt, steht A ein Widerrufsrecht aus § 312 d, 355 zu. Die Ausübung desselben ist nicht dadurch gehindert, dass A den Vertrag anfechten kann.

Bei **fehlender Belehrung** des Verbrauchers greift die Sonderregelung des § 355 Abs. 3 S. 3 ein, wonach das Widerrufsrecht bei fehlender Belehrung nicht, auch nicht nach 6 Monaten, erlischt. **509**

---

13 So BGH MDR 2010, 309 f.

Die Widerrufsfrist kann zugunsten des Verbrauchers verlängert, nicht jedoch verkürzt werden.

Sind bis zum Wirksamwerden des Widerrufs bereits Leistungen ausgetauscht worden, so findet die Rückabwicklung des Vertrages nach entsprechender Anwendung der Rücktrittsvorschriften der §§ 346 ff. statt (§ 357 Abs. 1). Unter gewissen Voraussetzungen kann der Verbraucher zum Wertersatz für die durch die bestimmungsgemäße Ingebrauchnahme der Sache entstandene Verschlechterung verpflichtet sein (§ 357 Abs. 3).

Beispiel: A bestellt beim Versandhaus B anhand des Warenkatalogs einen Heimtrainer zum Preis von 240,– €. Im Katalog wird den Kunden ausdrücklich ein Widerrufsrecht eingeräumt. Des Weiteren werden die Kunden im Katalog darauf hingewiesen, dass sie bei einer Rückgabe Wertersatz leisten müssen, wenn sie die gekaufte Ware bereits gebraucht haben.

Nachdem A den Heimtrainer erhalten hat, trainiert er in den ersten drei Tagen jeweils 1 Stunde. Danach verliert A die Lust und widerruft den Vertrag. B verlangt von A Ersatz der Wertminderung in Höhe von 20,– €, welche aus der Benutzung des Heimtrainers resultiert. A verweigert die Zahlung mit der Begründung, er habe den Heimtrainer nicht „über Gebühr strapaziert".

In diesem Fall hat B gegen A einen Anspruch auf Ersatz der Wertminderung in Höhe von 20,– € aus § 357 Abs. 3.

510 Ein Widerrufsrecht im Sinne dieser Vorschrift ist u. a. in § 312 (Haustürgeschäfte), § 505 (Ratenlieferungsverträge), § 495 (Verbraucherdarlehensverträge) und in § 312d (Fernabsatzverträge) vorgesehen.

Der Verbraucher ist gemäß § 357 Abs. 2 zur Rücksendung der Ware an den Unternehmer verpflichtet. Der Unternehmer trägt grundsätzlich die Kosten und die Gefahr der Rücksendung. Allerdings ist es zulässig, dass dem Verbraucher durch Vertrag die Übernahme der Rücksendekosten bis zu 40 ,– € auferlegt wird.

3. Das Rückgaberecht

511 Gemäß § 356 Abs. 1 kann, sofern dies ausdrücklich gesetzlich geregelt ist (wie z. B. in § 312 Abs. 2 [Haustürgeschäft]) das Widerrufsrecht durch ein Rückgaberecht ersetzt werden. Der Unterschied zum Widerrufsrecht besteht darin, dass das Rückgaberecht nur durch Rücksendung der Ware ausgeübt werden kann. In diesem Fall dürfen dem Verbraucher die Kosten der Rücksendung nicht auferlegt werden.

VIII. Die Aufrechnung

1. Der Sinn der gesetzlichen Aufrechnungsregelung

512 Wenn sich gleichwertige Leistungen gegenüberstehen, ist ein Austausch derselben oft unwirtschaftlich.

Beispiel: H in Hamburg unterhält mit M in München Geschäftsverbindungen. H schuldet dem M aus einem Kaufvertrag 8000,– €; M ist aus einem Werkvertrag, den er mit H abgeschlossen hat, verpflichtet, 8000,– € als Vergütung für erbrachte Leistungen zu zahlen. Wenn H dem M und M dem H 8000,– € überweisen müssten, würde das zu einem sinnlosen Aufwand führen.

Das Gesetz verschafft hier eine Erleichterung und gestattet eine Kurzabwicklung im Wege der Aufrechnung (§§ 387 ff.).

Die **Aufrechnung** ist die wechselseitige Tilgung gegenseitiger, gleichwertiger, einredefreier, fälliger Forderungen durch einseitige, empfangsbedürftige Willenserklärung.

Die Forderung, **gegen** die aufgerechnet wird, nennt man **Hauptforderung**; diejenige Forderung, **mit** der aufgerechnet wird, ist die **Gegenforderung**.

Mit der Aufrechnung wird ein doppelter Zweck erreicht:

a) Tilgungserleichterung

Die geschuldeten Leistungen werden nicht erbracht. Die sich gegenüberstehenden Gläubiger, die zugleich Schuldner sind, werden mit der Erklärung der Aufrechnung unter Aufopferung ihrer eigenen Forderungen von ihrer Schuld befreit.

513

> Zu dem vorhergehenden **Beispiel:** M ist Gläubiger der Kaufpreisforderung, H der Schuldner. H ist Gläubiger der Forderung aus dem Werkvertrag, M der Schuldner. Mit dem Wirksamwerden der Aufrechnungserklärung erlöschen beide Forderungen.

b) Sicherungsfunktion

Derjenige, der mit seiner Forderung gegen eine andere Forderung aufrechnet, kann sich mit der Aufrechnung auch dann Befriedigung verschaffen, wenn die Durchsetzung seiner Forderung Schwierigkeiten bereitet, etwa weil der andere nicht zahlungsfähig oder nicht zahlungswillig ist.

2. Die Voraussetzungen für eine Aufrechnung

a) Gegenseitigkeit der Forderungen

Zwei Personen schulden einander Leistungen. Die Forderungen müssen zwischen denselben Personen bestehen.

514

Beide Personen müssen zugleich Gläubiger und Schuldner sein.

b) Gleichartigkeit der Forderungen

Die sich gegenüberstehenden Forderungen müssen **gleichartig** sein.

Aufrechenbar sind deshalb in erster Linie Geldschulden.

Gleichartigkeit der Forderungen bedeutet nicht, dass die Forderungen gleich hoch sein müssen.

Beispiel: A schuldet dem K aus einem Kaufvertrag 3000,– €. K schuldet dem A aus einem anderen Kaufvertrag 2000,– €. Bei der Aufrechnung erlischt die Kaufpreisforderung, die A gegen K hat, voll. Die Kaufpreisforderung des K gegen A erlischt nur in Höhe von 2000,– €; in Höhe von 1000,– € bleibt sie bestehen. Das ergibt sich aus §§ 387 und 389.

c) Durchsetzbarkeit der Gegenforderung

515 Beide Forderungen müssen bestehen. Die Forderung, mit der jemand aufrechnet (Gegenforderung), muss **durchsetzbar** sein. Das bedeutet: Die Gegenforderung muss **fällig** und **einredefrei** sein.

Zu dem vorhergehenden **Beispiel:** Wenn die Kaufpreisforderung des A am 1. 4. 2006 und die Kaufpreisforderung des K am 1. 10. 2006 fällig ist, dann kann K am 1. 4. 2006 nicht wirksam aufrechnen.

3. Ausschluss der Aufrechnung

Die Aufrechnung kann ausgeschlossen sein:
a) Durch Gesetz (z. B. §§ 393, 394)
b) Durch vertragliche Vereinbarung (vgl. § 391 Abs. 2).

4. Erklärung und Wirkung der Aufrechnung

516 Die Aufrechnung geschieht durch die Abgabe einer empfangsbedürftigen Willenserklärung gegenüber dem anderen Teil (§ 388).

Mit dem Wirksamwerden der Aufrechnungserklärung erlöschen die sich gegenüberstehenden Forderungen, soweit sie sich decken (§ 389).

Die **Aufrechnung wirkt zurück** auf den Zeitpunkt, in welchem sich die Forderungen aufrechnungsfähig gegenüberstanden (§ 389).

5. Der Aufrechnungsvertrag

517 Nicht gesetzlich geregelt ist der Fall, in dem die Aufrechnung nicht einseitig erklärt, sondern aufgrund einer Vereinbarung im Einverständnis mit der anderen Partei vorgenommen wird (**Aufrechnungsvertrag**). Dass er dennoch vereinbart werden kann, ergibt sich aus dem Prinzip der Vertragsfreiheit. Ziel des Aufrechnungsvertrages ist es, die sich gegenüberstehenden Forderungen zum Erlöschen zu bringen.

Die Voraussetzungen, die für eine einseitige Aufrechnung vorliegen müssen, sind für Abschluss und Wirkung eines Aufrechnungsvertrages nicht erforderlich. Das gilt für die Fälligkeit und die Einredefreiheit. Gleichartigkeit der Forderungen und Gegenseitigkeit sind hingegen erforderlich.

IX. Die Hinterlegung

1. Überblick

Unter bestimmten, im Gesetz genannten Voraussetzungen kann der Schuldner sich **518** von einer bestehenden Verpflichtung befreien, indem er die geschuldete Sache oder den aus deren Versteigerung erzielten Erlös zugunsten des Gläubigers bei einer dazu bestimmten öffentlichen Stelle hinterlegt (§ 372). Die Wirkung der Hinterlegung im Verhältnis des Schuldners zum Gläubiger ist unterschiedlich, je nachdem, ob die Rücknahme ausgeschlossen (§ 378) oder noch möglich ist (§ 379). Wenn die Rücknahme gemäß § 376 Abs. 2 ausgeschlossen ist, so hat die Hinterlegung vom Zeitpunkt der Hinterlegung an schuldbefreiende Wirkung (§ 378).

2. Die Hinterlegungsvoraussetzungen

Voraussetzungen für eine Hinterlegung sind: **519**

– Es muss sich um **hinterlegungsfähige** Sachen handeln. Dazu zählen nach § 372 nur Geld, Kostbarkeiten, Wertpapiere (wie z. B. Aktien) und sonstige Urkunden.
– Der Schuldner muss zur Leistung berechtigt sein (siehe § 271).
– Weiterhin muss ein **Hinterlegungsgrund** vorliegen. Hierzu zählen:

a) der **Annahmeverzug** des Gläubigers (= Gläubigerverzug, § 293). **Erläuterung:** Gem. § 293 gerät der Gläubiger in Verzug, wenn er die ihm vom Schuldner angebotene Leistung nicht annimmt.

b) Der Schuldner kann die Verbindlichkeit aus einem anderen, in der Person des Gläubigers liegenden Grund nicht oder nicht mit Sicherheit erfüllen.

Beispiel: Der Gläubiger ist nicht geschäftsfähig. Ein gesetzlicher Vertreter ist nicht vorhanden.

c) Der Schuldner kann infolge einer nicht auf seiner Fahrlässigkeit beruhenden **Ungewissheit über die Person des Gläubigers** die geschuldete Leistung nicht oder nicht mit Sicherheit erfüllen.

Wegen einer Ungewissheit über die Person des Gläubigers ist der Schuldner dann zur Hinterlegung berechtigt, wenn die vom Schuldner mit der verkehrsüblichen Sorgfalt vorgenommene Prüfung zu begründetem Zweifel über die Person des Gläubigers führt. Der Zweifel muss so geartet sein, dass dem Schuldner nach verständigem Ermessen nicht zugemutet werden kann, ihn auf seine Gefahr hin zu lösen[14].

---

14 So BGHZ 7, 302, 307.

3. Der Selbsthilfeverkauf

520 Wenn die geschuldete Sache nicht hinterlegungsfähig im Sinne des § 372 ist, kann der Schuldner sie am Leistungsort versteigern lassen und den Erlös hinterlegen, wenn der Gläubiger im Annahmeverzug ist (§ 383).

Durch einen rechtmäßigen Selbsthilfeverkauf kann die gleiche Wirkung wie durch eine Hinterlegung erzielt werden.

X. Der Erlassvertrag

521 Ein Schuldverhältnis kann auch dadurch erlöschen, dass der Gläubiger mit dem Schuldner gemäß § 397 Abs. 1 einen Vertrag abschließt, in welchem dem Schuldner die Schuld erlassen wird (= Erlassvertrag). Der Erlassvertrag hat das Erlöschen einer Forderung zum Gegenstand.

Der Erlassvertrag ist ein **Verfügungsgeschäft**, weil durch ihn die Aufhebung des Forderungsrechtes des Gläubigers bewirkt wird. Als solches ist er abstrakt, d. h. unabhängig vom zugrunde liegenden Schuldverhältnis. Allerdings liegt dem Abschluss des Erlassvertrages regelmäßig eine Kausalabrede zugrunde, die einen rechtfertigenden Grund für die Verfügung enthält. Häufig handelt es sich dabei um eine Schenkung.

Fehlt dem Abschluss des Erlassvertrages als Verfügungsgeschäft ein Kausalverhältnis oder fällt dieses später weg, so bleibt der Erlassvertrag, weil er abstrakt ist, bestehen. Der Erlassende hat allerdings einen Anspruch aus ungerechtfertigter Bereicherung (§ 812 Abs. 1 S. 1) auf Wiederbegründung der erloschenen Forderung.

Beispiel: D gewährt seinem Freund F ein Darlehen in Höhe von 5000,– € nebst 7 % Zinsen. Nachdem F 3000,– € zurückgezahlt hat, schreibt D ihm zum 50. Geburtstag einen Brief, in dem er dem F mitteilt, aus Anlass des 50. Geburtstages wolle er ihm die Rückzahlung der restlichen 2000,– € nebst Zinsen erlassen. F schreibt zurück, er freue sich sehr und bedanke sich. Mit seinem Brief macht D dem F ein Angebot zum Abschluss eines Erlassvertrages, das F mit seinem an D gerichteten Brief annimmt. Dieser Erlassvertrag im Sinne des § 397 Abs. 1 führt zum Erlöschen der Darlehensrückzahlungs- und Zinsforderung des D. Das dem Verfügungsgeschäft (Erlassvertrag) zugrunde liegende Rechtsverhältnis ist hier ein Schenkungsvertrag.

Der Erlass und auch das negative Schuldanerkenntnis sind häufig Bestandteile eines Vergleiches im Sinne des § 779 (vgl. dazu unten Rdnr. 868 ff.).

XI. Das negative Schuldanerkenntnis

522 Mit einem **negativen Schuldanerkenntnis** kann die gleiche Wirkung erzielt werden wie durch einen Erlassvertrag. Es handelt sich dabei um einen **Vertrag** zwischen Gläubiger und Schuldner, in dem der Gläubiger anerkennt, dass die Forderung nicht bestehe (§ 397 Abs. 2), wobei offen bleibt, ob die Forderung jemals existiert hat. Für den Fall, dass die Forderung bestand, enthält das negative Schuldanerkenntnis einen Erlass.

Ebenso wie der Erlassvertrag ist das negative Schuldanerkenntnis ein Verfügungsgeschäft und als solches abstrakt.

§ 26 Pflichtverletzungen (Störungen im Schuldverhältnis)

Schrifttum: *Canaris,* Begriff und Tatbestand des Verzögerungsschadens im neuen Leistungsstörungsrecht, ZIP 2003, 321; *ders.,* Die Reform des Rechts der Leistungsstörungen, JZ 2001, 499; *ders.,* Die Behandlung nicht zu vertretender Leistungshindernisse nach § 275 Abs. 2 BGB beim Stückkauf, JZ 2004, 214; *Deutsch,* Die Fahrlässigkeit im neuen Schuldrecht, AcP 202 (2002), 889; *Fest,* Anfängliches Leistungshindernis und Unmöglichkeit, WM 2005, 2168; *Gsell,* Das Verhältnis von Rücktritt und Schadensersatz, JZ 2004, 643; *John,* Auslegung, Anfechtung, Verschulden beim Vertragsschluss und Geschäftsgrundlage beim sog. Kalkulationsirrtum – BGH NJW 1981, 1551 –, JuS 1983, 176; *Lorenz,* Fünf Jahre „neues" Schuldrecht im Spiegel der Rechtsprechung, NJW 2007, 1; *derselbe,* Grundwissen Zivilrecht: Haftung für den Erfüllungsgehilfen (§ 278 BGB), JuS 2007, 983; *derselbe,* Grundwissen Zivilrecht: Vertretenmüssen (§ 276 BGB), JuS 2007, 611; *Medicus,* Die Leistungsstörungen im neuen Schuldrecht, JuS 2003, 521; *v. Olshausen,* Das Neben- Nach-, Mit- und Gegeneinander mehrerer Rechte wegen Leistungsstörungen nach dem Schuldrechtsmodernisierungsgesetz, in: FS für U. Huber, 2006, S. 471; *Reischl,* Grundfälle zum neuen Schuldrecht, JuS 2003, 40 ff., 250 ff., 453 ff., 667 ff., 865 ff.; *Stoppel,* Der Ersatz frustrierter Aufwendungen nach § 284 BGB, AcP 204 (2004), 81; *Theisen,* Rechtsfolgen eines Schadensersatzanspruchs aus culpa in contrahendo, NJW 2006, 3102; *Tröger,* Der Individualität eine Bresche: Aufwendungsersatz nach § 284 BGB, ZIP 2005, 2238 ff.; *Wilhelm,* Die Pflichtverletzung nach neuem Schuldrecht, JZ 2004, 1055.

I. Einführung

1. Überblick

Aufgrund eines Vertrages kann der Gläubiger vom Schuldner eine Leistung fordern. **523** Die Leistung besteht in der Erfüllung von Pflichten, die sich aus einem Schuldverhältnis ergeben. Dazu zählen gegebenenfalls auch die in § 241 Abs. 2 aufgeführten Schutzpflichten, insbesondere Fürsorge- und Obhutspflichten. Treten Umstände auf, welche die Leistung verhindern, oder entspricht das Verhalten des Schuldners bei der Abwicklung des Schuldverhältnisses nicht den Anforderungen, die aus dem Schuldverhältnis an ihn zu stellen sind, so handelt es sich um **Störun-**

gen im Schuldverhältnis[1], die Rechtsfolgen auslösen können. Als mögliche Rechtsfolgen kommen u. a. in Betracht:
- ein Schadensersatzanspruch des Gläubigers gegen den Schuldner, durch den die Interessen des Gläubigers so weit wie möglich gewahrt werden;
- ein Rücktrittsrecht des Gläubigers;
- der Gläubiger muss die Leistungsstörungen hinnehmen; er wird allenfalls von Verpflichtungen frei, die der Vertrag ihm auferlegt.

524 Treten Störungen im Bereich des Schuldners auf, entsteht häufig die Frage, ob der Schuldner nur für eigene Handlungen oder auch für sonstige Umstände – z. B. für die Handlungen derjenigen Personen, derer er sich zur Erfüllung seiner Verbindlichkeiten bedient – einzustehen hat.

Aus der Sicht des Gläubigers eines Anspruchs gibt es verschiedene Arten von Störungen im Schuldverhältnis, die im Hinblick auf die Leistungen, die der Schuldner zu erbringen hat, eintreten können:
a) der Schuldner leistet – aus welchen Gründen auch immer – **nicht,**
b) der Schuldner leistet **zu spät,** oder
c) er leistet **schlecht.**
d) Schließlich kann es sein, dass der Schuldner die Leistung erbringt, aber dabei eine Schutzpflicht (im Sinne des § 241 Abs. 2) dem Gläubiger gegenüber verletzt und ihm dadurch einen Schaden zufügt.

525 Zu Störungen bei der Leistung kann es in verschiedenen Phasen bei Abschluss des Vertrages und seiner Erfüllung kommen.

Man kann drei solcher Phasen unterscheiden:
- die **Phase vor Vertragsschluss,** in der die potenziellen Vertragspartner in Vertragsverhandlungen eintreten oder auf sonstige Art und Weise einen Vertrag anbahnen (§ 311 Abs. 2); auch hier kann es schon zu Störungen dadurch kommen, dass einer der Vertragschließenden eine Schutzpflicht im Sinne des § 241 Abs. 2 verletzt. Das kann z. B. dadurch geschehen, dass falsche Angaben über vertragswesentliche Umstände gemacht werden.
- die **Phase zwischen Vertragsabschluss und Erfüllung.** Hier kann es dadurch zu Störungen kommen, dass der Schuldner nicht leistet, die Leistung etwa verzögert wird, oder der Gläubiger die geschuldete und angebotene Leistung nicht annimmt.
- die **Phase nach der Erfüllung** kann dadurch gekennzeichnet sein, dass der Schuldner schlecht geliefert hat, etwa dadurch, dass er dem Gläubiger eine mangelhafte Sache übereignet hat.

---

1 Häufig wird auch der Begriff **Leistungsstörungen** verwandt. Es ist allerdings nicht ganz klar, ob neben Unmöglichkeit, Verzug und positiver Forderungsverletzung auch der Gläubigerverzug und die culpa in contrahendo (Verschulden bei Vertragsschluss) von diesem Begriff mit umfasst werden (siehe *Medicus,* JuS 2003, 521).

Für alle diese Störungen kennt das BGB in seiner neuen Fassung nur noch den   526
einheitlichen Tatbestand der **Pflichtverletzung**, der in § 280 geregelt ist[2]. Hat der
Schuldner Pflichtverletzungen begangen, löst das für ihn Rechtsfolgen aus. Manche Rechtsfolgen, wie z. B das Entstehen eines Rücktrittsrechts zugunsten des Gläubigers, treten auch dann ein, wenn der Schuldner die Pflichtverletzung nicht zu
vertreten hat. Hingegen ist der Schuldner nur dann zum Schadensersatz, zum Schadensersatz statt der Leistung oder zum Ersatz der vergeblichen Aufwendungen verpflichtet, wenn er die Pflichtverletzung **zu vertreten** hat.

2. Das Vertretenmüssen

a) Überblick

Rechtsfolgen werden häufig nicht allein dadurch ausgelöst, dass der Schuldner die   527
Pflichtverletzung verursacht hat. Rechtsfolgen treten in der Regel nur ein, wenn
der Schuldner die Pflichtverletzung zu vertreten hat.

Was der Schuldner zu vertreten hat, ergibt sich vor allem aus § 276 Abs. 1 S. 1.
Danach hat der Schuldner in der Regel Vorsatz und Fahrlässigkeit zu vertreten
(Siehe dazu oben Rdnr. 414 ff.), vorausgesetzt, er ist verschuldensfähig im Sinne
der §§ 827, 828 (§ 276 Abs. 1 Satz 2).

Auch im Pflichtverletzungsrecht gilt überwiegend also das **Verschuldensprinzip**.
Die strenge Folge der Schadensersatzpflicht etwa soll grundsätzlich nur denjenigen Schuldner treffen, der für die Pflichtverletzung im Sinne der §§ 276 bis 278
verantwortlich ist. Damit soll die allgemeine Handlungsfreiheit gesichert werden,
d. h. wer die im Verkehr erforderliche Sorgfalt anwendet, soll nicht mit einer Schadensersatzverpflichtung belastet werden. Hingegen kann ein Rücktrittsrecht unter
den in § 323 genannten Voraussetzungen auch verschuldensunabhängig entstehen.

Nach § 280 Abs. 1 S. 2 wird gesetzlich vermutet, dass der Schuldner die Pflichtverletzung zu vertreten hat. Das bedeutet: In einem etwa stattfindenden Rechtsstreit
trifft den Schuldner die Behauptungs- und Beweislast; er muss behaupten und notfalls auch beweisen, dass ihn kein Verschulden trifft[3].

b) Die Haftung für fremdes Verschulden (Erfüllungsgehilfen)

Der Schuldner hat nicht nur eigenes, sondern **auch fremdes Verschulden zu ver-**   528
treten, wenn er sich zur Erfüllung seiner Pflichten aus dem Schuldverhältnis anderer Personen bedient (§ 278). Der Schuldner hat gemäß § 278 auch das Verschulden seiner **Erfüllungsgehilfen** zu vertreten, also derjenigen Personen, derer er sich
zur Erfüllung seiner Verpflichtungen aus einem Schuldverhältnis bedient.

---

2 Vgl. dazu ausführlich *Reischl*, JuS 2003, 41 ff.
3 *Deutsch*, AcP 202 (2002), 910.

Es kommt häufig vor, dass der Schuldner von sich aus andere Personen ganz oder teilweise damit betraut, Handlungen auszuführen, mit denen die Leistungen erbracht werden, die zu erbringen der Schuldner nach dem Vertrag verpflichtet ist. Dazu ist der Schuldner berechtigt, wenn er nach dem Vertrag nicht verpflichtet ist, die Leistung persönlich zu erbringen.

Beispiele: Der Bauunternehmer, der sich einem Bauherrn gegenüber verpflichtet, ein Haus schlüsselfertig zu errichten, setzt die bei ihm beschäftigten Arbeitnehmer ein, um die versprochenen Leistungen zu erbringen. Diese Arbeitnehmer sind seine Erfüllungsgehilfen.

Wenn er bestimmte Arbeiten an andere selbständige Handwerker vergibt – z. B. Installateure, Zimmerleute, Dachdecker –, sind diese ebenfalls seine Erfüllungsgehilfen.

Wenn der Vertragspartner sich anderer Personen bedient, um seine vertraglichen Verpflichtungen zu erfüllen, so bedarf es einer Regelung darüber, wem es zuzurechnen ist, wenn im Zuge der Abwicklung des Vertrages Störungen auftreten, die durch die vom Schuldner eingesetzten Personen verursacht und verschuldet werden. § 278 trifft für diesen Fall eine klare Regelung.

529 Der Schuldner hat gemäß § 278 das Verschulden seiner Erfüllungsgehilfen zu vertreten. Damit ist die Verantwortlichkeit derjenigen, die sich zur Erfüllung ihrer Verpflichtungen Hilfspersonen bedienen, erweitert.

Dem liegt die folgende Überlegung zugrunde: Wer eine Leistung schuldet, schuldet eine eigene sorgfältige Leistung. Wer aber, was der Regeltatbestand sein dürfte, eine Leistung schuldet, die nicht oder nicht allein durch ihn selbst, sondern durch Hilfspersonen erbracht werden soll, der haftet für die sorgfältige Leistung dessen, durch den die Leistung schließlich bewirkt wird. Anders ausgedrückt: Hat der Schuldner nicht höchstpersönlich zu leisten, so kann er sich bei der Erbringung der Leistung Dritter bedienen; diesem Recht entspricht jedoch eine unbedingte Einstandspflicht für das Verhalten der Gehilfen bei der Erfüllungshandlung.

Sinn und Zweck des § 278 muss deshalb wie folgt verstanden werden: Das Verhalten des Gehilfen ist wie eigenes Verhalten des Schuldners zu beurteilen.

Voraussetzung für die Anwendung des § 278 ist stets, dass ein vertragliches oder gesetzliches Schuldverhältnis (Ausnahme: gesetzliche Schuldverhältnisse gemäß §§ 823 ff.) zwischen zwei Personen besteht, von denen sich eine eines Erfüllungsgehilfen bedient.

530 Erfüllungsgehilfe ist jeder, der nach den tatsächlichen Fallgegebenheiten mit dem Willen des Schuldners bei der Erfüllung einer diesem obliegenden Verbindlichkeit als sein Helfer tätig wird, ohne dass es auf Weisungsbefugnisse ankommt[4].

---

4   So BGHZ 100, 117, 122.

Die Tätigkeit eines Erfüllungsgehilfen kann
- rechtsgeschäftlicher Natur sein;

    Beispiele: Abschluss eines Vertrages, Abgabe einer Rücktrittserklärung.

- rein faktisch sein;

    Beispiele: Autofahren, Maschinen bedienen etc.

    Beispiel: V verkauft einen Sekretär aus dem frühen 19. Jahrhundert unter Wert an K. V hat versprochen, den Sekretär auf seine Kosten zu K zu bringen. V betraut seinen Angestellten A damit, dieses Möbelstück zu K zu transportieren. Infolge Trunkenheit verursacht A einen Verkehrsunfall, bei dem der Sekretär vollständig zerstört wird. Hier hat sich V zur Erfüllung einer vertraglichen Verpflichtung – des Möbeltransportes – eines Erfüllungsgehilfen i. S. d. § 278, nämlich des A, bedient. Die von A begangene Pflichtverletzung, die zu der Unmöglichkeit der Leistung geführt hat, ist nach § 278 dem V zuzurechnen. Er hat die Pflichtverletzung in Gestalt einer zu vertretenden Unmöglichkeit gemäß §§ 280, 278 zu vertreten. K kann, abgesehen davon, dass er vom Vertrage zurücktreten kann (§ 326 Abs. 5),

- entweder nach §§ 280, 278, 283 Schadenersatz statt der Leistung oder
- gemäß §§ 280, 278, 284 Ersatz vergeblicher Aufwendungen verlangen.

Der Schuldner haftet nur für schuldhaftes Handeln des Gehilfen **bei der Erfüllung** der Verbindlichkeit. **531**

Der Erfüllungsgehilfe handelt in Erfüllung der Verbindlichkeit, wenn seine schuldhaft begangene Handlung, die den Schaden herbeiführt, in einem unmittelbaren inneren Zusammenhang mit dem ihm vom Geschäftsherrn übertragenen Aufgabenbereich steht[5].

> **Beispiel:** K kauft bei V eine Lampe. Es wird vereinbart, dass V verpflichtet sein soll, die Lampe in der Wohnung des K zu installieren. V betraut seinen Angestellten A mit dieser Aufgabe. Als A die Lampe in der Wohnung des K anbringen will, stürzt er infolge grober Unachtsamkeit mit einer Treppenleiter um und zerstört den Fernsehapparat des K. A ist Erfüllungsgehilfe des V und handelt, als er mit der Leiter umfällt, in Erfüllung der Verbindlichkeit des V, denn er stieg auf die Leiter, um die Lampe anzubringen. Die von A schuldhaft (fahrlässig) begangene, den K schädigende Handlung steht in einem unmittelbaren inneren Zusammenhang mit dem ihm von V übertragenen Aufgabenbereich.

Wie schon dargestellt, setzt die Anwendung des § 278 voraus, dass zwischen zwei Personen ein Schuldverhältnis besteht, von denen sich die eine eines Erfüllungsgehilfen bedient. Dies ist auch der Grund, warum § 278 im Recht der unerlaubten Handlungen nicht anwendbar ist. Denn während § 278 ein bereits bestehendes Schuldverhältnis voraussetzt, entsteht dieses im Recht der unerlaubten Handlungen zwischen dem Schädiger und dem Geschädigten erst mit der Vornahme der unerlaubten Handlung. Im Recht der unerlaubten Handlungen ist jedoch die Vor- **532**

---

5 BGHZ 23, 323; 31, 366.

schrift des § 831 (Haftung für Verrichtungsgehilfen) zu beachten (vgl. oben Rdnr. 447 ff.).

Die Handlung der Hilfsperson kann sowohl eine Verletzung der Pflichten aus einem bestehenden Schuldverhältnis als auch eine unerlaubte Handlung darstellen.

c) Die Übernahme einer Garantie oder eines Beschaffungsrisikos

533 Neben eigenem und fremdem Verschulden kann der Schuldner nach § 276 Abs. 1 verschuldensunabhängig auch noch haften
– aus der Übernahme einer Garantie oder
– aufgrund der Übernahme eines Beschaffungsrisikos.

aa) Die Übernahme einer Garantie: Eine **verschuldensunabhängige Haftung** kann sich für den Schuldner daraus ergeben, dass er eine Garantie übernommen hat (§ 276 Abs. 1). Eine Garantieübernahme in diesem Sinne liegt nur vor, wenn der Schuldner dem Gläubiger zusagt, für die mit dem Eintritt oder dem Ausbleiben eines bestimmten Umstandes verbundenen Folgen in jedem Falle, also auch ohne Verschulden, einstehen zu wollen.

Übernimmt der Schuldner etwa die Garantie für das Vorhandensein einer Eigenschaft einer Sache bei Abschluss eines Kaufvertrages, so haftet er dem Verkäufer, wenn die garantierte Eigenschaft nicht vorhanden ist; auf ein Verschulden, Vorsatz oder Fahrlässigkeit, kommt es nicht an.

Unter den Begriff „Garantie" fällt vor allem die **Zusicherung von Eigenschaften.** Die Übernahme einer Garantie kann sich z. B. beziehen auf die Zusicherung bestimmter Eigenschaften beim Kauf-, Miet- oder Werkvertrag.

534 Die **Zusicherung** einer Eigenschaft bedeutet inhaltlich: Der Verkäufer übernimmt die Garantie für das Vorhandensein der Eigenschaften verbunden mit dem Versprechen, für alle Folgen des Fehlens ohne weiteres Verschulden einstehen zu wollen.

> **Beispiel:** Verkäufer V versichert dem Käufer K eines Gebrauchtwagens auf dessen Frage, der von K ausgesuchte gebrauchte PKW sei niemals in einen schweren Unfall verwickelt gewesen. Damit hat V die Eigenschaft „unfallfrei" zugesichert. In der Wirklichkeit ist der PKW aber bei einem Verkehrsunfall schwer beschädigt, jedoch geschickt repariert worden, sodass sichtbare Folgen nicht vorhanden sind. K könnte nun z. B. einen Anspruch auf Schadensersatz statt der Leistung gemäß §§ 437, 280, 281 erworben haben. Da die Ansprüche wegen Pflichtverletzung nach § 280 voraussetzen, dass der Schuldner dieselbe zu vertreten hat, ist dies also stets zu prüfen. Hier hat V mit der Zusicherung der Eigenschaft „unfallfrei" eine Garantie i. S. des § 276 Abs. 1 übernommen, für die er einzustehen hat. Da die Eigenschaft fehlt, hat V die Pflichtverletzung zu vertreten.

Abzugrenzen ist die Garantie i. S. des § 276 Abs. 1 von der Garantie des Verkäufers gemäß § 443 Abs. 1 S. 1[6].

---

6 Vgl. dazu Rdnr. 723 ff.

Gestritten worden ist häufig darüber, ob eine sogenannte „stillschweigende Zusicherung" vorliegt. Die Erklärung, welche die Zusicherung im Sinne einer Garantieübernahme enthalten soll, ist auszulegen, und zwar ist zu fragen, in welchem Sinne der Käufer die Angaben des Verkäufers verstehen durfte. Entscheidend ist darauf abzustellen, ob aus der Sicht des Käufers der Wille des Verkäufers erkennbar wird, die Gewähr für das Vorhandensein einer bestimmten Eigenschaft zu übernehmen und für alle Folgen ihres Fehlens einzustehen. Dabei soll es auch darauf ankommen, wie der Käufer nach seinen Verständnismöglichkeiten und von seinem Erwartungshorizont aus die Erklärungen des Verkäufers bei objektiver Würdigung und der Umstände nach Treu und Glauben verstehen durfte[7].

Beim Kauf eines Rechtes kann der Käufer die Garantie für den Bestand eines Rechtes übernehmen.

bb) Die Übernahme eines Beschaffungsrisikos: Ein Schadensersatzanspruch wegen Pflichtverletzung aus § 280 i. V. mit § 276 Abs. 1 kann auch dann entstehen, wenn der Schuldner gegenüber dem Gläubiger durch eine entsprechende Vereinbarung ein „Beschaffungsrisiko" übernommen hat. Gemäß § 276 Abs. 1 hat der Schuldner hierbei nicht Vorsatz oder Fahrlässigkeit zu vertreten, sondern eine Risikoübernahme. Diese kann ein Beschaffungsrisiko, aber auch ein Produktionsrisiko betreffen[8]. Ob ein solches vorliegt und wie weit es geht, ist stets dem Inhalt der entsprechenden vertraglichen Vereinbarung zu entnehmen. **535**

Typischerweise wird ein Beschaffungsrisiko bei Gattungsschulden übernommen. Das schließt nicht aus, dass es sich auch auf Stückschulden beziehen kann. Im Zweifel beschränkt sich die Übernahme eines Beschaffungsrisikos nicht auf die Risiken, die in keinem Zusammenhang mit der Art der Beschaffungsschuld stehen, wie z. B. eine Erkrankung, welche die versprochene und rechtzeitige Beschaffung verhindert.

3. Überblick über die verschiedenen Störungen im Schuldverhältnis

Störungen im engeren Sinne, die dem Schuldner zuzurechnen sind, sind die Pflichtverletzungen, die zwischen Vertragsschluss und Erfüllung auftreten, also vor allem die Nichtleistung, die Verzögerung der Leistung und die Verletzung von weiteren vertraglichen Pflichten, seien sie nun leistungsbezogen oder nicht. Auch das Verschulden vor oder bei Vertragsschluss (culpa in contrahendo) gehört dazu. **536**

Störungen im Schuldverhältnis im weiteren Sinne sind auch solche, die dadurch auftreten, dass der Schuldner eine mit Mängeln behaftete Leistung erbringt. Diese sind im Besonderen Teil des Schuldrechts – den einzelnen Vertragstypen zugeordnet – geregelt. So hat z. B. bei mangelhafter Leistung der Käufer Ansprüche aus §§ 434 ff., vor allem auf Nacherfüllung, aber wenn diese nicht gelingt, kann er

---

7 So BGHZ 132, 55, 57 f.
8 Vgl. dazu *Canaris*, JZ 2001, 499, 518.

auch aus §§ 280 ff. vorgehen. Allerdings sind nicht allen Vertragstypen des BGB spezielle Mängelansprüche zugeordnet. Das gilt z. B. für den entgeltlichen Geschäftsbesorgungsvertrag (§ 675) und den Darlehensvertrag (§ 488). Kommt es bei diesen Verträgen zu Störungen im Schuldverhältnis in Gestalt von Schlechtleistungen, so sind unmittelbar die §§ 280 ff. anzuwenden.

537 Wegen der unterschiedlichen Rechtsfolgen, die aus der Art der Störung im engeren Sinne entstehen können, ist bei dem Tatbestand der Pflichtverletzung, die dem Schuldner zuzurechnen ist, doch zu unterscheiden zwischen

– **Unmöglichkeit der Leistung,**
– **Verzögerung der Leistung (Verzug),**
– **Störungen durch die Verletzung von Nebenpflichten** im Sinne des § 241 Abs. 2.

Eine weitere Pflichtverletzung im Sinne des § 280 ist schließlich das Verschulden bei Vertragsschluss (culpa in contrahendo; §§ 280, 311 Abs. 1 und 2, 241 Abs. 2).

Eine Störung im Schuldverhältnis, die dem Gläubiger zuzurechnen ist, ist der **Annahmeverzug (Gläubigerverzug).**

II. Die Unmöglichkeit

1. Überblick

538 Bei der Unmöglichkeit besteht die Pflichtverletzung in der Nichterfüllung der Leistungspflicht.

Eine Leistung ist unmöglich, wenn jedermann oder auch nur der Schuldner die Leistung nicht oder nicht mehr erbringen kann (§ 275 Abs. 1). Das BGB unterscheidet nicht danach, ob niemand (= objektive Unmöglichkeit) oder nur der Schuldner (= subjektive Unmöglichkeit) die Leistung nicht oder nicht mehr erbringen kann.

Ist die Leistung noch nachholbar oder bestehen nur vorübergehend Leistungshindernisse, liegt eine Verzögerung der Leistung, nicht aber Unmöglichkeit vor.

Unmöglichkeit der Leistung ist also jedenfalls anzunehmen, wenn der Leistungserfolg weder vom Schuldner noch von irgendeinem Dritten herbeigeführt werden kann. Man spricht dann von der endgültigen Unerbringlichkeit der Leistung. Die Rechtsprechung[9] versteht unter Unmöglichkeit einen Zustand, der das Erbringen der Leistung für immer ausschließt.

539 Wird bei einem Dauerschuldverhältnis, wie z. B. bei einem Sukzessivlieferungsvertrag, eine Leistung nicht erbracht, ist sie für den verflossenen Zeitraum in der Regel nicht mehr nachholbar, sodass Unmöglichkeit und nicht Verzögerung der Leistung vorliegt[10].

---

9 Vgl. BGHZ 47, 58, 50.
10 Vgl. BGHZ 10, 187, 189.

Das BGB differenziert im Hinblick auf die Rechtsfolgen zwischen
- der vom Schuldner nicht zu vertretenden Unmöglichkeit einerseits
- und der vom Schuldner zu vertretenden Unmöglichkeit andererseits.

Selbst dann, wenn dem Schuldner die Leistung von Anfang an unmöglich ist, ist der Vertrag wirksam (§ 311a Abs. 1).

> **Beispiel:** K kauft von seinem Freund F dessen PKW, der kurz vor Abschluss des Kaufvertrages von einem Panzer der Bundeswehr überrollt worden war, zu einem Preise von 12 000,– €. Weder K noch F wussten von diesem Ereignis. Obwohl die von F versprochene Leistung, nämlich die Übereignung des PKW (§ 433 Abs. 1 S. 1) niemandem in der Welt mehr möglich ist (= objektive Unmöglichkeit), ist der Vertrag dennoch gemäß § 311a Abs. 1 wirksam.

2. Die vom Schuldner nicht zu vertretende Unmöglichkeit

a) Der Regelfall der §§ 275 Abs. 1, 326 Abs. 1

Wenn der Schuldner die Unmöglichkeit der Leistung nicht zu vertreten hat, so wird er nach § 275 Abs. 1 von seiner Leistungspflicht befreit; das BGB bestimmt also die Aufhebung der gestörten Leistungspflicht. Der Gläubiger verliert seinen Anspruch auf die in dem trotz der Unmöglichkeit wirksamen Vertrage vereinbarte Leistung (§ 275 Abs. 1). Hat der Schuldner die Unmöglichkeit nicht zu vertreten, entstehen die Rechtsfolgen unabhängig davon, ob die Leistung von Anfang an, d. h. schon bei Vertragsschluss, unmöglich war (= anfängliche Unmöglichkeit) oder ob sie bei Vertragsschluss noch möglich war, danach aber unmöglich geworden ist (= nachträgliche Unmöglichkeit). **540**

> In dem oben genannten **Beispiel** wird der F also von seiner Leistungspflicht, dem K den PKW übereignen zu müssen, nach § 275 Abs. 1 frei. K als der Gläubiger kann also nicht gemäß § 433 Abs. 1 die Übereignung von F verlangen.

Der Schuldner verliert gemäß § 326 Abs. 1 allerdings den Anspruch auf die Gegenleistung (§ 275 Abs. 4).

> In dem oben genannten **Beispiel** hat F also nach § 326 Abs. 1 keinen Anspruch auf die Zahlung des Kaufpreises.

Im Übrigen bestimmen sich die Rechte des Gläubigers wegen der Unmöglichkeit der Leistung nach den §§ 280, 283 bis 285, 311a und 326 (§ 275 Abs. 3). Das bedeutet: Da die Ansprüche auf Schadensersatz und auf Ersatz vergeblicher Aufwendungen in der Regel voraussetzen, dass der Schuldner die Pflichtverletzung (hier Nichtleistung wegen Unmöglichkeit) zu vertreten hat (§ 280 Abs. 1), kann bei nicht zu vertretender Unmöglichkeit kein Schadensersatz und auch nicht der Ersatz vergeblicher Aufwendungen verlangt werden. **541**

Allerdings kann der Gläubiger nach § 326 Abs. 5 vom Vertrage zurücktreten. Diese Möglichkeit hat der Gläubiger auch dann, wenn der Schuldner die Unmöglichkeit nicht zu vertreten hat. Einer Fristsetzung bedarf es nicht.

Angenommen, in dem oben genannten **Beispiel** hätte K im Vertrauen darauf, dass er den PKW alsbald von F erhält, eine Garage für 6 Monate zum monatlichen Mietzins von 60,– € von D gemietet. Da die Unmöglichkeit der Leistung des Schuldners F von diesem nicht zu vertreten ist, erwirbt K keinen Anspruch auf Ersatz des ihm entstehenden Schadens gem. §§ 280 ff.

b) Der Anspruch auf das Surrogat nach § 285

542 Der Gläubiger kann bei der vom Schuldner nicht zu vertretenden Unmöglichkeit gemäß § 285 allerdings dasjenige vom Schuldner herausverlangen, was dieser aufgrund des Umstandes, dessentwegen er nach § 275 nicht mehr zu leisten verpflichtet ist, als Ersatz erhalten hat. Entschließt sich der Gläubiger, den Anspruch aus § 285 auf Herausgabe des als Ersatz Empfangenen geltend zu machen, so spielt in der Praxis bei der Anwendung des § 285 insbesondere der Ersatz eine Rolle, den der Schuldner aus einer Versicherung erlangt, die er für den geschuldeten Gegenstand abgeschlossen hat.

Beispiel: Der in wirtschaftliche Not geratene V verkauft einen neuwertigen PKW, der einen Verkehrswert von 30 000,– € hat, zu einem Preis von 27 000,– € an K. Vor der Übereignung verbrennt der PKW anlässlich eines von V nicht verschuldeten Unfalls. V erhält eine Versicherungssumme von 30 000,– € ausgezahlt. Gemäß §§ 275 Abs. 3, 285 kann K von V Herausgabe des als Ersatz Empfangenen, also Zahlung von 3000,– € verlangen (vorausgesetzt, der Kaufpreis ist noch nicht gezahlt).

Nach § 285 kann nur die Herausgabe des Surrogates, nicht aber Schadensersatz verlangt werden.

c) Der Ausschluss der Leistungspflicht nach § 275 Abs. 2 und 3

543 Während die Leistungspflicht des Schuldners nach § 275 Abs. 1 automatisch erlischt, wenn die Leistung unmöglich geworden ist, kann der Schuldner dem Gläubiger gemäß § 275 Abs. 2 eine Einrede entgegensetzen und die Leistung verweigern, falls die Erbringung derselben einen Aufwand erfordert, der in einem groben Missverhältnis zu dem wirtschaftlichen oder ideellen Leistungsinteresse des Gläubigers steht. Das bedeutet, es ist eine Verhältnismäßigkeitsprüfung vorzunehmen, ohne dass der Grundsatz der Vertragsbindung über Gebühr angetastet wird. Dabei ist zu berücksichtigen, ob der Schuldner das Leistungshindernis zu vertreten hat.

Nicht unter § 275 Abs. 2 sollen allerdings die Fälle der wirtschaftlichen Unmöglichkeit fallen. Darunter versteht man solche Fälle, in denen die Erbringung der Leistung zwar weniger problematisch ist als bei der faktischen Unmöglichkeit, die Leistung aber mit so erheblichen Aufwendungen verbunden ist, dass sie dem Schuldner unzumutbar ist. Man spricht diesbezüglich auch von überobligationsmäßigen Schwierigkeiten, die außerhalb der Opfergrenze liegen[11].

---

11 Vgl. *Brox/Walker*, Schuldrecht AT, § 22 Rdnr. 21.

§ 275 Abs. 3 enthält eine Sonderregelung für vom Schuldner **persönlich** zu erbringende Leistungen, also insbesondere für Dienstleistungen. Hier sollen nicht nur objektive, sondern auch persönliche Umstände zum Ausschluss der Leistungspflicht führen können. Der Schuldner soll die Leistung verweigern können, wenn sie ihm unter Abwägung des seiner Leistung entgegenstehenden Hindernisses mit dem Leistungsinteresse des Gläubigers nicht zugemutet werden kann. Auch hier kommt der Leistungsausschluss nur in Extremfällen in Betracht[12].

Auch in den Fällen der §§ 275 Abs. 2 und 3 ergeben sich die Rechte des Gläubigers aus den §§ 280, 283 bis 285 und § 311a sowie aus § 326 (§ 275 Abs. 3).

3. Die vom Schuldner zu vertretende Unmöglichkeit

a) Überblick

Wegen der unterschiedlichen Rechtsfolgen, die wegen der vom Schuldner zu vertretenden Unmöglichkeit eintreten können, ist zu unterscheiden zwischen
- anfänglicher (ursprünglicher) Unmöglichkeit einerseits und
- nachträglicher Unmöglichkeit andererseits.

544

Anfängliche (ursprüngliche) Unmöglichkeit bedeutet: Die vereinbarte Leistung ist von vornherein, also schon im Augenblick des Vertragsschlusses, dauernd unmöglich.

Wenn die Leistung bei Abschluss des Vertrages noch möglich ist, aber später dauernd unmöglich wird, handelt es sich um eine **nachträgliche Unmöglichkeit** der Leistung.

b) Die anfängliche Unmöglichkeit

Wie schon erwähnt, ist der Vertrag, der auf eine von Anfang an unmögliche Leistung gerichtet ist, nach § 311a Abs. 1 dennoch wirksam. Wenn der Schuldner die Unkenntnis der Unmöglichkeit zu vertreten hat, kann der Gläubiger nach § 311a Abs. 2
- Schadensersatz statt der Leistung oder
- den Ersatz seiner Aufwendungen in dem in § 284 bestimmten Umfang verlangen (zu Einzelheiten siehe unten Rdnr. 552 ff.).

545

Derjenige, der auf **Schadensersatz statt der Leistung** in Anspruch genommen werden kann, hat den Gläubiger so zu stellen, wie er stehen würde, wenn der Schuldner den Vertrag ordnungsgemäß erfüllt hätte, er also die Leistung wie geschuldet erbracht hätte (zu Einzelheiten siehe unten Rdnr. 549 ff.).

Für die Anwendung des § 311a Abs. 2 ist nicht entscheidend, ob die Leistung von Anfang an unmöglich ist, sondern ob bei Vertragsschluss ein **Leistungshindernis**

---

12 Vgl. *Brox/Walker*, Schuldrecht AT, § 22 Rdnr. 22.

vorliegt. Denn in § 311a Abs. 2 ist nicht von Unmöglichkeit, sondern Leistungshindernis die Rede. Eine Unmöglichkeit liegt nicht vor, wenn ein bestehendes Leistungshindernis noch behoben werden kann[13].

546 Unter § 311a Abs. 2 fallen deshalb auch solche Fälle, in denen schon bei Vertragsschluss ein Leistungshindernis vorlag, dieses jedoch erst nach Vertragsschluss zur Unmöglichkeit und damit zum Ausschluss der Leistungspflicht geführt hat. In diesen Fällen nachträglich eintretender Unmöglichkeit ist § 311a Abs. 2 lex specialis zu §§ 280, 283[14].

Das für das Entstehen des Schadensersatzanspruchs aus § 311a Abs. 2 erforderliche Vertretenmüssen hat als Voraussetzung, dass der Schuldner das Leistungshindernis kannte oder in fahrlässiger Unkenntnis darüber handelte. Das heißt, der Schuldner muss sich vor dem Vertragsschluss vergewissern, ob er überhaupt zur Leistung in der Lage ist. Den Schuldner trifft also insoweit eine Informationspflicht. Die Frage der persönlichen Leistungsfähigkeit richtet sich letztlich danach, ob der Umstand, nicht leisten zu können, für den Schuldner erkennbar war oder nicht. Abzustellen ist hierbei auf die jeweiligen Umstände des Einzelfalls.

> **Beispiel:** F verkauft an den G einen exklusiven Sportwagen, der im Eigentum des D steht und von dem er behauptet, er könne ihn von D erwerben, um ihn an G weiterzuveräußern. Zwischen F und G wird ein Kaufpreis vereinbart, der 1000,– € unter dem wirklichen Wert des Wagens liegt. D ist nicht bereit, seinen Wagen zu veräußern. Nach § 311a Abs. 1 ist der Kaufvertrag wirksam, obwohl die versprochene Leistung dem F unmöglich ist. Nach § 311a Abs. 2 kann G Schadensersatz statt der Leistung verlangen, da F seine Unkenntnis darüber zu vertreten hat, dass D nicht veräußern wollte. Der Anspruch des G ist auf Zahlung von 1000,– € gerichtet.

547 Der Formulierung des § 311a Abs. 2 S. 2 ist zu entnehmen, dass die Kenntnis oder jedenfalls die fahrlässige Unkenntnis des Schuldners gesetzlich vermutet wird. Der Schuldner muss, ähnlich wie nach § 280 Abs. 1 S. 2, darlegen und beweisen, dass ihn kein Verschulden trifft.

Die Kenntnis oder fahrlässige Unkenntnis eines Gehilfen, den der Schuldner in die Vertragsvorbereitung eingeschaltet hat, ist dem Schuldner entsprechend § 166 oder gemäß § 278 zuzurechnen.

> **Beispiel:** A veräußert ein nicht bestehendes Patent (Schutzrecht) an B, obwohl ein Nichtigkeitsprozess schwebt; diesen Nichtigkeitsprozess erwähnt A dem B gegenüber nicht. Im Vertrauen auf die Existenz des Patentes hat B bereits 14 000,– € vergeblich investiert. Nachdem sich herausgestellt hat, dass das Schutzrecht nicht existiert, möchte B wissen, welche rechtlichen Möglichkeiten er hat.
>
> Hier ist der Kaufvertrag nach § 311a Abs. 1 wirksam zustande gekommen. Da dem A die Leistung aus dem Kaufvertrag, nämlich die Übertragung des Schutzrechts nach §§ 413, 398 unmöglich ist, wird er von seiner Leistungspflicht nach § 275

---

13 Vgl. *Fest*, WM 2005, 2168, 2169.
14 Vgl. *Fest*, WM 2005, 2168, 2169.

Abs. 1 frei. Nach § 326 Abs. 1 verliert A allerdings den Anspruch auf die Gegen-leistung, d. h. B muss den Kaufpreis nicht zahlen. B hat die Möglichkeit, nach §§ 326 Abs. 1, 323 vom Vertrage zurückzutreten. Ob B gegen A einen Schadenser-satzanspruch erworben hat, richtet sich nach § 311a Abs. 2. Fraglich ist, ob A bei der Veräußerung des Schutzrechts in Kenntnis oder fahrlässiger Unkenntnis der Unmöglichkeit der von ihm übernommenen Leistung gehandelt hat. Nach der Formulierung des § 311a Abs. 2 S. 2 wird die Kenntnis oder jedenfalls die fahrläs-sige Unkenntnis des Schuldners gesetzlich vermutet. Der Schuldner A müsste dar-legen und beweisen, dass ihn kein Verschulden trifft. Das wird ihm angesichts der Tatsache, dass ein Nichtigkeitsprozess schwebte und er deshalb jedenfalls mit der Vernichtung des Rechts rechnen musste, nicht gelingen.

c) Die nachträgliche Unmöglichkeit

aa) Überblick: Wenn die Leistung bei Abschluss des Vertrages noch möglich ist, aber später dauernd unmöglich wird, handelt es sich um eine **nachträgliche Un-möglichkeit** der Leistung.   548

Beispiel (1): B verkauft seinen PKW für 20 000,– € an L. Nach Abschluss des Kauf-vertrages, aber noch vor der Übergabe und der Eigentumsverschaffung des PKW fährt B in betrunkenem Zustand mit dem Auto gegen einen Baum. B überlebt; von dem PKW bleibt nur noch Schrott übrig. L, der sehr geschäftstüchtig ist, war es schon gelungen, den PKW für 22 000,– an D weiterzuverkaufen.

Beispiel (2): E verkauft seinen PKW an S. Nach Abschluss des Kaufvertrages, aber noch vor der Übergabe des PKW und der Eigentumsverschaffung schlägt der Blitz in die Garage des E ein. Garage und PKW fangen Feuer. Von dem PKW bleiben nur ein paar verbogene Karosserieteile übrig.

Zu diesen Beispielen:

In beiden Fällen ist die Leistung, die der Verkäufer zu erbringen hat (Übergabe und Eigentumsverschaffung der gekauften Sache), **nach** Abschluss des Kaufvertrages unmöglich geworden. Zwischen beiden Fällen besteht jedoch ein wesentlicher Un-terschied: In dem ersten **Beispiel** hat B das Unmöglichwerden der Leistung im Sin-ne des § 276 verschuldet, also zu vertreten. In dem zweiten **Beispiel** trifft E an dem Unmöglichwerden der Leistung kein Verschulden; er hat es also nicht zu vertreten. Für beide Fälle sieht das Gesetz **unterschiedliche Rechtsfolgen** vor, da es darauf abstellt, ob der Schuldner das Unmöglichwerden der Leistung **zu vertreten** hat oder nicht.

In **Beispiel (2)** handelt es sich um einen Fall der vom Schuldner nicht zu vertre-tenden Unmöglichkeit. Die Unterscheidung zwischen anfänglicher und nachträg-licher Unmöglichkeit spielt hier keine Rolle. Der Schuldner E wird von seiner Leistungspflicht gemäß § 275 Abs. 1 frei, verliert aber nach § 326 Abs. 1 auch den Anspruch auf die Gegenleistung. Der Gläubiger S hat keinen Anspruch auf die Leistung; er kann vom Vertrage zurücktreten (§ 326 Abs. 5).

In **Beispiel (1)** hat der Schuldner B das Unmöglichwerden der Leistung zu vertre-ten. Deshalb sind die Rechtsfolgen streng (siehe unten bb)).

549   **bb) Schadensersatz statt der Leistung:** Hat der Schuldner das Unmöglichwerden der Leistung **zu vertreten**, so kann der Gläubiger zwischen den folgenden Möglichkeiten wählen:

– Er kann Schadensersatz statt der Leistung nach §§ 280, 283 verlangen; einer erfolglosen Fristsetzung bedarf es nicht,

oder

– er kann stattdessen Ersatz der vergeblichen Aufwendungen gemäß §§ 280, 283, 284 verlangen,

und

– er kann außerdem vom Vertrage zurücktreten (§§ 326 Abs. 5, 325).

Schadensersatz statt der Leistung verlangen heißt: Der Gläubiger hat gegen den Schuldner einen Anspruch darauf, – in der Regel durch eine Geldleistung – so gestellt zu werden, wie er stehen würde, wenn der Schuldner die Pflichtverletzung nicht begangen, also ordnungsgemäß erfüllt hätte. Es handelt sich dabei um einen grundsätzlich auf Geld gerichteten Anspruch des Gläubigers gegen den Schuldner auf Ersatz seines Interesses an der Erfüllung des gesamten Vertrages.

In **Beispiel (1)** kann L Schadensersatz statt der Leistung nach §§ 280, 283 verlangen, d. h. L kann verlangen, so gestellt zu werden, wie er stehen würde, wenn B ordnungsgemäß erfüllt hätte. Hätte B ordnungsgemäß erfüllt, hätte L einen Gewinn von 2000,– € erzielt. Diese Summe kann er als Schadensersatz statt der Leistung nach §§ 280, 283 von B verlangen. Außerdem kann er nach § 326 Abs. 5 vom Vertrag zurücktreten.

550   Der Anspruch auf Schadensersatz statt der Leistung ist auf Ersatz des positiven Interesses (= Erfüllungsinteresse) gerichtet. Als ersatzfähig wird der Marktwert der nicht erbrachten Leistung angesehen; ersatzfähig sind aber auch die eventuell höheren Kosten für eine Ersatzbeschaffung und ein entgangener Gewinn aus einer geplanten Weiterveräußerung. So bleiben dem Käufer auch bei der Geltendmachung des Schadensersatzanspruchs statt der Leistung die Vorteile eines besonders günstigen Geschäfts erhalten.

Im oben geschilderten **Beispiel 1** kann L von B nach §§ 280, 283 Schadensersatz statt der Leistung verlangen. Unter der Voraussetzung, dass der Kaufpreis noch nicht geleistet ist, hat er einen Anspruch auf Zahlung von 2000,– €; denn hier besteht der ersatzfähige Schaden des L in der **Differenz** zwischen Leistung und Gegenleistung, die nicht mehr erbracht werden müssen (§§ 275 Abs. 1, 326 Abs. 1).

551   Bei der Berechnung des Nichterfüllungsschadens treten häufig Schwierigkeiten auf. Der Gläubiger kann wählen, ob der Schaden **abstrakt** oder **konkret** berechnet werden soll[15].

Am Beispiel des Kaufvertrages erläutert, kann **abstrakte Schadensberechnung** bedeuten: Fußend auf der tatsächlichen Vermutung, dass die Ware zum Weiterver-

---

15 BGHZ 2, 310, 313; *Palandt-Grüneberg*, § 281 Rdnr. 20 ff.

kauf erworben war, kann der Käufer die Differenz als Schadensersatz verlangen, „die sich aus dem Marktpreis der gekauften Ware am Tage des Eintritts der Unmöglichkeit und dem Vertragspreise zu seinen Gunsten ergab"[16].

Ebenfalls am Beispiel des Kaufvertrages erläutert, kann der **konkrete Schaden** wie folgt berechnet werden: Der Schaden ist „durch Vergleichung der Vermögenslage des Gläubigers bei ordnungsgemäßer Vertragserfüllung und bei Nichterfüllung zu ermitteln. Alle für die Gewinnerwartung verwerteten Tatumstände (Anstalten und Vorkehrungen) müssen konkret nachgewiesen werden. Nur die Gewinnerwartung kann als wahrscheinlich unterstellt werden"[17].

Wenn der Gläubiger erst einmal den Anspruch auf Schadensersatz statt der Leistung geltend gemacht hat, kann er nicht mehr die ursprünglich vereinbarte Leistung verlangen (§ 281 Abs. 3). Dem liegt der Gedanke zugrunde, dass es dem Schuldner nicht zugemutet werden soll, sich über einen unter Umständen erheblichen Zeitraum sowohl auf Erfüllung als auch auf eine Schadensersatzleistung einrichten zu müssen.

cc) Ersatz der vergeblichen Aufwendungen (§ 284): Nach § 284 kann der Gläubiger anstelle von Schadensersatz statt der Leistung Ersatz derjenigen Aufwendungen verlangen, die er im Vertrauen auf den Erhalt der vereinbarten Leistung gemacht hat und billigerweise auch machen durfte.   **552**

Vergebliche Aufwendungen im Sinne des § 284 sind alle freiwilligen Vermögensopfer, die der Gläubiger im Hinblick auf den Erhalt der vereinbarungsgemäßen Leistung getätigt hat, die sich aber wegen der Nichtleistung oder der nicht vertragsgerechten Leistung des Schuldners als nutzlos erweisen[18]. Dazu gehören z. B. die sog. Vertragskosten, also die Kosten für die Übergabe, Versendung und Beurkundung, auch Zölle und Frachtkosten, sowie die Kosten für Einbau und Montage.

> **Beispiel:** K aus Köln kauft bei V in München ein Biedermeier-Esszimmer. Nach Vertragsschluss werden die Möbel aufgrund von Umständen zerstört, die V zu vertreten hat. K hatte zuvor schon den Spediteur S beauftragt, die Möbelstücke nach Köln zu transportieren. S verlangt nun von K eine Abstandssumme. Dabei handelt es sich um vergebliche Aufwendungen, deren Ersatz K von V gemäß §§ 280, 283, 284 verlangen kann, da V die Pflichtverletzung, hier das Unmöglichwerden der Leistung, zu vertreten hat.

Der betroffene Gläubiger soll stets die Möglichkeit haben, Ersatz seiner vergeblichen Aufwendungen – auch frustrierte Aufwendungen genannt – unabhängig davon zu verlangen, ob diese aufgrund einer – vermuteten – Rentabilität des Vertrages jedenfalls als der kostendeckende Teil des entgangenen materiellen Ertrages aus dem Geschäft qualifiziert werden können oder nicht. Dass diese Kosten von dem-   **553**

---

16 BGHZ 2, 310, 313.
17 BGHZ 2, 310, 311.
18 Anwaltkommentar-*Dauner-Lieb*, § 284 Rdnr. 10.

jenigen zu tragen sind, der das Scheitern des Vertrages zu vertreten hat, erscheint gerecht.

Keine Rolle spielt es, ob die Aufwendungen zur Verfolgung wirtschaftlicher oder ideeller oder konsumtiver Zwecke gemacht werden. Nach Auffassung des BGH[19] erfasst § 284 auch kommerzielle Aufwendungen. Nach dem Willen des Gesetzgebers soll § 284 nicht nur eine Gesetzeslücke schließen, indem sie auch für derartige Aufwendungen einen Ersatzanspruch statuiert, sondern darüber hinaus die früher unter Schadensersatzgesichtspunkten erforderliche, auf der sogenannten Rentabilitätsvermutung beruhende Unterscheidung zwischen Aufwendungen für kommerzielle und solchen für andere Zwecke überflüssig machen[20]. Nach § 284 kann Aufwendungsersatz auch für solche Aufwendungen verlangt werden, die bei der Verfolgung immaterieller Schäden entstehen[21].

Da der Aufwendungsersatzanspruch nur gewährt wird, wenn der Schuldner die Pflichtverletzung zu vertreten hat, handelt es sich um eine **verschuldensabhängige Haftung.**

Beispiel: Die politische Partei X hat für eine Großveranstaltung während des Wahlkampfes von A eine Halle gemietet. X warb für diese Veranstaltung mit Plakaten, Zeitungsanzeigen und anderen Mitteln. Die Kosten für diese Werbeaktion betragen 25 000,– €. Nachdem A die Erfüllung des Mietvertrages ohne triftigen Grund verweigert hatte, konnte X die geplante Veranstaltung nicht durchführen. X verlangt nun die nutzlos gewordenen Aufwendungen in Höhe von 25 000,– € von A. Der Anspruch könnte nach §§ 280, 283, 284 gerechtfertigt sein. Die Leistung ist dem A aufgrund seiner ungerechtfertigten Weigerung unmöglich geworden. Da A keinen triftigen Grund zur Leistungsverweigerung hatte, hat er die Pflichtverletzung zu vertreten. Also muss er gemäß §§ 280, 283, 284 Ersatz der Aufwendungen an X leisten. Dabei spielt es keine Rolle, dass X keine wirtschaftlichen, sondern ideelle Zwecke verfolgte.

554 Der Gläubiger, dem der Anspruch auf Aufwendungsersatz nach § 284 erwachsen ist, verliert diesen Anspruch auch dann nicht, wenn er vom Vertrage zurücktritt; er ist nicht gemäß § 347 Abs. 2 auf den Ersatz notwendiger Verwendungen oder solcher Aufwendungen beschränkt, durch die der Schuldner bereichert wird[22]. Die gegenteilige Auffassung würde darauf hinaus laufen, den Gläubiger, der wegen einer Pflichtverletzung des Schuldners vom Vertrage zurücktritt und zugleich nach § 284 – anstelle des Schadensersatzes statt der Leistung – den Ersatz vergeblicher Aufwendungen verlangt, schlechter zu stellen, als wenn er vom Rücktritt abgesehen und sich auf das Aufwendungsersatzbegehren beschränkt hätte[23].

---

19 BGHZ 163, 381 ff.
20 So BGHZ 163, 381, 386.
21 Vgl. *Lorenz*, NJW 2005, 1889, 1892.
22 BGHZ 163, 381 ff.
23 So BGHZ 163, 381, 385.

Der Anspruch auf Ersatz der vergeblichen Aufwendungen nach § 284 stellt eine Alternative zum Anspruch auf Schadensersatz statt der Leistung dar. Der Gläubiger kann also entweder Ersatz der vergeblichen Aufwendungen **oder** Schadensersatz statt der Leistung verlangen. Die strenge Alternativität zwischen Aufwendungsersatz und Schadensersatz gilt nur für den Schadensersatz statt der Leistung. Schadensersatz „neben der Leistung", also etwa ein Mangelfolgeschaden, kann auch neben dem Aufwendungsersatz nach § 284 verlangt werden[24].

dd) Rücktritt und Schadensersatz bzw. Aufwendungsersatz (§ 325): Nach § 325 **555** wird das Recht des Gläubigers, bei einem gegenseitigen Vertrage Schadensersatz zu verlangen, durch den Rücktritt nicht ausgeschlossen. Das bedeutet, der Gläubiger kann bei Vorliegen der entsprechenden Voraussetzungen vom Vertrage zurücktreten und daneben noch Schadensersatz nach § 280 oder Schadensersatz statt der Leistung verlangen[25]. Das gilt auch für einen etwaigen Verzögerungsschaden[26].

Tritt der Gläubiger vom Vertrage zurück, so bestimmt das **Rücktrittsfolgenrecht** der §§ 346 ff. abschließend über die Stornierung bzw. die Rückgewähr der beiderseitigen Primärleistungen. Hingegen ist das **Schadensersatzrecht** maßgeblich für die Regelung darüber, in welchem Umfange der Gläubiger in Geld zu entschädigen ist[27].

4. Die Teilunmöglichkeit

Es kommt auch vor, dass einem Schuldner die Leistung, zu der er sich verpflichtet **556** hat, nur teilweise unmöglich wird. Man spricht dann von einem Fall der **Teilunmöglichkeit.**

Bei der Teilunmöglichkeit zerfällt das Schuldverhältnis in einen erfüllten oder erfüllbaren Teil und in einen nicht erfüllten Teil. Ob es sich lediglich um eine Teilunmöglichkeit handelt, kann man danach entscheiden, ob sich die zu erbringende Leistung wirtschaftlich zerlegen lässt in einen unmöglich gewordenen Teil und eine Restleistung, die erbracht werden kann.

> **Beispiel:** Hat sich V in einem Kaufvertrag verpflichtet, dem K 10 Baukräne zu liefern, und ist er nun lediglich zur Lieferung von 7 Kränen in der Lage, so liegt im Zweifel eine Teilunmöglichkeit vor, weil sich das Geschäft wirtschaftlich in einen erfüllbaren und einen nicht erfüllbaren Teil zerlegen lässt.

Bei der Teilunmöglichkeit wird der Schuldner hinsichtlich des unmöglich gewor- **557** denen Teils der Leistung nach § 275 von seiner Verpflichtung frei und verliert den Anspruch auf den entsprechenden Teil der Gegenleistung (§ 326 Abs. 1). Hin-

---

24 BGHZ 163, 381, 387; *Lorenz*, NJW 2005, 1889, 1892.
25 Zu den Einzelheiten siehe *v. Olshausen*, in: FS Huber, S. 471 ff.
26 Vgl. *Gsell*, JZ 2004, 643, 644.
27 Vgl. *Gsell*, JZ 2004, 643, 644.

sichtlich des möglichen Leistungsteils bleiben der Erfüllungsanspruch und der Anspruch auf die Gegenleistung erhalten. In Bezug auf den unmöglichen Teil des Geschäfts können Ansprüche wegen Unmöglichkeit geltend gemacht werden.

Hat der Schuldner die Teilunmöglichkeit zu vertreten, kann der Gläubiger gemäß § 283 S. 2 Schadensersatz statt der ganzen Leistung (sog. großer Schadensersatz) nur verlangen, wenn er an der Teilleistung kein Interesse hat (§§ 283 S. 2, 281 Abs. 1 S. 2). Damit wird zum Ausdruck gebracht, dass der entscheidende Bezugspunkt für die Anerkennung eines Anspruchs auf den „großen Schadensersatz" (Schadensersatz statt der ganzen Leistung) im Interesse des Gläubigers an der ursprünglich geschuldeten Leistung liegt und nicht im Interesse an der erbrachten Leistung. Demnach ist ausschlaggebend, ob die erbrachte Leistung und der für das Defizit zu zahlende Geldbetrag in ihrer Addition das Leistungsinteresse des Gläubigers decken oder nicht[28].

In dem oben genannten **Beispiel** kann der Käufer, wenn ihm lediglich 7 Kräne geliefert werden, grundsätzlich nur für 3 Kräne Schadensersatz nach §§ 280, 283, 281 Abs. 1 S. 1 verlangen, also in erster Linie die Mehrkosten, die er für den anderweitigen Erwerb von 3 Kränen aufwenden muss; die von V gelieferten 7 Kräne muss er behalten und bezahlen. Hier decken die erbrachte Leistung und der für das Defizit zu zahlende Geldbetrag in ihrer Addition das Leistungsinteresse des K.

Falls der Gläubiger sich dafür entscheidet, vom Schuldner Schadensersatz statt der ganzen Leistung zu verlangen, kann der Schuldner nach den Rücktrittsvorschriften (§§ 346 bis 348) das zurückverlangen, was er an Leistung bereits erbracht hat (§ 281 Abs. 5).

III. Das vom Gläubiger zu vertretende Unmöglichwerden der Leistung

558 Es ist auch denkbar, dass dem Schuldner die zu erbringende Leistung infolge eines Umstandes unmöglich wird, den nicht der Schuldner, sondern der Gläubiger zu vertreten hat. Auch für diesen Fall enthält das Gesetz für gegenseitig verpflichtende Verträge im Hinblick auf die **Gegenleistung** eine besondere Regelung in § 326 Abs. 2.

Von seiner eigenen Leistungspflicht wird der Schuldner gemäß § 275 befreit. Nach § 326 Abs. 2 behält er jedoch den Anspruch auf die Gegenleistung.

In § 326 Abs. 2 ist von der „Verantwortlichkeit" des Gläubigers die Rede, ohne dass erläutert wird, wofür der Gläubiger verantwortlich sein soll. Da der Gesetzgeber im Verhältnis zum früheren Rechtszustand (§ 324 a.F.) keine Änderung herbeiführen wollte, ist davon auszugehen, dass mit „verantwortlich" das „vertreten müssen" gemeint ist. Was der Gläubiger zu vertreten hat, ergibt sich aus §§ 276, 278.

---

28 So *Canaris*, JZ 2001, 499, 513.

Fall: Die S-GmbH (S) betreibt eine Schnellrestaurantkette. Sie schließt mit dem Getränkehersteller G Ende 2003 einen auf fünf Jahre befristeten Vertrag ab, in dem sie sich verpflichtet, bei G beginnend mit dem 1. 1. 2004 jährlich 15 Millionen Flaschen des nicht alkoholischen Getränkes der Marke A zu beziehen. Die monatliche Abnahme soll bei durchschnittlich etwa 1,3 Millionen Flaschen liegen. G räumt der S einen besonders günstigen Preis wegen der großen Abnahmemenge ein. G verpflichtet sich, diese Menge jeweils zu produzieren und vorzuhalten. S hat nach dem Vertrage die Werbungs- und Marketingmaßnahmen zu betreiben. 2004 bezieht S die vereinbarte Jahresmenge, 2005 und 2006 nur jeweils 60 %. Die geringere Abnahme seitens S ist vor allem darauf zurückzuführen, dass S ein mangelhaftes Marketing für das Getränk A betrieben hat. Kann G von S die vereinbarte Gegenleistung für die nicht gelieferten 40 % in den Jahren 2005 und 2006 verlangen?

Lösung:

G könnte gegen S einen Anspruch aus § 326 Abs. 2 erworben haben. Dann müsste G die Leistung infolge eines Umstandes unmöglich geworden sein, für den S allein oder überwiegend verantwortlich ist. Die von dem Schuldner G zu erbringende Leistung bestand in der Produktion, Bereitstellung und Lieferung von 15 Millionen Flaschen des Getränkes A. Diese Leistung ist ihm für die Jahre 2005 und 2006 im Hinblick auf die nicht abgenommenen 40 %, also teilweise, unmöglich geworden.

Für dieses Unmöglichwerden der Leistung des G müsste S gemäß § 326 Abs. 2 ganz oder überwiegend verantwortlich sein. Die geringere Abnahme des Getränkes der Marke A ist nicht auf ein Verhalten des G zurückzuführen, sondern darauf, dass S sich nicht genügend um das Marketing gekümmert hat. S war nach dem Vertrag mit G zu den Werbungs- und Marketingmaßnahmen verpflichtet. Der geringere Verkauf des Getränkes A, welcher zu einer geringeren Abnahme bei G führte, lag somit allein im Verantwortungsbereich des S. Damit sind die Voraussetzungen des § 326 Abs. 2 erfüllt. G hat gegen S einen Anspruch auf Zahlung der vereinbarten Gegenleistung für die nicht gelieferten 40 % in den Jahren 2005 und 2006 aus § 326 Abs. 2.

IV. Die Pflichtverletzung in Gestalt der Verzögerung der Leistung durch den Schuldner

1. Überblick

Wenn der Schuldner nicht leistet, obwohl er dazu verpflichtet ist, liegt das in der Praxis häufig nicht daran, dass ihm die Leistung nicht möglich ist. Meist liegt lediglich eine Verzögerung der durchaus möglichen Leistung vor. **559**

Die Leistungsverzögerung ist eine Pflichtverletzung i. S. des § 280, wenn der Schuldner die Verzögerung zu vertreten hat. Sie setzt stets die **Nachholbarkeit** der Leistung voraus. Es ist deshalb stets zunächst zu prüfen, ob die Leistung nicht unmöglich geworden ist; denn jede Unmöglichkeit der Leistung schließt die Leistungsverzögerung aus. Im Gegensatz zur Unmöglichkeit der Leistung ist die Leistungsverzögerung lediglich eine **vorübergehende** Leistungsverhinderung.

Die Pflichtverletzung in der Form der Leistungsverzögerung ist grundsätzlich eine schwächere Leistungsstörung als die Unmöglichkeit. Infolgedessen sind die an die Leistungsverzögerung geknüpften Rechtsfolgen in der Regel schwächer. Voraussetzung für eine Pflichtverletzung dieser Art ist ein vertragliches oder gesetzliches Schuldverhältnis. Im Folgenden wird in erster Linie auf Verzögerungen der Leistung bei vertraglichen Schuldverhältnissen abgestellt.

Wenn die Leistung lediglich nicht zeitgerecht erfolgt, wird dem Gläubiger grundsätzlich zugemutet, am Vertrag festzuhalten. **Neben** den Anspruch auf Erfüllung kann allerdings ein Anspruch auf Schadensersatz wegen Verzögerung der Leistung gemäß §§ 280, 286 treten. Eine Geldschuld muss gemäß § 288 während des Verzuges (§ 286) verzinst werden.

560 Nur unter den in § 281 genannten Voraussetzungen kann der Gläubiger **Schadensersatz statt der Leistung** oder Ersatz der vergeblichen Aufwendungen verlangen. Außerdem kann der Gläubiger sich nach § 323 durch Rücktritt vom Vertrag lösen, wenn die dort genannten Voraussetzungen vorliegen; er muss also in der Regel lediglich erfolglos eine Frist zur Leistung gesetzt haben.

Ansprüche auf Schadensersatz wegen der Pflichtverletzung (§ 280) entstehen nur, wenn der Schuldner diese zu vertreten hat. Das Entstehen des Rücktrittsrechts (§ 323) setzt hingegen nicht voraus, dass die Verzögerung der Leistung zu vertreten ist.

Wenn der Schuldner eine geschuldete Leistung nicht erbringt, hat der Gläubiger also die Möglichkeit, sich zwischen den folgenden Alternativen zu entscheiden:
– Er kann am Vertrage festhalten und daneben Ersatz des ihm durch die Verzögerung entstandenen Schadens verlangen, falls die in §§ 280, 286 genannten Voraussetzungen des § 280 vorliegen, **oder**
– er kann sich vom Vertrage lösen, indem er **nach erfolgloser Nachfristsetzung** Schadensersatz statt der Leistung (§§ 280, 281) **oder** Ersatz der vergeblichen Aufwendungen verlangt **und außerdem oder stattdessen** vom Vertrage zurücktritt (§§ 323, 325).

2. Der Anspruch auf Ersatz des Verzögerungsschadens

561 Die Verzögerung der Leistung ist eine Pflichtverletzung i. S. des § 280. Anspruch auf Schadensersatz wegen der Verzögerung der Leistung hat der Gläubiger allerdings gemäß § 280 Abs. 2 nur, wenn die zusätzlichen Voraussetzungen des § 286 vorliegen. Das bedeutet, der Schuldner muss mit seiner Leistung in **Verzug (Schuldnerverzug)** geraten sein. Der Schuldnerverzug kann auf verschiedene Art und Weise eintreten.

a) Eintritt des Verzuges durch Mahnung (§ 286 Abs. 1)

Der Schuldner gerät nur in Verzug, **wenn eine Leistungspflicht besteht und die Leistung fällig ist**. Ist nichts anderes vereinbart, so ist die vom Schuldner zu erbringende Leistung gemäß § 271 **sofort** fällig.

Die Forderung muss nicht nur fällig sein, es darf ihr auch keine erhobene Einrede entgegenstehen. Der Schuldner kommt nicht in Verzug, wenn er sich auf eine Einrede stützen kann, die ihm ein dauerndes oder wenigstens zeitweiliges Leistungsverweigerungsrecht gewährt. Als eine solche Einrede kommt etwa die **Verjährung** in Betracht. Ist eine Forderung verjährt, so ist der Verpflichtete berechtigt, die Leistung zu verweigern (§ 214).

Der Eintritt des Verzuges setzt weiter voraus, dass der Gläubiger den Schuldner gemahnt hat. Die **Mahnung** ist eine formlose dringende Aufforderung an den Schuldner, die Leistung zu erbringen. Die Mahnung muss weder eine Fristsetzung noch die Androhung bestimmter Folgen enthalten. **562**

> **Beispiel:** Ein Schreiben, in dem es heißt, der Schuldner möge „endlich mit der Arbeit beginnen", stellt eine Mahnung dar.

Die Mahnung muss nach Eintritt der Fälligkeit erfolgen.

Gemäß § 286 Abs. 1 Satz 2 werden der Mahnung gleichgestellt: die Erhebung der Klage auf Leistung sowie die Zustellung eines Mahnbescheides im Mahnverfahren (§§ 688 ff. ZPO).

Mit Zugang (§ 130) der Mahnung tritt sofort der Verzug ein. Der Zeitpunkt des Verzugseintritts ist z. B. wichtig für die Berechnung der Verzugszinsen.

b) Das Kalendergeschäft (§ 286 Abs. 2 Nr. 1)

Der Schuldner kommt auch **ohne** Mahnung in Verzug, wenn eine Leistungszeit nach dem Kalender bestimmt ist (sog. **Kalendergeschäft**) und der Schuldner zu der im Vertrage bestimmten Zeit nicht leistet. **563**

Um ein Kalendergeschäft handelt es sich nur, wenn die Leistungszeit sich **allein** anhand des Kalenders bestimmen lässt.

Allein anhand des Kalenders bestimmbar ist die Leistungszeit z. B. bei der Vereinbarung folgender Klauseln:
– „spätestens am 20. Juni 2010";
– „noch im Laufe des Juli" (= also gemäß § 192 spätestens am 31. Juli).

> **Beispiel:** Wenn bei Abschluss eines Kaufvertrages vereinbart wird, die Ware sei „bis spätestens Ende Oktober 2010" zu liefern, so ist der Tag, an dem spätestens geleistet werden muss, gemäß der Berechnung nach § 192 der 31. Oktober 2010. Es handelt sich also um ein Kalendergeschäft im Sinne des § 286 Abs. 2 Nr. 1. Liefert der Schuldner zu diesem Zeitpunkt nicht, gerät er automatisch, d. h. ohne Mahnung in Verzug. Ein gegebenenfalls entstehender Verzögerungsschaden, der nach § 280 zu leisten ist, ist von diesem Zeitpunkt an zu berechnen.

> **Beispiele:** Bei den Klauseln „4 Wochen nach Lieferung" oder „30 Tage nach Rechnungsdatum"[29] ist die Leistungszeit nicht allein anhand des Kalenders zu bestimmen.

---

29 Vgl. dazu OLG Düsseldorf, MDR 1976, 41.

c) Der Eintritt des Verzuges ohne Mahnung nach § 286 Abs. 2 Nr. 2

564 Der Schuldner gerät auch dann ohne Mahnung in Verzug, wenn seiner Leistung ein Ereignis vorauszugehen hat und eine angemessene Zeit für die Leistung in der Weise bestimmt ist, dass sie sich von diesem Ereignis an nach dem Kalender berechnen lässt (§ 286 Abs. 2 Nr. 2).

Hier geht es ebenfalls um eine kalendermäßige Berechnung der Frist, innerhalb derer geleistet werden muss. Als Ereignisse, die für eine kalendermäßige Berechnung dieser Art herangezogen werden können, kommen z. B. in Betracht: eine Kündigung, die Lieferung oder die Rechnungserteilung.

„In der Weise bestimmt ist" i. S. des § 286 Abs. 2 Nr. 2 bedeutet keine einseitige Bestimmung, sondern in der Regel eine vertragliche Vereinbarung oder gesetzliche Anordnung.

Beispiel: Wird in einem Vertrage vereinbart, dass der Kaufpreis innerhalb von 14 Tagen nach der Rechnungserteilung gezahlt werden muss, so ist das Ereignis, an welches die Berechnung der Frist ansetzt, die Rechnungserteilung. Von diesem Ereignis an lässt sich eine kalendermäßige Berechnung anstellen. Hat der Käufer am 15. Tag nach der Rechnungserteilung den Kaufpreis nicht gezahlt, ist er automatisch, d. h. ohne Mahnung gemäß § 286 Abs. 2 Nr. 2 in Verzug geraten.

d) Verzugseintritt durch ernsthafte und endgültige Leistungsverweigerung (§ 286 Abs. 2 Nr. 3)

565 Die Mahnung soll für den Verzugseintritt auch dann entbehrlich sein, wenn der Schuldner die Leistung ernsthaft und endgültig verweigert.

Beispiel: Der Maler M, der sich dem Geschäftsinhaber G gegenüber verpflichtet hat, dessen Geschäftsräume im Herbst bzw. Winter 2009/2010 zu renovieren, teilt dem G am 20.11.2009 mit, er habe einen Großauftrag der A-AG erhalten, den er sofort ausführen müsse; für die Renovierungen in den Räumen des G habe er nun das nächste halbe Jahr keine Zeit mehr. M beginnt am 21. 11. 2009 mit allen seinen Leuten in den Räumen der A-AG zu arbeiten. Hier hat M die Leistung ernsthaft und endgültig verweigert. Der Verzug ist deshalb auch ohne Mahnung eingetreten.

e) Verzugseintritt aus besonderen Gründen (§ 286 Abs. 2 Nr. 4)

566 „Unter Abwägung der beiderseitigen Interessen" soll der sofortige Verzugseintritt auch aus besonderen Gründen gerechtfertigt sein (§ 286 Abs. 2 Nr. 4). In diese Fallgruppe gehören einmal diejenigen Fälle, in denen ein Schuldner durch sein Verhalten die Mahnung verhindert, indem er sich etwa der Mahnung entzieht.

Hierhin gehören aber vor allem die Fälle, in denen es um Pflichten geht, deren Erfüllung besonders eilig ist.

Beispiel: Der Hauseigentümer E hat sonntags mit einem Wasserrohrbruch zu kämpfen. Er ruft den ihm bekannten Klempner K an, dem er den Notfall schildert. K sagt zu, „sofort" zu kommen. Als K entdeckt, dass schönes Wetter herrscht, unternimmt er mit seiner Familie einen Ausflug, von dem er erst gegen Abend zurückkehrt. E hatte sich zunächst auf das Kommen des K verlassen und später einen anderen Klempner nicht mehr erreicht. Als K gegen 21 Uhr bei E eintrifft, steht das Wasser 2 m hoch im Keller. Hier ist K gemäß § 286 Abs. 2 Nr. 4 in Verzug geraten, ohne dass es einer Mahnung bedarf, weil es sich bei der Reparatur des Wasserrohres um eine besonders eilige Leistung handelt, bei der ein Aufschieben der Leistung praktisch einer Erfüllungsverweigerung gleich kommt.

f) Die 30-Tage-Regelung des § 286 Abs. 3

Im Wirtschaftsverkehr werden Geldforderungen zunehmend zögernd oder gar nicht beglichen. Dies führt insbesondere bei kleinen und mittelständischen Betrieben zu Liquiditätsproblemen, zu einer Gefährdung ihrer Wettbewerbsfähigkeit und unter Umständen sogar zu ihrer Insolvenz. **567**

Um die Verzögerung von Zahlungen wirtschaftlich unattraktiv zu machen und die Möglichkeit zu verbessern, fällige Ansprüche zügig gerichtlich geltend zu machen, hat der Gesetzgeber den § 286 Abs. 3 eingeführt.

Gemäß § 286 Abs. 3 S. 1 kommt der Schuldner einer Entgeltforderung – im Regelfall Forderungen auf Zahlung einer Geldsumme – **spätestens** 30 Tage nach Fälligkeit und Zugang einer Rechnung oder einer gleichwertigen Zahlungsaufstellung in Verzug. Das bedeutet: Die Vertragspartner können andere Zeiten vereinbaren – etwa durch ein Kalendergeschäft – oder der Gläubiger kann den Schuldner durch Mahnung auch schon vorher in Verzug setzen. Wenn alles das nicht vorliegt, tritt der Verzug unter den in § 286 Abs. 3 genannten Voraussetzungen automatisch ein.

Allerdings gilt etwas anderes, wenn der Schuldner ein **Verbraucher** (§ 13) ist. Dann tritt der Verzug nur unter der Voraussetzung ein, dass der Verbraucher auf die Rechtsfolgen des Verzuges – etwa das Entstehen eines Anspruches auf den Verzögerungsschaden – in der Rechnung oder Zahlungsaufstellung besonders hingewiesen worden ist (§ 286 Abs. 3).

> **Beispiel:** Unternehmer U kauft bei H Bleche für 20 000,– €. Die Rechnung geht U am 2. 10. 2010 zu. Der Kaufpreis ist gemäß § 271 BGB sofort fällig. Wenn H nichts unternimmt, gerät U gemäß § 286 Abs. 4 spätestens am 3. 11. 2010 in Verzug. Schickt H dem U jedoch eine Mahnung, die U am 15. 10. 2010 zugeht, so gerät U an diesem Tage gemäß § 286 Abs. 1 in Verzug.

g) Der Verzögerungsschaden

Wenn der Schuldner mit seiner Leistung in Verzug geraten ist, hat er eine Pflichtverletzung im Sinne des § 280 begangen. Der Gläubiger kann deshalb Ersatz des durch die Verzögerung entstandenen Schadens verlangen (§§ 280 Abs. 1 und 2, 286), vorausgesetzt, der Schuldner hat die Pflichtverletzung zu vertreten. Ersatzfähig sind dabei allein Schäden, welche durch die Verzögerung der Leistung als solche entstehen[30]. **568**

---

30 *Canaris*, ZIP 2003, 323.

Der Anspruch des Gläubigers auf die vertraglich vereinbarte Leistung bleibt bestehen. Zu diesem Anspruch tritt nun ein weiterer Anspruch: der Anspruch auf Ersatz des Verzögerungsschadens gemäß §§ 280 Abs. 1 und 2, 286. Dass der Gläubiger den Anspruch auf die ursprünglich vereinbarte Leistung behält, kann insbesondere dann von besonderem Interesse sein, wenn der Preis für die vereinbarte Leistung in der Zwischenzeit gestiegen ist.

Mit dem Ersatz des Verzugsschadens soll der Gläubiger durch eine Geldleistung so gestellt werden, wie er stehen würde, wenn die Leistung rechtzeitig erbracht worden wäre.

569 Bei der Ermittlung des Verzögerungsschadens ist die Differenz zwischen der Vermögenslage des Gläubigers bei rechtzeitiger Erfüllung und der jetzigen tatsächlichen Vermögenslage festzustellen. Der Anspruch auf Ersatz des durch den Verzug entstandenen Schadens ist in der Regel auf eine Geldleistung gerichtet und nach §§ 249 ff. zu berechnen[31].

Beispiele für typische Verzugsschäden:
- Anwaltskosten, die dadurch entstanden sind, dass der Gläubiger den Schuldner zur Leistung zwingen musste;
- Kosten für eine Kreditaufnahme, die wegen des Schuldnerverzuges notwendig geworden ist.

Der Verzugsschaden umfasst in der Regel auch den entgangenen Gewinn. Es muss stets ein adäquater Kausalzusammenhang zwischen Verzug und entstandenem Schaden bestehen[32].

Beispiel: W kauft am 2. Oktober 2006 bei B 10 000 l Heizöl. Es wird vereinbart, dass das Öl bis zum 15. 10. 2006 geliefert werden soll. B liefert zu diesem Zeitpunkt nicht. Da W von anderen Händlern kein Öl erhält, kann er seine Betriebsräume nicht heizen. Dadurch entsteht ihm ein Verdienstausfall in Höhe von 30 000,– €. Diesen Verdienstausfall kann er nun nach §§ 280 Abs. 1 und 2, 286, 249, 252 **neben** dem Verlangen auf Erbringung der ursprünglichen Leistung verlangen.

Ein Verzugsschaden i. S. des § 280 Abs. 1 und 2 liegt nicht vor, wenn der Schaden die Folge einer Pflichtverletzung ist, die sich nicht im Ausbleiben der Leistung bei Fälligkeit erschöpft, sondern darüber hinausgeht oder in etwas anderem, wie z. B. der Verletzung einer Nebenpflicht, besteht[33].

h) Das Vertretenmüssen der objektiven Verzugsvoraussetzungen gemäß § 286 Abs. 4

570 Der Schuldner muss die Umstände, die zur Verzögerung der Leistung geführt haben, zu vertreten haben (§ 286 Abs. 4). Da die Gründe für das Leistungshindernis

---

31 Vgl. BGHZ 104, 337, 344.
32 Vgl. zu alledem *Palandt-Grüneberg*, § 286 Rdnr. 43 ff.
33 *Canaris*, ZIP 2003, 323, 327.

regelmäßig in der Sphäre des Schuldners zu finden sind, wird das Vertretenmüssen des Schuldners vermutet. Die Unaufklärbarkeit der Verantwortung geht also zulasten des Schuldners.

i) Der Anspruch auf Verzugszinsen bei Geldschulden

Bei Geldschulden gewährt § 288 einen Anspruch auf Verzugszinsen.

Voraussetzungen für das Entstehen eines Anspruchs aus § 288 sind:
– das Vorliegen einer Geldschuld
– und Verzug im Sinne des § 286 (dazu siehe oben).

§ 288 bildet eine **eigene Anspruchsgrundlage**, deren Voraussetzungen unabhängig von den allgemeinen Voraussetzungen für den Schadensersatz wegen Verzögerung der Leistung geregelt sind. 571

Das bedeutet u. a.: § 288 gewährt dem Gläubiger während des Verzuges eine Verzinsung seines Zahlungsanspruches, unabhängig davon, ob ein Schaden tatsächlich entstanden ist.

Einerseits muss der Gläubiger **nicht** nachweisen, dass ein Schaden entstanden ist; andererseits ist dem Schuldner der Nachweis eines geringeren Schadens abgeschnitten. Man kann sagen: § 288 garantiert dem Gläubiger bei Verzug unabhängig vom Eintritt und Nachweis eines Schadens eine Verzinsung[34].

Die Höhe der Verzugszinsen hängt davon ab, ob an dem Rechtsgeschäft ein Verbraucher beteiligt ist oder nicht. Ist ein Verbraucher beteiligt, beträgt der Zinssatz für das Jahr 5 Prozentpunkte über dem Basiszinssatz. Letzterer ist in § 247 geregelt und wird halbjährlich von der Bundesbank im Bundesanzeiger bekanntgegeben. Für eine Geldschuld aus einem Geschäft mit Verbraucherbeteiligung ist der regelmäßige Verzugszins gemäß § 288 Abs. 1 also mit 5 Prozentpunkten über dem jeweiligen Basiszinssatz zu berechnen (Besonderheiten ergeben sich u. U. beim Verbraucherdarlehen, siehe § 497).

Im sogenannten Geschäftsverkehr, d. h. bei einer Geldschuld aus einem Rechtsgeschäft, an dem ein Verbraucher nicht beteiligt ist, beträgt der Zinssatz gemäß § 288 Abs. 2 8 % über dem Basiszinssatz. 572

Beispiel: Die A-GmbH schuldet der X-KG als Kaufpreis 15 000,– €. Seit dem 30. Juli 2010 ist die A-GmbH im Verzug. Nach 60 Tagen sind gemäß §§ 288 Abs. 2, 247 bei einem Basiszinssatz von 1,5% bereits Verzugszinsen in Höhe von 234,24 € entstanden (bei einem Verzugszinssatz von 9,5 % = 8 % gemäß § 288 Abs. 2 + 1,5 % aktueller Baisissatz).

Den vertragsschließenden Parteien steht es frei, höhere Zinssätze zu vereinbaren (§ 288 Abs. 3).

---

34 Vgl. Anwaltkommentar-*Schulte-Nölke*, § 288 Rdnr. 3.

Beispiel im Anschluss an das oben geschilderte: Haben die A-GmbH und die X-KG im Vertrag vereinbart, der Verzugszins solle 12,5 % betragen, so sind nach 60 Tagen Verzugszinsen in Höhe von 308,21 € entstanden.

Durch die in § 288 genannten Zinssätze ist nicht ausgeschlossen, dass der Gläubiger einen höheren Schaden geltend macht (§ 288 Abs. 4). Als höherer Schaden i. S. von § 288 Abs. 4 kommen vor allem Kreditzinsen in Betracht, die die in § 288 Abs. 1 und 2 genannte Zinshöhe betreffen. Der Anspruch auf den höheren Schaden gründet sich auf §§ 280 Abs. 1 und 2, § 286.

Beispiel: Malermeister M hat von Kaufmann K für die Renovierung von dessen Geschäftshäusern eine Vergütung in Höhe von 37 000,– € zu erhalten. Seit dem 1. September 2010 ist K im Verzug. M musste, weil K nicht zahlte, er aber seinen Verpflichtungen nachkommen musste, für 45 Tage einen Bankkredit in Höhe von 37 000,– € zu einem Zins von 14,6 % in Anspruch nehmen. Der Verzugszins gemäß § 288 Abs. 2 beträgt 433,35 € (= 9,5 % = 8 % gemäß § 288 Abs. 2 + 1,5% aktueller Baisiszinssatz für 45 Tage). Der von K an die Bank gezahlte Zins betrug aber 666,– €. Die Differenz von 232,65 € kann M von K gemäß §§ 280, 286 verlangen.

3. Der Anspruch auf Schadensersatz statt der Leistung und das Rücktrittsrecht des Gläubigers bei Nichtleistung durch den Schuldner

a) Überblick

573 Begeht der Schuldner eine Pflichtverletzung, indem er nicht oder nicht wie geschuldet leistet, so erwirbt der Gläubiger unter den in §§ 280, 281 genannten Voraussetzungen einen Anspruch auf

– Schadensersatz statt der Leistung oder auf Ersatz der vergeblichen Aufwendungen (§ 284);

– außerdem kann er gemäß §§ 323, 325 vom Vertrage zurücktreten.

b) Der Anspruch auf Schadensersatz statt der Leistung oder Ersatz der vergeblichen Aufwendungen

574 Wenn die zu vertretende Pflichtverletzung des Schuldners im Sinne des § 280 darin besteht, dass er eine fällige Leistung nicht oder nicht wie geschuldet erbringt, so erwirbt der Gläubiger gemäß §§ 280 Abs. 1 und 3, 281 einen Anspruch auf Schadensersatz statt der Leistung, nachdem er dem Schuldner erfolglos eine angemessene Frist zur Leistung bestimmt hat. Es genügt jede Nichtleistung bzw. jede Verzögerung der Leistung; es müssen **nicht** die strengen Voraussetzungen des Verzuges im Sinne des § 286 vorliegen. Allerdings muss der Schuldner die Pflichtverletzung zu vertreten haben (§ 280 Abs. 1 S. 2).

Angemessen ist die gesetzte Frist, wenn sie so bemessen ist, dass der Schuldner sie innerhalb dieser Zeit auch wirklich erbringen kann. Sie muss es allerdings einem Schuldner, der noch nichts unternommen hat, um mit der Leistung zu beginnen, nicht ermöglichen, die Leistung erst anzufangen und dann zu erbringen.

Der Gläubiger kann auch ohne angemessene Fristsetzung Schadensersatz statt der Leistung fordern, wenn der Schuldner die Leistung endgültig und ernsthaft verweigert oder wenn besondere Umstände vorliegen, welche unter Abwägung der beiderseitigen Interessen die sofortige Geltendmachung des Anspruchs rechtfertigen (§ 281 Abs. 2).

Nach § 284 kann der Gläubiger anstelle von Schadensersatz statt der Leistung Ersatz derjenigen Aufwendungen verlangen, die er im Vertrauen auf den Erhalt der vereinbarten Leistung gemacht hat und billigerweise auch machen durfte.

Der Anspruch auf Schadensersatz statt der Leistung tritt an die Stelle des Anspruchs auf die ursprünglich vereinbarte Leistung. Das bedeutet, von dem Zeitpunkt an, in dem der Gläubiger den Anspruch erhebt, kann er den primären Leistungsanspruch nicht mehr geltend machen. Dieser geht unter (§ 281 Abs. 4). Bei gegenseitig verpflichtenden Verträgen geht der **Anspruch auf die Gegenleistung** wegen der Verknüpfung mit dem Anspruch auf die Leistung ebenfalls unter[35].

> **Beispiel:** Der Spediteur S hat für seine Fahrzeuge bei dem Reifenhändler R 100 LKW-Reifen bestellt. Nachdem R trotz einer Mahnung mit angemessener Fristsetzung des S nicht geliefert hat, schickt der S dem R eine E-Mail, in der es u. a. heißt, er bestehe nicht mehr auf der Lieferung, sondern verlange stattdessen Schadensersatz statt der Leistung. S hat inzwischen bei A 100 Reifen erhalten, die allerdings pro Stück 7 € mehr kosten. Diese 700 € Differenz kann S von R nach §§ 280, 281 verlangen, weil die Voraussetzungen nach § 281 Abs. 1 vorliegen und gesetzlich vermutet wird, dass R die Nichtlieferung zu vertreten hat. Der Anspruch des S auf die Lieferung gegen R ist nach § 281 Abs. 4 erloschen; gleichzeitig hat R den Anspruch auf die Gegenleistung verloren. S muss also nicht vom Vertrage zurücktreten, um sich von der Gegenleistungspflicht zu befreien.

c) Das Rücktrittsrecht

Bei einem gegenseitig verpflichtenden Vertrag kann der Gläubiger auch vom Vertrage zurücktreten, wenn die Voraussetzungen des § 323 vorliegen. Die Anwendbarkeit des § 323 setzt stets voraus, dass die Leistung nachholbar ist (Zum Rücktrittsrecht siehe oben Rdnr. 499 ff.).   **575**

Das Rücktrittsrecht des Gläubigers entsteht, wenn der Schuldner nicht oder nicht vertragsgemäß leistet und der Gläubiger dem Schuldner erfolglos eine Frist zur Leistung bestimmt hat. Einer Fristsetzung bedarf es nicht, wenn
- der Schuldner die Leistung ernsthaft und endgültig verweigert (§ 323 Abs. 2 Nr. 1)
- oder ein Fixgeschäft im Sinne des § 323 Abs. 2 Nr. 2 vorliegt (dazu unten Rdnr. 576 ff.).
- oder „besondere Umstände vorliegen, die unter Abwägung der beiderseitigen Interessen den sofortigen Rücktritt rechtfertigen (§ 323 Abs. 2 Nr. 3).

---

35 Vgl. *Palandt-Grüneberg*, § 281 Rdnr. 52.

Das Rücktrittsrecht entsteht auch dann, wenn der Schuldner die Nichtleistung nicht zu vertreten hat.

Der Gläubiger kann vom Vertrage zurücktreten, anstatt den Anspruch auf Schadensersatz statt der Leistung oder Ersatz der vergeblichen Aufwendungen geltend zu machen. Er kann aber auch den letztgenannten Anspruch geltend machen und außerdem vom Vertrage zurücktreten (§ 325).

Aufgabe 5:

Am 6. 10. 2010 kauft der Einzelhändler K beim Großhändler V 100 Spülmaschinen. Es wird schriftlich vereinbart, dass die Maschinen „bis zum 13. 10. 2010 bei K angeliefert werden sollen". V beauftragt seinen Angestellten A mit der Erledigung der Angelegenheit. Wegen einer Unachtsamkeit des A werden die Spülmaschinen nicht zum vereinbarten Termin bei K angeliefert. K ruft am 15. 10. 2010 bei V an und fordert V auf, die Maschinen „jetzt innerhalb von 5 Tagen zu schicken". Dennoch treffen die Spülmaschinen innerhalb dieser Frist nicht ein. K möchte sich deshalb nun am 24. 11. 2010 vom Vertrage lösen und Schadensersatz verlangen. In der Zeit zwischen dem 13. 10. und dem 21. 10. 2010 sind nachweislich zehn Kunden bei K gewesen, die je eine Maschine des Typs, den K bei V gekauft hat, hatten kaufen wollen. Weil dies nicht möglich war, hatten die Kunden bei Konkurrenten des K gekauft. Dadurch ist dem K ein Verdienstausfall von 3000,– € (300,– € je Maschine) entstanden. Am 21. 11. 2010 hatte K, um seine Kunden befriedigen zu können, bei einem anderen Händler 30 Spülmaschinen gekauft, für die er allerdings pro Stück 110,– € mehr zahlen musste, als er bei V als Preis vereinbart hatte.

Welche Rechte hat K?

Lösen Sie diese Aufgabe bitte in einem schriftlichen Gutachten und vergleichen Sie Ihre Ausführungen mit der Lösung am Schluss dieses Buches!

---

4. Das Fixgeschäft (§ 323 Abs. 2 Nr. 2)

576 § 323 Abs. 2 Nr. 2 gewährt bei gegenseitig verpflichtenden Verträgen ein Rücktrittsrecht wegen Pflichtverletzung durch Terminüberschreitung. Gemeint ist damit das sog. (einfache) Fixgeschäft.

Bei einem Kalendergeschäft im Sinne des § 286 Abs. 2 Nr. 1 ist ein Zeitpunkt bestimmt, bis zu dem der Schuldner seine Leistung erbracht haben muss, ohne dass deutlich wird, dass das gesamte Geschäft von der Einhaltung des Zeitpunktes entscheidend abhängig sein soll. Es kommt jedoch häufiger vor, dass die Zeit, innerhalb derer der Schuldner seine Leistung erbringen muss, nach dem Willen des Gläubigers so wesentlich sein soll, dass mit der pünktlichen Leistung das gesamte Geschäft stehen und fallen soll. Es handelt sich dann um ein **Fixgeschäft**.

577 **Fixgeschäft** bedeutet also: Nach dem Willen der Parteien ist die **Erfüllungszeit** ein so wesentlicher Bestandteil des Geschäftes, dass mit deren Einhaltung und Verab-

säumung das gesamte Geschäft stehen und fallen soll[36]. Im Gesetz wird dies mit der Formulierung „und der Gläubiger im Vertrag den Fortbestand seines Leistungsinteresses an die Rechtzeitigkeit der Leistung gebunden hat" gekennzeichnet. Eine nach dem vereinbarten Termin erbrachte Leistung soll nicht mehr als Erfüllung angesehen werden.

Die Rechtsfolge der Verabsäumung der festbestimmten Zeit besteht darin, dass der Gläubiger sofort, d. h. ohne vorherige Fristsetzung, vom Vertrage **zurücktreten** kann (vgl. § 323 Abs. 2 Nr. 2).

Ein Fixgeschäft liegt nur vor, wenn sich das aus der Vereinbarung klar ergibt. In der Regel geben Ausdrücke wie „prompt", „fix" oder „genau" einen Hinweis darauf.   578

> **Beispiel:** Generalunternehmer G errichtet für A ein zwölfstöckiges Bürohochhaus. Er kauft bei V Lampen für die Außenbeleuchtung. Um den mit A vereinbarten Termin zur Fertigstellung einhalten zu können, enthält der mit V geschlossene Vertrag die Klausel „Lieferung bis spätestens 31. März 2010 fix". Es handelt sich hier um ein einfaches Fixgeschäft nach § 323 Abs. 2 Nr. 2. Wenn V diesen Termin nicht einhält, kann G nach § 323 Abs. 2 Nr. 2 vom Vertrage zurücktreten. Es bedarf keiner Nachfristsetzung mehr.

Abzugrenzen ist das sog. einfache Fixgeschäft vom sog. uneigentlichen oder absoluten Fixgeschäft. Bei Letzteren handelt es sich um Geschäfte, bei denen die Leistung außerhalb der bestimmten Zeit keine Erfüllung mehr darstellt. Dies sind Fälle der Unmöglichkeit, auf welche die entsprechenden Regeln, also z. B. §§ 275, 280, 283 f., 326, anwendbar sind.

> **Beispiel:** X bestellt zur Feier seines 60. Geburtstages am 20. Mai 2010, zu der er 120 Freunde und Bekannte eingeladen hat, bei R ein kaltes Buffet mit Service. R verpflichtet sich, alles für den 20. Mai 2010 pünktlich um 17 Uhr zu liefern und bereitzustellen. Nachdem X an seinem Geburtstag um 17.45 Uhr kurz vor dem Eintreffen der Gäste feststellen muss, dass R nicht liefert und auch kein Personal bereitstellt, bestellt er bei Z entsprechenden Ersatz. Dafür muss er allerdings 1200,– € mehr aufwenden, als er an R hätte zahlen müssen. Es handelt sich hier um einen Fall der Unmöglichkeit, denn die Leistung des R lässt sich nicht nachholen. R hat diese Pflichtverletzung in Gestalt der Unmöglichkeit zu vertreten. X hat deshalb aus §§ 280, 283 einen Anspruch auf Schadensersatz statt der Leistung, hier also auf Zahlung von 1200,– €.

V. Die Vertragsstrafe

1. Überblick

In der Praxis wird häufig ein **Vertragsstrafeversprechen** vereinbart, um für den Fall des Verzuges die Berechnung und die Durchsetzung des erwarteten Verzugsschadens zu erleichtern.   579

---

36 BGHZ 110, 88, 96.

Die Vertragsstrafe, auch Konventionalstrafe genannt, ist eine in der Regel in Geld bestehende Leistung, die der Schuldner für den Fall zu erbringen verspricht, dass er eine vertraglich eingegangene Verpflichtung nicht oder nicht in gehöriger Weise erfüllt (§ 339). Darunter fällt insbesondere und in der Praxis häufig die verspätete bzw. nicht rechtzeitig erbrachte Leistung.

Die Vereinbarung einer Vertragsstrafe hat eine Doppelfunktion:
– Einmal soll dem Gläubiger ein zusätzliches Druckmittel zur rechtzeitigen Erfüllung der Hauptforderung durch den Schuldner verschafft werden.
– Darüber hinaus soll sie dem Gläubiger im Verletzungsfall die Möglichkeit einer erleichterten Schadloshaltung ohne Einzelnachweis eröffnen. Für den Fall, dass der Schuldner nicht oder schlecht leistet, wird dem Gläubiger der Nachweis eines Schadens erspart.

580 Typisch für die Vertragsstrafe ist ihre „Doppelfunktionalität" im Sinne dieser doppelten Zielsetzung, d. h. Druckmittel und Schadenspauschalierung. Anders ausgedrückt: Die Vertragsstrafe dient als Mittel der Erfüllungssicherung, aber auch der Erleichterung und Sicherung des Schadensausgleichs im Falle des Fehlschlagens der Sanktionsdrohung.

Für den Fall, dass die verwirkte Strafe unverhältnismäßig hoch ist, kann sie auf Antrag des Schuldners durch Gerichtsurteil auf den angemessenen Betrag herabgesetzt werden (§ 343). Das gilt nicht für Vertragsstrafen, die von einem Kaufmann im Betriebe seines Handelsgewerbe versprochen worden sind (§ 348 HGB).

Für durch Allgemeine Geschäftsbedingungen vereinbarte Vertragsstrafen gilt § 309 Nr. 5. Erfolgt das Vertragsstrafeversprechen in Ausübung gewerblicher Tätigkeit, ist § 309 Nr. 5 wegen §§ 310 Abs. 1, 14 nicht anwendbar. Die Vereinbarung über die Vertragsstrafe kann allerdings nach § 307 unwirksam sein, wenn deren Höhe unangemessen ist. Bei der Beurteilung der Unwirksamkeit von Vertragsstrafeklauseln in Allgemeinen Geschäftsbedingungen spielt insbesondere eine Rolle, ob die Strafe auch verschuldensunabhängig verwirkt sein soll. Ist dies der Fall, ist die Klausel in Zweifel unwirksam[37].

581 Schwierigkeiten können entstehen, wenn der durch den Verzug entstandene Nichterfüllungsschaden höher ist als die verwirkte Vertragsstrafe. In diesen Fällen kann der Gläubiger auch Schadensersatz statt der Leistung fordern, wenn die Voraussetzungen der §§ 280, 281 erfüllt sind. Ist schon die verwirkte Vertragsstrafe gezahlt, muss der Gläubiger sich diese Summe auf den Anspruch auf Schadensersatz statt der Leistung anrechnen lassen (§ 340 Abs. 2).

Beispiel: Die A-GmbH hat sich verpflichtet, der B-AG bis spätestens 30. April 2010 10 000 Rohlinge für die Getriebeherstellung zu liefern. Für den Fall der nicht terminmgerechten Lieferung wird eine Vertragsstrafe von 500,– € für jede angefangene Woche vereinbart. Der Vertrag ist ein Individualvertrag. A liefert nicht, obwohl B

---

37 So BGH NJW 1999, 2663.

am 2. Mai 2010 eine Nachfrist bis zum 15. Mai gesetzt hatte. Bei B ist inzwischen durch Produktionsausfall ein Schaden in Höhe von 20 000,– € entstanden. B möchte sich nun vom Vertrage lösen und Schadensersatz verlangen.

Die verwirkte Vertragsstrafe beträgt 1500,– €. Diese kann B verlangen, ohne einen Schaden nachweisen zu müssen. Im Übrigen kann B nach §§ 280, 281 Schadensersatz statt der Leistung verlangen. Auf die 20 000,– € muss sie sich allerdings die 1500,– € Vertragsstrafe anrechnen lassen, falls sie diese überhaupt verlangt. Außerdem kann B nach § 323 vom Vertrage zurücktreten, da die Nachfrist ergebnislos verstrichen ist.

2. Die Verwirkung der Vertragsstrafe

Die Verwirkung der Vertragsstrafe setzt im Falle der verspäteten Leistung neben dem Vertragsstrafeversprechen voraus, dass der Schuldner mit der Leistung in **Verzug** geraten ist. Ob dies der Fall ist, ist nach § 286 zu beurteilen. Gemäß § 286 Abs. 4 muss der Schuldner den Verzug zu vertreten haben. Das bedeutet, es muss ihn ein eigenes Verschulden treffen oder er muss sich fremdes Verschulden gemäß § 278 zurechnen lassen. | 582

Die Parteien können allerdings auch vereinbaren, dass die Vertragsstrafe **verschuldensunabhängig** verwirkt sein soll.

3. Der Vorbehalt bei der Annahme der Erfüllung (§ 341 Abs. 3)

Will der Gläubiger die Vertragsstrafe verlangen, muss er sich dies **bei der Annahme der verspäteten Leistung ausdrücklich vorbehalten** (§ 341 Abs. 3). Eine vorbehaltlose Annahme führt zum Erlöschen des entstandenen Anspruchs auf die Vertragsstrafe. | 583–58&

Der Verlust des Anspruchs auf die Vertragsstrafe tritt kraft Gesetzes ohne Rücksicht darauf ein, ob derjenige, der die Leistung annimmt, einen entsprechenden Verzichtswillen hatte oder nicht.

VI. Pflichtverletzung bei Übernahme eines Beschaffungsrisikos

Das Beschaffungsrisiko ist insbesondere bei der **Gattungsschuld** (siehe dazu oben Rdnr. 474 ff.) von zentraler Bedeutung, weil mit dieser typischerweise und unvermeidlich eine Risikoübernahme verbunden ist. Das Risiko wird übernommen, **weil** der geschuldete Gegenstand der Gattung nach bestimmt, also grundsätzlich vielfach vorhanden ist und es also zwangsläufig dem Schuldner obliegt, zu entscheiden, wie er sich das für die Erfüllung der Schuld erforderliche Stück beschafft[38]. | 587

---

38 So Canaris, JZ 2001, 499, 518.

Bei den **Gattungsschulden** ist zu unterscheiden zwischen
– der **marktbezogenen Gattungsschuld**
– und der **produktionsbezogenen Gattungsschuld**.

588 Bei der **marktbezogenen Gattungsschuld** kann die Ware auf dem Markt erworben werden, und der Vertrag sieht keine Beschränkung auf eine bestimmte Beschaffungsart vor. Hier übernimmt der Schuldner nach dem Inhalt des Schuldverhältnisses grundsätzlich das „Beschaffungsrisiko" i. S. des § 276 Abs. 1. Kann er nicht leisten, hat der Schuldner dies zu vertreten[39].

> **Beispiel:** K kauft bei V 200 PC eines Typs, der in gleicher Art ohne Weiteres im Großhandel bezogen werden kann. Nachdem nach Vertragsschluss das Lager des V abgebrannt ist, leistet V mit dem Hinweis, die an K verkauften PC seien verbrannt, nicht. K kann unter der Voraussetzung der §§ 280 Abs. 1 und 2, 286 Ersatz des Verzögerungsschadens oder nach §§ 280, 281 Schadensersatz statt der Leistung verlangen, wenn er erfolglos eine Frist zur Leistung gesetzt hat. Allerdings ist stets Voraussetzung, dass V die Pflichtverletzung, die hier in der Nichtlieferung besteht, zu vertreten hat. Es handelt sich hier um eine sogenannte marktbezogene Gattungsschuld, weil die PCs, die Gegenstand des Kaufvertrages sind, ohne Weiteres beschafft werden können. V hat also ein Beschaffungsrisiko i. S. des § 276 Abs. 1 übernommen, die Pflichtverletzung demnach zu vertreten.

Ist der Inhalt des abgeschlossenen Vertrages darauf gerichtet, dass der Schuldner nur aus seinem vorhandenen Vorrat liefern soll (sogenannte Vorratsschuld), hat er **kein** Beschaffungsrisiko übernommen.

589 Bei der „produktionsbezogenen Gattungsschuld" verpflichtet sich der Schuldner erkennbar nur zur Leistung aus einer bestimmten Produktion, meist aus seiner eigenen. Hier übernimmt der Schuldner grundsätzlich nur das Risiko der Möglichkeit zur Lieferung aus der betreffenden Produktion. Nur unter bestimmten Voraussetzungen ist der Schuldner – je nach Inhalt des Vertrages – auch zum Kauf der geschuldeten Ware am Markt verpflichtet[40]. Hier liegt das Beschaffungsrisiko letztlich in einem Produktionsrisiko.

> **Beispiel:** Getränkehersteller G verpflichtet sich dem Händler H gegenüber, an diesen monatlich 100 000 Flaschen der Limonade „Happy" zu liefern. Obwohl G weiß, dass er mit dieser Verpflichtung die Grenzen seiner Möglichkeiten überschreitet, akzeptiert er die folgende Klausel im Vertrag: „G wird die monatlich zu liefernde Menge aus der eigenen Produktion zur Verfügung stellen." Darin liegt die Übernahme eines Beschaffungsrisikos i. S. des § 276 Abs. 1 in Gestalt eines Produktionsrisikos. Wenn G nun 2 Monate nur jeweils 70 000 Flaschen an H liefert, kann H gegebenenfalls aus §§ 280, 281 Schadensersatz statt der Leistung verlangen. G hat die Pflichtverletzung wegen der Übernahme des Beschaffungsrisikos zu vertreten.

590 In vielen Fällen wird zu fragen sein, wie weit die Risikoübernahme reicht, d. h. welche Risiken werden von der Übernahme des Beschaffungsrisikos erfasst und

---

39 Vgl. *Canaris*, JZ 2001, 499, 518.
40 Vgl. *Canaris*, JZ 2001, 499, 518.

welche nicht. Diese Frage muss durch eine entsprechende **Auslegung** der vertraglichen Vereinbarungen beantwortet werden[41]. Dabei ist davon auszugehen, dass eine unbegrenzte Verantwortlichkeit für den Beschaffungserfolg ohne Rücksicht auf die Ursache des Misslingens in der Regel zu weit gehen würde[42]. Denn damit würden dem Schuldner auch solche Risiken überbürdet, die mit den Eigenarten einer Beschaffungspflicht nichts zu tun haben, wie z. B. das Risiko einer Erkrankung. Die verschärfte Haftung soll sich auf **typische Beschaffungshindernisse** beschränken. Dazu gehören z. B. die notwendige Sachkenntnis, die entsprechenden Verbindungen und die notwendigen finanziellen Mitteln[43].

> **Beispiel:** Der in wirtschaftliche Schwierigkeiten geratene H verpflichtet sich der U-GmbH gegenüber, innerhalb von drei Wochen fünf Spezialmaschinen eines viel verbreiteten Typs zu beschaffen. Es gibt nur zwei Hersteller dieser Maschinen. Keiner ist wegen der zweifelhaften Bonität des H bereit, ihm die Maschinen zu liefern. In diesem Fall trägt H der U-GmbH gegenüber das Beschaffungsrisiko.

Jedenfalls beschränkt sich die Risikoübernahme auf das Gelingen der Beschaffung; eine verschuldensunabhängige Einstandspflicht für die Qualität der zu beschaffenden Ware wird **nicht** begründet[44].

VII. Die Verletzung von sonstigen Pflichten aus dem Schuldverhältnis (positive Forderungsverletzung)

1. Überblick

Eine Pflichtverletzung im Sinne des § 280 kann auch in der Verletzung von sonstigen Pflichten aus dem Schuldverhältnis, etwa von Nebenpflichten, liegen (positive Forderungsverletzung).

591

Eine Pflichtverletzung des Schuldners kann darin bestehen, dass er „die fällige Leistung nicht wie geschuldet erbringt" (§ 281 Abs. 1). Damit sind die Fälle der **Schlechterfüllung (Schlechtleistung)** gemeint, ohne dass dabei zwischen Haupt- und Nebenpflichten unterschieden wird.

Als sonstige Pflichten aus dem Schuldverhältnis kommen vor allem in Betracht die Nebenpflichten, und zwar

- vertragliche (echte) Nebenpflichten, die der Erfüllung des Leistungsinteresses des Gläubigers dienen,
- und leistungsbegleitende Nebenpflichten aus dem Schuldverhältnis im Sinne des § 241 Abs. 2, wie z. B. Schutz- und Obhutspflichten.

---

41 Anwaltkommentar-*Dauner-Lieb*, § 276 Rdnr. 25.
42 So *Medicus*, SchuR AT Rdnr. 349.
43 *Medicus*, SchuR AT Rdnr. 349.
44 Anwaltkommentar-*Dauner-Lieb*, § 276 Rdnr. 26.

2. Die Schlechtleistung

592 Liegt eine Schlechterfüllung vor, kann der Gläubiger, falls die Vorschriften der §§ 280, 281 vorliegen, Schadensersatz statt der Leistung verlangen und bei gegenseitig verpflichtenden Verträgen von seinem Rücktrittsrecht Gebrauch machen (§§ 323, 326 Abs. 5 und 325).

Für viele der wichtigen Vertragstypen hält das BGB für den Fall der Schlechtleistung spezielle Vorschriften bereit, welche ihre Rechtsfolgen regeln, so z. B. die §§ 434 ff. für den Kaufvertrag und die §§ 633 ff. für den Werkvertrag. Allerdings handelt es sich dabei nicht um eine vollständige und abschließende Regelung. Für bestimmte Fälle wird über Verweisungsnormen, wie z. B. § 437 für den Kaufvertrag und § 634 für den Werkvertrag, auf die allgemeinen Regeln des Pflichtverletzungsrechts Bezug genommen, die damit anwendbar sind.

Beispiel: Wenn der Verkäufer dem Käufer mangelhafte Waren liefert, hat der Käufer einen Anspruch auf Rest- bzw. Nacherfüllung. Der Nacherfüllungsanspruch aus §§ 437 Nr. 1, 439 ist gerichtet auf
– Mängelbeseitigung (Nachbesserung)
– oder Lieferung einer mangelfreien Sache.

Erst wenn beide Arten der Nacherfüllung dem Käufer unzumutbar oder fehlgeschlagen sind, stehen dem Käufer in zweiter Linie die folgenden Rechte und Ansprüche zu:
– Er kann gemäß §§ 437 Nr. 2, 440, 323 und 326 Abs. 5 vom Vertrage zurücktreten oder stattdessen den Kaufpreis nach § 441 mindern;
– er kann außerdem nach §§ 437 Nr. 1, 440, 280, 281, 283 und 311a Schadensersatz oder nach § 284 Ersatz der vergeblichen Aufwendungen verlangen.

593 Für den Fall, dass die Nacherfüllung fehlschlägt, wird also auf das allgemeine Pflichtverletzungsrecht mit den Möglichkeiten, Schadensersatz statt der Leistung zu fordern und vom Vertrage zurückzutreten, zurückgegriffen.

Es gibt allerdings auch eine Reihe von Schuldverhältnissen, für die das BGB keine speziellen Vorschriften für den Fall der Schlechtleistung bereithält. Dazu zählen u. a. der unentgeltliche und der entgeltliche Geschäftsbesorgungsvertrag (§§ 662 ff. und § 675) sowie der Dienstvertrag (§ 611). Hier finden die §§ 280 ff., 323, 326 Abs. 5 wegen der **Schlechterfüllung einer Hauptpflicht** unmittelbar Anwendung.

Beispiel: Der Vertrag zwischen einem Anwalt und einem Mandanten ist, je nach Tätigkeit, ein Dienst- bzw. Werkvertrag, der den Regeln des Geschäftsbesorgungsvertrages gemäß § 675 unterliegt. Wenn der Anwalt fahrlässig eine Frist versäumt und ein aussichtsreicher Prozess deshalb nicht mehr geführt werden kann, liegt eine Schlechtleistung (§§ 280, 281 Abs. 1 S. 1) vor. Da es für den Geschäftsbesorgungsvertrag an speziellen Regeln über Pflichtverletzungen fehlt, sind die allgemeinen Regeln über Pflichtverletzungen (§§ 280 ff., 323, 326 Abs. 5 und § 311a Abs. 2) anwendbar. Im zu erörternden Fall hätte der Mandant einen Anspruch auf Schadensersatz statt der Leistung aus §§ 280, 281; außerdem könnte er vom Vertrage zurücktreten.

Es gibt allerdings auch neben Kauf- und Werkvertrag noch gesetzlich geregelte Vertragstypen, für die das BGB in abschließender Weise eigenständige Mängelregelungen enthält. Dazu gehören der Mietvertrag (§§ 535 ff.) und der Reisevertrag (§§ 651 a ff.). Kommt es bei diesen Verträgen zu Schlechtleistungen, kann nicht auf die allgemeinen Regeln der §§ 280 ff. und 323, 326 zurückgegriffen werden.

3. Die Verletzung leistungsbezogener Nebenpflichten

Bei den echten vertraglichen Nebenpflichten handelt es sich um solche Pflichten, die der Erfüllung des spezifisch vertraglichen Leistungsinteresses des Gläubigers dienen. **594**

In diesen Fällen ist die erbrachte Hauptleistung fehlerfrei, aber der Gläubiger erleidet durch die Verletzung einer Nebenpflicht einen Schaden. Solche Nebenpflichten sind insbesondere Mitwirkungs-, Aufklärungs- und Unterweisungspflichten.

> **Beispiel:** Der Verkäufer liefert dem Käufer eine mangelfreie Ware; er hat den Käufer aber zuvor im Hinblick auf die Eigenschaften der Sache falsch beraten. Hier hat der Verkäufer zwar seine Hauptpflicht mangelfrei erbracht, jedoch eine leistungsbezogene Nebenpflicht verletzt, indem er falsch beraten hat.

Die Rechtsfolgen einer zu vertretenden Pflichtverletzung dieser Art sind: **595**
- Der Gläubiger kann Schadensersatz nach § 280 Abs. 1 verlangen. Dann tritt dieser Anspruch neben den nach wie vor bestehenden Anspruch auf die vereinbarte Leistung.
- Er kann stattdessen aber auch Schadensersatz statt der Leistung gemäß §§ 280, 281 oder Ersatz der vergeblichen Aufwendungen (§§ 280, 281, 284) fordern, wenn er zuvor erfolglos eine Frist zur Leistung bestimmt hatte; in diesem Fall verliert er den Anspruch auf die Leistung (§ 281 Abs. 4).
- Der Gläubiger kann daneben oder stattdessen auch vom Vertrage zurücktreten, wenn die Voraussetzungen des § 323 vorliegen. In der Regel muss also zunächst erfolglos eine Nachfrist gesetzt worden sein.

> **Beispiel:** Beim Kauf einer komplizierten Maschine verpflichtet sich der Verkäufer vertraglich, dem Käufer bei der Lieferung eine detaillierte Bedienungsanleitung für ebendiese Maschine auszuhändigen. Wenn der Verkäufer dieser Verpflichtung nicht nachkommt und er dies zu vertreten hat, liegt eine Pflichtverletzung im Sinne des § 280 Abs. 1 vor, die den Verkäufer zum Schadensersatz, bei Vorliegen der Voraussetzungen des § 281 Abs. 1 auch zum Schadensersatz statt der Leistung verpflichtet.

> **Beispiel:** Auch noch nach Vertragsschluss muss eine Werbeagentur den Vertragspartner darüber informieren, dass gegen die geplante Werbeaktion rechtliche Bedenken bestehen[45]. Wird diese Verpflichtung schuldhaft verletzt, kann ein Schadensersatzanspruch aus einer Pflichtverletzung gemäß § 280 entstehen.

---

45 Vgl. BGHZ 61, 118 ff.

4. Die Verletzung von Pflichten aus dem Schuldverhältnis im Sinne von § 241 Abs. 2

596 § 241 Abs. 2 nennt als sogenannte **leistungsbegleitende Nebenpflichten** vor allem Schutz- und Obhutpflichten. Danach können die an einem Schuldverhältnis Beteiligten nach dem Inhalt des Schuldverhältnisses „zur Rücksicht auf die Rechte, Rechtsgüter und Interessen des anderen Teils" verpflichtet sein.

Daraus können sich u. a. ergeben:
- Schutzpflichten, d. h. Fürsorge- und Obhutpflichten;
- Aufklärungs-, Beratungs-, Informations- und Auskunftspflichten;
- Unterlassungs- und Verschwiegenheitspflichten.

597 Die **Schutzpflichten** bestehen vor allem darin, dass jeder am Vertrage Beteiligte verpflichtet ist, Schädigungen des anderen Teils zu unterlassen, die sich aus den Einwirkungsmöglichkeiten bei der Durchführung des Vertrages ergeben können. Die Verletzung einer solchen Pflicht stellt eine Pflichtverletzung i. S. des § 280 dar[46].

Beispiel: B kauft bei N 1 Heizöl. Der Fahrer F des N, der mit einem Tanklastzug das Öl anliefert, ist müde und steht unter dem Einfluss von Alkohol. Er lässt das Öl nicht in den dafür vorgesehenen Einfüllstutzen für den Öltank des B, sondern in ein offenes Kellerfenster fließen. Dadurch entsteht ein erheblicher Schaden. F selbst ist mittellos. Als B von N Schadensersatz verlangt, zeigt ihm dieser die Personalakte des F, aus der hervorgeht, dass F ein ausgezeichneter Fahrer und noch niemals wegen Trunkenheit aufgefallen ist.

Ein Anspruch des B gegen N aus unerlaubter Handlung besteht nicht, weil N sich gemäß § 831 Abs. 1 Satz 2 exkulpieren kann. Es könnte jedoch ein Schadensersatzanspruch aus Pflichtverletzung nach §§ 280, 241 Abs. 2 i. V. m. § 278 entstanden sein. Bei jedem Vertrag bestehen die Nebenpflichten aus § 241 Abs. 2 – hier eine Schutzpflicht –, alles Erforderliche zu tun bzw. zu unterlassen, damit der Vertragspartner nicht geschädigt wird. Bei der Abwicklung des Vertrages hat F als Erfüllungsgehilfe des N diese Schutzpflicht schuldhaft verletzt. Gemäß § 278 muss N sich dies zurechnen lassen. Er ist deshalb wegen einer von ihm zu vertretenden Pflichtverletzung gem. §§ 280, 241 Abs. 2 i. V. m. § 278 zum Schadensersatz verpflichtet.

598 Als wichtige Nebenpflichten im Sinn des § 241 Abs. 2 können sich für die Parteien aus dem Vertragsverhältnis unterschiedliche **Aufklärungs-, Anzeige-, Warn- und Beratungspflichten** ergeben. Beratungspflichten in erheblichem Umfange können z. B. aus den vertraglichen Verhältnissen mit Angehörigen der freien Berufe entstehen. So treffen z. B. den Architekten als „Sachwalter" des Bauherrn gewisse vertragliche Nebenpflichten zur Beratung und Aufklärung auch unter rechtlichen Gesichtspunkten. Allerdings erstrecken sich diese grundsätzlich nur so weit, wie dies die mangelfreie Erbringung des Architektenwerkes selbst erfordert[47].

---

46 *Reischl*, JuS 2003, 42.
47 So BGHZ 60, 1, 3.

Beispiel: Eine allgemeine Pflicht des Architekten, in jeder Hinsicht die Vermögensinteressen des Bauherrn wahrzunehmen und unter Berücksichtigung aller Möglichkeiten so kostengünstig wie möglich zu bauen, besteht nicht. Erkennt der Ar-
chitekt jedoch, dass der Bauherr bestimmte Steuervergünstigungen in Anspruch
nehmen will, so muss er ihn auf die Steuerschädlichkeit bestimmter Maßnahmen
hinweisen[48].

Aus einer Reihe von Verträgen sind **Verschwiegenheits- und Unterlassungspflich- 599
ten** abzuleiten. Das gilt insbesondere dann, wenn durch die Verträge besondere
Treuepflichten zwischen den Parteien begründet werden oder wenn diese Verträge auf eine andauernde und vertrauensvolle Zusammenarbeit angelegt sind. Letzteres gilt z. B. für Arbeitsverträge und Gesellschaftsverträge.

Ein **Beispiel** für Unterlassungspflichten stellt das **Wettbewerbsverbot** dar, das auch
noch für die Zeit nach der Beendigung des Vertrages gelten kann. Wettbewerbs-
verbote können sich aus dem Gesetz ergeben (wie z. B. aus § 113 HGB) oder vertraglich vereinbart werden. Die schuldhafte Verletzung eines Wettbewerbsverbotes
führt für den Fall, dass ein Schaden entstanden ist, zu einem Anspruch wegen
Pflichtverletzung aus § 280.

Aus der Art des Vertrages oder aus dem zwischen den Parteien entstandenen Vertrauensverhältnis kann sich eine **Verschwiegenheitspflicht** oder Geheimhaltungs-
pflicht auch ohne eine ausdrückliche Vereinbarung darüber ergeben. Eine solche
ist im Regelfall aus dem Bankvertrag sowie aus dem Arzt- und Krankenhausver-
trag abzuleiten.

Eine Verletzung der Pflichten zur Rücksichtnahme aus § 241 Abs. 2 und damit eine Pflichtverletzung gemäß § 280 Abs. 1 kann auch darin liegen, dass eine Vertragspartei von der anderen etwas verlangt, das nach dem Vertrage nicht geschuldet ist, oder ein Gestaltungsrecht ausübt, welches nicht besteht[49]. Denn zu den
Rechten und Interessen i. S. des § 241 Abs. 2 gehört auch das Interesse des Schuldners, nicht in weiterem Umfange in Anspruch genommen zu werden, als es im Vertrage vereinbart worden ist. So wie der Gläubiger von dem Schuldner die uneingeschränkte Herbeiführung des Leistungserfolges verlangen kann, darf der Schuldner
von dem Gläubiger erwarten, dass auch er die Grenzen des Vereinbarten einhält
(Leistungstreuepflicht)[50]. Eine Pflichtverletzung begeht z. B derjenige, der vom
Schuldner eine Geldsumme fordert, die nicht geschuldet wird, oder wer einen
Rücktritt erklärt, obwohl ein Rücktrittsrecht nicht entstanden ist.

Beispiel: G fordert von S die Zahlung einer Vertragsstrafe in Höhe von 100.000 €,
obwohl, was der G weiß, dieselbe nicht verwirkt ist. S, der im Hinblick auf die
Rechtslage unsicher ist, nimmt, um die geforderte Summe notfalls zahlen zu können,
vorsichtshalber bei seiner Bank ein Darlehen auf. Die Kosten für dieses Darlehen

---

48 Vgl. BGHZ 60, 1, 3.
49 So BGHZ 179, 238.
50 BGHZ 179, 238, 245.

einschließlich der zu zahlenden Zinsen kann S von G nach §§ 280, 241 Abs. 2 verlangen, weil G, indem er die nicht verwirkte Vertragsstrafe geltend machte, die ihm nach § 241 Abs. 2 obliegende Pflicht verletzt hat, von seinem Schuldner nichts zu verlangen, was nach dem Vertrage nicht geschuldet ist.

600 Die Rechtsfolgen einer Pflichtverletzung wegen der Verletzung von Nebenpflichten im Sinne des § 241 Abs. 2 können sein:

– Der Gläubiger kann **neben** der ursprünglich vereinbarten Leistung Schadensersatz nach § 280 Abs. 1 verlangen.

– Er kann stattdessen gemäß §§, 280, 282 aber auch Schadensersatz statt der Leistung oder Ersatz der vergeblichen Aufwendungen (§§ 280, 282, 284) fordern, wenn dem Gläubiger die Leistung durch den Schuldner nicht mehr zuzumuten ist. Die Pflichtverletzung muss also ein gewisses Gewicht haben, um die Rechtsfolge des § 282 zu rechtfertigen.

– Der Gläubiger kann daneben (§ 325) oder stattdessen auch vom Vertrage zurücktreten, wenn die Voraussetzungen des § 324 vorliegen, d. h. dem Gläubiger muss ein Festhalten am Vertrag nicht mehr zumutbar sein.

600a An die Bejahung der Unzumutbarkeit sind hohe Anforderungen zu stellen. Dabei ist in erster Linie Schwere und Häufigkeit der Pflichtverletzung zu berücksichtigen.

Beispiel: Der Hauseigentümer E hat mit dem Unternehmer U einen Vertrag über den Umbau und die Renovierung von 2 Zimmern in der 1. Etage des Hauses zu einem Festpreis von 17.000 € abgeschlossen. Trotz mehrfacher Ermahnungen durch E nehmen die Arbeitnehmer des U wenig Rücksicht bei dem Transport von Baustoffen und anderen Materialien auf dem Wege in die zu renovierenden Räume. Nachdem sie an mehreren aufeinander folgenden Tagen wiederholt den Vorgarten, die Eingangshalle und das Treppenhaus schwer beschädigt haben, tritt E vom Vertrage zurück und fordert Schadensersatz statt der Leistung. Durch die Verpflichtung eines anderen Bauunternehmers entstehen E Mehrkosten von 3.000 €; die von den Arbeitnehmern des U angerichteten Schäden betragen 12.000 €. E könnte zu Recht vom Vertrage zurückgetreten sein und außerdem einen Schadensersatzanspruch statt der Leistung aus §§ 280, 282, 241 Abs. 2 erworben haben. Das Rücktrittsrecht ergibt sich aus § 324, weil die Gehilfen des U in besonders grober Weise und trotz Abmahnung wiederholt die Rücksichtnahmepflicht nach § 241 Abs. 2 verletzt haben, was dem U nach § 278 zuzurechnen ist. Dem E ist aus diesem Grunde ein Festhalten am Vertrage nicht zuzumuten. Nach § 325 schließt das einen Anspruch auf Schadensersatz statt der Leistung aus §§ 280, 282, 241 Abs. 2 nicht aus. Dass dem E ein Festhalten am Vertrage wegen der besonders schweren Verletzungen der Pflichten aus § 241 Abs. 2 nicht zuzumuten ist, ist bereits dargelegt. Ein Schaden ist in Höhe von 15.000 € entstanden. Das grob fahrlässige Verhalten seiner Erfüllungsgehilfen hat U nach §§ 280, 278 zu vertreten. Infolgedessen ergibt sich aus §§ 280, 282, 241 Abs. 2, 278 ein Schadensersatzanspruch des E in Höhe von 15.000 €.

601 Eine Besonderheit ergibt sich für den Fall, dass die Verletzung der Nebenpflicht im Sinne des § 241 Abs. 2 sich auf die Hauptleistung auswirkt und zur Folge hat, dass die Hauptleistung nicht vertragsgemäß erbracht wird: In einem solchen Fall ist § 281 und nicht § 282 anwendbar. Das bedeutet, dass der Gläubiger dem Schuldner eine Nachfrist zur Leistung setzen muss und erst nach erfolglosem Ablauf derselben Schadensersatz statt der Leistung verlangen kann.

Beispiel: A schließt mit dem Unternehmer B einen Werkvertrag über die Renovierung seiner Wohnung. B ist starker Raucher und raucht pro Tag in der Wohnung des A drei Schachteln Zigaretten. Die Renovierungsarbeiten nimmt B ordnungsgemäß vor. Allerdings ist nach der Durchführung der Arbeiten der Neuanstrich durch den Zigarettenqualm optisch beeinträchtigt. In diesem Fall führt die Nebenpflichtverletzung des B, nämlich die fehlende Obhutpflicht für die Wohnung des A, dazu, dass er seine Hauptleistung, den Anstrich der Wände und Decken, nicht erbracht hat. Somit ist für den Anspruch des A § 281 anwendbar.

VIII. Das Verschulden bei Vertragsschluss (Culpa in contrahendo)

1. Überblick

Pflichten im Sinne des § 241 Abs. 2, deren Verletzung eine Pflichtverletzung (§ 280) darstellt, können auch schon vor und auch ohne Vertragsschluss entstehen. Dabei ist zu unterscheiden zwischen **602**
– einem Schuldverhältnis mit einem **potenziellen Vertragspartner** (§ 311 Abs. 2)
– und einem Schuldverhältnis mit einem **Dritten**, der nicht Vertragspartner werden will (§ 311 Abs. 3).

Mit der Eröffnung von Vertragsverhandlungen, sogar bereits mit dem Willensentschluss, Vertragsverhandlungen zu beginnen, entsteht ein **vorvertragliches gesetzliches Schuldverhältnis im Sinne des § 311 Abs. 2 oder 3**, das den Beteiligten die Pflicht auferlegt, in ihrem Herrschaftsbereich durch aktives Tun oder durch Unterlassen dafür zu sorgen, dass dem potenziellen Vertragsgegner kein Schaden zugefügt wird. Bei **schuldhafter** Verletzung dieser Pflichten (z. B. Schutz-, Obhut-, Unterrichtungs-, Aufklärungs- und Auskunftspflichten) hat der Verletzende gemäß § 280 in Verbindung mit §§ 311 Abs. 2 und 241 Abs. 2 dem Geschädigten den entstandenen Schaden zu ersetzen. Zu berechnen ist der Schaden nach §§ 249 ff.

§ 311 Abs. 2 beschreibt, unter welchen Voraussetzungen ein Schuldverhältnis mit den entsprechenden Pflichten aus § 241 Abs. 2 zwischen zwei potenziellen Vertragspartnern entstehen kann: **603**
a) durch die Aufnahme von Vertragsverhandlungen (§ 311 Abs. 2 Nr. 1);
b) durch die Anbahnung eines Vertrages (§ 311 Abs. 2 Nr. 2);
c) durch ähnliche Kontakte (§ 311 Abs. 2 Nr. 3)[51].

---

51 Vgl. dazu *Reischl*, JuS 2003, 44.

Beispiel: Kaufleute und Ingenieure der Unternehmen A (potenzieller Auftragnehmer) und B (potenzieller Besteller) verhandeln in den Geschäftsräumen von B über die Errichtung einer Chemieanlage auf dem Gelände von B. Damit hat die Aufnahme von Vertragsverhandlungen (§ 311 Abs. 2 Nr. 1) stattgefunden. Ein vorvertragliches Schuldverhältnis (§ 311 Abs. 2 Nr. 1) ist entstanden.

Beispiel für die Anbahnung eines Vertrages: K betritt das Kaufhaus V in der Absicht, möglicherweise dort Sportbekleidung zu kaufen. Damit hat die Anbahnung eines Vertrages (§ 311 Abs. 2 Nr. 2) begonnen.

604 Nach § 311 Abs. 3 kommt ein Schuldverhältnis mit einem Dritten, der nicht Vertragspartner werden soll und will, wie folgt zustande:

Der Dritte nimmt einer Person gegenüber, die Vertragspartner eines anderen ist oder werden will, in besonderem Maße Vertrauen für sich in Anspruch und beeinflusst damit die Vertragsverhandlungen oder den Vertragsschluss erheblich.

Das ist insbesondere dann der Fall, wenn der Stellvertreter des künftigen Vertragspartners oder ein den Vertrag Vermittelnder die eigentliche Vertrauensperson ist, auf deren besondere Sachkunde der Vertragschließende vertraut (sog. Sachwalterhaftung).

Beispiel: G, der Geschäftsführer der X-GmbH, verhandelt mit K über den Abschluss eines Vertrages zur Errichtung eines Eigenheimes samt Finanzierung desselben. Während der eigentliche Bauvertrag mit der X-GmbH zustande kommen soll, soll der Darlehensvertrag mit der B-Bank geschlossen werden. Dabei tritt G, von der B-Bank entsprechend bevollmächtigt, als deren Vertreter auf. G geriert sich als besonders sachverständig in Finanzierungsfragen und berät K eingehend. Indem G das besondere Vertrauen des K für sich in Anspruch nimmt, begründet er ein Schuldverhältnis mit den Pflichten nach § 241 Abs. 2 im Sinne des § 311 Abs. 3 mit K.

Verletzt ein an einem solchen Schuldverhältnis Beteiligter eine Pflicht im Sinne des § 241 Abs. 2, macht er sich gemäß § 280 schadensersatzpflichtig.

2. Pflichten aus einem Schuldverhältnis zwischen potenziellen Vertragspartnern

a) Überblick

605 Wie schon erwähnt, entstehen Pflichten zur gegenseitigen Rücksichtnahme nicht erst mit dem Abschluss des Vertrages. Sie können vielmehr schon mit der Aufnahme von Vertragsverhandlungen oder mit der Anbahnung eines Vertrages entstehen. Dieses auf Gefahrenabwehr gerichtete **vorvertragliche Schuldverhältnis** kommt unabhängig von dem eventuell später geschlossenen Vertrag zustande.

Das vorvertragliche gesetzliche Schuldverhältnis entsteht in der Regel durch die Aufnahme von Vertragsverhandlungen oder durch die Anbahnung eines Vertrages. Im Letzteren Fall kann das auf Gefahrenabwehr gerichtete, gesetzliche Schuldverhältnis bereits entstehen, wenn jemand in den räumlichen Herrschaftsbereich eines anderen gerät.

Beispiel: Das Betreten eines Kaufhauses, um dort möglicherweise etwas zu kaufen.

b) Die einzelnen Pflichten aus dem Schuldverhältnis

aa) Überblick: Aus dem vorvertraglichen Schuldverhältnis zwischen den potenziellen Vertragspartnern im Sinne des § 311 Abs. 2 können sich insbesondere die folgenden Pflichten ergeben: 606
– Aufklärungs-, Informations-, Beratungs-, Auskunfts- und Hinweispflichten;
– Schutz-, Obhut- und Fürsorgepflichten.

bb) Die Verletzung von Aufklärungs-, Auskunfts- und Beratungspflichten: Bei Vertragsverhandlungen trifft grundsätzlich jeden daran Beteiligten die Pflicht, den anderen über sämtliche Umstände aufzuklären, die für dessen Entschluss, den Vertrag abzuschließen, von besonderer Bedeutung sind. Das heißt nicht, dass die Parteien einander das gesamte Vertragsrisiko abnehmen müssen, indem sie sich gegenseitig darüber aufklären. Denn es ist davon auszugehen, dass es zunächst einmal die Sache jeder einzelnen Partei ist, sich über die allgemeinen Marktverhältnisse und die sich daraus ergebenden Chancen und Risiken zu informieren. 607

Nur ausnahmsweise ergibt sich eine besondere **Aufklärungspflicht** einer Partei gegenüber der anderen, so z. B. dann, wenn besondere Umstände nur der einen Partei bekannt sind, diese jedoch weiß oder wissen muss, dass die Entscheidung der anderen Seite von deren Kenntnis beeinflusst werden kann.

Eine derartige Aufklärungspflicht kann sich z. B. beziehen auf solche Umstände, die der Gültigkeit des Vertrages entgegenstehen.

Beispiel: Hat der Verwender Allgemeiner Geschäftsbedingungen den Verdacht, dass eine oder gar mehrere der von ihm verwandten Klauseln wegen Verstoßes gegen die §§ 305 ff. unwirksam sein könnten, so trifft ihn die schadensverhütende Schutzpflicht, den anderen Teil darüber aufzuklären. Hier liegt also eine Pflichtverletzung in Gestalt einer Aufklärungspflicht vor.

Aufklärungs- und Beratungspflichten können sich auch beim Abschluss eines Kaufvertrages ergeben, wenn der Verkäufer das Vertrauen des Kunden dadurch in Anspruch nimmt, dass er ihn berät. 608

Beispiel: Der 72-jährige W besichtigt im Geschäft des V mehrere Waschmaschinen. Von den vorgeführten Maschinen kauft er, nachdem er den V befragt hat, welches Gerät für ihn wohl das geeignete sei und V ihn auf das Modell XGL aufmerksam gemacht hat, ein solches, das die Wäsche bügeltrocken säubert. Als es geliefert wird, stellt sich heraus, dass W die Maschine in seiner 2-Zimmer-Wohnung nicht aufstellen kann. Sie muss wegen der hohen Drehzahl der Trommel auf einem Zementsockel befestigt werden, damit sie standfest ist. Das ist auch in der Bedienungsanleitung aufgeführt. W will vom Vertrag loskommen. Grundsätzlich muss sich der Käufer selbst davon überzeugen, ob er den zu erwerbenden Gegenstand zweckentsprechend verwenden kann. Wenn jedoch die Kaufsache nicht wie üblich eingesetzt werden kann und besondere Vorkehrungen getroffen werden müssen, damit sie zweckentsprechend gebraucht werden kann, dann darf der Käufer, dem dieses nach den Umständen nicht bekannt zu sein braucht, darauf vertrauen, dass er vom Verkäufer darüber unterrichtet wird. Indem V es unterließ, den W auf die besonderen Verwendbarkeitsvoraussetzungen der Waschmaschine aufmerksam zu machen, hat er daher eine ihm obliegende Aufklärungspflicht verletzt und damit eine Pflichtverletzung im Sinne der §§ 280, 311 Abs. 2 begangen.

609 **cc) Der Abbruch von Vertragsverhandlungen**: Schon während der Verhandlungen über den Abschluss eines Vertrages schuldet jeder Vertragspartner dem anderen im Hinblick auf das durch Vertragsverhandlungen begründete Schuldverhältnis (gemäß § 311 Abs. 2 Nr. 1) die zumutbare Rücksichtnahme auf dessen berechtigte Belange; dazu gehört auch, dass er die Vertragsverhandlungen nicht grundlos, nämlich ohne triftigen Grund oder aus sachfremden Erwägungen, abbricht, wenn er zuvor das Vertrauen des anderen Teils, der Vertrag werde mit Sicherheit zustande kommen, erweckt hat. Ein **schuldhafter** Verstoß gegen diese Pflicht ist eine Pflichtverletzung nach § 280. Sie begründet die Verpflichtung, dem Verhandlungspartner den dadurch verursachten Vertrauensschaden zu ersetzen[52].

610 Das **Verschulden** des anderen, d. h. des in Anspruch genommenen Teils, kann darin liegen, dass er

– schuldhaft das Vertrauen des Verhandlungspartners geweckt und genährt hat, der Vertrag werde mit Sicherheit zustande kommen,

oder

611 falls das Vertrauen des Verhandlungspartners darauf, der Vertrag werde mit Sicherheit zustande kommen, ohne Verschulden erweckt worden ist, so darf der Abbruch der Verhandlungen nicht grundlos, also nur noch aus triftigem Grund, d. h. aus nicht sachfremden Erwägungen erfolgen. Wer die Verhandlungen grundlos, d. h. ohne triftigen Grund, abbricht, handelt deshalb **schuldhaft**.

612 Daraus folgt für denjenigen Verhandlungspartner, der noch nicht fest entschlossen ist, den Vertrag so, wie die andere Seite das wünscht, abzuschließen, dass er sich bei den noch laufenden Vertragsverhandlungen so verhält, dass bei dem anderen Teil (dem Verhandlungspartner) **nicht** der Eindruck erweckt oder genährt wird, der Vertrag werde mit Sicherheit zustande kommen. Denn ist dieses Vertrauen auf das Zustandekommen des Vertrages erst einmal geschaffen worden, können die Verhandlungen nicht mehr ohne triftigen Grund abgebrochen werden. Wer dies dennoch tut, gerät in die Gefahr, Schadensersatz leisten zu müssen.

---

52 BGHZ 71, 386, 395.

Aufgabe 6:

Das Unternehmen A (Anlagenbauer) verhandelt mit dem Unternehmen B über den Abschluss eines Vertrages zur Errichtung einer schlüsselfertigen Anlage auf dem Betriebsgelände von B. Die Verhandlungen sind schon in einem fortgeschrittenen Stadium. Eine Einigung über den Preis ist allerdings noch nicht erzielt worden. Während A einen Preis von 6,8 Mio. €. verlangt, will B nicht mehr als 6,3 Mio. € zahlen. B ist an einem baldigen Beginn mit dem Bau der Anlage interessiert. A benötigt einige Monate Vorlauf, um mit den Arbeiten beginnen zu können; u. a. müssen Verträge mit Zulieferern abgeschlossen und benötigte Materialien bestellt werden. Darauf weist A hin, als B trotz der noch ausstehenden Einigung über den Preis darauf drängt, mit den Arbeiten zu beginnen. In einem Schreiben der Geschäftsleitung von B an A heißt es u. a.:

„Wir bitten Sie angesichts der fortgeschrittenen Zeit, auf jeden Fall schon die Verträge mit den Zulieferern abzuschließen und die benötigten Materialien zu bestellen."

A kommt dieser Aufforderung nach und bestellt für 700 000,– € bei Zulieferern. Zwei Wochen später erfährt A, dass B mit einem ausländischen Unternehmen den Vertrag über die Anlage abgeschlossen hat, weil dieses einen Preis von 5,9 Mio. € akzeptiert hatte. B weigert sich, die von A verlangten 700 000,– € an diese zu zahlen. Die von A von Zulieferern für 700 000,– € bezogenen und bezahlten Teile kann A nicht anderweitig verwerten.

Hat A gegen B einen Anspruch auf Zahlung von 700 000,– €?

Lösen Sie diese Aufgabe bitte in einem schriftlichen Gutachten und vergleichen Sie Ihre Ausführungen mit der Lösung am Schluss dieses Buches!

dd) Die Verletzung von Schutz-, Obhut- und Fürsorgepflichten: Ein Schuldver- 613
hältnis mit den daraus erwachsenden **Schutz- und Obhutpflichten** entsteht auch mit der Anbahnung eines Vertrages (§ 311 Abs. 2 Nr. 2). Aus einem solchen Schuldverhältnis folgt u. a. die Pflicht des Letzteren, seinen räumlichen Herrschaftsbereich verkehrssicher zu gestalten. Voraussetzung dafür ist allerdings, dass beide Seiten mit Vertragsverhandlungen beginnen wollen. Dazu genügt ein genereller, rein faktischer Wille, in Vertragsverhandlungen einzutreten.

Fall: K betritt ein Kaufhaus, dessen Inhaber L ist, um eine Bodenvase auszusuchen und zu kaufen. Als er die Treppe vom Erdgeschoss in den 1. Stock benutzt, kippt eine am Treppengeländer von dem Angestellten G unvorsichtig aufgestellte Linoleumrolle um und stürzt auf den K, der davon am Kopf getroffen wird. K fällt die Treppe hinunter. Die Folgen sind eine schwere Gehirnerschütterung und ein zerrissener Anzug. K wird in ein Krankenhaus eingeliefert. Einen Kaufvertrag mit L kann er nicht mehr abschließen. K verlangt Schadensersatz (Ersatz der Arzt- und Krankenhauskosten und des Verdienstausfalles sowie für den zerrissenen Anzug) in Höhe von 1500,– €. L legt die gut geführte Personalakte des G vor, aus der hervorgeht, dass G ein besonders guter und umsichtiger Angestellter ist. G ist zahlungsunfähig. Kann K von L Zahlung von 1500,– € verlangen?

Lösung:

a) Anspruch aus §§ 280, 311 Abs. 2 Nr. 2, 241 Abs. 2 wegen Verschuldens bei Vertragsschluss (culpa in contrahendo) i. V. m. § 278

K könnte gegen L einen Anspruch auf Zahlung von 1.500,– € aus §§ 280, 311 Abs. 2 Nr. 2, 241 Abs. 2 erworben haben, wenn L seine Pflichten aus einem vorvertraglichen Schuldverhältnis im Sinne der §§ 311 Abs. 2 Nr. 2, 241 Abs. 2 schuldhaft verletzt hat und dem K dadurch ein Schaden entstanden ist. Der Unfall des K ereignete sich im Kaufhaus des L. K hatte das Kaufhaus mit der Absicht betreten, eine Bodenvase zu kaufen; er hatte also den Willen, mit L in geschäftlichen Kontakt zu treten. Dies war kein bloß tatsächlicher Vorgang, wie ihn etwa eine reine Gefälligkeitshandlung darstellen würde, sondern es entstand ein vorvertragliches Schuldverhältnis nach § 311 Abs. 2 Nr. 2 durch die Anbahnung eines Vertrages. Ein solches entsteht unabhängig davon, ob später tatsächlich ein Vertrag zustande kommt. Aus dem entstandenen Schuldverhältnis ergab sich aus § 241 Abs. 2 sowohl für den Verkäufer als auch für den Kaufwilligen die Pflicht, bei der Besichtigung der Ware die gebotene Sorgfalt in Bezug auf die Gesundheit und das Eigentum des anderen Teils zu beachten[53]. Dieser Pflicht ist L nicht nachgekommen. Die Linoleumrolle war unvorsichtig aufgestellt. Es liegt also eine Pflichtverletzung nach § 280 vor, die allerdings nicht L, sondern der Angestellte G verursacht und verschuldet hat. da dieser die Rolle unvorsichtig aufgestellt hatte. Auch bei vorvertraglichen Schuldverhältnissen haftet der Schuldner nicht nur für eigenes Verschulden, sondern im Rahmen von § 278 auch für fremdes Verschulden. G war als Angestellter des L dessen Erfüllungsgehilfe im Hinblick auf die Erfüllung der dem L auferlegten Pflicht im Sinne des § 241 Abs. 2, seinen räumlichen Herrschaftsbereich verkehrssicher zu gestalten. § 278 findet deshalb Anwendung. K hat somit aus §§ 280, 278, 249 Satz 2 gegen L einen Anspruch auf Zahlung von 1500,– €.

b) Anspruch gemäß § 831 i. V. m. § 823 Abs. 1

Ein Anspruch des K gegen L auf Zahlung von 1500,– € könnte sich außerdem aus § 831 Abs. 1 Satz 1 ergeben. G hat eine Gesundheits- und Eigentumsverletzung des K im Sinne von § 823 Abs. 1 und dadurch einen Schaden verursacht; er war auch Verrichtungsgehilfe des L. Dieser kann aber mit der gut geführten Personalakte nachweisen, dass er bei der Auswahl und Beaufsichtigung des G sorgfältig vorgegangen ist und ihn deshalb weder ein Auswahl- noch ein Überwachungsverschulden trifft. Eine Haftung aus unerlaubter Handlung scheidet deshalb gemäß § 831 Abs. 1 Satz 2 aus.

3. Die Pflichten aus einem Schuldverhältnis mit einem Dritten, der nicht Vertragspartei werden soll (§ 311 Abs. 3)

614–616 Gemäß § 311 Abs. 3 kommt ein Schuldverhältnis mit den Pflichten aus § 241 Abs. 2 auch mit Personen zustande, die selbst nicht Vertragspartei werden wollen, wenn dieser Dritte dem einen Vertragspartner gegenüber in besonderem Maße

---

53 Vgl. RGZ 78, 239, 240.

Vertrauen für sich in Anspruch nimmt und damit die Vertragsverhandlungen oder den Vertragsschluss erheblich beeinflusst. Dritte in diesem Sinne können vor allem Vertreter oder sonstige Verhandlungsgehilfen sein. Dabei wird in erster Linie darauf abgestellt, in welchem Umfange der Vertreter oder Vermittler – als Sachwalter – durch sein Verhalten Vertrauen bei dem Vertragschließenden erweckt. Entscheidend für eine Inanspruchnahme des Verhandlungsgehilfen ist schließlich auch noch, ob und inwieweit er ein eigenes wirtschaftliches Interesse an dem Abschluss des Vertrages hat.

Beispiel: Der Gebrauchtwagenhändler, der als Vermittler oder Abschlussvertreter für den Käufer tätig wird, der selbst nicht in Erscheinung treten möchte, ist im Zweifel Sachwalter des Verkäufers. Der Käufer bringt ihm besonderes Vertrauen entgegen, weil er dem Vertragsgegenstand besonders nahe steht und am Vertragsschluss ein eigenes wirtschaftliches Interesse hat. Infolgedessen entsteht zwischen Käufer und Händler, obwohl dieser nicht Vertragspartner werden soll, ein Schuldverhältnis gemäß § 311 Abs. 3 mit den Pflichten aus § 241 Abs. 2, kraft dessen der Händler als Sachwalter für die von ihm begangenen Pflichtverletzungen gemäß § 280 einzustehen hat[54].

4. Der Verstoß gegen das Benachteiligungsverbot des AGG als Pflichtverletzung vor Vertragsschluss

§ 19 AGG konkretisiert das zivilrechtliche Benachteiligungsverbot (siehe dazu oben Rdnr. 97 a ff.). Danach ist vor allem eine Benachteiligung aus Gründen der Rasse oder wegen der ethnischen Herkunft, wegen des Geschlechts, der Religion, einer Behinderung, des Alters oder der sexuellen Identität" bei der Begründung, Durchführung und Beendigung zivilrechtlicher Schuldverhältnisse, die „typischerweise ohne Ansehen der Person zu vergleichbaren Bedingungen in einer Vielzahl von Fällen zustande kommen (Massengeschäfte) oder bei denen das Ansehen der Person nach der Art des Schuldverhältnisses eine nachrangige Bedeutung hat und die zu vergleichbaren Bedingungen in einer Vielzahl von Fällen zustande kommen" unzulässig. | **617**

Das AGG verpflichtet also dazu, vor allem **im vorvertraglichen Raum** nicht gegen das Benachteiligungsverbot zu verstoßen. Jeder schuldhafte Verstoß gegen das Benachteiligungsverbot ist eine Pflichtverletzung, die nach einer besonderen gesetzlichen Bestimmung, dem § 21 Abs. 2 AGG, zum Schadensersatz verpflichtet. Außerdem gewährt § 21 Abs. 1 bei einem objektiven Verstoß gegen das Benachteiligungsverbot einen Beseitigungsanspruch und bei Wiederholungsgefahr, d. h. einer konkret drohenden bevorstehenden Benachteiligung einen Anspruch auf Unterlassung. | **618**

Nach § 21 Abs. 2 AGG ist derjenige, der das Benachteiligungsverbot verletzt hat, verpflichtet, den hierdurch entstandenen Schaden zu ersetzen. Auch die Verpflich-

---

54 Vgl. BGHZ 87, 302, 304.

tung zur Abgabe einer auf den Vertragsschluss gerichteten Willenserklärung kann aus der Pflicht zur Naturalrestitution hergeleitet werden. Wenn die Diskriminierung gerade in der Verweigerung des Vertragsschlusses besteht, dann muss der Beseitigungsanspruch, wenn er denn noch möglich ist, zwangsläufig auf die Verpflichtung zum Abschluss des verweigerten Vertrages gerichtet sein (vgl. dazu oben Rdnr. 97 e).[55] Es besteht also **Kontrahierungszwang.**

619 Das AGG behandelt die Verletzung des Benachteiligungsverbotes als **Pflichtverletzung** im Sinne des § 280 Abs. 1 BGB. Deshalb lässt nur die schuldhafte Benachteiligung den Schadensersatzanspruch entstehen. Allerdings wird das Vertretenmüssen nach § 21 Abs. 2 S. 1 AGG (wie in § 280 Abs. 1 BGB) gesetzlich vermutet.

> **Beispiel:** Befördert ein Taxifahrer eine Person nicht, weil ihm die Hautfarbe nicht gefällt und entgeht dieser Person dadurch ein lukratives Geschäft, so ist der Taxifahrer zum Ersatz des Schadens verpflichtet. Sein Vertretenmüssen der Verletzung des Benachteiligungsverbotes wird vermutet.

Auch für einen Nichtvermögensschaden kann eine angemessene Entschädigung in Geld verlangt werden (§ 21 Abs. 2 S. 3 AGG).

Ansprüche aus §§ 823 ff. BGB können neben Ansprüchen aus § 21 AGG geltend gemacht werden.

IX. Das Fehlen und der Wegfall der Geschäftsgrundlage (§ 313)

1. Überblick

620 Bei dem Abschluss eines Vertrages versuchen die Parteien, die für sie mit dem Vertrag verbundenen Risiken abzuschätzen. Umstände, die ihnen in Gegenwart und Zukunft unsicher erscheinen und für den Vertrag von Bedeutung sein können, versuchen sie in der Regel durch die zu treffenden vertraglichen Vereinbarungen zu erfassen. Umfangreich ist häufig der Kreis jener, das beiderseitige Verhalten berührender Umstände, die dem Geschäft als sicher und selbstverständlich zugrunde gelegt und deshalb nicht geregelt werden. Fehlen diese als sicher vorhanden angenommenen Umstände bei Vertragsschluss, oder ändern sie sich später, wird dem Geschäft möglicherweise die „Grundlage" entzogen.

Das führt zu der Frage, was mit einem Vertrag geschehen soll, wenn die eintretende Wirklichkeit von einer zur Geschäftsgrundlage gewordenen Voraussetzung abweicht.

§ 313 enthält ein Regelungsmodell für diese meist sehr schwierigen Fälle. Im Regelfall kann lediglich die Anpassung des Vertrages verlangt werden (§ 313 Abs. 1); eine Lösung vom Vertrage durch Rücktritt oder Kündigung kommt nur ausnahms-

---

55 Vgl. MünchKommBGB/Thüsing § 21 AGG Rdnr. 18; *Bauer/Göpfert/Krieger*, AGG § 21 Rdnr. 6; *Busche*, S. 230.

weise in Betracht, nämlich dann, wenn eine Anpassung des Vertrages nicht möglich oder einem Teil nicht zumutbar ist (§ 313 Abs. 3).

Unter **Geschäftsgrundlage** versteht man die nicht zum eigentlichen Vertragsinhalt erhobenen, aber bei Vertragsschluss zutage getretenen gemeinschaftlichen Vorstellungen beider Vertragsparteien oder die dem Geschäftsgegner erkennbaren und von ihm nicht beanstandeten Vorstellungen der einen Vertragspartei von dem Vorhandensein oder dem künftigen Eintritt gewisser Umstände, auf denen der Geschäftswille der Parteien sich aufbau[56].

2. Risikoverteilung und Vorrang der Auslegung

In den meisten Fällen geht es allerdings darum herauszufinden, wer nach den vertraglichen oder gesetzlichen Regelungen über die Risikoverteilung zwischen den Vertragsparteien ein aufgrund des Eintritts bestimmter Ereignisse erhöhtes Risiko zu tragen hat. Diese Frage ist in den meisten Fällen im Wege der Auslegung zu lösen. **621**

Erst wenn die Auslegung des Vertrages nicht möglich ist oder zu keinem Ergebnis führt, ist zu prüfen, ob für einen Vertrag die Geschäftsgrundlage fehlt oder dieselbe weggefallen ist.

Die Frage lautet also: wer soll das Risiko der unerwarteten Veränderungen der Verhältnisse tragen?

In den meisten Fällen dürfte sich die Frage nach der Risikoverteilung entweder aus der vertraglichen Vereinbarung oder aus dem Gesetz beantworten lassen. Zum Inhalt fast aller Verträge gehört neben der Festlegung der beiderseitigen Leistungen die Verteilung bestimmter Risiken zwischen den Parteien.

> **Beispiel:** In einem Pachtvertrag wird vereinbart, dass der Verpächter, der Eigentümer der mitverpachteten Grundstücke ist, eine für die Zukunft drohende Erhöhung der Grundbesitzabgaben auf den Pächter abwälzen kann.

Ist keine vertragliche Vereinbarung über die Risikoverteilung getroffen, so ergibt sich eine solche vielfach aus dem Gesetz. **622**

> **Beispiel:** Beim Kauf unter Eigentumsvorbehalt geht die Preisgefahr gemäß § 446 mit der Übergabe und nicht erst mit der Übereignung auf den Käufer über.

Diese Risikoverteilung kraft vertraglicher oder gesetzlicher Regelung genießt stets Vorrang. Für die Anwendung der Lehre vom Fehlen und vom Wegfall der Geschäftsgrundlage ist dann kein Raum!

Daraus wird deutlich, dass es sich ausnahmslos um **Grenzfälle** handelt, in denen die belastete Partei mit der Berufung auf den Wegfall der Geschäftsgrundlage Erfolg hat[57]. **623**

---

56 So BGHZ 25, 390, 392 und 74, 370, 374 f.
57 Vgl. auch *Reischl*, JuS 2003, 454 f.

Die für die Praxis wichtigsten Fälle sind:
- die übermäßige Leistungserschwerung und
- Äquivalenzstörungen.

3. Die Rechtsfolgen des Fehlens und des Wegfalls der Geschäftsgrundlage

624 Man **kann** unterscheiden zwischen:
- der von Anfang an **fehlenden Geschäftsgrundlage**: die bei Abschluss des Vertrages dem Geschäftswillen der Parteien zugrunde liegenden Vorstellungen über die gegenwärtigen Umstände erweisen sich später als falsch,
  und
- dem späteren **Wegfall der Geschäftsgrundlage**: die bei Abschluss des Vertrages dem Geschäftswillen der Parteien zugrunde liegenden, auf die Zukunft gerichteten Vorstellungen über das weitere Andauern oder den späteren Eintritt von bestimmten Zuständen gehen nicht in Erfüllung[58]. Das ist insbesondere dann der Fall, wenn das im Vertrag vorausgesetzte Gleichwertverhältnis zwischen Leistung und Gegenleistung in einem solchen Maße gestört ist, dass verständlicherweise von einer Gegenleistung überhaupt nicht mehr gesprochen werden kann (Äquivalenzstörung) oder wenn der objektive (beiderseitige) Vertragszweck nicht nur zeitweilig unerreichbar geworden ist (Zweckvereitelung)[59].

625 Beides, sowohl das Fehlen wie auch der Wegfall der Geschäftsgrundlage, können gemäß § 313 eine Durchbrechung des Grundsatzes **pacta sunt servanda** rechtfertigen.

Die Rechtsfolge des Fehlens oder des Wegfalls der Geschäftsgrundlage ist allerdings in der Regel nicht die Auflösung des Vertrages, sondern die **Anpassung** des Vertrages an die wirkliche, bei Abschluss des Vertrages nicht erkannte Sachlage unter der Berücksichtigung des Grundsatzes von Treu und Glauben gemäß § 313.

> **Beispiel** (in Anlehnung an BGHZ 46, 268): Bei Abschluss eines Vertrages über die Verwaltung eines Vermögens befanden sich beide Parteien in einem Irrtum über die Höhe des für eine Vermögensverwaltung üblichen Honorars. Der BGH hat hier einen „gemeinsamen Irrtum über die Geschäftsgrundlage" angenommen und die Honorarberechnung unter Berücksichtigung der wirklichen Umstände angepasst.

626 Die von der Literatur und der Rechtsprechung entwickelte und heute in § 313 niedergelegte **Geschäftsgrundlagenlehre** ermöglicht es also, einen Vertrag den veränderten Umständen anzupassen, wenn es für die Parteien – oder eine Vertragspartei – nicht zumutbar ist, am Vertrage in der ursprünglichen Form festzuhalten. Dabei ist insbesondere auf die **Zumutbarkeit** abzustellen.

Derjenige, der durch das Fehlen oder den Wegfall der Geschäftsgrundlage beschwert ist, hat einen Anspruch auf Anpassung, den er geltend machen muss. Ge-

---

58 Vgl. *Soergel-Hefermehl*, § 119 Rdnr. 65.
59 So BGHZ 61, 153, 160.

langen die Parteien selbst nicht zu einer Anpassungsvereinbarung, so kann der beschwerte Teil sogleich auf die angepasste Leistung klagen.

Wenn auch in erster Linie versucht werden muss, den Inhalt des Vertrages den veränderten Umständen anzupassen, so kann der Vertrag doch dann, wenn das unmöglich ist oder die Grenze dessen, was einer Partei zugemutet werden kann, überschritten wird, **aufgelöst** werden (§ 313 Abs. 3). Der beschwerte Teil muss dann den Rücktritt erklären oder, je nach Vertragsart, kündigen.

Fall *(nach BGH NJW 1981, 1551 ff.): E, der ein ihm gehörendes Mietshaus verkaufen wollte, kam aufgrund eines Zeitungsinserats mit dem Kaufinteressenten I in Kontakt. Beide kamen überein, dass der Kaufpreis für das Objekt dem 11fachen der jährlichen Mieteinnahmen entsprechen sollte. Unter Aushändigung von Mietabrechnungen teilt E dem I mit, die Jahresmiete betrage 72 000,– €. Auf dieser Basis wurde der Kaufpreis mit 790 000,– € festgesetzt. Nach Abschluss eines entsprechenden notariellen Grundstückskaufvertrages stellt E fest, dass die jährlichen Mieteinnahmen 90 000,– betragen. E möchte deshalb von I 990 000,– € als Kaufpreis verlangen.*

Lösung:

E könnte gegen I einen Anspruch aus Zahlung von 990 000,– € gemäß §§ 433, 313 Abs. 1 Abs. 2 haben. Dann müsste zwischen den Parteien ein Kaufvertrag über diesen Preis zustande gekommen sein. Der notarielle Kaufvertrag weist als Kaufpreis lediglich 790 000,– € aus.

Bevor die Frage erörtert wird, ob eine Vertragsanpassung unter Erhöhung des Kaufpreises von 790 000,– € auf 990 000,– € nach der Geschäftsgrundlagenlehre möglich ist, muss durch Auslegung festgestellt werden, ob nicht bereits ein Vertrag mit einer entsprechenden Kaufpreisabrede geschlossen worden ist. Man könnte daran denken, dass die Berechnungsgrundlage (11fache Jahresmiete) selbst Vertragsinhalt geworden ist. Dann wäre der korrekte Kaufpreis von 990 000,– € vereinbart worden, und die Angabe von 790 000,– € im Vertrag wäre lediglich eine falsche Bezeichnung für das in Wahrheit Gewollte („falsa demonstratio"), die bekanntlich unschädlich ist.

Allerdings ist zu berücksichtigen, dass der Grundstückskaufvertrag entsprechend § 311b S. 1 in notarieller Form abgeschlossen worden ist. Da der Zweck der Formvorschrift auch darin besteht, dem Käufer die finanziellen Folgen des Geschäfts vor Augen zu halten, verbietet es sich, den Kaufpreis aufgrund nicht beurkundeter Umstände zu ermitteln[60].

Eine nachträgliche Vertragsanpassung wäre jedoch möglich, wenn die Preiskalkulation zur gemeinsamen Geschäftsgrundlage für den zwischen den Parteien geschlossenen Kaufvertrag erhoben worden wäre. An einer gemeinsamen Geschäftsgrundlage fehlt es jedoch dann, wenn das Risiko einer Fehlvorstellung nach Sinn und Zweck der Vereinbarung nur eine Partei treffen soll. Beim Kaufvertrag als reinem Austauschvertrag will der Käufer regelmäßig das Risiko einer fehlerhaften Preiskalkulation nicht übernehmen, auch dann nicht, wenn sie ihm seitens des

---

60 Vgl. *John*, JuS 1983, 176, 177.

Verkäufers offengelegt wurde. Er kauft typischerweise, wenn und soweit ihm der Kaufpreis angemessen erscheint. Deshalb ist beim Kaufvertrag die offengelegte Preiskalkulation nicht als Geschäftsgrundlage zu betrachten, sofern nicht weitere besondere Umstände dazu zwingen[61].

Da solche besonderen Umstände nicht ersichtlich sind, ist eine Vertragsanpassung ausgeschlossen. E kann von I nur den ursprünglichen Kaufpreis von 790 000,– € verlangen.

X. Der Gläubigerverzug (Annahmeverzug)

627 Der Gläubiger kann die Abwicklung eines Schuldverhältnisses dadurch stören, dass er die ihm ordnungsgemäß angebotene Leistung nicht annimmt. Damit gerät er in Gläubigerverzug (vgl. §§ 293–304).

Der Gläubigerverzug hat folgende Voraussetzungen:

a) Der Schuldner muss zur Leistung berechtigt sein (vgl. § 271).

b) Er muss zur Erbringung der geschuldeten Leistung bereit und imstande sein. Das ist nicht der Fall, wenn ihm die Leistung unmöglich ist (§ 297). Da sich Unmöglichkeit und Verzug gegenseitig ausschließen, können wegen derselben Leistung Gläubigerverzug und Unmöglichkeit niemals gleichzeitig vorliegen.

628 c) Weiterhin hat der Schuldner die Leistung dem Gläubiger ordnungsgemäß anzubieten (vgl. §§ 294–296). Hierfür ist grundsätzlich erforderlich, dass der Schuldner die Leistung tatsächlich anbietet (§ 294). Um ein tatsächliches Angebot handelt es sich, wenn der Gläubiger nur noch zuzugreifen braucht[62]. Für den Fall, dass z. B. eine Bring- oder Schickschuld vereinbart worden ist, hat demnach das tatsächliche Angebot am Wohn- oder Geschäftssitz des Gläubigers zu erfolgen. Ausnahmsweise genügt ein wörtliches Angebot, wenn der Gläubiger erklärt hat, er werde die Leistung nicht annehmen, oder wenn zur Bewirkung der Leistung eine Handlung des Gläubigers erforderlich ist (vgl. § 295). Nach § 296 ist selbst ein wörtliches Angebot des Schuldners entbehrlich, wenn der Gläubiger mitzuwirken hat und seine Mitwirkungspflicht kalendermäßig bestimmt war.

d) Der Gläubiger nimmt die angebotene Leistung nicht an oder unterlässt eine Mitwirkungshandlung.

629 Der Gläubiger gerät auch dann in Annahmeverzug, wenn ihn oder seinen Erfüllungsgehilfen ein Verschulden **nicht** trifft!

Die Rechtsfolgen des Annahmeverzuges sind deshalb im Wesentlichen nur:
– Der Gläubiger muss dem Schuldner die Mehraufwendungen ersetzen, die diesem durch den Annahmeverzug entstehen (§ 304).

---

61 So BGH NJW 1981, 1552.
62 BGHZ 90, 354, 359.

- Bei einem gegenseitigen Vertrag geht die Gegenleistungsgefahr (= Preisgefahr) auf den Gläubiger über, sobald er in Annahmeverzug geraten ist (vgl. § 326 Abs. 2). Dies bedeutet beispielsweise für den Kaufvertrag, dass der Käufer zahlen muss, obwohl der Kaufgegenstand nach Eintritt des Gläubigerverzuges untergegangen ist.
- Eine Haftungserleichterung für den Schuldner: Dieser haftet während des Annahmeverzuges des Gläubigers nur noch für Vorsatz und grobe Fahrlässigkeit (§ 300 Abs. 1).

Fall: *M kauft bei V eine speziell für M konstruierte und gebaute Werkzeugmaschine. V übernimmt die Verpflichtung, die Maschine zu dem Betrieb des M zu transportieren. Als Liefertermin wird der 1. September 2010 vereinbart. Als die Mitarbeiter des V am 1. September die Maschine auf einem LKW anliefern wollen, müssen sie feststellen, dass der Betrieb des M wegen eines Betriebsausfluges geschlossen ist. Die Mitarbeiter des V müssen unverrichteter Dinge wieder umkehren. Auf dem Rückweg verursacht der LKW-Fahrer leicht fahrlässig einen Verkehrsunfall, bei dem die Maschine vollständig zerstört wird. M verlangt von V Schadensersatz wegen Nichterfüllung. Zu Recht?*

Lösung:

Einen Anspruch wegen Pflichtverletzung auf Schadensersatz statt der Leistung könnte M gegen V aus §§ 280, 283, 278, erworben haben. Die vereinbarte Leistung des V – die Übergabe und Übereignung einer bestimmten Maschine (Stückschuld) – ist unmöglich geworden. Fraglich ist aber, ob der Schuldner der Leistung, also V, die Pflichtverletzung, das Unmöglichwerden, zu vertreten hat. In der Regel hat der Schuldner es zu vertreten, wenn durch sein eigenes Verschulden oder das seiner Erfüllungsgehilfen die Leistung unmöglich wird (§§ 280, 281, 278). Verschulden bedeutet Vorsatz oder Fahrlässigkeit (§ 276). Wenn der Gläubiger mit der Annahme der Leistung in Verzug ist (Gläubigerverzug), hat der Schuldner jedoch gemäß § 300 Abs. 1 nur Vorsatz und grobe Fahrlässigkeit zu vertreten. V haftet im zu erörternden Fall also nicht, wenn M im Gläubigerverzug war. M ist gemäß §§ 293 ff. in Gläubigerverzug geraten, weil V die fällige Leistung zum vereinbarten Zeitpunkt am vereinbarten Ort angeboten und M sie nicht angenommen hat. Während des Gläubigerverzuges ist die Leistung des V durch leichte Fahrlässigkeit seines Erfüllungsgehilfen unmöglich geworden. Nach § 300 Abs. 1 hat V das Unmöglichwerden der Leistung nicht zu vertreten. M kann demnach nicht gemäß §§ 280, 281, 278 Schadensersatz statt der Leistung von V verlangen.

§ 27   Die Beteiligung Dritter an einem Schuldverhältnis

Schrifttum: *Ahcin/Armbrüster,* Grundfälle zum Zessionsrecht, JuS 2000, 450, 549, 658, 865; *Bartels,* Der vertragliche Schuldbeitritt im Gefüge gegenseitiger Dauerschuldverhältnisse, 2003; *Bayer,* Vertraglicher Drittschutz, JuS 1996, 473; *Eckebrecht,* Vertrag mit Schutzwirkung für Dritte: Auswirkungen der Schuldrechtsmodernisierung, MDR 2002, 425; *Coester-Waltjen*, Der Dritte und das Schuldverhältnis, Jura 1999, 656; *dies.*, Aufrechnung bei Abtretung, Jura 2004, 391; *Hadding*, Schuldverhältnis und Synallagma beim Vertrag zu Rechten Dritter, FS Gernhuber 1993, 153; *Raab*, Austauschverträge mit Drittbeteiligung, 1999; *Wagemann*, Die gestörte Vertragsübernahme, AcP 205 (2005), 547; *Zenner*, Der Vertrag mit Schutzwirkung zugunsten Dritter. Ein Institut im Lichte seiner Rechtsgrundlage, NJW 2009, 1030.

I. Überblick

630 Es gibt verschiedene Möglichkeiten, Dritte an einem Schuldverhältnis zu beteiligen, das zwischen zwei Personen begründet worden ist. U. a. kommen in Betracht:
- Der Gläubigerwechsel: An die Stelle des bisherigen Gläubigers tritt ein neuer Gläubiger.
- Der Schuldnerwechsel: An die Stelle des bisherigen Schuldners tritt eine andere Person.
- Der Vertrag zugunsten Dritter: Zwei Personen schließen einen Vertrag, aus dem ein Dritter berechtigt sein soll, die Leistung von einem der Vertragspartner zu verlangen.

II. Die Abtretung von Forderungen und anderen Rechten

1. Die Forderung

631 Ein **Anspruch** ist das Recht einer Person, von einer anderen Person ein Tun oder Unterlassen zu verlangen (vgl. § 194 Abs. 1). Ergibt sich ein solcher Anspruch aus einem Schuldverhältnis, so handelt es sich um eine **Forderung**.

Beispiel: Der Anspruch des Geschädigten auf Zahlung von Schadensersatz aus § 823 Abs. 1 i. V. m. §§ 249 ff. ist ein Anspruch aus einem gesetzlichen Schuldverhältnis. Es handelt sich also um eine Forderung.

Beispiel: Nach Abschluss eines Kaufvertrages hat der Verkäufer gegen den Käufer einen Anspruch aus § 433 Abs. 2 auf Zahlung des Kaufpreises. Der Kaufvertrag ist ein Schuldverhältnis. Es handelt sich also um eine Forderung.

632 Die Forderung, die der Gläubiger gegen den Schuldner hat, kann auf einen anderen Gläubiger übergehen. Der Übergang kann sich vollziehen
- kraft Rechtsgeschäfts oder
- kraft Gesetzes.

Hier wird nur die Übertragung der Forderung bzw. des Rechts durch Rechtsgeschäft behandelt.

2. Die rechtsgeschäftliche Übertragung einer Forderung

a) Der Abtretungsvertrag

Zur rechtsgeschäftlichen Übertragung einer Forderung (Zession) ist gemäß § 398 **633** ein **Abtretungsvertrag** erforderlich, der in der Regel formlos abgeschlossen wird. Der Gegenstand des Abtretungsvertrages ist die Einigung des bisherigen Gläubigers (Zedent) mit dem Erwerber der Forderung (Zessionar) darüber, dass die Forderung auf den neuen Gläubiger übergehen soll.

In dem Moment, in dem der Abtretungsvertrag wirksam wird, geht die Forderung von dem bisherigen Gläubiger auf den neuen Gläubiger über (§ 398 Satz 2).

> **Beispiel:** B gewährt dem A ein Darlehen in Höhe von 5000,– €. Die Darlehensrückzahlungsforderung, die B aus dem Darlehensvertrag erworben hat, tritt er mit einem Abtretungsvertrag gemäß § 398 an L ab. Mit dem Wirksamwerden des Abtretungsvertrages ist nicht mehr B, sondern L Gläubiger des A. Die Folge: A muss nicht mehr an B, sondern an L zahlen.

Grundsätzlich sind alle Forderungen und sonstigen Rechte ohne Rücksicht auf **634** den Rechtsgrund abtretbar.

Zu den Forderungen, die – abweichend von dieser Regel – nicht abtretbar sind, zählen der Herausgabeanspruch nach § 985[1] und der Anspruch auf Berichtigung des Grundbuchs gemäß § 894[2].

Der Abtretungsvertrag ist ein Verfügungsgeschäft, denn durch ihn wird ein Recht – die Forderung – unmittelbar übertragen. Einem solchen Verfügungsgeschäft liegt in der Regel ein Verpflichtungsgeschäft zugrunde.

> **Beispiel** im Anschluss an das vorhergehende **Beispiel:** B hat einen Darlehensrückzahlungsanspruch gemäß § 488 gegen A erworben, der erst in einem Jahr fällig wird. Da er jetzt Bargeld benötigt, verkauft er die Forderung gemäß § 433 für einen Kaufpreis von 4800,– € an L und tritt die Forderung gemäß § 398 an L ab. Der Kaufvertrag ist das Verpflichtungsgeschäft, in dem sich B verpflichtet, dem L die Forderung zu übertragen, in dem L die Verpflichtung übernimmt, den Kaufpreis zu zahlen.
>
> Der Abtretungsvertrag gemäß § 398 ist ein Verfügungsgeschäft. Mit seinem Abschluss geht die Forderung auf L über. Mit einem weiteren Verfügungsgeschäft kommt der Käufer der Forderung (L) seiner Verpflichtung, den Kaufpreis zu zahlen, nach. Das kann u. a. durch die Übereignung von Geldscheinen oder die Übereignung eines Schecks geschehen.

Voraussetzung für einen wirksamen Forderungsübergang gemäß § 398 ist, dass **635** die Forderung dem abtretenden Gläubiger zusteht. Einen gutgläubigen Erwerb von

---

1 *MünchKomm-Roth*, § 399 Rdnr. 7, 20.
2 *MünchKomm-Roth*, § 399 Rdnr. 20.

Forderungen vom Nichtberechtigten gibt es nicht. Beim gutgläubigen Erwerb des Eigentums an einer Sache vom Nichtberechtigten nach §§ 929, 932 darf der Erwerber auf den durch den Besitz veranlassten Rechtsschein (§ 1006)vertrauen. Beim Forderungserwerb fehlt ein vergleichbarer Anknüpfungspunkt für einen Rechtsschein. Der Erwerber einer Forderung trägt das volle Risiko.

> **Beispiel:** B behauptet, Gläubiger einer Darlehensrückzahlungsforderung gegenüber D zu sein, die in Wirklichkeit dem P zusteht. B tritt diese Forderung an Z ab, der daran glaubt, B sei der Gläubiger der Forderung. Hier verfügt B als Nichtberechtigter, denn die – wirklich bestehende – Forderung gegen D steht nicht ihm, sondern P zu. Da bei Forderungen ein gutgläubiger Erwerb vom Nichtberechtigten nicht möglich ist, hat Z die Forderung nicht erworben. P ist nach wie vor der Gläubiger der Forderung.

b) Die Sicherungsrechte

636 Mit der Abtretung gehen die für die Forderung bestehenden Sicherungsrechte aus Hypotheken, Pfandrechten und Bürgschaften auf den neuen Gläubiger über, ohne dass es eines zusätzlichen Rechtsgeschäfts bedarf (§ 401).

> **Beispiel:** Tritt A dem B eine Darlehensforderung ab, die A gegen D hat und zu deren Sicherheit ein Pfandrecht und eine Bürgschaft bestellt worden sind, so gehen die Rechte aus dem Pfandrecht und dem Bürgschaftsvertrag auf den neuen Gläubiger B über. Dies geschieht selbst dann, wenn der neue Gläubiger gar nicht weiß, dass die genannten Sicherheiten existieren.

Mit der Forderung gehen allerdings nur die **akzessorischen** Nebenrechte (Sicherungsrechte) von dem alten Gläubiger auf den neuen Gläubiger über. Akzessorisch im engeren Sinne bedeutet: das Sicherungsrecht (Nebenrecht) – wie z. B. die Bürgschaft – steht in voller Abhängigkeit von der zu sichernden Forderung; d. h. Entstehung, Umfang und Fortbestand des akzessorischen Sicherungsrechtes hängen von dem Bestand der zu sichernden Forderung ab. Die in § 401 Abs. 1 genannten Nebenrechte – wie z. B. Pfandrecht und Bürgschaft – sind solche akzessorischen Rechte.

Das Vorbehaltseigentum ist hingegen kein akzessorisches Recht[3], ebensowenig das Sicherungseigentum[4]. Sie gehen also bei einer Abtretung der gesicherten Forderung **nicht** automatisch auf den neuen Gläubiger über.

c) Der Ausschluss der Forderungsabtretung

637 Eine Forderungsabtretung kann auch ausgeschlossen sein.

Gemäß § 399 ist die Abtretung einer Forderung nicht möglich und deshalb unwirksam:

---

3 So BGHZ 42, 53, 56 f.
4 Vgl. *Palandt-Grüneberg*, § 401 Rdnr. 5.

a) wenn die Leistung, die Gegenstand der Forderung ist, „an einen anderen als den ursprünglichen Gläubiger nicht ohne Veränderung ihres Inhalts erfolgen kann" (§ 399 1. Alternative). Dazu zählen insbesondere Leistungen, bei denen es einer Vertragspartei nicht gleichgültig sein kann, an wen sie erfolgen.

Beispiel: Die Leistungen, die der Vermieter aus einem Mietverhältnis zu erbringen hat, gehören in der Regel zu dieser Kategorie, weil der Vermieter meist wissen möchte, wem er die Sachen anvertraut, bevor er einen Mietvertrag abschließt;

b) wenn die Abtretung „durch Vereinbarung mit dem Schuldner ausgeschlossen ist" (§ 399 2. Alternative). Eine solche Vereinbarung zwischen Gläubiger und Schuldner verpflichtet den Gläubiger, die Forderung nicht abzutreten. Eine dennoch vom Gläubiger vorgenommene Abtretung ist unwirksam[5].

Etwas anderes gilt gemäß § 354a HGB für Geldforderungen, wenn das Rechtsgeschäft, welches die Forderung begründet hat, für beide Seiten ein Handelsgeschäft im Sinne des § 343 HGB ist. In diesen Fällen ist eine Abtretung trotz eines gemäß § 399 vereinbarten Abtretungsverbots wirksam.

d) Die Abtretung zukünftiger Forderungen

Auch **zukünftige Forderungen** können abgetreten werden, wenn sie so genau gekennzeichnet werden können, dass sie spätestens im Augenblick ihrer Entstehung zweifelsfrei bestimmbar sind. Bestimmbar in diesem Sinne ist eine Forderung schon dann, wenn sie als eine von einer Vorausabtretung umfasste Einzelforderung „genügend individualisierbar ist"[6].

Beispiel: Unternehmer U tritt einer Bank alle Forderungen ab, die in der Zukunft aus der Veräußerung der von ihm hergestellten Produkte an seine drei größten Kunden, nämlich B, F und Z entstehen werden. Die Abtretung dieser künftigen Forderungen ist wirksam, weil diese im Augenblick ihrer Entstehung bestimmbar, d. h. genügend individualisierbar sind.

e) Schuldnerschutzvorschriften

aa) Durch einen Abtretungsvertrag gemäß § 398 geht eine Forderung auch dann auf den neuen Gläubiger über, wenn der Schuldner von der Abtretung keine Kenntnis hat oder wenn er mit ihr nicht einverstanden ist. Daraus folgt, dass der nicht wissende Schuldner geschützt werden muss. Dies geschieht u. a. durch die Regelungen, die in den §§ 404, 407 und 408 niedergelegt sind. Diesen Regelungen liegt der Gedanke zugrunde, dass der Schuldner, der ja von der Abtretung nicht einmal wissen muss, durch die Abtretung nicht schlechter gestellt werden soll, als wenn der alte Gläubiger Inhaber der Forderung geblieben wäre.

638

639

---

5 So BGHZ 40, 156, 159.
6 So BGHZ 7, 365; vgl. auch BGHZ 79, 16, 21.

bb) Deshalb kann der Schuldner dem neuen Gläubiger auch die Einwendungen entgegenhalten, die er dem alten Gläubiger im Hinblick auf die Forderung entgegenhalten konnte (§ 404).

> **Beispiel:** So kann der Schuldner dem neuen Gläubiger gemäß § 404 etwa entgegenhalten, dass er den Vertrag, auf dem die abgetretene Forderung beruht, wegen arglistiger Täuschung angefochten hat.

640 **cc)** Weiß der Schuldner von der Abtretung einer Forderung nichts und zahlt er an den alten Gläubiger, so tritt die Erfüllungswirkung gemäß § 362 nicht ein, weil der Schuldner nicht an den Gläubiger geleistet hat. Der neue Gläubiger kann allerdings nicht noch einmal Zahlung vom Schuldner verlangen, wenn die Voraussetzungen des § 407 vorliegen und der Schuldner sich auf § 407 beruft. Der § 407 ist eine dringend notwendige Schuldnerschutzvorschrift, weil der Gläubigerwechsel gemäß § 398 ohne Mitwirkung des Schuldners und sogar ohne Anzeige an ihn erfolgen kann.

Der Schuldner hat ein Wahlrecht:

– Wenn er nach der Abtretung der Forderung und bevor er Kenntnis davon erlangt hatte, an den Altgläubiger gezahlt hat, kann er sich dem Neugläubiger gegenüber auf die Befreiung gemäß § 407 Abs. 1 berufen. Für den Fall, dass der Schuldner an den alten Gläubiger in Unkenntnis zahlt und sich anschließend auf § 407 Abs. 1 beruft, kann der neue Gläubiger von dem alten Gläubiger Herausgabe des Erlangten gemäß § 816 Abs. 2 verlangen.

– Stattdessen kann der Schuldner vom Altgläubiger die Leistung als nicht geschuldet (ohne Rechtsgrund geleistet) nach § 812 Abs. 1 zurückfordern und an den Neugläubiger zahlen.

§ 407 Abs. 1 betrifft nicht nur Leistungen, die der Schuldner an den Altgläubiger erbringt. Er erfasst auch Rechtsgeschäfte, welche der Altgläubiger mit dem Schuldner im Hinblick auf die Forderung vornimmt. Dazu zählen z. B. die Stundung der Forderung und der Erlass derselben.

641 **dd)** § 408 erweitert den Schutz des Schuldners insoweit, als er es dem Schuldner gestattet, sich auch dann auf den § 407 Abs. 1 zu berufen und die nochmalige Leistung zu verweigern, wenn der Gläubiger eine Forderung, die er bereits abgetreten hatte, ohne dass der Schuldner davon Kenntnis hatte, noch einmal an einen Dritten abtritt; wenn der Schuldner nun in Kenntnis der zweiten Abtretung an den nichtberechtigten Gläubiger geleistet hat, kann er sich dem berechtigten Gläubiger gegenüber auf § 407 Abs. 1 berufen und muss nicht an diesen leisten.

ee) Wenn der Gläubiger dem Schuldner die Abtretung angezeigt hat, so muss er nach § 409 dem Schuldner gegenüber die Abtretung auch dann gegen sich gelten lassen, wenn sie nicht erfolgt oder nicht wirksam ist. Mit der Anzeige setzt der Gläubiger einen Rechtsschein, auf den sich der Schuldner, der die nicht erfolgte oder nicht wirksame Abtretung nicht kennt, verlassen kann. Falls der Schuldner an denjenigen zahlt, der ihm in der Anzeige als neuer Gläubiger genannt ist, muss er nicht noch einmal an den Gläubiger zahlen.

Beispiel: S schuldet dem G eine Vergütung in Höhe von 3000,– € aus Werkvertrag (§ 631). G teilt dem S schriftlich mit, er habe diese Forderung an die Inkassobank I abgetreten. Tatsächlich hatte G diese Abtretung geplant, sie dann aber doch unterlassen. S zahlt nun die dem G geschuldete Summe an I. Er kann sich G gegenüber auf § 409 Abs. 1 berufen, wenn G von ihm Zahlung der Vergütung verlangt.

ff) Auch § 410 gewährt dem Schuldner Schutz. Danach braucht der Schuldner an   **642** eine als neuer Gläubiger auftretende Person nur gegen Aushändigung einer von dem bisherigen Gläubiger über die Abtretung ausgestellten Urkunde zu leisten. Dementsprechend muss nach § 409 Abs. 1 S. 2 der Gläubiger auch eine nicht oder nicht wirksam erfolgte Abtretung gegen sich gelten lassen, wenn er eine Urkunde über die Abtretung dem in der Urkunde bezeichneten neuen Gläubiger ausgestellt hat und dieser sie dem Schuldner vorlegt[7].

f) Die Abtretung zum Zwecke der Einziehung (Inkassozession)

Es kommt häufig vor, dass der Gläubiger eine Forderung, auf die der Schuldner   **643** nicht leistet, nicht selbst verfolgen will, weil es zu viel Arbeit und Mühe bereiten würde, die Forderung mit Nachdruck durch Klage und Zwangsvollstreckung geltend zu machen. Er kann deshalb einen anderen beauftragen (im Sinne des § 662 oder des § 675), die Forderung einzutreiben. Er tritt dann dem so Beauftragten die Forderung ab, damit dieser sie geltend machen kann. Der Zedent überträgt die volle Gläubigerposition auf den Zessionar[8]. Der Zessionar ist verpflichtet, den durch die Einziehung erlangten Betrag an den Zedenten herauszugeben (§ 667).

g) Die Einziehungsermächtigung

Wenn der Gläubiger eine Forderung an einen anderen abtritt, damit dieser sie gel-   **644** tend macht und einzieht, so verliert er selbst die Gläubigerstellung und damit die Möglichkeit, über die Forderung zu verfügen. Es entsteht daher die Frage, ob es rechtlich zulässig ist, einen anderen nur in der Weise zu ermächtigen, dass der Ermächtigte befugt ist, die Forderung, ohne dass sie ihm übertragen wurde, im eigenen Namen geltend zu machen, d. h. die Leistung vom Schuldner zu verlangen (§§ 185 und 362 Abs. 2). Die Zulässigkeit einer Einziehungsermächtigung, der wie bei der Inkassozession in der Regel ebenfalls ein entgeltlicher Geschäftsbesorgungsvertrag zugrunde liegt (§ 675), ist inzwischen überwiegend anerkannt[9].

Bei der aus § 185 abgeleiteten Einziehungsermächtigung verbleibt die Forderung selbst bei dem Gläubiger. Sie ist nach Auffassung des BGH[10] „ein abgespaltenes

---

7 So BGHZ 26, 241, 246.
8 Vgl. BGH NJW 1980, 991.
9 Vgl. u. a. BGHZ 82, 283, 288 ff.; siehe kritisch *Palandt-Grüneberg*, § 398 Rdn. 29.
10 BGHZ 82, 283, 288.

Gläubigerrecht und verkörpert einen Fall der Einwilligung zur Verfügung über ein fremdes, dem Einwilligenden gehörendes Recht (§ 185)." Der so Ermächtigte kann die Forderung im eigenen Namen geltend machen und, je nach dem Inhalt der Ermächtigung, Leistung an den Gläubiger oder an sich verlangen[11].

h) Factoring

645 Unter Factoring wird der gewerbsmäßige Ankauf und die Geltendmachung von Forderungen anderer verstanden, zumeist verbunden mit der Führung der Debitorenbuchhaltung des die Forderungen abtretenden Unternehmens. Das bedeutet: Ein Unternehmen – häufig „Anschlusskunde" genannt – tritt gemäß § 398 alle oder einen größeren Teil seiner Forderungen gegen seine Abnehmer an den Factor – in der Regel eine Bank – ab; den Gegenwert für die abgetretenen Forderungen erhält das abtretende Unternehmen (der Zedent) unter Abzug von Gebühren gutgeschrieben.

Der Vorteil des Factoring gegenüber der Inkassozession (vgl. oben f) besteht für das Unternehmen, das sich eines Factors bedient und diesem die Forderungen abtritt, darin, dass die Gutschrift des Factoring-Erlöses in der Regel sogleich nach Eingang der Rechnungskopien erfolgt, die das Unternehmen der Bank aus laufenden Geschäften mit Drittschuldnern (Debitoren) einreicht.

646 Beim sogenannten **echten Factoring** handelt es sich um einen **Forderungskauf**[12]. Das bedeutet: das Unternehmen schließt mit dem Factor – in der Regel einer Bank – einen Kaufvertrag (Verpflichtungsgeschäft) ab, in dessen Erfüllung es die Forderungen gegen Drittschuldner an den Factor gemäß § 398 abtritt (Verfügungsgeschäft) und dafür als Gegenleistung den Gegenwert der abgetretenen Forderungen als Gutschrift erhält.

647 Das sogenannte **unechte Factoring** ist demgegenüber den Kreditgeschäften zuzuordnen: Die Bank als Kreditgeber gewährt über eine Gutschrift dem Kunden ein Darlehen und lässt sich zur Sicherung Forderungen gegen Drittschuldner erfüllungshalber (§ 364 Abs. 2; vgl. dazu oben Rdnr. 492) abtreten; das Zahlungsrisiko verbleibt beim Kunden[13].

3. Die Abtretung anderer Rechte

648 Gemäß § 413 finden die Vorschriften der §§ 398 über die Abtretung von Forderungen auch auf die Übertragung anderer Rechte Anwendung, soweit nicht gesetzlich etwas anderes vorgeschrieben ist.

Beispiel: Nach § 15 GmbHG kann der Anteil an einer GmbH dergestalt von einem Gesellschafter auf einen anderen übertragen werden, dass das Recht mit einem Vertrag gemäß §§ 413, 398 abgetreten wird, der notariell zu beurkunden ist.

---

11 Vgl. *Palandt- Grüneberg*, § 398 Rdnr. 29.
12 So BGHZ 69, 254, 257 und BGHZ 100, 353, 358.
13 Vgl. BGHZ 58, 364, 366.

4. Die rechtsgeschäftliche Übertragung gewerblicher Schutzrechte

Auch Patentrechte können übertragen werden. Dass Patentrechte überhaupt über- **649**
tragbar sind, ergibt sich bereits aus § 15 Abs. 1 PatG. Wie die Übertragung geschieht,
richtet sich nach den allgemeinen Vorschriften des Bürgerlichen Rechts. Nach
§§ 398, 413 BGB erfolgt die Übertragung durch Abtretungsvertrag. Dieser bedarf
grundsätzlich keiner besonderen Form.

5. Der Forderungsübergang kraft Gesetzes

Eine Forderung kann auch anders als durch ein Rechtsgeschäft, nämlich kraft Ge- **650**
setzes von einem Gläubiger auf den anderen übergehen. So geht z. B. in dem Moment, in dem der Bürge auf die Forderung zahlt, deretwegen er vom Gläubiger in
Anspruch genommen wird, die Forderung, die der Gläubiger gegen den Schuldner hat, nicht durch Erfüllung unter; gemäß § 774 geht diese Forderung vielmehr
kraft Gesetzes von dem Gläubiger auf den Bürgen über, der damit die Möglichkeit
erhält, den Schuldner aus dieser Forderung in Anspruch zu nehmen.

III. Die Schuldübernahme

1. Überblick

Nicht nur die Gläubigerstellung kann wechseln. Es ist auch ein Wechsel der Schuld- **651**
nerstellung möglich.

Es besteht die Möglichkeit, dass der Schuldner seine Leistungsverpflichtung auf
einen anderen überträgt, sodass der Gläubiger die Leistung allein von diesem oder
auch von diesem fordern kann. Dabei sind im Wesentlichen zwei Möglichkeiten
denkbar:

a) Der ursprüngliche Schuldner wird überhaupt von jeder Leistungspflicht befreit;
   der Gläubiger kann die Leistung nur noch von demjenigen verlangen, der die
   Schuld (Leistungspflicht) übernommen hat (= befreiende Schuldübernahme).

b) Derjenige, der die Schuld (Leistungspflicht) übernimmt, tritt zusätzlich **neben**
   den Schuldner; Schuldner und Übernehmer sind als **Gesamtschuldner** zur
   Leistung verpflichtet (= Schuldmitübernahme, Schuldbeitritt).

2. Die befreiende Schuldübernahme

Dass eine befreiende Schuldübernahme, d. h. eine Übertragung der Leistungsver- **652**
pflichtung auf einen neuen Schuldner mit der Wirkung, dass der bisherige Schuldner von der Leistungspflicht frei wird, nicht ohne Mitwirkung des Gläubigers stattfinden kann, ist einleuchtend. Schließlich hat der Gläubiger sich im Regelfall einen
Vertragspartner ausgesucht, auf dessen Leistungsfähigkeit er vertraut.

Eine **befreiende Schuldübernahme** ist deshalb **nur unter Mitwirkung des Gläubigers möglich** (§§ 414, 415).

Eine Schuldübernahme kann bewirkt werden:

a) **Durch Vertrag zwischen Gläubiger und Übernehmer**: Der Gläubiger und der Übernehmer vereinbaren, dass der Übernehmer an die Stelle des bisherigen Schuldners treten soll (§ 414). Wirkung: Der bisherige Schuldner wird von seiner Leistungspflicht frei.

b) **Durch Vertrag zwischen Schuldner und Übernehmer mit Zustimmung des Gläubigers (§ 415)**: Der Schuldner vereinbart mit dem Übernehmer, dass die Schuld (= Leistungsverpflichtung) auf ihn übergehen soll. Eine solche Vereinbarung mit der Folge, dass der bisherige Schuldner von der Leistungspflicht befreit wird, ist nur wirksam, wenn der Gläubiger diese Vereinbarung genehmigt, nachdem der Schuldner oder der übernehmende Dritte dem Gläubiger die Schuldübernahme mitgeteilt haben. Die Genehmigung kann auch durch schlüssiges Verhalten erfolgen.

Solange der Gläubiger die zwischen dem Schuldner und dem Übernehmer vereinbarte Übernahme nicht genehmigt hat, ist der Vertrag schwebend unwirksam, d. h. der Gläubiger kann statt die Genehmigung (§ 184) zu erteilen, dieselbe auch verweigern. Ist Letzteres der Fall, gilt die Übernahme als nicht erfolgt (§ 415 Abs. 2 S. 1).

3. Die Schuldmitübernahme
(= Schuldbeitritt; kumulative Schuldübernahme)

653 Sie ist im Gesetz nicht geregelt. Es besteht aber kein Zweifel darüber, dass eine Vereinbarung dieses Inhalts möglich ist.

Schuldmitübernahme (Schuldbeitritt) besagt: Neben den bisherigen Schuldner tritt ein weiterer Schuldner; beide sind gegenüber dem Gläubiger **Gesamtschuldner** im Sinne des § 421. Das bedeutet: Der Gläubiger kann nach seiner Wahl von einem der Gesamtschuldner die gesamte Leistung verlangen. Er kann aber auch von mehreren (der Gesamtschuldner) die Leistung ganz oder zu einem Teil verlangen, jedoch niemals mehr als die gesamte Leistung.

Die Schuldmitübernahme (der Schuldbeitritt) unterscheidet sich von der Bürgschaft dadurch, dass der Bürge für eine **fremde** Schuld eintreten will, der Beitretende aber durch die Mitübernahme eine eigene Schuld begründet; der Beitretende haftet unabhängig von der Verpflichtung des ersten Schuldners (im Gegensatz zur Bürgschaft) aus einer eigenen Verbindlichkeit.

654 Die Schuldmitübernahme kann zustandekommen:

a) **Durch Vertrag zwischen Gläubiger und Übernehmer**

Beispiel: Der Gläubiger hat dem Schuldner S ein Darlehen in Höhe von 5000,– €
gewährt. Der Gläubiger (Darlehensgeber) vereinbart mit dem Dritten D, dass dieser
der Schuld (Darlehensrückzahlungsverpflichtung des S) beitritt. S und D sind Gesamtschuldner. Der Gläubiger kann also wählen, von wem er bei Fälligkeit die Leistung (hier: Rückzahlung der Darlehenssumme) ganz oder teilweise verlangen will.

b) Durch Vertrag zwischen Übernehmer und Schuldner

Im Gegensatz zur befreienden Schuldübernahme ist eine Vereinbarung zwischen
Schuldner und Übernehmer über einen Schuldbeitritt **auch ohne Zustimmung
des Gläubigers** wirksam. Der Grund dafür liegt auf der Hand: Der Gläubiger wird
durch einen solchen Vertrag nicht schlechter gestellt, weil der bisherige Schuldner
sein Schuldner bleibt; der Gläubiger wird vielmehr durch eine solche Vereinbarung
begünstigt, denn er gewinnt noch einen weiteren Schuldner hinzu.

Beispiel: Der Gläubiger hat dem Schuldner ein Darlehen in Höhe von 5000,– € gewährt. Der Schuldner vereinbart mit dem Dritten M, dass dieser der Schuld (= Verpflichtung, die Darlehenssumme zurückzuzahlen) beitritt. Der Schuldner und M
sind Gesamtschuldner. Der Gläubiger kann auswählen, von wem er bei Fälligkeit die
Leistung fordern will.

4. Die Erfüllungsübernahme

Von der Schuldübernahme ist die bloße Erfüllungsübernahme gemäß § 329 zu   **655**
unterscheiden: Ein Dritter verpflichtet sich lediglich dem Schuldner gegenüber, dessen Verpflichtung dem Gläubiger gegenüber zu übernehmen. Hier übernimmt der
Dritte allerdings nicht die bestehende Verpflichtung eines Schuldners mit der Folge,
dass der Gläubiger der Forderung diese weiterhin nur gegenüber dem Schuldner,
nicht aber dem Dritten gegenüber unmittelbar geltend machen kann.

Beispiel: B gewährt dem A ein Darlehen in Höhe von 5000,– €, das nach drei Monaten zurückgezahlt werden muss. F verpflichtet sich dem A gegenüber, am Fälligkeits-
tag die Leistung, die A gegenüber B zu bewirken hat, zu erbringen. Am Fälligkeits-
tag leistet F nicht. Von wem kann B Zahlung von 5000,– € verlangen?

Es handelt sich um die Vereinbarung einer sogenannten Erfüllungsübernahme gemäß § 329 zwischen A und F. Aufgrund dieser Vereinbarung kann B von F nichts
verlangen. B kann seine Forderung weiterhin nur gegenüber A geltend machen. A
kann aus der Vereinbarung mit F heraus allerdings von F verlangen, dass dieser an
B 5000,– € zahlt.

In den meisten Fällen kann jeder beliebige Dritte die Leistung, die ein Schuldner
zu erbringen hat, an den Gläubiger bewirken (§ 267), ohne dass der Schuldner zustimmen muss. Folge: Die Forderung, die der Gläubiger gegen den Schuldner hat,
erlischt. § 267 ermöglicht also die Einmischung Dritter in das Schuldverhältnis, es
sei denn, der Gläubiger und der Schuldner lehnen sie ab.

IV. Der Vertrag zugunsten Dritter

1. Überblick

656 Die Grundvorstellung bei einem Vertrage zugunsten Dritter im Sinne des § 328 ist die, dass zwei Personen einen Vertrag schließen können, aus dem ein Dritter berechtigt ist, die Leistung von einem der Vertragspartner zu verlangen. Bei einem sogenannten echten Vertrag zugunsten Dritter erwirbt der Dritte also einen Anspruch gegen den Schuldner (den Versprechenden).

2. Deckungs- und Valutaverhältnis

657 Bei einem echten Vertrage zugunsten Dritter sind die Verhältnisse zwischen den drei beteiligten Personen (Versprechender, Versprechensempfänger und Dritter) wie folgt geregelt: Zwischen dem Versprechenden (V) und dem Versprechensempfänger (VE) besteht das **Deckungsverhältnis**, ein Vertrag, aus dem sich die Rechtsstellung des Dritten (D) ergibt. Das zwischen dem Versprechensempfänger und dem Dritten bestehende **Valutaverhältnis** gibt Aufschluss darüber, aus welchem Rechtsgrund der Versprechensempfänger die Leistung an den Dritten veranlasst. Die im Valutaverhältnis enthaltene Verpflichtung kann auf Vertrag (z. B. Kaufvertrag oder Schenkung) oder auf Gesetz (z. B. Unterhaltspflicht aus §§ 1601 ff.) beruhen. Der Dritte erwirbt das Recht, von dem Versprechenden eine Leistung zu verlangen aufgrund des Deckungsverhältnisses, also ohne sein Zutun. Deshalb hat er gemäß § 333 die Möglichkeit, das Recht zurückzuweisen.

Beispiel: Der V (Versprechender) verpflichtet sich dem VE (Versprechensempfänger) gegenüber, eine Leistung an D (den Dritten) zu erbringen. D wird hier unmittelbar berechtigt, ohne dass sich V ihm gegenüber verpflichtet. D erwirbt ein echtes Forderungsrecht gegen V.

Fall: *K kauft bei V kurz vor einer längeren Auslandsreise einen PKW, den er seiner Frau F zum Geburtstag schenken will. Er erklärt dem V, dass es sich um ein Geschenk für seine Frau F handele, die ihren Geburtstag in seiner Abwesenheit feiern müsse, weil er verreist sei. K bezahlt den Kaufpreis und bittet V, den PKW drei Tage später an seine Frau F auszuliefern. K sagt zu seiner Frau, er schenke ihr zum drei Tage später folgenden Geburtstag ein Kraftfahrzeug, das sie sich bei V abholen möge. K tritt nun seine Reise an. Drei Tage später verlangt F von V den PKW. V verweigert die Leistung. Kann F von V das Kraftfahrzeug verlangen?*

Lösung:

F könnte gegen V gemäß § 433 Abs. 1 i. V. m. § 328 einen Anspruch auf Übergabe und Übereignung des PKW haben. Ob ein solcher Anspruch besteht, hängt davon ab, ob V und K einen echten Vertrag zugunsten Dritter (hier also F) abgeschlossen haben.

Im zu erörternden Fall hat K den Vertrag erkennbar im Interesse seiner Frau abgeschlossen: F sollte den PKW als Geschenk erhalten und – da K selbst wegen der Reise nicht in der Lage war, die Leistung zu fordern – selbst berechtigt sein, von V Übereignung und Übergabe des Wagens zu fordern.

Es handelt sich also um einen echten Vertrag zugunsten Dritter, aus dem F eine Forderung gegen V direkt erworben hat. Das Deckungsverhältnis ist der zwischen V (Versprechender) und K (Versprechensempfänger) abgeschlossene Kaufvertrag. Zwischen K und F (Dritte) besteht als Valutaverhältnis ein Schenkungsvertrag. F kann also gemäß §§ 433 Abs. 1, 328 von V Übergabe und Übereignung des PKW verlangen.

3. Abgrenzungen

Ob ein echter Vertrag zugunsten Dritter im Sinne des § 328 Abs. 1 vorliegt ist durch Auslegung zu ermitteln. Dabei ist § 328 Abs. 2 zu berücksichtigen. Abzugrenzen ist vor allem von der Erfüllungsübernahme (siehe dazu oben Rdnr. 655), bei welcher der Gläubiger keinen Anspruch gegen den die Schuld Übernehmenden erwirbt. **658**

4. Einwendungen und Einreden

Die Leistungsverpflichtung des Versprechenden ergibt sich aus dem Deckungsverhältnis, das zwischen dem Versprechenden und dem Versprechensempfänger begründet wird. Deshalb kann der Versprechende dem Dritten diejenigen Einwendungen entgegensetzen, die auf dem Deckungsverhältnis basieren (§ 334). Hat der Versprechende etwa das Deckungsverhältnis angefochten, so kann er die Nichtigkeit des Vertrages auch dem Dritten entgegenhalten. **659**

Aus § 334 ergibt sich, dass der Versprechende dem Dritten Einreden, wie etwa die des nicht erfüllten Vertrages nach § 320 entgegenhalten kann, wenn es sich um einen gegenseitig verpflichtenden Vertrag handelt.

> **Beispiel:** V und VE schließen einen Kaufvertrag zugunsten des D, der die Leistung – ein Geschenk von VE an D – direkt von V soll fordern können. Wenn sich herausstellt, dass der Vertrag zwischen V und VE aus irgendeinem Grund – etwa wegen Formmangels oder Verstoßes gegen § 138 – nichtig ist, so kann sich V gemäß § 334 dem D gegenüber auf die Nichtigkeit des Deckungsverhältnisses (Kaufvertrages) berufen und die Leistung verweigern.

5. Pflichtverletzungen im Deckungsverhältnis

Begeht der **Versprechensempfänger** eine Pflichtverletzung im Deckungsverhältnis gemäß § 280, so erwirbt der Versprechende Rechte aus §§ 281 ff. gegenüber dem Versprechensempfänger. Er kann diese auch dem Dritten entgegenhalten.[14] **660**

---

14 Vgl. *Brox/Walker*, Schuldrecht AT, § 32 Rdnr. 15.

Ist dem **Versprechenden** eine Pflichtverletzung vorzuwerfen, so können sowohl der Versprechensempfänger als auch der Dritte Rechte daraus erwerben.

> Wenn im oben unter Rdnr. 657 genannten Fall der PKW einen Mangel aufweist, so haben sowohl der Versprechensempfänger (K) als auch der Dritte (F) einen Anspruch auf Nacherfüllung aus §§ 437 Nr. 1, 439, 434. Allerdings kann K lediglich Leistung an F verlangen.

Liegen aufgrund des Verhaltens des Versprechenden die Voraussetzungen des § 323 vor, so entsteht ein Rücktrittsrecht, das allerdings nur der Versprechensempfänger ausüben kann, weil der Rücktritt das Vertragsverhältnis gestaltet, an dem nur der Versprechende und der Versprechensempfänger beteiligt sind. Falls der Dritte bereits eine nicht mehr entziehbare Forderung erworben hat, soll der Versprechensempfänger den Rücktritt nur noch mit Zustimmung des Dritten ausüben können.

Ein Anfechtungsrecht soll der Versprechensempfänger hingegen auch ohne Zustimmung des Dritten ausüben können, weil es sich auf Willensmängel des Versprechensempfängers gründet.

> **Beispiel:** Antiquar A macht dem K, der eine alte Bibel kaufen möchte, um sie seinem Theologie studierenden Sohn S zu schenken, per E-Mail ein Angebot mit einem Kaufpreis von 240 €. K nimmt das Angebot mit einer E-Mail an und schreibt, es handele sich um ein Geschenk für den S, der die Bibel in den nächsten Tagen abholen solle. Es liegt hier ein echter Vertrag zugunsten Dritter i. S. des § 328 vor, aufgrund dessen S berechtigt sein soll, die Leistung, hier die Übergabe und Übereignung der Bibel, von A zu fordern. Angenommen, A hat sich bei der Abfassung des Angebots verschrieben und statt des gewollten Preises von 420 € aus Versehen 240 € geschrieben. A ist nach § 119 Abs. 1 wegen Erklärungsirrtums zur Anfechtung berechtigt. Macht A von diesem Recht Gebrauch, vernichtet er gemäß § 142 den Kaufvertrag rückwirkend. Gemäß § 334 kann sich A dem S gegenüber – dem Dritten – auf die Nichtigkeit des Vertrages berufen und die Leistung verweigern.

6. Pflichtverletzungen des Dritten

661 Wenn der Dritte eine Pflichtverletzung begeht, indem er etwa schuldhaft die Unmöglichkeit der Leistung durch den Versprechenden verursacht, so erwirbt der Versprechende einen Anspruch gegen den Versprechensempfänger (hier behält er den Anspruch auf die Gegenleistung nach § 326 Abs. 2). Das Verhalten des Dritten muss sich der Versprechensempfänger nach § 278 zurechnen lassen.

7. Der Vertrag zulasten Dritter

662 Ein Vertrag zulasten Dritter, durch den ein Dritter zu einer Leistung verpflichtet wird, ohne dass er selbst der Verpflichtung zugestimmt hat, ist nicht möglich.

> **Beispiel:** V und A können nicht rechtswirksam einen Kaufvertrag abschließen, durch den der nichts ahnende S zur Zahlung des Kaufpreises verpflichtet wird.

V. Der Vertrag mit Schutzwirkung für Dritte

1. Die Problematik

Ein Schuldverhältnis mit Schutzwirkung für Dritte ist im BGB nicht geregelt. Der **663** Vertrag mit Schutzwirkung für Dritte ist von Rechtsprechung und Literatur entwickelt worden, um Dritten, die an einem Vertrage nicht beteiligt sind, bei Vorliegen bestimmter Voraussetzungen Ansprüche auf Schadensersatz zukommen zulassen.

> **Beispiel:** Vermieter V vermietet eine Wohnung an das Ehepaar A und B, die Vertragspartner werden. Deren Kinder X und Y sind nicht Vertragspartner. Auf Veranlassung etlicher Mieter weist V den Hausmeister H an, ein Treppengeländer, das defekt und deshalb gefährlich ist, zu reparieren. H vergisst die notwendigen Arbeiten. X kommt im Treppenhaus zu Fall, stützt sich auf das defekte Treppengeländer, welches bricht; X fällt in die Tiefe und verletzt sich schwer. Falls X einen Anspruch aus § 831 gegen V nicht durchsetzen kann, weil V sich exculpieren kann, bleibt gegen V nur noch die Möglichkeit eines Schadensersatzanspruchs aus §§ 280, 278. Dabei ergibt sich allerdings die Schwierigkeit, dass zwischen V und X kein Schuldverhältnis besteht.

2. Die Voraussetzungen für das Entstehen eines Vertrages mit Schutzwirkung für Dritte

Unter den folgenden Voraussetzungen soll ein Vertrag mit Schutzwirkung entstehen: **664**

a) Leistungsnähe des Dritten

Der Dritte muss den Gefahren des Schuldverhältnisses bestimmungsgemäß ebenso ausgesetzt sein wie der Gläubiger selbst.[15] Der als Dritte einbezogene Personenkreis muss eng und überschaubar sein.

> Im oben genannten **Beispiel** gehört X zu den Personen, die den Gefahren aus dem Schuldverhältnis (Mietvertrag) ebenso ausgesetzt ist, wie die Vertragspartner (die Eltern) selbst. Erfüllt V seine Pflichten aus dem Vertrage nicht, ist X genau so betroffen wie die Vertragspartner.

b) Schutzinteresse des Gläubigers

Der Gläubiger muss ein berechtigtes Interesse am Schutz des Dritten haben. Das **665** ist jedenfalls dann der Fall, wenn der Gläubiger aufgrund eines Rechtsverhältnisses mit personenrechtlichem Einschlag für das „Wohl und Wehe" des Dritten mitverantwortlich ist.[16]

---

15 Vgl. BGHZ 70, 327, 329.
16 So BGHZ 56, 273.

Im oben genannten **Beispiel** sind die Eltern kraft Gesetzes für das Wohl und Wehe des X verantwortlich.

c) Erkennbarkeit für den Schuldner

666 Bereits bei der Entstehung des Schuldverhältnisses müssen sowohl die Leistungsnähe des Dritten als auch das Schutzinteresse des Gläubigers für den Schuldner erkennbar sein, weil das Risiko, auf das er sich einlässt, für ihn erkennbar sein muss.[17] Der Schuldner muss allerdings die Person, die in den Schutzbereich einbezogen werden soll, nicht kennen.

Im oben genannten **Beispiel** war für V als Vermieter erkennbar, dass die Kinder der Mieter in den Schutzbereich des Vertrages einbezogen werden sollten und dies im Interesse der Mieter lag.

d) Schutzbedürftigkeit des Dritten

667 Schließlich muss der Dritte schutzbedürftig sein. Das ist der Fall, wenn er selbst **keinen** vertraglichen Anspruch mit vergleichbarem Inhalt hat.[18] Ein lediglich deliktischer Anspruch lässt das Schutzbedürfnis nicht entfallen.[19]

Im oben genannten **Beispiel** hat X keinen vertraglichen Anspruch auf Schadensersatz. Ein möglicher deliktischer Anspruch gegen V, der das Schutzbedürfnis allerdings ohnehin nicht entfallen ließe, kommt nicht in Betracht. Es liegen also alle Voraussetzungen vor, unter denen ein Vertrag mit Schutzwirkung für Dritte entsteht. X und Y sind in den Schutzbereich des Mietvertrages einbezogen.

3. Die Rechtsfolgen

668 Unter den unter Rdnr. 664 ff. genannten Voraussetzungen kommt ein **vertragsähnliches Schuldverhältnis zwischen dem Schuldner und dem Dritten** zustande, das neben das Schuldverhältnis zwischen Gläubiger und Schuldner tritt. Es handelt sich um ein **Schuldverhältnis ohne primäre Leistungspflichten.**

Aber der Schuldner ist verpflichtet, gegenüber dem Dritten bestimmte Schutzpflichten aus § 241 Abs. 2 zu erfüllen. Verletzt er diese, liegt unter den Voraussetzungen des § 280 eine Pflichtverletzung vor, die den Schuldner zum Schadensersatz gegenüber dem Dritten verpflichtet.

Im oben genannten **Beispiel** besteht zwischen V und X ein Schuldverhältnis ohne primäre Leistungspflicht, das den V verpflichtet, auch gegenüber x die Pflichten aus § 241 Abs. 2 zu erfüllen. Hier hat H die Pflicht, auf die Rechtsgüter des X – hier Leben und Gesundheit – Rücksicht zu nehmen, verletzt. Dies stellt eine Pflichtverletzung nach § 280 dar, die V gemäß § 278 zu vertreten hat. Demnach hat X selbst gegen V einen Schadensersatzanspruch aus §§ 280, 278.

---

17 BGHZ 56, 269, 273; 75, 321, 323.
18 Vgl. BGHZ 133, 168, 173.
19 Vgl. *Brox/Walker*, Schuldrecht AT, § 33 Rdnr. 12.

§ 28   Gesamtschuldner und Gesamtgläubiger

Schrifttum: *Schreiber,* Die Gesamtschuld, Jura 1989, 353; *Selb,* Mehrheiten von Schuldnern und Gläubigern, 1984; *Stamm,* Die Gesamtschuld auf dem Vormarsch, NJW 2003, 2940.

I. Gesamtschuldner

1. Der Begriff der Gesamtschuldnerschaft

§ 421 enthält eine Legaldefinition der Gesamtschuldnerschaft: Eine solche liegt vor, **669** wenn mehrere Personen eine Leistung in der Weise schulden, dass jeder die ganze Leistung zu bewirken verpflichtet, der Gläubiger aber die Leistung nur einmal zu fordern berechtigt ist.

Unter den genannten Voraussetzungen kann der Gläubiger die Leistung nach seinem Belieben von jedem der Schuldner ganz oder zu einem Teil fordern.

Bis zur Bewirkung der ganzen Leistung bleiben sämtliche Schuldner verpflichtet. Bewirkt ein Gesamtschuldner die ganze Leistung, werden auch alle anderen Schuldner von ihrer Verpflichtung frei (§ 422).

2. Das Entstehen der Gesamtschuld

Nach § 421 müssen die folgenden Voraussetzungen vorliegen, damit eine Gesamt- **670** schuld entsteht:

- Mehrere Schuldnern sind demselben Gläubiger gegenüber zu einer Leistung verpflichtet;
- jeder Schuldner ist verpflichtet, die ganze Leistung zu erbringen;
- der Gläubiger kann die Leistung nur einmal verlangen;
- die Verbindlichkeiten der Schuldner sind gleichstufig.

Die Gesamtschuld kann **durch Rechtsgeschäft** begründet werden. Das ist gemäß § 427 der Fall, wenn mehrere Personen sich durch Vertrag zu einer teilbaren Leistung verpflichten.

> **Beispiel:** Die Eheleute A und B schließen mit der B-Bank einen Darlehensvertrag (§ 488). Sie verpflichten sich beide zur Darlehensrückzahlung und Zinsleistung. A und B sind Gesamtschuldner (§ 427).

Die Gesamtschuldnerschaft kann sich auch **aus dem Gesetz** ergeben. Ein Beispiel **671** aus dem **deliktischen Bereich** ist § 840. Danach haften diejenigen, die aus einer unerlaubten Handlung für den entstandenen Schaden nebeneinander verantwortlich sind, als Gesamtschuldner (vgl. oben Rdnr. 435).

Beispiel: Die 19-jährigen X und Y versehen das im Eigentum des E stehende Haus gegen dessen Willen mit Graffiti. E hat aus § 823 Abs. 1 i. V. mit §§ 249 ff. gegen X und Y einen Schadensersatzanspruch. X und Y haften dem E nach § 840 als Gesamtschuldner.

Gesamtschuldnerschaften ergeben sich u. a. aus § 2058 und § 128 HGB. Nach § 2058 haften die Miterben als Gesamtschuldner für die Nachlassverbindlichkeiten (im Sinne des § 2067). Nach § 128 HGB haften die Gesellschafter einer OHG für alle Verbindlichkeiten der OHG als Gesamtschuldner.

Beispiel: A, B und C sind Gesellschafter der A-OHG, die bei der X-Bank ein Darlehen aufnimmt. Wegen der Darlehensrückzahlungs- und Zinsforderungen kann die Bank neben der OHG auch deren Gesellschafter A, B und C als Gesamtschuldner in Anspruch nehmen. Der Anspruch ergibt sich aus § 488 i. V. mit § 128 HGB. Der Anspruch gegen die Gesellschafter ist akzessorisch, d. h. er setzt einen Anspruch des Gläubigers gegen die Gesellschaft, eine Verbindlichkeit der Gesellschaft, voraus.

3. Der Ausgleich im Innenverhältnis

a) Der Anspruch aus § 426 Abs. 1

672 Nach § 426 Abs. 1 hat der in Anspruch genommene Gesamtschuldner einen Ausgleichanspruch gegen die anderen Gesamtschuldner. Wenn nichts anderes vereinbart ist, sind die Gesamtschuldner im Innenverhältnis zu gleichen Anteilen verpflichtet. Deshalb muss sich der in Anspruch genommene beim Innenausgleich seinen Anteil anrechnen lassen.

Im Anschluss an das oben genannte **Beispiel:** Hat die Bank eine fällige Forderung aus § 488 in Höhe von 30 000,– € und nimmt sie deswegen den C in voller Höhe aus §§ 488 BGB und 128 HGB in Anspruch, weil die OHG nicht zahlungsfähig ist, so kann C nach § 426 Abs. 1 von A und B je ein Drittel, also jeweils 10 000,– €, verlangen; seinen Drittelanteil muss er sich anrechnen lassen.

Abwandlung: Enthält der Gesellschaftsvertrag eine Klausel, die den A von jeder Außenhaftung freistellt, so hat das im Verhältnis zu den Gläubigern der Gesellschaft (Außenverhältnis) keine Wirkung. Sie können auch den A nach §§ 488 BGB und 128 HGB in Anspruch nehmen. Die Klausel entfaltet aber Wirkung in Innenverhältnis. Kraft Rechtsgeschäft (hier Gesellschaftsvertrag) ist A im Verhältnis der Gesellschafter untereinander freigestellt. Wenn C vom Gläubiger, wie oben dargestellt, in Anspruch genommen wird, kann C von A keinen Ausgleich gemäß § 426 Abs. 1 verlangen, denn hier ist etwas „anderes bestimmt" i. S. des § 426 Abs. 1.

Wenn ein Gesamtschuldner den auf ihn entfallenden Ausgleich im Innenverhältnis nicht leisten kann, so ist der Ausfall nach § 426 Abs. 1 S. 2 von den übrigen Gesamtschuldnern zu tragen. § 426 Abs. 1 S. 2 gewährt dem ausgleichsberechtigten Gesamtschuldner also einen weiteren Anspruch gegen die anderen.

b) Der Anspruch aus § 426 Abs. 2

§ 426 Abs. 2 gewährt eine selbständige Anspruchsgrundlage. Die Ansprüche aus **673** § 426 Abs. 1 und § 426 Abs. 2 stehen selbständig nebeneinander.

§ 426 Abs. 2 hat den Zweck, die Stellung des ausgleichsberechtigten Gesamtschuldners zu verstärken. Nach dieser Vorschrift geht kraft Gesetzes die Forderung des Gläubigers auf den Gesamtschuldner über, soweit dieser den Gläubiger befriedigt hat und von den anderen Gesamtschuldnern Ausgleich verlangen kann. Sinn und Zweck der gesetzlichen Regelung ist, dass die akzessorischen Sicherungsrechte (Hypothek; Bürgschaft etc.) mit der Gläubigerforderung auf den ausgleichsberechtigten Gesamtschuldner übergehen.

II. Die Gesamtgläubigerschaft

1. Der Begriff der Gesamtgläubigerschaft

Liegt eine Gesamtgläubigerschaft im Sinne des § 428 vor, kann jeder Gläubiger **674** vom Schuldner die gesamte Leistung fordern. Allerdings muss der Schuldner nur einmal leisten; mit der Leistung an einen der Schuldner wird er von seiner Schuld befreit. Der Schuldner kann wählen, an welchen Gläubiger er leisten will (§ 428 S. 1).

Jeder Gesamtgläubiger erwirbt gegen den Schuldner ein selbständiges Forderungsrecht.

Schließt einer der Gesamtgläubiger mit dem Schuldner einen Erlassvertrag, mit dem das gesamte Schuldverhältnis aufgehoben werden soll, so wirkt der Erlass auch allen anderen Gläubigern gegenüber (§§ 429 Abs. 3, 423).

Die Begründung einer Gesamtgläubigerschaft durch Rechtsgeschäft ist möglich, aber selten. Ein gesetzlich angeordneter Fall der Gesamtgläubigerschaft findet sich in § 2151 Abs. 3 im Zusammenhang mit dem Vermächtnis.

Im Verhältnis der Gesamtgläubiger untereinander löst die Leistung des Schuldners an einen Gläubiger eine Ausgleichspflicht gemäß § 430 aus. Danach sind die Gesamtgläubiger untereinander zu gleichen Teilen berechtigt, soweit nichts anderes bestimmt ist.

2. Die Gläubigergemeinschaft

a) Überblick

Steht eine Forderung den Gläubigern nur gemeinschaftlich zu, so handelt es sich **675** um eine Gläubigergemeinschaft. Eine solche kann bestehen

– als Gesamthandsgemeinschaft,

– als Bruchteilsgemeinschaft

– und bei einem Schuldverhältnis, das auf eine unteilbare Leistung gerichtet ist.

b) Die Gesamthandsgläubigerschaft als Beispiel für eine Gläubigergemeinschaft

676 Wird eine Personengesellschaft begründet (z. B. eine BGB-Gesellschaft, eine Offene Handelsgesellschaft oder eine Kommanditgesellschaft), so ist das Gesellschaftsvermögen ein Gesamthandsvermögen. Das heißt: Das Vermögen steht den Gesellschaftern in ihrer personenrechtlichen Verbundenheit in der Art zu, dass ein einzelner Gesellschafter über seinen Anteil an dem Gesellschaftsvermögen und auch an den einzelnen dazu gehörenden Gegenständen nicht frei verfügen kann. Über das Gesellschaftsvermögen als Ganzes sowie auch über Teile desselben können nur alle Gesellschafter gemeinsam verfügen (§ 719). Gesamthandsvermögen bedeutet also: die dazu gehörenden Sachen und Rechte stehen allen Gesellschaftern gemeinschaftlich zu. Über einzelne Vermögensgegenstände können die Gesellschafter nur gemeinsam verfügen.

Deshalb stehen Forderungen, die zum Gesellschaftsvermögen gehören, also Gesamthandsforderungen, den Gesellschaftern als Gesamthändern nur in ihrer Verbundenheit zu. Es handelt sich dann um eine Gesamtgläubigerschaft. Leistet der Schuldner nur an einen der Gesamtgläubiger, erlischt die Forderung nicht.

§ 29   Das Kaufrecht

Schrifttum: *Auktor,* Die Verjährung der Gewährleistungsrechte bei mangelhafter Nacherfüllung nach § 439 BGB, NJW 2003, 120; *Eidenmüller,* Die Verjährung beim Rechtskauf, NJW 2002, 1625; *Grigoleit,* Besondere Vertriebsformen im BGB, NJW 2002, 1151; *Hammen,* Zum Verhältnis der Garantie zu den Mängelrechten aus § 437 BGB, NJW 2003, 2588; *Huber,* Die Praxis des Unternehmenskaufs im System des Kaufrechts, AcP 202 (2002), 179; *Katzenmeier,* Entwicklungen des Produkthaftungsrechts, JuS 2003, 943; *Knott,* Unternehmenskauf nach der Schuldrechtsreform, NZG 2002, 249; *Kullmann,* Die Rechtsprechung des BGH zum Produkthaftpflichtrecht in den Jahren 2001 – 2003, NJW 2003, 1908; *Lorenz,* Aliud, peius und indebitum im neuen Kaufrecht, JuS 2003, 36; *ders.,* Fünf Jahre „neues" Schuldrecht im Spiegel der Rechtsprechung, NJW 2007, 1; *Mankowski,* Das Zusammenspiel der Nacherfüllung mit den kaufmännischen Untersuchungs- und Rügeobliegenheiten, NJW 2006,865; *Mansel,* Die Neuregelung des Verjährungsrechts, NJW 2002, 89; *Maultzsch,* Schuldrechtsmodernisierung 2001/2002: Der Regress des Unternehmers beim Verbrauchsgüterkauf, JuS 2002, 1171; *Steck,* Das HGB nach der Schuldrechtsreform, NJW 2002, 3201; 115; *Ziegler/Rieder,* Vertragsgestaltung und Vertragsanpassung nach dem Schuldrechtsmodernisierungsgesetz, ZIP 2001, 1789.

I. Einleitung

1. Überblick

Da der Kaufvertrag die Grundform der vertraglichen Regelung darstellt, in der **677** sich der Warenaustausch gegen Geld vollzieht, ist seine wirtschaftliche Bedeutung in der täglichen Rechtspraxis erheblich. Der Kaufvertrag ist das wichtigste Umsatzgeschäft.

Gegenstand von Kaufverträgen können Sachen oder Rechte sein, aber auch Vermögensgesamtheiten als Zusammenfassung von Sachen und Rechten und sonstigen übertragbaren Vermögensgegenständen (etwa Herstellungsverfahren und Erwerbschancen), die wirtschaftlich eine Einheit bilden.

Beispiel: Der Kauf eines Unternehmens als wirtschaftliche Einheit. Dazu gehören nicht nur Sachen und Rechte (z. B. Patente, Lizenzen und Anteilsrechte an anderen Unternehmen), sondern auch die Chancen, wie Kundenkreis, Know-how etc.

§§ 433 ff. regeln den Kauf von Sachen. Diese Regeln finden auf den Kauf von Rechten und sonstigen Gegenständen entsprechende Anwendung (§ 453 Abs. 1).

Der Kaufvertrag ist ein gegenseitig verpflichtender Vertrag. Der Verkäufer ver- **678** pflichtet sich durch den Abschluss des Kaufvertrages,
– dem Käufer die Sache zu übergeben und ihm das Eigentum daran zu übertragen (§ 433 Abs. 1 S. 1),
– und ihm die Sache frei von Sach- und Rechtsmängeln zu verschaffen (§ 433 Abs. 1 S. 2).

Verletzt der Verkäufer die Verpflichtung, dem Käufer die Sache frei von Mängeln zu verschaffen, so ist das eine Pflichtverletzung. Die sich daraus ergebenden Ansprüche und Rechte sind in § 437 aufgezählt.

Der Käufer ist aus dem Kaufvertrag verpflichtet, dem Verkäufer den vereinbarten Kaufpreis zu zahlen und die gekaufte Sache abzunehmen (§ 433 Abs. 2). Die Zahlung des Kaufpreises ist für den Käufer eine Hauptpflicht des Vertrages, die Abnahme der gekauften Sache im Regelfall lediglich eine Nebenpflicht.

Der Kaufvertrag ist ein schuldrechtliches Verpflichtungsgeschäft, mit dessen Ab- **679** schluss weder das Eigentum an der gekauften Sache noch das gekaufte Recht auf den Käufer übergeht. Dem Text des § 433 Abs. 1 S. 1 ist zu entnehmen, dass der Verkäufer lediglich verpflichtet ist, beim Sachkauf dem Käufer das Eigentum an der Sache zu verschaffen und beim Rechtskauf ihm das Recht zu übertragen. Zur Übertragung des Eigentums an einer Sache oder zur Übertragung eines gekauften Rechts ist jeweils ein weiteres Rechtsgeschäft, das vom Kaufvertrag zu trennen ist, abzuschließen. Bei einem Sachkauf ist dies die Übereignung gemäß § 929, soweit es sich um eine bewegliche Sache handelt (vergleiche zu Trennungs- und Abstraktionsprinzip oben Rdnr. 167 ff.).

Kaufverträge können in der Regel formlos, also auch mündlich abgeschlossen werden. Nur in besonderen Fällen schreibt das Gesetz eine bestimmte Form vor, wie z. B. für den Grundstückskaufvertrag (§ 311b Abs. 1) und für den Kaufvertrag über das gesamte gegenwärtige Vermögen (§ 311b Abs. 3).

2. Arten des Kaufes

680 Im Kaufrecht wird zwischen verschiedenen Arten des Kaufes unterschieden, so z. B. zwischen einfachem Kauf (§§ 433 ff.) und Verbrauchsgüterkauf (Sonderregelungen der §§ 474 ff.).

Der **Verbrauchsgüterkauf** ist in Abgrenzung zum **einfachen Kaufvertrag** ein Kaufvertrag zwischen einem **Verbraucher** (§ 13) und einem **Unternehmer** (§ 14). Der Verbraucher soll gegenüber dem Unternehmer in einer besonderen Weise geschützt werden, u. a. durch Sonderbestimmungen für Garantien (§ 477) und eine Beweislastumkehr dergestalt, dass gesetzlich vermutet wird, dass ein Sachmangel, der auftritt, bereits bei Gefahrübergang (Übergabe der Sache) vorhanden war (§ 476) (siehe dazu unten Rdnr. 747 ff.).

Eine besondere Art des Kaufvertrages ist auch der **Handelskauf,** ein Kaufvertrag, bei dem auf mindestens einer Seite ein Kaufmann (§§ 1 ff. HGB) Vertragspartner ist und für den der Vertrag „zum Betriebe seines Handelsgewerbes" im Sinne des § 343 HGB gehört. Gegenstand des Handelskaufes können nur Waren oder Wertpapiere sein. **Waren** sind bewegliche körperliche Sachen des Handelsverkehrs. Grundstücke und Unternehmen als Gesamtheit können nicht Gegenstände eines Handelskaufes sein, da es sich dabei nicht um Waren handelt. Das HGB enthält in den §§ 373–382 spezielle Vorschriften über den Handelskauf (siehe dazu unten Rdnr. 726 ff.).

II. Die Gefahrtragung beim Kauf

1. Leistungs- und Gegenleistungsgefahr

681 Wenn die gekaufte Sache nach Abschluss des Kaufvertrages, aber vor der Übereignung und Übergabe an den Käufer untergeht, so ist dem Verkäufer als dem Schuldner dieser Leistungsverpflichtung die Erbringung der Leistung unmöglich geworden. Hat er das Unmöglichwerden der Leistung gemäß §§ 276, 278 nicht zu vertreten, so wird er gemäß § 275 von seiner Leistungspflicht frei. Eine andere Frage ist die, ob der Verkäufer dann, wenn er gemäß § 275 von seiner Leistungspflicht befreit wird, auch den Anspruch auf die Gegenleistung verliert oder ob er diesen Anspruch behält. Insofern spricht man von der sogenannten **Preisgefahr** oder **Gegenleistungsgefahr.** Nach den Regeln des allgemeinen Schuldrechts verliert der Schuldner, der selbst von seiner Leistungspflicht gemäß § 275 befreit wird, gemäß § 326 Abs. 1 auch den Anspruch auf die Gegenleistung, vorausgesetzt, der Gläubiger (der Käufer) hat die Unmöglichkeit auch nicht gemäß §§ 276, 278 zu vertreten (§ 326 Abs. 2. Vgl. dazu oben Rdnr. 558). Diese allgemeine Regelung wird beim Kauf in bestimmten Fällen durchbrochen.

2. Gefahrübergang bei Übergabe der Sache (§ 446)

Wenn der Verkäufer dem Käufer die gekaufte Sache übergibt, gehen die Gefahr des zufälligen Untergangs und die Gefahr einer zufälligen Verschlechterung der Sache gemäß § 446 Abs. 1 Satz 1 auf den Käufer über. Das bedeutet: Nach Übergabe der gekauften Sache trägt der Käufer die Preisgefahr, d. h. er muss den Kaufpreis auch dann zahlen, wenn die Sache durch Zufall untergeht. Zufall heißt: Weder der Verkäufer noch der Käufer haben den Untergang der Sache zu vertreten. **682**

§ 446 bildet eine **Ausnahme** vom Grundsatz des § 326 Abs. 1. Unter den Voraussetzungen des § 446 bleibt der Käufer trotz des von ihm nicht zu vertretenden Untergangs der Sache zur Zahlung des Kaufpreises verpflichtet. Er wird also von seiner Gegenleistungspflicht **nicht** gemäß § 326 Abs. 1 befreit.

> **Beispiel:** K kauft bei V einen Fernsehapparat zum Preise von 1000,– € unter Eigentumsvorbehalt (§ 449) (der Verkäufer bleibt Eigentümer, bis der Kaufpreis in voller Höhe gezahlt ist; ist dieses Ereignis eingetreten, geht das Eigentum automatisch auf den Käufer über). K zahlt 100,– € an und nimmt den Apparat mit nach Hause; der Restkaufpreis soll in monatlichen Raten von 50,– € gezahlt werden. Nachdem K noch 2 Raten geleistet hat, schlägt der Blitz in das Haus des K ein und zerstört den Fernsehapparat vollständig. Mit der Übergabe ist die Preis- bzw. Gegenleistungsgefahr auf K übergegangen. Er muss den Restkaufpreis an V zahlen, obwohl er nicht mehr Eigentümer des Fernsehapparates werden kann.

Der Regelung des § 446 Abs. 1 liegt folgende Überlegung zugrunde: Mit der Übergabe der Sache ist der vom Käufer mit dem Kaufvertrag erstrebte wirtschaftliche Erfolg im Wesentlichen bereits eingetreten. Der Käufer hat mit dem Besitzerwerb die tatsächliche Einwirkungsmöglichkeit auf die Sache erhalten, und er darf dieselbe, auch wenn das Eigentum noch nicht auf ihn übergegangen ist, dem Verkäufer gegenüber fortan sowohl besitzen wie auch nutzen. Letzteres geht u. a. aus § 446 Abs. 1 S. 2 ausdrücklich hervor. Da die Sache damit aus dem wirtschaftlichen Verfügungsbereich des Verkäufers fortgegeben ist, der Verkäufer infolgedessen auch nicht mehr die Möglichkeit des Gebrauchs und der tatsächlichen Einwirkung auf die Sache hat, würde es jedenfalls in der Mehrzahl der Fälle, auf die das Gesetz bei einer generellen Regelung abstellen muss, nicht mehr interessengerecht sein, den Verkäufer jetzt noch mit den Folgen des Verlustes, die im Herrschaftsbereich des Käufers eingetreten sind, zu belasten. **683**

3. Der Gefahrübergang beim Versendungskauf

Wenn der Verkäufer auf Wunsch des Käufers die gekaufte Sache nach einem anderen Ort als dem Erfüllungsort (Leistungsort) versendet, handelt es sich um einen Versendungskauf (§ 447). **684**

Ein Versendungskauf liegt also nur dann vor, wenn es sich um eine Holschuld oder eine Schickschuld handelt, der Wohnsitz des Verkäufers also der Erfüllungsort (vgl. dazu oben Rdnr. 479 ff.) ist, von dem aus „nach einem anderen Orte" im Sinne des § 447 versendet wird. Handelt es sich um eine Bringschuld, ist der Wohnsitz des Käufers der Erfüllungsort. Ein Versendungskauf kann dann nicht mehr in Frage kommen.

Der Grund für die in § 447 enthaltene Regelung ist darin zu sehen, dass der Verkäufer, der nach dem Gesetz nur am Leistungsort tätig werden muss, nicht dadurch ein erhöhtes Risiko tragen soll, dass er die Sache auf Wunsch des Käufers an einen anderen Ort versendet und dadurch der Leistungserfolg hinausgeschoben wird. Geht also die Sache während des Transportes unter und kommt es infolgedessen nicht zur Erfüllung der Leistungspflicht des Verkäufers (Fall der Unmöglichkeit), behält der Verkäufer grundsätzlich gleichwohl, ebenfalls abweichend von der Regelung des § 326 Abs. 1, den Anspruch auf die Kaufpreisforderung.

685 Erfolgt die Versendung innerhalb desselben Ortes, was häufig durch eigene Leute des Verkäufers geschieht, so ist zunächst zu prüfen, ob der Verkäufer die Lieferung der gekauften Sache in die Wohnung oder die Geschäftsräume des Käufers nicht als Teil seiner Erfüllungspflicht aus dem Kaufvertrag übernommen hat. Ist dies der Fall, handelt es sich um eine **Bringschuld** und nicht um einen Versendungskauf. Handelt es sich um Fälle, bei denen der Verkäufer üblicherweise die Ware auf dessen Wunsch dem Kunden zustellt (Bringschuld), so spricht man auch von „Zuschickungskäufen des täglichen Lebens", z. B. bei Kohle- oder Heizöllieferungen.

> **Beispiel:** Rechtsanwalt K kauft beim Möbelhaus M Polstermöbel, um den Empfangsbereich in seiner Kanzlei auszustatten. Da er selbst keine Transportmöglichkeiten hat, bittet er M, auf seine (des K) Kosten einen Frachtführer zu beauftragen, die Möbel zur Kanzlei des K zu bringen. M beauftragt den zuverlässigen Frachtführer F mit dieser Aufgabe. Infolge eines schweren Unfalls, in den der Fahrer A des F mit dem LKW ohne sein Verschulden verwickelt wird, werden die Möbel vollständig vernichtet. Fraglich ist, ob M trotz des Untergangs der Möbel noch einen Anspruch auf Zahlung des Kaufpreises gemäß § 433 Abs. 2 gegen K hat. Handelt es sich hier um einen Versendungskauf im Sinne des § 447, muss K den Kaufpreis zahlen, weil die Preisgefahr bereits auf ihn übergegangen ist. (§ 474 Abs. 2 BGB ist hier nicht anwendbar, denn es liegt kein Verbrauchsgüterkauf vor.).
>
> Erfüllungsort war mangels einer davon abweichenden Vereinbarung gemäß § 269 der Geschäftssitz des M. Auf Wunsch des K sollte M die Möbel „nach einem anderen Ort als dem Erfüllungsort", nämlich zum Kanzleisitz des K transportieren lassen. Deshalb ist mit der Übergabe der Sachen an den Frachtführer F die Preisgefahr nach § 447 auf K übergegangen. K muss den Kaufpreis an M zahlen.

686 Die Gefahr geht in dem Moment auf den Käufer über, in dem der Verkäufer die Sache an die Transportperson, also z. B. an den Spediteur, den Frachtführer oder die Post, ausliefert. Die Preisgefahr, die den Käufer von diesem Zeitpunkt ab treffen soll, betrifft nicht jeden Fall des zufälligen Untergangs oder der zufälligen Verschlechterung. Es muss sich vielmehr um typische Transportschäden handeln. Das bedeutet, das Ereignis, das die Lieferung beeinträchtigt oder verhindert, muss dem eigentlichen Gefahrenbereich des Transports zuzurechnen sein. Hat der Verkäufer den Umstand zu vertreten, der zum Transportschaden führt, so geht die Preisgefahr nicht auf den Käufer über.

Beispiel: Verpackt ein damit betrauter Angestellter des Verkäufers die zu versendenden Sachen nicht sorgfältig und kommt es deshalb zur Zerstörung derselben auf dem Transport, so hat der Verkäufer dies gemäß § 278 zu vertreten. Die Gefahr geht nicht auf den Käufer über, d. h. er muss den Kaufpreis nicht zahlen.

III. Ansprüche und Rechte des Käufers bei Mängeln der gekauften Sache

1. Überblick

Nach § 433 Abs. 1 S. 2 ist der Verkäufer verpflichtet, dem Käufer die Sache frei   **687** von Rechts- und Sachmängeln zu verschaffen. Kommt der Verkäufer dieser Verpflichtung nicht nach, liegt darin eine Pflichtverletzung im Sinne des § 280 Abs. 1. Die Rechte und Ansprüche des Käufers ergeben sich dann aus dem allgemeinen Pflichtverletzungsrecht (§§ 280 ff.), das allerdings durch die §§ 437 ff. modifiziert wird.

§ 437 zählt die Rechte und Ansprüche auf, die dem Käufer zustehen, wenn der Verkäufer ihm eine mit einem **Rechts- oder Sachmangel behaftete Sache** geliefert hat. Es sind dies:

1. ein Anspruch auf Nacherfüllung im Sinne des § 439, d. h. der Käufer kann wählen, ob er Beseitigung des Mangels (Nachbesserung) oder Lieferung einer mangelfreien Sache verlangen will (§ 437 Nr. 1);
2. er kann gemäß §§ 437 Nr. 2, 440, 323 und 326 Abs. 5 vom Vertrage zurücktreten oder stattdessen den Kaufpreis nach § 441 mindern;
3. der Käufer kann daneben nach §§ 437 Nr. 1, 440, 280, 281, 283 und 311a Schadensersatz oder nach § 284 Ersatz der vergeblichen Aufwendungen verlangen.

Im Vordergrund steht der **Anspruch des Käufers auf Nacherfüllung** (§ 439); das   **688** bedeutet, der Käufer hat nach seiner Wahl einen Anspruch auf Mängelbeseitigung oder Lieferung einer mangelfreien Sache. Diese Regelung ist auch als **Recht des Verkäufers auf eine zweite Andienung** zu verstehen. Das bedeutet, dass der Käufer in der Regel erst dann ein Rücktrittsrecht (§ 437 Nr. 2) hat oder einen Anspruch auf Schadensersatz statt der Leistung oder Ersatz der vergeblichen Aufwendungen (§ 437 Nr. 3) geltend machen kann, wenn die Nacherfüllung durch den Verkäufer fehlgeschlagen oder eine Frist zur Nacherfüllung ergebnislos verstrichen ist. Das ergibt sich schon daraus, dass sowohl der Schadensersatzanspruch **(Schadensersatz statt der Leistung)** des Käufers als auch sein Rücktrittsrecht nach §§ 280, 281, 323 davon abhängen, dass dem Verkäufer zuvor eine angemessene Frist zur Nacherfüllung gesetzt worden und dieselbe erfolglos verstrichen ist.

Nicht selten entsteht dadurch, dass der Käufer eine mangelhafte Sache in Betrieb nimmt, ein Schaden an seinen anderen Rechtsgütern. Wegen des Mangels der Sache hat der Käufer einen Nacherfüllungsanspruch gemäß §§ 437 Nr. 1, 439. **Daneben** entsteht aber noch ein Anspruch aus § 280 auf Ersatz der bereits entstandenen Schäden, denn die Lieferung der mangelhaften Sache stellt eine Pflichtverletzung dar, die, wenn der Verkäufer sie zu vertreten hat, nach § 280 eine Schadensersatzverpflichtung auslöst.

Das Entstehen des Anspruchs auf Schadensersatz statt der Leistung oder Ersatz der vergeblichen Aufwendungen setzt– anders als die Entstehung des Rücktrittsrechts – stets voraus, dass der Schuldner die Pflichtverletzung nach § 280 Abs. 1 zu vertreten hat.

2. Der Sachmangel im Sinne des § 434

a) Überblick

689   – die Sache nicht die vereinbarte Beschaffenheit hat (§ 434 Abs. 1 S. 1);
  – die Sache sich nicht für die nach dem Vertrage vorausgesetzte Verwendung eignet (§ 434 Abs. 1 S. 2 Nr. 1);
  – die Sache sich nicht für die gewöhnliche Verwendung eignet und nicht die Beschaffenheit aufweist, die üblich ist und die der Käufer nach der Art der Sache erwarten kann (§ 434 Abs. 1 S. 2 Nr. 2);
  – die Sache nicht die Eigenschaften aufweist, die der Käufer nach den öffentlichen Äußerungen des Verkäufers, des Herstellers (im Sinne des Produkthaftungsgesetzes) oder seines Gehilfen insbesondere in der Werbung oder bei der Kennzeichnung über bestimmte Eigenschaften der Sache erwarten kann (§ 434 Abs. 1 S. 3);
  – die vereinbarte, durch den Verkäufer oder dessen Erfüllungsgehilfen durchgeführte Montage der gekauften Sache unsachgemäß ist (§ 434 Abs. 2 S. 1);
  – die Montageanleitung zur Montage der gekauften Sachen mangelhaft ist, es sei denn, die Sache ist gleichwohl fehlerfrei montiert worden (§ 434 Abs. 2 S. 2);
  – der Verkäufer eine andere als die gekaufte Sache oder eine zu geringe Menge liefert (§ 434 Abs. 3).

b) Der Sache fehlt die vereinbarte Beschaffenheit (§ 434 Abs. 1 S. 1)

690   Der gesetzlichen Anordnung ist zu entnehmen, dass die Beschaffenheitsvereinbarung Vorrang haben soll. Das bedeutet, ist die Sache vertragsgemäß, hat sie keinen Mangel.

Der Begriff der Beschaffenheit umfasst die Eigenschaften, die der Kaufsache unmittelbar physisch anhaften, aber auch Umstände, die außerhalb der Sache liegen können.

> **Beispiel:** Die Unfallfreiheit eines gebrauchten PKW oder der Kilometerstand eines solchen.

Vereinbarung über die Beschaffenheit bedeutet im Zweifel, dass die Parteien des Vertrages die Beschaffenheit der Kaufsache zum Vertragsinhalt erklärt haben.

Beispiel: In dem notariellen Kaufvertrag versichert der Verkäufer ausdrücklich, dass das Grundstück, welches Kaufgegenstand ist, bebaubar ist. Hier liegt eine Beschaffenheitsvereinbarung vor.

Ob eine Beschaffenheitsvereinbarung auch anders als durch eine ausdrückliche **691** Erklärung getroffen werden kann, ist schwer zu beantworten. Jedenfalls muss sich eine solche durch Auslegung des Vertrages ermitteln lassen.

Der maßgebliche Zeitpunkt für die Ermittlung des Sachmangels ist der Gefahrübergang (§ 446).

Beispiel: Bei einem Kfz-Händler ist ein gebrauchtes Kfz ausgestellt, an dem ein Schild befestigt ist, das u. a. ausweist, dass dieses Kfz erst 18 000 km gelaufen sei. Fraglich ist, ob es sich dabei um eine Beschaffenheitsvereinbarung handelt, wenn der Käufer, ohne dass noch einmal ausdrücklich über die Kilometerleistung des Kfz gesprochen wird, dieses Kfz gekauft hat. Die gefahrenen Kilometer geben einen, wenn auch nicht unbedingt zuverlässigen Maßstab für die Abnutzung und weitere Lebensdauer eines Kraftfahrzeuges. Die Aufnahme der Fahrleistung in das dem Wagen angeheftete Schild, wie überhaupt die Aufnahme sogenannter technischer Daten, stellt mehr als eine bloße Anpreisung dar. Darin ist vielmehr eine ernstlich gemeinte Aussage zu sehen, die auf die Willensbildung des Käufers wesentlichen Einfluss ausübt. Wenn Verkäufer und Käufer nun einen Vertrag abschließen, nehmen sie beide konkludent auf den Inhalt des Schildes an dem Kfz Bezug. Die Aussage über die Kilometerleistung wird also Vertragsbestandteil und stellt damit eine Beschaffenheitsvereinbarung im Sinne des § 434 Abs. 1 S. 1 dar.

c) Die Sache eignet sich nicht für die nach dem Vertrag vorausgesetzte Verwendung (§ 434 Abs. 1 S. 2 Nr. 1)

In diesem Fall existiert keine Beschaffenheitsvereinbarung, aber die Vertragspar- **692** teien haben eine Vorstellung darüber, dass die Sache für einen **bestimmten** Verwendungszweck tauglich sein soll. Dafür reicht eine konkludente Übereinstimmung der Vertragsparteien aus. Es genügt **nicht** eine Fiktion, die davon ausgeht, die gewöhnliche Verwendung der Kaufsache sei als stillschweigend vertraglich vorausgesetzt zu betrachten, denn die Eignung für die gewöhnliche Verwendung ist in § 434 Abs. 1 S. 2 Nr. 2 eigenständig geregelt. Es muss also im Vertrage eine **besondere** Regelung vorausgesetzt sein[1].

Beispiel: Kauft K von V einen neuen PKW, so ist beiden Vertragsparteien klar, dass K den PKW im Zweifel erwirbt, um damit zu fahren und ihn nicht in ein Privatmuseum zu stellen. Wenn der PKW einen Getriebefehler aufweist, liegt dennoch

---

1 So *Dauner-Lieb* u. a., S. 115.

kein Sachmangel im Sinne des § 434 Abs. 1 S. 2 Nr. 1 vor. Die Vertragsparteien haben hier keine besondere Verwendung des PKW vertraglich vorausgesetzt. Es handelt sich hier um einen Fall des § 434 Abs. 1 S. 2 Nr. 2, weil der PKW sich nicht für die gewöhnliche Verwendung, das Fahren, eignet.

Beispiel: Kauft ein Landwirt bei einem Futtermittelgroßhandel Futter für seine Rinder mit der Bemerkung, das Futter müsse gut verträglich sein, so haben beide Parteien eine bestimmte Vorstellung über den Verwendungszweck. Sie wissen beide, dass die gekauften Futtermittel zur Verfütterung an die Rinder tauglich sein müssen. Ist das Futter mit Krankheitserregern verseucht, eignet es sich nicht für die nach dem Vertrag vorausgesetzte Verwendung. Es liegt ein Sachmangel im Sinne des § 434 Abs. 1 S. 2 Nr. 1 vor.

d) Die Sache eignet sich nicht für die gewöhnliche Verwendung und weist nicht die Beschaffenheit auf, die üblich ist und die der Käufer nach der Art der Sache erwarten kann (§ 434 Abs. 1 S. 2 Nr. 2)

693 Hier liegt keine Beschaffenheitsvereinbarung und auch keine Vorstellung über die „nach dem Vertrag vorausgesetzte Verwendung" vor. Es kommt lediglich darauf an, ob sich die Sache für die gewöhnliche Verwendung eignet und eine Beschaffenheit aufweist, die bei Sachen der gleichen Art üblich ist und die der Käufer nach der Art der Sache erwarten darf.

Beschaffenheit umfasst Qualität und Leistung. Welche Beschaffenheit erwartet werden kann, richtet sich nach dem Erwartungshorizont eines durchschnittlichen Käufers.

Beispiel: Kauft der Käufer in einem Kaufhaus einen Schraubenschlüssel, der sich bei nur durchschnittlicher Belastung verbiegt, so ist derselbe für die gewöhnliche Verwendung nicht geeignet und weist eine schlechtere Qualität auf, als sie bei vergleichbaren Sachen ist und vom Durchschnittskunden erwartet werden darf. Es liegt deshalb ein Sachmangel im Sinne von § 434 Abs. 1 S. 2 Nr. 2 vor.

Beispiel: Fehlt es in dem oben geschilderten Fall (Futtermittel) an einem Hinweis darauf, dass das Futter gut verträglich sein müsse, so taugt die Kaufsache nicht für die gewöhnliche Verwendung i. s. des § 434 Abs. 1 S. 2 Nr. 2.

e) Die Sache weist nicht die Eigenschaften auf, die der Käufer nach den öffentlichen Äußerungen des Verkäufers, des Herstellers oder seines Gehilfen insbesondere in der Werbung oder bei der Kennzeichnung über bestimmte Eigenschaften der Sache erwarten darf (§ 434 Abs. 1 S. 3)

694 Diese Vorschrift soll vor allem einen Schutz des Käufers vor unzutreffenden Werbeaussagen bewirken. Zu beachten ist, dass der Verkäufer nun auch durch die Bindung an öffentliche Aussagen des Herstellers über konkrete Eigenschaften der Sache belastet werden kann. Dies wird mit der Argumentation gerechtfertigt, auch der Verkäufer profitiere von der Werbung des Herstellers, weil sie auch seinen Absatz fördere; außerdem sind nach dieser Vorschrift reißerische Anpreisungen all-

gemeiner Art ohne Bezugnahme auf nachprüfbare Aussagen über die Beschaffenheit der Sache irrelevant[2].

Eine grenzenlose Haftung des Verkäufers durch die Zurechnung des Drittverhaltens (= Äußerungen des Herstellers) ist dadurch ausgeschlossen, dass der Verkäufer sich Äußerungen nicht zurechnen lassen muss, die er nicht kannte und auch nicht kennen musste (§ 434 Abs. 1 S. 3).

An einem Mangel fehlt es, wenn der Verkäufer die Äußerung nicht kannte und auch nicht kennen musste. Für Letzteres genügt jede Form der Fahrlässigkeit. So muss z. B. von einem sorgfältig handelnden Verkäufer erwartet werden, dass er sich wenigstens einen groben Überblick über den Inhalt von Werbebroschüren verschafft, die in seinem Laden ausliegen[3].

Für das Vorliegen eines Mangels genügt es, dass die Werbeaussage für die Willensbildung des Käufers und damit die Kaufentscheidung maßgeblich sein konnte. Dies ist nur dann ausgeschlossen, wenn feststeht, dass der Käufer die Aussage, um die es geht, schlechterdings überhaupt nicht kennen konnte[4]. **695**

Beispiel: Ein Kfz-Hersteller verwendet in der Werbung falsche Angaben über den Kraftstoffverbrauch eines neuen PKW. Darin liegt ein Sachmangel gemäß § 434 Abs. 1 S. 3, der dem Käufer Rechte und Ansprüche gegen den Verkäufer nach § 437 gewährt. Ein bestimmter Benzinverbrauch ist eine konkrete nachprüfbare Eigenschaft.

Beispiel: K hat von V Prospekte über Stereoanlagen (Markenprodukte) des Herstellers H erhalten. Er sucht nach dem Prospekt eine bestimmte Stereoanlage aus und kauft diese Anlage bei V. Es stellt sich nach Lieferung der Sache heraus, dass einige wesentliche Eigenschaften, die in dem Prospekt angegeben waren, nicht vorhanden sind. Hier fehlt es an einer Beschaffenheit, die der Käufer nach den öffentlichen Äußerungen des Herstellers erwarten konnte. Die gekauften Sachen sind nach § 434 Abs. 1 S. 3 mangelhaft.

Die Eigenschaften müssen allerdings in der Werbung oder in öffentlichen Äußerung hinreichend bestimmt werden; allgemeine und undifferenzierte Qualitätsanforderungen genügen nicht.

Beispiel: Für einen Laubstaubsauger wird vom Hersteller geworben mit der Aussage, das Produkt verfüge über „eine in der Praxis bewährte hohe Saugkraft". Wenn es nun nicht gelingt, mit einem solchen Sauger sehr nasse Blätter eines Kastanienbaumes vollständig aufzusaugen, so liegt kein Mangel i. S. des § 434 Abs. 1 S. 3 vor, denn die Eigenschaften eines Saugers sind nur allgemein und undifferenziert und nicht bestimmt genug angepriesen.

---

2 BT-Drs. 14/6040, S. 214.
3 So *Dauner-Lieb* u. a., S. 123 f.
4 Vgl. *Dauner-Lieb* u. a., S. 124.

f) Unsachgemäße Montage oder mangelhafte Montageanleitung (§ 434 Abs. 2)

696 Hier werden Montagefehler ausdrücklich einem Sachmangel gleichgestellt. In Betracht kommen hier vor allem diejenigen Fälle, in denen der Verkäufer eine zunächst fehlerfreie Sache liefert, die aber dann durch unsachgemäße Montage beschädigt oder gar untauglich wird. Erfasst wird aber auch die unsachgemäße Montage, die selbst fehlerhaft ist, die gekaufte Sache aber unversehrt lässt.

Beispiel: Die Schränke einer Einbauküche werden schief und nicht hinreichend befestigt aufgehängt. Die Schränke selbst bleiben unversehrt, aber die Montage selbst ist mangelhaft.

Ein Sachmangel liegt auch dann vor, wenn der Sache eine mangelhafte Montageanleitung beigegeben ist, vorausgesetzt, dass die Kaufsache zur Montage bestimmt ist und die Sache auch falsch montiert wird (§ 434 Abs. 2 S. 2; sog. IKEA-Klausel). Damit wird der Zunahme von Kaufverträgen insbesondere über Möbel Rechnung getragen, die den Zusammenbau der Kaufsache durch den Letztkäufer vorsehen.

Von den Montageanleitungen sind Gebrauchs- und Bedienungsanleitungen zu unterscheiden, auf die nach herrschender Meinung[5] § 434 Abs. 2 nicht anwendbar sein soll.

Beispiel: In der Betriebsanleitung für einen Rasenmäher wird für den Motor, der mit einer Mischung aus Benzin und Öl betrieben wird, ein falsches Mischverhältnis angegeben. Der Käufer, der sich auf diese Angaben verlässt, beschädigt den Motor. Da es sich hier um eine Bedienungs- oder Gebrauchsanleitung handelt, ist § 434 Abs. 2 nicht anwendbar. Es kann aber dennoch eine Pflichtverletzung gemäß § 280 vorliegen, die den Verkäufer zum Schadensersatz verpflichten kann.

g) Die Falsch- und die Zuweniglieferung als Sachmangel (§ 434 Abs. 3)

697 **aa) Die Falschlieferung:** Falsch- und Zuweniglieferung sind dem Sachmangel gleichgestellt und können die Rechtsfolgen des § 437 auslösen. Dabei dürfte der Anspruch auf Nacherfüllung gemäß § 439 in Gestalt des Anspruchs auf Lieferung einer mangelfreien anderen Sache im Vordergrund stehen.

Beim **Gattungskauf** dürfte sich dieser Anspruch – mit Ausnahme der Unverhältnismäßigkeitsklausel des § 439 Abs. 3 – nicht wesentlich von dem primären Erfüllungsanspruch unterscheiden.

Beispiel: Landwirt L (kein Kaufmann) kauft bei V Sommerweizen. Versehentlich wird Winterweizen geliefert. Hier liegt eine Falschlieferung i. S. des § 434 Abs. 3 beim Gattungskauf vor. L hat einen Anspruch auf Nacherfüllung in Gestalt eines Ersatzlieferungsanspruches. Mängelbeseitigung scheidet wegen Unmöglichkeit (§ 275 Abs. 1) aus, da aus Winterweizen nicht Sommerweizen gemacht werden kann.

698 Umstritten ist, ob § 434 Abs. 3 auch beim **Stückkauf** mit der Rechtsfolge anzuwenden ist, dass der Käufer statt des Erfüllungsanspruchs, der nach § 195 in 3 Jahren

---

5 Vgl. *Staudinger/Matusche-Beckmann*, § 434 Rdnr. 106 und *Palandt/Weidenkaff*, § 434 Rdnr. 48; a. A. Anwaltkommentar-*Büdenbender*, § 434 Rdnr. 12.

verjährt, nur den schon nach 2 Jahren (§ 438 Abs. 1 Nr. 3) verjährenden Nacher-füllungsanspruch geltend machen kann.[6] Da der Gesetzeswortlaut nicht zwischen Gattungs- und Stückkauf unterscheidet, spricht mehr für die Ansicht, den § 434 Abs. 3 auch auf den Stückkauf anzuwenden.[7] Der Nacherfüllungsanspruch richtet sich dann auf die Lieferung der vereinbarten Sache.[8]

Wird beim **Stückkauf** ein Identitäts-aliud geliefert, d. h. es wird nicht die gekauf-te, sondern eine andere Sache geliefert – etwa weil eine Verwechselung der gelie-ferten mit der gekauften Sache vorliegt –, so hat der Käufer den Nacherfüllungs-anspruch, der sich auf die Lieferung der gekauften Sache bezieht, aber anders als der Erfüllungsanspruch in 2 Jahren verjährt (§ 438 Abs. 1 Nr. 3).

> **Beispiel:** K sucht im Ladenlokal des Antiquars A eine Biedermeierkommode aus, die er kauft, nachdem ihm A versichert hat, im Kaufpreis (7000,– €) sei eine not-wendige Restaurierung, die innerhalb von zwei Wochen durchgeführt sein könne, enthalten. Vier Wochen später lässt A aufgrund eines Irrtums, in dem er sich be-findet, einen Schrank aus dem Jahre 1795 zu K bringen. Hier liegt die Lieferung eines aliud (= Falschlieferung) vor.

Beim Stückkauf mit einem sog. Qualifikations-aliud wird zwar die gekaufte Sache **699** geliefert, es stellt sich aber nun heraus, dass sie einer anderen Gattung angehört als beim Kauf angenommen worden war. Dabei kann es sich um eine Artabweichung – Zucker statt Salz – oder um eine Individualabweichung – Kopie statt Original – handeln. Bei Vorliegen eines Qualifikations-aliuds besteht die Nacherfüllung in der Lieferung einer anderen Sache, die die vereinbarte Qualifikation hat.

> **Beispiel:** Der Verkäufer liefert dem Käufer eine Maschine, bei der sich herausstellt, dass sie nicht die vereinbarte Qualifikation hat; durch den Einbau zusätzlicher Aggregate kann die Maschine aber so umgerüstet werden, dass sie einer anderen Gattung, nämlich derjenigen, die die Parteien sich vorgestellt hatten, entspricht.

bb) Die Zuweniglieferung: Liefert der Schuldner weniger als vereinbart, so dürfte **700** in der Regel der Primäranspruch auf die fehlende Menge ausreichen, um die Stö-rung zu beseitigen.

> **Beispiel:** Der Schuldner liefert statt der vereinbarten 200 Flaschen Wein einer be-stimmten Sorte nur 170. Sind die restlichen Flaschen lieferbar, macht der Gläubi-ger den Anspruch auf die Resterfüllung geltend. Daneben könnte allerdings noch ein Anspruch wegen einer Pflichtverletzung in Gestalt eines Verzuges vorliegen, aus der dem Gläubiger ein Anspruch auf Ersatz des Verzugsschadens erwachsen kann (§§ 280, 286).

In anderen Fällen kann der Anspruch auf Neulieferung der nunmehr richtigen Menge von Interesse sein.

---

6   Vgl. *PWW/ D. Schmidt* § 434 Rdnr. 90 ff. mit Nachw.
7   So *Brox/Walker,* Besonderes Schuldrecht, § 4 Rdnr. 26.
8   Vgl. *PWW/ D. Schmidt* § 434 Rdnr. 92.

Beispiel: Der Schuldner liefert zu wenig Fliesen, die auf einer Terrasse verlegt werden sollen. Wegen möglicher Farbabweichungen ist es wichtig, dass die Gesamtlieferung aus einer Lieferung stammt. In diesem Fall ist die Nacherfüllung in Gestalt der Neulieferung in der richtigen Menge die geeignete Rechtsfolge.

3. Der Rechtsmangel (§ 435)

701 Der Verkäufer hat dem Käufer die Sache frei von den Rechten Dritter an der Sache zu verschaffen. Ein Rechtsmangel liegt vor, wenn ein Dritter hinsichtlich des Kaufgegenstandes Rechte gegen den Käufer geltend machen kann. Allerdings kann nur ein tatsächliches Recht, nicht lediglich ein behauptetes einen Rechtmangel bilden. Was die Rechtsfolgen angeht, so steht der Rechtsmangel dem Sachmangel gleich.

Als Rechte Dritter an der Sache kommen z. B. in Betracht:
- dingliche Rechte, wie z. B. Pfandrechte, inklusive Grundpfandrechte, Nießbrauch und Grunddienstbarkeiten;
- persönliche Rechte eines Dritten in Bezug auf die Kaufsache, wie z. B. Rechte aus Miet- und Pachtverträgen, Patent-, Lizenz- und Urheberrechte, Recht auf Besitz.

Beispiel: Ein Rechtsmangel liegt vor, wenn die gelieferte Sache oder ihr bestimmungsgemäßer Gebrauch das Patent eines Dritten verletzt[9].

Beispiel: V verkauft und übereignet ein Grundstück an A. V hatte das Grundstück an M vermietet, was dem A unbekannt war. Aus einem Mietvertrag werden wie bei jeder vertraglichen Beziehung grundsätzlich nur die Vertragsparteien berechtigt und verpflichtet. M könnte daher sein Mietrecht nur gegen V, nicht aber gegen A geltend machen. Um den Mieter eines Grundstücks oder einer Wohnung (§§ 549, 578) zu schützen, ordnet § 566 eine Ausnahme von der Regel, dass grundsätzlich nur die Vertragschließenden aus einem Vertrag berechtigt und verpflichtet sind, an. Der Erwerber tritt anstelle des Veräußerers als Vermieter in den Mietvertrag ein.

Die Belastung des Kaufgegenstandes (hier des Grundstücks) mit dem persönlichen Recht eines Dritten (hier dem Mietrecht des M) hat folgende Konsequenzen: Wenn der Kaufvertrag, wovon hier ausgegangen wird, vorsah, dass das Grundstück unbelastet sein sollte, liegt hier ein Rechtsmangel im Sinne des § 435 vor, der, was die Rechtsfolgen betrifft, dem Sachmangel gleichgestellt ist.

4. Die bei Vorliegen eines Sach- oder Rechtsmangels entstehenden Rechte und Ansprüche des Käufers

a) Überblick

702 In § 437 sind die Rechte und Ansprüche aufgeführt, die dem Käufer für den Fall zustehen, dass die gekaufte Sache mangelhaft ist, also einen Rechts- oder Sachmangel aufweist.

---

9 *Laub/Laub*, GRUR 2003, 654.

Im Vordergrund steht der Anspruch des Käufers auf Nacherfüllung, also nach seiner Wahl Mängelbeseitigung (Nachbesserung) oder Lieferung einer anderen mangelfreien Sache. Aus der Sicht des Verkäufers ist dies als ein **Recht zur zweiten Andienung** zu verstehen.

Erst wenn beide Arten der Nacherfüllung dem Käufer unzumutbar oder fehlgeschlagen sind, stehen dem Käufer in zweiter Linie die folgenden Rechte und Ansprüche zu:
– er kann gemäß §§ 437 Nr. 2, 440, 323 und 326 Abs. 5 vom Vertrage zurücktreten oder stattdessen den Kaufpreis nach § 441 mindern;
– er kann außerdem nach §§ 437 Nr. 1, 440, 280, 281, 283 und 311a Schadensersatz oder nach § 284 Ersatz der vergeblichen Aufwendungen verlangen.

b) Der Anspruch auf Nacherfüllung (§§ 437 Nr. 1, 439)

Gemäß § 433 Abs. 1 S. 2 hat der Verkäufer dem Käufer die Sache frei von Rechts- und Sachmängeln zu verschaffen. Verletzt der Verkäufer diese Verpflichtung, liegt darin eine Pflichtverletzung. Der Käufer hat dann einen Anspruch auf Rest- bzw. Nacherfüllung. Der Nacherfüllungsanspruch aus §§ 437 Nr. 1, 439 ist gerichtet auf
– Mängelbeseitigung (Nachbesserung)
– oder Lieferung einer mangelfreien Sache.

703

Das **Wahlrecht** zwischen Mängelbeseitigung und Lieferung einer mangelfreien Sache steht dem Käufer zu.

Beispiel: K kauft bei V einen Markenfüllfederhalter für 150,– €. Der Füllfederhalter weist einen schweren Mangel auf. K hat inzwischen festgestellt, dass ein Konkurrent W des V den gleichen Füllfederhalter 25,– € billiger verkauft. K möchte nun vom Vertrage zurücktreten und den Kaufpreis von V zurückerstattet haben, um anschließend bei W den Füllfederhalter billiger zu erstehen. K kann nicht vom Vertrage zurücktreten, solange er V nicht die Möglichkeit zur Nacherfüllung gewährt hat. K kann nach seiner Wahl Lieferung eines neuen mangelfreien Füllfederhalters oder Mangelbeseitigung verlangen. Er kann erst zurücktreten, wenn der V die Nacherfüllung verweigert oder die Nacherfüllung fehlgeschlagen ist (§ 440).

Liefert der Verkäufer auf Verlangen des Käufers eine mangelfreie Sache, so hat der Käufer die alte mangelhafte Sache nach den Rücktrittsvorschriften (§§ 346 ff.) zurückzugewähren (§ 439 Abs. 4).

704

Der Verkäufer hat alle Kosten der Nacherfüllung zu tragen (§ 439 Abs. 2).

§ 439 Abs. 3 gibt dem Verkäufer ein Leistungsverweigerungsrecht. Der Verkäufer muss sich allerdings auf die Voraussetzungen, unter denen dieses Recht entsteht, ausdrücklich berufen. Ausschlaggebend für diese Regelung ist, dass der Verkäufer mit unverhältnismäßig hohen Kosten belastet werden könnte, wenn er die vom Käufer gewählte Art der Nacherfüllung durchführen würde. Ob dies der Fall ist, ist in einer Aufwand-Nutzen-Betrachtung festzustellen, wobei insbesondere die andere Variante der Nacherfüllung berücksichtigt werden muss. Die Unverhältnismäßigkeit der Kosten im Sinne von § 439 Abs. 3 bestimmt sich nicht nach dem Verhältnis der Nacherfüllungskosten zum Kaufpreis, sondern zum objektiven Wert der mangelfreien Sache.

In manchen Fällen kann der Aufwand für die Mangelbeseitigung, falls diese überhaupt möglich ist, deutlich höher sein als der für eine Neubeschaffung. Bei sehr hochwertigen Sachen mag es genau umgekehrt sein. Zu beachten ist, dass es ein schutzwürdiges Interesse des Käufers an der Mangelbeseitigung nicht gibt.[10]

> **Beispiel:** K kauft beim Automobilhändler V einen neuen PKW, der schon kurz nach der Übergabe einen schweren Motorfehler aufweist, der von Anfang an vorhanden war. K kann nicht vom Vertrage zurücktreten, bevor V nicht die Nacherfüllung versucht hat. K könnte wahlweise nach §§ 437 Nr. 1, 439 Mängelbeseitigung (hier Austausch des Motors) oder Lieferung eines neuen mangelfreien PKW verlangen. Für V wäre die Nacherfüllung in Gestalt der Lieferung eines Neuwagens im Zweifel eine unangemessene Belastung, weil der Einbau eines neuen Motors mit weit geringerem Aufwand zu leisten ist. Nach § 439 Abs. 3 beschränkt sich der Nacherfüllungsanspruch des K deshalb auf die Mängelbeseitigung, die durch den Austausch des Motors zu leisten ist.

705 Auch beim **Stückkauf** ist die Nacherfüllung durch Lieferung einer anderen, mangelfreien Sache nicht von vornherein wegen Unmöglichkeit ausgeschlossen. Eine Ersatzlieferung ist nach den Vorstellungen der Parteien jedenfalls dann möglich, wenn die Kaufsache im Falle der Mangelhaftigkeit durch eine gleichartige und gleichwertige ersetzt werden kann.[11] Der BGH[12] stellt damit auf den hypothetischen Parteiwillen ab. Es ist also stets zu fragen, ob die Parteien bei Abschluss des Kaufvertrages gegebenenfalls gewollt haben, dass die Kaufsache im Wege der Nacherfüllung durch eine andere Sache ersetzbar sein sollte. Der BGH[13] begründet seine Auffassung mit dem Wortlaut des § 439, der für eine einschränkende Auslegung dahin gehend, dass bei einem Stückkauf eine Ersatzlieferung von vornherein nicht verlangt werden könne, keine Anhaltspunkte biete. Durch eine Beschränkung des Nacherfüllungsanspruchs auf den Gattungskauf würde der Vorrang des Anspruchs auf Nacherfüllung, der den §§ 437 ff. zu Grunde liege, gegen den Willen des Gesetzgebers begrenzt.

> **Beispiel:** Nach sorgfältiger Besichtigung und einer ausgedehnten Probefahrt kauft K bei dem Gebrauchtwagenhändler V einen gebrauchten PKW. Nach 2 Wochen wird ein gravierender Mangel erkennbar, der bei der Besichtigung nicht festzustellen war. Ob hier ein Nacherfüllungsanspruch bei einem Stückkauf besteht, muss nach dem Ergebnis der Prüfung entschieden werden, ob die Parteien bei Abschluss des Kaufvertrages gegebenenfalls gewollt haben, dass die Kaufsache im Wege der Nacherfüllung durch eine andere Sache ersetzbar sein sollte. Aus der Tatsache,

---

10 Anwaltkommentar-*Büdenbender*, § 439 Rdnr. 8.
11 So BGH NJW 2006, 2839 ff.
12 BGH NJW 2006, 2839 ff.
13 BGH NJW 2006, 2839 ff.

dass K den PKW sorgfältig getestet hat, ist im Zweifel zu schließen, dass jedenfalls die Vorstellung des Käufers nicht dahin gegangen ist, dass das ausgesuchte und gekaufte Auto im Falle der Mangelhaftigkeit durch ein gleichwertiges ersetzt werden kann.[14] Wenn K nun vom Vertrage zurücktreten will, kann V sich nicht darauf berufen, dass er ein Recht zur Nacherfüllung habe.

Der Anspruch auf Nacherfüllung ist nach den allgemeinen Regeln ausgeschlossen, wenn dem Verkäufer die Nacherfüllung unmöglich ist (§ 275 Abs. 1). Beschränkt sich die Unmöglichkeit auf eine Art der Nacherfüllung, so ist nur insoweit ein Ausschluss des Nacherfüllungsrechts anzunehmen. **706**

Wenn die Nacherfüllung mangelhaft erfolgt, kann der Käufer, soweit der Nacherfüllungsanspruch nach §§ 275, 439 Abs. 3 nicht ausgeschlossen ist, die zunächst gewählte Form der Nacherfüllung ablehnen und die Nacherfüllung in der anderen Form verlangen, z. B. nun Nachlieferung statt der fehlgeschlagenen Mängelbeseitigung.[15]

Umstritten ist das Problem der Vereitelung der Nacherfüllung. Dabei geht es um die Frage, welche Rechtsfolgen es auslöst, dass der Käufer in Kenntnis der Mangelhaftigkeit der Sache den Mangel selbst beseitigt, ohne zuvor dem Verkäufer eine notwendige Nacherfüllungsfrist gesetzt zu haben (sog. „Selbstvornahmefälle"). Aus dem Vorrang der Nacherfüllung ist abzuleiten, dass dem Käufer kein Recht zur Selbstvornahme der Mangelbeseitigung auf Kosten des Verkäufers zusteht. Dem Verkäufer darf nicht durch Selbstvornahme die Möglichkeit genommen werden, sich den Kaufpreis durch eine zweite Andienung endgültig zu verdienen. Die Fristsetzung zur Nacherfüllung kann nur dann entbehrlich werden, wenn der Schuldner die Mängelbeseitigung, bereits verweigert hat, bevor der Gläubiger mit der Mängelbeseitigung beginnt.[16] **707**

Der Verkäufer würde durch die nicht gerechtfertigte Selbstvornahme die Möglichkeit verlieren, die Sache selbst darauf hin zu untersuchen, ob der behauptete Mangel überhaupt besteht.[17] Der BGH[18] vertritt die Auffassung, dass der Käufer in den sog. Selbstvornahmefällen das Rücktritts- und Minderungsrecht verliere und auch nicht Schadensersatz statt der Leistung verlangen könne.

Wenn der Käufer unberechtigterweise gemäß § 439 Abs. 1 Mängelbeseitigung verlangt, so kann darin eine zum Schadensersatz verpflichtende Pflichtverletzung zu sehen sein. Das ist jedenfalls dann der Fall, wenn der Käufer erkannt oder fahrlässig nicht erkannt hat, dass ein Mangel der Kaufsache nicht vorliegt, sondern die Ursache für das Entstehen eines Mangels in seinem eigenen Verantwortungsbereich liegt.[19]

---

14 Vgl. BGH NJW 2006, 2839 ff.
15 Vgl. *Brox/Walker*, Besonderes Schuldrecht, § 4 Rdnr. 42.
16 So BGH MDR 2009, 675.
17 So *Brox/Walker*, Besonderes Schuldrecht, § 4 Rdnr. 40.
18 BGH NJW 2006,1195; Siehe dazu *Lorenz* NJW 2007, 1, 4 f.
19 So BGH MDR 2008, 373.

Beispiel: K erwirbt bei V einen gebrauchten PKW. Bei der Einfahrt in seine Garage schrammt K an der rechten Einfahrt entlang. Wegen des Lackschadens verlangt K von V Mängelbeseitigung. V lässt den PKW lackieren und erfährt ein paar Tage später von einem Mitarbeiter, dass der Wagen in tadellosem Zustand übergeben worden war, was sich aus einem Übergabeprotokoll ergibt. Die 430 €, die V für die Lackierung aufgewandt hat, kann er aus § 280 von K als Schadensersatz verlangen, weil dieser schuldhaft ein unberechtigtes Mängelbeseitigungsverlangen an V gestellt hat.

c) Anspruch auf Ersatz des Mangelfolgeschadens neben dem Nacherfüllungsanspruch

708 Es kommt vor, dass aufgrund der Lieferung einer mangelhaften Sache, die in Betrieb genommen worden ist, ein Schaden an anderen Rechtsgütern entstanden ist. Wegen des Mangels der Sache hat der Käufer einen Nacherfüllungsanspruch gemäß §§ 437 Nr. 1, 439.

Daneben entsteht ein Anspruch aus § 280 auf Ersatz der bereits entstandenen Schäden, denn die Lieferung der mangelhaften Sache stellt eine Pflichtverletzung dar, die, wenn der Verkäufer sie zu vertreten hat, nach § 280 eine Schadensersatzverpflichtung auslöst. Einer Fristsetzung bedarf es nicht, weil nur Ersatz des Mangelfolgeschadens und nicht Schadensersatz statt der Leistung verlangt wird.

Beispiel: A kauft bei U Passfedern für den Einbau in Motoren, die einen Härtegrad von 50 Rc aufweisen müssen. Im Kaufvertrag sichert U zu, dass die Passfedern diesen Härtegrad haben und zum Einbau in die Motoren geeignet sind. U liefert die Federn und A zahlt den Kaufpreis. Nachdem A die Federn in etliche Motoren eingebaut hat, fallen diese nach Ingebrauchnahme schwer beschädigt und nicht reparierbar aus. Es stellt sich heraus, dass U aus Versehen Passfedern geliefert hatte, die einen viel zu geringen Härtegrad aufwiesen. Der Schaden an den Motoren beträgt 12 300,– €.

A könnte gegen U die folgenden Ansprüche haben:
– auf Nachlieferung mangelfreier Federn aus §§ 437 Nr. 1, 434 Abs. 1, 439, und
– Schadensersatz nach §§ 437 Nr. 3, 434 Abs. 1 und § 280.

Die Federn hatten nicht die vertraglich zugesicherten Eigenschaften, es fehlte also die vertraglich vereinbarte Beschaffenheit (§ 434 Abs. 1 S. 1). Im Hinblick auf die Leistungspflicht hat A demnach einen Nacherfüllungsanspruch, hier auf Neulieferung, da eine Mängelbeseitigung an den Kaufsachen, den Federn, nicht möglich ist.

Im Hinblick auf die entstandenen Schäden ist ein Schadensersatzanspruch aus § 280 Abs. 1 entstanden. Die Pflichtverletzung besteht in der Lieferung mangelhafter Sachen, obwohl die Verpflichtung bestand, mangelfreie Sachen zu übereignen (§ 433 Abs. 1 S. 2). Diese Pflichtverletzung ist fahrlässig begangen worden. U hat sie deshalb zu vertreten. Da A nicht Schadensersatz statt der Leistung verlangt, müssen die Voraussetzungen des § 281 nicht geprüft werden.

Aus §§ 437 Nr. 3, 434 Abs. 1 und § 280 Abs. 1 ist U deshalb zur Nacherfüllung und daneben zur Zahlung von Schadensersatz in Höhe von 12 300,– € verpflichtet.

Ersetzt wird der reine Mangelfolgeschaden. Davon abzugrenzen sind die Schadenspositionen, die das Erfüllungsinteresse des Käufers betreffen, also z. B. ein etwaiger Minderwert der gekauften Sache oder ein entgangener Gewinn wegen Mangelhaftigkeit der Kaufsache.[20]

d) Rücktritt oder Minderung

aa) Überblick: Bleibt das Nacherfüllungsbemühen des Verkäufers erfolglos, so kann der Käufer vom Vertrage zurücktreten (§§ 437 Nr. 2, 440, 323) oder mindern §§ 437 Nr. 2, 440, 441). In beiden Fällen bedarf es einer vorherigen Fristsetzung nicht mehr, da der Verkäufer die Nacherfüllung ergebnislos versucht hat oder er dieselbe verweigert (§ 440 S. 1).   **709**

Eine Nacherfüllung gilt in der Regel als fehlgeschlagen, wenn sie zweimal nicht gelingt (§ 440 S. 2). Der zweimalige erfolglose Versuch bezieht sich auf die Nachbesserung, sodass unter Einbeziehung des ersten Versuchs einer fehlerfreien Lieferung insgesamt drei „Fehlversuche" einer fehlerfreien Lieferung vorliegen.[21] Bei dieser Regelung handelt es sich um eine Beweiserleichterung zugunsten des Käufers, abgestellt auf den Durchschnittsfall. Allerdings kann sich aus der Art der Kaufsache, der Art des Mangels und dem Verhalten des Verkäufers etwas anderes ergeben, und zwar im Sinne einer Unter- oder Überschreitung von zwei Nachbesserungsversuchen. So steht dem Verkäufer bei einfach zu behebenden Mängeln in solchen Fällen, in denen der Käufer auf eine schnelle Mängelbeseitigung angewiesen ist, im Zweifel nur ein Versuch zur Verfügung. Anders kann es z. B. bei hochkomplexen Anlagen sein, bei denen nach dem zweiten Nachbesserungsversuch nur noch ein geringfügiger Mangel verbleibt und der Verkäufer denselben kurzfristig beseitigen kann.[22]

Beispiel: U hat von V einen Bagger gekauft, der kurze Zeit nach der Inbetriebnahme wegen eines mangelhaften Hydraulikstempels ausfiel. V, der einen hervorragenden und schnell arbeitenden Kundenservice unterhält, hatte den Mangel binnen weniger Stunden beseitigt. Wenige Tage später trat der gleiche Mangel auf. 3 Wochen, nachdem V den Hydraulikstempel ausgewechselt hatte, versagte dieser erneut. V sagte dem U zu, den Hydraulikstempel innerhalb weniger Stunden zu ersetzen, wozu er auch in der Lage war.

Dem U sind wegen der aufgetretenen Mängel und den dadurch verursachten Stillständen Schäden in Höhe von 12 000,– € entstanden. Er will nun vom Vertrag zurücktreten und Schadensersatz statt der Leistung verlangen. Der Anspruch auf Schadensersatz statt der Leistung gemäß §§ 440, 280, 281 und das Entstehen des Rücktrittsrechtes nach §§ 440, 323 setzt jeweils voraus, dass die Nacherfüllung ergebnislos war. Da zwei Nachbesserungsversuche erfolglos waren, könnte der Ver-

---

20 *Brox/Walker,* Besonderes Schuldrecht, § 4 Rdnr. 111.
21 Anwaltkommentar-*Büdenbender,* § 440 Rdnr. 6.
22 Anwaltkommentar-*Büdenbender,* § 440 Rdnr. 6.

käufer V seine Nachbesserungsbefugnis gemäß § 440 S. 2 verloren haben. Das wäre nur anders, wenn dem U ein weiterer Nachbesserungsversuch zumutbar und der Mangel relativ geringfügig wäre. Davon kann hier jedoch nicht die Rede sein. Der Mangel ist weder geringfügig, noch ist dem U ein weiteres Zuwarten nach dreimaligem Stillstand zuzumuten. Er kann also vom Vertrage zurücktreten und gleichzeitig Schadensersatz statt der Leistung verlangen.

710 **bb) Der Rücktritt:** Ob nach der fehlgeschlagenen oder verweigerten Nacherfüllung ein Rücktrittsrecht besteht, richtet sich nach den §§ 440, 323 oder §§ 440, 326 Abs. 5. Das bedeutet für die praktische Rechtsanwendung, dass nach der fehlgeschlagenen Nacherfüllung stets zu prüfen ist, ob die in §§ 323 oder 326 Abs. 5 genannten Voraussetzungen vorliegen. Einer Fristsetzung bedarf es nicht mehr, da der Käufer den Verkäufer ja bereits ergebnislos zur Nacherfüllung aufgefordert hat. Der Käufer kann auch dann vom Vertrag zurücktreten, wenn der Verkäufer die Pflichtverletzung nicht zu vertreten hat.

Nach § 323 Abs. 5 S. 2 ist der Rücktritt ausgeschlossen, wenn der Sachmangel unerheblich ist. Diese **Bagatellgrenze** gibt es nur beim Rücktritt. Unerheblich ist ein Mangel insbesondere dann, wenn er innerhalb kürzester Frist von selbst verschwindet oder leicht behoben werden kann.

711 Wie der **Rücktritt** zu erfolgen hat und welche Konsequenzen er nach sich zieht, richtet sich nach §§ 346 ff. (siehe dazu oben Rdnr. 499 ff.).

Beispiel: K kauft von V einen gebrauchten PKW gegen Zahlung von 5300,– €. Weder K noch V konnten erkennen, dass der PKW schon bei Gefahrübergang einen schwer wahrzunehmenden Motorschaden hatte, der drei Wochen nach Übergabe auftrat. Nach Eintritt des Schadens fordert K den V zur Mängelbeseitigung auf, die V verweigert. Daraufhin möchte K sich vom Vertrag lösen. Nach §§ 437, 434 Abs. 1 S. 2 Nr. 2, 439, 440, 323 hat K ein Rücktrittsrecht. Nach der Ausübung desselben haben V und K die bereits empfangenen Leistungen nach § 346 zurückzugewähren. Das bedeutet, K kann gegen Rückübereignung des PKW die Rückzahlung des Kaufpreises nach § 346 verlangen.

Die Ansprüche des Käufers aus dem durch den Rücktritt entstehenden Rückgewährschuldverhältnis verjähren nach §§ 195, 199 nach drei Jahren.

712 **cc) Die Minderung: Minderung** (§ 441) verlangt der Käufer, statt vom Rücktrittsrecht Gebrauch zu machen, wenn er die Sache behalten möchte, aber wegen des durch den Mangel geminderten Wertes der Sache nicht den vollen Kaufpreis entrichten möchte.

Beispiel: Die gekauften Wohnzimmermöbel sind durch den Transport, den der Verkäufer nach dem Vertrage durchzuführen und zu verantworten hatte, nicht unerheblich beschädigt worden. Ein Gutachter kommt zu dem Ergebnis, dass der vormalige Neuwert von 12 000,– € um 20 %, also 2400,– €, gemindert ist. Wenn der Käufer die Möbel gleichwohl behalten möchte und der Verkäufer die Nacherfüllung in Gestalt der Lieferung mangelfreier Möbel verweigert (§ 440 S. 1), kann der Käufer mindern (§ 441).

Die Berechnung der Minderung erfolgt nach § 441 Abs. 3. Danach ist der vereinbarte Kaufpreis in dem Verhältnis herabzusetzen, „in welchem zur Zeit des Vertragsschlusses der Wert der Sache in mangelfreiem Zustand zu dem wirklichen Werte gestanden haben würde". Es ist folgende Verhältnisrechnung vorzunehmen: Der objektive Wert der Sache im mangelfreien Zustand verhält sich zum objektiven Wert der mangelhaften Sache wie der vereinbarte Preis zum geminderten Preis.

e) Schadensersatz statt der Leistung oder Ersatz der vergeblichen Aufwendungen

aa) Überblick: Schlägt die Nacherfüllung fehl oder verweigert der Verkäufer dieselbe, so kann der Käufer **neben** der Ausübung des Rücktrittsrechts oder der Minderung Schadensersatz statt der Leistung (§§ 440, 280, 281 und 311a) oder Ersatz der vergeblichen Aufwendungen (§ 284) verlangen. **Schadensersatz statt der Leistung** verlangen heißt: Der Gläubiger hat gegen den Schuldner einen Anspruch darauf, – in der Regel durch eine Geldleistung – so gestellt zu werden, wie er stehen würde, wenn der Schuldner die Pflichtverletzung nicht begangen, also ordnungsgemäß erfüllt hätte. Es handelt sich dabei um einen grundsätzlich auf Geld gerichteten Anspruch des Gläubigers gegen den Schuldner auf Ersatz seines Interesses an der Erfüllung des gesamten Vertrages. **713**

Der Käufer kann aber auch stattdessen, wenn lediglich ein sogenannter Mangelfolgeschaden vorliegt, Ersatz desselben verlangen. In einem solchen Fall hält der Käufer am Vertrage fest und behält oder fordert die ursprüngliche Leistung; daneben fordert er Schadensersatz (siehe oben c).

Für die praktische Rechtsanwendung bedeutet dies: Wenn **Schadensersatz statt der Leistung** verlangt wird, ist zunächst zu prüfen, ob ergebnislos eine Nacherfüllung verlangt worden oder dieselbe verweigert worden ist und ob die Voraussetzungen der §§ 280, 281, 283 oder 311a vorliegen. Wenn nur **Schadensersatz neben der Leistung** verlangt wird, bedarf es dieser Prüfung nicht. **714**

Wenn **Ersatz der vergeblichen Aufwendungen** gefordert wird, sind die Voraussetzungen der §§ 280, 284 zu prüfen.

Zu beachten ist, dass, wenn der Anspruch auf Schadensersatz, Schadensersatz statt der Leistung oder Ersatz der vergeblichen Aufwendungen verlangt wird, der Schuldner dazu nur verpflichtet ist, wenn er die Pflichtverletzung zu vertreten hat (§ 280).

Zu alledem sind vielerlei Fallgestaltungen denkbar, von denen einige beispielhaft dargestellt werden sollen.

bb) Das Fehlen einer zugesicherten Eigenschaft: Hat die Sache nicht die vereinbarte Beschaffenheit, entsteht ein Anspruch auf Schadensersatz statt der Leistung unter der Voraussetzung, dass der Verkäufer die Pflichtverletzung zu vertreten hat (§§ 280, 281). **715**

Verschuldensunabhängig haftet der Verkäufer, wenn er eine Garantie für das Vorhandensein einer Eigenschaft (Beschaffenheit) der Kaufsache übernommen hat

(§ 276 Abs. 1). Darunter fällt vor allem die Zusicherung einer Eigenschaft. Das bedeutet: der Verkäufer übernimmt die Garantie für das Vorhandensein der Eigenschaft verbunden mit dem Versprechen, für alle Folgen des Fehlens der Eigenschaft ohne Verschulden einstehen zu wollen (zu den Einzelheiten siehe oben Rdnr. 533 ff.). Dabei muss in der Regel ein entsprechender **Garantiewille** des Vertragspartners seinen Ausdruck finden.

> **Beispiel:** Auf Nachfrage des Käufers versichert der Verkäufer, das Grundstück, das Gegenstand des Kaufvertrages ist, sei frei von Altlasten. Diese Erklärung wird in den notariell beurkundeten Vertrag aufgenommen. Hier handelt es sich um eine zugesicherte Eigenschaft; der Verkäufer hat unter Äußerung eines Garantiewillens die Garantie für das Vorhandensein der Eigenschaft „frei von Altlasten" übernommen. Wenn sich nun herausstellt, dass das Grundstück doch belastet ist, hat der Verkäufer diesen Mangel zu vertreten, weil er die Garantie übernommen hatte; auf ein Verschulden kommt es nicht an.

716 Zurückhaltung dürfte geboten sein, wenn es darum geht, ob eine „stillschweigende Zusicherung" vorliegt. Die Erklärung, welche die Zusicherung im Sinne einer Garantieübernahme enthalten soll, ist auszulegen, und zwar ist zu fragen, in welchem Sinne der Käufer die Angaben des Verkäufers verstehen durfte. Entscheidend ist darauf abzustellen, ob aus der Sicht des Käufers der Wille des Verkäufers erkennbar wird, die Gewähr für das Vorhandensein einer bestimmten Eigenschaft zu übernehmen und für alle Folgen ihres Fehlens einstehen zu wollen. Dabei soll es auch darauf ankommen, wie der Käufer nach seinen Verständnismöglichkeiten und von seinem Erwartungshorizont aus die Erklärungen des Verkäufers bei objektiver Würdigung und der Umstände nach Treu und Glauben verstehen durfte[23].

> **Beispiel:** Landwirt L kauft Futter für seine Rinder beim Futtermittelhändler H. Wider alles Erwartens ist das Futter, was H nicht weiß, verseucht. Die Rinder des L versterben. Wenn über die Qualität des Futters nicht gesprochen worden ist, ist es sehr fraglich, ob nach den oben genannten Kriterien eine Zusicherung im Sinne einer Garantieübernahme vorliegt.

> **Beispiel:** Der Verkäufer versichert im notariellen Kaufvertrag über den Kauf eines Grundstücks, dass das Grundstück so, wie der Käufer das vorhat, mit einer Lagerhalle bebaubar ist. Im Vertrauen auf die Richtigkeit dieser Zusicherung hat der Käufer bereits einen Architekten mit der Planung beauftragt. Sodann stellt sich heraus, dass, was auch der Verkäufer nicht wusste, auf dem Grundstück nicht gebaut werden darf, weil es bis vor 45 Jahren als Mülldeponie benutzt worden ist.

> Hier weist die gekaufte Sache einen Mangel auf, weil ihr die vereinbarte Beschaffenheit, nämlich die Bebaubarkeit des Grundstücks, von Anfang an fehlte (§ 434 Abs. 1 S. 1) oder sie doch jedenfalls für die nach dem Vertrage vorausgesetzte Verwendung nicht geeignet war (§ 434 Abs. 1 S. 2 Nr. 1). Die versprochene Leistung ist von Anfang an unmöglich. Denn nach § 433 Abs. 1 hatte der Verkäufer dem Käufer eine mangelfreie Sache zu übereignen. Angesichts der unbehebbaren Mangel-

---

23 So BGHZ 132, 55, 57 f.

haftigkeit der Sache war die Leistung, die der Verkäufer zu erbringen hatte, demnach von Anfang an unmöglich; die Leistungspflicht des Verkäufers entfiel nach § 275 Abs. 1.

Nach §§ 437, 434, 440, 311a kann der Käufer Schadensersatz statt der Leistung oder Ersatz der vergeblichen Aufwendungen verlangen, wenn der Verkäufer das Leistungshindernis kannte, was hier zu verneinen ist, oder die Unkenntnis zu vertreten hat. Der Verkäufer hat mit der Zusicherung der Eigenschaft „Bebaubarkeit des Grundstücks" eine besondere Garantie im Sinne des § 276 Abs. 1 übernommen. Mit Garantie ist in § 276 Abs. 1 das verschuldensunabhängige Einstehenmüssen für einen ganz bestimmten Leistungserfolg (Leistungsgarantie) gemeint[24]. Das Fehlen der zugesicherten Eigenschaft hat er deshalb nach § 276 Abs. 1 zu vertreten. Demnach kann der Käufer vom Verkäufer Schadensersatz statt der Leistung oder Ersatz der vergeblichen Aufwendungen verlangen. Außerdem kann der Käufer nach §§ 437, 440, 326 Abs. 5 und 325 vom Vertrage zurücktreten.

cc) Schadensersatz statt der Leistung (großer Schadensersatzanspruch) und Rücktritt: Wenn die Nacherfüllung fehlschlägt oder der Verkäufer sie verweigert, so kann der Käufer vom Vertrage zurücktreten und (§ 325) Schadensersatz statt der Leistung (§§ 440, 280, 281) oder Ersatz der vergeblichen Aufwendungen (§ 284) verlangen.   717

Fall: *A liefert an den Unternehmer U eine Maschine für einen von U bezahlten Preis von 85 000,– €, die nach der Inbetriebnahme aufgrund eines Fabrikationsfehlers einen Brand auslöst. Die Werkshalle brennt mit einer Reihe anderer Maschinen ab. Der dadurch verursachte Schaden beläuft sich auf 1,2 Mio. €.*

Lösung:

U könnte gegen A einen Anspruch auf Schadensersatz statt der Leistung aus §§ 437, 440, 280, 281 in Höhe von 1 285 000,– € erworben haben. Dann müsste die gekaufte Sache, die Maschine, einen Sachmangel im Sinne des § 434 aufweisen. Da die Maschine leicht in Brand gerät und damit auch noch Folgeschäden auslöst, eignet sie sich nicht für den nach dem Vertrage vorausgesetzten Gebrauch (§ 434 S. 2 Nr. 1). Der Käufer U hat deshalb gegen A die Rechte und Ansprüche aus § 437. Ein Versuch der Nacherfüllung ist dem U hier nicht zuzumuten (§ 440 S. 2). Er kann deshalb vom Vertrage zurücktreten (§§ 437, 440, 323) **und** Schadensersatz statt der Leistung nach §§ 437, 440, 280, 281 verlangen, wenn A die Pflichtverletzung, die in der Lieferung der mangelhaften Sache liegt (§ 280 Abs. 1), zu vertreten hat (§ 280 Abs. 1. S. 2). Das Vertretenmüssen wird gesetzlich vermutet. Da es keine Anhaltspunkte dafür gibt, dass A die Pflichtverletzung nicht zu vertreten hat, ist der Anspruch auf Schadensersatz statt der Leistung entstanden.

U kann deshalb von A verlangen, durch eine Geldleistung so gestellt zu werden, wie er stehen würde, wenn A die Pflichtverletzung nicht begangen, also ordnungsgemäß erfüllt hätte. Dieser Anspruch ist auf die Zahlung von 1 285 000,– € gerichtet.

---

24 Vgl. *Dauner-Lieb* u. a., S. 158.

718 **dd) Ersatz des Mangelfolgeschadens:** In manchen Fällen entsteht dem Käufer in erster Linie ein sogenannter Mangelfolgeschaden, an dessen Ersatz er vorwiegend ein Interesse hat. In einem solchen Fall hält der Käufer am Vertrage fest und behält oder fordert die ursprüngliche Leistung; daneben fordert er Schadensersatz (siehe oben Rdnr. 708).

Fall: *K erwirbt von V einen neuen PKW. Dieser ist auf dem Transport vom Hersteller zu V aufgrund eines Unfalls, in welches das Transportfahrzeug verwickelt war, beschädigt worden. V beseitigt lediglich die sichtbaren Schäden, wie z. B. Beulen und Lackkratzer, untersucht aber z. B. nicht das Bremssystem, was dringend geboten gewesen wäre. Wenige Stunden nach Übergabe des PKW an K erleidet dieser einen Unfall, der auf das durch den Transportunfall beschädigte Bremssystem zurückzuführen ist. K erleidet eine Kopfverletzung; der PKW wird nur unwesentlich beschädigt. K will den PKW behalten und verlangt von V in erster Linie Ersatz der durch die Körperverletzung entstandenen Kosten in Höhe von 43 000,– €.*

Lösung:

Ein solcher Anspruch könnte u. a. aus § 437 Nr. 3, § 434 Abs. 1 S. 2 Nr. 2 und § 280 entstanden sein. Hier ist der Schaden, der aufgrund der Mangelhaftigkeit der Kaufsache – es fehlt die gewöhnliche Verwendungsmöglichkeit, nämlich das gefahrlose Fahren mit dem PKW (§ 434 Abs. 1 S. 2 Nr. 2) – entstanden ist, an anderen Rechtsgütern des K, nämlich Körper und Gesundheit, entstanden. Mit der Lieferung einer mangelhaften Sache hat V eine Pflichtverletzung im Sinne des § 280 begangen, die zu diesem Schaden geführt hat. V hat den Schaden nur zu ersetzen, wenn er die Pflichtverletzung zu vertreten hat (§ 280 Abs. 1). V hat jedenfalls fahrlässig gehandelt, als er den auf dem Transport beschädigten PKW nicht näher auf nicht direkt sichtbare Schäden untersuchen ließ.

K verlangt hier Schadensersatz nach § 280 Abs. 1 und nicht Schadensersatz statt der Leistung, sodass die in § 281 genannten Voraussetzungen nicht geprüft werden müssen. K kann gemäß § 437 Nr. 3, § 434 Abs. 1 S. 2 Nr. 2 und § 280 Abs. 1 Schadensersatz in Höhe von 43 000,– € verlangen.

(K hat auch einen Nacherfüllungsanspruch gegen V. Wegen der Körperverletzungsschäden kommt außerdem ein Anspruch aus § 823 Abs. 1 in Betracht.)

Aufgabe 7:

Der Möbelhändler V wirbt im „City-Anzeiger" mit einem Inserat für antike Möbel. Er bietet ein „Biedermeierzimmer", das ca. 175 Jahre alt sein soll, zum Preise von 10 000,– € an.

K, der die Annonce gelesen hatte, begibt sich in die Verkaufsräume des V. Er erklärt dem V, er wolle sich die Möbel ansehen, denn er wolle seine Wohnung mit „echten Stilmöbeln" ausstatten. V zeigt dem K die Möbel. Anschließend wird ein Kaufvertrag abgeschlossen. Nach der Lieferung der Möbel zahlt K den Kaufpreis in voller Höhe an V.

Vier Wochen nach Erhalt der Möbel stellt sich heraus, dass es sich, wovon der V nichts wusste, bei den Möbeln um fabrikmäßig hergestellte Nachbildungen aus dem Jahr 1956 handelt. Ihren Wert schätzt der Gutachten auf 2000,– €. Ein Original-Biedermeierzimmer ist nirgendwo sonst erhältlich.

Welche Rechte hat K?

Lösen Sie diese Aufgabe bitte in einem schriftlichen Gutachten und vergleichen Sie Ihre Ausführungen mit der Lösung am Schluss dieses Buches!

5. Kenntnis des Käufers von dem Mangel

Der Käufer kann die unter Rdnr. 702 aufgeführten Rechte und Ansprüche aus § 437 bei Mängeln der Sache gemäß § 442 nicht geltend machen, wenn er bei Vertragsschluss den Mangel kennt.   **719**

Der positiven Kenntnis des Käufers wird die grob fahrlässige Unkenntnis gleichgestellt, es sei denn, der Verkäufer hat den Mangel arglistig verschwiegen oder er hat eine Garantie für die Beschaffenheit der Sache übernommen (§ 442 Abs. 1 S. 2). Grob fahrlässig handelt der Käufer, wenn er diejenige Sorgfalt schwer vernachlässigt, die von jedem Teilnehmer am Rechtsverkehr erwartet werden kann, um sich selbst oder den Verkäufer vor Schaden zu bewahren.

Beispiel: Der Gebrauchtwagenhändler H nimmt von A einen gebrauchten PKW in Zahlung. Die Lenkung des PKW ist defekt (Mangel im Sinne des § 434 Abs. 1 S. 2 Nr. 2). Diesen Mangel hätte H, wenn er das Fahrzeug auch nur flüchtig untersucht hätte, ohne Weiteres feststellen können. Er handelte also grob fahrlässig. Gemäß § 442 kann H gegen A keine Rechte und Ansprüche wegen des Mangels geltend machen.

6. Die Verjährung

a) Überblick

Beim **Kauf beweglicher Sachen** verjähren die Gewährleistungsansprüche aus §§ 437 ff. gemäß § 438 Abs. 1 in zwei Jahren von der Ablieferung an gerechnet. Die Verjährung tritt ohne Rücksicht darauf ein, ob der Käufer den Mangel kannte oder erkennen konnte. Das gilt auch für verborgene Mängel[25].   **720**

Da die Frist mit der Ablieferung oder Übergabe der Kaufsache, nicht aber mit der Entdeckung des Mangels beginnt, kann es zu Schwierigkeiten kommen. So stellt sich z. B. das Problem der Verjährung der Käuferrechte, wenn der Mangel sehr spät erkannt wurde und nach Beendigung der mangelhaften Nachbesserung oder Neulieferung gemäß § 439 die Frist des § 438 bereits abgelaufen ist[26]. In der Literatur wird teilweise versucht, diese Problematik durch eine Hemmung der Verjährung gemäß § 203 analog zu lösen. Insgesamt ist diese Frage sehr umstritten[27].

---

25 Vgl. *Palandt-Weidenkaff*, § 438 Rdnr. 15; *Jauernig-Berger*, § 438 Rdnr. 4.
26 *Auktor*, NJW 2003, 121.
27 *Auktor*, NJW 2003, 121 ff.

Handelt es sich nicht um einen Verbrauchsgüterkauf, kann die Verjährungsfrist durch Individualvereinbarung im Rahmen des § 202 verkürzt werden. Eine Verkürzung durch die Vereinbarung Allgemeiner Geschäftsbedingungen ist bei neu hergestellten Sachen wegen § 309 Nr. 8b) ff) grundsätzlich möglich; allerdings darf die Frist 1 Jahr nicht unterschreiten.

Bei Mängeln an einem gekauften Bauwerk beträgt die Verjährungsfrist 5 Jahre (§ 438 Abs. 1 Nr. 2).

Die Ansprüche des Käufers aus dem durch den Rücktritt entstehenden Rückgewährschuldverhältnis unterliegen *nicht* nach § 438 Abs. 1, 2 der zweijährigen Verjährungsfrist; sie verjähren vielmehr gemäß §§ 195, 199 nach drei Jahren.[28]

b) Die Besonderheit der fünfjährigen Verjährungsfrist

721 Der fünfjährigen Verjährungsfrist unterliegen auch solche Sachen, die „entsprechend ihrer üblichen Verwendungsweise für ein Bauwerk verwendet" worden sind und „dessen Mangelhaftigkeit verursacht" haben (§ 438 Abs. 1 Nr. 2b). Erfasst sind von dieser Regelung die Fälle, in denen ein Bauunternehmer in das Grundstück oder Gebäude des Bauherrn Sachen einbaut, die er bei einem Lieferanten gekauft hat, und die mangelhaft sind.

Ohne die besondere Regelung des § 438 Abs. 1 Nr. 2b würde der Bauherr den Bauunternehmer nach § 634a Abs. 1 Nr. 2 5 Jahre lang, der Unternehmer den Lieferanten aber nur 2 Jahre lang in Anspruch nehmen können. Diese „Regressfalle" ist durch die Neuregelung beseitigt worden.

Die Voraussetzungen für die Anwendung des § 438 Abs. 1 Nr. 2b sind:

1. Es muss sich um ein Bauwerk handeln, d. h. um eine unbewegliche, durch Verwendung von Arbeit und Material in Verbindung mit dem Erdboden hergestellte Sache.
2. Die entsprechenden Sachen müssen mit dem Bauwerk fest verbunden sein.
3. Das Bauwerk muss einen Mangel aufweisen, der durch den Einbau der mangelhaften Kaufsache verursacht worden ist.

Dies alles gilt nicht nur für Neubauten, sondern auch für Erneuerungen und Umbauten.

Beispiel: Unternehmer U baut in das Gebäude des E mangelhafte Kabel ein, die er schon mit Mängeln behaftet bei L gekauft hat. Die Mängel waren zunächst nicht erkennbar. Nach drei Jahren treten durch die Mangelhaften Kabel verursacht Schäden am Gebäude des E auf. E kann den U 5 Jahre lang in Anspruch nehmen (§ 634a Abs. 1 Nr. 2). U kann seinerseits gemäß § 438 Abs. 1 Nr. 2b ebenfalls 5 Jahre lang gegen L Mängelansprüche geltend machen und gegebenenfalls durchsetzen.

---

28 BGHZ 170, 31 ff.

c) Nacherfüllung und Verjährung

Gesetzlich nicht geregelt und ungeklärt ist die Frage, ob im Falle der Nacherfüllung die in § 438 Abs. 1 bestimmte zweijährige Verjährungsfrist für die Mängelrechte erneut beginnt. **722**

Man kann in der Nacherfüllung ein konkludentes Anerkenntnis im Sinne des § 212 Abs. 1 Nr. 1 sehen, was allerdings nicht zwingend ist, wenn die Nacherfüllung etwa aus Kulanz geschieht. Bejaht man aber ein Anerkenntnis, beginnt aus diesem Grunde die Verjährung neu.[29] Andernfalls ist an eine Hemmung nach § 203 zu denken.

Liefert der Verkäufer auf Verlangen des Käufers eine neue Sache, ist wohl davon auszugehen, dass die Verjährung nach § 438 neu beginnt, denn nur so ist gewährleistet, dass dem Käufer die vom Gesetzgeber als angemessen angesehene Frist zur Entdeckung von Mängeln zur Verfügung steht.[30]

> **Beispiel:** Wenn der Verkäufer einer mangelhaften Sache dem Käufer auf dessen Verlangen als Nacherfüllung wiederum eine mangelhafte Sache liefert, beginnt die Verjährungsfrist im Hinblick auf die zuletzt gelieferte Sache neu.

Wenn der Verkäufer Mängelbeseitigung leistet, ist von einem Neubeginn der Verjährung zunächst nur in Bezug auf die Ansprüche auszugehen, die durch die Folgen der mangelhaften Nachbesserung entstehen.[31] Fraglich ist, ob das auch für die der ergebnislosen Nacherfüllung nachfolgenden Ansprüche aus § 437 Nr. 2 und 3 – Rücktritt oder Minderung und Schadensersatz statt der Leistung oder Aufwendungsersatz – gelten soll. Die Verjährung dieser Ansprüche droht insbesondere dann, wenn die Nacherfüllung lange dauert und schließlich misslingt. Auch für diese Ansprüche dürfte von einem Neubeginn der Verjährung auszugehen sein.[32]

7. Die Übernahme einer Beschaffenheits- und Haltbarkeitsgarantie durch Verkäufer oder Hersteller (§ 443)

In der Praxis übernehmen Verkäufer nicht selten eine Garantie dafür, dass die Kaufsache während eines bestimmten Zeitraumes oder für eine bestimmte Nutzungsdauer sachmängelfrei bleibt. Eine Haltbarkeitsgarantie dieser Art erweitert die gesetzliche Sachmängelhaftung. Sie stellt ein unselbständiges Garantieversprechen dar[33]. **723**

---

29 Vgl. zu alledem *Lorenz,* NJW 2007, 1, 5.
30 So *Lorenz,* NJW 2007, 1, 5; andeutungsweise auch schon BGHZ 164, 196, 206.
31 Vgl. *Lorenz,* NJW 2007, 1, 5; andeutungsweise auch schon BGHZ 164, 196, 206.
32 Vgl. Staudinger/Matusche-Beckmann, § 438 BGB, Rdnr. 21 mit Nachw.
33 *Huber/Faust,* Kapitel 13, Rdnr. 169 ff.

Große Bedeutung haben auch die Garantieerklärungen erlangt, die Warenhersteller, Vertriebsgesellschaften und Importeure den Waren beigeben und die von den Verkäufern an die Käufer weitergegeben werden.

> **Beispiel:** Die Garantie von Kfz-Herstellern für eine nicht rostende Karosserie über acht Jahre.

724 Eine **Haltbarkeitsgarantie** ist eine unselbständige Garantie dafür, dass die Kaufsache während eines bestimmten Zeitraums oder für eine bestimmte Nutzungsdauer sachmängelfrei bleibt[34]. Der Verkäufer steht also dafür ein, dass die Kaufsache die vereinbarte Beschaffenheit nicht nur bei Gefahrübergang, sondern über einen bestimmten Zeitraum hinweg aufweist. Dem Käufer wird also vom Verkäufer oder Hersteller eine zusätzliche Leistung über die gesetzlichen Ansprüche hinaus versprochen[35].

Voraussetzung für das Entstehen einer solchen Garantie ist stets, dass der Verkäufer ausdrücklich oder durch konkludentes Verhalten die Haftung dafür übernimmt, dass ein Mangel nicht auftritt[36]. Angesichts der weitreichenden Folgen einer Garantie ist bei der Annahme einer grundsätzlich möglichen stillschweigenden bzw. konkludenten Übernahme einer solchen Einstandspflicht Zurückhaltung geboten; es sind strenge Anforderungen zu stelle.[37]

725 Gesetzlich geregelt sind in § 443 nur gewisse Rechtsfolgen einer Garantie. Nicht geregelt ist, auf welche Art und Weise eine solche Garantievereinbarung zustande kommen soll. Während das Zustandekommen einer Garantievereinbarung zwischen Verkäufer und Käufer im Rahmen des Gesamtvertrages (Kaufvertrages) anzunehmen sein wird, bereitet das Entstehen einer entsprechenden Vereinbarung mit dem Hersteller oder Importeur Schwierigkeiten. Bisher hat man in einer Garantieerklärung des Herstellers ein Vertragsangebot gesehen, das durch den Händler (Verkäufer) als Stellvertreter oder Bote an den Käufer übermittelt wird und das dieser in der Regel stillschweigend, d. h. durch konkludentes Verhalten annimmt[38]. Hin und wieder wurde auch ein Vertrag zugunsten Dritter (§ 328) angenommen[39].

Wenn der Hersteller dem Produkt eine Garantiekarte beifügt, so kommt ein Vertrag zwischen Hersteller und Käufer zustande; der Verkäufer fungiert als Bote oder Stellvertreter des Herstellers. Ansprüche des Käufers aus dem Garantieversprechen des Herstellers gegen denselben treten **neben** die Gewährleistungsansprüche, welche dem Käufer gegen den Verkäufer zustehen.[40]

---

34 So BT-Drs. 14/6040, S. 237.
35 *Haas* u. a., Kapitel 5 Rdnr. 380.
36 So *Ziegler/Rieder*, ZIP 2001, 1789, 1796.
37 Vgl. BGHZ 170, 86, 91 ff.
38 Vgl. BGHZ 104, 82, 85.
39 Vgl. zu alledem BT-Drs. 14/6040, S. 236.
40 Vgl. Staudinger/Matusche-Beckmann, § 443 BGB, Rdnr. 7

Die **Rechtsfolgen** einer wirksamen Garantie dieser Art bestehen vor allem darin, **725a** dass die gesetzlichen Gewährleistungsrechte unberührt bleiben und dem Käufer **zusätzliche Rechte** verschafft werden. Dies ist insbesondere von Bedeutung, sofern der Hersteller die Garantie abgegeben hat. In diesem Fall kann der Verkäufer die Gewährleistungsrechte des Käufers nicht mit einem Verweis auf die Herstellergarantie ablehnen[41].

Beispiel: Der Verkäufer bzw. Hersteller geben auf ein elektrisches Gerät eine „Haltbarkeitsgarantie von 3 Jahren". Darin liegt jedenfalls eine wesentliche Verlängerung der gesetzlichen Verjährungsfrist von zwei Jahren (§ 438 Abs. 1) auf ein weiteres Jahr. Die Auslegung einer solchen Klausel kann aber auch ergeben, dass die gesetzliche Verjährungsfrist erst von der Entdeckung des Mangels innerhalb der Garantiefrist von 3 Jahren beginnen soll[42].

Hat der **Hersteller eine Garantie gegeben,** so muss der Inhalt der Erklärung gemäß §§ 133, 157 ausgelegt werden, um zu ermitteln, welche Ansprüche dem Käufer daraus gegen den Hersteller erwachsen. Im Wesentlichen dürfte der Anspruch gegen den Hersteller auf Neulieferung, Nachbesserung oder Schadensersatz gerichtet sein. Minderung und Rücktritt dürften nicht in Betracht kommen, da sie den Kaufvertrag mit dem Verkäufer betreffen.[43]

Beispiel: Der Hersteller fügt seinem Produkt, einer Espressomaschine, eine sogenannte „Garantiekarte" bei, die folgenden Text enthält: „Bei innerhalb von drei Jahren auftretenden Mängeln garantiert der Hersteller Umtausch der Ware". Wenn nach zwei Monaten die Maschine defekt ist, kann der Käufer vom Verkäufer Nacherfüllung nach §§ 437 Nr. 1, 439, d. h. Neulieferung oder Mängelbeseitigung, verlangen. Stattdessen kann er sich aber auch an den Hersteller wenden. Von diesem kann er allerdings nur Ersatzlieferung verlangen.

IV. Besonderheiten beim Handelskauf (§ 377 HGB)

Ist der Abschluss des Kaufvertrages über eine Sache für Verkäufer und Käufer ein **726** Handelsgeschäft (beiderseitiges Handelsgeschäft), werden an die Geltendmachung von Gewährleistungsansprüchen strengere Maßstäbe angelegt, soweit es sich um einen Sachmangel oder eine Falschlieferung handelt. § 377 HGB ergänzt daher das Gewährleistungsrecht der §§ 437 ff.[44]

Handelsgeschäfte sind diejenigen Rechtsgeschäfte, bei denen jedenfalls auf einer Seite ein Kaufmann beteiligt ist; das Geschäft muss zum Betriebe des Handelsgewerbes dieses Kaufmanns gehören (§§ 343, 344 HGB).

---

41 *Hammen,* NJW 2003, 2589.
42 Vgl. zu alledem BT-Drs. 14/6040, S. 236.
43 Vgl. Staudinger/Matusche-Beckmann, §443 BGB, Rdnr. 21
44 *Steck,* NJW 2002, 3202.

Die Gewährleistungsansprüche der §§ 437 ff. kann der Käufer beweglicher Sachen grundsätzlich zwei Jahre lang geltend machen (§ 438). Eine solche Regelung ist für den Handel kaum akzeptabel, weil der Verkäufer in der Regel in nicht allzu langer Zeit Gewissheit darüber haben will, ob der Käufer die gelieferte Ware behalten will oder nicht, damit er entsprechend disponieren kann. § 377 HGB trägt dieser Interessenlage Rechnung[45].

727 Sobald der Käufer die Ware erhalten hat, hat er diese unverzüglich, d. h. ohne schuldhaftes Zögern, zu untersuchen. Wenn sich dabei ein Mangel zeigt, hat der Käufer diesen dem Verkäufer unverzüglich (= ohne schuldhaftes Zögern, § 121 BGB) anzuzeigen. Dabei handelt es sich um eine Obliegenheit des Käufers, deren Nichtbeachtung unmittelbar zu seinen Lasten geht[46].

Kommt der Käufer diesen Obliegenheiten nicht nach, wird die Ware, auch wenn sie einen Mangel hat, als vertragsgemäß angesehen (§ 377 Abs. 2 HGB). Der Käufer muss den vereinbarten Kaufpreis bezahlen. Die Gewährleistungsansprüche aus §§ 437 ff. sind damit ausgeschlossen.

Beispiel: Der Händler H bestellt beim Großhändler G 250 Pakete Weizenmehl. Die Pakete werden am 1. März geliefert und von H nicht untersucht. H lässt die Pakete mit Weizenmehl von seinem Angestellten ins Verkaufsregal räumen. Am 22. März erfährt H von einem Kunden, dass das von ihm gekaufte Mehl nicht genießbar war. Daraufhin untersucht H die Lieferung des G und stellt fest, dass das Mehl stark verunreinigt ist. Dies war für H auch ohne Weiteres erkennbar. Mögliche Gewährleistungsansprüche des H sind ausgeschlossen, weil er die Lieferung nicht untersucht hat und somit seiner Rügeobliegenheit nicht nachgekommen ist. Er muss sich gemäß § 377 Abs. 2 BGB so behandeln lassen, als sei die Ware vertragsgemäß.

728 Das bedeutet: Nur wenn der Käufer die empfangene Ware unverzüglich untersucht und unverzüglich einen etwaigen Mangel anzeigt, stehen ihm die Gewährleistungsansprüche des BGB zu. Werden größere Mengen von Waren geliefert, müssen unter Umständen Stichproben entnommen werden, um der Untersuchungspflicht zu genügen[47].

Wenn der Käufer die Anzeige versäumt, gilt die Ware als genehmigt. Das bedeutet: Der Vertrag wird so angesehen, als wenn erfüllt worden wäre. Etwas anderes gilt nur, wenn die gelieferte Ware so offensichtlich von der Bestellung abweicht, dass der Verkäufer die Genehmigung des Käufers als ausgeschlossen betrachten musste.

Beispiel: Der Käufer erhält statt eines PKW, wie es im Vertrage vereinbart ist, vom Verkäufer einen Kombi. Hier weicht die gelieferte Ware so offensichtlich von der Bestellung ab, dass der Verkäufer mit der Genehmigung nicht rechnen kann.

---

45 *Koller/Roth/Morck*, § 377 Rdnr. 2.
46 *Koller/Roth/Morck*, § 377 Rdnr. 7.
47 Vgl. OLG Köln, NJW-RR 1999, 565; OLG Frankfurt, NJW-RR 1986, 838.

Die Rügeobliegenheit bezieht sich allerdings nur auf solche Mängel, die bei der Untersuchung erkennbar sind (§ 377 Abs. 2 HGB). Handelt es sich um sog. verdeckte Mängel, muss die Anzeige unverzüglich nach Entdeckung gemacht werden, geschieht dies nicht, gilt die Ware auch in Ansehung dieses Mangels als genehmigt (§ 377 Abs. 3 HGB).

Beispiel: U liefert an K 200 Dieselmotoren. 12 dieser Motoren weisen in den Blöcken feine Haarrisse auf, die auch bei sorgfältiger Untersuchung ohne Spezialgeräte nicht erkennbar sind. Hier entsteht die Rügepflicht erst mit der Erkennung der Mängel.

V. Die Produkthaftung (Produzentenhaftung)

1. Überblick

Es ist zu unterscheiden zwischen der verschuldensunabhängigen Produkthaftung nach dem Produkthaftungsgesetz einerseits und der Produkthaftung aus § 823 Abs. 1 (Produzentenhaftung) andererseits. Bei Letzterer handelt es sich um Fälle von schuldhaften Verletzungen von Verkehrssicherungspflichten, durch die jemand bei dem bestimmungsgemäßen Gebrauch eines Industrieproduktes an einem seiner in § 823 Abs. 1 geschützten Rechtsgüter geschädigt wird (vgl. dazu oben Rdnr. 445 f.). Sowohl die Ansprüche aus der Produkthaftung gemäß § 823 Abs. 1 als auch die aus dem Produkthaftungsgesetz können neben den Ansprüchen aus §§ 437 ff. und §§ 280 ff. entstehen und geltend gemacht werden; sofern ein Vertragsverhältnis mit dem Hersteller besteht, können die Ansprüche aus §§ 437 ff. und 280 ff. auch gegenüber diesem erwachsen.

729

2. Die Produkthaftung aus § 823

Der Anspruch aus Produzentenhaftung gemäß § 823 Abs. 1 setzt neben der Verletzung eines Rechtsguts zunächst voraus, dass der Unternehmer (Hersteller) eine ihm obliegende Verkehrssicherungspflicht schuldhaft verletzt hat.

a) Konstruktions-, Fabrikations- und Instruktionsfehler

Das haftungsbegründende Verhalten kann zum einen darin liegen, dass ein fehlerhaftes Produkt in den Verkehr gebracht wird. Dabei unterscheidet man üblicherweise zwischen Konstruktions-, Fabrikations- und Instruktionsfehlern.

730

Konstruktionsfehler sind solche, die auf einer fehlerhaften Entwicklung beruhen; sie haften daher einer gesamten Serie an.

Beispiel: Zu schwach ausgelegte Bremsanlage bei einem Kfz.

Der Hersteller muss dafür sorgen, dass seine Produkte dem neuesten technischen Stand und dem durch den bestimmungsgemäßen Gebrauch vorausgesetzten Sicherheitsstandard entsprechen[48].

Fabrikationsfehler sind solche, die während der Herstellung entstehen und nur einzelnen Stücken anhaften.

>**Beispiel:** Materialrisse in Motorteilen.

Instruktionsfehler bestehen in einer mangelhaften Gebrauchsanweisung bzw. einer unzureichenden Warnung vor möglichen Gefahren eines an sich fehlerfreien Produktes. Letztere muss nicht nur den bestimmungsgemäßen Gebrauch, sondern auch einen naheliegenden Fehlgebrauch mit einbeziehen[49].

>**Beispiel:** Unzureichende Warnung eines Babyteeherstellers vor den Folgen des Dauergebrauchs (Karies).

b) Die Beweislast

731   In allen diesen Fällen besteht häufig Streit darüber, ob der Fehler im Bereich des Herstellers oder erst später entstanden ist. Nach allgemeinen Grundsätzen müsste der Geschädigte beweisen, dass der Fehler im Verantwortungsbereich des Produzenten eingetreten ist. Da der Geschädigte aber in der Regel keinen Einblick in den Betrieb des Herstellers hat, ist ihm dies bei manchen Produkten praktisch nicht möglich. Deshalb hat die Rechtsprechung die Beweislast hier unter bestimmten Voraussetzungen umgekehrt. Stammt der Mangel eines potenziell gefährlichen Produkts typischerweise aus dem Bereich des Herstellers, so ist dieser verpflichtet, sich über die Mangelfreiheit vor der Inverkehrgabe zu vergewissern und den Befund zu sichern. Verletzt der Produzent diese Pflicht, muss er seinerseits nachweisen, dass der Fehler außerhalb seines Verantwortungsbereichs entstanden ist[50].

Des Weiteren kann fraglich sein, ob der Mangel des Produkts auf einer objektiven Pflichtverletzung des Herstellers beruht. Auch in diesem Bereich hat die Rechtsprechung die Beweislast zugunsten des Geschädigten umgekehrt; danach muss der Hersteller beweisen, dass der Fehler nicht auf einem Fehlverhalten seinerseits beruht[51].

732   Besonders häufig wird darüber gestritten, ob den Hersteller hinsichtlich des Fehlers ein Verschulden trifft, das nach § 823 Abs. 1 Voraussetzung für das Entstehen eines Schadensersatzanspruchs ist. Den entsprechenden Beweis kann der Geschädigte insbesondere bei komplexen industriellen Herstellungsverfahren kaum je führen. Deshalb hat die Rechtsprechung dem Hersteller die Beweislast dafür auf-

---

48   *Katzenmeier*, JuS 2003, 946; vgl. auch BGHZ 129, 353.
49   OLG Düsseldorf, NJW 1997, 2333, 2334.
50   BGHZ 104, 323, 333 (geborstene Limonadenflasche); OLG Hamm, NJW-RR 2001, 1539.
51   BGHZ 80, 186, 197.

erlegt, dass ihn kein Verschulden an der Entstehung des Fehlers trifft[52]. Er hat nachzuweisen, dass er seinen Betrieb so organisiert hat, dass Fehler möglichst ausgeschaltet werden[53], und dass er seine Angestellten sorgfältig ausgewählt und überwacht hat[54]. Die Umkehrung der Beweislast gilt nicht nur für die Inhaber großer Industriebetriebe, sondern auch für die Inhaber von Kleinbetrieben, etwa einer Gaststätte[55].

c) Warn- und Hinweispflichten, Produktbeobachtungspflicht

Zum anderen kann sich eine Schädigung des Verbrauchers daraus ergeben, dass ein Produkt zwar an sich fehlerfrei ist, aber bei bestimmungsgemäßer oder doch naheliegender Benutzung zu einem Schaden führen kann. In diesen Fällen obliegt dem Hersteller eine Warn- bzw. Hinweispflicht[56]. Hat er diese Instruktionspflicht objektiv verletzt, so wird auch hier die Beweislast hinsichtlich des Verschuldens umgekehrt; der Hersteller hat also zu beweisen, dass die Gefahren für ihn nicht erkennbar waren und ihn deshalb kein Verschulden trifft[57]. **733**

Die Verkehrssicherungspflichten des Produzenten enden nicht mit dem Inverkehrbringen des Produkts. Vielmehr hat er es in der praktischen Anwendung weiterhin zu beobachten und bei Sichtbarwerden von Mängeln das Erforderliche zu unternehmen, um den Verbraucher vor Schaden zu bewahren (Produktbeobachtungspflicht)[58]. Die Sicherungspflichten des Herstellers gemäß § 823 Abs. 1 und § 1 ProdhaftG können weiter gehen, wenn Grund zu der Annahme besteht, dass die Warnung, selbst wenn sie hinreichend deutlich und detailliert erfolgt den Nutzern des Produkts nicht ausreichend ermöglicht, die Gefahr einzuschätzen und ihr Verhalten darauf einzurichten. Der Hersteller kann sogar dafür Sorge zu tragen haben, dass bereits ausgelieferte gefährliche Produkte möglichst effektiv aus dem Verkehr gezogen und nicht mehr genutzt werden.[59]

3. Die Produkthaftung nach dem Produkthaftungsgesetz

Neben der oben unter 2. geschilderten Produzentenhaftung steht die verschuldensunabhängige Haftung des Herstellers nach dem Produkthaftungsgesetz (ProdHaftG). **734**
Gemäß § 1 Abs. 1 ProdHaftG hat der Hersteller für solche Schäden Ersatz zu leisten, die dem Abnehmer infolge der Fehlerhaftigkeit des Produkts an Körper, Ge-

---

52 Ständige Rspr. seit BGHZ 51, 91, 104 ff.; 105, 346, 352; 116, 104, 108.
53 Vgl. etwa BGHZ 105, 346, 352.
54 BGH NJW 1973, 1602, 1603.
55 BGHZ 116, 104, 109.
56 BGHZ 80, 186, 191 (Pflanzenschutzmittel); 116, 60, 65 ff. (Milupa-Babytee).
57 BGHZ 116, 60, 73.
58 BGHZ 80, 199, 202 f.
59 So BGHZ 179, 157, 160 f.

sundheit und solchen Sachen entstehen, die zum privaten Ge- und Verbrauch bestimmt sind; gemeint sind andere Sachen als das fehlerhafte Produkt selbst. Die Begriffe Produkt, Fehler und Hersteller werden in den §§ 2–4 ProdHaftG definiert.

735 Ein **Produkt** i. S. d. ProdHaftG ist gemäß § 2 jede bewegliche Sache, auch wenn sie in eine unbewegliche Sache eingebaut ist, sowie Elektrizität. Ausgenommen sind Arzneimittel[60] (§ 15 ProdHaftG).

Ein Produkt hat gemäß § 3 ProdHaftG einen **Fehler**, wenn es nicht die Sicherheit bietet, die unter Berücksichtigung aller Umstände berechtigterweise erwartet werden kann. Darunter fallen insbesondere Konstruktions-, Fabrikations- und Instruktionsfehler[61]. Auch die Darbietung ist gemäß § 3 Abs. 1 lit. a) von Bedeutung. Sie betrifft die gesamte Präsentation des Produkts in der Öffentlichkeit, insbesondere Werbeaussagen, Produktbeschreibungen und Aufdrucke auf der Warenverpackung[62].

736 **Hersteller** i. S. d. ProdHaftG ist gemäß § 4 Abs. 1 S. 1 zunächst jeder, der ein End- oder Teilprodukt bzw. einen Grundstoff dafür produziert hat. Darüber hinaus gilt jeder als Hersteller, der sich durch Anbringen seiner Marke o. ä. als Hersteller ausgibt (§ 4 Abs. 1 S. 2 ProdHaftG), ferner der Importeur (§ 4 Abs. 2 ProdHaftG). Kann der Hersteller nicht festgestellt werden, so haftet unter bestimmten Voraussetzungen der Lieferant an seiner Stelle (§ 4 Abs. 3 ProdHaftG)[63].

Liegen die so definierten Voraussetzungen des § 1 Abs. 1 ProdHaftG vor, so ist weiter zu prüfen, ob die Haftung nicht gemäß § 1 Abs. 2 Nr. 1–5, Abs. 3 ProdHaftG ausgeschlossen ist. Dies trifft gemäß § 1 Abs. 2 Nr. 5 ProdHaftG z. B. für sogenannte Entwicklungsfehler zu, nämlich solche, die nach dem Stand der Wissenschaft und Technik nicht erkennbar waren.

Die praktisch wichtige Frage nach der Beweislast im Schadensersatzprozess ist in § 1 Abs. 4 ProdHaftG geregelt. Für den Fehler, den Schaden und den Kausalzusammenhang zwischen Fehler und Schaden trägt der Geschädigte, im Übrigen der Hersteller die Beweislast.

737 Der Umfang der Schadensersatzpflicht ergibt sich aus den §§ 7 ff. ProdHaftG; hervorzuheben sind die Haftungsbegrenzung bei Personenschäden (85 Mio. €, § 10 Abs. 1 ProdHaftG) und die Selbstbeteiligung des Geschädigten bei Sachschäden (500,– €; § 11 ProdHaftG). Daneben gewährt § 8 S. 2 ProdHaftG einen Anspruch auf Ersatz des immateriellen Schadens. Diese Norm entspricht weitgehend § 253 Abs. 2 BGB[64].

---

60 Für Arzneimittel, zu denen auch Blutkonserven und -produkte zählen, ordnet § 84 des Arzneimittelgesetzes eine verschuldensunabhängige Herstellerhaftung an.

61 Siehe oben Rdnr. 730.

62 *Palandt-Sprau*, § 3 ProdHaftG Rdnr. 11; *Kullmann*, NJW 2003, 1909.

63 Vgl. dazu auch *Katzenmeier*, JuS 2003, 948.

64 *Palandt-Sprau*, § 8 ProdHaftG Rdnr. 3; *Katzenmeier*, JuS 2003, 944.

Der Schadensersatzanspruch aus § 1 ProdHaftG verjährt in drei Jahren (§ 12 ProdHaftG).

Die Ersatzpflicht des Herstellers nach dem ProdHaftG ist nicht abdingbar. Eine Klausel, die den Ausschluss der Haftung nach dem ProdHaftG zum Gegenstand hat, ist nichtig (§ 14 ProdHaftG).

VI. Gewährleistungsausschluss und Allgemeine Geschäftsbedingungen

1. Überblick

In der Vergangenheit haben Verkäufer häufig versucht, sich den Gewährleistungs-   **738**
ansprüchen, die dem Käufer nach dem BGB zustehen, dadurch zu entziehen, dass sie dieselben durch Allgemeine Geschäftsbedingungen ganz oder teilweise abbedungen und durch eigene Regeln ersetzt haben. Die oft extensive Ausnutzung der Gestaltungsfreiheit steht im Widerspruch zu dem Grundsatz, dass derjenige, der das auf gegenseitigen Interessenausgleich gerichtete dispositive Gesetzesrecht für seine Rechtsgeschäfte allgemein außer Kraft setzen oder für gesetzlich nicht geregelte Sachbereiche allgemeine Regelungen aufstellen will, verpflichtet ist, dabei die Interessen der an dem Vertrage Beteiligten nach den Geboten von Treu und Glauben angemessen auszugleichen[65]. Diesen angemessenen Interessenausgleich versucht das BGB u. a. dadurch zu erreichen, dass es in den §§ 308 und 309 bestimmte typische Klauseln schlechthin oder bei Unangemessenheit im Einzelfall für unwirksam erklärt (vgl. zu den Allgemeinen Geschäftsbedingungen generell oben Rdnr. 116 ff.). Vorangestellt ist jedoch die Generalklausel des § 307, in dem die tragenden Prinzipien für die Angemessenheitskontrolle von Allgemeinen Geschäftsbedingungen zum Ausdruck kommen.

Im Hinblick auf den Ausschluss von Gewährleistungsansprüchen ergeben sich noch einige Besonderheiten aus den §§ 474 ff. für den **Verbrauchsgüterkauf.**

2. Die Regelungen der § 307 ff.

Vertragspartner des Verwenders entgegen den Geboten von Treu und Glauben   **739**
unangemessen benachteiligen.

Die Inhaltskontrolle der §§ 307 ff. ist gemäß § 307 Abs. 3 bei den Bestimmungen vorzunehmen, durch die von Rechtsvorschriften abweichende oder diese ergänzende Regelungen vereinbart werden. Daher unterliegen sogenannte deklaratorische Klauseln, die nur den Inhalt gesetzlicher Regelungen wiedergeben, nicht der

---

65 So die Begründung zum Gesetzesentwurf der Bundesregierung für ein Gesetz zur Regelung des Rechts der Allgemeinen Geschäftsbedingungen vom 6. 8. 1975, Drucksache 7/391, Deutscher Bundestag, 7. Wahlperiode, S. 22.

Inhaltskontrolle[66]. Auch vertragliche Leistungsangebote und Preise, also Bestimmungen über die Hauptleistung, sind danach der Inhaltskontrolle entzogen[67].

§ 307 enthält eine Generalklausel, die alle Bestimmungen in Allgemeinen Geschäftsbedingungen für nichtig erklärt, die den Vertragspartner des Verwenders entgegen den Geboten von Treu und Glauben unangemessen benachteiligen.

740 Eine **unangemessene Benachteiligung** liegt gemäß § 307 Abs. 2 im Zweifel vor, wenn:
- eine Bestimmung der Allgemeinen Geschäftsbedingungen mit wesentlichen Grundgedanken der gesetzlichen Regelung, von der abgewichen wird, nicht zu vereinbaren ist (§ 307 Abs. 2 Nr. 1) **oder**
- eine Bestimmung der Allgemeinen Geschäftsbedingungen wesentliche Rechte oder Pflichten, die sich aus der Natur des Vertrages ergeben, so einschränkt, dass die Erreichung des Vertragszwecks gefährdet ist (§ 307 Abs. 2 Nr. 2).

Dabei bedeutet die Formulierung „im Zweifel", dass es sich bei den in Nr. 1 und Nr. 2 genannten Tatbeständen um Regelbeispiele handelt[68]. Die dadurch begründete Vermutung der Unwirksamkeit kann aber im Einzelfall durch eine Gesamtwürdigung aller Umstände widerlegt werden[69].

Vom wesentlichen Grundgedanken einer gesetzlichen Regelung (§ 307 Abs. 2 Nr. 1) weicht eine allgemeine Geschäftsbedingung dann ab, wenn durch ihren Inhalt das „Leitbild" geändert wird, welches für den entsprechenden Vertragstyp in dispositiven Vorschriften niedergelegt ist[70].

Beispiel (nach BGH NJW 1987, 1634, 1636): Im Maklervertrag lässt sich ein Makler den Anspruch auf erfolgsunabhängige Maklerprovision durch eine vorformulierte Klausel einräumen. Dies verstößt nach Ansicht des BGH gegen das Leitbild des § 652 BGB[71].

741 Eine allgemeine Geschäftsbedingung schränkt dann wesentliche Rechte und Pflichten derart im Sinne des § 307 Abs. 2 Nr. 2 ein, wenn sie dem Vertragspartner solche Rechtspositionen nimmt oder einschränkt, die ihm der Vertrag nach seinem Inhalt und Zweck gewähren muss. Ein Verstoß liegt daher vor, wenn die Klausel die Haftung des Verwenders im Falle der Nichterfüllung einer ihm obliegenden Hauptpflicht ausschließt oder beschränkt[72].

---

66 *Stoffels*, Rdnr. 418, 420; *MünchKomm-Kieninger*, § 307 Rdnr. 1, 6 ff.
67 BGHZ 141, 380, 383; 116, 117, 120 f. (beide Entscheidungen zur Vorgängernorm § 9 AGBG); *MünchKomm-Kieninger*, § 307 Rdnr. 1, 12 ff.
68 Anwaltkommentar-*Hennrichs*, § 307 Rdnr. 10; *Stoffels*, Rdnr. 499 f.; *Palandt-Grüneberg*, § 307 Rdnr. 25.
69 *Palandt-Grüneberg*, § 307 Rdnr. 2, 25; Anwaltkommentar-*Hennrichs*, § 307 Rdnr. 5, 10.
70 BGH NJW-RR 2003, 1056, 1058; BGH NJW-RR 2003, 1635, 1639; BGH MMR 2002, 542, 545; vgl. dazu auch *Stoffels*, Rdnr. 503 ff.
71 BGH NJW 1987, 1634, 1636 (zur Vorgängernorm § 9 AGBG).
72 BGH NJW 1988, 1785, 1787.

Beispiel (nach BGH NJW 2002, 673): In einem Formularvertrag hat der Vermieter seine Haftung auf Schadensersatz gegenüber dem Mieter auf vorsätzliches und grob fahrlässiges Handeln beschränkt. Nach Auffassung des BGH gefährdet die durch den Haftungsausschluss für einfache Fahrlässigkeit bewirkte Einschränkung der Instandhaltungspflicht des Vermieters den Vertragszweck eines Wohnraummietvertrags. Durch Mängel der Mietsache, insbesondere durch bauliche Mängel, können an den vom Mieter eingebrachten Hausratsgegenständen Schäden entstehen. Werden die beschädigten Gegenstände nicht repariert oder ersetzt, so kann dem Mieter eine wesentliche Grundlage für die Nutzung der Mieträume als Wohnung entzogen sein. Der Haftungsausschluss für einen vom Vermieter leicht fahrlässig verschuldeten Mietmangel ist deshalb geeignet, den Vertragszweck des Wohnungsmietvertrags erheblich zu beeinträchtigen[73].

Daneben kann eine unangemessene Benachteiligung im Sinne des § 307 Abs. 1 vorliegen, wenn der Verwender seine eigenen Interessen durch einseitige Vertragsgestaltung missbräuchlich durchzusetzen versucht, ohne dabei von vornherein auch die Belange des Vertragspartners hinreichend zu berücksichtigen und ihm einen angemessenen Ausgleich zuzugestehen[74]. Für die Beurteilung der Angemessenheit ist primär die Abwägung der Interessenlage der Beteiligten unter Berücksichtigung der Verkehrsanschauung maßgeblich[75].

Gemäß § 307 Abs. 1 S. 2 kann sich eine unangemessene Benachteiligung auch daraus ergeben, dass die Bestimmung nicht klar und verständlich ist (sogenanntes **Transparenzgebot**). Dieses dient dazu, dem Vertragspartner des Verwenders von AGB die entscheidungsrelevanten Angaben vor Vertragsschluss zu gewähren, sodass dieser über seine Rechte und Pflichten aus dem Vertrag informiert ist[76]. Beim Transparenzgebot geht es um die inhaltliche Klarheit des Vertragstextes; die Allgemeinen Geschäftsbedingungen müssen verständlich, hinreichend bestimmt und vollständig sein[77].

742

Von besonderer Bedeutung ist § 307 auch für die Überprüfung des Inhalts von Bürgschaftsverträgen (vgl. dazu unten Rdnr. 860 f.).

3. Die Regelungen in §§ 308 und 309

Im Anschluss an die Generalklausel des § 307 enthalten die §§ 308 und 309 Aufzählungen unwirksamer Klauseln, wie sie in Allgemeinen Geschäftsbedingungen oft verwendet werden.

743

---

73 BGH NJW 2002, 673, 675.
74 BGH NJW 2000, 1110, 1112; BGHZ 120, 108, 118; 90, 280, 284 (alle Entscheidungen zur Vorgängernorm § 9 AGBG).
75 *MünchKomm-Kieninger*, § 307 Rdnr. 31, 34; *Palandt-Grüneberg*, § 307 Rdnr. 8, 13.
76 *Stoffels*, Rdnr. 562; *Armbrüster*, DNotZ 2004, 437, 438; *MünchKomm-Kieninger*, § 307 Rdnr. 51 ff., 50.
77 Siehe dazu im Einzelnen *Armbrüster*, DNotZ 2004, 437, 438 ff.

Von großer Bedeutung für die Inhaltskontrolle ist die Unterscheidung, ob Allgemeine Geschäftsbedingungen gegenüber einem Unternehmer oder gegenüber einem Verbraucher verwendet werden. Bei Unternehmern finden gemäß § 310 Abs. 1 die Klauselverbote der §§ 308, 309 keine direkte Anwendung. Daher richtet sich die Inhaltskontrolle nach § 310 Abs. 1 S. 2 i. V. mit § 307 Abs. 1 (vgl. im Einzelnen dazu auch oben Rdnr. 136). Bei der Anwendung der Generalklausel des § 307 können die in §§ 308, und 309 enthaltenen Wertungen durchaus berücksichtigt werden. In § 308 sind Klauseln zusammengefasst, die unbestimmte Rechtsbegriffe, wie z. B. „unangemessen", „sachlich gerechtfertigt", „unverhältnismäßig hoch" enthalten, die einen Wertungsspielraum gewähren. Bei der Überprüfung der Einzelklauseln ist stets zu berücksichtigen, ob die Gefahr eines gestörten Interessenausgleichs besonders nahe liegt und deshalb eine Angemessenheitsprüfung geboten ist.

Beispiel zu § 308 Nr. 7a: K kauft bei V einen Fernsehapparat zum Preise von 900,– € K zahlt 300,– € an und muss den Restkaufpreis in 12 Raten zu je 50,– € leisten. Die Allgemeinen Geschäftsbedingungen des V werden durch Vereinbarung Vertragsbestandteil. In diesen Allgemeinen Geschäftsbedingungen findet sich folgende Klausel: „Befindet sich der Käufer mit seinen Zahlungsverpflichtungen in Verzug, hat der Verkäufer das Recht, vom Vertrag zurückzutreten. Tritt der Verkäufer vom Vertrag zurück, hat er gegen den Käufer einen Anspruch auf 1/12 des Kaufpreises als Nutzungsentschädigung für jeden Monat, in dem der Käufer im Besitz des Kaufgegenstandes war". Nachdem K den Apparat sechs Monate benutzt hat und sich mit den Ratenzahlungen in Verzug befindet, tritt V vom Vertrag zurück. Hat V einen Anspruch auf Nutzungsentschädigung in Höhe von 450,– € für sechs Monate?

Einen solchen Anspruch hat V nur, wenn die Klausel in den Allgemeinen Geschäftsbedingungen, welche die Nutzungsvergütung betrifft, nicht gemäß § 308 Nr. 7a unwirksam ist. Eine Nutzungsvergütung in Höhe von monatlich 1/12 des Kaufpreises ist bei einem Fernsehgerät, dessen durchschnittliche Lebensdauer erheblich länger als ein Jahr ist, im Zweifel unangemessen hoch. Die Klausel ist deshalb gemäß § 308 Nr. 7a unwirksam. V hat keinen Anspruch auf Nutzungsentschädigung in der geltend gemachten Höhe.

§ 309 enthält eine Reihe unzulässiger Klauseln ohne Wertungsspielraum. Das bedeutet: Die in § 309 genannten Klauseln in Allgemeinen Geschäftsbedingungen sind unwirksam, wenn die in den einzelnen Nummern des § 309 aufgeführten Tatbestände erfüllt sind. Es bedarf keiner Feststellung der Unangemessenheit oder sonstiger Abwägungen im Einzelfall.

744 In § 309 hat der Gesetzgeber die gefährlichsten AGB-Klauseln zusammengefasst und ohne Einschränkung für nichtig erklärt. Die in § 309 aufgeführten Klauseln können nur dadurch wirksam werden, dass sie einzeln ausgehandelt werden. Ihre Vereinbarung durch Allgemeine Geschäftsbedingungen ist nicht möglich.

Beispiel zu § 309 Nr. 1: B kauft bei S eine Waschmaschine. Als Lieferzeit werden drei Monate vereinbart. In den Allgemeinen Geschäftsbedingungen, die Vertragsinhalt geworden sind, heißt es: „Im Falle von Kostensteigerungen kann der Verkäufer eine entsprechende Erhöhung des Preises verlangen". Bei der Lieferung verlangt S unter Berufung auf die Ergebnisse der letzten Tarifrunde einen Aufpreis von 7 %. Die AGB-Klausel, die S einen Anspruch auf Preiserhöhung einräumt, ist gemäß § 309 Nr. 1 nichtig. S muss deshalb zum ursprünglich vereinbarten Preis liefern.

Durch § 309 Nr. 10 und 11 soll der Erwerber vor der weitgehenden Entziehung seiner gesetzlichen Gewährleistungsansprüche durch Allgemeine Geschäftsbedingungen geschützt werden.

745

Allgemeine Geschäftsbedingungen für Verträge über **gebrauchte Sachen** werden im Gegensatz zu § 309 Nr. 8a) von der Vorschrift des § 309 Nr. 8b) **nicht** erfasst.

Beispiel zu § 309 Nr. 8b) bb): Der Unternehmer M kauft bei dem Hersteller H eine Werkzeugmaschine. In den zum Vertragsbestandteil gewordenen Allgemeinen Geschäftsbedingungen heißt es: „Die Rechte des Käufers vom Vertrage zurückzutreten, den Kaufpreis zu mindern oder Schadensersatz statt der Leistung zu verlangen, sind ausgeschlossen. Der Käufer kann vom Verkäufer lediglich die kostenlose Reparatur des Kaufgegenstandes verlangen". Als die Maschine nach einer Woche aufgrund eines schon bei der Übergabe vorhanden gewesenen Mangels nicht mehr funktioniert, verlangt M von H Nacherfüllung in Gestalt der Lieferung einer mangelfreien Maschine. H verweigert dies und bietet stattdessen die kostenlose Reparatur an.

M Könnte wegen eines Mangels der Maschine gemäß §§ 437 Nr. 1, 439 das Recht erworben haben, Nacherfüllung, und zwar nach seiner Wahl Lieferung eines mangelfreien Apparates zu verlangen. Dieses Recht des M könnte jedoch durch die Allgemeinen Geschäftsbedingungen des H, die Vertragsbestandteil geworden sind, ausgeschlossen sein. Die diesbezügliche Klausel könnte allerdings nichtig sein, wenn sie gegen § 309 Nr. 8b) bb) verstößt. Nach dieser Vorschrift kann der Verkäufer einer Sache in Allgemeinen Geschäftsbedingungen die gesetzlichen Gewährleistungsansprüche nur ausschließen, wenn er ein Nachbesserungsrecht einräumt **und** ausdrücklich darauf hinweist, dass der Erwerber bei Fehlschlagen der Nachbesserung Minderung verlangen oder vom Vertrage zurücktreten kann. Da H in seinen Allgemeinen Geschäftsbedingungen nur ein kostenloses Nachbesserungsrecht einräumt, ohne einen ausdrücklichen Hinweis auf die Rechte des Erwerbers bei Fehlschlagen der Nachbesserung zu geben, könnte die gesamte Klausel der Allgemeinen Geschäftsbedingungen nichtig sein. Zu berücksichtigen ist, dass nach § 310 Abs. 1 die Klauselverbote der §§ 308 und 309 keine Anwendung auf Allgemeine Geschäftsbedingungen finden, die gegenüber einem Unternehmer, wie hier dem M gegenüber, verwandt werden. Allerdings findet eine Inhaltskontrolle nach § 307 statt. Dabei sind die Klauselverbote der §§ 308 und 309 ein Indiz für eine unangemessene Benachteiligung i. S. des § 307 Abs. 1. Das gilt z. B. für die in § 309 Nr. 8) bb) getroffene Wertung.[78] Danach darf u.a. Gewährleistung nicht auf eine Form der Nacherfüllung, wie hier auf die Nachbesserung unter Ausschluss der Sekundäransprüche für den Fall des Scheiterns der Mängelbeseitigung, beschränkt werden. Diese Klausel enthält also eine unangemessene Benachteiligung des M gemäß § 307 und ist deshalb nichtig. Nach § 306 Abs. 1 bleibt der Vertrag im Übrigen bestehen. M hat daher nach seiner Wahl einen Anspruch auf Nacherfüllung in Gestalt der Lieferung einer mangelfreien Sache.

---

78 Vgl. BGH WM 1995, 1456.

4. Kein Haftungsausschluss bei Übernahme einer Garantie oder bei arglistigem Verschweigen eines Fehlers (§ 444)

746 Haben der Verkäufer oder der Hersteller eine Haltbarkeits- oder Beschaffenheitsgarantie im Sinne des § 443 übernommen, so können sie die daraus erwachsenden Rechtsfolgen durch eine Vereinbarung weder ausschließen noch beschränken (§ 444)[79]. Ein Haftungsausschluss und eine Haftungsbeschränkung sind weder durch Allgemeine Geschäftsbedingungen noch durch Individualvereinbarung möglich, denn bei § 444 handelt es sich um zwingendes Recht.

Wird dennoch eine solche die Haftung ausschließende oder beschränkende Vereinbarung getroffen, so kann sich der Verkäufer oder der Hersteller nicht darauf berufen. Die Rechtsfolge des Verstoßes ist also nicht die Nichtigkeit des Gesamtvertrages.

Der Verkäufer kann sich gemäß § 444 auch dann nicht auf eine solche Vereinbarung berufen, wenn er den Mangel arglistig verschwiegen hat. Der Verkäufer handelt arglistig, wenn er in Kenntnis des Mangels die Unkenntnis des Käufers bewusst ausnutzt (vgl. auch § 442)[80].

Beispiel: Unternehmer K kauft bei dem Gebrauchtwagenhändler V einen gebrauchten LKW. In dem schriftlich abgeschlossenen Kaufvertrag heißt es u. a.: „V garantiert bei sachgemäßer Nutzung eine problemlose Laufzeit des Motors für 2 Jahre." Die von K akzeptierten Allgemeinen Geschäftsbedingungen des V enthält die Klausel: „Der Käufer erwirbt das Fahrzeug wie besichtigt und probegefahren. Die Haftung für verborgene Mängel ist ausgeschlossen." Nach drei Monaten funktioniert der Motor des LKW nicht mehr. Ein Sachverständiger stellt fest, dass der Motor schon bei Übergabe an K einen versteckten Mangel hatte, der den Schaden verursacht hat. V verweigert unter Hinweis auf seine Allgemeinen Geschäftsbedingungen jede Gewährleistung.

K könnte Gewährleistungsansprüche nach § 437 Abs. 1, 2 und 3 erworben haben. Beim Kauf gebrauchter Sachen ist anders als bei neu hergestellten ein Ausschluss der Gewährleistung nicht grundsätzlich ausgeschlossen (§ 309 Nr. 8 b)). Im zu erörternden Fall hat der V jedoch eine Haltbarkeitsgarantie für das geschädigte Fahrzeugteil übernommen. Deshalb kann er sich nach § 444 nicht auf den Haftungsausschluss berufen. K hat gegen V deshalb die Gewährleistungsansprüche nach § 437.

VII. Der Verbrauchsgüterkauf (§§ 474 ff.)

1. Überblick

747 (§ 13) als Verkäufer über bewegliche Sachen abgeschlossen werden (Verbrauchsgüterkauf). Hierauf finden abweichend von den §§ 434 ff. die Sonderregelungen der §§ 474 ff. Anwendung.

---

79 *Palandt-Weidenkaff*, § 444 Rdnr. 14; *Huber/Faust*, Kapitel 13, Rdnr. 164 ff.
80 *Palandt-Weidenkaff*, § 444 Rdnr. 14.

Keine Anwendung finden die §§ 474 ff. also, wenn Verbraucher untereinander oder Unternehmer untereinander Kaufverträge über bewegliche Sachen abschließen oder wenn ein Verbraucher einem Unternehmer etwas verkauft.

Die §§ 474 ff. finden auch auf Kaufverträge Anwendung, die über **gebrauchte Sachen** abgeschlossen werden.

2. Der zwingende Charakter der gesetzlich geregelten Käuferrechte

Während die §§ 307 ff. die Abdingbarkeit der gesetzlichen Käuferrechte durch All- 748 gemeine Geschäftsbedingungen einschränken, ergänzt § 475 diese Vorschriften. **§ 475 gilt auch für Individualvereinbarungen.** Eine Ausnahme existiert nur für Individualvereinbarungen betreffend den Ausschluss oder die Beschränkung von Individualvereinbarungen über Schadensersatz (§ 475 Abs. 3). Schadensersatzansprüche können also nach § 475 Abs. 3 im Rahmen der allgemeinen Grenzen beschränkt werden. Diese allgemeinen Grenzen ergeben sich aus den Klauselverboten der §§ 307 bis 309.

Nach § 475 Abs. 1 kann sich der Verkäufer also nicht auf Vereinbarungen berufen, die zum Nachteil des Verbrauchers von den §§ 433 bis 435, 437, 439 bis 443 abweichen. Die Formulierung „kann der Unternehmer sich nicht berufen" bedeutet im wirtschaftlichen Ergebnis nichts anderes als eine partielle Nichtigkeitsregel unter Aufrechterhaltung des Kaufvertrages (entgegen § 139) im Übrigen[81].

Beispiel: Anlässlich eines Verbrauchsgüterkaufs über einen neuen PKW lässt der Verkäufer V den Käufer K, einen Rentner, eine Individualvereinbarung unterschreiben, in der er (K) generell darauf verzichtet, im Rahmen seines Wahlrechtes bei einem Nacherfüllungsanspruch die Lieferung eines mangelfreien PKW (Ersatzlieferung) zu verlangen. Zwei Wochen nach Übergabe des Wagens stellt sich ein gravierender Motorschaden heraus. Wenn K nun Nacherfüllung (§ 439) in Gestalt der Lieferung eines mangelfreien PKW verlangt, kann sich V nach § 475 nicht auf die getroffene Vereinbarung berufen. Denn die Vereinbarung weicht zum Nachteil des K von § 439 ab. Im Übrigen bleibt der Kaufvertrag bestehen.

Eine Kontrolle von Allgemeinen Geschäftsbedingungen nach den §§ 305 ff. ist im Anwendungsbereich des § 475 entbehrlich, denn § 475 enthält einen gegenüber den §§ 305 ff. verstärkten Verbraucherschutz[82].

3. Die Beweislastumkehr

Nach § 434 Abs. 1 kommt es, was das Entstehen der Gewährleistungsansprüche 749 des Käufers angeht, darauf an, dass der gekauften Sache der Mangel schon bei Gefahrübergang anhaftet. Nach der gesetzlichen Regelung muss der Käufer darlegen

---

81 Anwaltkommentar-*Büdenbender*, § 475 Rdnr. 2.
82 *MünchKomm-Lorenz*, § 475 Rdnr. 25.

und notfalls auch beweisen, dass die Sache bei Gefahrübergang nicht frei von Mängeln war, wenn es darüber zum Streit kommt, was naturgemäß nicht selten ist.
Beim Verbrauchsgüterkauf wird nun der Käufer besser gestellt. Zeigt sich ein Mangel an der Kaufsache innerhalb der ersten sechs Monate nach Ablieferung, tritt gemäß § 476 eine Beweislastumkehr ein. Das bedeutet, nicht der Verbraucher (Käufer) muss beweisen, dass die Sache den Mangel schon bei Gefahrübergang aufwies;
dies wird vielmehr vermutet. Will der Verkäufer nicht haften, muss er beweisen,
dass die Sache bei Gefahrübergang mangelfrei war.

Beispiel: Wenn im oben geschilderten Fall darüber gestritten wird, ob der PKW
bei Gefahrübergang mangelfrei war, trägt der Verkäufer die Beweislast, d. h. er muss
notfalls beweisen, dass der PKW bei Übergabe nicht mit einem Mangel behaftet war.

Nach Ablauf von sechs Monaten seit Gefahrübergang gelten die üblichen Beweis-
lastregeln. In diesem Zusammenhang ist darauf hinzuweisen, dass gemäß § 474
Abs. 2 die Regelung des § 447 über den Versendungskauf keine Anwendung findet.

Beispiel: M kauft bei H einen neuen PKW Marke X. In den wirksam vereinbarten
Allgemeinen Geschäftsbedingungen des H heißt es: „Hinsichtlich der elektrischen
Anlagen ist eine Gewährleistung des Verkäufers ausgeschlossen. Die Gewährleistung
wird vom Hersteller der elektrischen Anlage übernommen". Als nach einer Woche
die elektrische Anlage in dem von M gekauften PKW ausfällt, macht M gegenüber
H Gewährleistungsansprüche geltend. H verweist M auf die Allgemeinen Geschäftsbedingungen und fordert ihn auf, sich an den Hersteller der Anlage zu wenden.

Da es sich hier um einen Verbrauchsgüterkauf gemäß § 474 handelt, kann eine Er-
örterung der Frage, ob die AGB-Klausel, auf die sich H beruft, gemäß § 309 Nr. 8b)
aa) nichtig ist, dahingestellt bleiben. H kann sich nach § 475 Abs. 1 nicht auf Vereinbarungen berufen, die zum Nachteil des Verbrauchers von den §§ 433 bis 435,
437, 439 bis 443 abweichen. Die Klausel in den Allgemeinen Geschäftsbedingungen des H verkürzt die Rechte des Käufers M beträchtlich, denn er könnte, wenn
sie wirksam wäre, keine Gewährleistungsansprüche gegen H geltend machen. Auf
eine solche Klausel kann sich H bei Aufrechterhaltung des Vertrages im Übrigen
nach § 475 nicht berufen. M kann also Gewährleistungsansprüche gegen H geltend
machen.

4. Verkürzung von Verjährungsfristen

750 Beim Verbrauchsgüterkauf sind der Verkürzung von Verjährungsfristen noch größere Grenzen gesetzt als sonst. Nach § 475 Abs. 2 kann die Verjährungsfrist von
zwei Jahren für die Gewährleistungsansprüche und Rechte aus § 437 auch durch
eine Individualvereinbarung nicht unterschritten werden, wenn es sich um den
Kauf neuer Sachen handelt. Für gebrauchte Sachen darf die Verjährungsfrist nicht
unter einem Jahr liegen.

Beispiel: K erwirbt bei V eine neue Stereoanlage. Als nach vierzehn Monaten der
Verstärker durchbrennt und K Nacherfüllung in Gestalt der Lieferung einer mangelfreien Sache verlangt, verweist V auf seine zum Vertragsbestandteil gewordenen All-

gemeinen Geschäftsbedingungen, in denen es heißt: „Die Garantie wird nur innerhalb von zwölf Monaten gewährt".

K könnte nach §§ 437, 439 das Recht auf Nacherfüllung erworben haben. Dieses Recht verjährt gemäß § 438 Abs. 1 nach zwei Jahren, von der Ablieferung der Stereoanlage an gerechnet. Eine vertragliche Verkürzung der Gewährleistungsfristen durch Allgemeine Geschäftsbedingungen auf ein Jahr ist gemäß § 309 Nr. 8b) ff) grundsätzlich möglich. Eine Verkürzung der gesetzlichen Verjährungsfrist von zwei Jahren könnte aber unwirksam sein, weil es sich hier um einen Verbrauchsgüterkauf handelt. K ist Verbraucher und V Unternehmer. V kann sich nach § 475 Abs. 1 nicht auf Vereinbarungen berufen, die zum Nachteil des Verbrauchers von den §§ 433 bis 435, 437, 439 bis 443 abweichen. § 437 Abs. 2 enthält noch eine Sonderregelung betreffend Vereinbarungen über Verjährungsfristen. Danach kann die Verjährungsfrist beim Kauf neuer Sachen nicht auf weniger als 2 Jahre herabgesetzt werden. K kann deshalb zu Recht Nacherfüllung verlangen.

Der Begriff der **gebrauchten Sache** ist objektiv zu bestimmen, also der Disposition der Parteien entzogen.[83]

Beispiel: Verkäufer und Käufer vereinbaren im Kaufvertrag, der Vertrag würde über einen gebrauchten PKW abgeschlossen und die Gewährleistungsfrist betrage 1 Jahr. Tatsächlich handelt es sich aber um ein fabrikneues Fahrzeug. Bei objektiver Betrachtung ist ein neues Fahrzeug Gegenstand des Vertrages, sodass die Gewährleistungsfrist nicht gemäß § 475 Abs. 2 auf 1 Jahr verkürzt werden kann.

Aufgabe 8:

R benötigt für private Zwecke ein neues Kopiergerät. Von einem Verkäufer der Firma A-GmbH (A) lässt er sich im Januar 2010 in den Geschäftsräumen der Firma umfassend beraten. R entscheidet sich für ein Gerät der Marke „XY 2005". Der Preis dafür beträgt 1500,– €. Es wird vereinbart, dass A den Kopierer an R liefert. R unterschreibt am 7. 1. 2010 das Vertragsformular, in dem als Liefertermin der 14. 1. 2010 eingetragen wird. Auf dem Vertragsformular befindet sich der fettgedruckte Hinweis: „Die umstehenden Allgemeinen Geschäftsbedingungen sind Bestandteil des Vertrages."

A liefert am 14. 1. 2010 den Kopierer bei R an. Am 15. 1. 2010 fährt R für drei Wochen in den Skiurlaub. Nach seiner Rückkehr schließt er das Gerät an. Nach Inbetriebnahme muss er feststellen, dass die Kopien schwarze Streifen aufweisen und das Gerät oft eine Ecke des Papiers umknickt. Weil er die Mängel für „Anlaufschwierigkeiten" hält, unternimmt R zunächst nichts. Als der Kopierer weiterhin nicht einwandfrei funktioniert, ruft R am 25. 2. 2010 bei A an und verlangt die Rückzahlung des Kaufpreises. A verweist auf § 9 der Allgemeinen Geschäftsbedingungen, welcher lautet:

„§ 9. Etwaige Gewährleistungsansprüche muss der Käufer innerhalb eines Monats nach Lieferung des gekauften Geräts geltend machen."

---

83 Vgl. *Lorenz*, NJW 2007, 1, 8.

A ist der Ansicht, R habe sich früher melden müssen, er sei „zu nichts mehr verpflichtet und weise alle Ansprüche zurück."

Hat R gegen A einen Anspruch auf Rückzahlung des Kaufpreises?

*Lösen Sie diese Aufgabe bitte in einem schriftlichen Gutachten und vergleichen Sie Ihre
Ausführungen mit der Lösung am Schluss dieses Buches!*

5. Sonderbestimmungen für Garantien (§ 477)

751   § 477 schreibt vor, dass Garantien des Verkäufers oder Herstellers im Sinne des
§ 443 inhaltlich und formell bestimmten Anforderungen entsprechen müssen. So
ist z. B. gefordert, dass die Garantieerklärung verständlich sein muss. Dazu gehört
auch, dass sie in einer Sprache abgefasst ist, die für den Verbraucher verständlich
ist[84].

6. Der Rückgriff des Unternehmers (§ 478)

752   § 478 regelt das Verhältnis des Unternehmers (Letztverkäufers), der vom Käufer
wegen der Mangelhaftigkeit der Sache in Anspruch genommen worden ist, zu seinem Lieferanten (Hersteller). Dabei bestimmt § 478 Abs. 1, dass der Unternehmer
gegenüber dem Lieferanten von der sonst erforderlichen Fristsetzung befreit ist.

Diese Regressregeln des BGB gelten nach dem eindeutigen Wortlaut nur für neu
hergestellte Sachen; sie können keine Geltung für den Vertrieb gebrauchter Sachen
beanspruchen.[85]

War die an den Letztkäufer veräußerte Sache schon mangelhaft, als der Verkäufer
(Letztverkäufer) sie von seinem Lieferanten erhielt, hat der Letztverkäufer die Ansprüche und Rechte aus § 437 gegen den Lieferanten. Es geht also auch hier nur
um Ansprüche unter Vertragspartnern eines Kaufvertrages[86].

Beispiel: Rentner R kauft bei V einen neuen PKW, den dieser vom Hersteller H
erworben hat. Nachdem R den Wagen in Gebrauch genommen hat, stellt sich ein
gravierender Motorschaden heraus. R verlangt daraufhin Nacherfüllung von V; er
fordert Ersatzlieferung. V kommt dieser Forderung nach und verlangt nun von H
ebenfalls Ersatzlieferung. H beruft sich darauf, es sei bislang unklar, ob der Motorschaden schon bei Übergabe an R vorhanden bzw. angelegt gewesen sei. V macht
also nun gegen H einen Anspruch aus §§ 437, 434, 439 auf Ersatzlieferung geltend.
Dass ein Mangel im Sinne des § 434 Abs. 1 S. 2 Nr. 2 vorliegt, ist unbestritten. Es
kommt darauf an, ob der Mangel schon bei Gefahrübergang vorhanden war. In der
Regel wäre das hier der Zeitpunkt der Übergabe der Sache von H auf V. Da es sich
hier um einen Verbrauchsgüterkauf nach § 474 zwischen R und V handelt, ist auf
das Verhältnis Letztverkäufer und Hersteller der § 478 anwendbar, der einige Son-

---

84   Vgl. BT-Drs. 14/6040, S. 246.
85   Zu den Einzelheiten siehe *Tröger*, AcP 204 (2004), 115, 123 f.
86   Vgl. dazu auch *Maultzsch*, JuS 2002, 1171 ff.

derregelungen für den Rückgriff des Unternehmers (Letztverkäufers) gegen den Hersteller enthält. So ist z. B. die Beweislastumkehrregelung des § 476 für einen begrenzten Zeitraum (6 Monate) auch auf das Verhältnis des Verkäufers zum Hersteller, hier V zu H, anwendbar, und zwar vom Zeitpunkt der Übergabe an den Verbraucher an gerechnet (§ 478 Abs. 3)[87]. Das bedeutet: nicht V muss beweisen, dass der Mangel schon zur Zeit der Übergabe der Kaufsache von H an V vorhanden war; vielmehr müsste H, um sich aus der Haftung zu befreien, nachweisen, dass der Mangel zum fraglichen Zeitpunkt noch nicht vorhanden war.

Der Letztverkäufer kann vom Lieferanten auch Ersatz derjenigen Aufwendungen verlangen, die ihm entstanden sind, weil der Verbraucher (Käufer) Mängelbeseitigung verlangt hat. Eine selbständige Anspruchsgrundlage dafür ist § 478 Abs. 2[88].   **753**

Beispiel: Wenn im oben geschilderten Beispiel R statt Ersatzlieferung Mängelbeseitigung von V verlangt, kann V von H gemäß § 478 Abs. 2 Ersatz derjenigen Aufwendungen verlangen, die er selbst im Verhältnis zum Verbraucher nach § 439 Abs. 2 zu tragen hatte. In Betracht kommen z. B. die Kosten für die Inanspruchnahme der eigenen Werkstatt.

Zu beachten ist, dass im Verhältnis zwischen Unternehmer (Verkäufer) und Lieferant der § 377 HGB unberührt bleibt (§ 478 Abs. 6). Das bedeutet, dass der Unternehmer die vom Hersteller gelieferten Waren unverzüglich zu untersuchen und, falls sich ein Mangel zeigt, auch zu rügen hat (siehe dazu oben Rdnr. 726 ff.).

§ 479 Abs. 1, Abs. 2 regeln die Verjährung der Ansprüche des Unternehmers aus § 478 i. V. mit § 437. Dabei ist die Ablaufhemmung des § 479 Abs. 2 zu beachten. Diese Regelung verhindert, dass der Rückgriffsanspruch verjährt, bevor der jeweilige Rückgriffsgläubiger von dem Mangel erfährt[89].

VIII. Der Widerruf des Verbrauchers bei Haustürgeschäften (§ 312)

1. Überblick

§§ 312 ff. dienen dem Schutz gegen die für den Kunden mit dem sogenannten Direktvertrieb verbundenen Gefahren, die vor allem in einem infolge einer Überrumpelung übereilten Kaufentschluss für Leistungen beruhen, für die häufig kein Bedarf besteht und deren Entgelt nicht selten die finanziellen Möglichkeiten des Kunden übersteigt[90]. Dieser Gefahr sind insbesondere ältere Leute durch entsprechende aufdringliche Werber und Vertreter ausgesetzt. Auf diese Art und Weise aufgedrängt werden insbesondere Zeitungen und Zeitschriften, Bücher, Kosmetika und Haushaltswaren.   **754**

---

87 Vgl. auch *Maultzsch*, JuS 2002, 1172 f.
88 Vgl. auch *Maultzsch*, JuS 2002, 1173.
89 *Mansel*, NJW 2002, 95.
90 Vgl. *Palandt-Grüneberg*, § 312 Rdnr. 3; *Grigoleit*, NJW 2002, 1151.

2. Das Widerrufsrecht

755 Den Kern des durch § 312 gewährten Schutzes bildet das **Widerrufsrecht des Kunden.**

Dass dem Kunden ein Widerrufsrecht zusteht, setzt voraus, dass er unter den in § 312 Abs. 1 beschriebenen besonderen Umständen zur Abgabe einer Willenserklärung bestimmt worden ist, die auf den Abschluss eines Vertrages über eine entgeltliche Leistung gerichtet ist. Zu diesen eine Überraschung oder Überrumpelung beschreibenden Tatbeständen zählen:

– mündliche Verhandlungen am Arbeitsplatz des Kunden oder im Bereich seiner Privatwohnung (§ 312 Abs. 1 Nr. 1);

– entsprechende Verhandlungen anlässlich einer Freizeitveranstaltung, die von der anderen Vertragspartei oder zumindest auch in deren Interesse von einem Dritten durchgeführt wird (§ 312 Abs. 1 Nr. 2);

> **Beispiele:** So genannte Kaffee- und Butterfahrten, auch Modenschauen.

– die Abgabe einer Willenserklärung im Anschluss an ein überraschendes Ansprechen in öffentlichen Verkehrsmitteln oder im Bereich öffentlich zugänglicher Verkehrsflächen (§ 312 Abs. 1 Nr. 3).

756 Die unter den o. g. Umständen abgegebene Willenserklärung des Kunden muss ein Angebot oder die Annahme eines Angebotes zum Abschluss eines Vertrages über eine entgeltliche Leistung sein. Darunter fallen nicht nur Kaufverträge, sondern u. a. auch Miet-, Werk- und Darlehensverträge.

Das Widerrufsrecht entsteht bei allen Verträgen vom Zeitpunkt des Vertragsschlusses an (§§ 312, 355). Dieses Recht ist unabdingbar.

Anstelle des Widerrufsrechtes kann dem Verbraucher ein Rückgaberecht im Sinne des § 355 eingeräumt werden (§ 312 Abs. 1 S. 2).

§ 312 findet gemäß § 312 Abs. 3 keine Anwendung auf Versicherungsverträge und auf die anderen dort genannten Fälle. Ferner bestimmt § 312a den Vorrang spezieller verbraucherschützender Vorschriften wie z. B. der §§ 491 ff.[91].

3. Die Ausübung des Widerrufsrechts

757 Der Widerruf nach §§ 312, 355 ist ein Gestaltungsrecht, das die Rücknahme der auf den Vertragsabschluss gerichteten Willenserklärung des Kunden zum Inhalt hat. Er ist eine empfangsbedürftige Willenserklärung, auf die die Regeln der §§ 104 bis 144 BGB Anwendung finden[92]. Die Widerrufserklärung ist in Textform abzugeben (§ 355 Abs. 2), d. h. schriftlich oder mit anderen Kommunikationsmitteln.

---

91 Anwaltkommentar-*Ring*, § 312a Rdnr. 4; *Palandt-Grüneberg*, § 312a Rdnr. 2.

92 *Palandt-Grüneberg*, § 355 Rdnr. 3; *Palandt-Ellenberger*, Überbl. v. § 104 Rdnr. 17.

Der Widerruf kann innerhalb der nach § 355 Abs. 1 und 2 bestimmten Fristen ausgeübt werden (siehe dazu oben Rdnr. 39).

4. Die Rechtsfolgen des Widerrufs

Die Rechtsfolgen des ausgeübten Widerrufs richten sich nach § 355 und § 357. **758** Der wirksam erklärte Widerruf bewirkt zunächst, dass der Verbraucher an seine den Vertrag begründende Willenserklärung nicht mehr gebunden ist. Das bedeutet, ein Vertrag ist zunächst einmal **schwebend wirksam** zustande gekommen; der Verbraucher kann sich von demselben allerdings durch Widerruf lösen. Von diesem Zeitpunkt an wandelt sich der zunächst schwebend wirksame Vertrag in ein Rückgewährschuldverhältnis um (siehe dazu oben Rdnr. 508 ff.). Für den Fall, dass schon Leistungen ausgetauscht worden sind, die Rücktrittsregeln entsprechend anzuwenden (§§ 357, 346 ff.).

Beispiel: W wirbt Kunden für die Zeitschrift **Erfolg** des Verlages X; er ist bevollmächtigt, für X die zum Abschluss mit Abonnenten notwendigen Willenserklärungen abzugeben und entgegenzunehmen. W läutet am 4. 8. 2010 an der Haustür der Rentnerin R, die daraufhin vor die Tür tritt und von W in ein Gespräch verwickelt wird. W gelingt es innerhalb von 15 Minuten, die R davon zu überzeugen, dass sie jedenfalls für 1 Jahr die Zeitschrift **Erfolg** bestellen sollte. Von R dazu gebeten, setzt sich W an einen Gartentisch im Vorgarten und füllt ein entsprechendes Vertragsformular aus, das er und anschließend R unterschreiben. R erhält eine Durchschrift des Vertrages, der keine Widerrufsbelehrung enthält. Anlässlich eines Besuches ihres Sohnes S am 10. 8. 2010 zeigt R dem S den Vertrag. Dieser macht R klar, dass die Zeitschrift **Erfolg**, die sich an besonders motivierte junge Aufsteiger richte, für sie uninteressant und nicht lesenswert sei. Von S dazu angehalten, schreibt R am 12. 8.2010 eine Widerrufserklärung an X, die sie am 13. 8. 2010 absendet. X vertritt die Auffassung, ein Vertrag sei zustande gekommen und trotz des Widerrufs bestehen geblieben.

Ein Vertrag zwischen X und R ist zunächst schwebend wirksam zustande gekommen. Derselbe könnte allerdings durch einen Widerruf gemäß § 312 beendet worden sein. Letzteres wäre der Fall, wenn R ihre zum Vertragsschluss führende Willenserklärung wirksam widerrufen hätte. Dann müsste der R ein Widerrufsrecht nach § 312 zugestanden haben. Es könnten mündliche Verhandlungen in der Privatwohnung der R i. S. des § 312 Abs. 1 Nr. 1 stattgefunden haben. Zum Bereich einer Privatwohnung i. S. dieser Bestimmung gehören auch Hausflur und Garten[93]. Eine situationsbedingte Voraussetzung i. S. des § 312 Abs. 1 liegt also vor. R müsste von dem ihr zustehenden Widerrufsrecht fristgerecht Gebrauch gemacht haben. Da R über das Widerrufsrecht nicht belehrt worden ist, ist nicht die Zweiwochenfrist des § 355 Abs. 1 maßgebend. Bei fehlender Belehrung des Verbrauchers greift die Sonderregelung des § 355 Abs. 3 S. 3 BGB ein, wonach das Widerrufsrecht bei fehlender Belehrung nicht, auch nicht nach 6 Monaten, erlischt.

R hat also von ihrem Widerrufsrecht rechtzeitig Gebrauch gemacht. Von dem zunächst schwebend wirksamen Vertrag hat sich R durch Widerruf gelöst.

---

93 *Palandt-Grüneberg*, § 312 Rdnr. 15.

IX. Fernabsatzverträge (§§ 312b ff.)

759 Schließen ein Unternehmer (§ 14) und ein Verbraucher (§ 13) einen Vertrag über die Lieferung von Waren oder die Erbringung von Dienstleistungen unter ausschließlicher Verwendung von **Fernkommunikationsmitteln** ab, so handelt es sich um einen **Fernabsatzvertrag** (§ 312b Abs. 1). Für diesen stellen die §§ 312b ff. einige besondere Regeln auf. Zu den Dienstleistungen zählen ausdrücklich auch Finanzdienstleistungen, d. h. alle Dienstleistungen, welche einen Bezug zu Finanzgeschäften haben.

Fernkommunikationsmittel sind nach der Definition des § 312b Abs. 2 nicht nur das Internet, sondern alle „zur Anbahnung oder zum Abschluss eines Vertrages zwischen dem Verbraucher und einem Unternehmer ohne gleichzeitige körperliche Anwesenheit der Vertragsparteien eingesetzt werden können, insbesondere Briefe, Kataloge, Telefonanrufe, Telekopien, E-Mails, sowie Rundfunk, Tele- und Mediendienste."

Da § 312d dem Verbraucher ein Widerrufsrecht im Sinne des § 355 einräumt (siehe dazu oben § 25 VII.), ist der Fernabsatzvertrag ein **Verbrauchervertrag.**

760 Das BGB lässt dem Verbraucher bei Fernabsatzverträgen einen besonderen Schutz angedeihen. Grund dafür ist, dass für den Verbraucher die Beurteilung von Vertragspartner und Vertragsgegenstand und u. U. auch die Rechtsverfolgung erschwert ist[94].

Der Schutz erfolgt durch

– Verschärfte Informationspflichten des Unternehmers dem Verbraucher gegenüber (§ 312c). Die Verletzung solcher Pflichten kann eine Pflichtverletzung im Sinne des § 280 darstellen, die bei Vorliegen entsprechender Voraussetzungen Schadensersatzpflichten auslösen kann.

– Die Einräumung eines Widerrufs- und Rückgaberechtsrechts, das in den §§ 355 ff. näher ausgestaltet ist.

Beispiel: K hat bei V per Internet eine Digitalkamera bestellt. Nachdem er sie in Betrieb genommen hat, stellt er fest, dass die Kamera nur Schwarz-weiße Bilder produziert, obwohl sie laut Betriebsanleitung bunt sein sollten. Bei einem Anruf bei V teilt dem K ein Angestellter mit, die Kamera sei geprüft und infolgedessen voll funktionsfähig; wenn dies nicht der Fall sei, beruhe das auf einem Bedienungsfehler. K überlegt, was er unternehmen soll. Statt sich auf eine langwierige Diskussion über Gewährleistungsansprüche nach § 437 mit unvorhersehbarem Ausgang mit Verkäufer einzulassen, sollte K die Kamera innerhalb von 14 Tagen an den V zurücksenden und damit von seinem ihm nach §§ 312 d und 312 d i. V. mit § 355 zustehenden Widerrufsrecht Gebrauch machen. Der Widerruf bedarf keiner Begründung und führt dazu, dass der bis dahin schwebend wirksame Kaufvertrag unwirksam wird.

---

94 *Grigoleit*, NJW 2002, 1151.

Im Mittelpunkt der Schutzgewährung steht das Widerrufs- und Rückgaberecht, das allerdings durch § 312d Abs. 3 und 4 eingeschränkt ist.

X. Der Kauf von Rechten und sonstigen Gegenständen

1. Überblick

Bei dem Verkauf eines Rechtes (z. B. einer Forderung, eines Patent- oder Urheber-   **760a**
rechtes) besteht die Hauptpflicht des Verkäufers darin, dem Käufer das Recht zu verschaffen.

Auch bei einem Kaufvertrag über ein Recht ist das Abstraktionsprinzip zu beachten. Das Recht geht nicht mit dem Abschluss des Kaufvertrages auf den Käufer über. Die Übertragung erfolgt vielmehr durch ein besonderes Verfügungsgeschäft, die Abtretung gemäß § 398 (siehe dazu oben Rdnr. 634).

Beispiel: Beim echten Factoring (siehe dazu oben Rdnr. 645 ff.) verkauft ein Unternehmen Forderungen an einen Factor, in der Regel eine Bank. In Erfüllung des Kaufvertrages (Verpflichtungsgeschäft) tritt das Unternehmen die Forderungen, die Gegenstand des Kaufvertrages sind, gemäß § 398 an den Factor ab (Verfügungsgeschäft).

Gemäß § 453 finden auf den Rechtskauf die Vorschriften über Sachmängel (§§ 434 ff.) entsprechende Anwendung. Das bedeutet: Der Verkäufer hat die Verpflichtung, dem Käufer das Recht mängelfrei zu verschaffen (§§ 453, 433 Abs. 1 S. 2). Kommt der Verkäufer dieser Verpflichtung nicht nach, liegt darin eine Pflichtverletzung im Sinne des § 280 Abs. 1. Die Rechte und Ansprüche des Käufers ergeben sich dann aus dem allgemeinen Pflichtverletzungsrecht, das allerdings durch die §§ 311 a und 437 ff. modifiziert wird.

2. Die Haftung für Rechtsmängel

Ein Recht kann keine Sachmängel im Wortsinne aufweisen. Manche schließen da-   **760b**
raus, dass die Verpflichtung des Verkäufers beim Rechtskauf auf die rechtsmängelfreie Verschaffung des Rechts beschränkt sei.[95] Das würde bedeuten, dass andere Mängel als Rechtsmängel keine Rechtsfolgen auslösen.

Ein Rechtsmangel liegt vor, wenn
– das verkaufte Recht nicht besteht,
– das Recht nicht in dem Umfang besteht, wie es im Kaufvertrag vorausgesetzt wird,
– das Recht nicht übertragbar ist oder
– dem verkauftem Recht Rechte Dritter gegenüberstehen.

---

95 Vgl. *U. Huber*, die Praxis des Unternehmenskaufs im System des Kaufrechts, AcP 202 (2002), 179, 229; *Palandt-Putzo*, § 453 Rdnr. 21

Die eintretenden Rechtsfolgen können unterschiedlich sein.

Wird ein nicht oder nicht mehr bestehendes Recht verkauft, so hat der Verkäufer gemäß § 433 Abs. 1 die Pflicht, dieses Recht zu schaffen oder sich zu verschaffen. Ist ihm dies unmöglich, so ist der Kaufvertrag dennoch nach § 311 a wirksam. Der Verkäufer wird allerdings gemäß § 275 Abs. 1 oder 2 von seiner Leistungspflicht frei. Demnach haftet der Schuldner jedenfalls für das Vorhandensein des Rechts (Veritätshaftung).

Beispiel: V verkauft an K eine Kaufpreisforderung, die er gegen M zu haben vorgibt. Diese Forderung besteht nicht. V tritt die vermeintliche Forderung an K ab. Dieser kann die Forderung nicht erwerben, weil sie nicht besteht. Der Kaufvertrag ist nach § 311a Abs. 1 dennoch wirksam zustande gekommen. Die Rechte des K ergeben sich aus § 311a Abs. 2. V muss nicht leisten (§ 275). Nach § 311a Abs. 2 kann K Schadensersatz statt der Leistung verlangen, da V das Leistungshindernis kannte oder kennen musste. § 437 ist nicht anzuwenden, weil die Forderung nicht übertragen worden ist.

760c ### 3. Die Übernahme einer Garantie

Beim **Rechtskauf** kann der Verkäufer auch die **Garantie für den Bestand eines Rechts** im Sinne des § 276 Abs. 1 übernehmen. Wenn der Verkäufer ein Recht, z. B. eine Forderung, veräußert und dem Käufer versichert, für den Bestand des Rechtes stehe er ein, so wird damit eine verschuldensunabhängige Haftung begründet.

Hätte V in dem oben geschilderten **Beispiel** eine solche Garantie übernommen, würde das zu der folgenden Lösung führen: Da dem Verkäufer die Übertragung des Rechts nicht möglich ist, wird er gemäß § 275 Abs. 1 von seiner Leistung frei. Der Vertrag ist gleichwohl nach § 311a Abs. 1 wirksam. Der Anspruch aus § 311a Abs. 2 setzt Verschulden voraus. Zu vertreten hat der Verkäufer das Leistungshindernis aber auch dann, wenn er, wie hier eine Garantie im Sinne des § 276 Abs. 1 für den Bestand des Rechts übernommen hat. Im zu erörternden Fall könnte der Käufer also gemäß §§ 437 Abs. 3, 311a Abs. 2 Schadensersatz statt der Leistung verlangen.

Mit Recht wird die Meinung vertreten, an eine stillschweigende Garantieübernahme seien strenge Anforderungen zu stellen[96]. Jedenfalls muss ein entsprechender Garantiewille des Verkäufers erkennbar sein!

4. Rechtsmängel beim Rechtskauf

760d Wenn ein Recht nicht in dem Umfange übertragen worden ist, wie es im Kaufvertrag vereinbart worden ist, etwa weil es mit dem Recht eines Dritten belastet ist,

---

96 So *Dauner-Lieb*, in: AK, § 276 Rdnr. 21.

so ist, weil das Recht übertragen worden ist, § 437 anzuwenden. Das bedeutet, dass der Käufer zunächst einen Nacherfüllungsanspruch geltend machen muss. Erst wenn die Nacherfüllung nicht gelungen ist, kann er vom Vertrage zurücktreten und gegebenenfalls Schadensersatz statt der Leistung verlangen.

Beispiel: Das veräußerte Recht ist mit einem Pfandrecht belastet. Nach §§ 437, 439 kann der Käufer Nacherfüllung verlangen, die darin bestehen könnte, dass der Verkäufer versucht, eine Lösung mit dem Pfandnehmer zu erreichen, die zum Erlöschen des Pfandrechts führt. Gelingt das Nicht, stehen dem Käufer des Rechts die Möglichkeiten nach § 437 Nr. 2 und 3 offen.

§ 30   Der Mietvertrag

Schrifttum: *Blank*, Das Gebot der Rücksichtnahme nach § 241 II im Mietrecht, ZGS 2004, 104; *Börstinghaus*, Auswirkungen der Schuldrechtsreform auf das Mietrecht, ZGS 2002, 102; *Derleder*, Mängelrechte des Wohnraummieters nach Miet- und Schuldrechtsreform, NZM 2002, 676; *Derleder/Bartels*, Der Vermieterwechsel bei der Wohnraummiete, JZ 1997, 981; *Emmerich*, Neues Mietrecht und Schuldrechtsmodernisierung, NZM 2002, 362; *Michalski*, Das Schriftformerfordernis bei langfristigen Mietverträgen, WM 1998, 1993; *Oechsler*, Schadensersatzansprüche im Mietverhältnis nach §§ 280, 281, 311 a II BGB, NZM 2004 881.

I. Die Abgrenzung zwischen Miete, Pacht und Leihe

1. Überblick

Miete, Pacht und Leihe gehören zu der Gruppe der Gebrauchsüberlassungsverträge.   **761**

Miete ist die entgeltliche Überlassung einer Sache an einen anderen zum Gebrauch auf Zeit (§§ 535 ff.).

Beispiel: Vermietet der Grundstückseigentümer E dem M sein Grundstück mit Gebäude für zwei Jahre zu einem monatlichen Mietzins von 950,– €, so handelt es sich dabei um einen typischen Mietvertrag. E gestattet dem M für die Dauer von zwei Jahren den Gebrauch gegen Zahlung eines Mietzinses.

Gegenstände von Mietverträgen können sein:
- bewegliche Sachen;
- Grundstücke;
- eine Gesamtheit von beweglichen Sachen oder Grundstücken;
- eine Gesamtheit von beweglichen Sachen und Grundstücken.

Hier ist nur von **Sachen** die Rede, nicht aber von Rechten, weil Rechte nicht gebraucht werden können.   **762**

Häufigste Gegenstände von Mietverträgen sind Grundstücke, Wohnungen, einzelne Zimmer und Geschäftsräume. Gemietet werden können aber z. B. auch Autos und Bücher.

Der tägliche Sprachgebrauch ist oft irreführend. „Leihbücherei" oder „Autoverleih" müssten in der Regel juristisch korrekt „Mietbücherei" und „Autovermietung" genannt werden, wenn die Gebrauchsüberlassung gegen Entgelt erfolgt.

Beispiel: Wenn ein „Autoverleih"-Unternehmen Kunden Autos für eine bestimmte Zeit gegen Entgelt überlässt, handelt es sich nicht um Leihverträge, die zwischen dem Unternehmen und dem Kunden geschlossen werden, denn die Gebrauchsüberlassung erfolgt **nicht** unentgeltlich. Da der Gebrauch der Autos gegen Entgelt gewährt wird, werden **Mietverträge** im Sinne des § 535 abgeschlossen.

2. Die Leihe

762a **Leihe** ist die auf einem Vertrag beruhende unentgeltliche Überlassung einer Sache zum Gebrauch auf Zeit (§ 598). Der Leihvertrag ist kein gegenseitig verpflichtender Vertrag, weil der Leistung des Verleihers, dem Entleiher die Sache unentgeltlich zum Gebrauch zu überlassen, leine gleichwertige Gegenleistung gegenüber steht. Dennoch sind dem Entleiher Pflichten auferlegt. So ist er z. B. verpflichtet, von der Sache nur einen vertragsgemäßen Gebrauch zu machen (§ 603 S. 1); ohne Erlaubnis darf er die Sache nicht einem Dritten überlassen (§ 603 S. 2).

Beispiel: Überlässt A seinen PKW seinem Freund K für einen Wochenendausflug unentgeltlich, so handelt es sich um Leihe im Sinne des § 598. K ist nicht berechtigt, den PKW seiner Tochter T zu überlassen (§ 603 S. 2).

Verletzt der Entleiher seine Pflichten, so kann darin eine zum Schadensersatz verpflichtende Pflichtverletzung gemäß § 280 liegen.

Beispiel: Überlässt K den PKW seiner Tochter T, damit diese trotz Glatteis eine Fahrt in eine 30 km entfernte Stadt unternehmen kann, und verunglückt T mit der Folge, dass der PKW beschädigt wird, so hat K vorsätzlich seine Verpflichtung aus dem Leihvertrag gemäß § 603 S. 2 verletzt und damit eine zum Schadensersatz verpflichtende Pflichtverletzung nach § 280 begangen.

Der Verleiher hat neben sachenrechtlichen auch vertragliche Herausgabeansprüche gegen den Entleiher und gegebenenfalls gegen den Dritten (§604).

3. Der Pachtvertrag

763 Von dem Mietvertrag zu unterscheiden ist der **Pachtvertrag**. In einem Pachtvertrag verpflichtet sich der Verpächter, dem Pächter auf Zeit die volle Nutzung des Pachtgegenstandes, d. h. den Gebrauch der gepachteten Gegenstände und den Genuss der Früchte desselben, gegen Entgelt zu gewähren (§ 581). Mietvertrag und Pachtvertrag unterscheiden sich in zwei wesentlichen Punkten:

– Verpachtet werden können nicht nur Sachen (Grundstücke und bewegliche Sachen), sondern auch Rechte, wie z. B. Gesellschaftsanteile;
– Verpachtet werden können auch Vermögensgesamtheiten, wie z. B. Handelsgeschäfte und Unternehmen.

Der Pächter ist aufgrund der Pacht nicht nur wie der Mieter berechtigt, den Pachtgegenstand zu gebrauchen, er darf auch die „Früchte aus dem Pachtgegenstand gewinnen".

„Früchte" im Rechtssinne sind nicht zu verwechseln mit der Bedeutung, die diesem Ausdruck im täglichen Sprachgebrauch beigemessen wird.

Das BGB enthält in den §§ 99 und 100 eine ausführliche Definition von Nutzungen (§ 100) und Früchten (§ 99). Gemäß § 100 ist „Nutzungen" der Oberbegriff für Gebrauchsvorteile und Früchte. **764**

Auf den Pachtvertrag sind die Vorschriften über den Mietvertrag (§§ 535 ff.) anwendbar, soweit sich aus den §§ 582 ff. nichts anderes ergibt.

Besondere Regeln gelten gemäß §§ 585 ff. für den **Landpachtvertrag.** Durch einen solchen wird ein Grundstück mit den seiner Bewirtschaftung dienenden Wohn- und Wirtschaftsgebäuden (Betrieb) oder ein Grundstück ohne solche Gebäude überwiegend zur Landwirtschaft verpachtet.

II. Der Mietvertrag

1. Überblick

765 Das BGB enthält in den §§ 535 ff. allgemeine Vorschriften für Mietverträge über Sachen. Diese Vorschriften gelten sowohl für gemietete Wohnungen als auch für gemietete Räume, die keine Wohnräume sind, also vor allem gewerbliche Räume; sie gelten aber auch für andere Sachen, die Gegenstände von Mietverträgen sein können, wie z. B. Kraftfahrzeuge.

Während die aufgrund der Vertragsfreiheit eingeräumte Gestaltungsfreiheit im Hinblick auf die Vermietung von Sachen, die nicht Wohnräume sind, unter Wahrung der üblichen Grenzen der Vertragsfreiheit genutzt werden kann, hat der Gesetzgeber die Gestaltungsfreiheit im Hinblick auf Mietverträge über Wohnraum stark eingeschränkt. So gelten für Mietverträge über Wohnraum die §§ 549 ff. mit besonderen Regelungen z. B. über die Miethöhe und einen ausgeprägten Kündigungsschutz.

Für Mietverhältnisse über andere Sachen gelten neben den §§ 535 bis 548 die §§ 578 ff.

2. Die Pflichten von Vermieter und Mieter

766 Der **Vermieter** hat dem Mieter die gemietete Sache gemäß § 535 in einem zu dem vertragsmäßigen Zweck geeigneten Zustand zu überlassen (Gebrauchsüberlassungspflicht) und sie während der Dauer des Mietverhältnisses in diesem Zustand zu erhalten (Gebrauchserhaltungspflicht).

Die sich aus § 535 ergebende Instandhaltungspflicht des Vermieters ist allerdings – weil dispositives Recht – durch eine entsprechende Vereinbarung der Vertragsparteien abdingbar. Bei der Vermietung von Wohn- und Geschäftsräumen wird von dieser Möglichkeit häufig dergestalt Gebrauch gemacht, dass die zur Beseitigung der normalen Abnutzung erforderlichen sogenannten **Schönheitsreparaturen,** deren Kosten nach § 535 grundsätzlich der Vermieter zu tragen hat, auf den Mieter abgewälzt werden. Die entsprechende Parteivereinbarung kann auch in einem Formularvertrag (Allgemeine Geschäftsbedingungen) enthalten sein; sie wird vom BGH[1] nicht als eine grundsätzlich unangemessene Benachteiligung des Mieters im Sinne des § 307 angesehen.

767 Die **Hauptpflicht des Mieters** ist seine Pflicht zur Zahlung des Mietzinses so, wie es vereinbart ist. Vereinbarungen betreffend den Mietzins beziehen sich in erster Linie auf
- die Höhe des Mietzinses,

---

1 BGHZ 92, 363, 367; 101, 253, 261.

– die Art und Weise, wie der Mietzins zu entrichten ist. In der Regel ist der Mieter aufgrund des Mietvertrages verpflichtet, den Mietzins für einen bestimmten Zeitraum – meist einen Monat – im Voraus zu bezahlen.

Gemäß § 540 ist der Mieter ohne eine entsprechende Erlaubnis des Vermieters nicht berechtigt, die Sache an einen Dritten zu überlassen, insbesondere weiter zu vermieten (Verbot der Untermiete).

Darüber hinaus treffen den Mieter noch eine Reihe von **Nebenpflichten**, wie z. B. die Pflicht, mit der gemieteten Sache sorgfältig umzugehen.

Erfüllt der Mieter seine Zahlungsverpflichtung nicht, kann ihm der Vermieter unter den in § 543 genannten Voraussetzungen fristlos kündigen.

Der Vermieter von Grundstücken oder Räumen erwirbt zur Sicherung seiner Forderungen aus dem Mietverhältnis (Mietzins- und Schadensersatzansprüche) gemäß § 562 ein Pfandrecht an den „eingebrachten Sachen des Mieters", (z. B. Möbel und Kunstgegenstände).

3. Die Mängelhaftung des Vermieters

Weist die vermietete Sache Sach- oder Rechtsmängel auf, so erwirbt der Mieter gegen den Vermieter die Gewährleistungsansprüche gemäß §§ 536 ff. Diese gehen den allgemeinen Regeln über Pflichtverletzungen (§§ 280 ff.) vor. Es ist also zunächst zu prüfen, ob die Nicht- oder Schlechterfüllung auf Sach- oder Rechtsmängeln beruht. Ist dies der Fall, sind die §§ 536 ff. und nicht die §§ 280 ff. anzuwenden. Wenn die Nicht- oder Schlechterfüllung nicht auf einem Sach- oder Rechtsmangel beruht, ist Raum für die Anwendung der §§ 280 ff.

    768

> **Beispiel**: Der Vermieter verzögert aufgrund von Terminverwechselungen, die er zu vertreten hat, die Überlassung der gemieteten Sache. In diesem Fall hat die Nichterfüllung im Zweifel nichts mit einem Sach- oder Rechtsmangel zu tun. Die §§ 280 ff. können angewandt werden.

Ein **Mangel** ist gemäß § 536 Abs. 1 jede dem Mieter nachteilige, nicht nur unerhebliche Abweichung der tatsächlichen Beschaffenheit (Istzustand) von der vertraglich vorausgesetzten oder gewöhnlichen Beschaffenheit (Sollzustand), welche die Gebrauchstauglichkeit der Mietsache aufhebt oder mindert).

Sach- und Rechtsmängel sowie das Fehlen einer zugesicherten Eigenschaft (§ 536 Abs. 2) werden gleich behandelt, d. h. es entstehen dieselben Rechtsfolgen (§ 536). Dabei gilt gemäß § 536 Abs. 2, dass das Fehlen einer zugesicherten Eigenschaft auch bei einer unerheblichen Minderung der Tauglichkeit den Mieter zur Minderung der Miete berechtigt[2].

---

2 *Palandt-Weidenkaff*, § 536 Rdnr. 24; *Derleder*, NZM 2002, 676.

Übergibt der Vermieter die Mietsache nicht fristgemäß an den Mieter (z. B. weil der Vormieter noch nicht ausgezogen ist oder die Mieträume noch nicht renoviert sind), ist zu unterscheiden, ob das anfängliche Unvermögen des Vermieters zur rechtzeitigen Übergabe auf tatsächlichen Gründen oder auf einem Rechtsmangel beruht (Beispiel für einen Rechtsmangel: Doppelvermietung). Im Letzteren Fall besteht eine Garantiehaftung des Vermieters gemäß §§ 536 Abs. 3, 536a Abs. 1. Bei tatsächlichen Gründen haftet der Vermieter nur bei Verschulden gemäß § 311a Abs. 2[3].

Gemäß § 535 kann der Mieter jederzeit die Beseitigung der Mängel verlangen. Dieser Anspruch umfasst alle erforderlichen und möglichen Mängelbeseitigungsmaßnahmen, insb. notwendige Reparaturen, aber auch andere Maßnahmen, die z. B. der Abwehr einer Gesundheitsgefährdung dienen[4].

769 Beseitigt der Vermieter den Mangel nicht, hat der Mieter folgende Rechte:
- Wenn der Mangel die Tauglichkeit der Sache ganz oder teilweise aufhebt, wird der Mieter ganz oder teilweise von der Verpflichtung zur Zahlung des Mietzinses frei (§ 536 Abs. 1).
- Der Mieter kann fristlos kündigen, wenn der Mangel zur Folge hat, dass ihm der Gebrauch der Sache ganz oder zum Teil entzogen wird (§ 543).
- Unter den in § 536a genannten Voraussetzungen kann der Mieter Schadensersatz wegen Nichterfüllung verlangen.

Beispiel: Student S mietet bei V eine kleine, in einem im Eigentum des V stehenden Mehrfamilienhaus gelegene Wohnung, um sich auf das Examen vorzubereiten. S hatte vor Abschluss des Vertrages deutlich gemacht, dass es ihm darum gehe, in Ruhe geistig arbeiten zu können. V hatte ihm daraufhin versichert, die Wohnung sei so gelegen, dass S sicher sein könne, ungestört arbeiten zu können. Nachdem S eingezogen ist, stellt er fest, dass der über ihm wohnende Mieter Pianist ist und pro Tag acht Stunden übt.
Hier ist die gemietete Wohnung zu dem vertragsmäßigen Gebrauch – Gebrauch der Wohnung, um in Ruhe geistig arbeiten zu können – nicht tauglich. Da es sich um eine erhebliche Behinderung im vertragsmäßigen Gebrauch im Sinne des § 543 Abs. 2 handelt, hat S das Recht zur fristlosen Kündigung aus § 543 oder das Recht, den Mietzins gemäß § 536 Abs. 1 herabzusetzen.

769a Verletzt ein Vermieter gegenüber dem Mieter Schutz und Obhutpflichten, können Schadensersatzansprüche aus §§ 280, 241 Abs. 2 entstehen.

Beispiel: Vermieter V stellt für ein in seinem Eigentum stehendes Mehrfamilienhaus den D als Hausmeister ein und überlässt ihm Zweitschlüssel für alle Wohnungen. V weiß, dass D mehrfach wegen Diebstahls vorbestraft ist. D entwendet aus mehreren Wohnungen Schmuck und andere Wertgegenstände, die er an Hehler veräußert. Dadurch ist u. a. dem Mieter M ein Schaden in Höhe von 5.000 € entstanden. M könnte gegen V einen Anspruch aus §§ 280, 241 Abs. 2 erworben haben. Zu den Pflichten des V aus dem Schuldverhältnis Mietvertrag gehören auch

---

3 *Emmerich*, NZM 2002, 364, 367.
4 *Derleder*, NZM 2002, 679.

die Nebenpflichten, die sich den Mietern gegenüber aus § 241 Abs. 2 ergeben, insbesondere die Pflicht, auf die Rechtsgüter und Interessen der Mieter Rücksicht zu nehmen. Diese Verpflichtung hat V durch die Einstellung des D verletzt. Da er die Rechtsgutsverletzung zu vertreten hat und dem M ein Schaden entstanden ist. Ist V dem M aus §§ 280, 241 Abs. 2 zum Schadensersatz in Höhe von 5.000 € verpflichtet.

4. Die Beendigung des Mietverhältnisses

Eine Kündigung können sowohl der Vermieter als auch der Mieter aussprechen. 770

Aus sozialpolitischen Gründen hat der Gesetzgeber die Kündigungsmöglichkeiten des Vermieters von Wohnraum insbesondere durch die §§ 573 ff. stark eingeschränkt. Die Abdingbarkeit dieser Vorschriften ist ausgeschlossen.

III. Der Lizenzvertrag

Nicht im bürgerlichen Gesetzbuch geregelt ist der Lizenzvertrag, der insbesonde- 771
re im Bereich des gewerblichen Rechtsschutzes eine überragende Bedeutung genießt. Mit dem Lizenzvertrag wird der wirtschaftlich bedeutenden Möglichkeit Rechnung getragen, Nutzungsrechte an Schutzrechten, wie z. B. einem Patent, einzuräumen. Der Schutzrechtsinhaber als Lizenzgeber räumt dem Lizenznehmer eine vollständige oder eingeschränkte Nutzungserlaubnis gegen Entgelt ein.

Die Vertragsfreiheit ermöglicht es, Lizenzverträge als Verträge eigener Art (sui generis) zu vereinbaren. Anders als Kauf, Miete und Pacht ist dem Lizenzvertrag in der Regel ein Risiko eigen[5]. Er bedeutet für beide Parteien ein gewisses Wagnis, weil einmal die wirtschaftliche Verwertbarkeit nicht voraussehbar ist und zum anderen das Schutzrecht nachträglich als nicht beständig beweisen kann. Daher können die BGB-Vorschriften über Kauf, Miete, Pacht oder Gesellschaft nur eingeschränkt auf den Lizenzvertrag angewendet werden.

Die ausschließliche Lizenz verleiht dem Lizenznehmer im Rahmen des Vertrags ein gegen jedermann wirkendes Ausschlussrecht, das sowohl das positive Benutzungsrecht als auch das negative Verbietungsrecht umfasst.

§ 31   Leasingverträge

Schrifttum: *Arnold,* Gewährleistung beim Finanzierungsleasing nach der Schuldrechtsreform, DStR 2002, 1049; *Emmerich,* Grundprobleme des Leasing, JuS 1990, 1; *Reinking,* Auswirkungen der geänderten Sachmängelhaftung auf den Leasingvertrag, ZGS 2002, 229; *Weber,* Die Entwick-

---

5   BGH GRUR 1961, 27.

lung des Leasingrechts 2001 bis Mitte 2003, NJW 2003, 2348; *ders.*, Die Entwicklung des Leasingsrechts von Mitte 2003 bis Mitte 2005, NJW 2005, 2195; *Wolf*, Die Rechtsnatur des Finanzierungsleasings, JuS 2002, 335.

I. Überblick

772 Der in den USA entwickelte Leasingvertrag ist als Vertragstyp weder im BGB noch in anderen Gesetzen geregelt. Seine Schaffung beruht auf dem Prinzip der Vertragsfreiheit. Den Bedürfnissen der Praxis Rechnung tragend, hat man Elemente des Mietvertrages mit Elementen anderer im BGB geregelter Vertragstypen vermischt. In Leasingverträgen finden sich neben Elementen des Mietvertrages je nach Ausgestaltung solche des Kaufs, des Darlehens, der Geschäftsbesorgung und des freien Dienstvertrages. Für den Abschluss von Finanzierungsleasingverträgen sind oft steuerliche Überlegungen ausschlaggebend[1].

Beim Leasing sind regelmäßig drei Personen beteiligt:
- der Hersteller oder Lieferant,
- der Leasinggeber und
- der Leasingnehmer.

Es sind sodann zwei Rechtsverhältnisse zu unterscheiden:
- das zwischen Hersteller bzw. Lieferant und Leasinggeber einerseits und
- das zwischen Leasinggeber und Leasingnehmer andererseits, der eigentliche Leasingvertrag.

Zwischen Leasinggeber und Hersteller bzw. Lieferant kommt regelmäßig ein Kaufvertrag zustande, in Erfüllung dessen der Leasinggeber das Eigentum an der gekauften Sache (gemäß § 929) erwirbt und den Kaufpreis an den Verkäufer bezahlt. Der eigentliche Leasingvertrag kommt zwischen dem Leasinggeber und dem Leasingnehmer zustande.

Leasingverträge sind in der Regel in der Praxis bewährte Standardverträge, die Allgemeine Geschäftsbedingungen darstellen. Als solche unterliegen sie der Inhaltskontrolle gemäß §§ 307 ff.

II. Operating-Leasing

773 Es ist durchaus üblich, Verträge über die entgeltliche Überlassung von Investitions- und Konsumgütern abzuschließen, die entweder auf eine kurze Vertragsdauer oder auf unbestimmte Zeit angelegt sind. Im letzten Fall sind in der Regel nach einer kurzen unkündbaren Grundmietzeit diese Verträge für beide Seiten mit

---

1 Vgl. zu den Einzelheiten *MünchKomm-Koch*, Finanzierungsleasing Rdnr. 2 ff.

kurzen Fristen kraft Vereinbarung kündbar[2]. Bei diesen Operating-Leasing genannten Rechtsverhältnissen handelt es sich im Kern um Mietverträge, auf die, soweit nichts anderes vereinbart wird, auch die Mietvertragsregeln Anwendung finden. Der Mieter trägt lediglich die Kosten bis zum nächsten Kündigungstermin. Die wirtschaftliche Leistung des Vermieters besteht darin, dass er bei Produktionsgütern, die sich nach der Kündigung durch den Mieter an andere Interessenten weitervermieten lassen, die Gesamtnutzungszeit bzw. Gesamtnutzungskapazität auf verschiedene Nachfrager verteilt und einzelnen Unternehmen den gewünschten Nutzungsbruchteil vertraglich bereitstellt.

Typisches **Beispiel für die Vergangenheit:** Teure Datenverarbeitungsanlagen.

Dieser Art von Vertrag liegt folgende Überlegung zugrunde: Ein Unternehmen **774** möchte – oder ist gar darauf angewiesen – eine Anlage zu nutzen. Der Erwerb des Eigentums daran ist aber aus verschiedenen Gründen nicht lohnend. Solche Gründe können sein:

a) Die Anlage wird nur für eine Zeitspanne genutzt, die erheblich geringer ist als die technische Lebensdauer der Anlage. Beispiel: Datenverarbeitungsanlagen.

b) Die Risiken, die mit dem Eigentumserwerb übernommen werden, wie z. B.:
   – die **Anlage wird durch den technischen und wirtschaftlichen Fortschritt eingeholt und überholt,**
   – **der zufällige Untergang der Anlage**
sind **unverhältnismäßig** hoch.

Der Leasinggeber, der in der Regel auch die Wartung des Leasingobjektes übernimmt, trägt das Investitions- und Überalterungsrisiko.

III. Finanzierungsleasing

Unter Leasing wird heute meist das sogenannte Finanzierungsleasing verstanden. **775** Beim Finanzierungsleasing wirken ebenfalls die oben unter 1. genannten Beteiligten mit: der Hersteller bzw. der Lieferant, der Leasinggeber und der Leasingnehmer. Der Leasinggeber kauft die Gegenstände, die er dem Leasingnehmer zur Benutzung überlässt, ohne ihm das Eigentum daran zu übertragen. Kraft des zwischen Leasinggeber und Leasingnehmer abgeschlossenen Vertrages ist der Leasingnehmer berechtigt, die Gegenstände für eine bestimmte Zeitdauer, die in der Regel etwas kürzer ist als die Lebensdauer der Gegenstände, zu benutzen; dafür hat er dem Leasinggeber vierteljährlich oder monatlich ein Entgelt zu zahlen. Dieses Entgelt ist auf die Gesamtlaufzeit des Vertrages kalkuliert und soll so bemessen sein, dass es dem Leasinggeber die Kaufpreissumme, die er an den Hersteller zahlen muss, die Verzinsung dieses Kapitals und einen Gewinn einbringt. Häufig wird

---

2 Vgl. *MünchKomm-Schürnbrand*, § 499 Rdnr. 36.

zwischen Leasinggeber und Leasingnehmer noch vertraglich vereinbart, dass der Leasingnehmer nach Ablauf des Vertrages den Gegenstand gegen ein geringes Entgelt erwerben oder weiterbenutzen darf.

776 Die Verteilung des Risikos ist in der Regel so angelegt, dass der Leasinggeber dem Leasingnehmer für Sachmängel nicht haftet. Er tritt allerdings die Mängelansprüche, die er aus dem Kaufvertrag an den Hersteller hat, gemäß § 398 an den Leasingnehmer ab[3]. Die Gefahrtragung wird auf den Leasingnehmer verlagert. Er muss nach dem mit dem Leasinggeber geschlossenen Vertrag auch die Sachen instand halten und häufig bei Untergang derselben eine gleichwertige Sache als Ersatz beschaffen.

Der Leasingnehmer hat im Regelfall auch die Kosten für Wartung und Instandhaltung des Leasingobjektes zu tragen.

Beispiel: K möchte als PKW immer das neueste Modell der Reihe M 10 des Herstellers H fahren. L kauft u. a. solche Fahrzeuge von H und verleast sie an Kunden. So schließt er z. B. mit K einen Leasingvertrag ab. Hat H in dem Leasingvertrag die Gewährleistungsansprüche gegen H unter Ausschluss einer eigenen Haftung an K abgetreten, so kann K dieselben gegen H geltend machen, wenn das Fahrzeug einen Mangel aufweist.

Im Unterschied zum Operating-Leasing trägt beim Finanzierungsleasing der Leasingnehmer das Investitionsrisiko. Finanziert der Leasinggeber dem Leasingnehmer allerdings die Nutzungsmöglichkeit, trägt er das Kreditrisiko.

777 Die rechtliche Einordnung von Finanzierungsleasingverträgen bereitet häufig Schwierigkeiten. Treten etwa bei einem Finanzierungsleasing Streitigkeiten auf, deren Regelung sich nicht eindeutig aus dem geschlossenen Vertrag ergibt, muss entschieden werden, nach welchen gesetzlichen Vorschriften der Konflikt gelöst werden soll. Die Rechtsnatur des Finanzierungsleasingvertrages ist umstritten[4]. Der BGH[5] sieht ihn im Kern als atypischen Mietvertrag an, auf den in erster Linie Mietvertragsrecht (§§ 535 ff.) anzuwenden ist.

Wenn der Finanzierungsleasingvertrag seiner wirtschaftlichen Zielsetzung nach auch dem Kauf nahe kommen mag und in der Ausgestaltung Mietvertragselemente enthält, kommt man doch wohl kaum umhin, im Finanzierungsleasingvertrag eine Neubildung des Rechtsverkehrs zu sehen, die in die herkömmlichen Vertragstypen nicht einzuordnen ist. Für die Ansicht, der Finanzierungsleasingvertrag könne als ein gemischter Vertrag keinem der im BGB geregelten Vertragstypen voll zugeordnet werden, sondern sei ein Vertrag besonderer Art, spricht manches.

---

3 Vgl. zur Sachmängelgewährleistung des Herstellers *Arnold*, DStR 2002, 1050 ff.
4 Vgl. dazu auch *Wolf*, JuS 2002, 335 f.
5 BGHZ 71, 189, 102 ff.; 107, 123, 127 f.

Beispiel: Ist die Leasingsache mit einem Mangel behaftet, können die Vorschriften der §§ 536 ff. grundsätzlich Anwendung finden. In der Praxis ist die Anwendung dieser Vorschriften allerdings nahezu bedeutungslos, weil in der Regel die zugrundegelegten AGB einen Gewährleistungsausschluss vorsehen.

Beim Abschluss eines Finanzierungsleasingvertrages zwischen einem Verbraucher und einem Unternehmer (Finanzierungsleasingvertrag) ist § 500 zu beachten, der u. a. auf einige Vorschriften über Verbraucherverträge verweist.

§ 32 Der Dienstvertrag

Schrifttum: *Lang*, Berufsrecht, Berufspflicht, Berufshaftung, AcP 201 (2001), 451; *Schiemann*, Der freie Dienstvertrag, JuS 1983, 649; *Spickhoff*, Das System der Arzthaftung im reformierten Schuldrecht, NJW 2002, 2530; *Zugehör*, Anwaltsverschulden, Gerichtsfehler und Anwaltshaftung, NJW 2003, 3225

I. Überblick

Der Dienstvertrag, wie er in §§ 611 ff. geregelt ist, gehört zur Gruppe der gegenseitig verpflichtenden Verträge: Der eine Partner verpflichtet sich zur Leistung der versprochenen Dienste, der andere verpflichtet sich, die vereinbarte Vergütung zu zahlen.   **778**

Der Dienstverpflichtete schuldet die **Leistung von Diensten gegen Entgelt (Vergütung).** Eine solche gilt als stillschweigend vereinbart, wenn die Dienstleitung den Umständen nach nur gegen Entgelt erwartet werden kann (§ 612 Abs. 1)..

Gemäß § 611 Abs. 2 können Gegenstand des Dienstvertrages Dienste jeder Art sein.

Beispiele für Dienste im Sinne des § 611:
– Bauleitung und Bauaufsicht durch einen Architekten,
– Behandlung durch einen Arzt.

Es ist zu unterscheiden zwischen: **779**

a) Dienstverpflichteten, **die selbständig und eigenverantwortlich** die Dienste erbringen, zu deren Leistung sie sich verpflichtet haben. In diesen Fällen spricht man von **freien (unabhängigen) Dienstverträgen.**

Beispiele: Wirtschaftsprüfer, Architekten, Steuerberater, frei praktizierende Ärzte.

b) Dienstverpflichteten, die Dienste von gewisser Dauer in persönlicher und wirtschaftlicher Abhängigkeit zum Dienstberechtigten zu erbringen haben. Es handelt sich dann um einen abhängigen Dienstvertrag. Wird der Dienstverpflichtete in den Wirtschaftsbereich des Dienstberechtigten eingegliedert und unterliegt er in weitem Umfange dessen Weisungen, so handelt es sich um einen **Arbeitsvertrag**, dessen Partner Arbeitgeber und Arbeitnehmer sind.

Die im täglichen Leben äußerst wichtigen Arbeitsverhältnisse sind Gegenstand eines umfangreichen Sonderrechtsgebietes geworden, das zum Arbeitsrecht gehört. Der Arbeitsvertrag ist Dienstvertrag im Sinne des § 611, auf den die §§ 611 ff. Anwendung finden. Wesentliche gesetzliche Vorschriften, die das Arbeitsverhältnis betreffen, finden sich darüber hinaus in anderen Gesetzen, wie z. B. dem Kündigungsschutzgesetz, der Arbeitszeitordnung, dem Lohnfortzahlungsgesetz und dem Jugendarbeitsschutzgesetz.

II. Der freie (unabhängige) Dienstvertrag

a) Überblick

780 Soweit ein Dienstverpflichteter im Rahmen eines Dienstvertrages selbständige und eigenverantwortliche Tätigkeit übernommen hat, handelt es sich um einen „freien Dienstvertrag". Auf ihn finden die §§ 611 ff. Anwendung.

Der Dienstvertrag kommt nach den allgemeinen Regeln zustande. Im Zweifel hat der Dienstverpflichtete die Dienste in Person zu leisten (§ 613).

Das Dienstverhältnis endet
– bei einem befristeten Dienstvertrag durch Ablauf der Zeit, für die es eingegangen ist (§ 620 Abs. 1),
– durch den Tod des Dienstverpflichteten,
– durch Zweckerreichung,
– durch einen Aufhebungsvertrag, den Dienstverpflichteter und Dienstberechtigter abschließen,
– durch **Kündigung**.

b) Folgen der Nicht- oder Schlechtleistung

780a Wenn der **Dienstverpflichtete** nicht oder zu spät leistet und er dies zu vertreten hat, so kann der Dienstberechtigte nach § 280 Abs. 3 vorgehen und unter den dort genannten Voraussetzungen Schadensersatz statt der Leistung fordern. Da es sich um ein Dauerschuldverhältnis handelt, tritt an die Stelle des Rücktrittsrechts (§ 323) das Recht, den Vertrag fristlos zu kündigen (§ 626). Kommt der **Dienstberechtigte** dem Dienstverpflichteten gegenüber seinen Verpflichtungen nicht nach, so gelten ebenfalls die allgemeinen Bestimmungen, nämlich §§ 280 ff. und § 626. Außerdem kann der Dienstverpflichtete nach § 320 seine Leistung verweigern.

780b Nach § 618 sind dem Dienstberechtigten eine Reihe von besonderen Schutzpflichten gegenüber dem Dienstverpflichteten auferlegt. Im Übrigen haben beide Vertragsparteien die Nebenpflichten gemäß § 241 Abs. 2 zu beachten. Bei Verletzungen dieser Pflichten können Schadensersatzansprüche aus § 280 entstehen.

c) Die Kündigung

Die Kündigung eines Dienstverhältnisses ist nach Maßgabe der §§ 621 ff. zulässig. **781**
Das Kündigungsrecht steht beiden Vertragspartnern zu.

Bei Dienstverhältnissen, die auf unbestimmte Zeit eingegangen sind, müssen regelmäßig **Kündigungsfristen** eingehalten werden.

Eine fristlose Kündigung aus wichtigem Grund ist stets zulässig. In § 626 ist definiert, was als **wichtiger Grund** anzusehen ist: Tatsachen, „aufgrund derer dem Kündigenden unter Berücksichtigung aller Umstände des Einzelfalles und unter Abwägung der Interessen beider Vertragsteile die Fortsetzung des Dienstverhältnisses bis zum Ablauf der Kündigungsfrist oder bis zu der vereinbarten Beendigung des Dienstverhältnisses nicht zugemutet werden kann".

Beispiele für wichtige Gründe im Sinne des § 626:
- vorsätzlicher Missbrauch einer Vollmacht,
- Annahme von Schmiergeldern,
- vorsätzlich begangene Straftaten gegen Leben, Gesundheit, Ehre oder Vermögen des Dienstberechtigten.

§ 33   Der Werkvertrag

Schrifttum: *Büdenbender,* Der Werkvertrag, JuS 2001, 625; *Fritzsche,* Rechtsfragen der Herstellung und Überlassung von Software, JuS 1995, 497; *Führich,* Reisevertrag nach modernisiertem Schuldrecht, NJW 2002, 1082; *Mankowski,* Werkvertragsrecht – Die Neuerungen durch § 651 BGB und der Abschied vom Werklieferungsvertrag, MDR 2003, 854; *Meub,* Schuldrechtsreform: Das neue Werkvertragsrecht, DB 2002, 131; *Schudnagies,* Das Werkvertragsrecht nach der Schuldrechtsreform, NJW 2002, 396; *Teichmann,* Schuldrechtsmodernisierung 2001/2002 – Das neue Werkvertragsrecht, JuS 2002, 417; *Wertenbruch,* Die Anwendung des § 275 BGB auf Betriebsstörungen beim Werkvertrag, ZGS 2003, 53.

I. Überblick

Der **Werkvertrag** ist ein gegenseitiger Vertrag, in dem sich der Unternehmer zur **782**
Herstellung des versprochenen Werkes und der Besteller zur Entrichtung der vereinbarten Vergütung verpflichten (§ 631 Abs. 1).

Der Unternehmer ist verpflichtet, dem Besteller das Werk frei von Sach- und Rechtsmängeln zu verschaffen (§ 633 Abs. 1). Verletzt er diese Pflicht, liegt darin eine Pflichtverletzung im Sinne des § 280. Welche Ansprüche der Besteller erwirbt, wenn das Werk einen Mangel aufweist, ergibt sich aus §§ 634 ff., welche die §§ 280 ff. modifizieren.

Gemäß § 631 Abs. 1 und Abs. 2 kann Gegenstand eines Werkvertrages sein:
- die Herstellung eines Werkes (körperliches Werk),
- die Veränderung bzw. Bearbeitung einer Sache (körperliches Werk),
- jeder andere durch Arbeit oder Dienstleistung herbeizuführende Erfolg (unkörperliches Werk).

Beispiel: Der Bauunternehmer baut für den Besteller ein Haus. Er stellt für den Besteller ein „Werk" her. Der Arbeitserfolg ist das errichtete Haus. Der zwischen Bauunternehmer und Besteller abgeschlossene Vertrag ist deshalb ein Werkvertrag im Sinne des § 631.

Beispiel: Professor S in Hamburg schließt mit der FernUniversität in Hagen einen Vertrag über die Erstellung eines Manuskriptes für einen Kurs Schuldrecht ab. Gegenstand des Werkvertrages ist hier die Herstellung eines geistigen Werkes. Es handelt sich dabei um ein unkörperliches Werk (= „ein anderer durch Arbeit oder Dienstleistung herbeizuführender Erfolg", § 631 Abs. 2).

Weitere Beispiele für körperliche Werke im Sinne des § 631 Abs. 2, 1. Alternative:
- das Aus- und Einbauen eines Kfz-Motors,
- die Reparatur einer Uhr.

Weitere Beispiele für unkörperliche Werke im Sinne des § 631 Abs. 2, 2. Alternative:
- die Erstellung eines Gutachtens durch einen Sachverständigen,
- die Übersetzung eines Buches.

783 Der Unternehmer schuldet dem Besteller im Rahmen eines Werkvertrages nicht nur eine Tätigkeit, sondern einen bestimmten Erfolg seines Einsatzes, für dessen Eintritt er das Risiko trägt.

Außer zur Herstellung des versprochenen Werkes (der Hauptpflicht) ist der Unternehmer gehalten, eine Reihe von **Nebenpflichten** zu erfüllen. So ist er abgesehen von den in § 241 Abs. 2 normierten Schutz- und Obhutpflichten in der Regel nach Treu und Glauben (§ 242) noch gehalten, eine sinnvolle Durchführung des Vertrages zu ermöglichen und den Besteller vor vermeidbaren Schädigungen zu bewahren[1].

II. Die Abgrenzung zwischen Werkvertrag und Dienstvertrag

784 Dienst- und Werkvertrag ist gemeinsam, dass beide eine entgeltliche Arbeitsleistung zum Inhalt haben. Deshalb kann die Abgrenzung insbesondere bei freiberuflicher Tätigkeit im Einzelfall Schwierigkeiten bereiten. Das entscheidende und praktisch auch brauchbare Abgrenzungskriterium ist das folgende: Während beim Dienstvertrag die bloße Arbeitsleistung als solche geschuldet wird, verpflichtet sich der Unternehmer in einem Werkvertrag zur Herbeiführung des vereinbarten,

---

1 Vgl. *Palandt-Sprau*, § 631 Rdnr. 25 ff.

gegenständlich fassbaren Arbeitsergebnisses (Erfolges)[2]. Der Werkunternehmer trägt also das **Erfolgsrisiko** mit der Konsequenz, dass er die Vergütung nicht verlangen kann, wenn der angestrebte Erfolg nicht eintritt. Demgegenüber kann der Dienstverpflichtete die Vergütung auch dann verlangen, wenn er den beabsichtigten Erfolg nicht herbeiführt.

Beispiel: In einem Detektivvertrag verpflichtet sich D gegenüber A, zu ermitteln, ob die Zielperson Z gegen ein Wettbewerbsverbot verstoßen hat. Es handelt sich hier um einen Dienstvertrag, denn D schuldete über die Erbringung der Ermittlungstätigkeit hinaus nicht die Herbeiführung eines vereinbarten gegenständlich fassbaren Arbeitsergebnisses, also keinen Erfolg.

Fall: *A lässt sich wegen eines Leberleidens von Dr. S behandeln. Nachdem A zum dritten Mal zur Behandlung bei Dr. S gewesen ist, erhält er von diesem eine Rechnung über 750,– €. A verweigert die Zahlung dieses Betrages mit der Begründung, die Behandlung habe – was den Tatsachen entspricht – keinen Erfolg gehabt. Zu Recht?*

Lösung:

S könnte gegen A einen Anspruch auf Zahlung von 750,– € aus § 611 Abs. 1 haben. Ein Anspruch dieser Art besteht nur, wenn der zwischen S und A geschlossene Vertrag ein Dienstvertrag im Sinne des § 611 ist. Das ist der Fall, wenn S lediglich verpflichtet gewesen wäre, auf Heilung gerichtete Maßnahmen vorzunehmen. Wenn S aufgrund des Vertrages die Beseitigung des Leberleidens und damit den Heilerfolg geschuldet hätte, handelte es sich hingegen um einen Werkvertrag.

Da aus dem Sachverhalt keine spezielle Vereinbarung über den Inhalt des Vertrages ersichtlich ist, muss mithilfe der Verkehrsanschauung festgestellt werden, wie das Vertragsangebot eines Patienten aus der Sicht des Empfängers, also des Arztes, in der Regel zu werten ist.

Das vom Patienten mit der ärztlichen Behandlung angestrebte Ziel ist die Heilung. Der Patient weiß aber auch, dass die Heilung nicht allein in der Macht des Arztes steht. Anders als bei der Wiederherstellung einer beschädigten Sache beherrscht der Arzt die Kausalketten, die die Heilung in positiver oder negativer Weise beeinflussen, meist nur unvollständig. In der Regel ist deshalb der Arzt überfordert, wenn er sich durch den normalen Arztvertrag zum Erfolg der Heilung verpflichtet. Nur bei besonderer Sachlage und ausdrücklichen Erklärungen könnte man den Abschluss eines Werkvertrages erwägen. In der Regel schuldet der Arzt nur eine ordnungsgemäße Behandlung und damit die Leistung von Diensten gegen Entgelt, sodass üblicherweise von einem Dienstvertrag auszugehen ist[3].

Da im vorliegenden Fall keine Umstände ersichtlich sind, die eine abweichende Beurteilung rechtfertigen können, ist zwischen A und S ein Dienstvertrag und nicht etwa ein Werkvertrag abgeschlossen worden. S schuldet also nicht den Heil-

---

2 Vgl. *Palandt-Sprau*, Einf. vor § 631 Rdnr. 8.
3 Vgl. *Palandt-Weidenkaff*, Einf. vor § 611 Rdnr. 18 und BGHZ 46, 306, 309.

erfolg, sondern nur die ordnungsgemäße Heilbehandlung. Diese hat er erbracht, sodass die ihm obliegende Vertragsleistung erfüllt wurde. Folglich besteht auch kein Zurückbehaltungsrecht des A aus § 320. Er ist vielmehr gemäß § 611 Abs. 1 zur Zahlung verpflichtet.

Beispiel: Ein Vertrag, der auf die lediglich technische Anfertigung einer Zahnprothese gerichtet ist, ohne dass eine spezifische zahnärztliche Heilbehandlung hinzukommt, ist ein Werkvertrag[4].

III. Die Vergütung

1. Überblick

785 Der Besteller ist verpflichtet, an den Unternehmer die vereinbarte Vergütung zu entrichten (§ 631 Abs. 1). Die Pflicht des Bestellers, an den Unternehmer eine Vergütung zu entrichten, kann auch entstehen, ohne dass ausdrücklich eine Vereinbarung darüber getroffen wurde (§ 632). Ein Kostenanschlag ist im Zweifel nicht zu vergüten (§ 632 Abs. 3). Bei dieser Norm handelt es sich um eine Auslegungsregel, sodass eine andere Vereinbarung möglich ist[5].

Gemäß § 632a kann der Unternehmer für in sich abgeschlossene Teile des Werkes Abschlagszahlungen verlangen. Zweck dieser Regelung ist es, den zur Vorleistung verpflichteten Unternehmer wirtschaftlich zu entlasten[6].

786 Wegen des Anspruches auf Vergütung oder auch wegen anderer Forderungen aus dem Werkvertrag entsteht zugunsten des Unternehmers gemäß § 647 ein Pfandrecht (Unternehmerpfandrecht) an den hergestellten oder ausgebesserten Sachen des Bestellers.

Der Anspruch des Unternehmers auf die Vergütung wird mit der Abnahme des Werkes fällig (§ 641 Abs. 1).

2. Die Abnahme

787 **Abnahme des Werkes** bedeutet bei körperlichen Werken: Der Besteller nimmt das Werk körperlich entgegen und erklärt ausdrücklich oder stillschweigend, dass er „die Leistung als in der Hauptsache dem Vertrag entsprechend" annehme[7].

Beispiel: Nimmt der Besteller eine Sache entgegen, die der Unternehmer für ihn repariert hat, und zahlt er daraufhin die Vergütung, so ist im Zweifel anzunehmen, dass der Besteller stillschweigend zugleich anerkennen wollte, dass er das Werk als vertragsmäßige Erfüllung ansehe.

---

4 Vgl. BGHZ 46, 306, 309.
5 *Teichmann*, JuS 2002, 418; *MünchKomm-Busche*, § 632 Rdnr. 8 f.
6 *MünchKomm-Busche*, § 632a Rdnr. 1.
7 So BGHZ 48, 257, 262.

Ist die körperliche Entgegennahme wegen der Beschaffenheit des Werkes nicht möglich, besteht die Abnahme lediglich in der Anerkennung als vertragsmäßige Herstellung. Die Anerkennung kann durch schlüssige Handlung, wie z. B. durch Ingebrauchnahme des im Wesentlichen funktionsfähigen Werkes erfolgen, wenn dies dem Unternehmer gegenüber irgendwie zum Ausdruck gebracht wird.

> **Beispiel:** Hat der Unternehmer eine Reparatur am Haus des Bestellers ausgeführt, ist eine körperliche Entgegennahme ausgeschlossen. Die Abnahme besteht lediglich in der Anerkennung als vertragsgemäße Leistung.

Es gibt auch **unkörperliche Werke,** bei denen eine Anerkennung nicht möglich oder sinnlos ist. Das ist dann der Fall, wenn das Werk in einer Personenbeförderung oder Theateraufführung besteht. Hier tritt gemäß § 646 die Vollendung des Werkes an die Stelle der Abnahme. Ist eine Abnahme nach der Beschaffenheit des Werkes ausgeschlossen, entfällt die Abnahmeverpflichtung ebenfalls.

Gemäß § 640 Abs. 1 ist der Besteller verpflichtet, das vertragsmäßig hergestellte **788** Werk abzunehmen. Gemäß § 640 Abs. 1 S. 2 kann die Abnahme wegen unwesentlicher Mängel nicht verweigert werden.

Die Abnahmeverpflichtung stellt eine Hauptpflicht dar. Bis zur Abnahme des Werkes trägt der Unternehmer die Gefahr; gerät der Besteller mit der Abnahme in Verzug, geht die Gefahr auf den Besteller über (§ 644 Abs. 1). Die weiteren Folgen einer Verzögerung der Abnahme, insbesondere das Entstehen von Ansprüchen auf Verzugsschaden, ergeben sich aus §§ 280, 281, 286 (vgl. dazu oben Rdnr. 559 ff.).

3. Mitwirkungspflichten

Die Herstellung eines Werkes macht vielfach die Mitwirkung des Bestellers erfor- **789** derlich, die in § 642 Abs. 1 umschrieben ist. Um die dem Unternehmer obliegende Werkleistung zu ermöglichen, kann es z. B. erforderlich sein, den Zugang zu einem Grundstück zu gestatten, einen Raum zur Verfügung zu stellen und Daten und Informationen zu liefern.

Unterlässt der Besteller die erforderliche Mitwirkung, gerät er in Annahmeverzug (§ 293).

> **Beispiel:** Beauftragt ein Hauseigentümer einen Installateur damit, die Heizung in seinem Hause zu reparieren, so gerät er (der Hauseigentümer) in Annahmeverzug, wenn er dem Installateur zum vereinbarten Reparaturtermin das Betreten seines Hauses nicht ermöglicht.

Der Unternehmer hat, wenn der Besteller in Annahmeverzug geraten ist, die Möglichkeit, neben dem Anspruch auf Ersatz der Mehraufwendungen (§ 304) nach §§ 642, 643 vorzugehen und damit gegebenenfalls eine angemessene Entschädigung zu erhalten und die Aufhebung des Vertrages herbeizuführen.

Aus dem Werkvertrag können sich für den Besteller zusätzlich aus entsprechenden Abreden oder aus § 241 Abs. 2 Nebenverpflichtungen ergeben, die bei schuldhafter Verletzung einen Schadensersatzanspruch wegen Pflichtverletzung entstehen lassen.

IV. Die Mängelhaftung des Werkunternehmers

1. Überblick

790 Ist das vom Unternehmer hergestellte Werk mangelhaft, so hat der Besteller gemäß §§ 634 Nr. 1, 635 zunächst einen Anspruch auf Nacherfüllung, d. h. auf Mängelbeseitigung oder Herstellung eines neuen Werkes.

Anders als beim Kaufvertrag steht das Wahlrecht dem Unternehmer zu. Das bedeutet, dass der Unternehmer wählen kann, ob er den Mangel beseitigen oder ein neues Werk herstellen will (§ 635 Abs. 1). Die Kosten dafür hat der Unternehmer zu tragen.

Wenn der Unternehmer der Nacherfüllungsaufforderung nicht nachkommt, hat der Besteller die folgenden Möglichkeiten:

– Er kann dem Unternehmer eine angemessene Frist zur Nacherfüllung setzen; nach dem erfolglosen Ablauf dieser Frist kann er den Mangel selbst beseitigen bzw. beseitigen lassen und vom Unternehmer Ersatz der dafür erforderlichen Aufwendungen verlangen (§§ 634 Nr. 2, 637).

– Der Besteller kann auch vom Vertrage zurücktreten (§§ 634 Nr. 3, 636, 323, 326 Abs. 5) oder stattdessen die Vergütung mindern (§§ 634 Nr. 3, 638).

– Der Besteller kann auch Schadensersatz (§§ 634 Nr. 4, 636, 280, 281, 283 und 311a) oder nach § 284 Ersatz der vergeblichen Aufwendungen verlangen (§ 634 Nr. 4). In diesem Fall muss der Unternehmer allerdings den Mangel zu vertreten haben (§§ 276, 278).

Der Anspruch auf Ersatz eines Mangelfolgeschadens (§§ 634 Nr. 4, 280) tritt **neben** den Anspruch auf Nacherfüllung (§§ 634 Nr. 1, 635).

2. Der Begriff des Sach- und Rechtsmangels

791 § 633 definiert – ähnlich wie § 434 für den Kauf – den **Sachmangel**, der die Rechtsfolgen der §§ 634 ff. auslösen kann. Ein solcher liegt vor, wenn

– das Werk nicht die vereinbarte Beschaffenheit hat (§ 633 Abs. 2 S. 1);

– das Werk sich nicht für die nach dem Vertrage vorausgesetzte Verwendung eignet (§ 633 Abs. 2 S. 2 Nr. 1);

– das Werk sich nicht für die gewöhnliche Verwendung eignet und nicht die Beschaffenheit aufweist, die bei Werken der gleichen Art üblich ist und die der Besteller nach der Art des Werkes erwarten kann (§ 633 Abs. 2 S. 2 Nr. 2).

– Das Werk weist auch dann einen Sachmangel auf, wenn der Unternehmer ein anderes als das bestellte Werk oder das Werk in zu geringer Menge herstellt (§ 633 Abs. 2 Satz 3).

> **Beispiel:** E schließt mit dem Dachdecker D einen Vertrag darüber, dass D das alte Flachdach des im Eigentum des E stehenden Hauses durch ein neues ersetzen soll. Da D fehlerhaftes Material verwendet, ist das neue Dach von Anfang an undicht und lässt Regenwasser durchlaufen. Möbelstücke des E werden schwer beschädigt. Hier liegt jedenfalls ein Mangel im Sinne des § 633 Abs. 2 S. 2 Nr. 2 vor, denn das Dach wird gewöhnlich dazu verwandt, den Regen abzuhalten.

Ein Rechtsmangel des Werkes liegt vor, wenn ein Dritter in Bezug auf das Werk Rechte geltend machen kann (§ 633 Abs. 3). Hier kommen in erster Linie Rechte aus dem Bereich des gewerblichen Rechtsschutzes in Betracht[8].

3. Die Rechte des Bestellers bei Mängeln des Werkes

a) Nacherfüllung (§ 635) und Mangelfolgeschaden

Hat das Werk einen Mangel, so muss der Besteller zunächst nach §§ 634 Nr. 1, 635 Nacherfüllung verlangen, bevor er die anderen in § 634 genannten Rechte und Ansprüche geltend machen kann. **792**

Nacherfüllung bedeutet, der Besteller kann einen Anspruch auf Beseitigung des Mangels oder Neuherstellung des Werkes haben. Er hat allerdings nur den Anspruch auf Nacherfüllung. Die Entscheidung darüber, ob der Mangel beseitigt oder ein neues Werk hergestellt wird, liegt beim Unternehmer (§ 635). Die Kosten der Nacherfüllung hat der Unternehmer zu tragen (§ 635 Abs. 2). Unter gewissen Umständen kann der Unternehmer die Nacherfüllung verweigern, insbesondere dann, wenn sie unverhältnismäßige Kosten erfordert (§ 635 Abs. 3).

In manchen Fällen hat der Besteller neben dem Nacherfüllungsanspruch schon einen Anspruch auf Ersatz des Mangelfolgeschadens erworben. Das sind diejenigen Fälle, in denen aufgrund der Pflichtverletzung des Unternehmers, die in der Ablieferung eines mangelhaften Werkes liegt, durch das mangelhafte Werk ein Vermögensschaden entsteht, der über das mangelhafte Werk selbst hinausgeht[9]. Dieser Anspruch ergibt sich aus §§ 634 Nr. 4, 280. Er entsteht allerdings nur, wenn der Unternehmer die Pflichtverletzung zu vertreten hat, was nach § 280 Abs. 2 Satz 2 gesetzlich vermutet wird. **793**

> In dem oben genannten **Beispiel** (Dachreparatur) besteht der Schaden des E nicht nur in dem fehlerhaft hergestellten Dach; durch das Regenwasser werden Möbel des E beschädigt. Hier hat E gegen D im Hinblick auf das mangelhafte Dach den Nacherfüllungsanspruch aus §§ 634 Nr. 1, 635. Wegen des Schadens an den Möbelstücken (Mangelfolgeschaden) hat E **daneben** einen Anspruch aus §§ 634 Nr. 4, 280, wenn der Unternehmer die Pflichtverletzung zu vertreten hat.

---

8 *Palandt-Sprau*, § 633 Rdnr. 9.
9 *Palandt-Sprau*, § 634 Rdnr. 8; *Teichmann*, JuS 2002, 421.

b) Das Selbstvornahmerecht des Bestellers

794 Der Besteller kann dem Unternehmer eine angemessene Frist zur Nacherfüllung setzen; nach dem erfolglosen Ablauf dieser Frist kann er den Mangel selbst beseitigen und vom Unternehmer Ersatz der dafür erforderlichen Aufwendungen verlangen (§§ 634 Nr. 2, 637). Ob der Unternehmer das Unterbleiben der Nacherfüllung zu vertreten hat, spielt keine Rolle.

Selbstbeseitigungs- oder Selbstvornahmerecht bedeutet, der Besteller kann den Mangel selbst beseitigen oder durch einen anderen Unternehmer beseitigen lassen. In jedem Fall erlangt der Besteller einen Anspruch auf Ersatz der erforderlichen Aufwendungen. Hat er also einen anderen Unternehmer mit der Beseitigung des Mangels beauftragt, kann er die ihm von diesem in Rechnung gestellten erforderlichen Kosten vom ersten Unternehmer ersetzt verlangen.

In dem oben genannten **Beispiel** (Dachreparatur) setzt E dem D eine 8-tägige Frist zur Abdichtung des Daches oder Neuherstellung. Nach erfolglosem Ablauf dieser Frist kann er einen anderen Dachdecker damit beauftragen, die erforderlichen Arbeiten vorzunehmen; die dadurch entstehenden Kosten kann er gemäß §§ 634 Nr. 2, 637 von D verlangen.

Der Besteller kann, wenn durch die Selbstvornahme Kosten entstehen, vom Unternehmer einen entsprechenden Vorschuss verlangen (§ 637 Abs. 3).

c) Rücktritt oder Minderung

795 Der Besteller kann auch vom Vertrag zurücktreten (§§ 634 Nr. 3, 636, 323, 326 Abs. 5) **oder stattdessen** die Vergütung **mindern** (§§ 634 Nr. 3, 638). Er hat also ein entsprechendes Wahlrecht.

Von diesem Wahlrecht kann der Besteller in der Regel allerdings erst Gebrauch machen, wenn er dem Unternehmer ergebnislos eine Nachfrist zur Nacherfüllung gesetzt hat (§ 323 Abs. 1). Dieser Fristsetzung bedarf es nicht, wenn der Unternehmer die Nacherfüllung verweigert, dieselbe fehlgeschlagen ist oder wenn sie dem Besteller unzumutbar ist (§ 636).

Beispiel: Malermeister M hat in der Wohnung des A einige Tapetenbahnen etwas schief geklebt. Nachdem A dem M ergebnislos eine Nachfrist zur Nacherfüllung gesetzt hat, steht er vor der Frage, ob er Selbstbeseitigung mit Ersatz der dafür notwendigen Aufwendungen (Beauftragung eines anderen Malers) verlangen oder stattdessen die Vergütung des M mindern soll. Weil A sich durch erneute Malerarbeiten belästigt fühlen würde, entscheidet er sich für die Minderung. §§ 634 Nr. 3, 638 geben ihm dazu die Möglichkeit.

d) Schadensersatz statt der Leistung oder Ersatz der vergeblichen Aufwendungen

796 Der Besteller kann auch Schadensersatz statt der Leistung (§§ 634 Nr. 4, 636, 280, 281, 283 und 311a) oder nach § 284 Ersatz der vergeblichen Aufwendungen verlangen (§ 634 Nr. 4).

Verlangt der Besteller Schadensersatz statt der Leistung, müssen die Voraussetzungen der §§ 634 Nr. 4, 633, 280, 281 bzw. 283 vorliegen.

In dem oben genannten **Beispiel** (Dachreparatur) sind inzwischen viele Einrichtungsgegenstände im Hause des E beschädigt. Weitere Schäden drohen. D hat die ihm gesetzte Nachfrist ergebnislos verstreichen lassen. E möchte sich nun vom Vertrage lösen und Schadensersatz statt der Leistung verlangen. Aus §§ 634 Nr. 3, 636, 323 ergibt sich ein Rücktrittsrecht. Ein Anspruch auf Schadensersatz statt der Leistung wegen des mangelhaften Daches und wegen der aufgrund des fehlerhaften Werkes beschädigten Vermögensgegenstände ergibt sich aus §§ 634 Nr. 4, 636, 280 Abs. 1 und 3, sowie aus § 281 Abs. 1, dessen Voraussetzungen vorliegen. D hat, da nichts Gegenteiliges vorgetragen ist, die Pflichtverletzung auch zu vertreten.

e) Verhältnis der Ansprüche zueinander

Die Ausübung des Rücktrittsrechts gemäß §§ 634 Nr. 3, 323, 346 Abs. 1 BGB wandelt das Schuldverhältnis in ein Rückabwicklungsverhältnis um. Damit erlischt der Anspruch des Bestellers auf die Hauptleistung. Alle damit zusammenhängenden Ansprüche, also der Nacherfüllungsanspruch, das Selbstvornahmerecht und das Minderungsrecht erlöschen deshalb ebenfalls. Der Besteller kann aber gemäß § 325 BGB weiterhin Schadensersatz, insbesondere Schadensersatz statt der Leistung (§§ 281, 283 BGB) verlangen. **797**

4. Der Einfluss der Abnahme auf die Mängelansprüche

Vor der Abnahme hat der Besteller sämtliche Ansprüche, die wegen der Mängel des Werkes entstehen können. Kennt der Besteller die Mängel des Werkes bei der Abnahme, so verliert er die Ansprüche auf Nacherfüllung, das Selbstbeseitigungsrecht und das Recht, vom Vertrage zurückzutreten oder zu mindern, wenn er sich diese Rechte bei der Abnahme nicht vorbehält (§ 640 Abs. 2 BGB). Das Recht, Schadensersatz statt der Leistung oder Ersatz des Mangelfolgeschadens zu verlangen bleibt unberührt. **798**

5. Haftungsausschluss

Nicht selten wird beim Abschluss von Werkverträgen versucht, die Haftungsregelung abweichend von den Vorschriften des BGB zu gestalten, indem, je nach Interessenlage und Möglichkeiten, versucht wird, die Haftung zu verschärfen oder zu mildern. Trotz der Vertragsfreiheit sind diesen Möglichkeiten Grenzen gesetzt. Das gilt insbesondere für den Fall, dass solche Vereinbarungen über die Einbeziehung von Allgemeinen Geschäftsbedingungen getroffen werden sollen. So werden Grenzen z. B. durch § 309 Nr. 7 und 8 gezogen. **799**

Die Möglichkeiten, durch Individualabreden die Haftung zu begrenzen, werden durch § 639 begrenzt. Danach kann sich der Unternehmer auf eine Vereinbarung, mit der die Haftung wegen eines Mangels ausgeschlossen oder beschränkt werden soll, nicht berufen, wenn er den Mangel arglistig verschwiegen oder eine Garantie für die Beschaffenheit des Werkes übernommen hat.

V. Verjährung der Mängelansprüche

800 Bei der Verjährung von Mängelansprüchen im Werkvertragsrecht ist zu nächst zu unterscheiden zwischen
1. Bauwerken und Werken, deren Erfolg in Planungs- und Überwachungsleistungen dafür besteht,
2. und Werken, deren Erfolg in der Herstellung, Wartung oder Veränderung einer Sache besteht.

Bei den unter 1. genannten Werken beträgt die Verjährungsfrist 5 Jahre (§ 634a Abs. 1 Nr. 2). Sie beginnt mit der Abnahme.

801 Hinsichtlich der unter 2. genannten Werke beträgt die Verjährung 2 Jahre (§ 634a Abs. 1 Nr. 1). Auch hier beginnt die Verjährung mit der Abnahme. Etwas anderes gilt für die Rechte aus § 634a Abs. 1 Nr. 3 (Rücktritt oder Minderung).

Diese Rechte kann der Besteller nicht mehr durchsetzen, wenn der Anspruch auf Nacherfüllung verjährt ist und der Schuldner sich darauf beruft, d. h. die Einrede der Verjährung geltend macht (§ 218).

Beispiel: Unternehmer U verlegt in einem Fabrikgebäude des E Gasleitungen fehlerhaft. Sieben Jahre später explodiert eine Leitung und zerstört Teile des Gebäudes. Ein Anspruch auf Ersatz dieses Mangelfolgeschadens dürfte aus §§ 634 Nr. 4, 280, 633 entstanden sein. Unterstellt, das von U hergestellte Werk ist abgenommen, ist der Anspruch gemäß § 634a Abs. 2 Nr. 2 verjährt. (Etwas anderes dürfte für den möglichen Anspruch aus § 823 Abs. 1 gelten, dessen Verjährung vor Entstehen des Schadens nicht begonnen hat).

802 In allen anderen Fällen gilt die regelmäßige Verjährungsfrist von 3 Jahren (§ 634a Abs. 1 Nr. 3).

Aufgabe 9:

V ließ auf seinem Grundstück ein Einfamilienhaus errichten. Die Klärgrube mit Versickerungsanlage baute der Tiefbauunternehmer Z für 10 000,– €. Kurz nach Fertigstellung und Abnahme der Anlage sickerte Jauche aus der Klärgrube in den Keller des Hauses, weil die Sickerstränge abweichend von der Bauzeichnung nicht tief genug verlegt worden waren. V forderte den Z vergeblich auf, den Mangel zu beheben.
1. Kann V von Z die Tieferlegung der Sickerstränge verlangen?
2. Unter welchen Voraussetzungen kann V stattdessen den Tiefbauunternehmer B beauftragen, die Sickerstränge tiefer zu legen, und die hierdurch entstehenden Kosten von Z verlangen?

Lösen Sie diese Aufgabe bitte in einem schriftlichen Gutachten und vergleichen Sie Ihre Ausführungen mit der Lösung am Schluss dieses Buches!

VI. Die Vergabe- und Vertragsordnung für Bauleistungen (VOB)

Die Vergabe- und Vertragsordnung für Bauleistungen (VOB) wird in Bauverträ-　**803**
gen, worunter Werkverträge zwischen Bauherren und Bauunternehmern über Bauleistungen zu verstehen sind, häufig Vertragsbestandteil. Ihrer Rechtsnatur nach
ist die VOB weder eine Rechtsnorm noch Ausdruck einer Verkehrssitte oder eines
Handelsbrauchs, sondern sie ist ein Typenvertrag im Sinne Allgemeiner Geschäftsbedingungen gemäß § 305 Abs. 1[10].

Die VOB trägt nicht nur dem Bedürfnis nach Lösung technischer Fragen im privaten Baurecht Rechnung, sondern behandelt auch den Bereich vor Abschluss eines Bauvertrages, die Bauvergabe, auf die das BGB nicht eingeht. Darüber hinaus
werden die Werkvertragsvorschriften des BGB in der Absicht, einen anderen Ausgleich zwischen den Interessen des Bauherrn und des Bauunternehmers, als das
BGB ihn vorsieht, zu schaffen, präzisiert, abgewandelt oder abweichend ausgestaltet. Vertragsinhalt wird die VOB kraft individueller, auf den einzelnen Bauvertrag
bezogener, auch stillschweigend möglicher Parteivereinbarung zwischen Bauherrn
und Unternehmer. Sie geht allerdings nur den dispositiven Teilen des Gesetzes
vor[11].

Untergliedert ist die VOB in drei Teile: Teil A enthält das Verfahren bei Vergabe
von Bauleistungen, Teil B die Ausführungen von Bauleistungen und Teil C die
Allgemeinen Technischen Vorschriften für die Ausführung.

VII. Der Werklieferungsvertrag

In einem Werkvertrag verpflichtet sich der Unternehmer, ein Werk herzustellen;　**804**
der dabei verwendete Werkstoff (Material) wird vom Besteller gestellt.

Verpflichtet sich der Unternehmer, das Werk aus einem von ihm zu beschaffenden
Stoff herzustellen, handelt es sich um einen Vertrag, der von dem Bild des Werkvertrages im Sinne des § 631 abweicht und als eine Sonderform des Werkvertrages
angesehen werden kann. Auf Verträge dieser Art werden gemäß § 651 ausschließlich die Vorschriften über den Kaufvertrag angewandt, wenn die Lieferung herzustellender oder zu erzeugender beweglicher Sachen Gegenstand des Vertrages ist.
Das bedeutet, dass vor allem das gesamte Sachmängelrecht der §§ 434 ff. Anwendung findet[12].

Handelt es sich bei den herzustellenden oder zu erzeugenden beweglichen Sachen　**805**
um nicht vertretbare Sachen, wie z. B. die Sonderform einer Werkzeugmaschine,
finden nach § 651 einige Vorschriften aus dem Werkvertragsrecht Anwendung, wie

---

10　Vgl. BGHZ 86, 135, 139; *Ingenstau/Korbion-Vygen*, Einleitung, Rdnr. 37.
11　*Ingenstau/Korbion-Kelding*, Vor VOB/B, Rdnr. 1.
12　Vgl. dazu *Teichmann*, JuS 2002, 418, 423.

z. B. diejenigen über die Mitwirkungspflichten (§§ 642, 643) und den Kostenanschlag (§ 650).

Die überwiegende Anwendung des Kaufrechts hat u. a. die folgenden Auswirkungen:
- das Wahlrecht zwischen Nachlieferung und Nachbesserung steht dem Besteller zu und nicht dem Unternehmer;
- der Besteller hat kein Selbstvornahmerecht.

VIII. Der Reisevertrag als Unterfall des Werkvertrages

806   Das Reisevertragsrecht der §§ 651a ff. soll vor allem die Rechtsstellung der Reiseteilnehmer an Pauschalreisen verbessern.

Das Reisevertragsrecht ist in den §§ 651a ff. nur unvollständig geregelt. Soweit die §§ 651a bis k keine Anwendung finden, sind die §§ 631 ff. und die allgemeinen Regeln des Schuldrechts anwendbar.

Das Reisevertragsrecht der §§ 651a ff. ist auf den Reiseveranstalter und den Reisenden als Partner des Vertrages nur anwendbar, wenn jedenfalls folgende Voraussetzungen erfüllt sind:
- Ein Vertragspartner muss Reiseveranstalter sein, d. h. Reiseleistungen als eigene Leistungen anbieten. Darunter fallen diejenigen nicht, die fremde Leistungen vermitteln, wie z. B. viele Reisebüros dies tun.
- Es muss eine Gesamtheit von Leistungen angeboten werden, d. h. jedenfalls zwei auf die Reise bezogene Leistungen, wie z. B. Beförderung und Unterkunft.

807   Wird keine Gesamtheit von Leistungen angeboten, kann dennoch wegen des gleichartigen Schutzzweckes ein Teil der Bestimmungen der §§ 651a ff. entsprechend anwendbar sein[13].

§§ 651c bis 651f regeln die Rechte des Reisenden während der Reise. Voraussetzung für das Entstehen von Gewährleistungsansprüchen des Reisenden sind Fehler der Reise oder das Fehlen zugesicherter Eigenschaften (§ 651c).

Soweit es um **Mängel der Reise** geht, finden ausschließlich die Vorschriften der §§ 651 c ff. Anwendung; auf §§ 280 ff. und 323 kann nicht zurückgegriffen werden. Dem Reisenden können die folgenden Rechte zustehen:
a. er kann verlangen, dass Abhilfe geschaffen wird (§ 651 c);
b. er kann bei Vorliegen bestimmter Voraussetzungen mindern (§ 651 d);
c. gegebenenfalls kann er den Vertrag kündigen (§ 651 e)
d. und Schadensersatz wegen Nichterfüllung verlangen (§ 651 f).

808   Schadensersatzansprüche wegen Nebenpflichtverletzungen i. S. des § 241 aus §§ 280 und 311 Abs. 2 können sowohl zugunsten des Reisenden als auch zugunsten des Veranstalters entstehen.

---

13 Vgl. BGH JZ 1985, 844; *MünchKomm-Tonner*, §§ 651 a ff. Rdnr. 134 ff. mit Nachw.

Gemäß § 651g Abs. 2 verjähren die Gewährleistungsansprüche des Reisenden in zwei Jahren. Nach § 651m Satz 2 ist es möglich, die Verjährungsfrist vertraglich auf ein Jahr zu verkürzen[14].

§ 34   Auftrag und entgeltliche Geschäftsbesorgung

Schrifttum: *Breinersdorfer*, Zur Dritthaftung der Banken bei Erteilung einer fehlerhaften Kreditauskunft, WM 1991, 977; *Coester-Waltjen*, Der Auftrag, Jura 2001, 742; *Grundmann*, Der Treuhandvertrag, 1996; *Köhler*, Arbeitsleistungen als „Aufwendungen"?, JZ 1985, 359; *Koller*, Das Haftungsprivileg des Geschäftsbesorgers gem. §§ 664 Abs. 1 Satz 2, 675 BGB, ZIP 1985, 1243; *Petersen*, Der Bankvertrag, Jura 2004, 627; *Thüsing/Schneider*, Die Haftung für Rat, Auskunft, Empfehlung, JA 1996, 807.

I. Der Auftrag

Der Auftrag ist ein schuldrechtlicher Vertrag, in dem sich der Beauftragte verpflichtet, für den Auftraggeber **unentgeltlich** ein Geschäft zu besorgen (§ 662). Die **Besorgung eines Geschäfts** ist jede Tätigkeit des Beauftragten für den Auftraggeber. Dazu zählen rechtsgeschäftliche Handlungen ebenso wie tatsächliche Handlungen.   **809**

> **Beispiel:** Bittet S den K, für ihn bei M eine Maschine zu kaufen, so kommt zwischen S und K ein Auftrag zustande. Gleichzeitig bevollmächtigt S den K, für ihn mit M einen Kaufvertrag über eine Maschine abzuschließen. Der Abschluss eines Kaufvertrages ist eine rechtsgeschäftliche Tätigkeit, die die Besorgung eines Geschäfts für einen anderen, den Auftraggeber, darstellt. Der Auftrag (die unentgeltliche Geschäftsbesorgung) im Sinne des § 662 ist das der Vollmachterteilung zugrunde liegende Rechtsverhältnis im Sinne des § 168.

Häufig ist die Abgrenzung zwischen einem die daran beteiligten Parteien bindenden Auftragsvertrag gemäß § 662 einerseits und einem bloßen nicht bindenden Gefälligkeitsverhältnis andererseits nicht einfach. Dabei ist in erster Linie auf den Willen der Beteiligten abzustellen (vgl. oben Rdnr. 54 f.).   **810**

Der Beauftragte übernimmt mit dem Auftrag die Pflicht,
- das ihm übertragene Geschäft sorgfältig nach den gegebenenfalls vom Auftraggeber erteilten Weisungen auszuführen,
- das, was er aus der Geschäftsbesorgung erlangt, an den Auftraggeber herauszugeben (§ 667, 2. Alt.),

---

14 Vgl. dazu *Führich*, NJW 2002, 1082 f.

- das, was er zur Ausführung des Auftrages erhalten hat, wie z. B. Geräte und Geld, soweit es nicht verbraucht worden ist, an den Auftraggeber herauszugeben (§ 667, 1. Alt.),
- Auskunft und Rechenschaft zu geben (§ 666).

Dem steht die Verpflichtung des Auftraggebers gegenüber, dem Beauftragten die Aufwendungen zu ersetzen, die dieser zum Zweck der Ausführung des Auftrags gemacht hat, sofern der Beauftragte sie den Umständen nach für erforderlich halten durfte (§ 670). Wegen des Ungleichgewichts der sich gegenüberstehenden Rechte und Pflichten handelt es sich beim Auftrag **nicht** um einen gegenseitig verpflichtenden Vertrag.

811   **Aufwendungen im Sinne des § 670** sind Vermögensopfer, die der Beauftragte freiwillig erbringt, um den Auftrag ausführen zu können.

     Beispiel für Aufwendungen, die bei der Ausführung eines Auftrages entstehen können: Reisekosten.

Da der Auftrag die **unentgeltliche** Tätigkeit des Beauftragten zum Gegenstand hat, kann der Beauftragte für die eigene Arbeit, die er geleistet hat, keinen Aufwendungsersatz verlangen, weil dies der vereinbarten Unentgeltlichkeit widerspräche.

     Beispiel: A bittet seinen Freund F, einen PKW für ihn unentgeltlich von München Nach Mailand zu überführen und von dort nach München zurückzufliegen. F sagt dies zu. Es handelt sich um einen Auftrag i. S. des § 662, der den F verpflichtet, den PKW nach München zu überführen, ohne dass er dafür eine Vergütung verlangen kann. Allerdings erwirbt F gegen A einen Anspruch aus § 670 auf Ersatz der Reisekosten (hier Übernachtungs- und Verpflegungskosten und die Kosten für das Flugticket).

Für die Folgen von Nicht- oder Schlechterfüllung gelten die allgemeinen Vorschriften der §§ 280 ff. Beide Vertragsparteien haben die Nebenpflichten gemäß § 241 Abs. 2 zu befolgen Eine Verletzung derselben kann Schadensersatzansprüche aus § 280 auslösen.

Im Übrigen ist die praktische Bedeutung des Auftrags wegen der Unentgeltlichkeit gering. Wichtig sind die Regelungen der §§ 662 ff. aber schon deshalb, weil in § 675 (entgeltliche Geschäftsbesorgung) und § 683 (Geschäftsführung ohne Auftrag) auf sie verwiesen wird.

811a   § 675 Abs. 2 enthält eine Klarstellung im Hinblick auf die Erteilung von Rat oder Empfehlung. Der Rat oder Empfehlung Erteilende haftet nicht für die sich daraus ergebenden Schäden, es sei denn ein Rat oder eine Empfehlung erfolgt aufgrund eines Vertragsverhältnisses oder die Erteilung stellt eine unerlaubte Handlung dar. Daraus geht hervor: Der Gesetzgeber sieht die Erteilung von Rat und Empfehlung außerhalb eines darauf oder auch dieses beinhaltenden Vertragsverhältnisses als bloße Gefälligkeit an.

Beispiel: A trifft bei einer Abendgesellschaft zufällig den Rechtsanwalt R. A fragt den R wegen seines drohenden Scheidungsverfahrens um Rat, in welcher Höhe er seiner Frau Trennungsunterhalt zahlen sollte. R nennt einen Betrag, von dem sich später herausstellt, dass er 30% zu hoch angesetzt war. Da der Rat aus Gefälligkeit und nicht in Erfüllung einer vertraglichen Verpflichtung erteilt worden ist, haftet R gemäß § 675 Abs. 2 nicht.

Anders wäre es, wenn A den R gebeten hätte, ihm gegen ein übliches Honorar den oben geschilderten Rat zu geben. Hier ist im Zweifel davon auszugehen, dass zwischen A und R ein Vertrag zustande gekommen ist, aufgrund R zur Raterteilung gegen Entgelt verpflichtet war.

II. Der entgeltliche Geschäftsbesorgungsvertrag (§ 675)

1. Überblick

Der **entgeltliche Geschäftsbesorgungsvertrag** im Sinne des § 675 Abs. 1 ist ein **812** Dienst- oder Werkvertrag, der eine Geschäftsbesorgung, nämlich eine selbständige Tätigkeit – in der Regel wirtschaftlicher Art – zum Gegenstand hat, die der „Geschäftsbesorger" für den Vertragspartner in dessen Interesse gegen Entgelt vornimmt. Es muss sich also um einen Dienst- oder Werkvertrag handeln, der eine Geschäftsbesorgung zum Gegenstand hat.

Der entgeltliche Geschäftsbesorgungsvertrag ist ein gegenseitig verpflichtender Vertrag.

2. Der Begriff der Geschäftsbesorgung

Geschäftsbesorgung im Sinne des § 675 ist eine selbständige Tätigkeit wirtschaftli- **812a** cher Art, die nicht nur in einer bloßen Leistung an einen anderen, sondern in der Wahrnehmung seiner Vermögensinteressen besteht[1]. Selbständigkeit setzt eigenverantwortliche Überlegung und Willensbildung des Geschäftsbesorgers voraus.

Eine **Tätigkeit ist wirtschaftlicher Art,** wenn sie sich unmittelbar auf das Vermögen des Geschäftsherrn bezieht. Das ist z. B. bei der Vermögensverwaltung der Fall.

Beispiel: Der Vertrag, in dem sich P gegenüber H verpflichtet, ihm gegen Entgelt ein günstiges Hypothekendarlehen zu verschaffen, ist ein Werkvertrag, der eine **Geschäftsbesorgung** zum Inhalt hat. Der geschuldete Erfolg ist die Verschaffung eines Hypothekendarlehens. Es handelt sich dabei um eine Geschäftsbesorgung, weil P eine Tätigkeit wirtschaftlicher Art im Interesse des H selbständig wahrnimmt. Der zwischen H und P abgeschlossene Vertrag ist deshalb eine Geschäftsbesorgung im Sinne des § 675.

---

1 So BGH NJW 1986, 1217; *Jauernig-Mansel*, § 675 Rdnr. 4.

Geschäftsbesorgungsverträge im Sinne des § 675 sind z. B.:
– der Vertrag über die Sanierung eines Unternehmens,
– der Vertrag mit einem Anwalt, der auf Rechtsberatung oder Prozessvertretung gerichtet ist,
– der Vertrag mit einem Steuerberater oder Wirtschaftsprüfer,
– der Vertrag über die Finanzierung eines Bauprojektes.
– Ein allgemeiner Bankvertrag zwischen Bank und Kunden ist in der Regel ein auf eine Geschäftsbesorgung gerichteter Werk- oder Dienstvertrag[2].

3. Anwendbare Vorschriften

813 Bis auf die Tatsache, dass der Auftraggeber dem Beauftragten ein Entgelt zahlt, ähnelt die Interessenlage der Beteiligten an einem Geschäftsbesorgungsvertrag derjenigen von Auftraggeber und Auftragnehmer so sehr, dass das Gesetz die Bestimmungen über den Auftrag zum größten Teil für anwendbar erklärt. So findet z. B. auch § 670 auf die entgeltlichen Geschäftsbesorgungsverträge Anwendung.

Der entgeltliche Geschäftsbesorgungsvertrag gehört zu den Verträgen ohne gesetzliche Gewährleistungsvorschriften. Die Gewährleistungsregeln des Werkvertrages mit der Betonung der Mängelbeseitigung (§§ 633 ff.) passen für den Geschäftsbesorgungsvertrag nicht. Deshalb richten sich die Rechtsfolgen der vom Beauftragten zu vertretenden Schlechtleistung vorbehaltlich der deliktischen Ansprüche allein nach dem Pflichtverletzungsrecht der §§ 280 ff. Wenn also ein Steuerberater oder ein Rechtsanwalt mangelhaft leistet, ergeben sich die Rechtsfolgen aus den §§ 280 ff.

Beispiel: Mandant M verliert einen wichtigen Prozess, weil sein Anwalt R eine Pflicht versäumt hat. Hier hat der Anwalt R in Erfüllung seiner Pflichten aus einem Geschäftsbesorgungsvertrag mangelhaft geleistet; er hat einen Fehler begangen, was er zu vertreten hat. M kann von R deshalb unter den Voraussetzungen der §§ 280, 281 Schadensersatz bzw. Schadensersatz statt der Leistung verlangen.

III. Die bankrechtlichen Sonderformen des entgeltlichen Geschäftsbesorgungsvertrages

1. Überblick

814 Als besondere Geschäftsbesorgungsverträge hat der Gesetzgeber die folgenden **bankrechtlichen Sonderformen** normiert:
– den **Überweisungsvertrag** (§§ 676a ff.),
– den **Zahlungsvertrag** (§§ 676d f.) und
– den **Girovertrag** (§§ 676f f.).

---

2 *MünchKomm-Heermann*, § 675 Rdnr. 52; *Palandt-Sprau*, § 675 Rdnr. 9.

Durch diese Vorschriften sollen in erster Linie die Rechte der Kunden gestärkt werden.

2. Der Überweisungsvertrag

Der Überweisungsvertrag wird zwischen dem Überweisenden und dem Kreditin- **815** stitut, das die Überweisung durchführt, geschlossen (§ 676a Abs. 1). Der Überweisende wird gemäß § 676 b gegen drei Arten von Leistungsstörungen geschützt. Es sind dies:
- die verspätete Überweisung,
- die – etwa aufgrund zu Unrecht einbehaltener Kosten – gekürzte Überweisung,
- und die – etwa durch eine Fehlbuchung – verlorengegangene Überweisung.

So ist z. B. eine verspätete Überweisung zu verzinsen (§ 676b Abs. 1). Das überweisende Kreditinstitut trifft eine Garantiehaftung, d. h. die Haftung ist verschuldensunabhängig (§ 676c).

3. Der Zahlungsvertrag

Der Zahlungsvertrag ist der Geschäftsbesorgungsvertrag zwischen dem vom **816** Kunden mit der Überweisung beauftragten Kreditinstitut und einem zwischengeschalteten Kreditinstitut. Die Pflichten des Letzteren sind eingehend geregelt. Wenn es zu einer verspäteten Ausführung einer Überweisung kommt, so hat der Überweisende gegen das Kreditinstitut, mit dem er den Überweisungsvertrag geschlossen hat, einen Anspruch aus § 676b. Hat das zwischengeschaltete Institut die verspätete Überweisung verursacht, so hat das überweisende Institut gegen das zwischengeschaltete Institut einen Ausgleichsanspruch aus dem Zahlungsvertrag. Das überweisende Institut kann von dem zwischengeschalteten Institut den Schaden ersetzt verlangen, der ihm aus der Erfüllung der Ansprüche des Überweisenden aus § 676b Abs. 1 entstanden sind.

4. Der Girovertrag

Der Girovertrag (§§ 676f und g) regelt das Verhältnis zwischen dem Kunden und **817** dem Kreditinstitut. Er verpflichtet das Kreditinstitut, für den Kunden ein Konto einzurichten, eingehende Zahlungen auf dem Konto gutzuschreiben und abgeschlossene Überweisungsverträge zulasten des Kontos abzuwickeln.

§ 676g verpflichtet das Kreditinstitut, eingehende Zahlungen in der Regel innerhalb eines Tages gutzuschreiben.

Erfüllt das Kreditinstitut die ihm aufgrund des Vertrages auferlegten Pflichten nicht, ergeben sich die daraus erwachsenden Ansprüche des Kunden vor allem aus § 676 g. So hat der Kunde z. B. einen Anspruch auf Verzinsung, wenn das Kreditinstitut den überwiesenen Betrag nicht fristgemäß gutgeschrieben hat.

5. Die Zahlung mit Kreditkarte

817a Benutzt ein Käufer dem Verkäufer gegenüber eine Kreditkarte, um den Kaufpreis zu begleichen, so erfolgt die Zahlung durch das Kreditkarteninstitut an den Verkäufer aufgrund eines **abstrakten Schuldversprechens** (siehe dazu unten Rdnr. 870 ff.), welches im Rahmen eines Akquisitionsvertrages, der zwischen dem Vertragsunternehmen (hier Verkäufer) und dem Kreditkartenunternehmen vereinbart worden ist. Das Schuldversprechen ist allerdings aufschiebend bedingt i. S. des § 158 Abs. 1. Die Zahlungspflicht des Kreditkartenunternehmens entsteht in jedem Einzelfall mit der Einreichung ordnungsgemäßer Belastungsbelege.[3]

§ 35 Die Geschäftsführung ohne Auftrag

Schrifttum: *Coester-Waltjen*, Das Verhältnis von Ansprüchen aus Geschäftsführung ohne Auftrag zu anderen Ansprüchen, Jura 1990, 608; *Falk*, Von Titelhändlern und Erbensuchern – Die GoA-Rechtsprechung am Scheideweg, JuS 2003, 833; *Griebe*, Der Aufwendungsersatzanspruch des Geschäftsführers ohne Auftrag, 1996; *Hey*, Die Geschäftsführung ohne Auftrag, JuS 2009, 400; *Oppermann*, Konstruktion und Rechtspraxis der GoA, AcP 193 (1993), 497; *Schmidt*, Der Anwendungsbereich der berechtigten GoA, JuS 2004, 862.

I. Überblick

818 Mit der Regelung über die Geschäftsführung ohne Auftrag (GoA) trifft das BGB einen Interessenausgleich für die Fälle, in denen jemand durch eine Handlung in die Rechtssphäre eines anderen eingreift, ohne von diesem dazu beauftragt oder sonst dazu berechtigt zu sein (vgl. § 677). Ist der Geschäftsführer vom Geschäftsherrn bereits mit der Geschäftsführung beauftragt oder ihm gegenüber sonst dazu berechtigt (§ 677), kann kein Fall der GoA vorliegen.

Das BGB unterscheidet zwischen der **berechtigten GoA** einerseits und der **unberechtigten GoA** andererseits:

– Liegt die Übernahme der Geschäftsführung im Interesse des Geschäftsherrn und entspricht sie seinem Willen (§ 683 S. 1), so handelt es sich um einen Fall der berechtigten GoA. Zwischen dem Geschäftsführer und dem Geschäftsherrn kommt dann **kein Vertrag,** sondern ein **gesetzliches Schuldverhältnis** zustande, das einen auftragsähnlichen Charakter hat.

– Entspricht die Übernahme nicht dem wirklichen oder mutmaßlichen Willen des Geschäftsherrn, fehlt der Berechtigungsgrund; es handelt sich dann um eine

---

3 Zu alledem BGHZ 150, 286 ff. mit Nachw.

unberechtigte GoA. Ein gesetzliches Schuldverhältnis der GoA zwischen den Beteiligten entsteht **nicht;** ihre Beziehungen werden im Wesentlichen nach den §§ 812 ff. (ungerechtfertigte Bereicherung) und gegebenenfalls auch über §§ 823 ff. abgewickelt (vgl. auch § 684).

– § 687 regelt schließlich Fälle der Eigengeschäftsführung, nämlich Sachverhalte, in denen jemand ein fremdes Geschäft als ein eigenes führt. Dabei wird zwischen der irrtümlichen und der unerlaubten Eigengeschäftsführung unterschieden.

Im Folgenden soll nur die berechtigte GoA behandelt werden.

II. Die berechtigte Geschäftsführung ohne Auftrag

1. Die Voraussetzungen

a) Die Besorgung eines fremden Geschäfts

Der Begriff der **Geschäftsbesorgung** entspricht dem des § 662, d. h. er umfasst rechtsgeschäftliche und tatsächliche Handlungen.   **819**

Gemäß § 677 muss es sich um ein **fremdes Geschäft** handeln. Dazu zählen alle Angelegenheiten, die nicht ausschließlich solche des Geschäftsführers selbst sind, sondern zumindest auch in den Sorgebereich eines anderen fallen[1].

> **Beispiel:** Der Reeder R, dessen Kapitän das ihm anvertraute Schiff zu Rettungszwecken verwendet, besorgt ein Geschäft des Reeders X, dessen Schiff in Seenot gerät, wenn dadurch Personen auf diesem Schiff gerettet werden; denn der Reeder X ist zur Rettung dieser Personen verpflichtet[2].

GoA liegt auch vor, wenn nicht nur ein fremdes, sondern teilweise auch ein eigenes Geschäft besorgt wird. Das gilt auch für den Fall, dass der Handelnde „vornehmlich zur Wahrnehmung eigener Belange und nur nebenbei auch im Interesse eines anderen tätig wird"[3].

b) Der Fremdgeschäftsführungswille

Der Geschäftsführer muss den Willen und das Bewusstsein haben, die Angelegenheiten eines anderen zu besorgen oder doch mitzubesorgen. Der Wille, ein fremdes Geschäft zu besorgen, wird vermutet, wenn es sich objektiv um ein fremdes Geschäft handelt. Dasselbe gilt für den Willen, ein fremdes Geschäft **mitzubesorgen,** wenn es sich um ein objektiv auch-fremdes Geschäft handelt[4].   **820**

---

1 Vgl. *Jauernig-Mansel,* § 677 Rdnr. 3.
2 So BGHZ 57, 368.
3 So BGHZ 40, 28, 30; vgl. auch BGHZ 82, 323, 330.
4 So BGHZ 40, 28, 31; 98, 235, 240.

c) Wille und Interesse des Geschäftsherrn

821 Berechtigt ist die GoA nur dann, wenn sie dem Interesse und dem wirklichen oder mutmaßlichen Willen des Geschäftsherrn entspricht (§§ 677, 683). Beide Voraussetzungen müssen im Zeitpunkt der Übernahme der Geschäftsführung vorhanden sein.

Die Übernahme muss im **objektiven Interesse** des Geschäftsherrn liegen. Dabei ist die Gesamtlage des Geschäftsherrn zu beachten. Insofern enthält der objektive Maßstab des Interesses notwendigerweise auch subjektive Elemente[5].

Zu dem Interesse muss der tatsächliche oder mutmaßliche Wille des Geschäftsherrn hinzukommen. Der mutmaßliche Wille ist nur dann von Bedeutung, wenn der wirkliche Wille nicht erkennbar ist. Um den mutmaßlichen Willen feststellen zu können, muss danach gefragt werden, ob der Geschäftsherr bei objektiver Berücksichtigung aller Umstände der Geschäftsführung zugestimmt hätte.

Von dem Erfordernis des Willens ist allerdings unter den in § 679 genannten Voraussetzungen abzusehen.

Beispiel: E ist Eigentümer eines Hanggrundstücks, das unmittelbar oberhalb einer stark befahrenen Hauptverkehrsstraße gelegen ist. Während eines längeren Kuraufenthalts von E droht der Berghang infolge tagelanger Regenfälle abzurutschen. Nachbar N, der die Gefahr erkennt, ruft daraufhin den E in dessen Kurort an und schildert ihm die dramatische Situation. Falls nun der E dem N erklärt, mit der Durchführung von Sicherungsmaßnahmen auf jeden Fall bis zu seiner Rückkehr in zwei Wochen abzuwarten, und N dennoch während dessen Abwesenheit einen Schutzzaun errichten lässt, weil weitere schwere Regenfälle vorausgesagt werden, handelt es sich trotz des entgegenstehenden ausdrücklichen Willens von E um eine berechtigte GoA. Der von E erklärte Wille, dass während seiner Abwesenheit keine Sicherungsvorkehrungen getroffen werden sollen, ist nach § 679 unbeachtlich, da die Errichtung des Schutzzaunes durch N im öffentlichen Interesse liegt. Denn das drohende Abrutschen des Berghangs bedeutet eine akute Gefahr für die Verkehrsteilnehmer, die die unterhalb befindliche Straße benutzen, und duldet daher keinen Aufschub von Schutzmaßnahmen bis zur Rückkehr von E.

2. Die sich aus einer berechtigten GoA ergebenden Rechtsfolgen

822 Gemäß § 677 hat der Geschäftsführer die Geschäfte ordnungsgemäß zu führen. Aus § 681 ergeben sich eine Anzeigepflicht und Nebenpflichten, wie z. B. Auskunfts- und Rechenschaftspflichten (Verweisung auf § 666). Der Geschäftsführer muss wie der Beauftragte das aus der Geschäftsführung Erlangte herausgeben (Verweisung auf § 667).

Der Geschäftsführer kann gemäß § 683 Ersatz seiner Aufwendungen verlangen.

---

5 So *MünchKomm-Seiler*, § 683 Rdnr. 4.

Beispiel: Im vorhergehenden Beispiel lässt der N den Schutzzaun durch die A-GmbH errichten. Falls er die hierdurch entstehenden Kosten aus eigener Tasche bezahlt, kann er deren Ersatz gemäß § 683 i. V. m. § 670 von E fordern. Denn es handelt sich um Aufwendungen i. S. v. § 670.

Verletzt der Geschäftsführer seine Pflichten einschließlich der Schutz- und Obhutpflichten aus § 241 Abs. 2, so können Schadensersatzansprüche aus § 280 entstehen. Allerdings hat der Geschäftsführer nach § 680 nur Vorsatz und grobe Fahrlässigkeit zu vertreten, wenn die Geschäftsführung der Abwendung einer drohenden dringenden Gefahr für die Person oder das Vermögen des Geschäftsherrn diente. **822a**

Beispiel: A sieht aus einem auf Kippe gestellten Fenster des Nachbarhauses, das der N bewohnt, dichten Raum entweichen. A vermutet einen Zimmerbrand. In Wirklichkeit hatte N im Wohnzimmer mit feuchtem Holz ein Feuer im Kamin angezündet und in der Küche weilend vergessen, die Abzugöffnung weit zu stellen. A läutet bei N, der jedoch nichts hört, weil er Musik aus seinem iPod hört. Daraufhin schlägt A ein Fenster ein und dringt in das Haus ein, um das Feuer zu löschen. N versucht gemäß §§ 280, 241 Abs. 2 oder nach § 823 Abs. 1 von A Schadensersatz in Höhe von 350 € für die Reparatur des Fensters zu erhalten. Für das Entstehen beider Ansprüche ist Verschulden erforderlich. Hier hat A lediglich leicht fahrlässig gehandelt. Deshalb greift die Haftungsmilderung des § 680. Es ist deshalb kein Schadensersatzanspruch entstanden.

Aufgabe 10:

E ist Eigentümer eines Segelbootes. Das Boot hat er während des Sommers (zwischen Anfang Mai und Mitte September) in einem Yachthafen an der deutschen Nordsee verankert. Anfang Juni 2010 begibt sich E für 2 Monate auf eine Rundreise durch Kanada. Am 20. Juni 2010 wird das Boot des E, welches er zuvor ordnungsgemäß befestigt und gesichert hatte, während eines heftigen Gewittersturms losgerissen und vom Hafenbereich weggetrieben. Der A, der ebenfalls Eigentümer eines Segelbootes ist und sich deshalb während des Sturms am Hafen aufhält, alarmiert die zuständige Hafenaufsicht, als er das Boot des E auf dem Wasser treiben sieht. Das Boot wird zurückgeholt und wieder an seinem Platz verankert. Die Hafenaufsicht lässt sich die Kosten des Einsatzes in Höhe von € 2.500,-- von A bezahlen. A verlangt diese € 2.500,-- von E zurück. Zu Recht?

Abwandlung: E hatte vor seiner Abreise dem A mitgeteilt, das Boot sei schon recht alt und nicht mehr viel wert. Falls das Boot bei einem Sturm losgerissen würde, solle A nichts unternehmen. Er, E, werde sich bei seiner Rückkehr selbst darum kümmern. A alarmiert dennoch die Hafenaufsicht, damit das Boot des E geborgen wird. Kann A die von ihm gezahlten € 2.500,-- für die Bergung des Bootes von E zurückverlangen?

§ 36 Maklerrecht

Schrifttum: *Dehner,* Die Entwicklung des Maklerrechts seit 2000, NJW 2002, 3747; *Fischer,* Die Entwicklung des Maklerrechts seit 2003, NJW 2007, 3107; *Waibel/Reichstädter,* Maklerrecht im Überblick, Jura 2002, 649; *Weishaupt,* Der Maklervertrag im Zivilrecht, JuS 2003, 1166; *Würdinger,* Vorvertragliche Pflichtverletzung im Maklerprovisionsrecht, NZM 2009, 535.

I. Überblick

823 Das Maklerrecht spielt im Wirtschaftsleben der Bundesrepublik Deutschland eine bedeutende Rolle. Es gibt nicht nur den Immobilienmakler, der Hilfestellung bei Verträgen über die Veräußerung oder Vermietung von Grundstücken und Wohnungen bietet. U. a. nehmen die Tätigkeiten der Hypothekenmakler und Finanzierungs- bzw. Kreditmakler (sie vermitteln Kredite vor allem für die Anschaffung von Sachen) einen bedeutsamen Platz im Wirtschaftsleben ein.

Gesetzliche Bestimmungen über das Maklerrecht finden sich u. a. im BGB (§§ 652 ff.) und im HGB (§§ 93 ff.). Die Makler betrachten die im Gesetz enthaltene Regelung häufig als für sie ungünstig und versuchen, die gesetzliche Regelung durch Allgemeine Geschäftsbedingungen zu ihren Gunsten abzuändern. Die Rechtsprechung und die Gesetzgebung haben diesen Versuchen Grenzen gesetzt.

II. Der Maklervertrag

824 Gemäß § 652 besteht aufgrund des zwischen dem Makler und dem Auftraggeber geschlossenen **Maklervertrages** die Leistung des Maklers darin, dass er dem Auftraggeber einen Vertragspartner nachweist oder vermittelt.

Als **Nachweismakler** wird derjenige Makler tätig, der dem Auftraggeber eine Gelegenheit zum Abschluss eines Vertrages zur Kenntnis bringt. Durch den Nachweis werden Angebot und Nachfrage zusammengeführt. Der Nachweis umfasst die Ermittlung und Bezeichnung von Personen, die zu dem in Frage stehenden Vertragsschluss bereit sind. Der Makler erwirbt den Provisionsanspruch schon dann, wenn er den Auftraggeber von der Vertragsmöglichkeit in Kenntnis setzt und der Vertrag anschließend infolge des Nachweises zustande kommt[1].

> **Beispiel:** A möchte eine Lagerhalle mieten. Er beauftragt den Makler M, ihm (dem A) „ein geeignetes Objekt zu beschaffen". M weiß, dass E eine Lagerhalle vermieten möchte, die den Bedürfnissen des A entspricht. Er nennt dem A die Adresse

---

1 Vgl. BGH MDR 1977, 209; *Weishaupt,* JuS 2003, 1167.

des E mit dem Hinweis, E suche einen Mieter für seine Halle. A verhandelt mit E. Sie schließen, nachdem sie sich geeinigt haben, einen Mietvertrag ab. Hier ist M als **Nachweismakler** tätig geworden. Da der Nachweis des Maklers M für den Abschluss des Mietvertrages zwischen A und E ursächlich ist, hat M einen Provisionsanspruch erworben.

Von der **Vermittlung eines Vertrages (Vermittlungsmakler)** kann nur gesprochen 825 werden, wenn der Makler mit dem Ziel, einen Vertrag zwischen Auftraggeber und Drittem zustande zu bringen, **mit beiden möglichen Parteien verhandelt**[2]. Dazu gehört, dass der Makler nach der Entgegennahme dieses Auftrages persönlich oder durch andere Verbindung zu einem Dritten aufnimmt und auf ihn einwirkt, einen Vertrag mit dem Auftraggeber abzuschließen[3].

> **Beispiel** wie das vorhergehende **Beispiel, aber:**
> A beauftragt M, einen potenziellen Vertragspartner zum Abschluss eines Mietvertrages zu bewegen. M beschränkt sich deshalb nicht nur darauf, dem A die Adresse des E mitzuteilen, sondern spricht zunächst mit E und dann mit A, um beiden deutlich zu machen, dass der Abschluss eines Mietvertrages den Interessen beider (denen des E und denen des A) gerecht wird. Anschließend einigen sich A und E auf den Abschluss eines Mietvertrages. Hier ist M als **Vermittlungsmakler** tätig geworden, denn er hat mit beiden potenziellen Vertragspartnern verhandelt, um sie einem Vertragsschluss geneigt zu machen.

III. Der Maklerlohnanspruch

Gemäß § 652 müssen folgende Voraussetzungen erfüllt sein, damit ein Anspruch 826 des Maklers auf Zahlung von Maklerlohn gegen den Auftraggeber entsteht:

a) der Auftraggeber muss mit dem Dritten, den ihm der Makler nachgewiesen oder vermittelt hat, einen Vertrag abgeschlossen haben und

b) die Tätigkeit des Maklers muss für das Zustandekommen gerade dieses Vertrages **ursächlich** gewesen sein.

Trotz eines Nachweises zum Abschluss eines geeigneten oder gar für den Auftraggeber günstigen Vertrages ist der Auftraggeber nicht verpflichtet, die nachgewiesene oder vermittelte Gelegenheit zum Abschluss eines Vertrages wahrzunehmen und dadurch den Maklerlohn entstehen zu lassen.

---

2 So BGH MDR 1968, 405.
3 *Weishaupt*, JuS 2003, 1167.

Aufgabe 11:

Professor B in Bonn erhält einen Ruf an die Universität Heidelberg. Er überlegt, ob er den Ruf annehmen soll, und beauftragt den Makler M, ihm einen Käufer für sein Grundstück in Bonn nachzuweisen. M präsentiert den kaufwilligen K, der bereit ist, für das Grundstück des B einen ungewöhnlich hohen Kaufpreis zu zahlen. B entschließt sich jedoch, in Bonn zu bleiben. Er will deshalb das Haus nicht veräußern. Kann M von B Maklerlohn verlangen?

Lösen Sie diese Aufgabe bitte in einem schriftlichen Gutachten und vergleichen Sie Ihre Ausführungen mit der Lösung am Schluss dieses Buches!

IV. Der Darlehensvermittlungsvertrag

827 Ein Darlehensvermittlungsvertrag liegt nach § 655a vor, wenn ein Unternehmer einem Verbraucher gegen Entgelt einen Darlehensvertrag vermittelt oder ihm die Gelegenheit zum Abschluss eines Darlehensvertrages nachweist. Von dieser Definition erfasst sind also Nachweis- und Vermittlungsmakler.

Es handelt sich um einen Spezialfall des Maklervertrages als Verbrauchervertrag, dessen Vorschriften den Verbraucher stärker schützen sollen. Dieser Schutz wird u. a. dadurch erreicht, dass dem Verbraucher ein Widerrufsrecht im Sinne des § 355 eingeräumt wird (§ 655c).

Der Darlehensvermittlungsvertrag bedarf der Schriftform und muss eine Reihe von Informationen enthalten (§ 655b). Der Verbraucher ist zur Zahlung der Vergütung an den Makler nur verpflichtet, wenn das vermittelte oder nachgewiesene Darlehen tatsächlich geleistet wird und der Widerruf nach § 355 nicht mehr möglich ist (§ 655c).

Die Vorschriften der §§ 655a bis 655d sind insofern zwingendes Recht, als von ihnen nicht zum Nachteil der Verbraucher abgewichen werden kann (§ 655e Abs. 1).

§ 37   Darlehen

Schrifttum: *Büdenbender*, Rechtsfolgen sittenwidriger Ratenkreditverträge, JuS 2001, 1172; *Bülow*, Verbraucherkreditrecht im BGB, NJW 2002, 1145; *Bülow/Artz*, Verbraucherprivatrecht, 2003; *Coester-Waltjen*, Der Darlehensvertrag, Jura 2002, 675; *Freitag*, Der Darlehensvertrag in der Insolvenz, ZIP 2004, 2368; *ders.*, Die Beendigung des Darlehensvertrages nach dem Schuldrechtsmodernisierungsgesetz, WM 2001, 2370; *Köndgen*, Darlehen, Kredit und finanzierte Geschäfte nach dem neuen Schuldrecht – Fortschritt oder Rückschritt?, WM 2001, 1637; *Mülbert*, Die Auswirkungen der Schuldrechtsmodernisierung im Recht des „bürgerlichen" Darlehensvertrags, WM 2002, 465; *Witting/Witting*, Das neue Darlehensrecht im Überblick, WM 2002, 145.

I. Überblick

Das Darlehen ist ein schuldrechtlicher Vertrag, bei dem der Darlehensgeber dem **828**
Darlehensnehmer Geld oder vereinbarte vertretbare Sachen für eine gewisse Zeit
zur Verfügung stellt. Der gewährte Geldbetrag oder, wenn Sachen Gegenstand des
Vertrages sind, Sachen gleicher Art, Güte und Menge sind zurückzuerstatten. Für
die Überlassung des Geldbetrages oder der Sachen ist als Gegenleistung ein Entgelt
bzw. sind Zinsen zu zahlen, es sei denn, das Darlehen wird zinslos gewährt. Damit
ist der Darlehensvertrag regelmäßig ein gegenseitig verpflichtender Vertrag.

Es ist zu unterscheiden zwischen
- dem **Gelddarlehen** (§§ 488 ff.)
- und dem **Sachdarlehen** (§§ 607 ff.).

Beim Gelddarlehen ist dann noch einmal zu unterscheiden zwischen dem einfachen Darlehen (§§ 488 ff.) und dem Verbraucherdarlehensvertrag (§§ 491 ff), einem Verbrauchervertrag.

II. Das Gelddarlehen

1. Die wirtschaftliche Bedeutung des Gelddarlehens

Die wirtschaftliche Bedeutung zeigt sich in der Vielgestaltigkeit der Sachverhalte, **829**
die nach rechtlicher Sicht als Darlehen zu beurteilen sind. So fallen unter das Darlehensrecht im Kreditverkehr etwa Personalkredite (die Sicherung erfolgt allein
durch die Person des Darlehensnehmers, eines Bürgen oder eines Mitschuldners)
und Bodenkredite (Sicherung durch Hypotheken und Grundschulden) der Banken und Sparkassen sowie Bauspardarlehen und Teilzahlungskredite. Unter Letzteren sind solche Darlehen zu verstehen, die die Lieferung einer bestimmten Sache
oder die Erbringung einer anderen Leistung gegen Teilzahlungen zum Gegenstand
haben. Einlagen auf Girokonten und Spareinlagen werden als Fälle der Summen-
verwahrung im Sinne des § 700 angesehen, auf die wiederum die Vorschriften
über das Darlehen (§§ 488 ff.) angewandt werden[1].

2. Das einfache Gelddarlehen

a) Das Zustandekommen des Darlehensvertrages

Die Parteien des Darlehensvertrages müssen sich darüber einig sein, **830**
1. dass der Darlehensgeber dem Darlehensnehmer Geld überlässt
2. und dass dieser den überlassenen Geldbetrag zurückzuerstatten und die vereinbarten Zinsen zu zahlen hat.

---

1 Vgl. BGHZ 84, 371, 373.

Der Darlehensvertrag ist, auch wenn es sich um ein nicht verzinsliches Darlehen handelt, ein zweiseitig verpflichtender Vertrag; wenn das Darlehen entgeltlich (verzinslich) ist, liegt ein gegenseitig verpflichtender Vertrag vor. Die vereinbarten Zinsen stellen die Gegenleistung für die Kapitalnutzung dar. Daraus folgt, dass auch die §§ 320 ff. anwendbar sind.

b) Pflichten des Darlehensgebers

831 Der Darlehensgeber ist zum Verschaffen und zeitweiligen Belassen des Kapitals verpflichtet. Dabei wird die Darlehensvaluta dem Darlehensnehmer regelmäßig zu Eigentum übertragen. Eine Gutschrift auf dem Bankkonto des Darlehensnehmers steht dem gleich, wenn dieser über den gewährten Betrag verfügen kann.

Darlehensgeber und Darlehensnehmer können abweichend vom Regelfall auch vereinbaren, dass der Darlehensgeber seiner Überlassungspflicht dadurch nachkommt, dass er die Darlehensvaluta an einen Dritten leistet.

c) Pflichten des Darlehensnehmers

832 Die Hauptverpflichtungen des Darlehensnehmers bestehen in der Rückerstattung des überlassenen Geldbetrages und in der Zahlung der vereinbarten Zinsen (§ 488). Bei Geld hat die Rückerstattung ohne Rücksicht auf Auf oder Abwertung in der Währung zu erfolgen, in der sie gewährt wurde.

Zur Sicherung der Darlehensrückzahlungs- und Zinsforderungen lassen sich Kreditgeber in der Regel geeignete Sicherheiten, wie z. B. Bürgschaften, Grundpfandrechte (Hypotheken und Grundschulden) etc. gewähren.

d) Die Beendigung des Darlehensvertrages

833 Der Darlehensvertrag kann außer durch Erfüllung und Aufhebungsvertrag durch Kündigung beendet werden. Das Kündigungsrecht des Darlehensnehmers und des Darlehensgebers ergibt sich aus §§ 488 ff. Die gesetzliche Kündigungsfrist beträgt drei Monate.

Unter den in § 490 genannten Voraussetzungen steht einem Vertragspartner ein außerordentliches Kündigungsrecht zu.

Im Rahmen der Vertragsfreiheit können die Vertragsparteien eine von den gesetzlichen Regelungen abweichende Vereinbarung treffen.

III. Der Verbraucherdarlehensvertrag und verbundene Verträge

834 Gewährt ein Unternehmer einem Verbraucher ein Darlehen gegen Entgelt, so handelt es sich um einen Verbraucherdarlehensvertrag (§ 491). Es handelt sich um einen typischen Verbrauchervertrag. Dem Verbraucher ist nach § 495 ein Widerrufsrecht im Sinne des § 355 eingeräumt.

Es kommt häufig vor, dass ein Verbraucher ein Darlehen aufnimmt, um damit Waren bezahlen zu können, die er gekauft hat oder kaufen möchte. Dabei soll die Darlehenssumme in der Regel an den Verkäufer ausgezahlt werden.

Beispiel: A kauft bei dem Möbelhändler M eine Schlafzimmereinrichtung zum Preis von 13 045,– €. Da A den Kaufpreis nicht bar bezahlen kann, vermittelt ihm M, der mit der B-Bank in enger Geschäftsverbindung steht, einen Finanzierungskredit der B-Bank.

Im Rahmen eines solchen finanzierten Abzahlungskaufs schließen A und die B-Bank einen Darlehensvertrag. Die B-Bank kommt ihrer Verschaffungsverpflichtung nach, indem sie die Darlehenssumme unmittelbar an den Verkäufer M auszahlt.

Häufig bedient sich der Kreditgeber bei den Vertragsverhandlungen des Verkäufers, etwa dadurch, dass der Verkäufer bei dem Abschluss des Kaufvertrages gleichzeitig als Vertreter des Kreditgebers auftritt. In Fällen dieser Art bilden der Kaufvertrag und der Darlehensvertrag ein rechtlich verbundenes Geschäft. Das ist insbesondere dann der Fall, wenn der Kredit der Finanzierung dient und beide Verträge eine wirtschaftliche Einheit darstellen.

Verbundene Verträge werden gemäß § 359 Abs. 3 dadurch begründet, dass ein Vertrag über die Lieferung einer Ware (regelmäßig ein Kaufvertrag) oder die Erbringung einer Leistung und ein Darlehensvertrag, der ganz oder teilweise der Finanzierung des anderen Vertrages dient, dergestalt miteinander verbunden sind, dass sie eine wirtschaftliche Einheit bilden. Eine wirtschaftliche Einheit liegt insbesondere vor, wenn sich der Darlehensgeber bei der Vorbereitung oder dem Abschluss des Verbraucherdarlehensvertrages der Mitwirkung des Unternehmers bedient, mit dem der Verbraucher den Vertrag über die Lieferung von Waren oder die Erbringung von anderen Leistungen abschließt. **834a**

In dem oben genannten **Beispiel** hat sich die B-Bank des Unternehmers M bedient, um den Verbraucherdarlehensvertrag mit A schließen zu können. Eine wirtschaftliche Einheit i. S. des § 359 Abs. 3 liegt vor. Es handelt sich deshalb um verbundene Verträge.

Auf **verbundene Verträge**, die Verbraucherverträge sind, findet § 358 Anwendung. **835** Das bedeutet, dass der Käufer dann, wenn er den Kaufvertrag wirksam widerrufen hat, auch an den Verbraucherdarlehensvertrag nicht mehr gebunden ist (§ 358 Abs. 1). Hat er den Verbraucherdarlehensvertrag nach §§ 495, 355 widerrufen, ist er gemäß § 358 Abs. 2 auch an den zugrunde liegenden Kaufvertrag nicht mehr gebunden[2].

---

2 *Bülow*, NJW 2002, 1149.

Beispiel: Im oben genannten **Beispiel** (Schlafzimmerkauf) widerruft A den mit M abgeschlossenen Kaufvertrag fristgemäß innerhalb von zwei Wochen (§ 355 Abs. 1). Damit ist A gemäß § 358 Abs. 1 nicht mehr an den Darlehensvertrag mit der B-Bank gebunden.

Bei verbundenen Verträgen können sich Schwierigkeiten daraus ergeben, wenn es darum geht, ob und gegebenenfalls wie sich Leistungsstörungen aus dem einen Vertragsverhältnis auf das andere auswirken können.

So ist in dem oben genannten **Beispiel** (Schlafzimmerkauf) z. B. zu fragen, ob es sich auf die Zahlungspflicht des Käufers dem Kreditgeber gegenüber auswirkt, wenn die Möbel Mängel aufweisen, die dem Käufer einen Nacherfüllungsanspruch gewähren.

836 § 359 trifft für diesen Fall eine Regelung. So kann der Käufer in derartigen Fällen die Rückzahlung des Darlehens verweigern, wenn er gegenüber dem Verkäufer Gewährleistungsrechte, die ihn zu einer Zahlungsverweigerung gegenüber dem Verkäufer berechtigen (wie z. B. die Einrede des nichterfüllten Vertrages gemäß § 320), geltend machen kann. Ausnahmsweise hat der Käufer kein Verweigerungsrecht, wenn es sich lediglich um einen sogenannten Bagatellkredit handelt, d. h. wenn der finanzierte Kaufpreis 200 Euro nicht überschreitet. Steht dem Käufer ein Anspruch auf Nacherfüllung zu, so kann er die Rückzahlung des Kredits erst nach dem Fehlschlagen der Nacherfüllung ablehnen (§ 359).

IV. Das Sachdarlehen (§§ 607 ff.)

837 Gegenstand des Darlehens können auch vereinbarte vertretbare Sachen, die in § 91 definiert sind, sein, also bewegliche Sachen, die im Verkehr nach Maß, Zahl oder Gewicht bestimmt zu werden pflegen.

Die Begrenzung des Darlehens auf vertretbare Sachen stellt den ersten Unterschied zu typischen Gebrauchsüberlassungsverträgen wie der Miete, der Leihe und der Verwahrung, die gegenständlich nicht festgelegt sind, dar. Sie findet ihren Grund darin, dass unvertretbare Sachen (wie z. B. Wohnräume, Antiquitäten) nicht in gleicher Art, Güte und Menge zurückgegeben werden können. Einen weiteren Unterschied bildet die Rückerstattungspflicht am Ende der Vertragszeit. Beim Darlehen ist sie als reine Wertschuld ausgestaltet, d. h. es besteht eine Verpflichtung, lediglich Sachen gleicher Art und Güte zurückzuerstatten, dagegen keine Rückgabeverpflichtung bezüglich der „dargeliehenen" Sache. Bei Miete, Leihe und bei Verwahrung bezieht sich die Rückgabeverpflichtung dagegen jeweils auf die entliehene, verwahrte oder gemietete Sache selbst.

Die Bedeutung des Sachdarlehens liegt u. a. darin, das auch die „Wertpapierleihe" darunter fällt. Das ist die zeitlich begrenzte und entgeltliche Überlassung von Wertpapieren zur Nutzung durch den Empfänger.

Für die Gewährung des Sachdarlehens ist im Zweifel ebenfalls ein Entgelt zu zahlen.

§ 38 Bürgschaft, Garantievertrag und Schuldmitübernahme

Schrifttum: *Braun*, Von den Nahbereichspersonen bis zu den Arbeitnehmern als Bürgen: ein Überblick über die Rechtsprechung des BGH zur Sittenwidrigkeit von Bürgschaften, Jura 2004, 474; *Karst*, Die Bürgschaft auf erstes Anfordern im Fadenkreuz des BGH, NJW 2004, 209; *Saenger*, Patronatserklärungen – Bindung und Leitungsmöglichkeiten, in: FS Eisenhardt, 2007, S. 489 ff.; *Schmolke*, Grundfälle zum Bürgschaftsrecht, JuS 2009, 585, 679, 784; *Tiedtke*, Die Rechtsprechung des BGH auf dem Gebiet des Bürgschaftsrechts in den Jahren 2001 und 2002, NJW 2003, 1359; *ders.*, Die Rechtsprechung des BGH auf dem Gebiet des Bürgschaftsrechts seit 2003, NJW 2005, 2498; *Tonner*, Neues zur Sittenwidrigkeit von Ehegattenbürgschaften – BGHZ 151, 34 und BGH, NJW 2002, 2230, JuS 2003, 325; *Wagner*, Die Sittenwidrigkeit von Angehörigenbürgschaften nach Einführung der Restschuldbefreiung und Kodifizierung der c.i.c., NJW 2005, 2956.

I. Die Bürgschaft

1. Einleitung

Die Bürgschaft als eine Personalsicherheit spielt in der Praxis nicht eine gleichermaßen bedeutende Rolle wie die Realsicherheiten. Realsicherheiten gewähren dem Gläubiger außerhalb und innerhalb eines Insolvenzverfahrens ein Recht auf bevorzugte Befriedigung aus dem Sicherungsgegenstand. Der Inhaber einer Realsicherheit kann also davon ausgehen, dass er jedenfalls in etwa den Wert der zur Sicherung übertragenen Sache erhält. Mit der Bürgschaft wird eine vergleichbare, für den Gläubiger günstige Position nicht geschaffen, da häufig unsicher ist, ob die Haftungsmasse des Bürgen ausreicht, um die Forderung des Gläubigers zu erfüllen. Zudem ist der Bürge nicht immer leistungswillig. Gläubiger versuchen deshalb in der Regel zunächst, Realsicherheiten zu erhalten. Häufig greifen sie auf Personalsicherheiten, vorzugsweise Bürgschaften, erst zurück, wenn Realsicherheiten nicht zur Verfügung stehen. Nicht selten wird auch eine Bürgschaft neben einer Realsicherheit zur Sicherung derselben Forderung übernommen, um dem Gläubiger ein Maximum an Sicherheit zu verschaffen.

Das Bürgschaftsrecht ist in den §§ 765 ff. geregelt.

838

2. Der Bürgschaftsvertrag

Mit dem Bürgschaftsvertrag verpflichtet sich der Bürge gegenüber dem Gläubiger, für die Erfüllung der Verbindlichkeit des Schuldners einzustehen. Mit dem Abschluss des Bürgschaftsvertrages entsteht also ein Schuldverhältnis, das dem Gläubiger zur Sicherung seiner Hauptforderung gegen den Schuldner unter bestimmten Voraussetzungen ein Forderungsrecht gegen den Bürgen gewährt. Weil aus dem Vertrag im Wesentlichen nur der Bürge verpflichtet wird, handelt es sich um einen einseitig verpflichtenden Vertrag.

839

Unabhängig von ihrem Inhalt kann jede schuldrechtliche Verbindlichkeit eine durch die Bürgschaft gesicherte Hauptschuld (Hauptverbindlichkeit) sein. Darunter fallen vertragliche Entstehungsgründe ebenso wie gesetzliche (etwa aus ungerechtfertigter Bereicherung oder unerlaubter Handlung). Zulässig ist auch eine Bürgschaft zur Sicherung von unvertretbaren Leistungspflichten des Schuldners, wie z. B. zu Diensten, Werkleistungen und Unterlassungen. Hier ist die Verpflichtung des Bürgen allerdings von vornherein auf das Interesse in Geld gerichtet[1]. Ein Beispiel dafür ist die Gewährleistungsbürgschaft (siehe dazu unten Rdnr. 855).

In der Praxis werden Bürgschaftsverträge überwiegend zur Sicherung von Geldforderungen abgeschlossen.

Der Bürge ist verpflichtet, den Gläubiger zu befriedigen, wenn der Schuldner die Leistung nicht erbringt. Im Gegensatz zur Realsicherheit haftet der Bürge nicht nur mit bestimmten dazu ausersehenen Gegenständen, sondern persönlich mit seinem gesamten Vermögen.

840 Der Bürgschaftsvertrag wird zwischen dem Gläubiger der zu sichernden Forderung und dem Bürgen abgeschlossen.

Beispiel: Die X-Bank gewährt dem S ein Darlehen in Höhe von 50 000,– € zu einem Zinssatz von 8 % jährlich. Es entsteht ein Darlehensvertrag zwischen der X-Bank und S, aus dem der X-Bank ein Darlehensrückzahlungsanspruch erwächst.

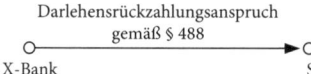

Zur Sicherung dieses Anspruchs übernimmt B die Bürgschaft gegenüber der Bank. Zwischen der X-Bank und B wird ein Bürgschaftsvertrag gemäß § 765 abgeschlossen.

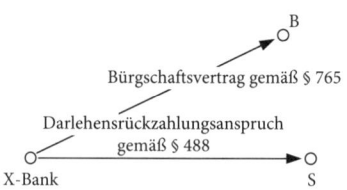

In dem vorhergehenden **Beispiel** ist die Hauptforderung die der X-Bank gegen S zustehende Darlehensrückzahlungsforderung aus § 488.

841 Die Hauptforderung kann auf jede beliebige Leistung gerichtet sein. In der Regel ist sie auf Geld gerichtet.

---

1 Vgl. *MünchKomm-Habersack* § 765 Rdnr. 79; BGH NJW 2001, 3327.

Der Bestand der Bürgschaftsverpflichtung ist vom jeweiligen Bestand der Hauptforderung abhängig (§ 767). Besteht also die Hauptforderung nicht, existiert auch die Bürgschaftsforderung nicht. Dieses Abhängigkeitsverhältnis zwischen Hauptforderung und Bürgschaft nennt man **Akzessorietät**. Die Bürgschaft ist deshalb eine akzessorische Verpflichtung.

> **Beispiel** im Anschluss an das vorhergehende **Beispiel:** Ist der zwischen der X-Bank und S abgeschlossene Darlehensvertrag aus irgendeinem Grunde – etwa wegen eines Verstoßes gegen die guten Sitten gemäß § 138 – nichtig, besteht kein Darlehensrückzahlungsanspruch gemäß § 488. Wegen der Abhängigkeit zwischen der zu sichernden Forderung und der Bürgschaft ist im Zweifel auch keine Bürgschaftsverpflichtung zwischen B und der X-Bank entstanden. B kann nicht wegen der Darlehensrückzahlungsforderung aus § 488 i. V. m. § 765 als Bürge in Anspruch genommen werden.

Gemäß § 765 Abs. 2 BGB kann die Bürgschaft auch für eine künftige oder eine bedingte Verbindlichkeit übernommen werden. Der Schuldgrund für eine künftige Verbindlichkeit muss allerdings **bestimmbar** sein.   **842**

Dies erfordert, dass das künftig erst abzuschließende Rechtsgeschäft oder zu begründende Rechtsverhältnis der allgemeinen Art nach im Voraus bestimmt ist[2]. Es muss sich jedenfalls durch Auslegung ermitteln lassen, welche Hauptforderung ggf. in welchem Umfang gesichert werden soll[3]. Das muss nicht bedeuten, dass die Bürgschaft der Summe nach begrenzt sein muss[4]. Es soll nur verhindert werden, dass Gläubiger und Hauptschuldner – zulasten des Bürgen – den Umfang der Bürgschaft eigenmächtig ausweiten können (vgl. § 767 Abs. 1 S. 3). Denn eine „unbegrenzte Ausdehnung der Haftung durch rechtsgeschäftliches Handeln anderer widerspricht dem elementaren Schutz der Privatautonomie des Bürgen"[5].

3. Die Stellung des Bürgen

Der Gläubiger hat gegenüber dem Bürgen kein vorrangiges Befriedigungsrecht. Er nimmt die gleiche Position ein wie die übrigen Gläubiger, die der Bürge hat. Das gilt auch für den Fall, dass über das Vermögen des Bürgen das Insolvenzverfahren eröffnet worden ist.   **843**

> **Beispiel:** S hat bei der X-Bank ein Darlehen aufgenommen, für dessen Rückzahlung sich B gegenüber der X-Bank verbürgt hat. Nachdem Letztere bei S vergeblich die Zwangsvollstreckung versucht hat, wendet sie sich an B. Dieser schuldet dem M aus Dienstvertrag 10 000,– € und dem A aus Kaufvertrag 5000,– €.

---

2   Vgl. BGHZ 25, 318, 319 f.
3   Vgl. *MünchKomm-Habersack*, § 765 Rdnr. 68; § 766 Rdnr. 6.
4   Missverständlich in dieser Hinsicht BGHZ 130, 19, 26 f.
5   So zutreffend BGHZ 130, 19, 27.

Die X-Bank hat aus der Bürgschaft gegen B kein vorrangiges Befriedigungsrecht. Sie steht den anderen Gläubigern M und A gleich.

844 Der Gläubiger kann den Bürgen grundsätzlich nur subsidiär, d. h. erst dann in Anspruch nehmen, wenn er vom Schuldner keine Leistung erlangt und zunächst gegen den Schuldner die Zwangsvollstreckung erfolglos versucht hat (Einrede der Vorausklage, § 771).

Die Durchsetzung eines Anspruchs aus dem Bürgschaftsvertrag gegen den Bürgen kann bei einer nur subsidiären Verpflichtung des Bürgen lange Zeit in Anspruch nehmen. Daher erfreut sich die vom Gesetzgeber als Normalfall der Bürgschaft vorgesehene Regelung in der Praxis keiner großen Beliebtheit. Stattdessen ist die **selbstschuldnerische Bürgschaft** zum Regelfall geworden. Eine selbstschuldnerische Bürgschaft entsteht dadurch, dass sich der Bürge gegenüber dem Gläubiger unter Verzicht auf die Einrede der Vorausklage als Selbstschuldner verbürgt (§ 773 Abs. 1 Ziff. 1).

845 **Selbstschuldnerische Bürgschaft** bedeutet: Der Bürge haftet nicht nur subsidiär. Der Gläubiger kann sich auch sogleich an den Bürgen halten, ohne die Durchsetzung des Anspruchs zuvor beim Schuldner versucht zu haben.

Auch bei der selbstschuldnerischen Bürgschaft richten sich Entstehung, Inhalt und Bestand des Anspruchs aus der Bürgschaft nach der Hauptforderung, die der Gläubiger gegen den Schuldner hat. Die Hauptforderung muss nicht auf eine Geldzahlung, sondern kann auch auf eine andere Art der Vertragserfüllung gerichtet sein. Der BGH[6] hält selbstschuldnerische Vertragserfüllungsbürgschaften – auch in Allgemeinen Geschäftsbedingungen – für wirksam.

846 Der Gläubiger kann außer im Fall der selbstschuldnerischen Bürgschaft auch ohne vorherige Klage und ohne zuvor die Zwangsvollstreckung versucht zu haben sofort die Leistung von dem Bürgen fordern, wenn
– die Rechtsverfolgung gegen den Hauptschuldner infolge eines in § 773 Abs. 1 Ziff. 2 genannten Umstandes wesentlich erschwert ist,
– über das Vermögen des Schuldners das Insolvenzverfahren eröffnet worden ist (§ 773 Abs. 1 Ziff. 3),
– davon auszugehen ist, dass die Zwangsvollstreckung in das Vermögen des Schuldners nicht zur Befriedigung des Gläubigers führen wird (§ 773 Abs. 1 Ziff. 4),

---

6 BGHZ 150, 299, 304.

– der Bürge Vollkaufmann ist und die Vereinbarung der Bürgschaft für ihn ein Handelsgeschäft darstellt (§§ 343, 349 HGB).

Aufgabe 12:
Fall: Die X-Bank gewährt S ein Darlehen in Höhe von € 50 000,– zu 8 % Zinsen pro Jahr. Die Darlehenssumme soll nach 5 Jahren in voller Höhe zurückgezahlt werden. Zur Sicherung der Darlehensrückzahlungsforderung übernimmt H der X-Bank gegenüber schriftlich die selbstschuldnerische Bürgschaft, die in der Kreditvertragsurkunde zwischen der Bank und S vermerkt wird. Als der Darlehensrückzahlungsanspruch nach dem Ablauf von 5 Jahren fällig wird, zahlt S € 10 000,– und die Zinsen für die gesamte Summe und verweigert die Zahlung des Restes mit der Begründung, er könne nicht mehr zahlen. Die X-Bank nimmt diese Zahlung entgegen und verlangt von H Zahlung von € 50 000,–. Zu Recht?

Lösen Sie diese Aufgabe bitte in einem schriftlichen Gutachten und vergleichen Sie Ihre Ausführungen anschließend mit der Lösung am Schluss dieses Buches!

4. Die Einreden des Bürgen

47 Der Bürge kann dem Gläubiger dieselben Einreden entgegenhalten, die der Hauptschuldner gegenüber dem Gläubiger hat (§ 768). § 768 Abs. 1 S. 1 ist eine weitere Ausprägung des Akzessorietätsgrundsatzes, die dazu führt, dass der Gläubiger gegen den Bürgen keine besseren Rechte erlangt als gegen den Schuldner; dem Bürgen ist also das Recht eingeräumt, sämtliche Einreden des Hauptschuldners zu erheben[7]. Deshalb ist der Wortlaut des § 768 nicht einschränkend auszulegen.

Zu den Einreden i. S. des § 768 gehören z. B.
– die Einrede der Verjährung,
– die Einrede der nachträglichen Stundung,
– die Einrede des nichterfüllten Vertrages (§ 320),
– die Einrede des Zurückbehaltungsrechts (§ 273),
– die Einrede der ungerechtfertigten Bereicherung[8].

Beispiel: Die Forderung, die K gegen S auf Zahlung des Kaufpreises hat und für die B die selbstschuldnerische Bürgschaft übernommen hat, ist verjährt. K wendet sich mit dem Verlangen der sofortigen Zahlung an B. Dieser kann dem K gemäß § 768 ebenfalls die Einrede der Verjährung entgegenhalten und die Zahlung verweigern.

48 Gemäß § 770 Abs. 1 kann der Bürge die Befriedigung des Gläubigers verweigern, solange dem Hauptschuldner das Recht zusteht, das Rechtsgeschäft, das seiner Verbindlichkeit zugrunde liegt, anzufechten. Praktische Bedeutung hat diese Regelung

---

7 So BGHZ 107, 210, 214.
8 Vgl. BGHZ 107, 210, 214.

vor allem im Hinblick auf eine Anfechtung wegen arglistiger Täuschung gemäß § 123 Abs. 1. Ob § 770 Abs. 1 auf gesetzliche (§§ 323 ff.) und vertragliche Rücktrittsrechte (§ 346) sowie auf das Recht zur Minderung entsprechende Anwendung findet, ist umstritten[9].

Aus der Regelung der §§ 767, 768 betreffend die Abhängigkeit des Bürgschaftsanspruchs von der gesicherten Hauptverbindlichkeit (Akzessorietätsprinzip) ergibt sich, dass der Bürge dem Gläubiger auch alle dem Hauptschuldner gegenüber der Hauptforderung zustehenden **Einwendungen** entgegenhalten kann.

849 **Einwendungen** zielen darauf, aufgrund einer Gegennorm den Anspruch selbst oder seine Durchsetzbarkeit zu Fall zu bringen.

Dabei unterscheidet man zwischen

- **rechtshindernden** Einwendungen: der Anspruch entsteht nicht (Beispiel: Nichtigkeit von Rechtsgeschäften gemäß § 105 – Geschäftsunfähigkeit – oder § 138 – Sittenwidrigkeit –);
- **rechtsvernichtenden** Einwendungen: der wirksam entstandene Anspruch geht wieder unter (Beispiel: Erfüllung, Aufrechnung, Erlass);
- **rechtshemmenden** Einwendungen: der wirksam entstandene Anspruch bleibt zwar bestehen, ist aber in seiner Durchsetzung gehemmt (Beispiel: Verjährung, Stundung).

5. Die Inanspruchnahme des Bürgen

850 Wenn der Gläubiger den Bürgen aus dem Bürgschaftsvertrag wegen der Forderung in Anspruch nimmt, für deren Erfüllung der Bürge einstehen soll, geht mit der Leistung des Bürgen die Hauptforderung nicht etwa unter. Die Hauptforderung geht vielmehr gemäß § 774 Abs. 1 kraft Gesetzes von dem Gläubiger auf den Bürgen über, der damit die Möglichkeit erhält, den Schuldner aus dieser Forderung in Anspruch zu nehmen.

Die folgenden Schaubilder mögen das verdeutlichen:

a) Vor der Inanspruchnahme des Bürgen

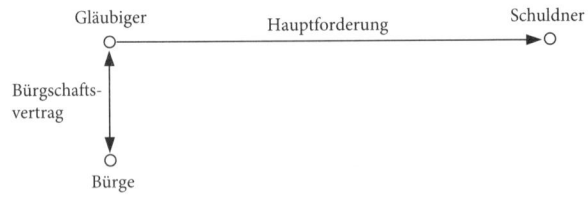

---

9 Vgl. *MünchKomm-Habersack*, § 770 Rdnr. 6 mit Nachw.

b) Nach der Inanspruchnahme des Bürgen

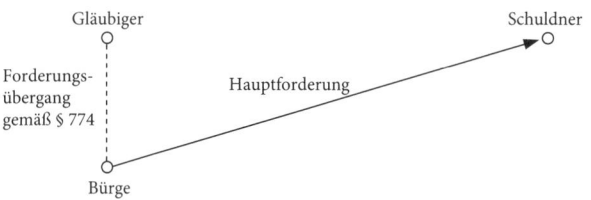

Bei § 774 handelt es sich um einen Fall des Forderungsüberganges kraft Gesetzes.

Aufgabe 13:
Fall: A hat gegen S eine Kaufpreisforderung in Höhe von € 500,–. Für diese Forderung übernimmt B auf Bitten des S schriftlich die selbstschuldnerische Bürgschaft. Als S bei Fälligkeit der Forderung nicht zahlen kann, nimmt A den B in Anspruch, der € 500,– an A zahlt. Kann B nun von S Zahlung von € 500,– verlangen?
Lösen Sie diese Aufgabe bitte in einem schriftlichen Gutachten und vergleichen Sie Ihre Ausführungen anschließend mit der Lösung am Schluss dieses Buches!

---

6. Die Bürgschaft auf erstes Anfordern

In der Praxis wird häufig auf Verlangen des Gläubigers eine „Bürgschaft auf erstes Anfordern" vereinbart. Damit soll erreicht werden, dass der Bürge schon auf einfaches formalisiertes Verlangen des Gläubigers zahlen muss, ohne dass er sich auf Einreden und Einwendungen des Hauptschuldners berufen kann. Die Bürgschaft auf erstes Anfordern dient – insoweit einer Garantie auf erstes Anfordern vergleichbar – der schnellen Durchsetzung der mit ihr gesicherten Ansprüche[10]. Sie hat den Zweck, anstelle des früher gebräuchlichen Bardepots dem Gläubiger sofort liquide Mittel zuzuführen[11].

851–
853

Die Bürgschaft auf erstes Anfordern bedeutet also einen einstweiligen Verzicht des Bürgen auf das Geltendmachen von Einwendungen und Einreden des Hauptschuldners.

> **Beispiel:** S kauft privat bei V einen PKW zum Preis von 60 000,– €. Zur Sicherung der Kaufpreisforderung übernimmt B eine selbstschuldnerische Bürgschaft auf erstes Anfordern.
>
> S zahlt den Kaufpreis nicht. Nachdem die Kaufpreisforderung verjährt ist, verlangt V von B die Zahlung der 60 000,– €.

---

10 So BGH MDR 1999, 816.
11 So BGH MDR 1997, 229.

S kann sich auf die Verjährung der Forderung gemäß § 214 Abs. 1 BGB berufen. Fraglich ist, ob B dies auch geltend machen kann.

B hatte eine Bürgschaft auf erstes Anfordern übernommen. Eine solche Bürgschaft bedeutet einen einstweiligen Verzicht des Bürgen auf das Geltendmachen von Einwendungen und Einreden des Hauptschuldners. B kann sich somit nicht auf die Verjährung der Hauptforderung gemäß § 768 Abs. 1 BGB berufen. Er ist verpflichtet, an V 60 000,– € zu zahlen.

7. Die Gewährleistungsbürgschaft

854 Da die durch die Bürgschaft gesicherte Hauptschuld jede schuldrechtliche Verbindlichkeit ungeachtet ihres Inhalts sein kann, können auch Bürgschaften zur Absicherung von Mängelansprüchen bei Kauf- und Werkverträgen (= Gewährleistungsbürgschaften) abgeschlossen werden. Sie werden in der Regel im Zusammenhang mit Werk- und Werklieferungsverträgen im Bauwesen abgeschlossen. Diese Bürgschaft wird mit demjenigen Gläubiger abgeschlossen, der berechtigt ist, die gesicherten Gewährleistungsansprüche geltend zu machen. Die Verpflichtung des Bürgen ist von vornherein auf eine Geldleistung gerichtet[12].

Beispiel: Bei der Durchführung eines Werkvertrages hat der Besteller ein Selbstvornahmerecht mit einen Anspruch auf Aufwendungsersatz erworben. Hat der Bürge dem Besteller gegenüber eine selbstschuldnerische Gewährleistungsbürgschaft übernommen, so kann der Besteller vom Bürgen die Kostenerstattung verlangen.

Auch beim Kaufvertrag kann der Bürge zur Sicherung der Gewährleistungsansprüche des Käufers diesem gegenüber eine Gewährleistungsbürgschaft übernehmen. Die durch die Bürgschaft gesicherten Hauptverbindlichkeiten (= Ansprüche des Käufers gegen den Verkäufer) sind dann z. B.:

– der Anspruch auf Schadensersatz statt der Leistung (§§ 437, 280, 281),

– oder ein Anspruch auf Ersatz vergeblicher Aufwendungen (§ 284).

Auch eine Gewährleistungsbürgschaft kann „auf erstes Anfordern" übernommen werden[13].

Aufgabe 14:

Fall: Am 2. April 2010 kauft K bei V einen gebrauchten LKW zu einem Preise von € 75 000,–. Auf entsprechende Fragen des K erklärt V, das Fahrzeug befinde sich in einem technisch einwandfreien Zustand und sei „in jeder Hinsicht einsatzfähig". Auf Drängen des K vermerkt V auf der letzten Seite eines vorgedruckten Kaufvertrages mit der Hand:

---

12 *MünchKomm-Habersack*, § 765 Rdnr. 110; *Tiedtke*, NJW 2003, 1364.
13 *MünchKomm-Habersack*, § 765 Rdnr. 110.

„Der technisch einwandfreie Zustand des LKW wird zugesichert". Anschließend wird der Vertrag von V und K unterschrieben.

Da K damit rechnet, dass Gewährleistungsansprüche entstehen können, sucht er nach einer Sicherheit für deren Durchsetzung für den Fall des Entstehens derselben. Schließlich erklärt sich der B bereit, eine Bürgschaft zu übernehmen. In einem von B unterzeichneten Schreiben mit Datum des 2. April 2010 heißt es:

„Gewährleistungsbürgschaft"

„B übernimmt die selbstschuldnerische Bürgschaft auf erstes Anfordern für alle aus der Abwicklung des Kaufvertrages entstandenen Ansprüche."

K zahlt den Kaufpreis am 2. April 2010. Am 3. April 2010 stellt sich heraus, dass der gekaufte LKW schwere Mängel aufweist, die K allerdings bei der Übernahme des Fahrzeuges bei einer entsprechenden Prüfung nicht hätte wahrnehmen können. U.a. ist das Bremssystem defekt. Da K den LKW nicht einsetzen kann, entsteht ihm ein Ausfall von € 2300,–.

V wusste von den Mängeln des LKW, wollte das aus seiner Sicht günstige Geschäft mit K aber durch eine entsprechende Aufklärung nicht gefährden.

K möchte wissen, was er von B (!) verlangen kann.

Lösen Sie diese Aufgabe bitte in einem schriftlichen Gutachten und vergleichen Sie Ihre Ausführungen anschließend mit der Lösung am Schluss dieses Buches!

8. Die Inhaltskontrolle von Bürgschaftsverträgen

Bürgschaftsverträge sind häufig Gegenstand einer Inhaltskontrolle sowohl am Maßstab des § 138 Abs. 1, als auch nach den Vorschriften über die Allgemeinen Geschäftsbedingungen (§§ 305 ff.) gewesen. **855**

a) Die Inhaltskontrolle gemäß § 138 Abs. 1

Schwerpunktmäßig haben Gerichte Bürgschaftsverträge inhaltlich überprüft, in denen Verwandte oder Lebenspartner sich verpflichtet hatten, aber finanziell überfordert waren. Nichtigkeit der Bürgschaftsverträge wegen Sittenwidrigkeit (§ 138 Abs. 1) hat der BGH insbesondere bei folgenden Fallgruppen angenommen, wobei stets eine finanzielle Überforderung der Bürgen vorlag[14]. Das bedeutet, der Bürge verpflichtet sich in einem Umfange, der seine gegenwärtigen und zukünftig zu erwartenden Einkommens- und Vermögensverhältnisse weit übersteigt: **856**

– der Gläubiger nutzt die geschäftliche Unerfahrenheit oder die seelische Zwangslage des Bürgen aus oder beeinträchtigt ihn in anderer Art und Weise unzulässig; dadurch wird ein unerträgliches Ungleichgewicht zwischen den Vertragspartnern geschaffen[15];

---

14 Vgl. auch *Tonner*, JuS 2003, 326 ff.

15 Vgl. BGHZ 125, 206, 210.

- für den Gläubiger ist erkennbar, dass der Hauptschuldner (z. B. Eltern) in einer zu missbilligenden Weise auf bürgende Kinder oder Geschwister einwirkt; die Bürgen übernehmen ein Haftungsrisiko aus Rechtsgeschäften, an denen sie kein eigenes rechtliches oder wirtschaftliches Interesse haben[16];

- bei Bürgschaften von Kindern und Lebenspartnern des Hauptschuldners besteht ein krasses Missverhältnis zwischen dem Haftungsumfang und der wirtschaftlichen Leistungsfähigkeit des Bürgen; die finanziellen Mittel des Bürgen sind bezogen auf die Höhe der gesamten Hauptschuld praktisch bedeutungslos und ein berechtigtes Interesse des Kreditgebers an einer Verpflichtung in dem vereinbarten Umfang kann unter keinem Gesichtspunkt anerkannt werden[17]. Bei der Frage nach der wirtschaftlichen Leistungsfähigkeit des Bürgen sind dessen weitere finanzielle Belastungen wertmindernd zu berücksichtigen[18].

857 Man kann die vom BGH zur Inhaltskontrolle von Bürgschaftsverträgen gemäß § 138 Abs. 1 entwickelten Grundsätze wie folgt zusammenfassen: Die Anwendung des § 138 Abs. 1 auf von Kreditinstituten mit privaten Sicherungsgebern geschlossene Bürgschafts- oder Mithaftungsverträge hängt regelmäßig entscheidend vom Grad des Missverhältnisses zwischen dem Verpflichtungsumfang und der finanziellen Leistungsfähigkeit des dem Hauptschuldner persönlich nahe stehenden Bürgen oder Mitverpflichteten ab. Zwar reicht selbst der Umstand, dass der Betroffene voraussichtlich nicht einmal die von den Darlehensvertragsparteien festgelegte Zinslast aus dem pfändbaren Teil seines Einkommens oder Vermögens bei Eintritt des Sicherungsfalls dauerhaft tragen kann, regelmäßig nicht aus, um das Unwerturteil der Sittenwidrigkeit zu begründen. In einem solchen Fall der krassen finanziellen Überforderung ist aber nach der allgemeinen Lebenserfahrung ohne Hinzutreten weiterer Umstände widerleglich zu vermuten, dass er die ruinöse Bürgschaft oder Mithaftung allein aus emotionaler Verbundenheit mit dem Hauptschuldner übernommen und der Kreditgeber dies in sittlich anstößiger Weise ausgenutzt hat.[19]

Beispiel: F betreibt eine Modeboutique. Zur Vergrößerung ihres Geschäfts nimmt sie bei der B-Bank ein Darlehen in Höhe von 350 000,– € auf. Die B-Bank verlangt von F, dass ihr Sohn S für dieses Darlehen eine Bürgschaft übernimmt. S ist gerade volljährig geworden. Er absolviert zurzeit das letzte Schuljahr und verfügt über kein eigenes Einkommen.

Der Mitarbeiter der B-Bank spielt gegenüber S die Bürgschaftsverpflichtung herunter mit der Bemerkung, „man benötige die Unterschrift nur für die Akten". Der geschäftsunerfahrene S unterschreibt daraufhin den Bürgschaftsvertrag.

---

16 Vgl. BGHZ 125, 213 f.; 137, 329.
17 Vgl. BGHZ 137, 329, 333 f.; BGH NJW 2001, 815, 816; BGH NJW 2000, 1182, 1183.
18 BGHZ 151, 34; BGH NJW 2002, 2634, 2635.
19 So BGHZ 151, 34, 36 f.; siehe zu alledem auch BVerfGE 89, 214 ff.

Hier nutzt die B-Bank die geschäftliche Unerfahrenheit des S und auch die psychische Zwangslage, in der S sich befindet, aus. Darüber hinaus besteht ein krasses Missverhältnis zwischen dem Haftungsumfang und der wirtschaftlichen Leistungsfähigkeit des Bürgen. Dazu wird noch ein unerträgliches Ungleichgewicht zwischen den Vertragspartnern geschaffen. Nach alledem ist der Bürgschaftsvertrag gem. § 138 Abs. 1 BGB nichtig.

b) Die Inhaltskontrolle nach den Vorschriften des BGB über Allgemeine Geschäftsbedingungen

Handelt es sich, wie das in der Praxis häufig vorkommt, bei dem Bürgschaftsvertrag um Allgemeine Geschäftsbedingungen, so findet eine Inhaltskontrolle nach den Vorschriften über die Allgemeinen Geschäftsbedingungen statt. Diese Kontrolle bezieht sich vorwiegend darauf, ob der Vertrag überraschende (§ 305c) oder unzulässige Klauseln (§ 307 ff.) enthält.   **858**

aa) Überraschende Klauseln (§ 305c): Als überraschend wird eine Regelung in Allgemeinen Geschäftsbedingungen dann angesehen, wenn sie von den Erwartungen des Vertragspartners deutlich abweicht und dieser mit derselben den Umständen nach vernünftigerweise nicht zu rechnen braucht. Die Erwartungen des Vertragspartners werden dabei von allgemeinen und individuellen Begleitumständen des Vertragsschlusses bestimmt. Zu den besonderen Begleitumständen gehören insbesondere der Gang und der Inhalt der Vertragsverhandlungen sowie der äußere Zuschnitt des Vertrages[20].   **859**

Aufgabe 15:

Die X-Bank hat dem P verschiedene Kredite gewährt, u. a. einen Kontokorrentkredit in Höhe von € 500 000,–. Für die daraus entstehenden Verpflichtungen hat P Sicherheiten leisten können. Als P im Januar 2009 ein weiteres Darlehen in Höhe von € 150 000,– aufnehmen möchte, um zwei Maschinen anschaffen zu können, die für das Unternehmen von besonderer Wichtigkeit sind, ist er nicht in der Lage, weitere Sicherheiten zu stellen. Auf Bitten des P erklärt sich sein Freund F bereit, den für diese Investition notwendigen Kredit mit einer Bürgschaft abzusichern. Dies erklärt er telefonisch auch gegenüber der X-Bank und bittet darum, den Bürgschaftsvertrag entsprechend vorzubereiten. Am 2. Februar 2009 unterschreibt F den Bürgschaftsvertrag, ein Formularvertrag, den sich F nicht durchgelesen hat. In dem Vertrag verpflichtet sich F als Bürge selbstschuldnerisch. In § 2 des Bürgschaftsvertrages heißt es:

„Der Bürge verpflichtet sich, für alle bestehenden und in der Zukunft noch entstehenden Forderungen aus der Geschäftsverbindung der X-Bank gegen P einstehen zu wollen."

---

20 So BGHZ 130, 19, 25.

Nachdem P im Oktober 2010 den ihm eingeräumten Kontokorrentkredit über die eingeräumte Grenze von € 500 000,– um € 125 000,– überschritten hat, fordert die X-Bank den P auf, € 125 000,– zurückzuzahlen. Als P nicht zahlen kann, nimmt die X-Bank den Bürgen F in Anspruch.

Kann die X-Bank von F Zahlung von € 125 000,– verlangen?

Lösen Sie diese Aufgabe bitte in einem schriftlichen Gutachten und vergleichen Sie Ihre Ausführungen anschließend mit der Lösung am Schluss dieses Buches!

860 **bb) Verstöße gegen § 307 Abs. 1:** In Bürgschaftsverträgen, die als Allgemeine Geschäftsbedingungen zu qualifizieren sind, finden sich häufig formularmäßige Ausdehnungen der Bürgenhaftung über die Forderung hinaus, die Anlass der Verbürgung war. Es heißt dann etwa „zur Sicherung aller bestehenden und künftigen … Forderungen der Bank gegen den Hauptschuldner".

Der BGH[21] sieht darin eine unangemessene Benachteiligung des Bürgen i. S. des § 307. Er hält solche Klauseln deshalb für unwirksam.

861 Die unangemessene Benachteiligung des Bürgen i. S. des § 307 Abs. 2 liegt nach Ansicht des BGH[22] darin, dass die formularmäßige Ausdehnung der Bürgschaft über die Forderung hinaus, die Anlass der Verbürgung war, mit der gesetzlichen Leitentscheidung des § 767 Abs. 1 S. 3 nicht zu vereinbaren ist (§ 307 Abs. 2). § 767 Abs. 1 S. 3 bestimmt, dass die Bürgenverpflichtung nicht durch ein Rechtsgeschäft erweitert wird, welches der Hauptschuldner nach der Übernahme der Bürgschaft vornimmt. Auf diese Weise soll verhindert werden, dass Hauptschuldner und Gläubiger den Umfang der Bürgschaft eigenmächtig ausdehnen. Hätte der Bürge auch für solche Ausdehnungen seiner Verpflichtung einzustehen, so hätte er ein unkalkulierbares Risiko übernommen, weil seine Haftung sich unversehens auf ein Vielfaches dessen belaufen kann, womit er schlimmstenfalls gerechnet hat. Dadurch droht ihm unter Umständen der Ruin[23].

II. Ähnliche Sicherungsverträge und ihre Abgrenzung von der Bürgschaft

1. Der Garantievertrag

a) Die Definition des Garantievertrages

862 Ein Kredit kann auch durch einen Garantievertrag gesichert werden.

Ein Garantievertrag ist ein – im BGB nicht ausdrücklich geregelter – selbständiger Vertrag, in dem sich jemand verpflichtet, für einen bestimmten Erfolg einzu-

---

21 Z. B. BGHZ 130, 19 ff.; 143, 95 ff.; 151, 374, 377 f.; BGH NJW-RR 2002, 343, 344.
22 BGHZ 130, 19, 26 ff. u. 32 f.; 151, 374, 377 f.
23 So BGHZ 130, 19, 26 f. u. 32 f.

stehen oder die Gefahr eines künftigen, noch nicht entstandenen Schadens zu übernehmen[24].

Der Erfolg, für den der Garant einstehen will, kann auch die Rückzahlung eines als Darlehen gewährten Geldbetrages sein. Wenn – was in der Praxis allerdings nicht sehr häufig ist – zur Absicherung eines Kredits ein Garantievertrag abgeschlossen wird, ist die Abgrenzung zum Bürgschaftsvertrag oft schwierig. Die Unterschiede zwischen Bürgschafts- und Garantievertrag sind im Wesentlichen die folgenden: Im Gegensatz zur Bürgschaft ist der Garantievertrag nicht akzessorisch[25]. Deshalb kann der Garantievertrag wirksam zustande kommen, ohne dass eine zu sichernde Forderung besteht. Auch kann der Garant die Einreden – etwa die der Verjährung – gegen die zu sichernde Forderung nicht geltend machen, die dem Schuldner aus dem Schuldverhältnis mit dem Gläubiger diesem gegenüber zustehen. Die Wirksamkeit des Garantievertrages ist nicht von der Einhaltung der Schriftform abhängig.

b) Der Inhalt des Garantievertrages

Im Regelfall übernimmt in einem Garantievertrag der Garant die Garantie dafür, dass ein Gläubiger die Leistung, die er von einem Schuldner verlangen kann, erhält. **863**

> **Beispiel:** V verkauft an K einen PKW zum Preise von 12 000,– €. Nachdem G mit V einen Garantievertrag abgeschlossen hat, in dem er dem V unabhängig vom Bestehen des Kaufvertrages garantiert, dass er die 12 000,– € erhalten werde, erklärt sich V damit einverstanden, dass K den Kaufpreis erst nach Ablauf eines Monats zahlen muss. Hier haben V und G einen vom Kaufvertrag zwischen V und K unabhängigen Garantievertrag abgeschlossen, der den G verpflichtet, dafür einzustehen, dass V 12 000,– € erhält.

2. Die Schuldmitübernahme

Der Bürgschaft verwandt ist auch die gesetzlich nicht geregelte Schuldmitübernahme (auch Schuldbeitritt oder kumulative Schuldübernahme genannt). Bei ihr tritt der Mitübernehmer zusätzlich neben den bisherigen Schuldner[26]. **864**

Der grundlegende Unterschied zur Bürgschaft besteht darin, dass der Schuldmitübernehmer nicht akzessorisch für eine fremde Schuld haftet, sondern eine **eigene** Verbindlichkeit gegenüber dem Gläubiger übernimmt[27]. Allerdings teilt die Schuldmitübernahme (Schuldbeitritt) seinem Wesen nach stets die Rechtsnatur

---

24 So RGZ 146, 120, 123; *MünchKomm-Habersack*, Vor § 765 Rdnr. 16.

25 *MünchKomm-Habersack*, Vor § 765 Rdnr. 18.

26 Vgl. dazu oben § 23 III 3.

27 Vgl. dazu BGH WM 1982, 632.

der Forderung des Gläubigers, zu der er erklärt wird, sodass auch das Formerfordernis zu beachten sein kann.[28]

Eine unwirksame Schuldmitübernahme (Schuldbeitritt) kann gemäß § 140 (siehe dazu oben Rdnr. 283 ff.) in eine Bürgschaft i. S. des § 765 umgedeutet werden.[29]

Auch die Schuldmitübernahme kann gemäß § 138 Abs. 1 BGB wegen Sittenwidrigkeit nichtig sein, wenn ein Missverhältnis zwischen Verpflichtung und Leistungsfähigkeit besteht[30].

3. Die Abgrenzung zwischen Bürgschaft, Garantievertrag und Schuldmitübernahme

865 Im Einzelfall kann zweifelhaft sein, ob eine Bürgschaft, ein Garantieversprechen (Garantievertrag) oder eine Schuldmitübernahme vorliegt. In solchen Fällen muss die betreffende Erklärung **ausgelegt** werden. Dabei ist davon auszugehen, dass die formbedürftige Bürgschaft das gesetzlich vorgesehene, im Regelfall anzunehmende Sicherungsmittel darstellt. Ein Garantieversprechen oder eine Schuldmitübernahme ist nur ausnahmsweise zu bejahen, etwa dann, wenn der Versprechende ein erhebliches eigenes Interesse an der Erfüllung der Verbindlichkeit hat[31].

> **Beispiel:** S hat bei der X-Bank hohe Schulden. Als er die Bank erneut um die Gewährung eines Darlehens bittet, lehnt diese zunächst ab. Auf Bitten des S sagt dessen Bekannter B der X-Bank telefonisch zu, für die Rückzahlung der Kreditsumme „auf jeden Fall geradezustehen"; man könne sich „felsenfest auf ihn verlassen". Daraufhin zahlt die X-Bank dem S die gewünschte Summe aus. Kann die X-Bank den B in Anspruch nehmen, wenn S bei Fälligkeit nicht zahlt?
>
> Fraglich ist hier, ob zwischen B und der X-Bank eine Bürgschaft, ein Garantievertrag oder eine Schuldmitübernahme vereinbart worden ist. Der Wortlaut der Erklärung des B ist nicht eindeutig. Gegen die Annahme eines Garantieversprechens oder einer Schuldmitübernahme spricht, dass B kein eigenes rechtliches oder wirtschaftliches Interesse an der Rückzahlung des Kredites durch S hatte. Daher kommt allenfalls eine Bürgschaftserklärung in Betracht, die jedoch wegen Missachtung des Schriftformerfordernisses unwirksam ist (§§ 766, 125 S. 1). Die X-Bank hat somit keinen Zahlungsanspruch gegen B.

866 Ein wesentlicher Unterschied zwischen der Bürgschaft einerseits und dem Garantievertrag (Garantieversprechen) andererseits besteht darin, dass die Garantie im Gegensatz zur Bürgschaft kein Nebenrecht i. S. des § 401 ist. Der Anspruch aus dem Garantievertrag geht daher bei einer Abtretung der gesicherten Forderung nicht kraft Gesetzes auf den neuen Gläubiger über. Soll dies geschehen, bedarf es dazu einer entsprechenden Vereinbarung.

---

28 Vgl. BGHZ 174, 39, 46.
29 So BGHZ 174. 39 ff.
30 Vgl. BGH NJW 1994, 1726, 1727.
31 Vgl. dazu BGH WM 1964, 61, 62; 1982, 632; 1985, 1417, 1418; OLG Hamm NJW 1993, 2625.

Bei der Schuldmitübernahme bejaht dagegen der BGH die analoge Anwendung des § 401 mit der Begründung, dass diese genauso wie die Bürgschaft ein der Sicherung der Hauptforderung dienendes Nebenrecht sei[32].

4. Die Patronatserklärung

Als Patronatserklärungen werden Erklärungen verschiedener Art bezeichnet, die – in der Regel – eine Muttergesellschaft eines Konzerns gegenüber dem Kreditgeber einer ihrer Tochtergesellschaften abgibt, um damit die Aussichten auf die Rückzahlung des Kredites zu verbessern[33]. Bei Patronatserklärungen handelt es sich häufig um unverbindliche good-will-Erklärungen, die keine unmittelbare Leistungspflicht der Muttergesellschaft gegenüber dem Kreditgeber begründen (sog. weiche Patronatserklärungen). Jedoch sind auch solche Formulierungen gebräuchlich, die als garantieähnliche Zusagen zu werten sind (sog. harte Patronatserklärungen)[34].

867

> **Beispiel:** Die X-AG bildet die Konzernspitze (Muttergesellschaft) eines vielgliedrigen Konzerns. Zugunsten ihrer Tochtergesellschaft T-AG, an der die Muttergesellschaft 100 % hält, gibt sie der B-Bank gegenüber die Erklärung ab, sie stehe hinter der kreditnehmenden T-AG. Hierin hat der BGH[35] keinen Ausdruck rechtsgeschäftlichen Bindungswillens gesehen. Folgt man dem, so hat die Muttergesellschaft mit ihrer Patronatserklärung keinerlei rechtsgeschäftliche Bindung begründet. Sie haftet deshalb der B-Bank gegenüber nicht.

> **Beispiel:** Die Muttergesellschaft erklärt gegenüber der B-Bank, sie wolle die Tochtergesellschaft so ausgestattet halten, dass sie ihre Verbindlichkeiten aus den mit der B-Bank abgeschlossenen Kreditverträgen stets erfüllen könne. Hierin ist eine Zusage mit garantieähnlicher Wirkung zu sehen, aus der die Muttergesellschaft verpflichtet ist[36].

§ 39 Vergleich, Schuldversprechen und Schuldanerkenntnis

Schrifttum: *Baumann,* Das Schuldanerkenntnis, 1992; *Fischer,* „Anerkenntnisse" im materiellen Recht und im Prozessrecht, JuS 1999, 998; *Lange,* Die Erlass- bzw. Vergleichsfalle, WM 1999, 1301; *Ludwig,* Abstrakte Schuldversprechen in der Bankpraxis und die Reform des Verjährungs-

---

32 BGH NJW 2000, 575; NJW 1972, 437, 438 f.

33 *MünchKomm-Habersack,* Vor § 765 Rdnr. 49; vgl. vor allem *Saenger,* in: FS Eisenhardt, S. 489 ff.

34 Vgl. BGH WM 1992, 501, 502 f.; OLG Karlsruhe WM 1992, 2088, 2090.

35 WM 1961, 1103, 1106; ebenso OLG Karlsruhe WM 1992, 2088, 2091.

36 BGH WM 1992, 501, 502 f.; OLG Karlsruhe WM 1992, 2088, 2090.

rechts, DB 2003, 1046; *Schnauder,* Der kausale Schuldvertrag im System der Güterbewegung, JZ 2002, 1080; *Wellenhofer-Klein,* Das Schuldanerkenntnis – Erscheinungsformen und Abgrenzungskriterien, Jura 2002, 505.

I. Der Vergleich

868 Der Vergleich ist gemäß § 779 Abs. 1 ein schuldrechtlicher Vertrag, durch den der Streit oder die Ungewissheit der Parteien über ein Rechtsverhältnis im Wege gegenseitigen Nachgebens beseitigt wird. Der Vergleich dient dem Zweck, einen wegen tatsächlicher oder rechtlicher Gründe ungewissen Rechtszustand durch eine Vereinbarung so zu beenden, dass ein Zurückgreifen auf die bisherigen Streitpunkte ausgeschlossen ist.

Ein Vergleich in diesem Sinne ist auch der Prozessvergleich, der in einem anhängigen Zivilprozess abgeschlossen wird. Aus einem Prozessvergleich kann die Zwangsvollstreckung betrieben werden (§ 794 Abs. 1 Nr. 1 ZPO).

869 Ein Vergleich im Sinne des § 779 setzt voraus:

– Es muss Streit oder Ungewissheit der beteiligten Parteien über ein Rechtsverhältnis bestehen. Die Ungewissheit kann auf tatsächlichem oder rechtlichem Gebiet liegen. Maßgeblich ist die subjektive Beurteilung der Parteien; vermeintliche Ungewissheit genügt also.

– Der Streit oder die Ungewissheit muss durch gegenseitiges Nachgeben der Parteien beendet werden. Beide Parteien müssen einander Zugeständnisse irgendwelcher Art machen; jedes auch nur geringfügige Nachgeben genügt[1].

– Die Einigung zwischen den Parteien muss durch einen Vertrag erfolgen, der nach den üblichen Regeln zustande kommt.

Beispiel: G und S streiten sich darüber, ob S einen von G gewährten Kredit in Höhe von 1000,– € bereits zurückerstattet hat. Während G behauptet, den geschuldeten Geldbetrag noch nicht erhalten zu haben, ist S seinerseits davon überzeugt, den gesamten Kredit an G zurückgezahlt zu haben. Schließlich vereinbaren sie, dass S lediglich noch 500,– € an G zahlen soll. Hier haben die Beteiligten einen Vergleich i. S. v. § 779 abgeschlossen. Denn durch ihre Vereinbarung, dass S nur 500,– € zurückerstatten soll, haben sie den zwischen ihnen bestehenden Streit, ob S den Kredit zurückgezahlt hat oder nicht, endgültig beendet. Dies ist zudem nur möglich gewesen, weil jede Partei nachgegeben hat, indem sie zugunsten der anderen Partei von ihrer ursprünglich vertretenen Position abgerückt ist.

---

1 Vgl. BGHZ 39, 60, 63.

II. Schuldversprechen und Schuldanerkenntnis

1. Begriff

In §§ 780, 781 werden nur das abstrakte (selbständige, konstitutive) Schuldver- **870** sprechen und Schuldanerkenntnis geregelt. Beides sind einseitig verpflichtende Verträge, durch die der Schuldner dem Gläubiger gegenüber unabhängig vom Schuldgrund eine Leistung verspricht.

Der mit Vereinbarungen dieser Art verfolgte Zweck besteht in erster Linie in einer Erleichterung der Rechtsverfolgung.

Da Schuldversprechen und Schuldanerkenntnis sich lediglich durch den Wortlaut, nicht aber in ihrer rechtlichen und wirtschaftlichen Zielsetzung unterscheiden, ist eine genaue Abgrenzung in der Regel müßig.

2. Entstehung und Inhalt

Ein konstitutives Schuldversprechen oder Schuldanerkenntnis kommt durch den **871** Abschluss eines Vertrages zustande, der zum Inhalt hat, dass der Schuldner **unabhängig** von einem Schuldgrund eine Leistung verspricht oder anerkennt. Die Erklärung des Schuldners bedarf jeweils der Schriftform.

3. Die Rechtsfolgen

Mit der Entstehung des das abstrakte Schuldversprechen oder -anerkenntnis be- **872** gründenden Vertrages kann die so geschaffene selbständige Verpflichtung (als eine neue Anspruchsgrundlage)

– entweder als **Schuldverstärkung** neben den (zu sichernden) schon bestehenden Anspruch aus dem Grundverhältnis treten,
– oder aber es wird im Wege der **Schuldersetzung** das ursprüngliche Schuldverhältnis beseitigt oder umgeschaffen (Novation).

Wegen der Loslösung dieser neu geschaffenen Verpflichtung vom Kausalverhältnis können Mängel des Grundgeschäfts in der Regel die Wirksamkeit der im Schuldversprechen oder -anerkenntnis verankerten Verpflichtung nicht berühren.

Beispiel: K möchte unbedingt von V eine seltene Briefmarke für 4000,– € erwerben. Weil er zur sofortigen Zahlung des Kaufpreises außerstande ist, unterzeichnet er ein schriftliches abstraktes Schuldanerkenntnis, in welchem er sich ohne Angabe eines Schuldgrundes zur Zahlung von 4000,– € an V verpflichtet. Daraufhin erhält er die Briefmarke. Wenn er später den Kaufvertrag erfolgreich anficht, hat die Anfechtung nicht zur Folge, dass auch das abstrakte Schuldanerkenntnis unwirksam ist. Denn das abstrakte Schuldanerkenntnis ist gerade dadurch gekennzeichnet, dass mit ihm eine neue selbständige Verbindlichkeit begründet wird, die in ihrem rechtlichen Bestand in der Regel nicht davon tangiert wird, dass das ursprüngliche Schuldverhältnis – hier: der Kaufvertrag – nichtig ist.

4. Abgrenzung zum deklaratorischen Schuldanerkenntnis

873 Im Gegensatz zum oben geschilderten abstrakten Schuldanerkenntnis knüpft das kausale – auch deklaratorisch genannte – Schuldanerkenntnis an ein bestehendes Schuldverhältnis an. Ähnlich einem Vergleich (vgl. oben Rdnr. 868 f.) zielt es darauf ab, das Schuldverhältnis ganz oder in bestimmter Beziehung dem Streit oder der Ungewissheit zu entziehen und insoweit endgültig festzulegen. Das deklaratorische (kausale) Schuldanerkenntnis ist im Gesetz nicht ausdrücklich geregelt und findet seine Grundlage in dem Prinzip der Vertragsfreiheit[2].

Das deklaratorische (kausale) Schuldanerkenntnis kann zum Gegenstand haben, dass Einwendungen, die das Entstehen oder Fortbestehen des – kausalen – Schuldverhältnisses in Frage stellen, abgeschnitten werden[3].

Beispiel: Nach einem Verkehrsunfall gibt der Fahrer F ein deklaratorisches Schuldanerkenntnis ab. Dadurch werden ihm alle bekannten oder erkennbaren Einwendungen und Einreden entzogen. So kann er sich später beispielsweise nicht darauf berufen, dass den Unfallgegner das Alleinverschulden oder ein Mitverschulden an dem Unfall trifft. Selbst wenn er Recht haben sollte, bleibt er weiterhin zum vollen Schadensersatz verpflichtet.

§ 40   Die ungerechtfertigte Bereicherung

Schrifttum: *Böckmann/Kluth*, Direktkondiktion bei irrtümlicher Doppelausführung eines Überweisungsauftrags?, ZIP 2003, 656; *Ebert*, Das Recht auf Eingriffserwerb, ZIP 2002, 2296; *Elger*, Bereicherung durch Eingriff, 2002; *Finkenauer*, Vindikation, Saldotheorie und Arglisteinwand, NJW 2004, 1704; *Flume*, Die Rückabwicklung nichtiger Kaufverträge nach Bereicherungsrecht, JZ 2002, 321; *Hoffmann*, Die Saldotheorie im Bereicherungsrecht, Jura 1997, 416; *Lorenz*, Bereicherungsrechtliche Drittbeziehungen, JuS 2003, 729, 839; *Peters*, Die Erstattung rechtsgrundloser Zuwendungen, AcP 205 (2005), 159.

I. Die Grundtatbestände der ungerechtfertigten Bereicherung

874 Zwischen Personen kommt es häufig zu Vermögensverschiebungen,
– die weder auf einem gültigen Vertrag
– noch auf einer besonderen gesetzlichen Regelung beruhen.

Das Zivilrecht kann solche nicht gerechtfertigten Vermögensverschiebungen auf Dauer nicht bestehen lassen. Deshalb muss demjenigen, der durch eine Vermö-

---

2 Vgl. BGHZ 98, 160, 166; 104, 18, 24.
3 Vgl. BGHZ 104, 18, 24.

gensverschiebung belastet ist, ein Anspruch gewährt werden, mit dem er das, was der andere von ihm erlangt hat, zurückverlangen kann. Die in §§ 812 ff. enthaltenen Regelungen dienen dem Ausgleich nicht gerechtfertigter Vermögensverschiebungen.

Beispiel: L schließt mit K einen Kaufvertrag über ein gebrauchtes Fahrrad ab. K erwirbt bereits das Eigentum an dem Fahrrad, den Kaufpreis muss er erst eine Woche später bezahlen. Als er den Kaufpreis bezahlen will, stellt sich heraus, dass der Kaufvertrag wegen eines Dissenses nicht geschlossen worden ist (§ 155). Der Preis von 150,– €, den K als vereinbart angesehen hatte, sollte nach Meinung des L ohne die Extras, wie Kilometerzähler und Rennlenker, gelten, während K davon ausging, mit dem Kaufpreis von 150,– € seien auch die Extras abgegolten. Ohne Einigung ohne Einigung über diesen Punkt hätten die Parteien den Vertrag nicht abgeschlossen. Das hat zur Folge, dass hier – weil der Kaufvertrag als das Verpflichtungsgeschäft nicht zustande gekommen ist – eine Eigentumsverschiebung ohne einen rechtlichen Grund erfolgt ist. Die Eigentumsübertragung muss deshalb rückgängig gemacht werden.

Beispiel: B stiehlt dem R dessen PKW. Hier hat B den Besitz an einer dem R gehörenden Sache erworben, ohne dass diese Vermögensverschiebung durch einen Vertrag oder eine besondere gesetzliche Regelung gerechtfertigt ist.

In beiden **Beispielen** handelt es sich um ungerechtfertigte Bereicherungen, d. h. um Vermögensumverteilungen, für die kein rechtlicher Grund besteht. In solchen Fällen dienen die Ansprüche aus §§ 812 ff. dazu, die Vermögensumverteilungen rückgängig zu machen. Ansprüche wegen ungerechtfertigter Bereicherung i. S. der §§ 812 ff. sind Ansprüche aus einem **gesetzlichen Schuldverhältnis.**

In § 812 sind zwei **Grundtatbestände** der ungerechtfertigten Bereicherung geregelt: **875**
– die Bereicherung „durch die Leistung eines anderen" (= Leistungskondiktion) und
– die Bereicherung „in sonstiger Weise". Dazu zählen u. a. die Eingriffs-, Rückgriffs- und Verwendungskondiktion.
Hier sollen nur einige Grundzüge des Bereicherungsrechts dargestellt werden.

II. Die Leistungskondiktion

1. Der Begriff der Leistungskondiktion

Die Leistungskondiktion ist in erster Linie darauf gerichtet, Leistungen, die ohne **876**
wirksames Verpflichtungsgeschäft erbracht worden sind, wieder rückgängig zu machen. Darunter fallen sowohl Leistungen, für die von vornherein ein Rechtsgrund zwischen den Parteien, die die Leistungen ausgetauscht haben, fehlte, als auch Leistungen, für die zunächst ein Rechtsgrund vorhanden war, dieser jedoch nachträglich (z. B. wegen einer wirksamen Anfechtung oder wegen des Eintritts einer auflösenden Bedingung) weggefallen ist.

Beispiel im Anschluss an das vorletzte **Beispiel:** Die Übereignung des Fahrrades ist als die Leistung des Verkäufers L ohne wirksames Verpflichtungsgeschäft (Kaufvertrag) erbracht worden. Ein Anspruch aus ungerechtfertigter Bereicherung ist darauf gerichtet, diese Leistung rückgängig zu machen. Das kann nur dadurch geschehen, dass das Eigentum an dem Fahrrad von K durch ein Verfügungsgeschäft gemäß § 929 wieder auf L übertragen wird.

Im deutschen Zivilrecht gewinnt die Leistungskondiktion ihre besondere Bedeutung durch das Trennungs- und Abstraktionsprinzip (vgl. dazu oben Rdnr. 167 ff.), weil es relativ häufig geschieht, dass das Verpflichtungsgeschäft unwirksam, das Verfügungsgeschäft hingegen wirksam ist.

Im ersten **Beispiel** existiert das Verpflichtungsgeschäft, der Kaufvertrag, nicht; das Verfügungsgeschäft, die Übereignung, ist hingegen wirksam.

Wie die Regelungen des Bereicherungsrechts deutlich zeigen, bereiten die Verpflichtungsgeschäfte eine Güterbewegung vor und sichern die mit dem Verfügungsgeschäft vollzogene Güterbewegung in ihrem Bestand, indem sie hierfür die rechtliche Grundlage darstellen.

2. Die Voraussetzungen für das Entstehen eines Anspruchs aus Leistungskondiktion

a) Überblick

877 Ein Anspruch aus § 812 Abs. 1 S. 1, 1. Alternative setzt voraus, dass derjenige, demgegenüber der Anspruch geltend gemacht wird,

– „etwas erlangt" hat (= bereichert ist)
– und zwar „durch die Leistung eines anderen"
– und dass dies „ohne rechtlichen Grund" geschehen ist.

b) Die Bereicherung des Schuldners

Der Schuldner, gegen den sich der Bereicherungsanspruch richtet, muss **bereichert** sein („etwas erlangt haben"). Das ist der Fall, wenn er einen **Vermögensvorteil** erhalten hat.

Vermögensvorteile können u. a. sein:

– **der Erwerb eines Rechts,** wie z. B. der Erwerb des Eigentums an einer Sache und der Erwerb einer Forderung,
– **das Ersparen von Aufwendungen,** die ohne die Leistung des anderen hätten gemacht werden müssen, um den gleichen Erfolg zu erzielen[1].

---

1 Vgl. BGHZ 55, 128, 130 f.

Beispiel: K als Vermieter schließt mit S einen Mietvertrag über ein Ladenlokal ab, der – was die Vertragsparteien nicht wissen – nichtig ist. S benutzt die Räume, die K ihm überlässt. Erst nach vier Monaten merken K und S, dass der Vertrag nichtig ist. Wegen der Nichtigkeit des Mietvertrages hat K keinen Anspruch auf Zahlung des Mietzinses. S hat Räume benutzt, für die er, wenn er sie von einem anderen erhalten hätte, Mietzins hätte zahlen müssen. Er hat also Aufwendungen – den Mietzins – erspart. S ist deshalb bereichert. Wenn die übrigen Voraussetzungen des § 812 vorliegen, hat er eine Vergütung in Höhe des ersparten Mietzinses an K zu zahlen.

c) Die Leistung des Gläubigers („Leistung eines anderen")

Unter **Leistung** ist jede bewusste und zweckgerichtete Vermehrung fremden Vermögens zu verstehen[2]. Eine Leistung im Sinne des § 812 Abs. 1 S. 1 liegt deshalb nur dann vor, wenn 878

– der Leistende den **Willen** hat, fremdes Vermögen – das Vermögen des Schuldners – zu vermehren und

– die Leistung zweckgerichtet ist.

Damit scheidet eine Leistungskondiktion dann aus, wenn eine Vermögensmehrung unbewusst oder ohne Leistungszweck erfolgt.

Das ergibt sich aus dem Sinn der Leistungskondiktion, mit der eine fehlgeschlagene Leistung wieder rückgängig gemacht werden soll.

Beispiel: Übereignet S dem K ein Radiogerät im Vertrauen darauf, dass der zwischen ihnen geschlossene, aber nichtige Kaufvertrag wirksam sei, so handelt es sich um eine Leistung des S. Dieser hatte den Willen, das Vermögen des K um das Eigentum an dem Radiogerät zu vermehren. Der verfolgte Zweck ist die Erfüllung des vermeintlich wirksamen Kaufvertrages. S hat also bewusst und zweckgerichtet das Vermögen des K vermehrt. Ein Anspruch aus Leistungskondiktion ist deshalb entstanden.

Beispiel: B füllt aus einem Kanister eigenes Benzin in den Tank des dem D gehörenden Autos. Er meint, es handele sich um Benzin des D. Hier liegt keine Leistung im Sinne des § 812 Abs. 1 S. 1 vor, weil B unbewusst das Vermögen des D vermehrt. Eine Leistungskondiktion kommt deshalb nicht in Betracht. (Es kann sich aber um eine Bereicherung „in sonstiger Weise" handeln, § 812 Abs. 1 S. 1 2. Fall.)

d) Das Fehlen des Rechtsgrundes

Ein Anspruch aus Leistungskondiktion besteht nur, wenn die Leistung, die zur Bereicherung des Schuldners geführt hat, **„ohne rechtlichen Grund"** erfolgt ist. Der Rechtsgrund für eine Vermögensverschiebung durch Leistung fehlt dann, wenn das von den Beteiligten angenommene Schuldverhältnis, das den Rechtsgrund der Vermögensverschiebung bilden soll, nicht besteht. 879

---

2 Vgl. BGHZ 40, 272, 277.

435

Ohne rechtlichen Grund ist geleistet,
– wenn der rechtliche Grund von vornherein fehlt,
– der zunächst vorhandene rechtliche Grund später wegfällt,
– der mit der Leistung bezweckte Erfolg nicht eintritt.

> **Beispiel** für das Fehlen eines Rechtsgrundes von vornherein: die Übereignung einer Sache aufgrund eines nichtigen Kaufvertrages.

> **Beispiel** für das spätere Wegfallen eines zunächst vorhandenen Rechtsgrundes: V und K schließen einen Kaufvertrag mit einer auflösenden Bedingung über ein Kfz. Das Kfz wird übereignet. Der Rechtsgrund für die Übereignung ist der Kaufvertrag. Tritt die Bedingung ein, fällt der Rechtsgrund für die Übereignung (= Leistung) nachträglich weg.

> **Beispiel** für das Nichteintreten des mit der Leistung bezweckten Erfolgs: M mietet von E ein Grundstück, welches er in der berechtigten Hoffnung, das Eigentum an dem Grundstück erwerben zu können, bebaut.[3]

III. Die Bereicherung „in sonstiger Weise"

1. Überblick

880   Der Anspruch wegen ungerechtfertigter Bereicherung „in sonstiger Weise" dient dazu, Vermögensverschiebungen rückgängig zu machen, die nicht auf der Leistung einer Person, sondern auf anderen Ursachen beruhen, und die nicht aufgrund einer bestimmten gesetzlichen Anordnung dauerhaft bestehen bleiben sollen.

> **Beispiel:** Die Kühe von Bauer B begeben sich auf das Grundstück des Bauern K und fressen sich dort satt. Hier hat Bauer B das Futter für seine Kühe erlangt, ohne dass diese Vermögensverschiebung, die auf Kosten von Bauer K erfolgte, aufgrund einer bestimmten gesetzlichen Anordnung dauerhaft bestehen bleiben soll.

Es gibt eine Reihe verschiedener Ursachen für Vermögensverschiebungen dieser Art. Als Einzeltatbestand aus der Gruppe der Bereicherungstatbestände „in sonstiger Weise", zu denen u. a. auch die Rückgriffs- und Verwendungskondiktionen gehören, sei der Einfachheit halber nur die sogenannte Eingriffskondiktion herausgegriffen.

Bevor ein Anspruch aus § 812 wegen Bereicherung „in sonstiger Weise" geprüft wird, ist stets zu klären, ob die Bereicherung nicht durch eine Leistung erfolgt ist, weil in diesem Fall eine Bereicherung „in sonstiger Weise" ausgeschlossen ist[4].

2. Die Eingriffskondiktion

881   Die Rechtsordnung billigt dem Entreicherten einen Anspruch aus Eingriffskondiktion zu, weil sie den Vorteil, den der andere erlangt hat, dem Entreicherten zu-

---

3   Vgl. BGH NJW 2001, 3118
4   Vgl. BGHZ 56, 228, 240.

gewiesen hat. So ist z. B. gem. § 903 dem Eigentümer einer Sache das Recht zugewiesen, mit der Sache nach Belieben zu verfahren.

Wie bei der Leistungskondiktion muss der Schuldner „etwas erlangt" haben, also
bereichert sein, und der Schuldner muss diese Bereicherung „ohne rechtlichen
Grund" erlangt haben.

Bei der Eingriffskondiktion hat der Schuldner die Bereicherung nicht durch Leistung des Gläubigers, sondern „in sonstiger Weise auf dessen Kosten" erlangt.

„In sonstiger Weise" heißt hier: Der Schuldner hat etwas durch Eingriff in   **882**
Rechtspositionen erlangt, deren wirtschaftliche Verwertung nach der Rechtsordnung dem Gläubiger zusteht. Dabei ist stets darauf abzustellen, ob der Eingriff in
das Recht (in die Rechtsposition) **auf Kosten des anderen** (des Rechtsinhabers)
geschehen ist. Der Eingriff ist dann auf Kosten des Entreicherten geschehen,
wenn das Recht, in das eingegriffen wurde, dem Entreicherten zugewiesen war.

Eine Eingriffskondiktion liegt auch dann vor, wenn der Eingriff durch einen Dritten oder gar ohne menschliches Tun erfolgt.

> **Beispiel** (in Anlehnung an BGHZ 20, 354 ff.): Autohersteller A hat ein Foto des
> bekannten Sportlers B ohne dessen Einwilligung zu Reklamezwecken verwendet.
> Daraufhin verlangt B von dem A die Zahlung eines Entgelts für die werbemäßige
> Verwertung seines Fotos.
> Hier liegt eine Eingriffskondiktion gemäß § 812 Abs. 1 S. 1, 2. Alt. vor. Die Ver-
> wendung eines Fotos zu Werbezwecken wird regelmäßig nur gegen Entgelt gestat-
> tet, sodass der A einen Vermögensvorteil und damit etwas erlangt hat. Diese Be-
> reicherung ist in sonstiger Weise auf Kosten des B erfolgt, denn A hat in den
> Zuweisungsgehalt eines fremden Rechts eingegriffen. Hierbei handelt es sich um
> das Recht am eigenen Bild, das nach § 22 Kunst-Urhebergesetz jedem Menschen
> zusteht und insbesondere das Recht des Einzelnen zur wirtschaftlichen Verwer-
> tung seines eigenen Bildes mitumfasst. Demnach entscheidet allein B darüber, ob
> mit seinem Foto Werbung betrieben werden darf oder nicht. In dieses Recht des B
> hat A eingegriffen, als er dessen Foto für seine Reklame benutzt hat. Darüber hin-
> aus hat kein Rechtsgrund für den Eingriff bestanden, weil er ohne Einwilligung
> von B erfolgt ist. Somit kann der B von A gemäß § 812 Abs. 1 S. 1, 2. Alt. ein ange-
> messenes Entgelt verlangen.

IV. Der Inhalt des Bereicherungsanspruches

1. Die Herausgabe des Erlangten

Der Anspruch aus § 812 ist auf die **Herausgabe des Erlangten** gerichtet (§ 818   **883**
Abs. 1). Bei der Leistungskondiktion ist der Kondiktionsgegenstand das, was der
Leistende dem Leistungsempfänger verschafft hat, also z. B. Eigentum, Besitz,
Nutzung von Gegenständen etc.

Beispiel: Hat K von F in Erfüllung eines vermeintlich wirksamen Kaufvertrages das Eigentum an einem Kraftfahrzeug erworben, so ist das Eigentum an dem Kfz das, was K erlangt hat. Der Anspruch auf Herausgabe des Erlangten, den F gemäß § 812 gegen K hat, ist dann auf die Übereignung des Kfz von K auf F gemäß § 929 gerichtet.

Der Bereicherungsschuldner hat auch die Nutzungen (Früchte und Gebrauchsvorteile), die er etwa aus dem Bereicherungsgegenstand gezogen hat, herauszugeben.

Beispiel im Anschluss an das vorhergehende **Beispiel:** K hat für ein Wochenende das Kfz an seinen Bekannten L vermietet und hierfür 50,– € bekommen. Diese muss er gemäß §§ 812 Abs. 1 i. V. m. § 818 Abs. 1 an F herausgeben.

2. Der Wertersatz

884 Häufig ist der Bereicherungsschuldner außerstande, das Erlangte herauszugeben. Das kann u. a. der Fall sein,

– weil die Herausgabe des Erlangten wegen der Beschaffenheit nicht möglich ist.

Beispiel: Der Bereicherungsschuldner hat Dienstleistungen in Anspruch genommen. Eine Herausgabe ist wegen der Beschaffenheit des Erlangten nicht möglich.

– weil der Schuldner aus einem anderen Grunde nicht zur Herausgabe imstande ist.

Beispiel: K hat das Auto, für das er an F 4000,– € zahlen sollte, für 4500,– € an D weiterveräußert.

In diesen Fällen hat der Schuldner gemäß § 818 Abs. 2 **Wertersatz** in Geld zu leisten. Unter Wertersatz ist der Ersatz des Verkehrswertes des Gegenstandes zu verstehen. Zum Wertersatz zählen also weder der Erlös aus einer etwaigen Veräußerung noch der Ersatz des Schadens, der dem Gläubiger durch die Entreicherung entstanden ist[5].

Beispiel im Anschluss an das vorhergehende **Beispiel:** Betrug der Verkehrswert des Autos tatsächlich 4000,– €, so braucht K an F nur 4000,– € zu zahlen.

3. Der Bereicherungswegfall

885 Der Schuldner ist nur so lange zur Herausgabe oder zum Wertersatz verpflichtet, wie er bereichert ist (§ 818 Abs. 3).

Ist die Bereicherung des Schuldners entfallen, ist seine Verpflichtung zur Herausgabe oder zum Wertersatz ebenfalls erloschen (Bereicherungswegfall).

---

5 Vgl. BGHZ 17, 236, 239.

Durch die Möglichkeit, sich auf den Wegfall der erlangten Bereicherung zu berufen, soll der **redliche** Bereicherungsschuldner davor geschützt werden, sein Vermögen durch Erfüllung einer Kondiktion über den Betrag der noch vorhandenen Bereicherung hinaus zu mindern[6]. Der **bösgläubige** Empfänger schuldet gemäß §§ 818 Abs. 2, 819 den Ersatz des Wertes der empfangenen Leistung, der nach der Höhe der dafür üblichen bzw. nach der angemessenen Vergütung zu bestimmen ist[7].

Die Frage, ob der Schuldner noch bereichert ist oder nicht, ist nach wirtschaftlichen Gesichtspunkten zu beantworten. Das bedeutet: es ist zu prüfen, ob das Erlangte oder dessen Wert noch im Vermögen des Schuldners vorhanden sind. Die Bereicherung ist z. B. weggefallen, wenn der Schuldner den erlangten Gegenstand verschenkt hat oder der Gegenstand untergegangen ist, ohne dass Versicherungsansprüche entstanden sind. Wird die Sache jedoch vom Bereicherten weiterveräußert, fällt die Bereicherung nicht weg, da der Veräußerungserlös wirtschaftlich an die Stelle des Bereicherungsgegenstandes tritt.

§ 41   Grundlagen des Sachenrechts

Schrifttum: *Grün*, Das Sachenrechtsänderungsgesetz, NJW 1994, 2641; *Niehues*, Rechtsverhältnis zwischen Person und Sache, JZ 1987, 453; *Petersen*, Sonderfragen zum Recht des Besitzes, Jura 2002, 255; *Wiegand*, Die Entwicklung des Sachenrechts im Verhältnis zum Schuldrecht, AcP 190 (1990), 112; *Wolf*, Beständigkeit und Wandel im Sachenrecht, NJW 1987, 2647.

I. Regelungsinhalt und Quellen des Sachenrechts

1. Regelungsinhalt des Sachenrechts

Das Sachenrecht regelt die Beziehungen der Personen zu den Sachen. Dabei befasst sich das Sachenrecht des BGB vor allem mit zwei Fragen: **886**

– Einmal wird festgelegt, welche Befugnisse und Verpflichtungen einer Person, die ein bestimmtes Recht an einer Sache hat, aufgrund dieses Rechtes zustehen bzw. sie treffen.

Beispiel: Den wesentlichen Inhalt der dem Eigentümer zustehenden Befugnisse umschreibt § 903.

---

6 Vgl. *Jauernig-Schlechtriem*, § 818 Rdnr. 27.
7 Vgl. BGHZ 55, 128, 135.

– Daneben enthält das Sachenrecht Vorschriften über die Änderung von Rechten an Sachen.

Beispiel: Die Übertragung des Eigentums an beweglichen Sachen ist unter anderem in § 929 geregelt.

Über die Bestellung eines Pfandrechts an einer beweglichen Sache enthält § 1205 eine Regelung.

887 Grundsätzlich unterscheiden sich die Rechtsgeschäfte des Sachenrechts in erheblichem Maße von denen des Schuldrechts. Durch das (schuldrechtliche) Verpflichtungsgeschäft werden regelmäßig nur Beziehungen in der Weise zwischen Personen begründet, dass eine oder mehrere Vertragsparteien zu Leistungen verpflichtet werden. Ein Kaufvertrag über eine bewegliche Sache etwa verpflichtet den Verkäufer lediglich zur Übereignung des Kaufgegenstandes. Einfluss auf die unmittelbare Rechtslage im Hinblick auf eine Sache können derartige Verträge dagegen nicht haben. Zur Änderung der unmittelbaren Rechtslage, etwa der Übereignung der verkauften Sache, bedarf es vielmehr eines – zusätzlichen – sachenrechtlichen Rechtsgeschäfts, eines Verfügungsgeschäfts (vgl. oben Rdnr. 167 ff.).

Beispiel: S, der wegen seiner bevorstehenden Heirat seinen Junggesellenhaushalt auflösen will, bietet seinem Freund F bei einem gemeinsamen Spaziergang die in seiner Wohnung stehende Spülmaschine zum Preise von 300,– € zum Kauf an. Erklärt sich F einverstanden, kommt zwischen beiden ein Kaufvertrag gemäß § 433 zustande. Dadurch erwirbt F aber nur einen Anspruch auf Übereignung der Spülmaschine (vgl. den Wortlaut des § 433 Abs. 1). Die Übereignung selbst, also die Veränderung der unmittelbaren Rechtslage im Hinblick auf die Sache, kann sich nur nach sachenrechtlichen Grundsätzen vollziehen. Nach § 929 Satz 1 ist für die Übereignung beweglicher Sachen grundsätzlich eine Einigung über den Eigentumsübergang und die Übergabe der Sache erforderlich. Erst wenn das geschehen ist, wird F Eigentümer der Spülmaschine.

888 Der Unterschied zwischen Schuld- und Sachenrecht, der durch den fehlenden Einfluss schuldrechtlicher Verträge auf die unmittelbare Rechtslage einer Sache gekennzeichnet ist, ist nicht nur theoretischer Natur, sondern hat erhebliche praktische Bedeutung.

Beispiel: V verkauft dem Gebrauchtwagenhändler K am 25. 6. einen Sportwagen für 4000,– €. Bevor es zu der für den 1.7. vorgesehenen Übereignung des Wagens kommt, wird dieser durch einen Unfall, den ein Dritter (D) verschuldet hat, völlig zerstört. Kann K, der den Wagen für 5000,– € hätte weiter veräußern können, Schadensersatz in Höhe von 1000,– € verlangen?

Ein Schadenersatzanspruch des K gem. §§ 280 Abs. 1, 283, 275 Abs. 4 gegen den V besteht nicht, weil V das Unmöglichwerden der Leistung (= die Übereignung der gekauften Sache) nicht zu vertreten hat. Von D, mit dem K nicht in vertraglicher Beziehung steht, könnte K nur nach § 823 Abs. 1 Schadensersatz verlangen. Das aber würde voraussetzen, dass das Eigentum des K an der Sache verletzt wäre. Da

K aber noch nicht Eigentümer war, sondern lediglich einen schuldrechtlichen Anspruch auf Übereignung des Fahrzeuges hat, kann er seinen entgangenen Gewinn von 1000,– € auch nicht von D ersetzt verlangen.

Ob eine Person nur einen schuldrechtlichen Anspruch auf Übereignung einer Sache oder aber eine sachenrechtliche Rechtsstellung innehat, ist auch in der Zwangsvollstreckung und in der Insolvenz von erheblicher Bedeutung.   **889**

Beispiel: Verkauft A dem B einen Baukran und wird dieser – bevor es zu einer Übereignung kommt – bei A von einem Dritten im Wege der Zwangsvollstreckung gepfändet, so hat B keine Möglichkeit, dagegen vorzugehen.

Wäre B dagegen Eigentümer des Krans und hätte diesen nur dem A geliehen, so könnte er jede Zwangsvollstreckungsmaßnahme eines Dritten gerichtlich unterbinden lassen.

Entsprechend der Bezeichnung „Sachenrecht" regelt das 3. Buch des BGB zwar überwiegend die Beziehungen der Personen zu den Sachen. Vereinzelt finden sich aber auch – im Anschluss an die entsprechende Regelung für Rechte an Sachen – Vorschriften über Rechte an Rechten.

Beispiel: Im Anschluss an die §§ 1204 ff., die das Pfandrecht an beweglichen Sachen regeln, enthalten die §§ 1273 ff. Vorschriften über das Pfandrecht an Rechten, nach denen sich z. B. die Verpfändung einer Geldforderung oder eines GmbH-Anteiles richtet.

Während das Schuldrecht weitgehend vom Grundsatz der Vertragsfreiheit beherrscht ist, gilt im Sachenrecht der **Grundsatz des Typenzwangs.**

Der Grundsatz des Typenzwangs schränkt im Sachenrecht im Interesse der Klarheit der Vermögenszuordnung und damit der Rechtssicherheit die Vertragsfreiheit in erheblicher Weise ein.   **890**

Durch den sachenrechtlichen Typenzwang wird zum einen die Zahl der dinglichen Rechte wie etwa das Eigentum und das Pfandrecht, auf die gesetzlich typisierten beschränkt, sodass die Beteiligten nicht weitere dingliche Rechte „erfinden" können.

Zum anderen bedeutet der Grundsatz des Typenzwangs, dass eine Abänderung der gesetzlich umschriebenen Typen von dinglichen Rechten grundsätzlich nicht möglich ist. Das Sachenrecht ist folglich weitgehend zwingendes Recht und schränkt insoweit die Privatautonomie ein.

Beispiel: Nach §§ 873, 1115 setzt die Bestellung einer Hypothek voraus, dass diese ins Grundbuch eingetragen wird. Wenn A zur Sicherung einer Darlehensforderung des B zu dessen Gunsten eine Hypothek bestellen will, können beide nicht wirksam vereinbaren, dass auf die Eintragung verzichtet werden soll. In diesem Falle wäre keine Hypothek zugunsten des B bestellt worden.

Der Grundsatz des Typenzwanges ist zwar **nicht ausdrücklich** im BGB geregelt. Wenn aber nach den einzelnen Vorschriften des Sachenrechts ein bestimmtes Recht an einer Sache eingeräumt werden „kann" (vgl. z. B. §§ 1018, 1030, 1068 usw.), lässt das den Umkehrschluss zu, dass der Gesetzgeber nur diese gesetzlich genau umschriebenen Rechte hat zulassen wollen.

2. Quellen des Sachenrechts

891   Im Wesentlichen ist das Sachenrecht im 3. Buch des BGB (§§ 854 bis 1296) geregelt.

Sachenrechtliche Normen finden sich aber auch in den übrigen Büchern des BGB (vgl. z. B. §§ 90 ff.) sowie in anderen Gesetzen. Von diesen ist insbesondere die Verordnung über das Erbbaurecht, sowie das Wohnungseigentumsgesetz von Bedeutung. Hinzuweisen ist auch auf das Sachenrechtsbereinigungsgesetz vom 21. 9. 1994 (BGBl. I 2457), das eine Klärung der Rechtsverhältnisse an Grundstücken in den neuen Bundesländern bezweckt, die von den Nutzern zu Zeiten der ehemaligen DDR bebaut wurden.

II. Grundbegriffe des Sachenrechts

1. Sachen

892   Zentraler Begriff des Sachenrechts ist die „Sache". Nur an einer Sache kann z. B. Eigentum bestehen. Auch Besitz ist nur an einer Sache möglich.

Eine Begriffsbestimmung findet sich in § 90. Sachen sind danach nur körperliche Gegenstände (siehe oben Rdnr. 395).

893   Zu den Sachen gehören auch Pflanzen. Tiere sind zwar keine Sachen, es gelten aber die Vorschriften für Sachen gem. § 90a BGB entsprechend. Das BGB unterscheidet zwischen beweglichen Sachen (u. a. in § 929) und unbeweglichen Sachen, d. h. Grundstücken (§ 925). Die Unterscheidung ist u. a. deshalb wesentlich, weil bewegliche Sachen auf andere Art und Weise übereignet werden als Grundstücke.

Ein **Grundstück** ist ein Teil der Erdoberfläche, der im Grundbuch (einem staatlichen Register) als Grundstück geführt wird.

Bewegliche Sachen sind körperliche Sachen, die nicht Grundstücke sind.

Beispiele: Autos, Bücher, Flaschen und Kleidungsstücke sind bewegliche Sachen.

2. Bestandteile und Zubehör

894   Die Rechte, die einer Person an einer Sache zustehen können, wie z. B. das Eigentum und das Pfandrecht, können nur jeweils an der einzelnen Sache bestehen,

nicht dagegen an Sachgesamtheiten wie z. B. einer Bildersammlung oder einem Warenlager. Wenn daher in der Umgangssprache von der „Übereignung einer Bildersammlung" gesprochen wird, so ist das juristisch ungenau. Rechtlich bedeutet das die Übereignung der einzelnen Bilder.

Das Gesetz erkennt allerdings in gewissen Grenzen wirtschaftliche Einheiten auch als rechtliche Einheiten an, um zu vermeiden, dass wirtschaftliche Werte, die gerade durch den Zusammenhang einzelner Sachen bedingt sind, vernichtet werden. Das geschieht durch die Vorschriften über wesentliche Bestandteile und Zubehör (siehe auch oben Rdnr. 399 ff.).

a) Wesentliche Bestandteile

Den Begriff des wesentlichen Bestandteils hat der Gesetzgeber generell in § 93 **895** definiert und in § 94 für Grundstücke und Gebäude erweitert. Eine Ausnahmeregel für sog. Scheinbestandteile enthält § 95.

Nach der gesetzlichen Definition des § 93 sind wesentliche Bestandteile einer Sache solche Bestandteile, die voneinander nicht getrennt werden können, ohne dass der eine oder der andere zerstört oder in seinem Wesen verändert wird.

Ob durch die Trennung die einzelnen Teile einer Sache zerstört oder in ihrem Wesen verändert werden, ist danach zu entscheiden, ob die Teile nach der Trennung noch in ihrer bisherigen Art wirtschaftlich genutzt werden können[1]. Dabei ist es unerheblich, ob die Weiternutzung erst nach Verbindung mit anderen Sachen möglich ist.

> **Beispiel:** Der Serienmotor sowie die übrigen serienmäßig hergestellten Einzelteile eines Kraftfahrzeuges sind regelmäßig keine wesentlichen Bestandteile des Kraftfahrzeugs, da jeder Teil für sich, auch wenn er erst in ein anderes Fahrzeug eingebaut werden muss, seinem Wesen entsprechend genutzt werden kann.
>
> Dagegen ist bei einer Konservendose die Dose wesentlicher Bestandteil der Konserve, weil die Dose von ihrem Inhalt nur durch Zerstören getrennt werden kann.

Ergänzend zu § 93 erweitert § 94 den Begriff des wesentlichen Bestandteils für **896** Grundstücke (Abs. 1) und Gebäude (Abs. 2).

Nach § 94 Abs. 1 gehören zu den wesentlichen Bestandteilen eines Grundstücks die mit dem Grund und Boden fest verbundenen Sachen, insbesondere die Gebäude.

Nach § 94 Abs. 2 sind wesentliche Bestandteile eines Gebäudes – und damit über § 94 Abs. 1 regelmäßig auch des jeweiligen Grundstücks – die zur Herstellung des Gebäudes eingefügten Sachen. Zur Herstellung eingefügt sind diejenigen Sachen, die dem Gebäude das seinem Zweck entsprechende Gepräge geben.

---

1 Vgl. BGHZ 20, 159, 162; BGHZ 18, 229; 61, 81.

Beispiele: Fenster, Türen, Tapeten, in Wohnhäusern und Hotelbetrieben die Zentralheizungen und Warmwasseranlagen[2].

897 § 95 schränkt den Begriff des wesentlichen Bestandteils an Grundstücken und Gebäuden gegenüber den §§ 93 und 94 für sogenannte Scheinbestandteile ein.

Danach sind keine wesentlichen Bestandteile diejenigen Sachen, die nur zu einem vorübergehenden Zweck mit dem Grund und Boden fest verbunden bzw. in das Gebäude eingefügt worden sind, sowie Gebäude, die in Ausübung eines dinglichen Rechts an einem Grundstück von dem Berechtigten mit dem Grundstück verbunden worden sind.

Beispiel: Scheinbestandteile im Sinne von § 95 sind etwa Schaubuden und Gerüste.

898 Wesentliche Bestandteile einer Sache können nicht Gegenstand besonderer Rechte sein (§ 93).

Das bedeutet einmal, dass die Sache und ihre wesentlichen Bestandteile während ihrer tatsächlichen Verbindung nur zusammen übereignet und mit einem beschränkt dinglichen Recht, wie z. B. einem Pfandrecht, belastet werden können, selbst wenn die Beteiligten etwas anderes wollen.

Bedeutung erlangen die §§ 93 bis 95 ferner dann, wenn mehrere Sachen in der Weise miteinander verbunden werden, dass sie wesentlicher Bestandteil einer einheitlichen Sache werden. Die Eigentumsverhältnisse bestimmen sich dann nach den §§ 946 ff.

b) Zubehör

899 Zubehör sind solche beweglichen Sachen, die dem wirtschaftlichen Zweck einer Hauptsache dienen, zu ihr in einem entsprechenden räumlichen Verhältnis stehen und nach der Verkehrsanschauung als Zubehör angesehen werden.

Beispiel: Die Stühle und Tische eines auf einem Grundstück betriebenen Gartenlokals sind Zubehör und nicht Bestandteile des Grundstücks.

Sachen, die Zubehör sind, sind rechtlich selbständig. Das bedeutet u. a., dass der Eigentümer eines Grundstücks nicht auch der Eigentümer der Sachen sein muss, die Zubehör des Grundstücks sind.

Der Gesetzgeber hat allerdings versucht, möglichst die Einheit von Hauptsache und Zubehör aufrechtzuerhalten (vgl. z. B. §§ 314, 926, 1120).

3. Dingliche Rechte

a) Der Begriff des dinglichen Rechts

900 Die Rechte, die eine unmittelbare Beziehung zwischen Rechtsinhaber und Sache begründen, werden als dingliche Rechte bezeichnet.

---

2   Vgl. BGHZ 53, 324, 326.

Besonderes Merkmal der dinglichen Rechte ist es, dass sie gegen jedermann wirken und daher zu den absoluten Rechten zählen.

b) Arten der dinglichen Rechte

Das Eigentum ist das weitreichendste dingliche Recht, dass allerdings – wie bereits § 903 deutlich macht – dem Eigentümer keine schrankenlose, umfassende Rechtsmacht verleiht. **901**

Neben dem Eigentum kennt das Gesetz noch eine Reihe sog. beschränkt dinglicher Rechte, wie z. B. das Pfandrecht und den Nießbrauch. Die beschränkt dinglichen Rechte gewähren dem jeweiligen Inhaber im Vergleich zum Eigentum nur eine inhaltlich beschränkte Rechtsmacht.

> **Beispiel:** Im Gegensatz zu der weitreichenden Befugnis, die das Eigentum verleiht, gewährt das Pfandrecht lediglich ein Sicherungs- und Verwertungsrecht (vgl. § 903 einerseits und § 1204 Abs. 1 andererseits).

Soweit die beschränkt dinglichen Rechte dem Inhaber eine Rechtsmacht verleihen, beschränken sie ihrerseits die Rechtsstellung des jeweiligen Eigentümers, sodass sie lediglich Abspaltungen vom Vollrecht Eigentum darstellen.

> **Beispiel:** Bestellt ein Eigentümer einem Dritten an seinem Grundstück gemäß § 1030 einen Nießbrauch, so wird insoweit das Gebrauchsrecht, das dem Eigentümer gemäß § 903 zusteht, eingeschränkt.

Nur wenige beschränkt dingliche Rechte haben eine große praktische Bedeutung erlangt. Das BGB kennt Nutzungsrechte wie z. B. den Nießbrauch (§§ 1030 ff.), die Grunddienstbarkeit (§§ 1018 ff.) und die beschränkte persönliche Dienstbarkeit (§§ 1090 ff.) sowie Sicherungs- und Verwertungsrechte wie z. B. Pfandrechte (§§ 1204 ff. und §§ 1113 ff.), die Reallast und das dingliche Vorkaufsrecht (§§ 1094 ff.). **902**

4. Der Besitz

a) Überblick

Die dinglichen Rechte (das Eigentum und die beschränkt dinglichen Rechte) gewähren dem jeweils Berechtigten ein absolut geschütztes **Recht an der Sache**. **903**

Demgegenüber ist der Besitz ein von einem Recht an der Sache unabhängiges **tatsächliches Herrschaftsverhältnis**.

> **Beispiel:** Der Dieb D hat dem Eigentümer E ein Auto gestohlen und macht damit eine Spanienrundfahrt. E bleibt Eigentümer der Sache. Besitzer aber ist D, da er die tatsächliche Sachherrschaft über das Auto ausübt.

Dass der Gesetzgeber den Besitz überhaupt geregelt hat und dabei dem tatsächlichen Gewaltverhältnis einer Person über eine Sache (also auch z. B. des Diebes) rechtlichen Schutz zukommen lässt, beruht auf zwei Gründen: **904**

- Einmal dient der Besitz – insbesondere bei beweglichen Sachen – der Erkennbarkeit dinglicher Rechtsverhältnisse (sog. Publizitätsfunktion).

  Beispiel: Nach § 1006 Abs. 1 Satz 1 wird vermutet, dass der jeweilige Besitzer einer Sache auch ihr Eigentümer ist.

- Ferner soll der tatsächlich bestehende Zustand im Interesse des Rechtsfriedens vor gewaltsamen Eingriffen Dritter geschützt werden (sog. Schutzfunktion). Das Gesetz schützt deshalb den Besitzer vor verbotener Eigenmacht (vgl. die Definition in § 858) vor allem auf zweierlei Weise:

  Einmal räumt § 859 dem Besitzer ein Selbsthilferecht ein. Nach § 861 steht dem Besitzer bei Besitzentziehung ferner ein Anspruch auf Wiedereinräumung des Besitzes zu.

  Fortsetzung des Beispiels: Wenn dem D, der das Auto des Eigentümers E gestohlen hat, seinerseits das Auto von X entwendet wird, kann D von X nach § 861 Wiedereinräumung des Besitzes verlangen. Ertappt D den X auf frischer Tat, so darf er sich gemäß § 859 mit Gewalt gegen die verbotene Eigenmacht wehren.

Besondere Bedeutung hat der Besitz bei der Übereignung beweglicher Sachen. Nach der Grundregel des § 929 Satz 1 ist dafür die Einigung über den Eigentumsübergang und die Übergabe der Sache erforderlich (Publizitätsfunktion des Besitzes!). Die Übergabe im Sinne von § 929 bedeutet die Übertragung des Besitzes an der Sache auf den Erwerber.

b) Der unmittelbare Besitz

905   Unmittelbarer Besitzer ist, wer die tatsächliche Sachherrschaft selbst innehat.

Eine tatsächliche Sachherrschaft setzt nicht voraus, dass die Sache stets greifbar ist. Maßgeblich ist vielmehr die Verkehrsanschauung. Stets ist erforderlich, dass die Sache dem Besitzer irgendwie zugänglich ist. Außerdem muss erkennbar sein, dass die Sache in einem Herrschaftsverhältnis irgendeiner Person steht.

  Beispiele: Wenn F nach München verreist, behält er den Besitz an den Sachen, die sich in seiner Wohnung in Hagen befinden.
  Der Bauer, der seinen Pflug auf dem Feld stehen lässt, behält den Besitz daran, auch wenn er in der 2 km entfernten Dorfschänke am Stammtisch sitzt.

906   Der Erwerb des unmittelbaren Besitzes richtet sich nach § 854.

Die tatsächliche Gewalterlangung über die Sache, die nach § 854 Abs. 1 erforderlich ist, ist auf zweierlei Weise möglich:
a) durch einseitigen Zugriff, d. h. durch Erlangung der tatsächlichen Herrschaft über die Sache, verbunden mit einem Besitzbegründungswillen;
   oder
b) als abgeleiteter Besitzerwerb: erforderlich sind der Abgabewille des bisherigen Besitzers und der Erwerbswille desjenigen, der den Besitz erwerben möchte.

Der unter a) und b) genannte Besitzwille ist rein faktisch. Er ist **keine** Willenser-   **907**
klärung. Ihn kann jeder haben, der die Fähigkeit zur Willensbildung hat, also auch
ein noch nicht geschäftsfähiges oder ein beschränkt geschäftsfähiges Kind.

Das Gesetz geht davon aus, dass es nicht sachgerecht ist, jeder Person, die die tatsächliche Gewalt über eine Sache ausübt, die Rechte zuzugestehen, die normalerweise mit dem Besitz verbunden sind.

Das Gesetz spricht denjenigen, die in sog. „untergeordneten Funktionen" tätig
sind, die Besitzerqualität ab. Es nennt diese Personen Besitzdiener.

Besitzdiener ist jemand, der in sozialer Abhängigkeit und Weisungsgebundenheit   **908**
zum Besitzer steht, gleichwohl aber die tatsächliche Einwirkungsmöglichkeit auf
die Sache hat. Dieses Verhältnis ist rein faktisch zu sehen, d. h. es kann, aber es
muss nicht ein rechtsgültiges Arbeits- und Dienstverhältnis bestehen.

Der Besitzdiener ist also nicht Besitzer. Besitzer ist vielmehr derjenige, zu dem   **909**
der Besitzdiener in einem sozialen Abhängigkeitsverhältnis steht.

> **Beispiel:** Die Arbeitnehmer, die in einem Betrieb arbeiten, sind **nicht** Besitzer,
> sondern Besitzdiener im Hinblick auf die Werkzeuge und Maschinen, die sie be-
> nutzen; Besitzer ist der Unternehmer.

c) Der mittelbare Besitz

Lässt eine Person die tatsächliche Sachherrschaft durch eine andere ausüben, so   **910**
erkennt das Gesetz ihr Interesse, wie ein Besitzer behandelt zu werden, als schutzwürdig an.

Den Besitz, der durch die Vermittlung eines anderen, des unmittelbaren Besitzers,
ausgeübt wird, nennt das Gesetz mittelbaren Besitz.

Auch dieser Besitz ist nach § 869 vollwertiger Besitz, sodass folglich auch der mittelbare Besitzer die Ansprüche wegen Entziehung oder Störung des Besitzes aus
§§ 861, 862 gegenüber Dritten geltend machen kann (vgl. § 869).

> **Beispiel:** Wird dem unmittelbaren Besitzer die Sache von einem Dieb (D) gestoh-
> len, so kann auch der mittelbare Besitzer die Wiedereinräumung des Besitzes an
> den bisherigen Besitzer verlangen (§ 869 i. V. m. § 861).

Kennzeichnend für den mittelbaren Besitz ist, dass der mittelbare Besitzer die tat-   **911**
sächliche Sachherrschaft nicht selbst hat; diese liegt vielmehr beim unmittelbaren
Besitzer. Den mittelbaren Besitzer verbindet mit dem unmittelbaren Besitzer ein
Rechtsverhältnis, aufgrund dessen der mittelbare Besitzer von dem unmittelbaren
Besitzer jederzeit oder nach Ablauf einer gewissen Zeit Herausgabe der Sache ver-
langen kann.

Das zwischen unmittelbarem Besitzer und mittelbarem Besitzer bestehende Verhältnis wird **Besitzmittlungsverhältnis** genannt.

Es kann im Einzelfall rechtlich unterschiedlich ausgestaltet sein. So kann es ein
Mietvertrag, ein Pachtvertrag, ein Leihvertrag oder ein anderes der in § 868 ge-

nannten Rechtsverhältnisse sein. Zu den „ähnlichen Rechtsverhältnissen" i. S. des § 868 zählen u. a.: Lagervertrag, Speditionsvertrag, Werkvertrag.

Beispiel: Vermietet der Vermieter dem Mieter eine Sache (Mietvertrag) und nimmt der Mieter die Sache in Besitz, so ist der Mieter der unmittelbare Besitzer, der Vermieter der mittelbare Besitzer.

§ 42   Das Eigentum und der Schutz des Eigentums

Schrifttum: *Berg,* Entwicklung und Grundstrukturen der Eigentumsgarantie, JuS 2005, 961; *Canaris,* Das Verhältnis der §§ 994 ff. BGB zur Aufwendungskondiktion nach § 812 BGB, JZ 1996, 344; *Herrmann,* Der Störer nach § 1004 BGB, 1987; *Kindl,* Das Eigentümer-Besitzer-Verhältnis: Vindikationslage und Herausgabeanspruch, JA 1996, 23; *Meyer-Abich,* Der Schutzzweck der Eigentumsgarantie, 1980; *Roth,* Das Eigentümer-Besitzer-Verhältnis, JuS 2003, 937; *Schreiber,* Das Eigentümer-Besitzer-Verhältnis: Teil I: Vindikationslage, Schadensersatzansprüche, Jura 1992, 356.

I. Das Privateigentum und seine Bedeutung

912   Die Gesellschaftsordnung eines jeden Staates wird entscheidend durch die in ihm geltende Eigentumsordnung geprägt, weil diese ein bestimmender Faktor für die Gestaltung der grundlegenden Lebensvorgänge in einer Gesellschaft ist. Jede moderne Verfassung enthält Regelungen über die Eigentumsordnung. Sie legt fest, durch wen und auf welche Art und Weise die in der Umwelt vorhandenen Lebensgüter verteilt und genutzt werden, auf welche Weise sich Produktionsvorgänge vollziehen.

1. Der Eigentumsbegriff des Grundgesetzes

913   **Eigentum** im Sinne von Art. 14 GG bedeutet in erster Linie **Privateigentum,** d. h. ein Recht, das einen Abwehr- und Schutzanspruch gegen die Staatsgewalt begründet und als Voraussetzung für eine freie und selbstverantwortliche Lebensgestaltung angesehen wird[1]. Insoweit ist das Eigentum also durch einen personalen Zug gekennzeichnet[2].

Die Freiheit des Eigentümers ist jedoch nicht schrankenlos.

---

1   *Hesse,* Rdnr. 442.
2   So *Hesse,* a. a. O.

Demzufolge finden sich im Bürgerlichen Gesetzbuch zahlreiche Einschränkungen der Eigentümerposition (vgl. oben Rdnr. 41 ff.).

Der verfassungsrechtliche Eigentumsbegriff umfasst gemäß Art. 14 GG nicht nur das Eigentum an Sachen, sondern die Inhaberschaft an allen vermögenswerten Rechten. Dazu zählen u. a.: Lohnforderungen, Mitgliedschaftsrechte (wie z. B. Aktien) und sonstige Gesellschaftsrechte[3], schuldrechtliche Forderungen (wie z. B. Rechte aus Miet- und Pachtverträgen), der Gewerbebetrieb mit alledem, was den Wert des Betriebes ausmacht (wie z. B. Kundenstamm etc.); Urheber-, Patent-, Verlags- und Markenschutzrechte zählen mit den vermögensrechtlichen und wirtschaftlichen Verwertungsrechten ebenfalls dazu (mitunter auch unter der Bezeichnung „geistiges Eigentum" zusammengefasst). **914**

Das Privateigentum erhält sein volles Gewicht in einer Gesellschaftsordnung erst durch das **Erbrecht.** Zwar endet naturgemäß mit dem Tode des Menschen auch die Herrschaft über die in seinem Eigentum stehenden Sachen, sie fällt aber mit seinem Tode nicht an den Staat. Unsere Rechtsordnung erkennt das Individualrecht an und verneint damit, dass Güter an den Staat zurückfallen und dieser sie neu verteilen kann. **915**

2. Der Eigentumsbegriff des bürgerlichen Rechts

Das BGB enthält keine Legaldefinition des Eigentums. Üblicherweise wird es charakterisiert als das umfassendste Herrschaftsrecht an einer Sache, das die Rechtsordnung kennt[4]. **916**

§ 903 BGB sagt immerhin etwas über die Befugnisse des Eigentümers aus.

Man unterscheidet den positiven Zuweisungsgehalt („mit der Sache nach Belieben verfahren") und die negative Ausschließungsfunktion („andere von jeder Einwirkung ausschließen").

Im Gegensatz zu Art. 14 GG ist in § 903 BGB nur von **Sachen** die Rede. Der Eigentumsbegriff des bürgerlichen Rechts ist somit enger, weil auf Sachen (= körperliche Gegenstände) beschränkt. An Rechten (z. B. Patentrechte) gibt es daher kein Eigentum, sondern nur eine Inhaberschaft; also jemand ist „Patentinhaber" und nicht etwa „Patenteigentümer".

II. Der Schutz des Eigentums

Art. 14 Grundgesetz schützt das Privateigentum lediglich gegenüber Maßnahmen des Staates. Der Schutz des Eigentums vor Eingriffen privater Dritter richtet sich dagegen nach dem Bürgerlichen Recht. **917**

---

3 Vgl. dazu *Hesse*, Rdnr. 444.
4 *Palandt-Bassenge*, Überbl. v. § 903 Rdnr. 1.

1. Der Herausgabeanspruch des Eigentümers

Eine der wichtigen Ansprüche aus dem Eigentum ist der **Herausgabeanspruch** gem. § 985, den der Eigentümer gegen den Besitzer hat, sobald Eigentum und Besitz nicht mehr in einer Hand sind und der Besitzer dem Eigentümer gegenüber kein Recht zum Besitz i. S. des § 986 hat.

Ein **Recht zum Besitz** kann sich für den Besitzer u. a. ergeben:

a) aus einem Schuldverhältnis, das zwischen ihm und dem Eigentümer besteht.

So kann der Besitzer dem Eigentümer gegenüber z. B. aufgrund eines zwischen ihm und dem Eigentümer abgeschlossenen Mietvertrages zum Besitz berechtigt sein. Der Mietvertrag gibt dem Mieter für die Dauer des Vertrages ein Recht zum Besitz;

b) aus einem beschränkt dinglichen Recht, z. B. einem Pfandrecht.

918 Wenn untersucht wird, ob der Eigentümer gemäß § 985 Herausgabe der Sache verlangen kann, ist stets mitzuprüfen, ob derjenige, gegen den sich der Anspruch richtet (der Besitzer), ein Recht zum Besitz gemäß § 986 hat. Denn der Eigentümer hat gegen den Besitzer nur dann einen Anspruch auf Herausgabe gemäß § 985, wenn der Besitzer kein Recht zum Besitz gemäß § 986 hat.

Fall: *V vermietet ein Paar Skier für zwei Wochen zu einem Mietzins von 25,– € an M. Vor Ablauf der zwei Wochen beschließt V, selbst Ski zu fahren. Er wendet sich deshalb an M und verlangt die Herausgabe der Skier. M weigert sich, die Skier herauszugeben. Mit Recht?*

Lösung:

V kann die Herausgabe der Skier verlangen, wenn ihm ein Anspruch aus § 985 zusteht. Er hat als Eigentümer dem M den unmittelbaren Besitz an den Skiern verschafft, indem er sie dem M übergab und dieser die tatsächliche Gewalt über sie ausüben konnte. Da Eigentum und unmittelbarer Besitz auseinanderfallen, könnte dem Anspruch des V auf Herausgabe gemäß § 985 nur ein Recht des M zum Besitz gemäß § 986 entgegenstehen. M wäre zum Besitz berechtigt, wenn er ihn aufgrund eines schuldrechtlichen Vertrages erlangt hätte. V hat mit M einen Mietvertrag auf 14 Tage abgeschlossen: Für diese Zeit hat er ein Recht zum Besitz, da V seine Eigentumsrechte durch den Vertrag eingeschränkt hat. M hat somit gemäß § 986 Abs. 1 Satz 1 das Recht, die Herausgabe der Skier zu verweigern.

2. Einführung in das Eigentümer-Besitzer-Verhältnis

a) Überblick

919 Für den Fall, dass der Eigentümer einer Sache diese von dem Besitzer nach den §§ 985, 986 herausverlangen kann, enthalten die §§ 987 ff. ein besonderes Haftungssystem.

Dieses Haftungssystem regelt drei bei einer Herausgabeverpflichtung häufig auftretende Probleme:
- Unter welchen Voraussetzungen kann der Eigentümer **Schadensersatz** verlangen, wenn der Besitzer die Sache nicht oder nicht unbeschädigt herausgeben kann?
- Kann der Eigentümer vom Besitzer die **Nutzungen**, die dieser während seiner Besitzzeit gezogen hat, herausverlangen, bzw. kann der Eigentümer, wenn die Herausgabe der Nutzungen nicht möglich ist, eine angemessene Nutzungsentschädigung geltend machen?
- Kann der Besitzer, der die Sache dem Eigentümer herauszugeben hat, von diesem seine **Verwendungen** ersetzt verlangen?

Verwendungen sind Vermögensaufwendungen, die der Sache zugute kommen, ohne sie grundlegend zu verändern, wie z. B. Reparaturkosten.   **920**

Zweck der als gesetzliches Schuldverhältnis konzipierten §§ 987 ff. ist es, die besondere Interessenlage zwischen Eigentümer und nicht zum Besitz berechtigtem Besitzer (sog. unrechtmäßiger Besitzer) zu berücksichtigen, und dabei den gutgläubigen unrechtmäßigen Besitzer, d. h. denjenigen unrechtmäßigen Besitzer, der, ohne grob fahrlässig zu handeln, irrtümlicherweise glaubt, zum Besitz berechtigt zu sein, zu schützen. Um diesen Zweck zu erreichen, bilden die §§ 987 ff. eine abschließende Sonderregelung. Grundsätzlich sind daher, wenn ein Eigentümer von einem Besitzer eine Sache nach §§ 985, 986 herausverlangen kann, d. h. bei Vorliegen der sog. Vindikationslage, die Anwendung der allgemeinen Vorschriften, wie z. B. §§ 823, 812, 816, ausgeschlossen[5].

Ob und in welchem Umfang Ansprüche des Eigentümers gegen den unrechtmäßigen Besitzer auf Schadensersatz oder Nutzungsersatz bzw. Ansprüche des unrechtmäßigen Besitzers auf Ersatz seiner Verwendungen bestehen, hängt im wesentlichen von der Person des Besitzers ab.   **921**

Dieser kann
- gutgläubiger Besitzer,
- bösgläubiger Besitzer oder
- deliktischer Besitzer
sein.

Deliktischer Besitzer ist, wer den Besitz durch verbotene Eigenmacht (vgl. § 858 Abs. 1) oder eine Straftat erlangt hat (vgl. § 992).

Bösgläubiger Besitzer ist derjenige, der beim Erwerb des Besitzes weiß oder infolge grober Fahrlässigkeit nicht weiß, dass er nicht zum Besitz berechtigt ist oder der später positiv erfährt, dass er nicht zum Besitz berechtigt ist (vgl. § 990 Abs. 1 Satz 1 i. V. m. § 932 Abs. 2 und § 990 Abs. 1 Satz 2). Der Bösgläubigkeit wird die Rechtshängigkeit, d. h. die Erhebung der Klage auf Herausgabe der Sache gleichgestellt (vgl. §§ 987, 989 i. V. m. § 990).   **922**

---

5 Vgl. RGZ 163, 348, 352; BGHZ 41, 157; BGH NJW 52, 257; 63, 1249; 71, 1358.

Gutgläubig ist der Besitzer, der weder deliktischer noch bösgläubiger Besitzer ist.

Beispiel: A kauft im Elektrofachgeschäft des V eine Stereoanlage. Diese Anlage hatte D dem Eigentümer, der Firma E, gestohlen, und sie an V veräußert. E kann von A die Herausgabe der Anlage nach §§ 985, 986 verlangen, da E wegen § 935 Eigentümer der Anlage geblieben ist und A kein Recht zum Besitz gegenüber E hat. Wenn keine außergewöhnlichen Umstände den A am Eigentum des V hätten zweifeln lassen müssen, wäre er gutgläubiger Besitzer. Wäre D ein stadtbekannter Dieb und hätte V dies beim Kauf gewusst, so wäre er selbst während seiner Besitzzeit bösgläubiger Besitzer gewesen. Hätte D noch die Anlage in Besitz, wäre er selbst deliktischer Besitzer.

b) Ansprüche des Eigentümers gegen den Besitzer wegen Schadensersatz und Ersatz der Nutzungen

Im Wesentlichen bestehen im Verhältnis Eigentümer – unrechtmäßiger Besitzer folgende Ansprüche:

923 (1) Der **gutgläubige Besitzer** wird geschützt, d. h. er haftet dem Eigentümer weder auf Schadensersatz wegen Verschlechterung der Sache oder Unmöglichkeit der Herausgabe, noch muss er gezogene Nutzungen herausgeben (§ 993 Abs. 1).

Nur wenn er den Besitz unentgeltlich erlangt oder Übermaßfrüchte gezogen hat, also z. B. einen Wald vollständig abgeholzt hat, ist er zur Herausgabe der Nutzungen verpflichtet (§§ 988, 993 Abs. 1, 1. Halbs.).

(2) Der bösgläubige Besitzer dagegen haftet, wenn infolge seines Verschuldens die Sache verschlechtert wird, untergeht oder aus einem anderen Grunde von ihm nicht herausgegeben werden kann (§§ 990 i. V. m. § 989). Ferner ist der bösgläubige Besitzer verpflichtet, alle gezogenen Nutzungen herauszugeben (990 i. V. m. § 987). Ist die unmittelbare Herausgabe der Nutzungen nicht möglich, z. B. weil der Besitzer die Sache selbst genutzt hat, so hat er eine angemessene Nutzungsentschädigung in Geld zu leisten[6].

(3) Keinen Schutz genießt der **deliktische Besitzer**. Dieser haftet für jeden Schaden an der Sache nach § 992 in Verbindung mit §§ 823 ff. Über § 249 Satz 1 BGB ist er daher auch zur Herausgabe sämtlicher Nutzungen verpflichtet.

c) Ansprüche des unrechtmäßigen Besitzers gegen den Eigentümer auf Ersatz seiner Verwendungen

924 (1) Der **gutgläubige Besitzer** kann vom Eigentümer die (zur Erhaltung des Wertes und der Nutzungsfähigkeit der Sache) notwendigen Verwendungen ersetzt verlangen. Ausgenommen sind nur die gewöhnlichen Erhaltungskosten, d. h. die laufenden Ausgaben wie z. B. Kosten für Ölwechsel beim Auto (§ 994 Abs. 1). Ferner kann der gutgläubige Besitzer die wertsteigernden Verwendungen ersetzt verlan-

---

6 Vgl. BGHZ 41, 186 f.

gen (§ 996). Wertsteigernde Verwendungen sind z. B. Aufwendungen für das Färben von Fellen.

(2) Der **bösgläubige** sowie der **deliktische unrechtmäßige** Besitzer können dagegen nur ihre notwendigen Verwendungen ersetzt verlangen und diese auch nur nach den Vorschriften über die Geschäftsführung ohne Auftrag (§ 994 Abs. 2 bzw. § 850 i. V. m. § 994 Abs. 2). Das bedeutet, dass der Eigentümer die Verwendungen des Besitzers nur zu ersetzen braucht, wenn sie dem Interesse sowie dem wirklichen oder mutmaßlichen Willen des Eigentümers entsprechen (vgl. § 683 Satz 1).

Sofern der Besitzer einen Anspruch auf Ersatz seiner Verwendungen hat, steht ihm gegen das Herausgabeverlangen des Eigentümers gemäß § 1000 ein **Zurückbehaltungsrecht** zu. 925

Fall: *A entwendet dem E einen Pkw sowie die dazugehörigen Kfz-Papiere. Das Fahrzeug war zur Zeit des Diebstahls aufgrund eines Motorschadens nicht fahrbereit. Nachdem A das Fahrzeug auf seinen Namen hat umschreiben lassen, veräußert er es an den gutgläubigen X. X lässt den defekten Motor in einer Werkstatt für 400,– € reparieren. Bei einer anschließenden Fahrt brennt er fahrlässigerweise mit einer Zigarette ein Loch in den Fahrersitz. Die Reparatur lässt er aber noch nicht durchführen. Als E einige Zeit später den Wagen bei X entdeckt, verlangt er von diesem den Wagen heraus. Außerdem möchte er die Kosten für die Reparatur des Fahrersitzes von X ersetzt bekommen. Ferner verlangt er eine – der Höhe nach durchaus angemessene – Nutzungsentschädigung von 500,– €. X meint, dem E stehe weder ein Anspruch auf Schadensersatz noch auf Nutzungsentschädigung zu. Das Fahrzeug selbst will er nur dann herausgeben, wenn E ihm die Kosten für die Reparatur des Motors in Höhe von 400,– € ersetzt.*

Wie ist die Rechtslage?

Lösung:

1. Anspruch des E gegen den X auf Herausgabe des Wagens

E könnte von X die Herausgabe des Fahrzeuges nach § 985 verlangen. Das setzt voraus, dass E Eigentümer ist.

Ursprünglich war E Eigentümer. Da ihm das Auto gestohlen wurde, hat er wegen § 935 Abs. 1 Satz 1 das Eigentum auch nicht durch die Veräußerung des Wagens von A an X verloren. Für das Bestehen eines Rechtes, aufgrund dessen X zum Besitz des Pkw gemäß § 986 berechtigt sein könnte, bestehen keine Anhaltspunkte.

Dem X könnte aber gegenüber dem Herausgabeverlangen des E ein Zurückbehaltungsrecht nach § 1000 Satz 1 zustehen. Das setzt voraus, dass X gegen E einen Anspruch auf Ersatz von Verwendungen hat.

Da X gutgläubiger Besitzer ist, kommt als Anspruchsgrundlage § 994 Abs. 1 Satz 1 in Betracht. Die Reparaturkosten für den defekten Motor waren für die Nutzung des Wagens erforderlich, sodass es sich bei ihnen um notwendige Verwendungen handelt. Der Anspruch auf Ersatz der notwendigen Verwendungen nach § 994 Abs. 1 Satz 1 könnte aber durch § 994 Abs. 1 Satz 2 ausgeschlossen sein, wenn es sich bei den 400,– € um gewöhnliche Erhaltungskosten handeln würde. Da die Reparaturkosten für einen defekten Motor nicht zu den laufenden Kosten eines

Fahrzeuges gehören, zählen sie nicht zu den gewöhnlichen Erhaltungskosten, mit der Folge, dass X sie gemäß § 994 Abs. 1 Satz 1 von E ersetzt verlangen kann.

Dem X steht daher gegen das an sich begründete Herausgabeverlangen des E ein Zurückbehaltungsrecht nach § 1000 Satz 1 auf Ersatz seiner Verwendungen in Höhe von 400,– € zu. Daher kann E von X nur dann das Fahrzeug herausverlangen, wenn er ihm gleichzeitig 400,– € zahlt.

2. Ansprüche des E gegen den X auf Ersatz der Kosten für die Reparatur des Fahrersitzes

a) Aus §§ 990, 989

Eine Haftung des unrechtmäßigen Besitzers X gegenüber dem Eigentümer E auf Schadensersatz nach den §§ 990, 989 setzt zunächst voraus, dass X bösgläubiger Besitzer ist. Da X aber lt. Sachverhalt beim Erwerb des Besitzes gutgläubig war und auch bis zum schädigenden Ereignis nicht positiv Kenntnis von seinem mangelnden Besitzrecht hatte, kommt – trotz Verschuldens in Bezug auf den konkreten Schaden – eine Haftung nach den §§ 990, 989 nicht in Betracht.

b) Aus § 823 Abs. 1

Fraglich ist, ob § 823 überhaupt auf den vorliegenden Sachverhalt anwendbar ist. Für das Verhältnis zwischen dem Eigentümer E und dem unrechtmäßigen Besitzer X enthalten die §§ 987 ff. eine **abschließende Sonderregelung** und verdrängen somit grundsätzlich die allgemeinen Vorschriften. Daher ist § 823 auf den zu erörternden Fall nicht anwendbar, mit der Folge, dass E keinen Anspruch gegen den X auf Ersatz seines Schadens aus § 823 hat.

3. Ansprüche des E gegen den X auf Zahlung einer Nutzungsentschädigung

Als Anspruchsgrundlage kommt § 990 i. V. m. § 987 in Betracht. Ebenso wie der Schadensersatzanspruch nach den §§ 990, 989 setzen die §§ 990, 987 voraus, dass der Besitzer beim Erwerb des Besitzes nicht in gutem Glauben war oder später von seiner mangelnden Besitzberechtigung positiv Kenntnis erlangt hat. Das aber war lt. Sachverhalt nicht der Fall.

Da andere Anspruchsgrundlagen insbesondere § 988 und § 993 Abs. 1, 1. Halbsatz nicht in Betracht kommen – X hat die Sache weder unentgeltlich erlangt noch Übermaßfrüchte gezogen – hat E gegen X auch keinen Anspruch auf eine Nutzungsentschädigung.

3. Der Beseitigungs- und Unterlassungsanspruch – Das Nachbarrecht

926 Der Eigentümer wird nicht nur gegen Vorenthaltung und Entziehung des Besitzes geschützt. Das Gesetz sieht auch einen Schutz gegen andere störende Eingriffe in das Eigentum vor. Zu den Schutznormen dieser Art zählt § 1004.

Unter § 1004 fällt jede Eigentumsstörung, die nicht Besitzentziehung ist. Seine größte Bedeutung hat diese Bestimmung gerade im Hinblick auf Grundstücke. Ein Anspruch aus § 1004 besteht nur, wenn der Eingriff, gegen den sich der Eigentümer wehrt, widerrechtlich ist. Nicht widerrechtlich ist der Eingriff, den der Eigentümer dulden muss (§ 1004 Abs. 2). Duldungspflichten können sich zum einen aus Rechtsverhältnissen zwischen dem Eigentümer und dem Störer ergeben, z. B. aus einer vertraglichen Gestattung (Einwilligung).

Duldungspflichten können sich aber auch aus gesetzlichen Bestimmungen ergeben, insbesondere aufgrund von **nachbarrechtlichen Vorschriften.** 927
Wichtige nachbarrechtliche Vorschriften enthalten die §§ 906–924. Daneben finden sich aber auch in Landesgesetzen nachbarrechtliche Sonderbestimmungen, z. B. solche über den Abstand von Gebäuden.

Von den genannten Bestimmungen hat die Duldungspflicht für Immissionen gemäß § 906 besondere praktische Bedeutung erlangt.

Immissionen im Sinne des § 906 sind Einwirkungen durch sinnlich wahrnehmbare Stoffe (sog. Imponderabilien)[7].

> **Beispiele:** Neben den in § 906 beispielhaft aufgezählten Gasen, Dämpfen, Gerüchen, Rauch, Ruß, Wärme, Geräusch, Erschütterungen kommt z. B. auch Staubbelästigung in Betracht. Nicht dagegen zu den Immissionen im Sinne von § 906 zählen feste Stoffe, wie etwa Steinbrocken.

Eine Duldungspflicht gegenüber Immissionen besteht nur, sofern diese zulässig 928
sind.

Nach § 906 sind zulässig:

a) **unwesentliche Einwirkungen (§ 906 Abs. 1)**

Ob eine Einwirkung wesentlich oder unwesentlich ist, hängt vom Empfinden des normalen Durchschnittsmenschen ab. Nicht dagegen ist das Empfinden des im Einzelfall Gestörten maßgeblich (objektiver Maßstab)[8].

> **Beispiel:** Der Lärm, der dadurch entsteht, dass der Nachbar morgens sein Auto aus der Garage heraus und abends in die Garage zurückfährt, ist eine unwesentliche Einwirkung und muss daher geduldet werden.

b) **wesentliche Einwirkungen** 929

sind nur dann zulässig, wenn sie ortsüblich sind **und** (die ortsüblichen Einwirkungen) nicht durch wirtschaftlich zumutbare Maßnahmen verhindert werden können (§ 906 Abs. 2 Satz 1).

Bei der Beurteilung der Ortsüblichkeit ist das betreffende Grundstück mit anderen Grundstücken des Bezirks zu vergleichen[9].

> **Beispiel:** X betreibt in der Stadtmitte von Hagen eine Metzgerei. Die Lautstärke seiner Kühlmaschine belästigt Nachbarn in nicht unwesentlichem Maße. In der Stadtmitte ist eine gewisse Lärmentwicklung durchaus ortsüblich. Dulden müssen die

---

7 Vgl. *Jauernig-Jauernig*, § 906 Anm. 1. b.
8 Vgl. z. B. *Palandt-Bassenge*, § 906, Rdnr. 17; BGHZ 120,239 (259).
9 Vgl. BGH NJW 76, 1204 f.

Nachbarn die Einwirkungen aber nur, wenn sie nicht durch wirtschaftlich zumutbare Maßnahmen verhindert werden können. Soweit das im Einzelfall zu bejahen ist, können die Nachbarn die Benutzung der Kühlmaschine gemäß § 1004 Abs. 1 Satz 2 solange verhindern, bis X schalldämmende Maßnahmen durchgeführt hat.

Wesentliche Einwirkungen, die ortsüblich sind, aber nicht durch wirtschaftlich zumutbare Maßnahmen verhindert werden können, müssen zwar geduldet werden; der duldungspflichtige Eigentümer des benachbarten Grundstücks kann aber nach § 906 Abs. 2 Satz 2 einen angemessenen Ausgleich in Geld verlangen, sofern durch die Einwirkung die ortsübliche Benutzung oder der Ertrag des Grundstücks unzumutbar beeinträchtigt wird.

§ 43 Der Erwerb und der Verlust des Eigentums an beweglichen Sachen

Schrifttum: *Feuerborn,* Der Bestimmtheitsgrundsatz bei der Übereignung von Sachgesamtheiten, ZIP 2001, 600; *Jauernig,* Trennungsprinzip und Abstraktionsprinzip, JuS 1994, 721; *Krämer,* Die grobe Fahrlässigkeit im Sachenrecht und beim sonstigen Recht des gutgläubigen Erwerbs, 1993; *Musielak,* Eigentumserwerb an beweglichen Sachen nach §§ 932 ff. BGB, JuS 1992, 713; *Peters,* Kauf und Übereignung, Jura 1986, S. 449; *Weber,* Der rechtsgeschäftliche Erwerb des Eigentums an beweglichen Sachen gemäß §§ 929 ff. BGB, JuS 1998, 577; *ders.,* Gutgläubiger Erwerb des Eigentums an beweglichen Sachen gemäß §§ 932 ff. BGB, JuS 1999, 1; *Zeranski,* Prinzipien und Systematik des gutgläubigen Erwerbs beweglicher Sachen, JuS 2002, 340.

I. Der rechtsgeschäftliche Eigentumserwerb

1. Trennungs- und Abstraktionsprinzip

930 Wenn im Wege eines Veräußerungsgeschäftes Vermögensgegenstände übertragen werden sollen, so geschieht das nach deutschem Recht nicht allein durch den Abschluss eines Rechtsgeschäftes (eines Vertrages), wie oben unter § 11 (Rdnr. 167 ff.) schon eingehend dargestellt.

Dem Text des § 433 Abs. 1 S. 1 zu entnehmen, dass mit dem Abschluss des Kaufvertrages allein das Eigentum an der gekauften Sache **nicht** auf den Käufer übergeht. Der wirksam zustande gekommen Kaufvertrag verpflichtet den Verkäufer lediglich, die gekaufte Sache an den Käufer zu übereignen. Es bedarf eines weiteren Geschäftes – nämlich der Übereignung –, um den Käufer Eigentümer werden zu lassen.

Die Übereignung (Eigentumsübertragung) an beweglichen Sachen geschieht in der Regel gemäß § 929 S. 1.

Das Gesetz unterscheidet zwischen Verpflichtungsgeschäften einerseits und Verfügungsgeschäften andererseits (**Trennungsprinzip**).

Zu Verpflichtungs- und Verfügungsgeschäften und zu Trennungs- und Abstraktionsprinzip siehe oben Rdnr. 167 ff.

2. Der Erwerb des Eigentums vom Berechtigten (Eigentümer)

a) Die Übereignung gemäß § 929 Satz 1

Das Eigentum an einer beweglichen Sache wird in der Regel durch die Einigung **931** darüber, dass das Eigentum übergehen soll, und durch die Übergabe der Sache übertragen.

aa) Die Einigung: Die Einigung i. S. des § 929 Satz 1 ist ein Vertrag, der auf die Eigentumsübertragung gerichtet ist. Er kommt – wie jeder Vertrag – durch die übereinstimmenden Willenserklärungen der Beteiligten zustande. Derjenige, der das Eigentum von sich auf den anderen übertragen möchte (Veräußerer), und der, der das Eigentum erwerben möchte (Erwerber), geben ihr Einverständnis mit dem Eigentumsübergang durch zwei Einigungserklärungen ab.

Die Einigung muss nicht ausdrücklich, sie kann auch konkludent erklärt werden. Das ist z. B. der Fall, wenn der Verkäufer dem Käufer die gekaufte Sache über den Ladentisch reicht.

bb) Die Übergabe: Die Übergabe der Sache ist kein rechtsgeschäftlicher, sondern **932** ein faktischer Akt. Die Sache gelangt mit dem Willen des bisherigen Eigentümers in den Herrschaftsbereich dessen, der das Eigentum erwerben soll. Die Übergabe i. S. des § 929 Satz 1 ist die Übertragung des Besitzes an der Sache durch den Eigentümer auf den Erwerber.

b) Die Eigentumsübertragung gemäß § 929 Satz 2

Wenn der Erwerber bereits im Besitz der Sache ist, an der er das Eigentum erwerben will, genügt die bloße Einigung über die Eigentumsübertragung zwischen Veräußerer und Erwerber. Die Übergabe entfällt. **933**

> **Beispiel:** G ist Eigentümer eines Fernsehgerätes, das er an M vermietet und ihm übergibt. Nach einem halben Jahr schließen G und M einen Kaufvertrag über dieses Gerät und sind sich darüber einig, dass das Eigentum daran auf M übergehen soll.
>
> Rechtlich ist hier folgendes geschehen: Zunächst haben G und M einen Mietvertrag abgeschlossen. G hat den unmittelbaren Besitz an M übertragen. M leitete den unmittelbaren Besitz im Rahmen eines Besitzmittlungsverhältnisses (des Mietvertrages) von G ab; G verlor den unmittelbaren Besitz, blieb aber mittelbarer Besitzer. Anschließend schlossen G und M einen Kaufvertrag ab. Der Kaufvertrag verpflichtete den G, das Eigentum an dem Fernsehgerät auf M zu übertragen (§ 433 Abs. 1). M wurde verpflichtet, den vereinbarten Kaufpreis an G zu zahlen (§ 433 Abs. 2). Erst

indem G und M sich darüber einig wurden, dass das Eigentum an dem Gerät auf M übergehen sollte, schlossen sie einen Einigungsvertrag i. S. des § 929, der gemäß § 929 Satz 2 zum Eigentumsübergang genügte, da M bereits den Besitz der Sache erlangt hatte. Gleichzeitig endete das zwischen G und M bestehende Mietverhältnis. G verlor also den mittelbaren Besitz.

c) Die Übereignung gemäß §§ 929, 930

934 Es gibt auch noch weitere Möglichkeiten, bewegliche Sachen zu übereignen. Die §§ 929, 930 geben dem Veräußerer das Recht, den unmittelbaren Besitz an der Sache zu behalten und die Sache weiter zu benutzen, sie aber gleichwohl zu übereignen.

Die Übereignung gemäß §§ 929, 930 findet statt durch

(1) Einigung (i. S. des § 929) **und**

(2) **Vereinbarung eines Besitzmittlungsverhältnisses** (Besitzkonstitut).

Die Vereinbarung eines Besitzmittlungsverhältnisses tritt an die Stelle der Übergabe i. S. des § 929.

Beispiel: Spediteur S ist Eigentümer eines Lastzuges. Da er wegen fällig werdender Steuerzahlungen sofort Geld braucht, veräußert er den Lastzug an N zum Preise von 25 000,– €, die sofort ausbezahlt werden. Weil S den Lastzug dringend benötigt, um sein Gewerbe weiter betreiben zu können, vereinbaren N und S, dass N dem S den Lastzug zu einem Mietzins von monatlich 350,– € vermietet.

N ist gemäß §§ 929, 930 durch Einigung und Vereinbarung eines Besitzmittlungsverhältnisses (hier: Mietvertrag) Eigentümer des Lastzuges geworden, ohne den unmittelbaren Besitz zu erlangen. Aufgrund des vereinbarten Besitzmittlungsverhältnisses ist N als Eigentümer lediglich mittelbarer Besitzer geworden; S bleibt unmittelbarer Besitzer.

In diesem Beispiel werden die Vorteile, die eine Übereignung gemäß §§ 929, 930 insbesondere für den Veräußerer bieten kann, deutlich: Der Veräußerer bleibt unmittelbarer Besitzer und kann die Sache weiter nutzen. Der heute wichtigste und aus dem Wirtschaftsleben kaum mehr wegzudenkende Fall der Übereignung gemäß §§ 929, 930 ist die **Sicherungsübereignung**, die für die Kreditsicherung eine überragende Rolle spielt (zu den Einzelheiten siehe unten Rdnr. 974 ff.).

d) Die Übereignung durch Einigung und Abtretung des Herausgabeanspruchs (§§ 929, 931)

935 Eine weitere Möglichkeit der Übereignung beweglicher Sachen eröffnen §§ 929 i. V. m. 931: Die Übergabe kann auch ersetzt werden durch die **Abtretung des Herausgabeanspruchs**. Das setzt voraus, dass der Eigentümer nicht im unmittelbaren Besitz der Sache ist.

Zur Erläuterung: Ein Anspruch kann gemäß § 398 formlos abgetreten werden, d. h. durch eine entsprechende Vereinbarung von einer Person auf eine andere übertragen werden.

Mit dem Herausgabeanspruch im Sinne des § 931 soll nach h. M. lediglich ein schuldrechtlicher Anspruch, der auf Herausgabe gerichtet ist, gemeint sein[1].

Als Ansprüche dieser Art kommen z. B. in Betracht:
- der Anspruch des Vermieters gegen den Mieter auf Rückgabe der Sache (§ 546);
- der Anspruch des Verleihers gegen den Entleiher auf Rückgabe der Sache (§ 604).

Die Übereignung gemäß §§ 929, 931 ist auch dann möglich, wenn der Herausgabeanspruch noch nicht fällig ist[2].

> **Beispiel:** A verleiht ein Fahrrad für 30 Tage an B. Nach 20 Tagen verkauft A dieses Fahrrad an D. A und D einigen sich über den Eigentumsübergang; außerdem tritt A dem D gemäß § 398 den Herausgabeanspruch gegen den B aus § 604 ab. D wird gemäß § 929, 931 durch Einigung und Abtretung des Herausgabeanspruchs Eigentümer des Fahrrades.

3. Der gutgläubige Erwerb des Eigentums vom Nichtberechtigten

a) Der Erwerb des Eigentums gemäß §§ 929, 932

Es kommt häufig vor, dass sich der unmittelbare Besitzer einer Sache, der nicht der Eigentümer ist, als Eigentümer ausgibt und die Sache an einen Interessenten veräußert.　936

> **Beispiel:** N leiht sich bei seinem Freund B einen elektronischen Taschenrechner. Da er sich in finanziellen Schwierigkeiten befindet, veräußert er den Rechner an seinen Nachbarn B, der darauf vertraut, dass N der Eigentümer des Rechners ist. Hier ergibt sich die Frage, ob B Eigentümer des Rechners geworden ist. Eine Eigentumsübertragung gemäß § 929 kommt nicht in Betracht, weil B hier nicht vom Eigentümer erwirbt.

Für solche Fälle musste der Gesetzgeber das Problem lösen, ob der Erwerber, der darauf vertraut, dass der besitzende Veräußerer auch der Eigentümer der Sache ist, so geschützt werden soll, dass er auf Kosten des bisherigen Eigentümers das Eigentum erwirbt.

Nach §§ 929, 932 kann derjenige, der gutgläubig ist, das Eigentum an einer beweglichen Sache durch Einigung über den Eigentumsübergang und Übergabe der Sache (gem. § 929) auch vom Nichteigentümer erwerben, der die Sache besitzt.　937

Damit gibt das BGB dem Interesse an Vertrauensschutz und sicheren Rechtsverhältnissen den Vorrang vor den Interessen des ursprünglichen Eigentümers, weil dieser den Besitz einem anderen überlassen hat und das Risiko eines unredlichen Verhaltens dieses Besitzers, den er sich aussuchen konnte, selbst tragen muss.

Voraussetzungen für den Erwerb des Eigentums an einer beweglichen Sache vom Nichtberechtigten (Nichteigentümer) sind:

1　So *Baur/Stürner*, § 51 VI 1 a; BGH NJW 1959, 1538.
2　*Baur/Stürner*, § 51 VI 1 a.

(1) die **Einigung** zwischen Nichtberechtigtem (Nichteigentümer) und Erwerber über den Eigentumsübergang,

(2) der **Besitz des veräußernden Nichtberechtigten** (Nichteigentümers) an der Sache,

(3) die **Übergabe** der Sache durch den Nichtberechtigten an den Erwerber,

(4) der **gute Glaube des Erwerbers** daran, dass der Veräußernde der Eigentümer ist.

Zu dem vorhergehenden **Beispiel:** N und B haben sich darüber geeinigt, dass das Eigentum an dem Rechner auf B übergehen soll. Norden hat dem B den Rechner übergeben. Wenn N Eigentümer der Sache gewesen wäre, wäre das Eigentum gemäß § 929 auf B übergegangen. Da B daran glaubte, dass N Eigentümer des Rechners war, war er gutgläubig i. S. des § 932. Das Eigentum an dem Rechner ist deshalb gemäß §§ 929, 932 auf B übergegangen.

938 Zu beachten ist, dass die §§ 932 ff. nur den guten Glauben an das Eigentum schützen; sie überwinden dagegen nicht andere Berechtigungsmängel wie z. B. fehlende Geschäftsfähigkeit des Veräußerers.

§ 932 Abs. 2 versucht zu bestimmen, unter welchen Voraussetzungen ein Erwerber nicht gutgläubig ist. Danach ist der Erwerber nicht gutgläubig, wenn ihm bekannt oder infolge **grober Fahrlässigkeit** unbekannt ist, dass der Veräußerer nicht der Eigentümer ist. Grob fahrlässig handelt der Erwerber, der die erforderliche Sorgfalt nach den gesamten Umständen in ungewöhnlich großem Maße verletzt und der dasjenige unbeachtet lässt, was im vorliegenden Falle jedem hätte einleuchten müssen.[3]

Fall: *Kirchner kauft bei Denz ein gebrauchtes Kraftfahrzeug, das im Eigentum des Ebel steht. Denz hatte das Kraftfahrzeug von Ebel gemietet. Bei den Erwerbsverhandlungen fragt K nicht nach dem Kfz-Brief, der ihm nicht vorgelegt wird. Hat K das Eigentum an dem Kraftfahrzeug erworben?*

Lösung:

K könnte das Eigentum von D gutgläubig gemäß §§ 929, 932 erworben haben. K und D haben sich über den Eigentumsübergang geeinigt. D war unmittelbarer Besitzer des Kraftfahrzeuges. Er hat den unmittelbaren Besitz auf K übertragen. Fraglich ist allerdings, ob K gutgläubig i. S. des § 932 war.

K wusste nicht, dass D nicht der Eigentümer war. Es könnte ihm allerdings infolge grober Fahrlässigkeit unbekannt geblieben sein, dass die gekaufte Sache nicht dem Veräußerer (D) gehörte. Zu fragen ist, welche Nachforschungen der Erwerber im Hinblick auf das Eigentum an der Sache anstellen muss, damit ihm nicht der Vorwurf der groben Fahrlässigkeit gemacht werden kann.

---

3   Vgl. BGHZ 10, 14, 16.

Der Erwerber ist grob fahrlässig, wenn er die erforderliche Sorgfalt nach den gesamten Umständen in ungewöhnlich hohem Maße verletzt und dasjenige unbeachtet gelassen hat, was im gegebenen Fall jedem hätte einleuchten müssen[4].

Im Hinblick auf den Erwerb von Gebrauchtwagen handelt derjenige in der Regel grob fahrlässig i. S. des § 932, der sich den Kfz-Brief nicht vorlegen lässt[5].

K handelte also, da er sich den Kfz-Brief nicht hat zeigen lassen, grob fahrlässig und war damit nicht gutgläubig i. S. des § 932. Infolgedessen konnte er das Eigentum an dem Kraftfahrzeug nicht gutgläubig erwerben. E ist Eigentümer des Kraftfahrzeuges geblieben.

b) Der Erwerb des Eigentums gemäß §§ 929, 930, 933 oder §§ 929, 931, 934

Durch die Bezugnahme auf § 929 bringt § 932 zum Ausdruck, dass diese Vorschrift nur zur Anwendung kommt, wenn die Übereignung gemäß § 929, d. h. durch Einigung und Übergabe, stattfindet. Findet dagegen eine Übereignung nach §§ 929, 930 oder nach §§ 929, 931 statt, so ist ein gutgläubiger Eigentumserwerb nur unter den erschwerten Voraussetzungen der §§ 933 bzw. 934 möglich.   **939**

c) Kein gutgläubiger Erwerb an abhanden gekommenen Sachen (§ 935)

Hat der Eigentümer den Besitz an einer Sache nicht freiwillig aufgegeben, ist es nicht gerechtfertigt, ihn das Risiko eines unredlichen Verhaltens des Besitzers in gleichem Maße tragen zu lassen wie dann, wenn der Eigentümer den Besitzer selbst aussucht und ihm den Besitz überlassen hat.   **940**

Ein gutgläubiger Erwerb des Eigentums vom Nichtberechtigten ist dann nicht möglich.

„Abhandenkommen" bedeutet: Die Sache ist ohne oder gegen den Willen des unmittelbaren Besitzers aus seinem Besitz gelangt.

> **Beispiel:** D stiehlt den Taschenrechner des E und veräußert ihn an den gutgläubigen Erwerber F. Gemäß § 929 kann F das Eigentum nicht erwerben, weil D nicht Eigentümer der Sache ist. Ein gutgläubiger Erwerb gemäß §§ 929, 932 ist ausgeschlossen, weil es sich um eine gestohlene Sache handelt, § 935.

Die Regelung, die § 935 Abs. 1 trifft, gilt nicht für Geld und einige andere Sachen § 925 Abs. 2). Ein gutgläubiger Erwerb von Geldscheinen und Geldstücken ist demnach auch möglich, wenn sie gestohlen, verlorengegangen oder sonst abhanden gekommen sind.

---

4 BGHZ 10, 14, 16; BGH NJW 1990, 899.
5 BGH NJW 1964, 1413, 1414; BGH NJW 1991, 1415.

II. Der Eigentumserwerb kraft Gesetzes

941 Neben dem rechtsgeschäftlichen Eigentumserwerb nach den §§ 929 ff. kennt das BGB auch einen Eigentumserwerb durch Gesetz. Kennzeichnend für den Eigentumserwerb durch Gesetz ist, dass dieser nicht auf dem rechtsgeschäftlichen Willen der Beteiligten beruht, sondern unabhängig davon kraft gesetzlicher Anordnung eintritt.

1. Die Verarbeitung

Von den Vorschriften über den gesetzlichen Eigentumserwerb kommt § 950 besondere praktische Bedeutung zu.

Wer durch Verarbeitung oder Umbildung von Stoffen eine neue bewegliche Sache herstellt, erwirbt das Eigentum an der neuen Sache, sofern nicht der Wert der Verarbeitung oder der Umbildung erheblich geringer ist als der Wert des Stoffes (§ 950).

Wer Hersteller ist, ist vielmehr nach objektiven Gesichtspunkten danach zu beurteilen, wer unmittelbar das mit der Herstellung der neuen Sache verbundene wirtschaftliche Risiko trägt. Deshalb sind Arbeitnehmer regelmäßig nicht Hersteller i. S. des § 950[6].

> **Beispiel:** Der Schuhfabrikant S kauft vom Lieferanten L Leder unter Eigentumsvorbehalt (d. h. der Verkäufer soll bis zur vollständigen Zahlung des Kaufpreises Eigentümer bleiben). Lässt S das Leder in seinem Betrieb von seinen Arbeitnehmern zu Schuhen verarbeiten, so erwirbt S mit ihrer Herstellung trotz des Eigentumsvorbehalts das Eigentum an den Schuhen.

942 Die Rechtsprechung lässt es allerdings zu, dass die Parteien vertraglich vereinbaren können, dass der Rohstofflieferant Hersteller im Sinne von § 950 sein soll[7].

Derjenige Eigentümer, der aufgrund der §§ 946 bis 950 sein Recht verliert, hat regelmäßig nach § 951 Abs. 1 einen (schuldrechtlichen) Anspruch aus ungerechtfertigter Bereicherung auf Ausgleich seines Rechtsverlustes. Dieser Ausgleichsanspruch ist auf Zahlung einer Vergütung in Geld, nicht dagegen auf Wiederherstellung des früheren Zustandes gerichtet (vgl. § 951 Abs. 1 Satz 2).

2. Weitere gesetzliche Erwerbstatbestände

943 Daneben kennt das Gesetz noch eine Reihe weiterer Fälle des Eigentumserwerbs an beweglichen Sachen kraft Gesetzes, wie z. B. den Eigentumserwerb durch zehnjährigen gutgläubigen Eigenbesitz (Ersitzung, §§ 937 ff.), durch Verbindung und

---

6 Vgl. *Baur/Stürner* § 53 b I 2; *Palandt-Bassenge*, § 950 Rdnr. 9.
7 Vgl. BGHZ 20, 159.

Vermischung (§§ 946 ff.), durch Abspaltung von der Muttersache (§§ 953 ff.), durch Aneignung herrenloser Sachen (§§ 958 f.) sowie durch Fund unter den Voraussetzungen der §§ 965 ff.

§ 44 Sicherungsrechte an beweglichen Sachen und Rechten

Schrifttum: *Bonin,* Probleme des vertragswidrigen Eigentumsvorbehalts, JuS 2002, 438; *Bülow,* Kauf unter Eigentumsvorbehalt, Jura 1986, 169, 234; *Canaris,* Voraussetzungen und Inhalt des Anspruchs auf Freigabe von Globalsicherheiten gemäß § 242 BGB, ZIP 1997, 813; *Feuerborn,* Der Bestimmtheitsgrundsatz bei der Übereignung von Sachgesamtheiten, ZIP 2001, 600; *Habersack/Schürnbrand,* Der Eigentumsvorbehalt nach der Schuldrechtsreform, JuS 2002, 833; *Hennrichs,* Kollisionsprobleme bei der (Voraus-) Abtretung zukünftiger Forderungen, JZ 1993, 225; *Schanbacher,* Grundfälle zum Pfandrecht, JuS 1993, 382, 475; *Schwerdtner,* Die gesetzlichen Pfandrechte des Bürgerlichen Gesetzbuches, Jura 1988, 251; *Schmidt-Recla,* Grundstrukturen und Anfänge des Eigentumsvorbehalts – insbesondere des Anwartschaftsrechts, JuS 2002, 759; *Schreiber,* Anwartschaftsrechte, Jura 2001, 623.

I. Einleitung

1. Das Sicherungsbedürfnis des Gläubigers

Im Kreditgeschäft ist die persönliche Vertrauenswürdigkeit einer Person in der Regel keine ausreichende Grundlage für die Gewährung eines Kredits. Der Kreditgeber ist meist nur dann bereit, Kredit zu gewähren, wenn er bestimmte Rechte an Gegenständen des Schuldners erhält, die es ihm für den Fall, dass der Schuldner seine Verpflichtungen nicht erfüllt, ermöglichen, die Gegenstände so zu verwerten, dass seine Forderung erfüllt wird.   **944**

2. Personalsicherheiten und Realsicherheiten

Die Sicherheiten, die im Rahmen eines Kreditgeschäfts bestellt werden, kann man in zwei große Gruppen unterteilen, in: **945**
– Personalsicherheiten und
– Realsicherheiten.

Eine **Personalsicherheit** räumt dem Gläubiger einen schuldrechtlichen Anspruch ein, aufgrund dessen er auch von einer anderen Person als der des Schuldners die Leistung verlangen kann. Die typische Personalsicherheit ist die Bürgschaft, (§§ 765 ff.; dazu oben Rdnr. 838).

Die **Realsicherheit** gibt dem Gläubiger ein Recht an einer Sache oder einem Recht, das ihn in die Lage versetzt, sich – meist durch Verwertung und anschließende Verrechnung des Erlöses mit der gesicherten Forderung – wegen der gesicherten Forderung aus diesem Vermögensgegenstand zu befriedigen, wenn der Schuldner nicht leisten kann.

Zu den Realsicherheiten gehören insbesondere das Pfandrecht an beweglichen Sachen und Rechten, die Grundpfandrechte (Hypotheken und Grundschulden), das Sicherungseigentum, die Sicherungszession und der Eigentumsvorbehalt.

Realsicherheiten gewähren den Gläubigern in der Regel günstigere Positionen als Personalsicherheiten. Deshalb versuchen Gläubiger zunächst, Realsicherheiten zu erlangen. Erst dann, wenn sie Realsicherheiten nicht zu erlangen vermögen, geben sie sich mit Personalsicherheiten zufrieden.

3. Arten des Kredits – Geldkredit und Warenkredit

946 Geht man vom Gegenstand des gewährten Kredits aus, so ist zwischen Warenkredit einerseits und Geldkredit andererseits zu unterscheiden.

Von einem **Warenkredit** spricht man, wenn der Verkäufer im Hinblick auf die gekaufte Ware vorleistungspflichtig ist und der Verkäufer den Kaufpreis erst nach einer kürzeren oder längeren Frist nach Lieferung der gekauften Ware erhalten soll.

> **Beispiel:** M kauft bei F einen Fernsehempfänger zum Preise von 900,– €. M zahlt 150,– € an. Der Restkaufpreis soll in monatlichen Raten zu je 75,– € gezahlt werden. Es handelt sich um einen Warenkredit.

Der **Geldkredit** ist hingegen ein Darlehen, bei dem der Kreditgeber dem Kreditnehmer einen Geldbetrag als Darlehen gewährt. Gesetzliche Grundlage des Darlehens sind die §§ 488 ff.

Das BGB enthält in seinem 3. Buch eine Regelung bzw. die Grundlagen für die wichtigsten Sicherungsrechte. Diese werden im Folgenden dargestellt.

II. Der Eigentumsvorbehalt

1. Einführung

947 Der Eigentumsvorbehalt ist eines der gebräuchlichsten Sicherungsmittel für den Warenkreditgeber. Der Eigentumsvorbehalt wird nicht nur im Verhältnis zwischen Kaufleuten auf der einen und Nichtkaufleuten auf der anderen Seite verwandt, wenn es z. B. um den Erwerb von Konsumgütern geht. Er wird auch regelmäßig in den Rechtsbeziehungen der Kaufleute untereinander vereinbart, wie z. B. zwischen Rohstofflieferanten und Verarbeitern.

Nach der gesetzlichen Regelung müssen die Parteien eines Kaufvertrages ihre Leistungen sofort Zug um Zug erbringen. Im Wettbewerb ist der Verkäufer häufig dazu gezwungen, Verträge einzugehen, in denen er sich verpflichtet, Vorleistungen zu erbringen. Wenn der Verkäufer jedoch dem Käufer die gekaufte Ware übereignet, bevor der Käufer den Kaufpreis gezahlt hat, hat er sich aller wesentlichen Sicherheiten in Bezug auf die Zahlung des Kaufpreises begeben.

Die Vereinbarung des Eigentumsvorbehalts belässt das Eigentum an der verkauften Sache bis zur Zahlung des Restkaufpreises beim Verkäufer, während der Käufer bereits in den Besitz gelangt und die verkaufte Sache nutzen kann.

Um für Verkäufer und Käufer zweckmäßige Sicherungen zu erreichen, wurden verschiedene Arten des Eigentumsvorbehalts entwickelt.

2. Der einfache Eigentumsvorbehalt

a) Überblick

Bei der Vereinbarung des sog. einfachen Eigentumsvorbehalts dient das Eigentum an der verkauften Sache, das sich der Verkäufer bis zur vollständigen Zahlung des Kaufpreises vorbehält, der Sicherung der noch nicht erfüllten Kaufpreisforderung. Eigentum und unmittelbarer Besitz fallen auseinander. Der Käufer erwirbt den unmittelbaren Besitz an der Sache und erhält damit die Möglichkeit die Sache zu nutzen. Der Verkäufer bleibt Eigentümer.   **948**

Der Eigentumsvorbehalt ist in § 449 gesetzlich geregelt.

Wegen des Trennungs- und Abstraktionsprinzips ist zu unterscheiden zwischen
– dem Kaufvertrag einerseits und
– der Übereignung der gekauften Sache andererseits.

In dem Kaufvertrag, der selbst **nicht** von einer Bedingung abhängig ist, wird vereinbart, dass der Verkäufer nur zu einer bedingten Eigentumsübertragung an der gekauften Sache verpflichtet sein soll. Eine solche Vereinbarung kann getroffen werden z. B.   **949**
– durch eine ausdrückliche schriftliche oder mündliche Abrede; bei Formularverträgen durch eine entsprechende Klausel im Formularvertrag;
– durch Bezugnahme auf Allgemeine Geschäftsbedingungen, die eine entsprechende Klausel enthalten.

Die Übertragung des Eigentums an der gekauften Sache erfolgt nach § 929 S. 1. Die Einigung des Verkäufers und des Käufers darüber, dass das Eigentum auf den Käufer übergehen soll, steht unter der **aufschiebenden Bedingung** der vollständigen Kaufpreiszahlung. Erst mit dem Eintritt der Bedingung, also mit der vollständigen Zahlung des Kaufpreises, wird der Käufer Eigentümer der Sache.   **950**

Ist ein Rechtsgeschäft unter einer aufschiebenden Bedingung abgeschlossen worden, wird es erst mit Eintritt der Bedingung wirksam (siehe dazu unten Rdnr. 348 ff.).

Beispiel: S verkauft dem K einen Pkw unter Eigentumsvorbehalt zu einem Kaufpreis von 6000,– €. Nach einer Anzahlung von 1000,– € soll der Restkaufpreis in zehn aufeinanderfolgenden Raten zu je 500,– € gezahlt werden. S übergibt dem K den Pkw mit der Vereinbarung, dass das Eigentum an dem Wagen erst an K übergehen soll, wenn der Kaufpreis vollständig gezahlt worden ist. Hier sind zwei Rechtsgeschäfte zwischen S (Verkäufer) und K (Käufer) abgeschlossen worden

(a) Ein Kaufvertrag gemäß § 433 ohne Bedingung. Das bedeutet: Der Kaufvertrag ist sofort wirksam. Aus dem Kaufvertrag ist der Käufer verpflichtet, den Kaufpreis nach einer Anzahlung in Raten zu zahlen. Der Verkäufer ist verpflichtet, dem Käufer den Pkw zu übergeben und unter der aufschiebenden Bedingung der vollständigen Zahlung des Kaufpreises zu übereignen.

(b) Die Übereignung gemäß § 929 Satz 1 i. V. m. § 158. Die Übergabe ist mit dem Wechsel des unmittelbaren Besitzes bereits erfolgt. Die Einigung über den Eigentumsübergang ist mit einer aufschiebenden Bedingung verknüpft. Das führt dazu, dass die Übereignung erst mit Eintritt der Bedingung wirksam wird. Die Bedingung, das in der Zukunft liegende ungewisse Ereignis, ist die vollständige Zahlung des Restkaufpreises. Mit der Zahlung der letzten Rate ist die Bedingung eingetreten.

Mit Eintritt der Bedingung, also mit der Zahlung des Restkaufpreises, geht das Eigentum automatisch von S auf K über, ohne dass es noch weiterer faktischer oder rechtsgeschäftlicher Handlungen bedarf.

951   Der Käufer hat in dem Zeitraum zwischen Inbesitznahme der gekauften Sache und der vollständigen Bezahlung des Kaufpreises im Hinblick auf den Erwerb des Eigentums an der Sache bereits insofern eine gesicherte Rechtsstellung inne, als er nur noch den Restkaufpreis zahlen muss, um Eigentümer zu werden, und der Veräußerer diese Aussicht nicht durch eine einseitige Erklärung zerstören kann. Diese Rechtsstellung des Käufers wird überwiegend als **Anwartschaft** bezeichnet.

Ein Eigentumsvorbehalt kann nur bei der Übereignung beweglicher Sachen vereinbart werden. Grundstücke können also nicht unter Eigentumsvorbehalt veräußert werden.

952   Der Sicherungswert des Eigentumsvorbehaltes besteht unter anderem darin, dass der Verkäufer gemäß § 449 Abs. 2 i. V. m § 323 vom Vertrage zurücktreten kann, wenn der Käufer mit der Zahlung des Kaufpreises in Verzug gerät. Um vom Vertrag zurückzutreten, muss der Verkäufer die allgemeinen Rücktrittsvoraussetzungen erfüllen, d. h. grundsätzlich nach § 323 Abs. 1 eine angemessene Frist zur Leistung setzen. Erst nach erfolglosem Ablauf dieser Frist oder in den Fällen der Entbehrlichkeit einer Fristsetzung nach § 323 Abs. 2 kann er vom Vertrag zurücktreten. Mit dem Wirksamwerden der Rücktrittserklärung entfallen die auf den Austausch von Leistungen gerichteten Vertragswirkungen. An die Stelle der bisherigen vertraglichen Verpflichtungen tritt die Pflicht der Vertragspartner, das, was bisher an Leistungen ausgetauscht worden ist, zurückzugewähren. Ist der Verkäufer vom Vertrage zurückgetreten, weil der Käufer mit der Zahlung des Kaufpreises in Verzug geraten ist, muss der Käufer die gekaufte Sache an den Verkäufer zurückgeben. Der Verkäufer hat den bereits geleisteten Teil des Kaufpreises zurückzuzahlen. Der Verkäufer darf allerdings von dem Betrag, den er zurückzahlen muss, eine Entschädigung für die Abnutzung und Benutzung der Sache durch den Käufer einbehalten (§ 346 Abs. 1).

Wann der Käufer mit der Kaufpreiszahlung in Verzug gerät, ist gemäß § 286 in Verbindung mit der vertraglichen Vereinbarung zu entscheiden.

b) Der Schutz des Vorbehaltsverkäufers bei der Zwangsvollstreckung in das Vermögen des Käufers

aa) Der Eigentumsvorbehalt ist nur dann ein geeignetes Sicherungsmittel, wenn es dem Vorbehaltsverkäufer als Eigentümer der Sache gegen andere Gläubiger des Käufers Sicherheit gewährt, falls es zur Zwangsvollstreckung oder zur Insolvenz kommt.   953

bb) Wenn ein Gläubiger des Käufers in die unter Eigentumsvorbehalt verkaufte Sache, die sich im Besitz des Käufers befindet, vollstreckt, kann der Verkäufer, wenn er noch Eigentümer der Sache ist, im Wege der Klage Drittwiderspruchsklage (§ 771 ZPO) die Aufhebung der Vollstreckungsmaßnahme erwirken.

Beispiel: K kauft bei V einen Lkw unter Eigentumsvorbehalt zum Preise von 45 000,– €. Nach einer Anzahlung von 10 000,– € soll K den restlichen Kaufpreis in Raten von monatlich 2500,– € zahlen. Als K bereits 37 500,– € an V gezahlt hat, vollstreckt ein Gläubiger (M) des K mit einem vollstreckbaren Titel in dem Lkw. Der Gerichtsvollzieher pfändet den Lkw. Da V bis zur Zahlung des Restkaufpreises Eigentümer des Lkw ist, kann er die Aufhebung der Vollstreckungsmaßnahme – hier der Pfändung – verlangen. Er muss das im Wege der Drittwiderspruchsklage gemäß § 771 ZPO tun. Der Gläubiger M kann die Zwangsvollstreckung nur dann ohne Widerspruch des Vogels weiter betreiben, wenn K Eigentümer des Lkw ist. Zu überlegen ist also, wie es M erreichen kann, dass K schnell Eigentümer des Lkw wird. Die Übereignung gemäß § 929 Satz 1 steht unter der aufschiebenden Bedingung (§ 158) der vollständigen Zahlung des Kaufpreises. Hier stehen noch 7500,– € aus mit vollständiger Kaufpreiszahlung geht das Eigentum automatisch von V auf K über. Auch M kann gemäß § 267 Abs. 1 den Restkaufpreis an V zahlen. Sobald K Eigentümer des Lkw geworden ist, kann M die Zwangsvollstreckung in diese Sache betreiben, ohne dass V die Aufhebung der Vollstreckungsmaßnahme erzwingen kann.

cc) In der Insolvenz des Käufers kann der Insolvenzverwalter sich für die Erfüllung des mit dem Vorbehaltsverkäufer abgeschlossenen Kaufvertrages entscheiden. Er muss dann den Restkaufpreis an den Verkäufer zahlen. Mit der vollständigen Zahlung des Restkaufpreises geht das Eigentum an der gekauften Sache wegen des Eintritts der Bedingung automatisch auf den Käufer über. Die Sache gehört damit zur Insolvenzmasse. Der Insolvenzverwalter kann sie verwerten.   954

3. Der verlängerte Eigentumsvorbehalt

955   Der unter Eigentumsvorbehalt erwerbende Käufer ist nicht berechtigt, über die ihm noch nicht gehörende Sache zu verfügen. Der Vorbehaltsverkäufer kann jedoch dem Käufer das Recht einräumen, über das Eigentum des Vorbehaltsverkäufers im eigenen Namen zu verfügen.

> **Beispiel:** Elektrogroßhändler K kauft bei der Lux-AG u. a. Farbfernsehgeräte zum Preise von 500,– € pro Stück unter Eigentumsvorbehalt. Es wird vereinbart, dass K 30 % des Kaufpreises von insgesamt 50 000,– € sofort, 40 % in zwei Monaten und 30 % in vier Monaten zahlen soll. K kann seinen Verpflichtungen der Lux-AG gegenüber nur nachkommen, wenn ihm die Verfügung über das Eigentum der Lux-AG gestattet wird, und er hierdurch in die Lage versetzt wird, die Farbfernsehgeräte an Einzelhändler zu verkaufen und diesen das Eigentum daran zu verschaffen. Mit dem von dem Einzelhändler als Kaufpreis erhaltenen Geld kann K seine eigene Kaufpreisschuld gegenüber der Lux-AG erfüllen. Hier besteht also ein wirtschaftliches Bedürfnis, den Großhändler K in die Lage zu versetzen, über die gekauften Sachen verfügen zu können, während jedoch die Lux-AG ihren durch das vorbehaltene Eigentum gewährten Schutz nicht verliert.

Dieses Beispiel zeigt, dass der einfache Eigentumsvorbehalt den Bedürfnissen des Geschäftsverkehrs in diesen Fällen nicht gerecht werden kann.

956   Die Konstruktion des verlängerten Eigentumsvorbehalts trägt sowohl den wirtschaftlichen Interessen des Vorbehaltskäufers als auch dem Sicherungsbedürfnis des Vorbehaltsverkäufers weitgehend Rechnung. Der Vorbehaltsverkäufer ermächtigt den Vorbehaltskäufer gemäß § 185, über das Eigentum an der gekauften Sache zu verfügen. Damit ist der Vorbehaltskäufer berechtigt, das Eigentum an der Sache, die noch im Eigentum des Verkäufers steht, auf einen Dritten zu übertragen. Dieser erwirbt gemäß §§ 929, 185 das Eigentum an der Vorbehaltssache.

Damit verliert der Vorbehaltsverkäufer das Eigentum an dem Sicherungsgegenstand, der ihm Sicherheit bieten soll, wenn der Käufer seiner Verpflichtung, den Kaufpreis zu zahlen, nicht nachkommt. Der Vorbehaltsverkäufer, der daran interessiert ist, eine Sicherheit bis zur vollständigen Bezahlung des Kaufpreises zu behalten, wird eine Ermächtigung der geschilderten Art nur erteilen, wenn er vom Käufer auf andere Art und Weise gesichert wird. Als Sicherheit bietet sich diejenige Forderung an, die der Vorbehaltskäufer aus dem Kaufvertrag erhält, den er mit einem Dritten über die Vorbehaltssache abschließt. Diese Forderung kann er an den Vorbehaltsverkäufer gemäß § 398 abtreten. Auch zukünftige Forderungen können abgetreten werden, wenn sie so genau gekennzeichnet werden können, dass sie spätestens im Augenblick ihrer Entstehung zweifelsfrei bestimmbar sind.

957   Wenn der Vorbehaltskäufer die Vorbehaltssache an einen Dritten weiter veräußert, lassen sich – jedenfalls aus der Rechnung oder dem Lieferschein – die Person des Schuldners und die Höhe der Forderung genau bestimmen. Eine Vorausabtretung der Kaufpreisforderung gemäß § 398 ist deshalb möglich. Im Regelfall

ermächtigt der Vorbehaltskäufer als Inhaber der abgetretenen Forderungen den Vorbehaltskäufer, die Forderungen im eigenen Namen einzuziehen.

4. Der erweiterte Eigentumsvorbehalt

Der Verkäufer kann seine zum Eigentumsübergang erforderliche Einigungserklä- **958** rung nach § 929 nicht nur von der Zahlung des Kaufpreises für die jeweils ge-kaufte Sache, sondern seinen Übereignungswillen auch von der Erfüllung anderer Forderungen gegen den Käufer abhängig machen. Der Eigentumsvorbehalt dient dann auch noch der Sicherung anderer Forderungen, die der Verkäufer gegen den Käufer hat.

So kann z. B. vereinbart werden, dass das Eigentum an der Sache nicht nur der Si-cherung der Kaufpreisforderung, sondern der Sicherung aller Forderungen die-nen soll, die der Vorbehaltsverkäufer gegen den Vorbehaltskäufer hat. Die auf-schiebende Bedingung, mit deren Eintritt das Eigentum auf den Käufer übergeht, ist dann nicht die Zahlung des Kaufpreises, sondern die vollständige Bezahlung sämtlicher Forderungen, die der Vorbehaltsverkäufer gegen den Vorbehaltskäufer hat. Man nennt diese Art der Erweiterung des Eigentumsvorbehalts auch **Konto-korrentvorbehalt**.

> **Beispiel:** Fabrikant S kauft in den Monaten Januar, Februar und März 2010 bei der Eisenhandel-AG Eisen unter Eigentumsvorbehalt, aus dem er Eisenwaren herstellt. Als S im März 2010 Eisen kaufte, hatte er den Kaufpreis aus den im Januar und Februar abgeschlossenen Kaufverträgen noch nicht bezahlt. Um die vorhandenen Kaufpreisforderungen wirkungsvoller abzusichern, vereinbaren die Eisenhandel-AG und S, dass das Eigentum an den im März 2010 zu liefernden Waren der Si-cherung aller Forderungen, die die Eisenhandel-AG gegen S aus laufenden Ge-schäftsbeziehungen hat, dienen soll. Es handelt sich hier um einen erweiterten Ei-gentumsvorbehalt in Form eines Kontokorrentvorbehalts. Die aufschiebende Bedingung, mit deren Eintritt das Eigentum an den gelieferten Waren von der Ei senhandel-AG auf S übergeht, ist die vollständige Zahlung auf alle zum Zeitpunkt der letzten Vereinbarung vorhandenen offenen Forderungen. Das hindert aller-dings nicht, dass die Eisenhandel-AG ihr Eigentum gemäß § 950 BGB verlieren kann.

Der Eigentumsvorbehalt kann auch in der Weise erweitert werden, dass zwischen **959** Vorbehaltsverkäufer und Vorbehaltskäufer vereinbart wird, dass das Eigentum an den gelieferten Sachen erst dann auf den Käufer übergehen soll, wenn außer den Kaufpreisforderungen des Verkäufers auch die Geldforderungen erfüllt sind, die andere Unternehmungen, die zum Konzern des Vorbehaltsverkäufers gehören, gegen den Käufer haben (= aufschiebende Bedingung).

Das Eigentum an der Sache geht dann erst in dem Moment auf den Käufer über, in dem er alle Forderungen erfüllt hat, die mit dem Eigentumsvorbehalt gesichert werden sollen (sog. **Konzernvorbehalt**).

5. Eigentumsvorbehalt und Verarbeitungsklausel

a) Überblick

960 Die Vereinbarung eines Eigentumsvorbehalts entspricht jedoch dann nicht den wirtschaftlichen Bedürfnissen der Beteiligten, wenn der Vorbehaltskäufer aus den von dem Vorbehaltsverkäufer erworbenen Waren neue Sachen produzieren und diese weiterveräußern will.

> **Beispiel:** Ein Knopffabrikant verarbeitet die Messingrollen, die er von einem Walzwerk unter Eigentumsvorbehalt bezieht, zu Metallknöpfen.

Hier geht der Eigentumsvorbehalt ins Leere, weil derjenige, der durch Verarbeitung von Stoffen neue Sachen herstellt, unter den in § 950 genannten Voraussetzungen grundsätzlich Eigentümer der neuen Sachen wird, und zwar auch dann, wenn er nicht der Eigentümer der Stoffe war.

> Zu dem vorhergehenden **Beispiel:** Der Fabrikant wird gemäß § 950 Eigentümer der Knöpfe. Das Walzwerk verliert das Eigentum an den zu Knöpfen verarbeiteten Messingrollen.

§ 950 geht davon aus, dass der Wert, der in der Verarbeitung oder Umbildung von Sachen besteht, in der Regel höher ist als der Wert der verarbeiteten oder umgebildeten Stoffe. Deshalb wird der Hersteller der neuen Sache auch deren Eigentümer. Derjenige, der Eigentümer der ursprünglichen Sache war, verliert das Eigentum, es sei denn, er ist auch gleichzeitig der Hersteller der neuen Sache.

b) Die Voraussetzungen für einen Eigentumserwerb gemäß § 950

961 Unter den folgenden Voraussetzungen erwirbt der Hersteller gemäß § 950 das Eigentum an den neuen Sachen:
- Aus Stoffen (= beweglichen Sachen) müssen neue bewegliche Sachen hergestellt werden.
- Ob eine Sache neu ist, ist nach der Verkehrsanschauung zu beurteilen. Es ist stets eine gewisse Erheblichkeit der Veränderung erforderlich.
- Der Wert der Verarbeitung oder Umbildung darf nicht erheblich geringer sein als der Wert des Stoffes, aus dem die neue Sache hergestellt wird. Der Wert der Verarbeitung oder Umbildung wird dadurch ermittelt, dass der Wert des Stoffes von dem Wert der neuen Sache abgezogen wird[1]. Beträgt der so errechnete Wert der Verarbeitung oder Umbildung nur 60 % des Stoffwertes oder weniger, so ist der Wert der Verarbeitung oder Umbildung erheblich geringer als der Wert des Stoffes i. S. des § 950. Die Anwendung dieser Vorschrift ist dann ausgeschlossen[2].

---

1 Vgl. BGHZ 18, 226, 228; 56, 88, 90 f.
2 Vgl. *Palandt-Bassenge*, § 950 Rdnr. 7.

Der Hersteller erwirbt Eigentum unabhängig davon, ob er gut- oder bösgläubig, ob er berechtigt oder nicht berechtigt war.

Hersteller im Sinne des § 950 ist nicht in jedem Falle derjenige, der die Arbeiten selbst ausführt, sondern derjenige, in dessen Namen und wirtschaftlichem Interesse die Herstellung erfolgt[3]. Der Arbeitnehmer, der für den Arbeitgeber maschinell oder manuell Arbeiten ausführt, die die neue Sache entstehen lassen, wird nicht Eigentümer, denn der in § 950 geregelte Eigentumserwerb durch Verarbeitung bedeutet keinen vom Gesetz gewährten Vorrang der Arbeit vor dem Sacheigentum. § 950 löst keine sozialpolitischen, sondern nur wirtschaftspolitische Fragen. **962**

Nach § 950 ist also entscheidend, wer Hersteller der neuen Sachen ist und somit durch die Verarbeitung Eigentum daran erwirbt. Deshalb vereinbaren Rohstofflieferanten und weiterverarbeitende Unternehmen häufig, dass der Lieferant Hersteller i. S. des § 950 sein soll. Die Zulässigkeit solcher Vertragsklauseln ist allerdings umstritten[4], weil die in § 950 ausgesprochene Zuordnung nach überwiegender Auffassung – da zwingendes Recht – nicht abdingbar ist. Nach der Ansicht des Bundesgerichtshofs[5] unterliegt hingegen die Bestimmung der Person des Herstellers in weitem Umfange der Parteidisposition. Lieferant und Hersteller können vereinbaren, dass der Lieferant Hersteller sein soll, obwohl der Lieferant keinen Einfluss auf den Produktionsvorgang hat. Es genügt die Vereinbarung, dass die Verarbeitung durch den Produzenten (Vorbehaltskäufer) für den Lieferanten (Vorbehaltsverkäufer) erfolgen soll (Verarbeitungsklausel). **963**

> **Beispiel:** S stellt Essbestecke her. Er kauft bei den Edelstahlwerken West AG für 100 000,– € Stahl unter Eigentumsvorbehalt. In den Allgemeinen Geschäftsbedingungen der Edelstahlwerke West AG, die Vertragsinhalt werden, heißt es: „Die Verarbeitung der unter Eigentumsvorbehalt gelieferten Sachen erfolgt für den Lieferanten." Es handelt sich hier um eine sogenannte Verarbeitungsklausel. Schließt man sich der oben dargestellten Auffassung der Rechtsprechung an, die die Bestimmung der Person des Herstellers in weitem Rahmen der Vereinbarung der Parteien überlassen will, wird der Lieferant – hier die Edelstahlwerke West AG – Eigentümer der Bestecke, die S aus dem noch unter Eigentumsvorbehalt stehenden Stahl herstellt. Denn hier ist die AG kraft Parteivereinbarung Hersteller im Sinne des § 950.

In der Praxis wird häufig auch ein anderer Weg beschritten, um dem Vorbehaltsverkäufer das Eigentum an den durch den Vorbehaltskäufer hergestellten Sachen zu verschaffen. Vorbehaltsverkäufer und Vorbehaltskäufer können sich vorweg darüber einigen, dass der Vorbehaltsverkäufer das Eigentum an den neuen Sachen erwerben soll und der Vorbehaltskäufer diese Sachen aufgrund eines ebenfalls vorweg vereinbarten Besitzmittlungsverhältnisses besitzen soll. Eine vorweggenommene Einigung über den Eigentumsübergang, verbunden mit einem für die Zukunft **964**

---

3 Vgl. *Palandt-Bassenge*, § 950 Rdnr. 8
4 Vgl. *Palandt-Bassenge*, § 950 Rdnr. 9–11.
5 BGHZ 14, 114, 117; 20, 159, 163 f.; 46, 118, 119.

vereinbarten Besitzmittlungsverhältnis im Sinne der §§ 929, 930 kann z. B. durch die folgende Klausel erzielt werden: „Verkäufer und Käufer sind sich darüber einig, dass die Sachen, die der Käufer aus den unter Eigentumsvorbehalt stehenden Waren herstellt, Eigentum des Verkäufers werden sollen. Der Käufer ist berechtigt, diese Sachen für den Verkäufer zu verwahren." Hierin liegt eine vorweggenommene Einigung über den Eigentumsübergang und die – ebenfalls vorweggenommene – Vereinbarung eines Besitzmittlungsverhältnisses, hier eines Verwahrungsvertrages.

Dieser zuletzt beschriebene Weg vermeidet die Schwierigkeiten, die bei der Bestimmung des Herstellers im Sinne des § 950 kraft Parteivereinbarung entstehen können.

6. Die Unwirksamkeit von Vereinbarungen über den Eigentumsvorbehalt

965 Es gibt eine Reihe von Gründen, die zur Nichtigkeit von Vereinbarungen über den Eigentumsvorbehalt führen können.

Die Vereinbarung eines Eigentumsvorbehaltes muss neben dem sachenrechtlichen Bestimmtheitsgebot den allgemeinen Wirksamkeitserfordernissen genügen, insbesondere denen des § 138. Wird das Eigentum in Allgemeinen Geschäftsbedingungen vorbehalten, kann die Vereinbarung an der – enger gezogenen – Grenze des § 307 scheitern.

Insbesondere beim Kontokorrentvorbehalt kann der Tatbestand der **Übersicherung** erfüllt sein, wenn der Lieferant (Sicherungsnehmer) sich das Eigentum an einer solchen Menge von Waren vorbehält, die zur Höhe der gesicherten Forderungen außer Verhältnis steht[6].

966 Unwirksam sind auch solche Vereinbarungen über den Eigentumsvorbehalt, die zu einer übermäßigen Beschränkung der wirtschaftlichen Betätigungsfreiheit des Vorbehaltskäufers führen. Es handelt sich dann um sogenannte **Knebelungsgeschäfte**, durch die der Vorbehaltskäufer in eine zu missbilligende Abhängigkeit vom Vorbehaltsverkäufer gerät[7].

Ist die Vereinbarung eines Eigentumsvorbehaltes unwirksam, so erwirbt der Käufer wegen der Unwirksamkeit der Bedingung im Zweifel unbedingtes Eigentum, sobald die Sache übergeben ist.

III. Das Pfandrecht an beweglichen Sachen

1. Die Bedeutung des Pfandrechts für das Wirtschaftsleben

967 Pfandrechte spielen als Realsicherheiten, also als Sicherheiten an Sachen bei der Kreditsicherung eine bedeutende Rolle. Dabei stehen allerdings fast ausschließ-

---

6 Vgl. BGHZ 94, 105, 112; 120, 300, 302.
7 Vgl. dazu BGHZ 7, 365, 370 f.; BGH WM 1969, 1072, 1074.

lich die Pfandrechte an Immobilien, die Grundpfandrechte, im Vordergrund. Die Pfandrechte an beweglichen Sachen spielen kaum noch eine Rolle im Wirtschaftsleben. Das beruht vor allem darauf, dass das Pfandrecht an beweglichen Sachen aufgrund der gesetzlichen Regelung ein zwingend mit dem Besitz des Gläubigers an der Sache verbundenes Recht ist, das grundsätzlich nur solange besteht, wie der Gläubiger im Besitz der Pfandsache ist. Wenn sich jedoch die Sache im Besitz des Gläubigers befinden muss, kann der Schuldner sie nicht nutzen. Im Wirtschaftsleben ist der Schuldner einer Forderung in der Regel aber darauf angewiesen, dass er die Sache, die er als Sicherheit anbietet, auch benutzen kann, meist um sein Handelsgewerbe weiter betreiben zu können. Aus diesem Grund ist das rechtsgeschäftlich bestellte Pfandrecht an beweglichen Sachen nicht mehr sehr verbreitet.

Bewegliche Sachen werden heute in der Regel auf andere Art und Weise zur Kreditsicherung verwandt. Sie werden Gegenstand eines Eigentumsvorbehalts oder einer Sicherungsübereignung.   **968**

Die Bedeutung des rechtsgeschäftlich begründeten Pfandrechts an beweglichen Sachen ist beschränkt auf den Bereich der Kleinkredite, der durch private Pfandhäuser und öffentlich-rechtliche Leih- und Pfandanstalten abgedeckt wird. Hingegen spielt das in der Zwangsvollstreckung entstehende Pfändungspfandrecht (§ 804 ZPO) eine große Rolle.

Das Pfandrecht an beweglichen Sachen gibt dem Gläubiger das Recht, bei Vorliegen bestimmter Voraussetzungen die Pfandsache zu verwerten und sich aus dem Erlös wegen der Forderung, die mit dem Pfandrecht gesichert werden soll, zu befriedigen. Das BGB enthält in §§ 1220 ff. detaillierte Vorschriften über die Verwertung der Pfandsache, die heute analog unter gewissen Voraussetzungen auch auf die Sicherungsübereignung angewandt werden, die in der täglichen Praxis eine überragende Rolle spielt.

2. Arten des Pfandrechts

Es gibt verschiedene Arten von Pfandrechten an beweglichen Sachen: **969**
- das rechtsgeschäftlich begründete Pfandrecht,
- das gesetzliche Pfandrecht,
- das Pfändungspfandrecht.

Ein **gesetzliches Pfandrecht** entsteht kraft Gesetzes bei Vorliegen der im jeweiligen Gesetz genannten Voraussetzungen. So hat z. B. der Werkunternehmer zur Sicherung seiner Forderung aus dem Werkvertrag ein Pfandrecht an den von ihm hergestellten oder verbesserten Sachen des Bestellers.

Wichtige gesetzliche Pfandrechte können u. a. erwerben:
- der Vermieter an den eingebrachten Sachen des Mieters (§ 562 BGB),
- der Kommissionär am Kommissionsgut (§§ 397, 398 HGB),
- der Spediteur (§ 410 HGB),
- der Lagerhalter (§ 421 HGB).

970 Die Vorschriften über das rechtsgeschäftlich bestellte Pfandrecht finden gemäß § 1257 BGB auch auf das gesetzliche Pfandrecht Anwendung, so insbesondere die Vorschriften über die Pfandverwertung.

Das **Pfändungspfandrecht** entsteht durch Pfändung im Wege der Zwangsvollstreckung (§§ 803 ff. ZPO). Die Vorschriften über das rechtsgeschäftlich bestellte Pfandrecht sind auf das Pfändungspfandrecht nur anzuwenden, soweit nicht die ZPO Sonderbestimmungen enthält.

Für die Kreditsicherung spielt nur das **rechtsgeschäftlich bestellte Pfandrecht** eine Rolle. Nur von ihm ist deshalb im folgenden die Rede.

3. Die Entstehung des rechtsgeschäftlich bestellten Pfandrechts

971 Zur wirksamen Bestellung eines Pfandrechts ist die **Einigung** zwischen Pfandgeber und Pfandnehmer (Gläubiger) darüber notwendig, dass dem Pfandnehmer (Gläubiger) ein Pfandrecht zustehen soll.

Außerdem muss dem Gläubiger die Sache **übergeben** werden, also in seinen Besitz gelangen.

Ein Pfandrecht kann nur zur Sicherung einer Forderung bestellt werden.

Das Pfandrecht ist **akzessorisch**. Das bedeutet: Ein Pfandrecht entsteht nur, wenn auch die Forderung, die durch das Pfandrecht gesichert werden soll, besteht. Erlischt die Forderung, erlischt auch das Pfandrecht.

Wird die Forderung, zu deren Sicherung das Pfandrecht bestellt worden ist, von dem Gläubiger auf eine andere Person übertragen, geht auch das Pfandrecht auf diese Person über.

> **Beispiel:** B gewährt dem K ein Darlehen in Höhe von 2500,– €. Zur Sicherung der Darlehensrückzahlungsforderung wird ein Pfandrecht an der dem K gehörenden Münzsammlung bestellt. K übergibt dem B die Sammlung. B tritt die Darlehensrückzahlungsforderung gemäß § 398 an die X-Bank ab. Gemäß §§ 1250 und 401 geht das Pfandrecht mit der Abtretung der Forderung automatisch auf die X-Bank über. Wenn B die Münzsammlung nicht freiwillig übergibt, kann die X-Bank gemäß § 1251 Abs. 1 Herausgabe verlangen.
>
> Wenn K die Darlehenssumme und die Zinsen an die X-Bank zahlt, erlischt die Forderung aus § 488 Abs. 1 S. 2. Gleichzeitig erlischt das Pfandrecht (§ 1252). K kann dann von der X-Bank die Herausgabe der Münzsammlung gemäß §§ 1223 Abs. 1 und 985 verlangen.

Gibt der Gläubiger dem Schuldner die Pfandsache zurück, erlischt das Pfandrecht (§ 1253).

Gegenstand eines Pfandrechts können gemäß § 1204 nur bewegliche Sachen sein.

Das Pfandrecht wird in der Regel gemäß § 1205 von dem Gläubiger der zu sichernden Forderung und dem Schuldner bestellt.

Der Gläubiger der persönlichen Forderung und der Sicherungsnehmer (= Pfand-gläubiger) müssen stets eine Person sein.

Der Schuldner der zu sichernden Forderung und der Verpfänder (= Sicherungs-geber) können auch zwei verschiedene Personen sein.

Beispiel: W gewährt K ein Darlehen in Höhe von 500,– €. Die Darlehensrückzah-lungsforderung soll durch ein Pfandrecht gesichert werden. K kann keine dazu ge-eignete Sache anbieten. Sein Freund S erklärt sich bereit, zur Sicherung der Forde-rung ein von ihm nicht mehr benutztes Motorrad zu verpfänden. W und S einigen sich über die Pfandrechtsbestellung. S übergibt dem W das Motorrad.

4. Die Verwertung der Pfandsache

Nach der gesetzlichen Regelung wird die gesicherte Forderung aus dem Verkaufs-erlös der verpfändeten Sache erfüllt.   **972**

Eine Abrede des Inhalts, dass das Eigentum an der Pfandsache auf den Gläubiger übergehen soll, wenn der Gläubiger nicht oder nicht rechtzeitig wegen der zu si-chernden Forderung befriedigt wird, ist nichtig (§ 1229). Diese gesetzliche Rege-lung schützt den Verpfänder (= Sicherungsgeber) vor einer Übervorteilung durch den Gläubiger.

Zur Verwertung der Sache ist der Gläubiger erst mit Eintritt der Pfandreife be-rechtigt. Wann das der Fall ist, regelt § 1228 Abs. 2.

Im Regelfall ist der Gläubiger zur Verwertung der Pfandsache durch **Privatver-kauf** berechtigt. Dazu bedarf es weder eines Vollstreckungstitels gegen den Schuld-ner noch eines solchen gegen den Eigentümer der Sache (falls der Schuldner aus der zu sichernden Forderung und der Verpfänder zwei verschiedene Personen sind).

Privatverkauf bedeutet allerdings nicht, dass der Gläubiger die Pfandsache belie-big an eine dritte Person verkaufen kann. Der Privatverkauf erfolgt vielmehr nach den in den §§ 1233 ff. genau festgelegten Regeln.   **973**

In der Regel geschieht der Verkauf einer Pfandsache also im Wege öffentlicher Versteigerung. Wie die Versteigerung durchzuführen ist, ist im Gesetz (§§ 1236 ff.) geregelt.

Nur ausnahmsweise, nämlich dann, wenn die Pfandsache einen Börsen- oder Marktpreis hat, kann der Gläubiger in der in § 1221 bezeichneten Art und Weise „freihändig" verkaufen.

Aus dem Erlös des Verkaufs wird der Gläubiger in Höhe seiner durch das Pfand-recht gesicherten Forderung befriedigt. Seine Forderung ist damit gemäß § 362 erfüllt. Ist mehr erlöst worden, als zur Befriedigung des Gläubigers erforderlich ist, fließt der Überschuß – nach Abzug der Kosten für die Verwertung – an den Verpfänder (= Sicherungsgeber) zurück (siehe § 1247).

Aufgabe 16:

Fall: A bittet seinen Nachbarn N am 2. 1. 2010 darum, ihm ein Darlehen in Höhe von 1000,– € für 6 Monate zu gewähren. Als N nach einer Sicherheit für das Darlehen fragt, bietet A seine Heimcomputeranlage als Pfand an. Daraufhin gewährt N dem A ein Darlehen in Höhe von 1000,– €. A und N sind sich darüber einig, dass an der kompletten Computeranlage des A ein Pfandrecht zugunsten des N entstehen soll. A bringt diese Anlage in die Wohnung des N, wo sie in einem Vorratsraum abgestellt wird. Anfang Februar 2010 bittet A den N darum, ihm den Computer für einige Tage zu überlassen, weil er wichtige Arbeiten zu erledigen habe, für die er die Anlage dringend benötige. N händigt dem A die Computeranlage aus. A gibt dieselbe nicht zurück. N vergisst, die Anlage zurückzufordern. Anfang März 2010 tritt N die Forderung gegen A an B ab. Als B in der zweiten Julihälfte 2010 vergeblich Zahlung von 1000,– € von A verlangt hat, erfährt er durch N von der Bestellung des Pfandrechtes an der Computeranlage. B möchte nun wissen, ob er

1. Zahlung von 1000,– € von A verlangen kann

2. und ihm außerdem ein Pfandrecht an der Computeranlage des A zusteht, aus dem er notfalls die Befriedigung wegen seiner Forderung erreichen kann.

Lösen Sie diese Aufgabe bitte in einem schriftlichen Gutachten und vergleichen Sie Ihre Ausführungen mit der Lösung am Schluss dieses Buches!

IV. Die Sicherungsübereignung

1. Einführung

974 Da das Pfandrecht stets den Besitz des Pfandnehmers zu seiner Wirksamkeit voraussetzt und damit eine Benutzung der Sache durch den Verpfänder unmöglich macht, hat das Pfandrecht an beweglichen Sachen fast völlig an Bedeutung verloren. Bewegliche Sachen werden zur Sicherung eines Kredits fast nur noch als Gegenstand einer Sicherungsübereignung benutzt.

Bei der Sicherungsübereignung überträgt der Sicherungsgeber (Kreditschuldner) dem Sicherungsnehmer (Kreditgläubiger) das Eigentum an einer beweglichen Sache gemäß §§ 929, 930 durch Einigung und Vereinbarung eines Besitzmittlungsverhältnisses. Der unmittelbare Besitz an den Sachen verbleibt beim Schuldner, der sie auch benutzen darf. Nach Eintritt der Fälligkeit der gesicherten Forderung hat der Kreditgeber das Recht, die Sache vom Kreditnehmer und Besitzer herauszuverlangen (§ 985) und sie gemäß den zwischen ihnen getroffenen Vereinbarungen zu verwerten.

975 Die Sicherungsübereignung bringt für den Rechtsverkehr allerdings auch nicht zu unterschätzende Gefahren mit sich:

a) Die Sicherungsübereignung ist für Nichteingeweihte nicht erkennbar. Es ist deshalb ohne Weiteres möglich, dass jemand durch den Besitz wertvoller Sachen den Eindruck erweckt, als sei er vermögend und deshalb kreditwürdig, obwohl die Sachen zur Sicherheit an einen Kreditgeber übereignet sind. Andere Kreditgeber könnten sich dadurch täuschen lassen. Auch in den Geschäftsbilanzen wird nicht angegeben, welche Aktiva zur Sicherung übereignet wurden. Dasselbe Problem der mangelnden Offenkundigkeit der Eigentumsverhältnisse tritt auch bei unter Eigentumsvorbehalt gelieferten Sachen auf.

b) Die Sicherungsübereignung ist für den Gläubiger (= Sicherungsnehmer) ebenfalls nicht ungefährlich, weil der Sicherungsgeber (= Schuldner) die Sachen in Besitz hat und wegen der Möglichkeit des gutgläubigen Eigentumserwerbs durch Dritte Gefahr läuft, dass der Schuldner die zur Sicherung übereigneten Sachen unterschlägt und an gutgläubige Dritte wirksam übereignet.

Die Sicherungsübereignung ist im BGB nicht ausdrücklich geregelt. Dennoch bestehen gegen ihre Zulässigkeit keine Bedenken.

2. Das Entstehen des Sicherungseigentums

Bei der Entstehung des Sicherungseigentums sind drei Rechtsverhältnisse zu unterscheiden: **976**

a) Der schuldrechtliche Vertrag, aus dem die Forderung stammt, die mit dem Sicherungseigentum gesichert werden soll.

b) Die Übereignung gemäß §§ 929, 930 durch Einigung und Vereinbarung eines Besitzmittlungsverhältnisses.

c) Der Sicherungsvertrag (Sicherungsabrede).

Die Forderung, die der Gläubiger gegen den Schuldner hat und die durch das Sicherungseigentum gesichert werden soll, ist häufig eine Darlehensrückzahlungsforderung (gemäß § 488 Abs. 1 S. 2) aus einem Darlehen, das der Gläubiger dem Schuldner gewährt hat.

> **Beispiel:** Die X-Bank gewährt dem Metallwarenfabrikanten B ein Darlehen in Höhe von 25 000,– €. Zur Sicherung der Darlehensrück-zahlungsforderung, die die X-Bank (= Gläubigerin) gegenüber B (= Schuldner) hat, übereignet B der X-Bank 5 Maschinen und einen leichten Lkw durch Einigung über den Eigentumsübergang und Vereinbarung eines Besitzmittlungsverhältnisses.

Aus dem **Sicherungsvertrag**, der ein schuldrechtlicher Vertrag ist, ergeben sich **977**
für Gläubiger und Schuldner eine Reihe von Rechten und Pflichten:

a) Pflichten des Schuldners (= Sicherungsgebers):

Er verpflichtet sich,

– dem Gläubiger das Eigentum gemäß §§ 929, 930 an Sachen zu übertragen, die dazu bestimmt worden sind;

– die Sachen ordnungsgemäß und pfleglich zu behandeln;

– die Sachen, die beschädigt werden, auf seine Kosten reparieren zu lassen;

– die Sachen zu versichern;

- dem Gläubiger anzuzeigen, wenn zur Sicherung übereignete Sachen, die er in Besitz hat, durch andere Gläubiger gepfändet werden, damit der Gläubiger die Gelegenheit erhält, im Wege der Klage die Zwangsvollstreckung für unzulässig erklären zu lassen.

978 b) Pflichten des Gläubigers (= Sicherungsnehmers):

Er verpflichtet sich,
- dem Schuldner die zur Sicherung übereigneten Sachen in unmittelbarem Besitz zu überlassen und ihm die Benutzung zu gestatten;
- dem Schuldner die Sachen zurückzuübereignen, sobald der Sicherungszweck erfüllt ist, falls nicht ein automatischer Rückfall des Eigentums auf den Schuldner für den Fall vereinbart ist, dass die zu sichernde Forderung erlischt (= die ursprüngliche Übereignung stand in diesem Fall unter der auflösenden Bedingung des Erlöschens der zu sichernden Forderung);
- die Sachen ordnungsgemäß zu verwerten und im Fall der Verwertung Auskunft über Art und Weise der Verwertung zu geben;
- sich jeder Verfügung über das Eigentum zu enthalten, die den Rückübereignungsanspruch des Schuldners vereiteln könnte.

979 Häufig enthält ein Sicherungsvertrag auch genaue Vereinbarungen über die Art und Weise der Verwertung.

Die Sache, die Gegenstand der Sicherungsübereignung sein soll, wird gemäß §§ 929, 930 vom Schuldner an den Gläubiger übereignet. Das geschieht durch
- **Einigung** von Gläubiger und Schuldner darüber, dass die bisher im Eigentum des Schuldners stehende Sache Eigentum des Gläubigers werden soll, und
- die **Vereinbarung eines Besitzmittlungsverhältnisses (= Besitzkonstituts).**

Das Besitzmittlungsverhältnis, kraft dessen der Schuldner dem Gläubiger gegenüber zum Besitz der Sachen berechtigt ist, ist das Rechtsverhältnis, das sich aus dem Sicherungsvertrag (der Sicherungsabrede) ergibt. Aus diesem Sicherungsvertrag ist der Schuldner u. a. berechtigt, die Sachen zu behalten und zu nutzen.

3. Der Gegenstand der Sicherungsübereignung

980 Gegenstände von Sicherungsübereignungen sind in erster Linie einzelne bewegliche Sachen.

> **Beispiel:** K lässt sich von der Westfälischen Bank AG ein Darlehen in Höhe von 10 000,– € gewähren. Außer einem Pkw (gegenwärtiger Wert 6000,– €), einem Farbfernsehgerät (Verkaufswert 500,– €) und einer Münzsammlung (Wert etwa 4000,– €) hat er keine nennenswerten Gegenstände. K übereignet diese Sachen der Bank zur Sicherheit für die Darlehensrückzahlungsforderung, welche die Bank gemäß § 488 Abs. 1 S. 2 gegen Kelz hat.

Häufig sind auch Sachgesamtheiten Gegenstände von Sicherungsübereignungen. Der häufigste Fall dieser Art ist die Sicherungsübereignung von Warenlagern.

Wird ein gesamtes Warenlager zur Sicherheit übereignet, ergeben sich folgende **981** Probleme:

– Der Schuldner muss in die Lage versetzt werden, seinen Betrieb weiterzuführen; dazu gehört auch die Veräußerung von Sachen, die sich in dem Warenlager befinden. Deshalb erteilt der Gläubiger als der Eigentümer der im Warenlager befindlichen Sachen dem in der Regel Schuldner gemäß § 185 die Ermächtigung, im Rahmen der wirtschaftlichen Zweckbestimmung innerhalb eines ordnungsgemäßen Wirtschaftsverkehrs über die Ware zu verfügen. Hierdurch wird der Schuldner in den Stand gesetzt, Waren aus dem Lager an Kunden zu veräußern und ihnen das Eigentum daran zu verschaffen.

– Der Gläubiger hat ein Interesse daran, dass die Warenzugänge, die der Schuld- **982** ner erwirbt und dem Lager einfügt, sein Sicherungseigentum werden. Um dies zu ermöglichen, bietet sich folgende Möglichkeit an:

Gläubiger und Schuldner vereinbaren, dass die Waren, die der Schuldner in der Zukunft erwirbt, Eigentum des Gläubigers werden sollen (= vorweggenommene Einigung) und der Schuldner im Rahmen des geschlossenen Sicherungsvertrages berechtigt sein soll, die neu erworbenen Sachen in seinem Besitz zu behalten (= vorweggenommene Vereinbarung eines Besitzmittlungsverhältnisses).

Beispiel: Elektrogroßhändler K handelt überwiegend mit Fernsehgeräten. Er hat ein Lager, in dem er die von den Produzenten gelieferten und in seinem Besitz befindlichen Geräte lagert. Das Lager weist durchweg einen Bestand von 1000 Fernsehgeräten auf. Die X-Bank gewährt K ein Darlehen in Höhe von 250 000,– €. Zur Sicherung der Darlehensrückzahlungsforderung übereignet K der X-Bank den gesamten Bestand seines Warenlagers. Es wird vereinbart, dass K berechtigt sein soll, im eigenen Namen Geräte aus dem Bestand zu veräußern und das Eigentum daran an Kunden zu übertragen. K und die X-Bank sind gleichzeitig darüber einig, dass alle Geräte, die K in der Zukunft erwirbt und in das Lager einfügt, Eigentum der X-Bank werden sollen, K aber gleichwohl die Geräte in seinem Besitz behalten darf. Wenn K nun 10 Geräte dem Lager entnimmt und an den Einzelhändler F veräußert, ist er dazu berechtigt. F erwirbt das Eigentum an den ihm von K ausgehändigten Geräten. Falls K von dem Produzenten P 100 Apparate zu Eigentum erwirbt und sie in das Lager eingliedert, wird die X-Bank aufgrund der vorweggenommenen Einigung und der vorweggenommenen Vereinbarung eines Besitzmittlungsverhältnisses gemäß §§ 929, 930 Eigentümerin der neu erworbenen Geräte.

– Schwierigkeiten ergeben sich, wenn nur Teile eines Warenlagers zur Sicherung **983** übereignet werden sollen. Bei der Übereignung von Teilbeständen ist eine Unterscheidung von den Beständen notwendig, die nicht zur Sicherung übereignet werden sollen, damit die Sicherungsübereignung wirksam ist. Nach der Rechtsprechung ist die Übereignung von Sachen gemäß §§ 929, 930 nur wirksam, wenn die Einigung und die Vereinbarung eines Besitzmittlungsverhältnisses sich auf bestimmte Sachen beziehen. Die Sachen müssen aufgrund der getroffenen Vereinbarung so eindeutig bestimmt sein, dass jederzeit festgestellt werden kann, welche Sachen zur Sicherheit übereignet sind, ohne dass dazu außerhalb des Vertrages liegende Umstände herangezogen werden müssen[8].

Beispiel: S übereignet der Sparkasse zur Sicherheit für einen gewährten Kredit 50 % seines Warenlagers, ohne dass näher bestimmt wird, um welche Sachen es sich konkret handeln soll. Hier liegt nur eine bloße Mengenangabe vor, die nicht hinreichend bestimmt ist. Die Sicherungsübereignung ist deshalb nicht wirksam.

4. Die Nichtigkeit der Sicherungsübereignung wegen Verstoßes gegen § 138

984 Es kommt vor, dass alle zu der Sicherungsübereignung gehörenden Rechtsgeschäfte wegen Verstoßes gegen § 138 nichtig sind.

Das Interesse der Gläubiger geht naturgemäß dahin, sich möglichst weit abzusichern. In Verfolgung dieses Interesses lassen die Gläubiger sich häufig wesentlich mehr übereignen, als zur Absicherung notwendig ist. Man spricht dann von einer sog. **Übersicherung.** Gegen die guten Sitten i. S. des § 138 verstoßen Rechtsgeschäfte, die zu einer unerträglichen, die eigene wirtschaftliche Stellung vernichtenden Abhängigkeit des Schuldners vom Gläubiger führen. Es handelt sich dann um sog. Knebelungsgeschäfte, durch die die wirtschaftliche Bewegungsfreiheit der Schuldner gelähmt wird und durch die die Schuldner in eine sittlich zu missbilligende Abhängigkeit geraten[9].

Dabei ist zu unterscheiden:

985 – Hat der Sicherungsgeber dem Sicherungsnehmer auch solche Gegenstände übereignet, die er erst in Zukunft erwerben wird – etwa bei der Sicherungsübereignung eines Warenlagers mit wechselndem Bestand –, so tritt zumindest nachträglich häufig eine Übersicherung ein; war diese bereits bei Vertragsschluss absehbar, ist die formularmäßige Sicherungsübereignung insgesamt gemäß § 307 Abs. 1 unwirksam[10]. Der Sicherungsnehmer kann diese Folge jedoch vermeiden, indem er sich im Sicherungsvertrag verpflichtet, seine Eigentumsrechte oberhalb einer zahlenmäßig bestimmten Deckungsgrenze wieder freizugeben (sogenannte Freigabeklausel)[11].

986 – Sind hingegen von vornherein nur bestimmte Sachen oder eine gleichbleibende Sachgesamtheit zur Sicherheit übereignet worden und tritt im Laufe der Zeit, etwa durch die teilweise Tilgung der zu sichernden Forderung, eine Übersicherung ein, so ist die Sicherungsübereignung nach Ansicht des BGH nicht gemäß § 307 oder gemäß § 138 unwirksam. Vielmehr steht dem Sicherungsgeber nach Treu und Glauben (§§ 157, 242) ein Anspruch auf Freigabe des Teils

---

8 RGZ 132, 196, 197; BGHZ 21, 52, 56; BGHZ 28, 16 ff.
9 Vgl. *Palandt/Grüneberg*, § 138 Rdnr. 97.
10 BGHZ 117, 374, 377 ff; BGH ZIP 1994, 305, 307; 309, 311.
11 Vgl. BGHZ 117, 374, 379; BGH WM 1991, 88, 90.

der Sicherheiten zu, die der Sicherungsnehmer auf Dauer nicht mehr benötigt[12]; denn dieser handelt rechtsmissbräuchlich, wenn er sich auf seine formale Eigentümerstellung beruft[13]. Durch diesen Anspruch ist der Sicherungsnehmer nach Ansicht des BGH hinreichend geschützt, sodass ein solcher Vertrag auch ohne ausdrückliche Freigabeklausel wirksam [14]

Unwirksam sind auch solche Sicherungsübereignungen, durch die der Sicherungsgeber in seiner wirtschaftlichen Bewegungsfreiheit gelähmt wird (sogenannte Knebelungsgeschäfte)[15].

Beispiel: Die D-Bank gewährt dem Textilgroßhändler G ein Darlehen in Höhe von 10 000,– €. Zur Sicherung der Darlehensrückzahlungsforderung übereignet G der D-Bank alle gegenwärtig und künftig zu seinem Eigentum gehörenden Waren und sein gesamtes Geschäftsinventar. Der gegenwärtige Lagerbestand hat einen Wert von 100 000,– €. Das Geschäftsinventar verkörpert einen Verkaufswert von 25 000,– €. Außerdem räumt G in dem mit der D-Bank geschlossenen Sicherungsvertrag der D-Bank ein Mitwirkungsrecht bei der Leitung des Geschäfts und eine Generalvollmacht ein. Die genannten Vereinbarungen sind Gegenstand des Sicherungsvertrages. Dieser ist gemäß § 138 BGB nichtig, weil er ein Knebelungsgeschäft darstellt. Einer zu sichernden Forderung in Höhe von 10 000,– € steht Sicherungsgut im Wert von 125 000,– € gegenüber.

Es handelt sich hier um einen Fall der Übersicherung. Außerdem lähmen die zusätzlichen Abreden den G in seiner wirtschaftlichen Bewegungsfreiheit und bringen ihn in eine sittlich zu missbilligende Abhängigkeit. Wegen Verstoßes gegen die guten Sitten ist der Sicherungsvertrag gemäß § 138 nichtig. Die Übereignung gemäß §§ 929, 930 ist ebenfalls nichtig, da der nichtige Sicherungsvertrag auch die Vereinbarung des Besitzmittlungsverhältnisses umfasst, sodass ein Teil des Übereignungstatbestandes fehlt.

5. Die Verwertung

Wie die Verwertung im sog. Sicherungsfall zu erfolgen hat, richtet sich grundsätzlich nach den Vereinbarungen, die Gläubiger und Schuldner in dem Sicherungsvertrag getroffen haben.

987

Die Parteivereinbarung kann dahin gehen, dass der Gläubiger das Recht haben soll, im Sicherungsfall das Sicherungsgut zu verwerten. Er kann zu diesem Zweck als Eigentümer gemäß § 985 von dem Schuldner Herausgabe der Sachen verlangen. Der Schuldner hat mit Eintritt des Sicherungsfalls kein Recht zum Besitz i. S. des § 986 mehr.

---

12 BGH ZIP 1994, 305, 307 f.; 309, 311 f.; BGH NJW 1997, 1570, 1572.
13 BGH ZIP 1994, 305, 307 f.; 309, 311 f.; BGH NJW 1997, 1570, 1572.
14 BGH GS NJW 1998, 671; BGH ZIP 1994, 305, 307 f; 309, 311 f.
15 Vgl. RGZ 143, 48, 51; BGH WM 1965, 1248 f.

Die Verwertung durch den Gläubiger erfolgt durch Verkauf und zwar entweder durch
- freihändigen Verkauf oder
- öffentliche Versteigerung.

988 Ob freihändig verkauft oder öffentlich versteigert werden soll, ist der Vereinbarung zwischen Gläubiger und Schuldner zu entnehmen. Wenn Gläubiger und Schuldner keine ausdrückliche Abrede über die Art und Weise der Verwertung getroffen haben, ist der Gläubiger (Sicherungsnehmer) berechtigt, aber nicht verpflichtet, sich gemäß §§ 1220 ff. zu befriedigen.

Der Erlös, der durch den Verkauf erzielt wird, ist auf die Forderung, die durch die Sicherungsübereignung gesichert werden soll, zu verrechnen. Insoweit ist die Forderung erfüllt.

Ist der Erlös nach Abzug der durch die Verwertung entstandenen Kosten höher als die zu sichernde Forderung, ist der Überschuss an den Schuldner auszuzahlen. Ist der Erlös geringer als die gesicherte Forderung, ist die Forderung nur in Höhe des Erlöses erfüllt. Der Gläubiger hat einen Anspruch auf Zahlung des Restes gegen den Schuldner.

989 Gläubiger und Schuldner können auch vereinbaren, dass der Schuldner als der Sicherungsgeber die Sachen verwertet und den Erlös in Höhe der gesicherten Forderung an den Gläubiger auszahlen muss.

Umstritten ist, ob eine Abrede, nach der der Gläubiger bei gleichzeitigem Erlöschen der gesicherten Forderung die ihm übereigneten Sachen mit dem Sicherungsfall als endgültig in sein Vermögen übergangen behalten kann, ohne eine Verwertung betreiben zu müssen (= sog. Verfallklausel), wirksam ist[16].

6. Das Sicherungsgut in der Zwangsvollstreckung und Insolvenz

990 Wenn weitere Gläubiger des Schuldners (Sicherungsgebers) die Einzelzwangsvollstreckung in die im Besitz des Schuldners befindlichen, zur Sicherheit übereigneten Sachen betreiben, hat der Gläubiger (Sicherungsnehmer) als der Eigentümer die Möglichkeit, durch die sog. Drittwiderspruchsklage (§ 771 ZPO) die Zwangsvollstreckung für unzulässig erklären zu lassen[17].

Beispiel: M ist Darlehensschuldner der X-Bank. Zur Sicherung der Darlehensrückzahlungsforderung übereignet M der X-Bank zwei Maschinen, die M mit Zustimmung der X-Bank weiter in seinen Räumen stehen lässt und benutzt. Der Ge-

---

16 Zweifelhaft ist insbesondere die entsprechende Anwendung des § 1229 BGB auf das Sicherungseigentum. Dabei ist zu berücksichtigen, ob der Sicherungsgeber bei der Sicherungsübereignung den gleichen Schutz verdient wie der Verpfänder. Für die Zulässigkeit der Verfallklausel u. a.: RGZ 83, 50, 53; BGH NJW 1980, 226.

17 Allgemeine Meinung, vgl. z. B. BGHZ 20, 88 ff.; *Palandt-Bassenge*, § 930 Rdnr. 22.

richtsvollzieher pfändet mit einem vollstreckbaren, mit Klausel versehenen Titel, den D gegen M erwirkt hat, die Maschinen. Die X-Bank kann, da die Maschinen ihr Eigentum sind, durch Drittwiderspruchsklage die Zwangsvollstreckung durch das Gericht für unzulässig erklären lassen.

Fällt der Schuldner (Sicherungsgeber) in Insolvenz, steht dem Gläubiger (Sicherungs- **991** nehmer) ein Absonderungsrecht (§§ 50, 50 Nr. 1 InsO) zu[18]. Das Absonderungsrecht gibt dem Gläubiger das Recht zu verlangen, dass der Gegenstand, an dem das Absonderungsrecht besteht, von der übrigen Insolvenzmasse getrennt verwertet und der Erlös bis zur vollen Höhe der Forderung an den Gläubiger ausgezahlt wird. Damit ist dem Sicherungsbedürfnis des Gläubigers voll Rechnung getragen.

7. Sicherungsübereignung und Formularverträge

Bei der Vereinbarung einer Sicherungsübereignung werden häufig Formularver- **992** träge verwandt, die Gläubiger und Schuldner durch eine entsprechende Vereinbarung zum Vertragsinhalt erheben. Solche Vereinbarungen enthalten in der Regel genaue Bestimmungen über den Inhalt des Sicherungsvertrages. Sie sind an den §§ 307 ff. zu messen.

V. Das Pfandrecht an Rechten

1. Überblick

Auch Rechte Gegenstände von hohem Wert sein können, sind sie geeignete Ob- **993** jekte eines Pfandrechts.

Zu den Rechten, die Gegenstand eines Pfandrechts sein können, gehören nicht nur auf Geldzahlungen gerichtete schuldrechtliche Forderungen, sondern auch Mitgliedschaftsrechte, wie z. B. Aktien, oder Urheber- und Patentrechte.

In der Praxis spielt das Pfandrecht an Rechten eine erheblich größere Rolle als die Verpfändung von beweglichen Sachen. So lassen sich häufig die Banken zur Sicherung ihrer Forderungen – meist durch entsprechende Klauseln in Allgemeinen Geschäftsbedingungen, die Vertragsinhalt werden – ein Pfandrecht an den in ihren Besitz gelangten Wertpapieren bestellen. Gegenstand von Verpfändungen sind häufig auch Bankguthaben.

2. Die Bestellung eines Pfandrechts an Rechten

Ein Pfandrecht an einem Recht wird nach den gesetzlichen Vorschriften bestellt, **994** die für die Übertragung des Rechts gelten. An die Stelle der Einigung über die

---

18 So die herrschende Meinung, u. a.: *Palandt-Bassenge*, § 930 Rdnr. 25; 136; BGH NJW 1962, 46.

Übertragung des Rechts tritt die Einigung von Pfandnehmer und Pfandgeber darüber, dass ein Pfandrecht an dem Recht entstehen soll (§§ 1273 und 1274).

Ist vom Gesetz, abweichend von der Regelung in den §§ 398 ff., neben der Einigung ein weiteres Erfordernis für die Übertragung des Rechts aufgestellt worden, muss dieses auch bei der Pfandrechtsbestellung erfüllt werden.

> **Beispiel:** Die Verpfändung eines GmbH-Anteils geschieht durch Einigung zwischen Pfandgeber und Pfandnehmer darüber, dass ein Pfandrecht an dem GmbH-Anteil entstehen soll, weil zur Übertragung der Mitgliedschaft an einer GmbH ebenfalls die Abtretung des Geschäftsanteils erforderlich ist. Die Übertragung von Geschäftsanteilen an einer GmbH durch Abtretung bedarf gemäß § 15 Abs. 3 GmbHG der notariellen Beurkundung. Diese Form muss gemäß § 1274 auch bei der Verpfändung eingehalten werden, wenn das Pfandrecht wirksam bestellt sein soll.

995 Der häufigste Gegenstand bei der Verpfändung von Rechten sind Forderungen, die auf Geldzahlungen gerichtet sind.

Die Bestellung eines Pfandrechts an einer Forderung erfolgt neben der Einigung über die Pfandrechtsbestellung durch die Anzeige der Verpfändung an den Schuldner der verpfändeten Forderung (§§ 1279, 1280).

Erforderlich ist also die Beteiligung von drei Personen:
- des Gläubigers der zu sichernden Forderung (Pfandgläubiger),
- des Schuldners der zu sichernden Forderung, der zugleich Gläubiger der verpfändeten Forderung ist (Verpfänder bzw. Gläubiger),
- des Schuldners der verpfändeten Forderung (Drittschuldner).

996 Zur Wirksamkeit der Pfandrechtsbestellung ist die Anzeige des Gläubigers an den Schuldner erforderlich. Dieser zwingenden gesetzlichen Regelung liegt die Überlegung zugrunde, dass auch das Pfandrecht an Rechten offenkundig gemacht werden muss.

> **Beispiel:** Die X-Bank gewährt dem G ein Darlehen in Höhe von 2500,– €, das nach Ablauf von 3 Monaten zurückgezahlt werden soll. Zur Sicherheit verpfändet G der X-Bank eine Kaufpreisforderung in Höhe von 3000,– €, die G gegen K hat und die in 4 Monaten fällig wird. Zur wirksamen Pfandrechtsbestellung an der Kaufpreisforderung sind erforderlich:
> - die Einigung der X-Bank (Pfandgläubiger) und G (Verpfänder) darüber, dass ein Pfandrecht an der Kaufpreisforderung entstehen soll, und
> - eine Anzeige über die Verpfändung gemäß § 1280 an K (Drittschuldner).

Im Anwendungsbereich des Verbraucherdarlehensvertrages (§ 491) muss die Pfandrechtsbestellung gemäß § 492 Abs. 1 S. 5 Nr. 7 in der Urkunde über den Kreditvertrag angegeben werden.

3. Die Befriedigung des Gläubigers aus einer verpfändeten Forderung

997 Für die Rechtsstellung des Pfandgläubigers ist es erheblich, ob die gesicherte Forderung gegen den Verpfänder bereits fällig ist oder nicht.

Wenn die gesicherte Forderung noch nicht fällig ist, hat der Pfandgläubiger nur ein Recht auf Sicherung, nicht aber bereits auf Befriedigung. Wenn der Schuldner der verpfändeten Forderung zahlen will, bevor die gesicherte Forderung fällig ist, wird dem Sicherungsbedürfnis des Pfandgläubigers dadurch Rechnung getragen, dass der Schuldner der verpfändeten Forderung nur an Pfandnehmer und Pfandgeber gemeinsam leisten kann (§ 1281).

Sobald die gesicherte Forderung des Pfandgläubigers gegen den Verpfänder fällig ist, steht dem Pfandgläubiger ein **Befriedigungsrecht** zu (§ 1282). Der Pfandgläubiger ist dann berechtigt, die verpfändete Forderung einzuziehen. Bis zur Höhe der gesicherten Forderung steht ihm der eingezogene Betrag zu (§ 1288 Abs. 2). Der Pfandgläubiger gilt insoweit als von dem Verpfänder der gesicherten Forderung befriedigt.

VI. Die Sicherungsabtretung

1. Überblick

Die Sicherungsabtretung von Forderungen und sonstigen Rechten spielt im Wirtschaftsverkehr eine große Rolle. Insbesondere die Abtretung von Forderungen wird häufig zur Kreditsicherung verwandt:
– Forderungen werden abgetreten, um eine Darlehensrückzahlungsforderung zu sichern (Geldkredit).
– Beim verlängerten Eigentumsvorbehalt dient die Vorausabtretung künftig entstehender Forderungen der Sicherung eines Warenkredits.

998

Der Grund dafür, dass sich die Sicherungsabtretung neben dem Pfandrecht an Forderungen entwickelt hat, liegt in dem Bestreben der Beteiligten, die Verpfändungsanzeige gemäß § 1280 zu vermeiden, weil diese der Kreditwürdigkeit des Verpfänders abträglich sein kann. Da bei den Vorschriften über die Abtretung eine dem § 1280 entsprechende Regelung fehlt, ist die Sicherungsabtretung einer Forderung auch dann wirksam, wenn sie dem Schuldner der abgetretenen Forderung nicht angezeigt wird.

2. Sicherungsabtretung und Sicherungsvertrag

Bei der Sicherungsabtretung tritt der Schuldner einer Forderung (= Sicherungsgeber bzw. Zedent) seinem Gläubiger (= Sicherungsnehmer bzw. Zessionar) zur Sicherung eine Forderung gegen eine andere Person (= Drittschuldner) gemäß § 398 ab. Ähnlich wie bei der Sicherungsübereignung liegt der Sicherungsabtretung ein Sicherungsvertrag zugrunde, der die Rechte und Pflichten des Zedenten und des Zessionars festlegt, insbesondere die Verfügungsgewalt des Zessionars über die Forderung einschränkt.

999

1000 Auch bei der Sicherungsabtretung werden zwischen Sicherungsgeber und Sicherungsnehmer also mehrere Rechtsgeschäfte abgeschlossen, nämlich in der Regel:
- das Rechtsgeschäft, aus dem die gesicherte Forderung erwächst,
- der Sicherungsvertrag und – üblicherweise mit diesem in einer Urkunde verbunden –,
- der Abtretungsvertrag gemäß § 398, der die Abtretung der Forderung zum Gegenstand hat, die die Sicherheit darstellen soll.

Beispiel: Die Sparkasse B gewährt dem M ein Darlehen in Höhe von 1500,– €. Zur Sicherung der Darlehensrückzahlungsforderung tritt M der Sparkasse eine Vergütungsforderung aus einem Werkvertrag in Höhe von 1700,– € ab, die er gegen W hat. Die Rechtsbeziehungen der Beteiligten zueinander sehen nach der Abtretung wie folgt aus:

Das Rechtsgeschäft, aus dem die zu sichernde Forderung erwächst, ist zumeist ein Darlehensvertrag (§ 488). Liegt ein Verbraucherdarlehensvertrag nach § 492 BGB vor, so muss die Sicherungsabtretung in der Kreditvertragsurkunde angegeben werden (§ 492 Abs. 1 S. 5 Nr. 7).

Der Sicherungsvertrag ist die schuldrechtliche Grundlage für die Abtretung. Aus dem Sicherungsvertrag ergeben sich für den Sicherungsgeber (Zedenten) in der Regel folgende Pflichten:
- die Forderung gemäß § 398 abzutreten und
- den Sicherungsnehmer (Zessionar) umgehend zu benachrichtigen, wenn die abgetretene Forderung von einem anderen Gläubiger des Zedenten gepfändet wird.

Der Sicherungsnehmer (Zessionar) verpflichtet sich in der Regel im Sicherungsvertrag, die zur Sicherung abgetretene Forderung auf den Sicherungsgeber (Zedenten) zurückzuübertragen, sobald er wegen der zu sichernden Ansprüche befriedigt wird.

1001 Gegenstand des Sicherungsvertrages ist zumeist auch eine Vereinbarung über die Verwertung der zur Sicherung abgetretenen Forderungen, wenn der Sicherungsfall eintritt.

Durch den Abtretungsvertrag erwirbt der Sicherungsnehmer (Zessionar) im Außenverhältnis zum Drittschuldner die volle Gläubigerstellung, vgl. § 398 S. 2. Er kann die abgetretene Forderung also dem Drittschuldner gegenüber wirksam geltend machen oder auch – falls dies nicht gemäß § 399 ausgeschlossen ist – an Vierte abtreten. Lediglich im Innenverhältnis zum Sicherungsgeber (Zedenten) ist er nach Maßgabe des Sicherungsvertrages in seinen Befugnissen beschränkt.

Ebenso wie die Sicherungsübereignung ist auch die Sicherungsabtretung grundsätzlich nicht akzessorisch. Wenn also die gesicherte Forderung später durch Erfüllung erlischt, wird der Sicherungsgeber (Zedent) nicht ohne Weiteres wieder Inhaber der Forderung, es sei denn, dies wurde durch Einfügung einer entsprechenden Bedingung (i. S. des § 158) ausdrücklich vereinbart. Er hat aber einen schuldrechtlichen Anspruch gegen den Sicherungsnehmer (Zessionar) auf Rückübertragung der abgetretenen Forderung aus dem Sicherungsvertrag oder aus § 812, sobald die gesicherte Forderung erlischt.

3. Die Verwertung

Sobald der Sicherungsfall eingetreten ist, d. h. der Schuldner die fällig gewordene Leistung nicht erbringt, hat der Gläubiger die Verwertungsmöglichkeiten, die im Sicherungsvertrag vereinbart worden sind. Das sind in der Regel: 1002
- Einziehung der Forderung beim Drittschuldner oder
- freihändiger Verkauf der Forderung.

4. Bestimmtheit und Bestimmbarkeit der zur Sicherung abgetretenen Forderung

Nach dem Bestimmtheitsgebot muss feststehen, welche Forderungen von der Abtretung erfasst und auf den neuen Gläubiger (Zessionar) übertragen werden sollen. Deshalb müssen die abzutretenden Forderungen im Zeitpunkt des Abschlusses des Abtretungsvertrages so bestimmt gekennzeichnet sein, dass über ihre Zuordnung keine Zweifel entstehen können. Bei erst zukünftig entstehenden Forderungen genügt es allerdings, wenn sie spätestens im Augenblick ihrer Entstehung zweifelsfrei bestimmbar sind. 1003

> **Beispiel:** In dem Forderungsabtretungsvertrag, den die Bank mit H abschließt, heißt es: „Der Schuldner tritt alle ihm zustehenden und in der Zukunft entstehenden Forderungen aus Warenlieferungen gegen seine Kunden A, B und C an die Bank ab." Hier sind auch die zukünftig entstehenden Forderungen im Zeitpunkt ihrer Entstehung klar bestimmbar.

5. Die Globalzession

Kreditgeber versuchen häufig, sich dadurch eine ausreichende Sicherheit zu verschaffen, dass sie sich alle gegenwärtigen und alle künftig entstehenden Forderungen des Kreditnehmers abtreten lassen. Eine Gesamtabtretung dieser Art nennt man **Globalzession**. 1004

Die Globalzession ist nach allgemeiner Ansicht grundsätzlich zulässig. Jedoch ist angesichts ihrer einschneidenden Folgen für den Schuldner (Zedenten) besonders zu bedenken, ob sie diesen nicht unangemessen benachteiligt (§ 307) oder gegen die guten Sitten verstößt (§ 138) und deshalb unwirksam ist.

Ein Verstoß gegen § 307 bzw. § 138 kann sich insbesondere daraus ergeben, dass die Sicherungsabtretung die wirtschaftliche Bewegungsfreiheit des Zedenten lähmt und/oder den Tatbestand der Übersicherung erfüllt.

6. Die Sicherungsabtretung in Zwangsvollstreckung und Insolvenz

1005–1007 Pfänden Gläubiger des Sicherungsgebers (Zedenten) die Forderung gegen den Drittschuldner, so kann der Sicherungsnehmer (Zessionar) gemäß § 771 ZPO widersprechen. In der Insolvenz des Sicherungsgebers steht ihm dagegen kein Aussonderungsrecht zu, sondern nur ein Absonderungsrecht.

Vollstrecken umgekehrt Gläubiger des Sicherungsnehmers (Zessionar) in die abgetretene Forderung, so hat der Sicherungsgeber (Zedent) das Widerspruchsrecht aus § 771 ZPO, solange der Sicherungsnehmer die Forderung aufgrund des Sicherungsvertrages noch nicht verwerten darf. Bis zu diesem Zeitpunkt hat der Sicherungsgeber ein Aussonderungsrecht, wenn der Sicherungsnehmer in Insolvenz fällt[19].

§ 45 Überblick über das Immobiliarsachenrecht

Schrifttum: *Büdenbender*, Grundsätze des Hypothekenrechts, JuS 1996, 665; *Goertz-Roloff*, Die Anwendung des Hypothekenrechts auf die Grundschuld, JuS 2000, 762; *Hager*, Die Anwartschaft des Auflassungsempfängers, JuS 1991, 1; *ders.*, Die Vormerkung, JuS 1990, 429; *Rosien*, Der Schutz des Vormerkungsberechtigten, 1994; *Schreiber*, Der gutgläubige Erwerb von unbeweglichen Sachen, Jura 1999, 491; *Wilhelm*, Der Rang der Grundstücksrechte aufgrund des Verfügungstatbestands, insbesondere von Einigung und Eintragung, JZ 1990, 501; *Winkler*, Das Erbbaurecht, NJW 1992, 2514.

I. Der Eigentumserwerb am Grundstück

1. Überblick

1008 Einer der Hauptunterschiede zwischen beweglichen Sachen einerseits und Grundstücken (unbeweglichen Sachen) andererseits besteht darin, dass das Eigentum an beweglichen Sachen anders übertragen wird als das Eigentum an Grundstücken.

Das Eigentum an beweglichen Sachen wird in der Regel durch die Einigung des Veräußerers und des Erwerbers darüber, dass das Eigentum von dem einen auf den anderen übergehen soll, und die Übergabe der Sache übertragen (§ 929).

Das Eigentum an einem Grundstück wird gemäß § 873 Abs. 1 übertragen durch die **Einigung** des Veräußerers und des Erwerbers darüber, dass das Eigentum an dem Grundstück von dem einen auf den anderen übergehen soll, und die **Eintragung der Rechtsänderung in das Grundbuch.**

---

19 Vgl. *Palandt-Grüneberg*, § 398 Rdnr. 23.

Die Einigung – bei der Übertragung des Eigentums an Grundstücken wird sie **Auflassung** genannt – ist **formbedürftig**. In der Regel erklären der Erwerber und der Veräußerer die Auflassung vor dem Notar, § 925.

Ebenso wie bei der Veräußerung beweglicher Sachen ist zwischen Verpflichtungs- **1009** geschäft einerseits und Verfügungsgeschäften andererseits zu unterscheiden, wenn ein Grundstück veräußert wird (vgl. oben Rdnr. 167 ff.). Der Kaufvertrag, der gemäß § 311b der notariellen Beurkundung bedarf, ist das **Verpflichtungsgeschäft**. Er verpflichtet den Verkäufer, dem Käufer das Eigentum an dem Grundstück zu verschaffen und ihm das Grundstück zu übergeben. Der Käufer übernimmt die Verpflichtung, den vereinbarten Kaufpreis an den Verkäufer zu zahlen. Die Übereignung des Grundstücks, die durch die Auflassung und die Eintragung der Rechtsänderung in das Grundbuch vorgenommen wird, ist ein **Verfügungsgeschäft**. Ein weiteres **Verfügungsgeschäft** ist das Rechtsgeschäft, womit der Käufer seiner Verpflichtung, den Kaufpreis zu zahlen, nachkommt.

2. Das Grundbuch

Im Rechtsverkehr müssen äußerlich erkennbare Anhaltspunkte geschaffen werden, **1010** mit deren Hilfe festgestellt werden kann, wer Eigentümer einer Sache ist. Bei beweglichen Sachen wird der Besitz als Legitimation für den Veräußerer angesehen. Deshalb wird der Gutgläubige, der von einem Besitzer eine bewegliche Sache erwirbt, gemäß §§ 932 ff. geschützt. Bei Grundstücken kommt der Besitz als Legitimation nicht in Betracht, weil er ein zu ungenaues und damit unsicheres Kriterium darstellt. Viele Grundstücke mit Häusern sind im Besitz von Mietern oder Pächtern.

Es ist ein Ordnungssystem erforderlich, das möglichst schnell und zuverlässig ohne große Nachforschungskosten Auskunft darüber gibt, wer Eigentümer eines Grundstücks ist. Die Verlässlichkeit einer solchen Information wird dadurch erreicht, dass alle Rechte und Rechtsänderungen an Grundstücken die Eintragung in ein staatliches Register, das Grundbuch, zur Voraussetzung haben.

Das **Grundbuch** als ein staatliches Register soll sichere Auskunft über die Rechts- **1011** verhältnisse an einem Grundstück geben. Es bietet für die Eigentumsverhältnisse an Grundstücken eine verlässliche Grundlage, denn die Rechtsordnung zwingt dazu, das Grundbuch soweit wie möglich vor Unrichtigkeiten zu bewahren.

Das gesamte formelle Grundbuchrecht ist in der **Grundbuchordnung** geregelt. Die Grundbücher werden von den Grundbuchämtern geführt, die in der Regel die Amtsgerichte sind. Die Grundbücher sind nach räumlichen Bezirken, meist nach Gemeindebezirken, angelegt.

Jedes Grundstück, das nicht der öffentlichen Hand gehört, erhält ein Grundbuchblatt. Das Grundbuchblatt ist das **Grundbuch** im Sinne des Gesetzes.

Jedes Grundbuchblatt besteht aus: **1012**
a) **Bestandsverzeichnis:** Es enthält u. a. die Bezeichnung des Grundstücks nach Kataster, Lage, Größe, Bebauung und Nutzungsart.

b) **Abteilung 1:** Sie weist in erster Linie aus, wer Eigentümer des Grundstücks ist. Änderungen in der Eigentumslage werden hier eingetragen.

c) **Abteilung 2:** Sie enthält die sonstigen Rechte am Grundstück mit Ausnahme der Hypotheken, Grund- und Rentenschulden und die Verfügungsbeschränkungen, wie sie durch Insolvenz, Zwangsversteigerung etc. begründet werden.

d) **Abteilung 3:** Hier werden die Hypotheken, Grund- und Rentenschulden eingetragen.

3. Der öffentliche Glaube des Grundbuchs und der gutgläubige Erwerb des Eigentums an einem Grundstück

1013 An beweglichen Sachen kann der gutgläubige Erwerber unter den in §§ 932 ff. genannten Voraussetzungen von einem Nichtberechtigten, der sich als Eigentümer ausgibt, Eigentum erwerben. Auch der gutgläubige Erwerb des Eigentums an einem Grundstück vom Nichtberechtigten (Nichteigentümer) ist möglich. Andernfalls wäre die Verlässlichkeit des Grundbuchsystems nicht gewährleistet.

Während bei dem gutgläubigen Eigentumserwerb an beweglichen Sachen der Besitz den Ausgangspunkt bildet, wird bei dem gutgläubigen Erwerb des Eigentums an Grundstücken vom Nichtberechtigten gemäß § 892 an die Eintragung im Grundbuch angeknüpft.

1014 § 892 findet nur Anwendung, wenn das Grundbuch unrichtig oder unvollständig ist. Das Grundbuch ist unrichtig, wenn – was möglich ist – die Rechtslage, wie sie das Grundbuch ausweist, mit der wirklichen Rechtslage nicht übereinstimmt.

Beispiel: Jemand ist Eigentümer eines Grundstücks, ohne als Inhaber dieses Rechts in Abteilung 1 des Grundbuches eingetragen zu sein. Das Grundbuch ist dann unrichtig, denn
– derjenige, der als Eigentümer eingetragen ist, ist nicht der Eigentümer
– der wirkliche Eigentümer ist nicht als solcher eingetragen.

Ein gutgläubiger Erwerb des Eigentums gemäß § 892 ist also nur möglich, wenn das Grundbuch unrichtig oder unvollständig ist, d. h. die wirkliche Rechtslage (= materielle Rechtslage) und die Eintragung im Grundbuch (= formelle Rechtslage) sich widersprechen.

Beispiel: Der 17-jährige M veräußert ohne Einwilligung seiner gesetzlichen Vertreter ein ihm gehörendes Grundstück an K. Kaufvertrag und Auflassung werden von einem Notar beurkundet. K wird im Grundbuch als Eigentümer eingetragen. Niemandem war aufgefallen, dass M minderjährig war. K könnte gemäß § 873 durch Einigung (Auflassung) und Eintragung in das Grundbuch das Eigentum von M erworben haben. Da M minderjährig ist und ohne Einwilligung seiner gesetzlichen Vertreter gehandelt hat, ist seine Einigungserklärung schwebend unwirksam. Obwohl K im Grundbuch als Eigentümer eingetragen wird, bleibt M Eigentümer des Grundstücks, weil seine Einigungserklärung nicht wirksam war. Infolgedessen fallen hier die materielle Rechtslage (M ist Eigentümer) und die formelle Rechtslage, wie sie sich aus dem Grundbuch ergibt (K ist als Eigentümer eingetragen), auseinander. Zum Konflikt kommt es, wenn der zu Unrecht Eingetragene das Grundstück veräußern und das Eigentum auf den Erwerber übertragen möchte. Da das Grundbuch ein verlässliches Informationssystem darstellen soll, löst das Gesetz durch § 892 diesen Konflikt zulasten des wahren Berechtigten und zugunsten des gutgläubigen Erwerbers. Wenn K das Grundstück an A veräußert und die Auflassung und die Eintragung in das Grundbuch erfolgen, erwirbt A, vorausgesetzt, er ist gutgläubig, gemäß § 892 das Eigentum an dem Grundstück. Mit der Eintragung des A als Eigentümer stimmen dann materielle und formelle Rechtslage wieder überein.

4. Der Grundbuchberichtigungsanspruch (§ 894)

Wenn die wirkliche (materielle) Rechtslage nicht mit der formellen (d. h. mit der im Grundbuch ausgewiesenen) übereinstimmt, hat der dadurch Benachteiligte ein dringendes Interesse daran, dass die materielle Rechtslage mit der im Grundbuch ausgewiesenen wieder in Übereinstimmung gebracht wird. **1015**

Wird das Grundbuch nicht berichtigt, bestehen u. a. folgende Gefahren:

a) Ein gutgläubiger Dritter könnte das Eigentum an dem Grundstück gemäß § 892 von K erwerben.

b) Eine etwa in Aussicht genommene Veräußerung wird dem Berechtigten erschwert, weil ein möglicher Erwerber aufgrund der Eintragung im Grundbuch Zweifel an der Eigentümerstellung des Veräußerers haben muss.

Stimmt der Inhalt des Grundbuchs mit der wirklichen Rechtslage nicht überein, so hat derjenige, dessen Recht nicht oder nicht richtig eingetragen ist (der Berechtigte) gemäß § 894 einen Anspruch auf Berichtigung des Grundbuchs.

Der auf § 894 gestützte Anspruch richtet sich gegen denjenigen, der durch den unrichtigen Grundbuchstand formell begünstigt ist.

Inhaltlich geht der Anspruch auf Abgabe einer Eintragungsbewilligung (Berichtigungsbewilligung).

5. Der Widerspruch

Die Durchsetzung eines Berichtigungsanspruches kann lange Zeit in Anspruch nehmen, insbesondere dann, wenn ein Anspruch gemäß § 894 im Wege einer Klage verwirklicht werden muss. **1016**

In dieser Zeit droht – da das Grundbuch unrichtig ist – die Gefahr, dass der zu Unrecht im Grundbuch als Berechtigter Eingetragene Verfügungen trifft, aufgrund derer ein Gutgläubiger gemäß § 892 ein Recht erwirbt.

Gefahren dieser Art kann mit einem Widerspruch gegen die Richtigkeit des Grundbuches begegnet werden. In den Fällen, in denen einer Person ein Anspruch aus § 894 auf Berichtigung des Grundbuches zusteht, kann diese gemäß § 899 einen Widerspruch gegen die Richtigkeit des Grundbuches eintragen lassen. Der Widerspruch vernichtet den öffentlichen Glauben des Grundbuches und macht einen gutgläubigen Erwerb gemäß § 892 unmöglich.

1017 Der Widerspruch richtet sich gegen die Richtigkeit einer bestehenden Eintragung oder, wenn ein bestimmtes Recht nicht eingetragen ist, gegen die Richtigkeit des Grundbuches schlechthin. Der Widerspruch muss erkennen lassen, wer das unrichtig oder nicht eingetragene Recht für sich in Anspruch nimmt. Der Widerspruch dient dem Schutz eines dinglichen Rechtes gegen die Gefahren des Grundbuchs, die sich aus § 892 ergeben.

Ein Widerspruch kann also den gutgläubigen Erwerb eines Rechts an einem Grundstück, wie z. B. des Eigentums, verhindern.

Beispiel: A ist Eigentümer eines Grundstücks. Aus Versehen wird K als Eigentümer eingetragen. K will die Situation nutzen, um für sich einen Vorteil zu erlangen. Er veräußert das Grundstück an den gutgläubigen S. Zuvor hat A im Wege der einstweiligen Verfügung gemäß § 899 einen Widerspruch gegen die Eintragung des K als Eigentümer eintragen lassen.

Ein gutgläubiger Erwerb gemäß § 892 ist ausgeschlossen, wenn ein Widerspruch gegen die Richtigkeit eingetragen ist. S kann also das Eigentum an dem Grundstück auch nicht gutgläubig erwerben.

6. Die Vormerkung

a) Zweck und Wirkung der Vormerkung

1018 Häufig liegt zwischen dem schuldrechtlichen Vertrag, der die Verpflichtung zur Übertragung des Rechts an einem Grundstück – z. B. die Übertragung des Eigentums – enthält, und der Rechtsänderung selbst, die ja der Eintragung in das Grundbuch bedarf, ein längerer Zeitraum. In diesem Zeitraum ist der Berechtigte, der sich zur Änderung eines Rechts verpflichtet hat, in der Lage, anderweitig wirksam über das Recht zu verfügen. So kann ein Grundstückseigentümer sein Grundstück beliebig oft verkaufen, d. h. sich zur Übereignung verpflichten. Der Eigentumserwerb hängt u. a. davon ab, welchem Käufer gegenüber der Verkäufer die Einigung nach §§ 873, 925 erklärt. Dies muss nicht der erste Käufer sein. Der Verkäufer kann auch dem letzten Käufer das Eigentum verschaffen.

Beispiel: F ist Eigentümer eines Grundstücks. In einem notariell beurkundeten Kaufvertrag verpflichtet er sich, dem K das Eigentum an dem Grundstück zu übertragen. Drei Tage später schließt F einen Kaufvertrag mit B, in dem er sich verpflichtet, dem B das Eigentum an dem Grundstück zu verschaffen. B hatte dem F 5000,– € mehr als Kaufpreis versprochen als K. Wenn F und B nun die Auflassung erklären und B als Eigentümer in das Grundbuch eingetragen wird, hat er gemäß § 873 Abs. 1 durch Einigung (Auflassung) und Eintragung in das Grundbuch das Eigentum von dem Berechtigten (F) erworben. K kann das Eigentum an dem Grundstück trotz des wirksam abgeschlossenen Kaufvertrages nicht mehr von F erwerben. Die Bindung des F an den Kaufvertrag hindert ihn nicht, eine vertragswidrige – d. h. den Kaufvertrag mit K verletzende – Verfügung über das Grundstück zugunsten von B vorzunehmen.

Einer Gefahr dieser Art kann mit der Vormerkung vorgebeugt werden.

Die Vormerkung ist eine Grundbucheintragung, die die Durchsetzung eines An- **1019** spruchs auf künftige Änderung des Rechts an einem Grundstück sichern soll (§ 883). Die Vormerkung dient der Sicherung eines schuldrechtlichen Anspruchs auf Einräumung eines dinglichen Rechts am Grundstück.

Verfügungen des Schuldners des vorgemerkten Anspruchs über das betroffene Grundstück oder Grundstücksrecht bleiben auch nach der Eintragung der Vormerkung möglich, aber: diese Verfügungen sind gegenüber dem aus der Vormerkung Begünstigten – aber auch nur diesem gegenüber – unwirksam, soweit sie seinen Anspruch vereiteln oder beeinträchtigen würden.

> **Beispiel:** V verkauft dem K ein Grundstück. Zur Sicherung des Anspruchs aus dem Kaufvertrag (Anspruch des K auf Übereignung des Grundstücks) wird eine entsprechende Vormerkung zugunsten des K in das Grundbuch eingetragen. Danach veräußert V das Grundstück an M. Es erfolgen Auflassung und Eintragung in das Grundbuch zugunsten des M. Nun ergeben sich folgende Fragen:
> a) Wer ist Eigentümer des Grundstücks?
> b) Welche Ansprüche hat K?
>
> Zu a): Trotz des abgeschlossenen Kaufvertrages kann V auch weiterhin Verfügungen über das Grundstück treffen. Von dieser Möglichkeit hat er Gebrauch gemacht und M das Grundstück übereignet. Hier treten nun die speziellen Wirkungen der Vormerkung ein. M wird gegenüber jedermann Eigentümer, nur gegenüber K nicht. Im Verhältnis zu K ist V Eigentümer geblieben und deshalb nach wie vor in der Lage, sein Eigentum auf K zu übertragen.
> **Ergebnis:** M ist zwar Eigentümer geworden, aber mit einer Einschränkung: im Verhältnis zu K ist V Eigentümer geblieben.
>
> Zu b): K hat nach wie vor gegen V einen Anspruch aus dem Kaufvertrag auf Übereignung des Grundstücks. Da V (im Verhältnis zu K) Eigentümer geblieben ist, kann K von V Abgabe der Einigungserklärung (Auflassungserklärung) verlangen. Da M inzwischen als Eigentümer in das Grundbuch eingetragen worden ist und eine Eintragung nicht ohne Einwilligung dessen vorgenommen werden kann, der von der Eintragung betroffen wird, muss M seine Einwilligung damit erklären, dass er als Eigentümer im Grundbuch gelöscht und K als Eigentümer eingetragen wird.
>
> Gemäß § 888 Abs. 1 hat K einen Anspruch gegen M darauf, dass dieser die Einwilligung zur Löschung im Grundbuch gibt, damit K als Eigentümer eingetragen werden kann.

b) Die Eintragung einer Vormerkung

Die Eintragung einer Vormerkung kann entweder **1020**
(1) aufgrund einer Eintragungsbewilligung des formell Betroffenen oder
(2) aufgrund einer einstweiligen Verfügung erfolgen (§ 885).

Das entspricht dem Sicherungszweck der Vormerkung. Zum Erlass einer einstweiligen Verfügung ist nur erforderlich, dass der Anspruch, der durch die Vormerkung gesichert werden soll, glaubhaft gemacht wird. Das kann z. B. durch die eidesstattliche Versicherung einer Person geschehen.

Zu dem vorhergehenden **Beispiel:** K müsste also für die Eintragung der Vormerkung aufgrund einer einstweiligen Verfügung dem Gericht nur glaubhaft machen, dass er mit V einen Kaufvertrag abgeschlossen hat.

II. Die Belastung von Grundstücken

1. Nutzungsrechte

1021 Unter dem Oberbegriff „Dienstbarkeiten" fasst das BGB die dinglichen Nutzungsrechte im weitesten Sinne zusammen (vgl. die Überschrift vor § 1018).

Für die Bestellung der Nutzungsrechte sind erforderlich:
– eine Einigung i. S. d. § 873 mit dem Inhalt des jeweiligen Nutzungsrechts,
– die Eintragung des Nutzungsrechts in das Grundbuch und
– die Berechtigung des Verfügenden.

a) Der Nießbrauch §§ 1030 ff.

1022 Das umfassendste dingliche Nutzungsrecht ist der Nießbrauch, das dem Berechtigten grundsätzlich alle Nutzungen des belasteten Gegenstandes gewährt (vgl. § 1030 Abs. 1). Der Nießbraucher kann z. B. die Sache selbst nutzen oder aber auch vermieten.

Der Nießbrauch ist nicht übertragbar, § 1059 S. 1, oder vererblich, § 1061. Schuldrechtlich kann jedoch die Ausübung des Nießbrauchs einem anderen überlassen werden, § 1059 S. 2.

Der Nießbrauch kann an beweglichen und unbeweglichen Sachen sowie gemäß § 1068 auch an Rechten bestellt werden. Der Nießbraucher wird gemäß § 1065 gegenüber Beeinträchtigungen Dritter wie ein Eigentümer geschützt.

b) Die Grunddienstbarkeiten (§§ 1018 ff.)

1023 Im Gegensatz zum Nießbrauch gewährt die Grunddienstbarkeit lediglich einzelne Nutzungen oder Vorteile, wobei die Berechtigung nicht einer bestimmten Person, sondern dem jeweiligen Eigentümer des begünstigten Grundstücks zusteht.

Die Dienstbarkeit kann nur die Verpflichtung zu einem Dulden oder Unterlassen, nicht jedoch die reine Verpflichtung zu einem aktiven Tun beinhalten. Die Grunddienstbarkeit muss gemäß § 1019 für das Grundstück des Berechtigten vorteilhaft sein.

Beispiel: Um zu seinem Grundstück zu gelangen, muss L das Grundstück des S überqueren. Zugunsten des L kann eine Grunddienstbarkeit als Wegerecht bestellt werden, die dann auch für die Rechtsnachfolger des L und des S gilt.

c) Die beschränkt persönlichen Dienstbarkeiten (§§ 1090 ff.)

Die beschränkte persönliche Dienstbarkeit gewährt, wie die Grunddienstbarkeit, **1024** dem Berechtigten nur einzelne Befugnisse. Im Unterschied zu Letzterer erfolgt die Beschränkung aber zugunsten einer bestimmten Person, d. h. also ohne Rücksicht darauf, ob diese Eigentümer eines Grundstücks ist.

Diese Person kann gemäß § 1092 das Recht nicht übertragen. Bei der beschränkten persönlichen Dienstbarkeit ist kein Vorteil für das Grundstück erforderlich, es genügt jedes eigene oder fremde schutzwürdige Interesse.

> **Beispiel:** Die Sprit-AG möchte über das Grundstück des G eine Pipeline legen. Das kann dadurch geschehen, dass das Leitungsrecht der Sprit-AG durch eine beschränkte persönliche Dienstbarkeit abgesichert wird.

2. Sicherungs- und Verwertungsrechte

Das BGB regelt in den §§ 1113 ff. die Grundpfandrechte, nämlich die Hypothek **1025** (§§ 1113 ff.), die Grundschuld (§§ 1191 ff.) und die Rentenschuld (§§ 1199 ff.), denen erhebliche praktische Bedeutung zukommt. Sie spielen als Mittel der Kreditsicherung eine große Rolle (Zu den Einzelheiten siehe unten § 41).

Gemeinsam ist den Grundpfandrechten, dass sie dem Inhaber die Befugnis gewähren, unter bestimmten Voraussetzungen ein Grundstück zwangsweise zu verwerten.

Während die Hypothek der Sicherung einer Geldforderung dient (vgl. § 1113 **1026** Abs. 1), setzt die Grundschuld eine Forderung, die gesichert werden soll, nicht voraus (vgl. insbesondere § 1192 Abs. 1). Die Rentenschuld entspricht im wesentlichen der Grundschuld, allerdings mit dem Unterschied, dass sie nicht auf einen einmaligen Geldbetrag, sondern auf Zahlung einer in bestimmten Abständen zu entrichtenden Geldrente geht.

> **Beispiel:** Wenn A bei der X-Bank einen Kredit aufnehmen möchte, wird die Bank das regelmäßig nur gegen eine Sicherheit tun. A kann zur Sicherung der Darlehensforderung eine Hypothek oder Grundschuld zugunsten der Bank bestellen.

Grundpfandgläubiger werden gegenüber anderen Gläubigern des Eigentümers bei der Verteilung des Versteigerungserlöses bevorzugt.

Im Unterschied zur Verpfändung beweglicher Sachen tritt mit der Bestellung eines Grundpfandrechtes keine Änderung der Besitzverhältnisse ein: der Eigentümer kann das Grundstück weiter nutzen.

3. Die Reallast (§§ 1105 ff.)

Die Reallast ähnelt der Rentenschuld. Im Gegensatz zu dieser brauchen die wie- **1027** derkehrenden Leistungen aber nicht in einer Geldrente zu bestehen. Sie können sich auch auf Dienst- oder Sachleistungen beziehen. Die Reallast hat geringe praktische Bedeutung und kommt hauptsächlich im Bereich der Landwirtschaft vor, teilweise auch bei Unternehmensveräußerungen oder Wohngrundstücksveräußerungen auf Rentenbasis, neuerdings auch bei großen Wohnungseigentumsanlagen.

Beispiel: Landwirt F überträgt seinem Sohn S seinen Hof und lässt sich durch eine Reallast die vereinbarten Ansprüche zur Leistung von Geld, Lebensmitteln und Dienstleistungen, z. B. Pflege bei Krankheit, sichern (sog. Altenteilsrecht).

4. Das dingliche Vorkaufsrecht (§§ 1094 ff.)

1028 Das dingliche Vorkaufsrecht räumt dem Berechtigten die Befugnis ein, beim Verkauf eines Grundstücks in den vom Eigentümer mit einem Dritten abgeschlossenen Kaufvertrag anstelle des Dritten einzutreten. Es unterscheidet sich vom schuldrechtlichen Vorkaufsrecht des § 504 dadurch, dass es dem Berechtigten den Erwerb des Grundstücks auch dann ermöglicht, wenn dieses bereits an den Dritten übereignet worden ist.

Beispiel: A hat dem B ein dingliches Vorkaufsrecht an seinem Grundstück eingeräumt. Verkauft A das Grundstück an C und übereignet es diesem, so kann B auch dann noch sein Recht durchsetzen und Eigentümer des Grundstücks werden.

III. Erbbaurecht und Wohnungseigentum

1. Das Erbbaurecht

1029 Das Erbbaurecht soll auch denjenigen den Bau von Eigenheimen oder anderen Gebäuden ermöglichen, die kein Kapital für den Erwerb eines Grundstückes aufbringen können oder möchten. Der Inhaber des Erbbaurechts kann das Grundstück bebauen, ohne es vorher erwerben zu müssen. Er zahlt lediglich an den Grundstückseigentümer einen bestimmten, in der Regel jährlich fällig werdenden Betrag, den Erbbauzins. Dieser stellt eine Verzinsung des Grundstückswertes dar. Derjenige, der das Bauwerk errichtet, braucht daher nicht noch zusätzlich zu den Baukosten die heute oft unverhältnismäßig hohen Kosten für den Erwerb eines Grundstückes aufzuwenden.

Das Erbbaurecht hat darüber hinaus auch Bedeutung als Mittel der Bodenpolitik. Wenn es durch öffentliche Körperschaften, wie z. B. die Städte und Gemeinden, in größerem Umfange vergeben wird, kann damit eine Beeinflussung der Grundstückspreise und Mieten erzielt werden.

Die gesetzliche Quelle für das Erbbaurecht ist nicht mehr das BGB, sondern die Verordnung über das Erbbaurecht vom 15. Januar 1919, die durch verschiedene Gesetze geändert worden ist.

1030 Das **Erbbaurecht** ist ein dingliches Nutzungsrecht an einem Grundstück. Es ist eine Belastung des Grundstücks in der Weise, dass dem Berechtigten das Recht zusteht, auf dem Grundstück ein Bauwerk zu haben, das in seinem Eigentum steht.

Das Erbbaurecht stellt die stärkste Belastung dar, die das Grundstückseigentum erfahren kann, weil der Eigentümer des Grundstücks durch das Erbbaurecht sowohl den Besitz als auch sämtliche Nutzungen des Grundstücks verliert.

Das Erbbaurecht kann vererbt werden; es kann auch, wenn dies als Inhalt des Erbbaurechts vereinbart worden ist, veräußert werden.

Nach der gesetzlichen Regelung, wie sie im BGB enthalten ist (§§ 93, 94 und 946), ist alles, was mit einem Grundstück fest verbunden ist, wesentlicher Bestandteil des Grundstücks. Das hat zur Folge, dass in der Regel der Eigentümer des Grundstücks zugleich der Eigentümer der Sachen ist, die wesentliche Bestandteile des Grundstücks sind. Diese Regelung wird im Hinblick auf die mit einem Erbbaurecht belasteten Grundstücke durchbrochen. Nach § 12 der Verordnung über das Erbbaurecht ist das auf dem Grundstück errichtete Gebäude nicht wesentlicher Bestandteil des Grundstücks, sondern wesentlicher Bestandteil des Erbbaurechts. Demnach steht das Bauwerk nicht im Eigentum des Grundstückseigentümers, es ist vielmehr Eigentum des Erbbauberechtigten. (Dass dies nicht dem im BGB enthaltenen System widerspricht, ergibt sich aus § 95 Abs. 1, insbesondere S. 2 BGB).

Daraus ergibt sich, dass das Erbbaurecht ein so starkes Recht ist, dass es wie ein grundstücksgleiches Recht zu behandeln ist. **1031**

Dementsprechend erhält ein Erbbaurecht von Amts wegen ein besonderes Grundbuchblatt, das Erbbaugrundbuch genannt wird. Das Erbbaurecht kann mit denselben Grundpfandrechten belastet werden, mit denen ein Grundstück belastet werden kann. Das ist insbesondere im Hinblick auf die Bestellung von Hypotheken und Grundschulden von großer praktischer Bedeutung.

Die Begründung des Erbbaurechts geschieht gemäß § 873 durch Einigung und Eintragung in das Grundbuch. Es handelt sich dabei um ein Verfügungsgeschäft.

Der Bestellung des Erbbaurechts liegt ein schuldrechtlicher Vertrag zugrunde, in dem sich der Eigentümer des Grundstücks zur Bestellung des Erbbaurechts, der Erwerber des Erbbaurechts zur Zahlung des Erbbauzinses verpflichtet (Erbbaurechtsvertrag als Verpflichtungsgeschäft). **1032**

Das Erbbaurecht wird auf Zeit begründet. Es endet mit Ablauf der bestimmten Zeit, die in der Regel 99 oder 66 Jahre währt. Mit der Beendigung des Erbbaurechts werden alle Bestandteile des Erbbaurechts Bestandteile des Grundstücks. Danach geht das Eigentum an dem Bauwerk automatisch auf den Grundstückseigentümer über. Dieser hat dafür allerdings eine Entschädigung an den ehemaligen Inhaber des Erbbaurechts zu zahlen.

2. Das Wohnungseigentum

Nach dem 2. Weltkrieg führten die Wohnungsnot und die dadurch hervorgerufene Wohnraumzwangsbewirtschaftung zu der Notwendigkeit, nach neuen Arten der Wohnraumbeschaffung zu suchen. Einen wesentlichen Anreiz zum Bau von **1033**

Wohnungen versprach man sich durch die Schaffung einer neuen Form des Eigentums, des sogenannten Wohnungseigentums. Das Gesetz über das Wohnungseigentum und das Dauerwohnrecht (Wohnungseigentumsgesetz) vom 15. März 1951 eröffnet die Möglichkeit, an räumlich bestimmten Teilen von Häusern das Eigentum zu erwerben. Zugleich eröffnet das Gesetz den Wohnungseigentümern die Möglichkeit, die Schaffung des Eigentums selbst zu finanzieren, indem es die Belastung des Wohnungseigentums mit Hypotheken und Grundschulden zulässt.

1034 Abweichend von der Regelung des § 93 erkennt das Wohnungseigentumsgesetz ein **Sondereigentum** an einzelnen Wohnungen oder anderen Räumen als realen Teilen des Gebäudes an. Alle diejenigen Teile des Gebäudes, die für den Bestand oder die Sicherung wesentlich sind, und auch diejenigen Teile, die dem gemeinschaftlichen Gebrauch dienen, sind gemeinschaftliches Eigentum aller Wohnungseigentümer. Dazu zählen z. B. die tragenden Mauern des Hauses, die Treppen und die Zentralheizung. Innerhalb eines Gebäudes gibt es deshalb ein Nebeneinander von Sondereigentum der einzelnen Wohnungseigentümer und gemeinschaftlichem Eigentum.

§ 46   Die Grundpfandrechte

I. Wirtschaftliche Bedeutung und Arten der Grundpfandrechte

1035 Grundpfandrechte sind Pfandrechte an Grundstücken. Zu ihnen zählen Hypotheken und Grundschulden. Sie berechtigen ihren Inhaber, sich im Falle der Nichterfüllung einer Geldforderung aus dem belasteten Grundstück zu befriedigen. Diese Befriedigung erfolgt notfalls durch zwangsweise Verwertung, und zwar entweder des Grundstücks selbst im Wege der Zwangsversteigerung oder der Nutzungen des Grundstücks im Wege der Zwangsverwaltung.

1036 Die Grundpfandrechte erstrecken sich nicht nur auf das unbebaute Grundstück, sondern auch auf dessen wesentliche Bestandteile, wie z. B. Gebäude, und das dem Grundstückseigentümer gehörende Grundstückszubehör, wie z. B. Maschinen und Einrichtungsgegenstände. Durch die Grundpfandrechte wird also die gesamte mit dem Grundstück zusammenhängende wirtschaftliche Einheit erfasst.

1037 Es gibt viele Gründe dafür, dass sowohl der Gläubiger als auch der Schuldner als Eigentümer des Grundstücks daran interessiert sind, den Kredit mit einem Grundpfandrecht abzusichern:

Aus der Sicht des Gläubigers:
– Grundstücke mit ihren wesentlichen Bestandteilen und ihrem Zubehör sind wertbeständiger als bewegliche Sachen, deren Wert durch Abnutzung und Alter oft

schnell sinkt. Zudem sind die Wertminderungen an Grundstücken weitaus besser vorhersehbar und können damit bei der Beleihungshöhe berücksichtigt werden.

– Der Sicherungsnehmer kann sich über die Eigentumsverhältnisse an Grundstücken durch Einblick in das Grundbuch schnell informieren. Es ist schwieriger festzustellen, wer Eigentümer einer beweglichen Sache ist.

– Wegen der Strenge des materiellen und formellen Grundstücksrechts, das die bestehenden Grundpfandrechte wirksam offenlegt, kann der Schuldner die Vereinbarungen mit dem Gläubiger nicht so leicht brechen wie etwa bei zur Sicherheit übereigneten beweglichen Sachen, die er in seinem Besitz behält.

– Der besonders hohe Sicherungswert der Grundpfandrechte beruht auch darauf, dass ihr Inhaber den ungesicherten Gläubigern in Zwangsvollstreckung und Konkurs vorgeht.

Aus der Sicht des Schuldners, soweit er zugleich Eigentümer des belasteten Grundstücks ist: **1038**

– Das mit einem Grundpfandrecht belastete Grundstück bleibt im Besitz des Schuldners. Er kann Nutzungen daraus ziehen, indem er es etwa verpachtet oder für eigene gewerbliche Zwecke verwendet.

– Infolge der hohen Sicherheit, die Grundpfandrechte dem Gläubiger gewähren, sind auf diese Art und Weise gesicherte Kredite mit geringeren Zinskosten verbunden.

– Ist die Belastung durch ein Grundpfandrecht geringer als der Wert des Grundstücks, so kann der Schuldner das belastete Grundstück weiteren Gläubigern als Sicherungsmittel in Gestalt von Grundpfandrechten anbieten.

II. Die Hypothek

1. Der Begriff der Hypothek

Die Hypothek ist ein Pfandrecht an einem bestimmten Grundstück, durch das eine Forderung gesichert werden soll (§ 1113 Abs. 1). **1039**

Die Hypothek ist wie das Pfandrecht an beweglichen Sachen und die Bürgschaft ein **akzessorisches Recht**. Das bedeutet: Die Hypothek kann nicht ohne die zu sichernde Forderung bestellt werden. Die gesicherte Forderung kann nicht ohne die für sie bestellte Hypothek, die Hypothek nicht ohne die gesicherte Forderung selbständig übertragen werden (§ 1153 Abs. 2).

2. Die Bestellung der Hypothek

a) Die beteiligten Personen

An den im Zusammenhang mit der Bestellung der Hypothek abgeschlossenen Rechtsgeschäften sind mindestens zwei Personen beteiligt. Es können jedoch auch mehr sein. **1040**

Wenn der Schuldner der persönlichen Forderung, die mit der Hypothek gesichert werden soll, zugleich Eigentümer des Grundstücks ist, gibt es nur zwei Beteiligte.

Beispiel: Die Sparkasse H gewährt M ein Darlehen in Höhe von 700 000,– €. M ist Eigentümer eines bebauten Grundstücks. Zur Sicherung der Darlehensrückzahlungsforderung wird an dem Grundstück des M zugunsten der Sparkasse eine Hypothek bestellt. Graphisch dargestellt sehen die Rechtsbeziehungen der Beteiligten wie folgt aus:

Darlehensrückzahlungsforderung

Sparkasse O ————————————————► O Müller

Hypothek (§ 1113 BGB)

1041 Der Gläubiger der gesicherten Forderung und der Inhaber der Hypothek müssen wegen der Akzessorietät der Hypothek eine Person sein. Der Schuldner der persönlichen Forderung und der Eigentümer des mit der Hypothek belasteten Grundstücks können jedoch auseinanderfallen. Es ist also möglich, dass eine dritte Person, die nicht zur Zahlung einer Geldsumme verpflichtet war, ihr Grundstück zugunsten des Schuldners der persönlichen Forderung mit einer Hypothek belastet hat.

Beispiel: Die X-Bank gewährt dem D ein Darlehen in Höhe von 50 000,– €. D hat keine Gegenstände, die er der X-Bank in irgendeiner Form als Sicherheit anbieten könnte. Sein Freund V ist Eigentümer eines Grundstücks. Dieser lässt darauf eine Hypothek bestellen, die der Sicherung der Darlehensrückzahlungsforderung dienen soll, die die X-Bank gegen D hat. Wenn V dem D auf dessen Bitten zugesagt hat, an seinem Grundstück die Hypothek bestellen zu lassen, kann zwischen D und V ein Auftrag i. S. des § 662 entstanden sein. Graphisch dargestellt sehen die rechtlichen Beziehungen der Beteiligten zueinander wie folgt aus:

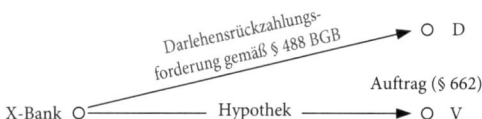

Beispiel: Die Adams-Brau GmbH, also eine juristische Person, lässt sich von der Baufinanz-Bank AG ein Darlehen in Höhe von 1,5 Mio. € gewähren. Die Adams-Brau GmbH hat selbst kein nennenswertes Vermögen, das als Sicherung für den Kredit dienen könnte. B, der Gesellschafter der GmbH und Eigentümer eines wertvollen Grundstücks ist, lässt an seinem Privatgrundstück eine Hypothek zur Sicherung der Darlehensrückzahlungsforderung bestellen, die die Baufinanz-Bank AG gegen die Adams-Brau GmbH hat. Der Gläubiger der persönlichen Forderung und der Hypothekengläubiger sind eine Person, nämlich die Baufinanz-Bank AG. Der Schuldner der Darlehensrückzahlungsforderung ist die Adams-Brau GmbH, Hypothekenschuldner ist B. Eine GmbH ist als eine juristische Person selbst Trägerin von Rechten und Pflichten.

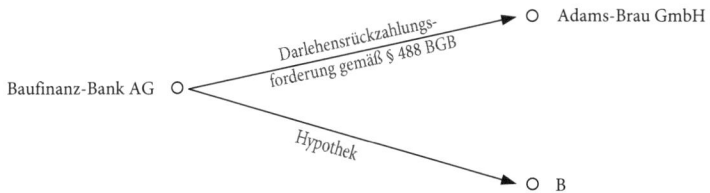

b) Die Voraussetzungen für das Entstehen einer Hypothek

Es gibt verschiedene Arten von Hypotheken, auf die im Hinblick auf ihre Bestellung und Übertragung unterschiedliche gesetzliche Vorschriften anzuwenden sind. **1042**
Das Gesetz geht als Regelfall von der **Verkehrshypothek** als **Briefhypothek** aus
(§ 1116 Abs. 1).

c) Die Voraussetzungen für das Entstehen einer Briefhypothek (§§ 873, 1113 und 1115 bis 1117):

– Es muss eine Forderung bestehen, die durch die Hypothek gesichert werden **1043**
  soll.
– Die Einigung zwischen dem Gläubiger der zu sichernden Forderung und dem
  Eigentümer des Grundstücks darüber, dass das Grundstück mit der Hypothek
  belastet werden soll, muss zustande kommen (§ 873 Abs. 1).
  Die Eintragung in Abteilung 3 des Grundbuchs muss erfolgen.
– Der Hypothekenbrief muss an den Gläubiger übergeben werden (§ 1117).

Sind die Vorschriften über den Verbraucherdarlehensvertrag anwendbar, so muss
die Bestellung der Hypothek in dem Kreditvertrag über die zu sichernde Forderung
angegeben werden (§ 492 Abs. 1 Nr. 7), wenn der Nettokreditbetrag 50 000,– € nicht
übersteigt (§ 494 Abs. 2 S. 6).

Welchen Inhalt ein Hypothekenbrief umfassen soll, ist in den §§ 56 ff. der Grund **1044**
buchordnung (GBO) genau geregelt:

§ 56 GBO: Der Hypothekenbrief wird von dem Grundbuchamt erteilt. Er muss
            die Bezeichnung als Hypothekenbrief enthalten, den Geldbetrag der
            Hypothek und das belastete Grundstück bezeichnen sowie mit Unterschrift und Siegel versehen sein.

§ 57 GBO: Der Hypothekenbrief soll die Nummer des Grundbuchblatts und einen Auszug aus dem Grundbuch enthalten.

In den Auszug sollen, und zwar in nachstehender Reihenfolge, aufgenommen werden:
a) der Inhalt der die Hypothek betreffenden Eintragungen;
b) die Bezeichnung des belasteten Grundstücks nach dem Inhalt des Grundbuchs;
c) die Bezeichnung des Eigentümers;

d) die Bezeichnung der Eintragungen, die der Hypothek im Range vorgehen oder gleichstehen, unter Angabe des Zinssatzes, wenn er fünf vom Hundert übersteigt.

Der Auszug ist auf Antrag zu ergänzen, wenn sich der Inhalt des Grundbuchs ändert.

d) Die Voraussetzungen für das Entstehen einer Buchhypothek (§§ 873, 1113, 1115, 1116)

1045 Die Erteilung eines Hypothekenbriefes kann auch ausgeschlossen werden (§ 1116 Abs. 2). Eine Hypothek entsteht als Buchhypothek, wenn die folgenden Voraussetzungen vorliegen:
- Es muss eine Forderung bestehen, die durch die Hypothek gesichert werden soll.
- Einigung zwischen dem Eigentümer des Grundstücks und dem Gläubiger der zu sichernden Forderung darüber, dass zur Sicherung der Forderung an dem Grundstück des Eigentümers eine Hypothek bestellt und die Erteilung des Hypothekenbriefes ausgeschlossen sein soll.
- Eintragung in Abteilung 3 des Grundbuchs. Auch der Ausschluss der Erteilung eines Hypothekenbriefes muss mit eingetragen werden.

e) Einschränkungen des Verbraucherschutzes nach dem Verbraucherkreditgesetz

1046 Gemäß § 491 Abs. 3 Nr. 1 sind mehrere Schutzvorschriften zugunsten des Kreditnehmers nicht anwendbar, wenn der Kredit von der Sicherung durch das Grundpfandrecht abhängig gemacht und zu Konditionen gewährt wird, die für solche Kredite marktüblich sind.

3. Die Übertragung der Forderung und der Hypothek

1047 Der Gläubiger kann die gesicherte Forderung mit der Hypothek – und zwar wegen der Akzessorietät nur zusammen mit der Hypothek – auf einen anderen übertragen (§ 1153). Der Grund für die Abtretung der Forderung kann etwa darin liegen, dass der Gläubiger einen Kredit benötigt und dem Darlehensgeber die durch die Hypothek gesicherte Forderung zur Sicherheit abtritt (Sicherungsabtretung).

Für die Art und Weise der Übertragung der mit der Hypothek verbundenen Forderung ist die Unterscheidung zwischen Briefhypothek und Buchhypothek wichtig.

In der Praxis steht wirtschaftlich in der Regel weniger die persönliche Forderung als vielmehr die Hypothek, die dingliche Sicherheit, im Vordergrund. Auch die Hypothek kann auf eine andere Person übertragen werden. Nach der gesetzlichen Regelung kann dies jedoch nur im Wege der Abtretung der Forderung erreicht werden. Der gesetzlichen Terminologie zufolge wird nicht die Hypothek, sondern die Forderung abgetreten (vgl. § 1154 Abs. 1 S. 1). Gemeinsam mit der Forderung geht dann die Hypothek als ein akzessorisches Recht auf den Erwerber über.

Die Übertragung der Hypothek wird also grundsätzlich durch die Abtretung der **1048** gesicherten Forderung gemäß § 398 vollzogen. Abweichend von der Regelung des § 398 bestimmt § 1154 für die Übertragung einer durch eine Hypothek gesicherten Forderung – und damit für die Übertragung einer Hypothek überhaupt – zusätzliche Erfordernisse.

Die **Briefhypothek** wird gemäß § 1154 Abs. 1 übertragen durch
- einen Abtretungsvertrag gemäß § 398, wobei der **Zedent** (= der Abtretende) die Abtretungserklärung schriftlich abgeben muss, und
- die Übergabe des Hypothekenbriefes.

Die schriftliche Form der Abtretungserklärung kann dadurch ersetzt werden, dass die Abtretung in das Grundbuch eingetragen wird (§ 1154 Abs. 2).

Zur Übertragung der Buchhypothek sind erforderlich: **1049**
- formloser Abtretungsvertrag gemäß § 398 und
- Eintragung der Abtretung in das Grundbuch (§ 1154 Abs. 2 und § 873 Abs. 1).

Die Briefhypothek ist also wesentlich einfacher zu übertragen als die Buchhypothek. Aus diesem Grunde wird sie häufiger als die Buchhypothek bestellt.

Aufgabe 17:
Fall: G hat dem S ein Darlehen in Höhe von 50 000,– € gewährt. Zur Sicherung der Darlehensrückzahlungsforderung wird wirksam eine Briefhypothek an dem dem S gehörenden Grundstück bestellt. G gerät in finanzielle Schwierigkeiten. Da die Darlehensrückzahlungsforderung gegen S noch nicht fällig ist, möchte G diese Forderung veräußern. Die Volksbank in W erklärt sich bereit, die Darlehensrückzahlungsforderung und die Hypothek von G zu erwerben. Welche Rechtsgeschäfte müssen zwischen G und der Volksbank in W abgeschlossen werden, damit die Forderung mit Hypothek auf die Volksbank in W übertragen wird?

Lösen Sie diese Aufgabe bitte in einem schriftlichen Gutachten und vergleichen Sie Ihre Ausführungen mit der Lösung am Schluss dieses Buches!

---

4. Die Verwertung der Hypothek

a) Die Rechtsstellung des Gläubigers bei Fälligkeit

Wenn die durch die Hypothek gesicherte Forderung fällig ist und der Schuldner **1050** nicht zahlt, kann der Gläubiger mit dem Ziel, durch die Zwangsvollstreckung Befriedigung zu erlangen, wie folgt vorgehen:
- er kann **aus der gesicherten Forderung** vorgehen, d. h. einen vollstreckbaren Titel erwirken und damit die Zwangsvollstreckung in das Vermögen des persönlichen Schuldners betreiben, **oder**
- er kann aus der **Hypothek vorgehen**.

1051 Der **Anspruch aus der Hypothek** ist auf die Duldung der Zwangsvollstreckung in das Grundstück gerichtet und nicht auf Zahlung einer Geldsumme. Der Eigentümer des Grundstücks kann allerdings freiwillig einen Geldbetrag in Höhe der persönlichen Forderung an den Gläubiger zahlen, um die Zwangsvollstreckung in das Grundstück zu vermeiden (§ 1142 Abs. 1), er muss es aber nicht.

Die strenge Unterscheidung zwischen dem Anspruch aus der persönlichen (gesicherten) Forderung einerseits und dem Anspruch aus der Hypothek andererseits ist u. a. deswegen wichtig, weil der Schuldner aus der gesicherten Forderung und der Schuldner aus der Hypothek zwei verschiedene Personen sein können.

> **Beispiel:** Die Sparkasse K gewährt dem S ein Darlehen in Höhe von 70 000,– €. Zur Sicherung der Darlehensrückzahlungsforderung wird an dem Grundstück des B eine Hypothek bestellt. Die Darlehensrückzahlungsforderung der Sparkasse gemäß § 488 richtet sich gegen S. Der Anspruch auf Duldung der Zwangsvollstreckung in das Grundbuch, den die Sparkasse aus der Hypothek hat, richtet sich gegen B.

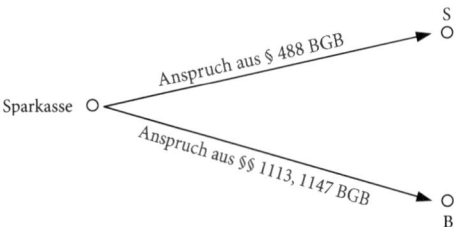

1052 Wenn der Gläubiger aus der persönlichen Forderung vorgehen will, muss er zunächst einen vollstreckbaren Titel erwirken. Aus diesem Titel kann er die Zwangsvollstreckung in das Vermögen des Schuldners betreiben. Diese Zwangsvollstreckung kann also auch das mit der Hypothek belastete Grundstück erfassen, wenn der Schuldner der persönlichen Forderung gleichzeitig auch der Eigentümer des belasteten Grundstücks ist. Der Nachteil des persönlichen Titels besteht jedoch darin, dass die persönliche Forderung erst nach den im Grundbuch eingetragenen Grundpfandrechten befriedigt wird (siehe dazu unten b) bb)).

Um diesen Nachteil zu vermeiden, geht der Gläubiger, der der Inhaber der Hypothek ist, in der Regel sofort aus dem Grundpfandrecht vor, d. h. er verwirklicht seinen Anspruch auf Duldung der Zwangsvollstreckung in das Grundstück, ohne die Durchsetzung seiner persönlichen Forderung zu versuchen.

1053 Die Verwertung erfolgt im Wege der Zwangsvollstreckung nach den Regeln, die im Zwangsversteigerungsgesetz (ZVG) enthalten sind.

Für die Zwangsvollstreckung müssen die allgemeinen Vollstreckungsvoraussetzungen vorliegen: Titel, Klausel, Zustellung.

In der Regel unterwirft sich der Eigentümer schon bei der Bestellung der Hypothek in notarieller Urkunde gemäß § 794 Ziff. 5 ZPO der sofortigen Zwangsvollstreckung. Der Gläubiger ist dann nicht gezwungen, den Schuldner zuerst bei Gericht zu verklagen. Er hat vielmehr bei Fälligkeit des Anspruchs bereits einen vollstreckbaren Titel in der Hand.

b) Die Verteidigung des Eigentümers gegen den Duldungsanspruch durch die Erhebung von Einreden

Falls der Gläubiger gegen den Eigentümer des Grundstücks aus seinem Anspruch aus der Hypothek auf Duldung der Zwangsvollstreckung in das Grundbuch vorgeht, kann sich der Eigentümer, der nicht gleichzeitig auch der Schuldner aus der persönlichen Forderung sein muss (vgl. oben 2 a), dagegen verteidigen, indem er   **1054**

– ihm zustehende Einreden **gegen die Hypothek** geltend macht oder
– gemäß § 1137 diejenigen Einreden erhebt, die dem persönlichen Schuldner gegen die (zu sichernde) Forderung zustehen.

Der aus der Hypothek in Anspruch genommene Eigentümer kann Einreden gegen den Duldungsanspruch aus der Hypothek selbst geltend machen, wie z. B. die Einrede der Stundung (§ 1157 geht von dem möglichen Vorhandensein derartiger Einreden aus und gewährt sie dem Eigentümer für den Fall der Übertragung der Hypothek auch dem neuen Gläubiger gegenüber).   **1055**

Der Eigentümer kann, wenn er aus der Hypothek in Anspruch genommen wird, dem Gläubiger gemäß § 1137 auch alle diejenigen **Einreden** und auch **Einwendungen** (= Umstände, kraft deren das Recht nicht oder nicht mehr besteht) entgegenhalten, die der Schuldner der persönlichen (und zu sichernden) Forderungen dem Gläubiger gegenüber erheben kann. Das ergibt sich schon aus der Akzessorietät der Hypothek. Zu den Einreden dieser Art zählen u. a. die der Stundung und die Leistungsverweigerungsrechte aus §§ 273 und 320. Nicht darunter fällt die Einrede der Verjährung (§ 216 Abs. 1).

c) Überblick über die Zwangsvollstreckung in das unbewegliche Vermögen und die Bedeutung des Ranges von Grundstücksrechten

aa) Der Rang an Grundstücksrechten: Entscheidend dafür, welcher Grad der Sicherung durch ein bestimmtes Pfandrecht erreicht wird, ist der dem Grundpfandrecht zukommende Rang. Denn bei der Verwertung des Grundstücks im Wege der Zwangsversteigerung bestimmt sich die Reihenfolge der Befriedigung der Gläubiger nach dem Rang ihres Grundpfandrechts. Die gesetzliche Regelung von Rangverhältnissen ist notwendig, weil an einem Grundstück mehrere Grundpfandrechte bestehen können.   **1056**

Durch den Rang des jeweiligen Rechts wird entschieden, ob und in welcher Höhe der einzelne Gläubiger im Zwangsvollstreckungsfall mit seiner Befriedigung rechnen kann.

Das Rangverhältnis der Grundstücksrechte wird durch § 879 bestimmt.

1057 **bb) Die Zwangsvollstreckung in das unbewegliche Vermögen:** Der Zwangsvollstreckung in das unbewegliche Vermögen unterliegen Grundstücke und grundstücksgleiche Rechte, wie z. B. das Erbbaurecht und das Wohnungseigentum. Auch bei der Zwangsvollstreckung in das unbewegliche Vermögen sind die allgemeinen Voraussetzungen für die Zwangsvollstreckung zu beachten. Aufgrund der Existenz von rangmäßig geordneten Grundstückspfandrechten unterscheidet sich jedoch die Verwertung der unbeweglichen von derjenigen der beweglichen Sachen.

Das Gesetz stellt dem Gläubiger zur Durchsetzung seines Zahlungsanspruchs zwei Verfahren zur Verfügung: die Zwangsversteigerung und die Zwangsverwaltung.

1058 Der Zweck der **Zwangsversteigerung** besteht darin, durch die Veräußerung des Grundstücks in der Zwangsversteigerung den Grundstückswert in Bargeld umzuwandeln, um damit die Befriedigung des Gläubigers zu bewirken.

Von der Zwangsversteigerung des Grundstücks werden alle wesentlichen Bestandteile des Grundstücks, wie z. B. die auf dem Grundstück errichteten Häuser, und bestimmte Gegenstände des Zubehörs erfasst.

Bei der Zwangsversteigerung gelten zwei wichtige Prinzipien:
a) das Deckungsprinzip und
b) das Übernahmeprinzip.

1059 Das **Deckungsprinzip** besagt, dass durch die Zwangsversteigerung vorrangige Grundstücksrechte nicht beeinträchtigt werden dürfen. Das bedeutet: Eine Veräußerung des Grundstücks in der Zwangsversteigerung wird nur zugelassen, wenn alle vorrangigen Rechtspositionen vom Gebot eines Ersteigerers erfasst und damit gedeckt werden. Dieses sogenannte **geringste Gebot** umfasst also alle Rechte, die dem Recht des die Zwangsversteigerung betreibenden Gläubigers im Range vorhergehen. Die in der Zwangsversteigerung geltende Reihenfolge wird durch § 10 ZVG geregelt und zwar folgendermaßen:
1. Die Erhaltungskosten,
1a. Die Kosten zur Feststellung der beweglichen Gegenstände im Insolvenzverfahren,
2. Die Löhne für die Weiterführung des Betriebes bei einem land- oder forstwirtschaftlichen Grundstück,
3. Die öffentlichen Grundstückslasten,
4. Die dinglichen Grundbuchrechte in der aus dem Grundbuch folgenden Reihenfolge, § 879 BGB,
5. Der Anspruch des die Zwangsvollstreckung betreibenden persönlichen Gläubigers.

1060 Der **Übernahmegrundsatz** besagt, dass die dem die Zwangsvollstreckung betreibenden Gläubiger vorhergehenden Rechte **nicht** erlöschen, der Erwerber vielmehr das Grundstück mit den im Grundbuch eingetragenen vorrangigen Belastungen übernimmt und daher nur einen um die Höhe des Wertes der Belastungen verminderten Kaufpreis zu bezahlen hat. Da also die vorrangigen Belastungen übernommen werden, wird in der Versteigerung ausdrücklich nur das sogenannte **Bargebot** genannt. Das ist das Gebot, das zumindest die Kosten der Ziffern 1–3 und die Verfahrenskosten der Zwangsversteigerung umfasst.

> **Beispiel:** Auf dem mit einem Mietshaus bebauten Grundstück des W lasten Grundpfandrechte in Höhe von je 20 000,– € in der Rangfolge für 1. V-Bank AG, 2. H, 3. S, 4. F. Der Fotohändler L hat aus Warenlieferungen gegen W einen in einem Titel festgestellten Anspruch auf 6000,– € und betreibt gegen W die Zwangsvollstreckung. Die Kosten der Zwangsvollstreckung betragen 1000,– €, die Erhaltungskosten und die öffentlichen Grundstückslasten 5000,– €.
>
> Das geringste Gebot, das in der Zwangsversteigerung aufgrund des Deckungsprinzips zugelassen wird, beträgt dann 80 000,– € + Verfahrenskosten 1000,– €) sowie die vorrangigen Rechte der obigen Ziffern 1–3 (5000,– €), also insgesamt 86 000,– €. Das in der Versteigerung genannte Bargebot muss also mindestens 6000,– € betragen. L wird für seine Forderung erst in dem Umfang befriedigt, in dem das Bargebot über 6000,– € hinausgeht. Betreibt jedoch der Gläubiger S aus seinem drittrangigen Grundpfandrecht die Zwangsversteigerung gegen W, so sind hier nur die Rechte der V-Bank AG und von H zu berücksichtigen. Das bedeutet, dass das geringste zugelassene Gebot 46 000,– € beträgt und das in der Versteigerung genannte Bargebot zumindest auf 6000,– € lautet. Wird bei der Versteigerung nur dieser Betrag von 6000,– € erzielt, erlöschen die Grundpfandrechte von S und F ersatzlos. Nach dem Untergang ihrer Sicherungsrechte verbleibt ihnen nur noch der nun nicht mehr gesicherte Anspruch gegen W. Sie müssen versuchen, ihre Forderungen an anderen Vermögensgegenständen des W durchzusetzen und zu befriedigen.

Die **Zwangsverwaltung** hat nicht die Befriedigung des Gläubigers durch die Veräußerung des Grundstücks in der Zwangsversteigerung zum Ziele; sie ist vielmehr auf die Befriedigung des Gläubigers aus den Erträgen des Grundstücks gerichtet. Vom Standpunkt des Gläubigers aus lohnt sich die Zwangsvollstreckung durch Zwangsverwaltung nur bei landwirtschaftlichen Betrieben und großen Mietshäusern, wenn es nicht um die Befriedigung einer hohen Kapitalforderung, sondern um die Eintreibung von laufenden kleineren Beträgen wie z. B. von Schuldzinsen oder Unterhaltsansprüchen geht. Der Gläubiger kann frei wählen, ob er die Zwangsversteigerung oder die Zwangsverwaltung betreiben will. **1061**

Durch die vom Amtsgericht angeordnete Zwangsverwaltung wird dem Schuldner die Verwaltung sowie die Nutzung des Grundstücks entzogen und an einen Verwalter übertragen, der auch der Schuldner selbst sein kann.

III. Die Grundschuld

1. Der Begriff der Grundschuld

Die **Grundschuld** ist wie die Hypothek ein Verwertungsrecht. Sie unterscheidet sich aber in wesentlichen Punkten von der Hypothek. Vergleicht man § 1113 Abs. 1 **1062** mit § 1191 Abs. 1, so fällt auf, dass der Satzbestandteil „zur Befriedigung wegen einer ihm zustehenden Forderung" in § 1191 Abs. 1 fehlt. Damit ist zugleich der wesentliche Unterschied zwischen Hypothek und Grundschuld markiert. Eine Grundschuld setzt für ihre Existenz **keine** zu sichernde Forderung voraus. Im Gegensatz zur Hypothek ist sie nicht akzessorisch.

Für die Grundschuld finden gemäß § 1192 überwiegend diejenigen Vorschriften Anwendung, die auch für die Hypothek gelten. Ausgenommen sind die Vorschriften, die gerade auf die Akzessorietät Bezug nehmen.

2. Die Bestellung der Grundschuld

1063 Die Bestellung einer Grundschuld setzt keine Forderung voraus. § 1163 Abs. 1 findet keine Anwendung. Gleichwohl wird sie, ihrer Natur als Sicherungsrecht entsprechend, in der Regel zur Sicherung einer Forderung bestellt.

Auch bei der Bestellung einer Grundschuld ist zu unterscheiden zwischen Briefgrundschuld einerseits und Buchgrundschuld andererseits.

Die **Briefgrundschuld** wird begründet durch die
– Einigung zwischen Sicherungsnehmer und Sicherungsgeber darüber, dass eine Grundschuld entstehen soll,
– Eintragung der Rechtsänderung in das Grundbuch und
– Aushändigung des Grundschuldbriefes.

Die **Buchgrundschuld** wird begründet durch
– Einigung und
– Eintragung in das Grundbuch.

3. Die Sicherungsgrundschuld

1064 Da die Grundschuld für ihre Existenz eine zu sichernde Forderung nicht voraussetzt, kann sie auch ohne Vorhandensein einer Forderung begründet werden. Weil sie ihrem Sinn und Zweck nach aber ein Sicherungsrecht ist, besteht für eine solche „isolierte" Bestellung kaum ein Bedürfnis.

Wenn also eine Grundschuld im Regelfall zur Sicherung einer Forderung bestellt wird, so besteht zwar nicht die Notwendigkeit, aber doch das Bedürfnis, den Inhaber der Grundschuld zu verpflichten, von der Grundschuld nur zum Zwecke der Sicherung seiner Forderung Gebrauch zu machen. Eine solche Bindung kann durch einen **schuldrechtlichen Vertrag** geschaffen werden, den man auch als **Sicherungsvertrag** bezeichnet.

Eine Grundschuld, bei der der Gläubiger durch einen **schuldrechtlichen Vertrag** (Sicherungsvertrag) verpflichtet ist, von der Grundschuld nur zum Zwecke der Sicherung seiner Forderung Gebrauch zu machen, nennt man **Sicherungsgrundschuld**.

Der Sicherungsvertrag hat die schuldrechtlichen Beziehungen zwischen dem Gläubiger und dem Eigentümer des Grundstücks im Hinblick auf die Grundschuld zum Gegenstand. Durch diesen Vertrag wird der Gläubiger üblicherweise u. a. verpflichtet, **1065**
- die Grundschuld nur dann zu verwerten, wenn die Forderung, zu deren Sicherung die Grundschuld bestellt ist, nicht erfüllt wird;
- dem Eigentümer die Grundschuld zurückzuübertragen, sobald die gesicherte Forderung erloschen ist.

Beispiel: Die Volksbank in R gewährt dem E ein Darlehen in Höhe von 100 000,– €. Zur Sicherung der Darlehensrückzahlungsforderung wird eine Grundschuld an dem Grundstück des E bestellt. Zwischen der Volksbank und E wird vereinbart, dass die Grundschuld nur der Sicherung der Darlehensrückzahlungsforderung dienen und die Volksbank nur berechtigt sein soll, die Grundschuld zu verwerten, wenn die gesicherte Forderung nicht erfüllt wird. An einem Schaubild dargestellt, bestehen zwischen der Volksbank und E folgende rechtliche Beziehungen:

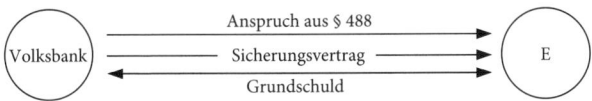

Fehlt es an einem wirksamen Sicherungsvertrag, so steht dem Eigentümer ein Anspruch aus ungerechtfertigter Bereicherung (§ 812 Abs. 1 S. 1, 1. Alt.) zu. Er kann dann vom Gläubiger wahlweise Verzicht, Aufhebung oder Rückübertragung der Grundschuld verlangen und diesem im Falle der Geltendmachung der Grundschuld diesen Anspruch einredeweise entgegenhalten.

4. Die Übertragung der Grundschuld

Bei der Übertragung wird einer der Hauptunterschiede zwischen Hypothek und Grundschuld deutlich. Da die Grundschuld nicht akzessorisch ist, können die Grundschuld und die Forderung, die mit der Grundschuld gesichert werden soll, getrennt abgetreten werden. **1066**

Das bedeutet: Der Gläubiger kann die Forderung an eine Person abtreten und die Grundschuld an eine andere übertragen. Dies kommt in der Praxis zwar selten vor, weil es gegen die üblichen Sicherungsverträge verstößt. Grundsätzlich ist eine Doppelabtretung jedoch möglich.

Dass die Grundschuld nicht akzessorisch ist, bedeutet aber auch: Wenn die gesicherte Forderung gemäß § 398 übertragen wird, geht die Grundschuld nicht gemäß § 401 automatisch mit über. Es bedarf vielmehr eines zusätzlichen Übertragungsaktes.

Bei der Übertragung einer Grundschuld ist zwischen Briefgrundschuld und Buchgrundschuld zu unterscheiden. **1067**

Die **Briefgrundschuld** wird gemäß §§ 1192, 1154 Abs. 1 und 2 übertragen durch die

- schriftliche Abtretung der Grundschuld (= Abtretung des Rechts). Die Abtretungserklärung muss schriftlich erfolgen, oder die Abtretung muss in das Grundbuch eingetragen werden;
- und die Übergabe des Grundschuldbriefes.

Zur Übertragung einer **Buchgrundschuld** ist nach §§ 1192, 1154 Abs. 3 erforderlich
- die Einigung
- und die Eintragung in das Grundbuch.

5. Die Verwertung der Grundschuld

1068 Die Verwertung der Grundschuld erfolgt wie die der Hypothek gemäß § 1147 (§ 1192) aus dem Grundstück und den Gegenständen, auf die sich die Grundschuld erstreckt, durch **Zwangsvollstreckung** (vgl. dazu oben Rdnr. 1056 ff.).

Die Zwangsvollstreckung setzt voraus, dass die Grundschuldsumme fällig ist. In der Regel wird vereinbart, dass sie fällig wird, wenn die durch die Grundschuld gesicherte Forderung fällig ist.

IV. Das Erlöschen der Grundpfandrechte und ihre Zuordnung

1. Überblick

1069 Hypothek und Grundschuld erlöschen unmittelbar nur durch rechtsgeschäftliche Aufhebung (§ 875 Abs. 1) sowie durch die Befriedigung des Gläubigers in der Zwangsvollstreckung (§ 1181 Abs. 1). Demgegenüber führen die Nichtentstehung oder der spätere Wegfall der gesicherten Forderung, etwa durch Rückzahlung der Darlehenssumme und der angefallenen Zinsen, nicht zum Erlöschen des Grundpfandrechts, sondern lediglich zu einer anderen rechtlichen Zuordnung.

Gelangt die durch ein Grundpfandrecht gesicherte Forderung nicht zur Entstehung oder erlischt sie später, etwa durch Befriedigung des Gläubigers, so hat dies für die Hypothek und die Grundschuld unterschiedliche Konsequenzen.

2. Die Zuordnung der Hypothek

1070 Wird eine Hypothek für eine Forderung bestellt, die nicht zur Entstehung gelangt, kann die Hypothek nicht demjenigen zustehen, der Gläubiger der Forderung hätte werden sollen. Andererseits soll die Hypothek nach dem Willen des Gesetzgebers auch nicht erlöschen. Vielmehr soll sie in einem solchen Falle dem Eigentümer zustehen (§ 1163 Abs. 1 S. 1). Allerdings kann die Hypothek wegen ihrer engen Anbindung an die Forderung (Akzessorietät) ohne eine solche nicht bestehen. Anders ist dies bei der Grundschuld; diese kann – weil nicht akzessorisch – auch ohne Forderung bestehen. Deshalb wandelt sich die Hypothek, für die keine Forderung besteht, automatisch in eine dem Eigentümer zustehende Grundschuld (= Eigentümergrundschuld) um (§ 1177 Abs. 1 S. 1).

Dasselbe gilt grundsätzlich auch dann, wenn der Eigentümer des belasteten Grundstücks, der zugleich Schuldner der gesicherten Forderung ist, diese zum Erlöschen bringt. Der Sicherungszweck entfällt; deshalb kann die Hypothek nicht mehr dem ehemaligen Gläubiger zustehen. Es entsteht eine Eigentümergrundschuld.

Beispiel: Die Sparkasse W hat dem S ein Darlehen in Höhe von 50 000,– € gewährt. Zur Sicherung der Darlehensrückzahlungsforderung ist an dem Grundstück des S eine Hypothek für die Sparkasse W bestellt worden. Nachdem S die Darlehenssumme zurückgezahlt und auch die Zinsen beglichen hat, ist die Forderung, die mit der Hypothek gesichert werden soll, erloschen. Ohne Forderung kann die Hypothek nicht bestehen. Sie wandelt sich mit Erlöschen der Forderung in eine dem S zustehende Grundschuld (= Eigentümergrundschuld) um.

Die Eigentümergrundschuld, die aus einer Hypothek entsteht, für die keine Forderung mehr existiert, kann für den Eigentümer eine wertvolle Position darstellen, wenn mehr als nur ein Grundpfandrecht an dem Grundstück besteht. Der Eigentümer kann die ihm zustehende Grundschuld, die ihren bisherigen Rang behält, durch Übertragung an einen Darlehensgeber erneut als Sicherheit verwenden. Wenn er von dieser Möglichkeit keinen Gebrauch macht, hat der Eigentümer bei einer in sein Grundstück betriebenen Zwangsvollstreckung die Rangstelle inne, die die Eigentümergrundschuld einnimmt. **1071**

Beispiel: S ist Eigentümer eines Fabrikgrundstücks. Drei Banken haben ihm je ein Darlehen gewährt. Die Darlehen sind durch Hypotheken gesichert.

Das Grundstück ist wie folgt belastet:

An erster Stelle (Rang 1) mit einer Hypothek in Höhe von 70 000,– € für die X-Bank, an zweiter Stelle (Rang 2) mit einer Hypothek in Höhe von 30 000,– € für die Sparkasse W, an dritter Stelle (Rang 3) mit einer Hypothek in Höhe von 50 000,– € für die Volksbank W. Nachdem S der Sparkasse W das Darlehen zurückgezahlt und die Zinsen beglichen hat, ist die Forderung (= Darlehensrückzahlungsforderung), die mit der 2. Hypothek gesichert werden sollte, erloschen. Die zweite Hypothek kann ohne die Forderung nicht weiterbestehen. Sie wandelt sich in eine dem S zustehende Eigentümergrundschuld um. Diese Eigentümergrundschuld nimmt den zweiten Rang ein. Wenn ein Gläubiger des S die Zwangsvollstreckung in das Grundstück betreibt und der Erlös 120 000,– € beträgt, wird dieser Betrag wie folgt verteilt: Die X-Bank (Rang 1) erhält 70 000,– €, der Eigentümer S (Rang 2 mit der Eigentümergrundschuld) bekommt 30 000,– €, die Volksbank W erhält den Rest, 20 000,– €. Allerdings können nun die Gläubiger – wenn die Voraussetzungen vorliegen – die Zwangsvollstreckung in den Erlös, den S erhalten hat, betreiben.

Wenn der Eigentümer des Grundstücks, der nicht zugleich der persönliche Schuldner ist, den Gläubiger befriedigt, so geht die Forderung gegen den Schuldner kraft

Gesetzes auf ihn über (§ 1143 Abs. 1 S. 1). Der Forderung folgt gemäß § 1153 Abs. 1 die Hypothek. Da die Forderung weiter existiert, entsteht eine Eigentümerhypothek.

3. Die Zuordnung der Grundschuld

1072 a) Gelangt die zu sichernde Forderung nicht zur Entstehung, so ist die Grundschuld gleichwohl wirksam bestellt. Verwirklicht der Grundstückseigentümer seinen schuldrechtlichen Anspruch auf die Rückübertragung der Grundschuld (aus dem Sicherungsvertrag oder aus § 812), so entsteht eine Eigentümergrundschuld.

b) Wird der Gläubiger befriedigt, das gesicherte Darlehen also getilgt, so entfällt der Sicherungszweck der Grundschuld. Die Rechtsfolgen unterscheiden sich danach, ob auf die Grundschuld oder auf die persönliche Forderung geleistet wird.

Zahlt der Eigentümer des Grundstücks, der zugleich Schuldner der Forderung ist, **auf die Forderung** und erlischt diese, so entsteht nicht automatisch eine Eigentümergrundschuld. § 1163 Abs. 1 S. 2 ist nicht anwendbar. Der Eigentümer hat aber gegen den Gläubiger einen schuldrechtlichen Anspruch auf Rückgewähr der Grundschuld[2].

V. Die Tilgungshypothek

1073 Die Hypothek kann nach Zeitablauf oder nach einer Kündigung ganz, d. h. in voller Höhe fällig werden. Man spricht dann von Fälligkeits- oder Kündigungshypothek. Meist wird der Schuldner jedoch, angepasst an seine wirtschaftlichen Möglichkeiten, daran interessiert sein, durch wiederkehrende Teilleistungen auf die Hypothekensumme die Hypothek zu tilgen. Wenn der Schuldner, der zugleich der Eigentümer des mit der Hypothek belasteten Grundstücks ist, jährlich einen Teilbetrag der Hypothekensumme und die Zinsen – meist durch eine gleichbleibende Jahresleistung – an den Gläubiger zahlt, spricht man von einer **Tilgungshypothek**.

> **Beispiel:** K hat von der Sparkasse in W ein Hypothekendarlehen in Höhe von 100 000,– € erhalten. Es wird vereinbart, dass K jährlich 8,5 % Zinsen zahlen soll. Insgesamt sollen jährlich 10 000,– € zu zahlen sein. Das sind im ersten Jahr 8500,– € (= 8,5 %) Zinsen und 1500,– € (= 1,5 %) Tilgung. Im zweiten Jahr setzt sich der Betrag von 10 000,– €, den K an die Sparkasse zahlen muss, wie folgt zusammen: 8,5 % Zinsen von 98 500,– € = 8372,50 € und 1627,50 € Tilgung.

1074 Der jährlich aufzubringende Zinsbetrag für das Restkapital wird durch die Tilgung immer geringer. Soll der an den Darlehensgeber jährlich zu zahlende Betrag konstant bleiben, wird der Tilgungsbetrag von Jahr zu Jahr größer.

Soweit der Schuldner, der zugleich der Eigentümer ist, die Schuld bereits getilgt hat, ist die durch die Hypothek gesicherte Forderung erloschen. Deshalb kann dem Gläubiger in dieser Höhe auch keine Hypothek mehr zustehen. In derselben Höhe, in der die Schuld abgetragen wird, entsteht eine Grundschuld für den Eigentümer (= Eigentümergrundschuld), weil eine Grundschuld auch ohne zu sichernde Forderung bestehen kann.

Beispiel im Anschluss an das vorhergehende **Beispiel:** Wenn K das Hypothekendarlehen in Höhe von 40 000,– € getilgt hat, besteht eine Hypothek lediglich noch in Höhe von 60 000,– €. In Höhe von 40 000,– € ist eine Eigentümergrundschuld entstanden. Das Grundbuch ist unrichtig, soweit es die Hypothek in Höhe von 100 000,– € ausweist.

VI. Die Vorteile der Grundschuld

Wegen der Unabhängigkeit der Grundschuld von der zu sichernden Forderung ist die Grundschuld das bevorzugte Grundpfandrecht, wenn etwa im Rahmen einer laufenden Geschäftsverbindung auch zukünftige, kurz- oder mittelfristige Kredite gesichert werden sollen, deren Höhe und Rückzahlungsmodalitäten nicht starr festgesetzt sein sollen. Denn eine Hypothek kann gemäß § 1113 Abs. 1 grundsätzlich nur zur Sicherung einer bestimmten Geldforderung mit feststehender Höhe bestellt werden. Eine hypothekarische Sicherung ist demnach ausgeschlossen, wenn die Höhe der Forderung noch nicht feststeht. Zwar erlaubt § 1113 Abs. 2 die Bestellung einer Hypothek auch für zukünftige Forderungen; jedoch müssen deren Grund und Betrag bereits bestimmt sein. Für die Grundschuld gilt das nicht.

1075

Beispiel: B betreibt ein Baugeschäft. Er ist Eigentümer eines Grundstücks, das einen gegenwärtigen Verkaufswert von 1 200 000,– € hat. Zugunsten der Sparkasse in W wird eine Grundschuld in Höhe von 600 000,– € bestellt. B und die Sparkasse vereinbaren in dem der Grundschuldbestellung zugrunde liegenden Sicherungsvertrag u. a. Folgendes: „Gesichert werden durch die Grundschuld alle bestehenden und künftigen Forderungen der Sparkasse gegen den Bauunternehmer B aus der gesamten Geschäftsverbindung." Im Januar 2001 erhält B das 1. Darlehen in Höhe von 300 000,– €. Im März 2001 benötigt er weitere 150 000,– € zur Anschaffung von Maschinen. Er erhält das 2. Darlehen (150 000,– €). Im Juni 2001 ist B nicht sehr liquide und benötigt 50 000,– €, um die Löhne zahlen zu können (3. Darlehen). In den Monaten August, September, Oktober 2001 hat B hohe Einkünfte. Er zahlt das zweite und dritte Darlehen im Einvernehmen mit der Sparkasse vollständig zurück. Im Dezember 2001 benötigt B dringend 200 000,– €, um seinen Verpflichtungen nachkommen zu können. Die Sparkasse gewährt B ein weiteres Darlehen in Höhe von 200 000,– € (4. Darlehen). Auch dieses Darlehen wird durch die Grundschuld gesichert.

Für sämtliche Darlehen, die die Sparkasse dem B nacheinander gewährt hat, ist nur eine Grundschuld bestellt worden, ohne dass es irgendwelcher Änderungen im Grundbuch oder im Grundschuldbrief bedurft hätte.

Ein so flexibles und zugleich zweckmäßiges Sicherungsverfahren wäre bei der Hypothek wegen der Akzessorietät nicht möglich. Das Beispiel zeigt, warum sich die Grundschuld als das bevorzugte Sicherungsmittel in der Praxis durchgesetzt hat.

Die Hypothek wird überwiegend zur Sicherung langfristiger Kredite genutzt. Meist handelt es sich dabei um Darlehen, die gewährt werden, um den Bau von Gebäuden zu ermöglichen oder zu erleichtern.

Beispiel: Der Angestellte A lässt ein Eigenheim bauen. Er benötigt dazu insgesamt 300 000,– €. Er hat 140 000,– € bar. In Höhe des Restes (160 000,– €) benötigt er ein Darlehen. Dieses Darlehen wird zweckmäßigerweise durch eine Tilgungshypothek gesichert.

Die Anfertigung eines juristischen Gutachtens

Kurze Anleitung zur Falllösung

I. Einleitung

Juristische Kenntnisse bleiben für denjenigen, der sie erworben hat, ohne großen Wert, wenn er nicht weiß, auf welche Art und Weise er sie auf Lebenssachverhalte anwenden kann. Die Anwendung des Rechts auf einen Lebenssachverhalt mit dem Ziel, eine Entscheidung zu fällen, wird etwas vereinfachend als das „Lösen von Fällen" bzw. „Fallbearbeitung" bezeichnet.

Für den Bearbeiter eines Falles ist es grundsätzlich unumgänglich, sich eines bestimmten Aufbaus zu bedienen. Damit soll erreicht werden, dass die Anwendbarkeit rechtlicher Regeln so sorgfältig geprüft wird, dass sich für den Leser zum Schluss zwingend die Beantwortung der dem Gutachten zugrunde liegenden Frage ergibt. Diese stufenweise Entwicklung von der anspruchsbegründenden Norm zum Ergebnis ist das wesentliche Kennzeichen des **Gutachtenstils**.

Der **Gutachtenstil** ist keine Formalie, sondern eine **Methode**, die den Bearbeiter zu systematischem Denken zwingt. Ohne Anwendung dieser Methode ist die Lösung eines Falles unter Berücksichtigung aller wesentlichen Gesichtspunkte kaum möglich.

Im Gegensatz zum Gutachtenstil wird beim **Urteilstil**, mit dem der Richter seine Urteilsgründe abzufassen hat, die Rechtsfolge – das Ergebnis einer zuvor vorgenommenen Prüfung – vorangestellt; danach folgt die Begründung. Dieser Stil ergibt sich aus der Aufgabe des Richters, eine zuvor verkündete Entscheidung zu begründen.

Sie können sich den Gutachtenstil nur einprägen, indem Sie ihn ständig üben. Fassen Sie also das Lösen von Selbsttestaufgaben als Möglichkeit der Übung auf. Wenn Sie – was empfehlenswert ist – die Musterlösungen in diesem Buch unter dem Aspekt des Aufbaus durcharbeiten wollen, fertigen Sie sich am besten dazu eine Gliederung in Stichpunkten an, anhand derer Sie sich die einzelnen Lösungsschritte klarmachen können.

Was den **Sachverhalt** angeht, so gehen Sie bitte davon aus, dass er **vollständig und richtig** ist. Das bedeutet, Sie haben es mit einem feststehenden Sachverhalt zu tun. Sie müssen sich also keine Gedanken darüber machen, wer was zu beweisen hat. Es ist schon alles bewiesen.

II. Vorüberlegungen vor der Niederschrift des Gutachtens. Fallfrage, Ansprüche und Anspruchsgrundlage

1. Der Ausgangspunkt Ihrer vor der Niederschrift des Gutachtens anzustellenden Überlegungen ist die sogenannte **Fallfrage,** die Sie am Ende eines vorgegebenen Lebenssachverhalts, den Sie rechtlich würdigen sollen, finden. Mit der Fallfrage macht Ihnen der Aufgabensteller klar, welche Probleme gelöst und welche Fragen beantwortet werden sollen.

Beispiel: Die Fallfrage lautet: „Kann V Bezahlung der von ihm gelieferten Waren von K verlangen?" In diesem Fall ist nur der Anspruch zu prüfen (gestützt auf eine oder mehrere Anspruchsgrundlagen), der dem V möglicherweise die von ihm verlangte Bezahlung gewährt. Herausgabeansprüche in Bezug auf die Waren bleiben außer Betracht.

Beispiel: Die Fallfrage lautet: „Wie ist die Rechtslage?" Mit dieser Frage wird das Ziel des Gutachtens in keiner Weise eingeengt. Es sind alle sinnvollerweise in Betracht kommenden Ansprüche, die die im Lebenssachverhalt auftretenden Personen gegeneinander haben können, zu prüfen. Wenn im Sachverhalt von den Personen A, B und C die Rede ist, erörtern Sie also:
– Ansprüche A gegen B,
– Ansprüche A gegen C,
– Ansprüche B gegen A,
– Ansprüche B gegen C,
– Ansprüche C gegen A,
– Ansprüche C gegen B.

Wenn Ihnen klar geworden ist, worauf die Fallfrage abzielt, wissen Sie, welche **Ansprüche** der einzelnen Personen gegeneinander geprüft werden müssen.

2. Zunächst müssen Sie die **Anspruchsgrundlage(n) finden,** aufgrund derer der zu prüfende Anspruch realisiert werden kann.

Das Tun oder das Unterlassen, das der Anspruchsteller konkret vom Anspruchsgegner verlangt, muss sich aus der gesuchten Rechtsnorm abstrakt (oder aus einer konkreten vertraglichen Vereinbarung) ergeben. Nur wenn das der Fall ist, handelt es sich um eine Anspruchsgrundlage.

Beispiel: S bestellt bei dem Versandhandelshaus V per E-Mail 5 CDs. Nachdem er sie benutzt hat, kommt er zu dem Ergebnis, sie entsprächen nicht seinem Geschmack. Er meint, die CD deshalb nicht bezahlen zu müssen. Wird nach „dem Anspruch des V gegen S" gefragt (Fallfrage), stellen Sie fest, dass es sich nur um einen Kaufpreisanspruch handeln kann. Anschließend müssen Sie die Rechtsnorm suchen, aus der Sie diesen Anspruch herleiten können. Das ist hier der Kaufpreisanspruch aus § 433 Abs. 2.

Sie lernen bei der Durcharbeitung des Buches viele Anspruchsgrundlagen kennen, die Sie sich als solche merken sollten, denn mit der Beherrschung der typischen

Anspruchsgrundlagen wächst Ihre Sicherheit, bei einer Fallbearbeitung die in Betracht kommenden Ansprüche erschöpfend geprüft und nichts übersehen zu haben.

Beispiele für weitere Anspruchsgrundlagen:
- § 179 Abs. 1 normiert einen Anspruch gegen den Vertreter ohne Vertretungsmacht;
- §§ 823 Abs. 1, 823 Abs. 2, 824, 826 stellen jeweils selbständige Anspruchsgrundlagen – bei verschiedenen unerlaubten Handlungen – dar;
- gemäß § 985 kann der Eigentümer vom Besitzer die Herausgabe einer Sache verlangen.

Von den Rechtsnormen, aus denen sich ein Anspruch herleiten lässt, sind diejenigen gesetzlichen Vorschriften zu unterscheiden, die etwas regeln, **ohne** einen Anspruch zu gewähren. Diese Vorschriften dürfen nicht als Anspruchsgrundlagen zitiert werden.

Beispiel: § 164 regelt u. a., welche Rechtsfolgen eintreten, wenn ein Stellvertreter für den Vertretenen handelt und unter welchen Voraussetzungen von einer wirksamen Stellvertretung ausgegangen werden kann. Die Norm sagt also etwas darüber aus, wie ein Vertrag unter Mitwirkung eines Dritten, hier des Stellvertreters, zustande kommt; sie stellt selbst keine Anspruchsgrundlage dar.

3. Das schriftliche Gutachten, das Sie anzufertigen haben, müssen Sie **stets mit einer Anspruchsgrundlage beginnen;** sie ist notwendiger Bestandteil des voran zu stellenden Obersatzes.

Es kann zweckmäßig sein, sich noch vor der Niederschrift des Gutachtens in Form einer kurzen, stichwortartigen Gliederung auf Konzeptpapier klar zu machen, welche Probleme bei der Fassung des konkreten Lebenssachverhalts unter die abstrakte Anspruchsnorm entstehen könnten.

Fall 1: *Antiquar V versendet an eine Reihe von Kunden ein Schreiben, in dem er u. a. das aus 20 Bänden bestehende Lexikon L zum Preise von € 450 anpreist. In diesem Schreiben heißt es: „Falls Sie eines der angegebenen Werke erwerben möchten, bitte ich um eine verbindliche Bestellung".*

K, der dieses Schreiben erhalten hat, schickt dem V ein Fax, in dem er mitteilt, er wolle das Lexikon L erwerben. V schickt dem K das Lexikon zu und stellt die 450,– € in Rechnung. K stellt die Bücher in ein Regal und schreibt an V, das Lexikon sei ihm zu teuer, er könne und wolle nur 300,– € zahlen; mehr sei es übrigens auch nicht wert.

V fragt an, ob er gegen K einen Anspruch auf Zahlung des Kaufpreises in Höhe von 450,– € erworben hat?

Vorüberlegungen: Gefragt ist, ob V von K den vollen Kaufpreis verlangen kann. Als Anspruchsgrundlage kommt § 433 Abs. 2 in Betracht. Ein Anspruch aus § 433 Abs. 2 setzt voraus, dass ein Kaufvertrag zustande gekommen ist. Sie werden nun schnell feststellen, dass hier das Problem darin besteht, ob durch die Abgabe von zwei übereinstimmenden Willenserklärungen – Angebot und Annahme – wirksam ein Kaufvertrag abgeschlossen worden ist.

III. Das Gutachten

Bezogen auf jeweils **eine** Anspruchsgrundlage vollzieht sich die Bearbeitung einer juristischen Fragestellung in folgenden Stufen:

1. Auf der ersten Stufe steht der Obersatz mit der Anspruchsgrundlage

Wenn der gesetzliche Tatbestand für die Anspruchsgrundlage A verwirklicht ist, gilt die konkrete Rechtsfolge R.

Zu **Fall 1** bedeutet dies:

„V könnte gegen K gemäß § 433 Abs. 2 (A) einen Anspruch auf Zahlung des Kaufpreises in Höhe von € 450 erworben haben."(R)

2. Auf der zweiten Stufe werden die Voraussetzungen der Anspruchsgrundlage A wiedergegeben

Beispiel für verschiedene Formulierungen im Gutachten bei diesen beiden Stufen, bezogen auf **Fall 1**:

„V könnte gegen K einen Anspruch aus § 433 Abs. 2 auf Zahlung des Kaufpreises in Höhe von 450,– € haben, wenn zwischen ihm und K wirksam ein Kaufvertrag zustande gekommen ist."

oder

„Ein Anspruch des V gegen K auf Zahlung des Kaufpreises in Höhe von 450,– € könnte sich aus § 433 Abs. 2 ergeben. Voraussetzung dafür ist, dass zwischen den Parteien ein Kaufvertrag zustande gekommen ist."

3. Auf der dritten Stufe wird der konkrete Sachverhalt unter die einzelnen Tatbestandsmerkmale T₁, T₂ .etc. der Anspruchsgrundlage gefasst, d. h. subsumiert

Die **Subsumtion** ist also die Prüfung, ob die abstrakten Tatbestandsmerkmale einer gesetzlichen Vorschrift, der Anspruchsgrundlage, in dem konkreten Sachverhalt verwirklicht sind.

Dadurch, dass auf der zweiten Stufe die Voraussetzungen der Anspruchsgrundlage wiedergegeben werden, wird Ihnen und dem Leser Ihres Gutachtens aufgezeigt, unter welche Tatbestandsmerkmale der Lebenssachverhalt zu fassen ist, damit die Rechtsfolge R eintritt.

Tatbestandsmerkmale, bei denen es klar auf der Hand liegt, dass sie durch den Lebenssachverhalt ausgefüllt werden, bedürfen keiner näheren Erläuterung. Es wird eine diesbezügliche Feststellung in einem Satz getroffen. Das ist die einfachste Art der Subsumtion.

> **Beispiel:** Wenn K von V einen gebrauchten Spielautomaten kauft, der nicht funktioniert, so ist bei der Erörterung der Rechtslage nicht ausführlich der Begriff „Sache" (erwähnt z. B. in §§ 434, 437, 433) anhand von § 90 zu prüfen; es ist selbstverständlich, dass ein Spielautomat eine Sache ist.

Bei allen anderen – nicht ohne Weiteres bestimmbaren – Rechtsbegriffen erfolgt die Erläuterung jedes wichtigen Tatbestandsmerkmals so weit, bis entschieden werden kann, ob der Sachverhalt das Tatbestandsmerkmal ausfüllt, ob er also subsumierbar ist.

> **Beispiel:** Ein Kaufvertrag kann ohne Bedenken als geschlossen vorausgesetzt werden, wenn der Sachverhalt z. B. lautet: „K kaufte bei V einen Spielautomaten …" oder „die Parteien schlossen am … einen Vertrag über die Lieferung eines Spielautomaten, in dem es u. a. heißt …"

Die logische Reihenfolge, die bei der Erläuterung der Tatbestandsmerkmale einzuhalten ist, ergibt sich aus dem jeweiligen Einzelfall.

> **Beispiel:** Ist zweifelhaft, ob ein Kaufvertrag durch die Abgabe der entsprechenden Willenserklärungen Angebot und Annahme zustande gekommen ist, muss der Begriff „Angebot" vor dem Begriff „Annahme" geprüft werden, denn wenn kein Angebot vorliegt (z. B. bei der Einladung zur Abgabe eines Angebotes), kann logischerweise durch die vermeintliche „Annahme" kein Vertrag zustande kommen.

Stellt man auf den in **Fall 1** geschilderten Sachverhalt ab, so ist zu prüfen, ob und auf welche Art und Weise ein Kaufvertrag geschlossen worden ist. Es ist deshalb zunächst zu definieren, wie ein Vertrag zustande kommt. Das geschieht durch den Satz:

> „Ein Kaufvertrag (=T) kommt zustande durch Angebot (= T_1) und Annahme (= T_2)."

Damit die weitere Subsumtion erfolgen kann, müssen nun die Bedeutung der Begriffe „Angebot" (= T_1) und „Annahme" (= T_2) erklärt werden.

An diesem Beispiel erkennt man, dass aufgrund der zunächst erfolgten Erläuterung des Vertragsschlusses weitere erklärungsbedürftige Rechtsbegriffe auftauchen können, hier „Angebot" und „Annahme". Diese Begriffe bedürfen dann ihrerseits wieder einer Erläuterung mit dem Ziel, die Subsumtion zu ermöglichen.

Für die Fortsetzung der Lösung zu **Fall 1** bedeutet das:

> „Das Angebot ist eine Willenserklärung, mit der sich jemand, der einen Vertrag abschließen möchte, an einen anderen wendet und die zukünftigen Vertragsbedingungen so vollständig zusammenfasst, dass der andere, ohne inhaltliche Änderungen vorzunehmen, durch ein bloßes Ja, d. h. die Annahmeerklärung, den Vertrag entstehen lassen kann. Hinzukommen muss, dass der Antragende sich mit seiner Erklärung rechtlich binden will, d. h. sich daran halten lassen will." (= T_1)

Zum Aufbau: Beachten Sie, dass hiernach noch nicht die Definition des Begriffes „Annahme" (= T_2) folgt, sondern zunächst zu prüfen ist, ob der Sachverhalt sich unter die Definition des Begriffes „Angebot" (= T_1) fassen lässt, da andernfalls die Prüfung schon hier abgebrochen werden könnte.

Fortsetzung zu **Fall 1:**

> „Indem V das bezeichnete Schreiben an K sandte, könnte er ihm ein bindendes Angebot unterbreitet haben. Das setzt voraus, dass der wesentliche Inhalt des angestrebten Vertrages in einer Weise zusammengefasst wird, dass der andere, hier K, durch ein bloßes Ja als Annahmeerklärung den Vertrag entstehen lassen kann. In dem Schreiben ist nicht nur das Lexikon, sondern es sind auch noch andere Bücher genannt, die nicht Vertragsgegenstand werden sollen. Wesentlich ist vor allem, dass V zum Ausdruck bringt, dass er sich mit dieser Erklärung noch nicht binden will, ihm also der Rechtsfolgewille fehlt. Das kommt jedenfalls durch den Satz „Falls Sie eines der angegebenen Werke erwerben möchten, bitte ich um eine verbindliche Bestellung" zum Ausdruck. Also hat V gegenüber K kein bindendes Angebot abgegeben. Es handelt sich lediglich um eine Einladung an die Kunden, ihrerseits verbindliche Angebote zum Vertragsschluss an V zu richten.
>
> Als K dem V das Bestellschreiben faxte, könnte er ein an V gerichtetes Angebot abgegeben haben. Dieses Schreiben enthält alle wesentlichen Bestandteile des Vertrages, der geschlossen werden soll. K wollte den Vertragsschluss. Er hatte also den Willen, sich rechtlich zu binden. Infolgedessen liegt ein Angebot des K an V vor." (= T_1)

Steht nach der ersten Subsumtion fest, dass das Tatbestandsmerkmal T_1 insoweit den Lebenssachverhalt umfasst, wenden Sie sich der nächsten Definition zu; daran schließt sich wiederum – wenn möglich – die Subsumtion an.

Fortsetzung zu **Fall 1:**

> „Die Annahme ist die Erklärung, mit der sich derjenige, an den das Angebot gerichtet ist, mit dem Inhalt des Angebots einverstanden erklärt und damit den angestrebten Vertrag entstehen lässt. (= T_2) Indem V dem K die Bücher mit Rechnung zusandte, gab er, jedenfalls durch schlüssiges Verhalten, eine Annahmeerklärung ab. Damit war der Kaufvertrag zustande gekommen." (= T_2)

Hier könnte nun noch fraglich sein, welche Bedeutung der Erklärung des K zukommt, er könne und wolle den vollen Kaufpreis nicht zahlen; schließlich sei das Buch den Preis nicht wert.

> „Da der Vertrag geschlossen wurde, kann er nur unter bestimmten Voraussetzungen einseitig wieder gelöst oder verändert werden. K hat sich weder auf einen Mangel, noch auf einen Anfechtungsgrund berufen. Seine Erklärung ist deshalb für den Bestand und den Inhalt des Vertrages unerheblich."

4. Die 4. Stufe. Das Ergebnis der Subsumtion

Auf der vierten Stufe werden die Ergebnisse der Subsumtionen zusammengefasst und daraus der formale Schluss gezogen, der die Rechtsfolge R (das Ergebnis Ihrer Prüfung zur Anspruchsgrundlage A) darstellt

Das bedeutet für **Fall (1):**

> „Zwischen V und K ist ein Kaufvertrag zustande gekommen. Daher hat V gegen K aus § 433 Abs. 2 einen Anspruch auf Zahlung des Kaufpreises in Höhe von 450,– € (= R).“

5. Die Endfassung

Wenn Sie die Endfassung des Gutachtens ins Reine schreiben, führen Sie bitte nicht die einzelnen Prüfungsstufen ausdrücklich auf. Eine Zusammenfassung des Gutachtens würde also folgendermaßen aussehen:

> „V könnte gegen K gemäß § 433 Abs. 2 einen Anspruch auf Zahlung des Kaufpreises in Höhe von 450,– € erworben haben.

Das setzt voraus dass zwischen V und K wirksam ein Kaufvertrag zustande gekommen ist. Ein Kaufvertrag kommt zustande durch Angebot und Annahme.

Das Angebot ist eine Willenserklärung, mit der sich jemand, der einen Vertrag abschließen möchte, an einen anderen wendet und die zukünftigen Vertragsbedingungen so vollständig zusammenfasst, dass der andere, ohne inhaltliche Änderungen vorzunehmen, durch ein bloßes Ja, d. h. die Annahmeerklärung, den Vertrag entstehen lassen kann. Hinzukommen muss, dass der Antragende sich mit seiner Erklärung rechtlich binden will, d. h. sich daran halten lassen will. Indem V das bezeichnete Schreiben an K sandte, könnte er ihm ein bindendes Angebot unterbreitet haben. Das setzt voraus, dass der wesentliche Inhalt des angestrebten Vertrages in einer Weise zusammengefasst wird, dass der andere, hier K, durch ein bloßes Ja als Annahmeerklärung den Vertrag entstehen lassen kann. In dem Schreiben ist nicht nur das Lexikon, sondern es sind auch noch andere Bücher genannt, die nicht Vertragsgegenstand werden sollen. Wesentlich ist aber, dass V zum Ausdruck bringt, dass er sich mit dieser Erklärung noch nicht binden will, ihm also der Rechtsfolgewille fehlt. Das kommt jedenfalls durch den Satz „Falls Sie eines der angegebenen Werke erwerben möchten, bitte ich um eine verbindliche Bestellung“ zum Ausdruck. Also hat V gegenüber K kein bindendes Angebot abgegeben. Es handelt sich lediglich um eine Einladung an die Kunden, ihrerseits verbindliche Angebote zum Vertragsschluss an V zu richten.

Als K dem V das Bestellschreiben faxte, könnte er ein an V gerichtetes Angebot abgegeben haben. Dieses Schreiben enthält alle wesentlichen Bestandteile des Vertrages, der geschlossen werden soll. K wollte den Vertragsschluss. Er hatte also den Willen, sich rechtlich zu binden. Infolgedessen liegt ein Angebot des K an V vor.

Die Annahme ist die Erklärung, mit der sich derjenige, an den das Angebot gerichtet ist, mit dem Inhalt des Angebots einverstanden erklärt und damit den angestrebten Vertrag entstehen lässt. Indem V dem K die Bücher mit Rechnung zusandte, gab er jedenfalls durch schlüssiges Verhalten eine Annahmeerklärung ab.

Damit war der Kaufvertrag zustande gekommen. Da der Vertrag geschlossen wurde, kann er nur unter bestimmten Voraussetzungen einseitig wieder gelöst oder verändert werden. K hat sich weder auf einen Mangel, noch auf einen Anfechtungsgrund berufen. Seine Erklärung ist deshalb für den Bestand und den Inhalt des Vertrages unerheblich.

Zwischen V und K ist ein Kaufvertrag zustande gekommen. Daher hat V gegen K aus § 433 Abs. 2 einen Anspruch auf Zahlung des Kaufpreises in Höhe von 450,– €."

IV. Erweiterte Übung an einem Fall mit 2 in Betracht kommenden Anspruchsgrundlagen

1. Regel und Vorüberlegung

Bei diesem Fall geht es um 2 Anspruchsgrundlagen. Die **Regel** lautet:

Wenn mehrere Anspruchgrundlagen in Betracht kommen und geprüft werden müssen, so geschieht das nacheinander. Es ist zunächst die 1. Anspruchsgrundlage vollständig durchzuprüfen. Erst danach wird die 2. erörtert.

Fall 2: A kauft bei U Passfedern für den Einbau in Motoren, die einen Härtegrad von 50 Rc aufweisen müssen. Im Kaufvertrag sichert U zu, dass die Passfedern diesen Härtegrad haben und zum Einbau in die Motoren geeignet sind. U liefert die Federn und A zahlt den Kaufpreis. Nachdem A die Federn in etliche Motoren eingebaut hat, fallen diese nach Ingebrauchnahme schwer beschädigt und nicht reparierbar aus. Es stellt sich heraus, dass U aus Versehen Passfedern geliefert hatte, die einen viel zu geringen Härtegrad aufwiesen. Der Schaden an den Motoren beträgt 12 300,– €.

Was kann A von U verlangen?

Bei den **Vorüberlegungen** ist von der Fallfrage „Was kann A von U verlangen?" auszugehen. Hier ist nicht nur die gekaufte Sache mangelhaft; darüber hinaus ist durch die Verwendung der mangelhaften Kaufsache an anderen Rechtsgütern des A ein Schaden entstanden, dessen Ersatz gefordert wird.

Wenn danach gefragt ist, was A von U verlangen kann, so ist zu unterscheiden:
– welche Ansprüche hat A gegen U, weil die gekaufte Sache mangelhaft ist?
– und was kann A von U gegebenenfalls verlangen, weil ihm an den Motoren, in welche die Federn eingebaut worden sind, ein Schaden in Höhe von 12 300,– € entstanden ist?

Es geht also um zwei von einander zu unterscheidende und deshalb getrennt zu prüfende Ansprüche, für die nun nach **Anspruchsgrundlagen** zu suchen ist.

Der **1. Anspruch** betrifft die mangelhafte Leistung an sich. Als Anspruchsgrundlage kommt ein Anspruch aus §§ 437, 434 Abs. 1, 439 in Betracht. Die Anspruch ist auf Nacherfüllung, d. h. nach Wahl des Käufers auf Lieferung mangelfreier Waren (= Nachlieferung) oder Mängelbeseitigung gerichtet. Da eine Mängelbeseitigung hier nicht möglich ist, geht es ausschließlich um Nachlieferung.

Der **2. Anspruch** ist auf Zahlung von 12 300,– € als Schadensersatz gerichtet. Es geht um einen sogenannten Mangelfolgeschaden. Als Anspruchgrundlage kommen §§ 437 Nr. 3, 434 Abs. 1 und § 280 in Betracht.

2. Prüfung des 1. Anspruchs

a) Erste Stufe

Obersatz mit Anspruchsgrundlage:

„A könnte gegen U einen Anspruch auf Lieferung mangelfreier Passfedern aus §§ 437, 434 Abs. 1, 439 erworben haben."

b) Zweite Stufe

Hier werden die Voraussetzungen, d. h. die einzelnen Tatbestandsmerkmale T_1 bis T_x aufgeführt:

A hat einen Anspruch gegen U auf Nachlieferung gemäß §§ 437, 434 Abs. 1, 439, wenn die folgenden Voraussetzungen vorliegen:
- Zwischen A und U muss ein Kaufvertrag abgeschlossen worden sein = T_1.
- Die gekauften Sachen, die Passfedern, müssten mangelhaft im Sinne des § 434 sein = T_2.

Wenn die Tatbestandsmerkmale T_1 und T_2 vorhanden sind, tritt die Rechtsfolge R ein, die sich hier aus §§ 437 Nr. 1 in Verbindung mit § 439 Abs. 1 ergibt.

c) Dritte Stufe

Hier erfolgt die **Subsumtion**. Es wir also geprüft, ob durch den konkreten Sachverhalt die einzelnen Tatbestandsmerkmale verwirklicht worden sind.

aa) Zunächst ist also zu prüfen, ob das **Tatbestandsmerkmal T_1** (= Zustandekommen eines Kaufvertrages) vorliegt. Aus dem Sachverhalt ergibt sich, dass ein Kaufvertrag abgeschlossen worden ist. Anhaltspunkte dafür, dass dies zweifelhaft sein könnte, sind nicht ersichtlich.

Als Text genügt dann also:

„Aus dem Sachverhalt ergibt sich, dass A und U einen wirksamen Kaufvertrag abgeschlossen haben."

bb) Anschließend ist zu untersuchen, ob das **Tatbestandsmerkmal T2** verwirklicht worden ist. Dann müssten die Passfedern mangelhaft gewesen sein.

Unter welchen Voraussetzungen eine Sache mangelhaft ist, ergibt sich aus § 434. Dort sind abstrakt eine ganze Reihe von Mangeltatbeständen aufgeführt. Zu beginnen ist mit § 434 Abs. 1 Satz 1. Der Text könnte lauten:

„Nach § 434 Abs. 1 Satz 1 weist die Kaufsache einen Mangel auf, wenn sie bei Gefahrübergang (das ist nach § 446 bei der Übergabe) **nicht die vereinbarte Beschaf-**

fenheit hat. Vereinbarung über die Beschaffenheit bedeutet im Zweifel, dass die Parteien des Vertrages die Beschaffenheit der Kaufsache zum Vertragsinhalt erklärt haben. Aus dem Sachverhalt ergibt sich, dass U dem A zugesichert hat, die Federn hätten den geeigneten Härtegrad und könnten infolgedessen in die Motoren eingebaut werden. Da die Federn diese zugesicherten Eigenschaften nicht aufwiesen, fehlte die vertraglich vereinbarte Beschaffenheit. Da diese auch schon bei Übergabe, also bei Gefahrübergang fehlte, liegt ein Mangel im Sinne des § 434 Abs. 1 Satz 1 vor."

cc) Ergebnis: Die Tatbestandsmerkmale T_1 und T_2 liegen vor.

d) Vierte Stufe

Hier wird lediglich noch festgestellt, dass, weil die Voraussetzungen für die Anspruchsgrundlage 1 erfüllt sind, nämlich die Tatbestandsmerkmale T_1 und T_2 vorliegen, die entsprechende Rechtsfolge eintritt.

Im konkreten Fall bedeutet dies, dass A gegen U einen Anspruch auf Nachlieferung gemäß §§ 437, 434 Abs. 1, 439 erworben hat.

3. Prüfung des 2. Anspruchs

a) Erste Stufe

Zu beginnen ist wieder mit dem Obersatz als Anspruchsgrundlage:

„A könnte gegen U einen Anspruch auf Zahlung von Schadensersatz aus §§ 437 Nr. 3, 434 Abs. 1 und § 280 erworben haben."

b) Zweite Stufe

Hier werden die Voraussetzungen, d. h. die einzelnen Tatbestandsmerkmale T_1 bis T_x aufgeführt:

A hat einen Anspruch gegen U auf Ersatz des sog. Mangelfolgeschadens gemäß §§ 437 Nr. 3, 434 Abs. 1 und § 280, wenn die folgenden Voraussetzungen vorliegen:

– Zwischen A und U muss ein Kaufvertrag abgeschlossen worden sein = T_1.
– Die gekauften Sachen, die Passfedern, müssten mangelhaft im Sinne des § 434 sein = T_2.
– Die Lieferung der mangelhaften Passfedern muss eine Pflichtverletzung im Sinne des § 280 Abs. 1 darstellen = T_3.
– U muss diese Pflichtverletzung zu vertreten haben (§ 280 Abs. 1 Satz 2) = T_4.
– Durch die Pflichtverletzung muss dem A ein Schaden entstanden sein § 280 Abs. 1) = T5.

Wenn die Tatbestandsmerkmale T_1 bis T_5 verwirklicht sind, tritt die Rechtsfolge R ein, die sich hier aus §§ 437 Nr. 3 in Verbindung mit § 280 Abs. 1 ergibt.

c) Dritte Stufe

Hier erfolgt die **Subsumtion.** Es wir also geprüft, ob durch den konkreten Sachverhalt die einzelnen Tatbestandsmerkmale verwirklicht worden sind.

aa) Dass die Tatbestandsmerkmale T_1 und T_2 erfüllt sind, ist oben unter 2. c) schon dargelegt.

bb) Die Lieferung der mangelhaften Passfedern müsste eine Pflichtverletzung im Sinne des § 280 Abs. 1 darstellen (T_3). Nach § 433 Abs. 1 Satz 2 hat der Verkäufer dem Käufer die gekaufte Sache frei von Mängeln zu verschaffen. Kommt er, wie hier geschehen, dieser Verpflichtung nicht nach, liegt darin eine Pflichtverletzung nach § 280 Abs. 1.

cc) Dass der Schuldner, hier U, die Pflichtverletzung zu vertreten hat (T_4), wird nach § 280 Abs. 1 Satz 2 gesetzlich vermutet. Da sich aus dem Sachverhalt keine Anhaltspunkte dafür ergeben, dass U die mangelhafte Lieferung nicht zu vertreten hat, ist davon auszugehen, dass U die Pflichtverletzung zu vertreten hat.

dd) Schließlich müsste dem A ein Schaden entstanden sein (T_5). Dieser besteht darin, dass durch den Einbau der fehlerhaften Federn die Motoren beschädigt und dem A dadurch ein Schaden in Höhe von 12 300,– € erwachsen ist.

d) Vierte Stufe

Hier wird lediglich noch festgestellt, dass, weil die Voraussetzungen für die Anspruchsgrundlage 2 erfüllt sind, nämlich die Tatbestandsmerkmale T_1 bis T_5 vorliegen, die entsprechende Rechtsfolge eintritt.

Im konkreten Fall bedeutet dies, dass A gegen U einen Anspruch auf Ersatz des Mangelfolgeschadens in Höhe von 12 300,– € gemäß §§ 437 Nr. 3, 434 Abs. 1, 280 erworben hat.

V. Erweiterte Übung an einem Fall mit mehr als 2 Personen und mehreren in Betracht kommenden Anspruchsgrundlagen

1. Die Regel

Wenn mehrere Personen beteiligt sind und etwa gefragt ist „Kann G von A und B Zahlung verlangen?", so sind die Ansprüche des Gläubigers G gegen A und B **getrennt zu prüfen.**

Es ist also zunächst zu prüfen, ob G von A Zahlung verlangen kann. Dabei sind nacheinander, also getrennt voneinander, alle in Betracht kommenden Ansprüche zu untersuchen.

Danach ist zu erörtern, welche Ansprüche G gegen B erworben haben könnte. Dabei sind wiederum nacheinander, also getrennt voneinander alle in Betracht kommenden Ansprüche zu prüfen.

Fall 3: *A aus Bonn bittet Anfang April 2003 telefonisch seinen Freund F in Berlin wegen dessen sehr guter Ortskenntnis, für ihn (A) im Berliner Stadtteil Schöneberg eine Altbauwohnung zu mieten, weil er als Bundesbeamter vom nächsten Monat an in Berlin arbeiten müsse. A weist den F an, die Wohnung müsse in gutem Zustand und dürfe nicht mehr als 110 qm groß sein; die Miete soll keinesfalls mehr als 1600,– € pro Monat betragen. F besichtigt Mitte April 2003 etliche Wohnungen und entschließt sich dann, für A eine Wohnung in Schöneberg zu mieten, die zwar nur 105 qm groß ist, aber 1750,– € monatlich kostet. F eröffnet dem Vermieter V, dass er die Wohnung nicht für sich, sondern für A in Bonn mieten wolle. Den von V vorgelegten und von diesem schon unterschriebenen Mietvertrag unterzeichnet F mit „in Vertretung F.". Der Mietvertrag soll ab 1. Mai 2003 gelten.*

Als A den Mietvertrag am 30. April 2003 zur Kenntnis nimmt, teilt er dem F mit, die Wohnung wolle er nicht haben, weil sie ihm zu teuer sei. A will nun zunächst bei einem Kollegen zur Untermiete wohnen.

Als erfährt, dass A die Wohnung nicht beziehen will, stellt er sich die Frage, von wem er für den Monat Mai 2003 den Mietzins in Höhe von 1750,– € verlangen kann.

Von wem kann V Zahlung von 1750,– € verlangen?

---

2. Vorüberlegung

Hier ist danach gefragt, von wem V die Zahlung von 1750,– € verlangen kann. Als mögliche Schuldner kommen A und F in Betracht. Folglich sind zunächst die sinnvollerweise in Betracht kommenden Ansprüche des V gegen A und erst danach die möglichen Ansprüche des V gegen F zu prüfen.

Gegen A könnte V einen Anspruch aus einem Mietvertrag erworben haben. Als Anspruchsgrundlage kommt § 535 Abs. 2 in Betracht. Bei der zu klärenden Frage, ob und gegebenenfalls wie zwischen V und A ein Kaufvertrag zustande gekommen sein könnte, ist zu berücksichtigen, dass F als Vertreter des A aufgetreten ist. Problematisch ist hier, ob F im Rahmen seiner Vertretungsmacht oder als Vertreter ohne Vertretungsmacht gehandelt hat.

Im Verhältnis A zu F kommen möglicherweise 2 Ansprüche in Betracht, einmal ein solcher aus § 535 Abs. 2 und zum anderen ein Anspruch aus § 179 Abs. 1. Letzteres setzt voraus, dass F als Vertreter ohne Vertretungsmacht gehandelt hat.

3. Das Gutachten

Vorbemerkung: In diesem Gutachten werden im Text nicht mehr die einzelnen Stufen der Prüfung erwähnt. Dies sollten auch Sie bei der Lösung der Fälle, die Ihnen aufgegeben werden, so halten!

a) Ansprüche des V gegen A

V könnte gegen A einen Anspruch auf Zahlung des Mietzinses in Höhe von 1750,– € gemäß § 535 Abs. 2 erworben haben.

Dieser Anspruch ist nur entstanden, wenn zwischen V und A ein Mietvertrag zustande gekommen ist. Ein solcher Vertrag könnte dadurch zustande gekommen sein, dass V und F, dieser als Stellvertreter des A, entsprechende Willenserklärungen abgegeben haben. Dann müsste F Stellvertreter des A im Sinne des § 164 und gegenüber V auch als solcher aufgetreten sein. Indem A den F bat, für ihn in Berlin eine Wohnung zu mieten, erteilte er ihm Vollmacht gemäß § 167. F ist gegenüber V auch im fremden Namen, nämlich für A, aufgetreten.

Fraglich ist allerdings, ob F, als er die Wohnung mietete, im Rahmen der ihm erteilten Vertretungsmacht handelte (§ 164 Abs. 1). A hat die Vertretungsmacht des F begrenzt, indem er ihn anwies, keine Wohnung zu mieten, die größer als 110 qm ist und deren Miete mehr als 1600,– € monatlich beträgt. Diese Vertretungsmacht hat F überschritten, als er den Mietvertrag über eine Wohnung unterschrieb, die monatlich 1750,– € kostet. F handelte demnach als Vertreter ohne Vertretungsmacht im Sinne des § 177. Denn Vertreter ohne Vertretungsmacht ist nicht nur derjenige, der überhaupt nicht bevollmächtigt ist, sondern auch der, der zwar Vertretungsmacht hat, diese aber überschreitet. Die Folge des Handelns des F ergibt sich aus § 177 Abs. 1. Der Mietvertrag ist schwebend unwirksam.

Das bedeutet, der Vertretene, hier A, kann den Vertrag genehmigen (§ 184). Das hätte die Wirksamkeit des Vertrages von Anfang an zur Folge. A kann die Genehmigung aber auch verweigern. Das würde zur Nichtigkeit des bis dahin schwebend unwirksamen Vertrages führen. A hat die Genehmigung verweigert. Es genügt gemäß § 182, dass er dies dem F gegenüber tat. Der Vertrag ist deshalb nichtig.

Da zwischen V und A kein Vertrag zustande gekommen ist, kann V von A nicht den Mietzins gemäß § 535 Abs. 2 verlangen.

b) Ansprüche des V gegen F

aa) Anspruch aus § 535 Abs. 2: Dass V gegen F einen vertraglichen Anspruch aus § 535 Abs. 2 erworben hat, setzt voraus, dass zwischen ihnen ein Mietvertrag zustande gekommen ist.

Das Zustandekommen eines solchen Vertrages setzt voraus, dass V und F dementsprechende Willenserklärungen abgegeben haben. V wollte nicht mit F, sondern mit A einen Mietvertrag abschließen. F wollte nicht für sich, sondern für A die vertragliche Bindung herbeiführen. Es liegen also keine übereinstimmenden, auf den Vertragsschluss zwischen V und F gerichteten Willenserklärungen vor. Folglich ist zwischen V und F kein Mietvertrag zustande gekommen.

Da es an dem entsprechenden Mietvertrag fehlt, hat V gegen F keinen Anspruch auf Zahlung des Mietzinses nach § 535 Abs. 2

bb) Anspruch aus § 179 Abs. 1: F könnte dem V gegenüber aus § 179 Abs. 1 zur Zahlung des Mietzinses (Erfüllung des Vertrages) oder zum Schadensersatz verpflichtet sein.

Das setzt voraus, dass F als Vertreter ohne Vertretungsmacht gehandelt hat. Dass dem so ist, wurde oben (3.1) bereits dargestellt. Da F die Grenzen seiner Vertretungsmacht kannte, überschritt er diese bewusst. Deshalb ist er gemäß § 179 Abs. 1 dem V nach dessen Wahl zum Schadensersatz oder zur Erfüllung verpflichtet. Beides ist in diesem Fall auf das Gleiche, nämlich die Zahlung von 1750,– € gerichtet.

Festzuhalten ist, dass V von F Zahlung gemäß § 179 Abs. 1 von 1750,– € verlangen kann.

Lösungen zu den Selbsttestaufgaben

Lösung zu Aufgabe 1:

Anspruch des A gegen R auf Zahlung von 105,– € aus § 433 Abs. 2

A könnte von R die Zahlung von 105,– € gemäß § 433 Abs. 2 verlangen, wenn zwischen ihnen ein Kaufvertrag über das dreibändige Lehrbuch des Autors W zu einem Preis von 105,– € zustande gekommen ist.

I. Zustandekommen eines Kaufvertrages

Ein Vertrag kommt durch zwei übereinstimmende Willenserklärungen – Angebot und Annahme – zustande.

1. Angebot

Das Zustandekommen des Kaufvertrages setzt zunächst voraus, dass ein entsprechendes Angebot zum Abschluss des Kaufvertrages gemacht worden ist.

Das Angebot ist eine Willenserklärung, mit der sich jemand, der einen bestimmten Vertrag abschließen möchte, an einen anderen wendet und die regelungsbedürftigen Vertragsbedingungen derart vollständig und konkret zusammenfasst, dass der andere, ohne inhaltliche Änderungen vorzunehmen, durch ein bloßes „Ja" die Annahme erklären und damit den Vertrag entstehen lassen kann. Im Regelfall muss ein Angebot deshalb die Parteien bezeichnen, die Leistung des Verkäufers (Kaufsache) und die Gegenleistung des Käufers (Kaufpreis) angeben.

Fraglich ist, ob R bereits mit seiner telefonischen Anfrage bei A ein verbindliches Angebot zum Abschluss eines Kaufvertrages abgegeben hat. R wollte zunächst nur klären, ob und in welchem Zustand das gesuchte Lehrbuch bei A vorhanden ist. Somit fehlten dem R bereits das auf einen Kaufvertragsabschluss gerichtete Erklärungsbewusstsein und der Rechtsfolgewille. Des Weiteren ging die telefonische Erklärung des R nicht auf alle regelungsbedürftigen Punkte eines Kaufvertrages ein, es fehlte die Angabe des Kaufpreises.

Indem A dem R vorschlägt, die drei Bände des Lehrbuches zur Ansicht zu schicken, gibt er ebenfalls kein verbindliches Angebot ab, sondern will es dem R freistellen, später selbst ein Angebot abzugeben.

Möglicherweise könnte jedoch der an R adressierte Brief des A eine verbindliche Offerte zum Abschluss eines Kaufvertrages enthalten. A nimmt in dem Schreiben Bezug auf die übersandten Bücher und auf deren Kaufpreis in Höhe von 105,– €.

Damit enthält der Brief die konkreten Angaben zu Kaufgegenstand und Kaufpreis. Weiterhin hat A die in seinem Schreiben verkörperte Erklärung an R als potenziellen Kaufvertragspartner gerichtet. Somit ist erkennbar, zwischen welchen Parteien der Kaufvertrag zustande kommen soll.

Folglich sind in dem Schreiben des A alle regelungsbedürftigen Vertragsbedingungen bezeichnet. Bei diesem Schreiben handelt es sich damit um ein wirksames Angebot des A zum Abschluss eines Kaufvertrages über das dreibändige Lehrbuch des Autors W zum Preis von 105,– €.

2. Annahme

Für das wirksame Zustandekommen eines Kaufvertrages ist weiterhin erforderlich, dass R das Angebot des A angenommen hat.

R hat dem A in seinem Antwortschreiben mitgeteilt, er wolle die Bücher kaufen. Damit hat er gegenüber A die Annahme des Angebotes erklärt. Somit könnte ein Kaufvertrag zustande gekommen sein.

Fraglich ist aber, ob R das Angebot des A noch rechtzeitig angenommen hat. A hatte den R ausdrücklich um Antwort bis zum 2. Oktober 2009 gebeten. Das Schreiben des R ist dem A jedoch erst am 6. Oktober 2009 zugegangen. Dies könnte zur Folge haben, dass das Angebot des A zu diesem Zeitpunkt bereits gemäß § 146 i. V. m. § 148 erloschen war.

Durch die Fristsetzung brachte A zum Ausdruck, dass R sein Angebot nur bis zum 2. Oktober 2006 annehmen konnte. Damit war sein Angebot am 6. Oktober 2009 bereits erloschen und R konnte es nicht mehr wirksam annehmen.

3. Neues Angebot gemäß § 150 Abs. 1

Möglicherweise ist aber dadurch ein Vertrag zustande gekommen, dass A dem R mitteilt, er akzeptiere auch die verspätete Entscheidung.

Gemäß § 150 Abs. 1 gilt eine verspätete Annahme als neues Angebot, das nunmehr an den zuerst Antragenden gerichtet wird. Die verspätete Annahme des R stellt also ihrerseits ein neues Angebot zum Abschluss des angestrebten Kaufvertrages dar.

4. Annahme des neuen Angebots

A bringt mit seiner Mitteilung, er akzeptiere die Entscheidung des R, gegenüber R zum Ausdruck, dass er den Kaufvertrag zustande kommen lassen möchte. Damit hat A gegenüber R die Annahme des Angebots erklärt.

5. Zwischenergebnis

Demnach ist ein wirksamer Kaufvertrag zwischen A und R über das dreibändige Lehrbuch des Autors W zustande gekommen.

II. Widerruf des R

R könnte seine Angebotserklärung gemäß § 355 dadurch wirksam widerrufen haben, dass er am 12. Oktober 2009 die Bücher an A zurückschickt. Dies hätte zur Folge, dass der zunächst wirksame Kaufvertrag mit Wirkung von nun an (ex nunc) beseitigt wird.

1. Widerrufserklärung

R müsste zunächst eine Widerrufserklärung abgegeben haben. Eine ausdrückliche Erklärung des R dahingehend, dass er seine Bestellung widerrufen will, liegt nicht vor. Gemäß § 355 Abs. 1 S. 2 genügt es aber für die Erklärung des Widerrufs, wenn der Verbraucher die Ware zurücksendet. Dies hat R getan. Eine Widerrufserklärung liegt somit vor.

2. Widerrufsrecht

Die Wirksamkeit des Widerrufs setzt gemäß § 355 Abs. 1 voraus, dass ein Widerrufsrecht gesetzlich vorgesehen ist. Ein Widerrufsrecht könnte sich aus § 312d ergeben. Dazu müsste zwischen A und R ein Fernabsatzvertrag abgeschlossen worden sein.

Ein Fernabsatzvertrag liegt vor, wenn zwischen einem Unternehmer (§ 14) und einem Verbraucher (§ 13) ein Kaufvertrag unter ausschließlicher Verwendung von Fernkommunikationsmitteln geschlossen wurde (§ 312b Abs. 1, Abs. 2).

a) A müsste Unternehmer sein. Gemäß § 14 ist Unternehmer eine natürliche oder juristische Person oder eine rechtsfähige Personengesellschaft, die bei Abschluss eines Rechtsgeschäfts in Ausübung ihrer gewerblichen oder selbständigen beruflichen Tätigkeit handelt. Der Verkauf von antiquarischen Büchern entspricht der gewerblichen Tätigkeit des A als Antiquar. Somit ist A Unternehmer im Sinne des § 14.

b) R müsste Verbraucher sein. Verbraucher ist gemäß § 13 jede natürliche Person, die ein Rechtsgeschäft zu einem Zwecke abschließt, der weder ihrer gewerblichen noch ihrer selbständigen beruflichen Tätigkeit zugerechnet werden kann. R ist Rentner, also nicht mehr berufstätig. Es ist daher mangels anderer Anhaltspunkte davon auszugehen, dass R die Bücher über die Privatrechtsgeschichte des 19. Jahrhunderts aus privatem Interesse erwerben will. Folglich ist R Verbraucher i. S. des § 13.

c) Des Weiteren müsste der Kaufvertrag unter ausschließlicher Verwendung von Fernkommunikationsmitteln geschlossen worden sein. Das Angebot des R und die Annahme des A erfolgten per Brief und damit durch ein Fernkommunikationsmittel im Sinne des § 312b Abs. 2.

d) Somit besteht ein Widerrufsrecht des R gemäß §§ 312d Abs. 1, 355.

3. Widerrufsfrist

Der Widerruf des R müsste fristgemäß erklärt worden sein. Die Widerrufsfrist von zwei Wochen nach Ablieferung der Ware beim Empfänger gemäß §§ 355 Abs. 1

S. 2, 312d Abs. 2 hat R eingehalten. Darüber hinaus beginnt diese Frist gemäß § 312d Abs. 2 nur zu laufen, sofern der Verbraucher ordnungsgemäß entsprechend § 312c Abs. 1 und 2 belehrt worden ist. Für eine solche Belehrung bestehen keine Anhaltspunkte. In diesem Fall gilt gemäß § 355 Abs. 3 S. 3, dass die Widerrufsfrist nicht zu laufen beginnt.

4. Zwischenergebnis

Somit hat R den Kaufvertrag gemäß §§ 312d, 355 wirksam widerrufen.

III. Ergebnis

Wegen des Widerrufs des R am 12. Oktober 2009 gilt der Kaufvertrag als vom Zeitpunkt des Eingangs der Ware bei A an als beendet.

A hat gegen R keinen Anspruch auf Zahlung von 105,– € aus § 433 Abs. 2.

Lösung zu Aufgabe 2:

1. Wer ist Eigentümer des Ringes?

a) Ursprünglich ist J Eigentümer des Ringes gewesen. Er könnte sein Eigentum durch Übereignung des Ringes gemäß § 929 S. 1 an M verloren haben, wenn J ihm den Ring übergeben hat und beide darüber einig waren, dass das Eigentum an dem Ring auf M übergehen sollte.

Die Übergabe des Ringes an M ist erfolgt. J und M waren sich auch darüber einig, dass M das Eigentum an dem Ring erhalten sollte.

Bedenken gegen die Wirksamkeit der Einigung ergeben sich allerdings daraus, dass M minderjährig und damit gemäß § 106 beschränkt geschäftsfähig ist. Beschränkt Geschäftsfähige können nach § 107 wirksame Willenserklärungen allein abgeben, wenn sie ihnen lediglich einen rechtlichen Vorteil bringen. Demnach wäre die auf die Übereignung gerichtete Willenserklärung des M wirksam, wenn sie für ihn gemäß § 107 lediglich rechtlich vorteilhaft gewesen wäre.

Bei der Beantwortung der Frage, ob der Minderjährige lediglich einen rechtlichen Vorteil erlangt, ist auf die rechtlichen und nicht auf die wirtschaftlichen Folgen des konkreten Geschäftes abzustellen. Einen lediglich rechtlichen Vorteil erlangt ein Minderjähriger durch solche Rechtsgeschäfte, die seine Rechtsstellung nur verbessern. Dagegen stellt es einen rechtlichen Nachteil dar, wenn mit dem Abschluss des Rechtsgeschäfts irgendwelche Verpflichtungen für ihn begründet werden.

Aufgrund der Übereignung des Ringes gemäß § 929 S. 1 hat M das Eigentum an demselben erworben, ohne dass dadurch irgendwelche Verpflichtungen für ihn entstanden sind. Somit hat M mit seiner auf die Übereignung gerichteten Willenserklärung lediglich einen rechtlichen Vorteil gemäß § 107 erlangt, Sodass die Einwilligung seiner Eltern als seine gesetzlichen Vertreter (§ 1629) nicht erforderlich gewesen ist.

M und J haben sich also wirksam über den Eigentumsübergang geeinigt.

Demnach hat M das Eigentum an dem Ring gemäß § 929 S. 1 von J erlangt.

b) M könnte aber das Eigentum an dem Ring verloren haben, indem er es gemäß § 929 S. 1 auf die F übertragen hat.

Die Übergabe des Ringes an die F hat stattgefunden und beide haben sich über den Eigentumsübergang geeinigt.

Gegen die Wirksamkeit der Einigung können sich aber ebenfalls wegen der beschränkten Geschäftsfähigkeit des M (§ 106) Bedenken ergeben. Mangels Einwilligung seiner Eltern als seine gesetzlichen Vertreter (§ 1629) könnte seine gegenüber der F abgegebene Willenserklärung schwebend unwirksam gewesen sein (§§ 107, 108 Abs. 1), wenn nicht M dadurch lediglich einen rechtlichen Vorteil gemäß § 107 erlangt hat. Die Übereignung des Ringes an die F hätte für M den Verlust seines Eigentums an dem Ring zur Folge. Dies würde einen rechtlichen Nachteil für M bedeuten. Somit hat M durch seine Willenserklärung nicht lediglich einen rechtlichen Vorteil gemäß § 107 erlangt. Die Willenserklärung war also schwebend unwirksam (§§ 107, 108 Abs. 1). Der Vertrag könnte aber von Anfang an wirksam werden (§ 184 Abs. 1), wenn die Eltern die Willenserklärung genehmigen würden. Die Eltern von M haben die Zuwendung des Ringes an die F bereits missbilligt. Darin ist folglich die Verweigerung der Genehmigung zu sehen. Die auf die Übereignung gerichtete Willenserklärung des M ist deshalb unwirksam.

Damit haben sich M und F nicht wirksam geeinigt mit der Folge, dass das Eigentum an dem Ring nicht gemäß § 929 S. 1 von M auf die F übergegangen ist.

M ist also weiterhin Eigentümer des Ringes.

2. Welche Ansprüche hat J gegen M?

a) J könnte von M gemäß § 433 Abs. 2 die Zahlung der restlichen 100,– € verlangen, wenn zwischen ihnen ein wirksamer Kaufvertrag zustande gekommen ist.

J und M wollten einen Kaufvertrag abschließen. Gegen die Wirksamkeit der zum Abschluss des Vertrages notwendigen Willenserklärung des M könnte sprechen, dass M als Minderjähriger gemäß § 106 beschränkt geschäftsfähig ist. Die auf den Kaufvertragsabschluss gerichtete Willenserklärung von M könnte mangels Einwilligung seiner Eltern als seine gesetzlichen Vertreter schwebend unwirksam sein (§§ 107, 108 Abs. 1), falls nicht M durch sie lediglich einen rechtlichen Vorteil gemäß § 107 erlangt hat. Einen lediglich rechtlichen Vorteil i. S. des § 107 erlangt der Minderjährige durch solche Rechtsgeschäfte, die seine Rechtsstellung lediglich verbessern. Mit Abschluss eines wirksamen Kaufvertrages könnte M nicht nur die Übertragung des Eigentums an dem Ring von J gemäß § 433 Abs. 1 verlangen; er wäre auch zur Zahlung des Kaufpreises gemäß § 433 Abs. 2 verpflichtet. Aufgrund dieser Zahlungsverpflichtung wäre der mit J abgeschlossene Kaufvertrag für M nicht lediglich rechtlich vorteilhaft.

Demnach könnte seine auf den Kaufvertragsabschluss gerichtete Willenserklärung wegen Fehlens der Einwilligung seiner Eltern schwebend unwirksam sein.

Allerdings wäre der Kaufvertrag auch ohne ihre Zustimmung nach § 110 wirksam, wenn M die vertragsmäßige Leistung mit Mitteln bewirkt hätte, die ihm zu diesem Zweck oder zu freier Verfügung von seinen Eltern überlassen worden sind.

Bewirkt ist eine Leistung, wenn sie vollständig erbracht worden ist.

M hat den Kaufpreis nicht in voller Höhe gezahlt. Folglich hat er noch nicht gemäß § 362 erfüllt und damit nicht bewirkt.

Somit ist die auf den Kaufvertragsabschluss gerichtete Willenserklärung des M mangels Einwilligung seiner Eltern schwebend unwirksam (§§ 107, 108 Abs. 1). Ferner haben die Eltern die Genehmigung verweigert. Somit ist die Willenserklärung des M endgültig unwirksam.

Zwischen J und M ist also kein wirksamer Kaufvertrag zustande gekommen.

Demnach kann J nicht gemäß § 433 Abs. 2 von M die Zahlung der restlichen 100,– € verlangen.

b) Jedoch hat J gegen M gemäß § 812 Abs. 1 S. 1, 1. Alt. einen Anspruch auf Rückübereignung des Ringes, denn die Übertragung des Eigentums an dem Ring auf M ist wegen der Unwirksamkeit des Kaufvertrages ohne rechtlichen Grund erfolgt.

Lösung zu Aufgabe 3:

I. Anspruch des J gegen A auf Ersatz der 5000,– € aus § 823 Abs. 1

J könnte gegen A einen Schadensersatzanspruch aus § 823 Abs. 1 erworben haben.

1. Tatbestand

Der Tatbestand setzt voraus, dass A eines der in § 823 Abs. 1 genannten Rechte oder Rechtsgüter des J verletzt hat und dass diese Verletzung adäquat kausal für den Schaden des J war.

a) Rechtsgutverletzung

Zunächst müsste eine Rechtsgutverletzung vorliegen. In Betracht kommt eine Körper- und Gesundheitsverletzung des J. J ist von einem Gewehrprojektil am Oberschenkel getroffen und so stark verletzt worden, dass eine Operation notwendig war. Somit kann eine Körper- und Gesundheitsverletzung bejaht werden.

b) Kausalität zwischen Handlung und Rechtsgutverletzung

Diese Körper- und Gesundheitsverletzung muss adäquat kausal auf einer Handlung des A, also auf einem Tun oder Unterlassen beruhen. Indem A einen Schuss auf die Karnickel abgab, der J am Oberschenkel traf, nahm er eine Handlung vor. Hätte A dies nicht getan, wäre J mit an Sicherheit grenzender Wahrscheinlichkeit nicht vom Gewehrprojektil getroffen und verletzt worden. Diese Handlung des A war somit adäquat kausal für die Körper- und Gesundheitsverletzung des J.

c) Kausalität zwischen Rechtsgutverletzung und Schaden

Durch diese Rechtsgutverletzung müsste dem J in adäquat kausaler Weise ein Schaden entstanden sein. Schaden ist jede Einbuße, die jemand unfreiwillig infolge eines bestimmten Ereignisses an seinen Lebensgütern wie Gesundheit, Ehre oder Eigentum erleidet. J ist verletzt worden und musste sich in ärztliche Behandlung begeben. Dies ist die Ursache dafür, dass Arztkosten in Höhe von 5000,– € anfallen. Die Verletzung von Körper und Gesundheit des J ist somit kausal für den ihm entstandenen Schaden. Die Arztkosten ergeben sich direkt aus der Verletzung des J, sodass die adäquate Kausalität ebenfalls bejaht werden kann.

d) Zwischenergebnis

Der Tatbestand des § 823 Abs. 1 ist damit erfüllt.

2. Rechtswidrigkeit

Ein Rechtfertigungsgrund für das Handeln des A lag nicht vor. Somit handelte er rechtswidrig.

3. Verschulden

Ferner müsste A den Tatbestand schuldhaft, somit gemäß § 276 Abs. 1 vorsätzlich oder fahrlässig verwirklicht haben.

Vorsatz, also das Wissen und Wollen der Tatbestandsverwirklichung, liegt nicht vor, denn A wollte den J nicht verletzen.

Er könnte jedoch fahrlässig Körper und Gesundheit von J verletzt haben. Gemäß § 276 Abs. 2 handelt fahrlässig, wer die im Verkehr erforderliche Sorgfalt außer Acht lässt. Wer in einer Situation, in der A sich befand, mit scharfer Munition aus kurzer Entfernung in Richtung auf einen Kinderspielplatz schießt, der zu dieser Zeit regelmäßig von Kindern benutzt wird, lässt die erforderliche Sorgfalt außer acht. A handelte also fahrlässig und damit schuldhaft.

4. Umfang des Schadensersatzes

Demnach hat J gegen A einen Anspruch auf Schadensersatz aus § 823 Abs. 1. Zu klären bleibt noch, was J verlangen kann. Nach §§ 249 ff. ist Schadensersatz grundsätzlich durch Naturalherstellung zu leisten. Gemäß § 249 Abs. 2 S. 1 kann J als Schadensersatz den Geldbetrag verlangen, der erforderlich ist, um den durch die Verletzung der Person entstandenen Schaden wiederherzustellen. Außerdem ist zu berücksichtigen, dass A die von ihm verursachte Verletzung des Oberschenkels des J nicht beheben kann. Auch gemäß § 251 kann J deshalb Zahlung eines Geldbetrages, hier 5000,– € verlangen.

5. Ergebnis

J hat gegen A einen Anspruch aus § 823 Abs. 1 auf Zahlung von 5000,– €.

II. Anspruch des J gegen A auf Zahlung eines angemessenen Schmerzensgeldes aus § 253 Abs. 2

J könnte gegen A einen Anspruch auf Zahlung eines angemessenen Schmerzensgeldes aus § 253 Abs. 2 haben. Nach dieser Norm kann der Verletzte im Falle einer Körperverletzung Schmerzensgeld verlangen.

A hat die Körper- und Gesundheitsverletzung des J durch eine unerlaubte Handlung i. S. des § 823 Abs. 1 verursacht. Die von J erlittenen Schmerzen sind adäquate Folge der von A begangenen Körperverletzung.

J hat somit gegen A einen Anspruch auf Schmerzensgeld aus § 253 Abs. 2.

Bei der Berechnung des Schmerzensgeldes ist zu berücksichtigen, dass die Höhe des Schmerzensgeldes erkennbar in einer angemessenen Beziehung zu der Art und Dauer der erlittenen immateriellen Schäden stehen muss. Dabei sind das Ausmaß und die Schwere der physischen und psychischen Schäden zu berücksichtigen.

Lösung zu Aufgabe 4:

Zu a)

Anspruch des D gegen K auf Ersatz der 25 000,– € aus § 823 Abs. 1

D könnte gegen K einen Schadensersatzanspruch aus § 823 Abs. 1 haben.

Dann müsste K den Tatbestand des § 823 Abs. 1 erfüllt haben.

1. Tatbestand

Der Tatbestand setzt voraus, dass K eines der in § 823 Abs. 1 genannten Rechte oder Rechtsgüter des D verletzt hat und dass diese Verletzung adäquat kausal für den Schaden des D war.

a) Rechtsgutverletzung

Zunächst müsste eine Rechtsgutverletzung vorliegen. In Betracht kommen eine Körper- und Gesundheitsverletzung und eine Eigentumsverletzung bei D. D ist bei einem Verkehrsunfall schwer verletzt worden. Somit kann eine Körper- und Gesundheitsverletzung bejaht werden. Auch das Auto des D wurde beschädigt, sodass auch eine Eigentumsverletzung gegeben ist.

b) Kausalität zwischen Handlung und Rechtsgutverletzung

Diese Rechtsgutverletzungen müssen adäquat kausal auf einer Handlung des K, also auf einem Tun oder Unterlassen beruhen. K ist mit einem Lastzug auf den PKW des D aufgefahren und hat somit eine Handlung vorgenommen. Hätte K dies nicht getan, wäre der Verkehrsunfall, der bei D zu den Personen- und Sachschäden geführt hat, mit an Sicherheit grenzender Wahrscheinlichkeit nicht geschehen. Diese Handlung des K war somit adäquat kausal für die Körper- und Gesundheitsverletzung und für die Eigentumsverletzung bei D.

c) Kausalität zwischen Rechtsgutverletzung und Schaden

Durch diese Rechtsgutverletzungen müsste dem D in adäquat kausaler Weise ein Schaden entstanden sein. Schaden ist jede Einbuße, die jemand unfreiwillig infolge eines bestimmten Ereignisses an seinen Lebensgütern wie Gesundheit, Ehre oder Eigentum erleidet. D ist schwer verletzt worden und musste sich in ärztliche Behandlung begeben. Ferner ist sein PKW beschädigt worden. Die Rechtsgutverletzung bei D ist somit kausal für den ihm entstandenen Personen- und Sachschaden. Diese Schäden ergeben sich direkt aus der Verletzung des D und der Beschädigung des PKW, sodass die adäquate Kausalität ebenfalls bejaht werden kann.

d) Zwischenergebnis

Der Tatbestand des § 823 Abs. 1 ist damit erfüllt.

2. Rechtswidrigkeit

Ein Rechtfertigungsgrund für das Handeln des K lag nicht vor. Somit handelte er rechtswidrig.

3. Verschulden

Ferner müsste A den Tatbestand schuldhaft verwirklicht haben.

Zweifel ergeben sich bei der Frage, ob dem K ein Verschuldensvorwurf gemacht werden kann. Gemäß § 827 S. 1 ist derjenige für den Schaden nicht verantwortlich, dessen Bewusstsein in solch erheblichem Maße getrübt war, dass eine freie Willensbestimmung nicht mehr möglich war. K war so betrunken, dass er nicht mehr fähig war, visuelle Eindrücke wahrzunehmen. § 827 S. 1 trifft auf einen solchen Zustand zu. Für die Unzurechnungsfähigkeit, die auf Alkoholgenuss zurückzuführen ist, trifft § 827 S. 2 jedoch eine Sonderregelung. K musste die berauschende Wirkung von Schnaps und Bier kennen. Folglich ist er nicht unverschuldet in den Zustand der Unzurechnungsfähigkeit geraten. Somit ist K gemäß § 827 S. 2 so zu behandeln, als habe er fahrlässig Körper und Eigentum des D verletzt. Dass K

Körper und Eigentum des D verletzt hat, ist auf seine Trunkenheit zurückzuführen. Er handelte deshalb schuldhaft.

4. Umfang des Schadensersatzes

Demnach hat D gegen K einen Anspruch auf Schadensersatz aus § 823 Abs. 1. Nach §§ 249 ff. ist Schadensersatz grundsätzlich durch Naturalherstellung zu leisten. Gemäß § 249 Abs. 2 S. 1 kann D als Schadensersatz den Geldbetrag verlangen, der erforderlich ist, um die durch die Rechtsgutverletzung entstandenen Schäden wiederherzustellen.

5. Ergebnis

D kann von K gemäß § 823 Abs. 1 i. V. m. § 249 S. 2 Schadensersatz in Höhe von 25 000,– € verlangen.

Zu b)

Anspruch des D gegen S auf Zahlung von 25 000,– €
aus §§ 831 Abs. 1, 823 Abs. 1

A könnte gegen S einen Anspruch auf Zahlung von 25 000,– € aus §§ 831 Abs. 1, 823 Abs. 1 haben.

1. Verrichtungsgehilfe

Ein Anspruch auf Schadensersatz steht dem D gegen S gemäß § 831 Abs. 1 S. 1 zu, wenn K als Verrichtungsgehilfe des S in Ausführung der Verrichtung eine tatbestandsmäßige, rechtswidrige unerlaubte Handlung begangen hat und § 831 Abs. 1 S. 2 nicht zur Anwendung kommt.

Verrichtungsgehilfe i. S. von § 831 ist, wer von einem Geschäftsherrn gegen Entgelt oder unentgeltlich mit einer Tätigkeit tatsächlicher oder rechtsgeschäftlicher Art betraut ist und an die Weisungen des Geschäftsherrn gebunden ist. K ist als Fahrer gegen Entgelt damit betraut, eine Tätigkeit tatsächlicher Art – das Führen des LKW – auszuüben. Er ist im Rahmen eines Arbeitsverhältnisses an die Weisungen seines Arbeitgebers S gebunden und somit dessen Verrichtungsgehilfe.

K hat in Ausführung der ihm übertragenen Verrichtung gehandelt. Er war gerade zum Führen des LKW bestellt, sodass ein innerer Zusammenhang zwischen aufgetragener Verrichtung und schädigender Handlung besteht.

2. Tatbestand des § 823 Abs. 1

Auch eine tatbestandsmäßige, rechtswidrige unerlaubte Handlung hat K – wie unter a) bereits festgestellt – begangen. Insoweit sind die Voraussetzungen für eine Haftung des S gegeben.

3. Entlastungsbeweis des S

Die Haftung des S könnte jedoch durch § 831 Abs. 1 S. 2 ausgeschlossen sein. Dann müsste ihm der Nachweis gelingen, dass ihn hinsichtlich der Auswahl und der Anleitung seines Gehilfen kein Verschulden trifft. S hat bei der Einstellung des K dessen Eignung durch Erkundigungen nach etwaigen Unfällen und auch speziell nach dem Alkoholkonsum überprüft. Er kontrollierte K auch in der Folgezeit in Bezug auf den Alkoholgenuss während der Dienststunden. Er hat sich demzufolge hinreichend von der fachlichen Qualifikation des K (unfallfreies Fahren) und seiner Zuverlässigkeit (kein Alkohol während der Dienststunden) überzeugt, sodass er den Entlastungsbeweis führen kann.

4. Ergebnis

D hat deshalb **keinen** Anspruch gegen S auf Ersatz des ihm entstandenen Schadens.

Lösung zu Aufgabe 5:

I. Rücktrittsrecht des K aus § 323 Abs. 1

K könnte gemäß § 323 Abs. 1 das Recht haben, vom Kaufvertrag zurückzutreten.

1. Gegenseitiger Vertrag

Für die Anwendbarkeit des § 323 Abs. 1 müsste es sich zunächst bei dem zwischen V und K abgeschlossenen Kaufvertrag um einen gegenseitigen Vertrag i. S. der §§ 320 ff. handeln.

Ein gegenseitiger Vertrag liegt vor, wenn die Vertragsleistungen im Gegenseitigkeitsverhältnis stehen, d. h. wenn eine Partei ihre Leistung gerade deshalb erbringt, um die Leistung der anderen Partei zu erhalten.

Beim Kaufvertrag zahlt der Käufer den Kaufpreis, um dafür die Ware vom Verkäufer zu bekommen (§ 433 Abs. 2). Umgekehrt übereignet und übergibt der Verkäufer die Ware, um dafür den Kaufpreis vom Käufer zu erhalten (§ 433 Abs. 1 S. 1). Der Kaufvertrag zwischen V und K ist somit ein gegenseitiger Vertrag.

2. Nichterbringung einer fälligen Leistung

Des Weiteren müsste V eine fällige Leistung nicht erbracht haben. V musste die Spülmaschinen entsprechend der vertraglichen Vereinbarung bis zum 13. 10. 2006 bei K anliefern. Der Lieferungsanspruch des K ist damit mit Ablauf des Tages fällig geworden, zu welchem die Lieferung des V nach normalen Umständen zu erwarten war.

V hat die Spülmaschinen nicht zum vereinbarten Termin geliefert und somit die fällige Leistung nicht erbracht.

3. Erfolglose Fristsetzung

K müsste ferner dem V eine angemessene Frist zur Leistung gesetzt haben und diese müsste erfolglos abgelaufen sein. Angemessen ist die gesetzte Frist, wenn sie so bemessen ist, dass der Schuldner sie innerhalb dieser Zeit auch wirklich erbringen kann. K hat dem V eine Frist von 5 Tagen zur Lieferung der Spülmaschinen gesetzt. Dieser Zeitraum kann von V unter normalen Umständen ohne Weiteres eingehalten werden. Die Frist von 5 Tagen ist somit angemessen. V hat auch innerhalb dieser Frist nicht geliefert. Somit ist die Frist erfolglos abgelaufen.

4. Ergebnis

K hat gemäß § 323 Abs. 1 das Recht, vom Kaufvertrag zurückzutreten.

II. Anspruch des K gegen V auf Zahlung von 6600,– €
aus §§ 280 Abs. 1, Abs. 3, 281 Abs. 1 S. 1

K könnte gegen V einen Anspruch auf Zahlung von 6600,– € als Schadensersatz statt der Leistung aus §§ 280 Abs. 1, Abs. 3, 281 Abs. 1 S. 1 haben.

1. Nichtleistung

Es wurde bereits festgestellt, dass V die von ihm geschuldete Leistung nicht erbracht hat.

2. Erfolglose Fristsetzung

Des Weiteren ist die erfolglose Fristsetzung durch K zu bejahen.

3. Vertretenmüssen des V

Ferner müsste V die Nichtleistung zu vertreten haben.

Der Schuldner haftet gemäß § 276 grundsätzlich für eigenes Verschulden. Ein eigenes Verschulden des V ist im vorliegenden Fall jedoch nicht erkennbar.

Gemäß § 278 haftet der Schuldner auch für ein Verschulden der Personen, derer er sich zur Erfüllung seiner Verbindlichkeit bedient. V hatte den A mit der Erledigung der Angelegenheit beauftragt. A ist somit als Erfüllungsgehilfe des V tätig geworden.

Fraglich ist, ob den A ein Verschulden i. S. des § 276 Abs. 1 trifft. A müsste die verspätete Lieferung vorsätzlich oder fahrlässig herbeigeführt haben.

Vorsatz, also das Wissen und Wollen der Tatbestandsverwirklichung, liegt nicht vor. A hatte nicht den Willen, dass K die Spülmaschinen zu spät erhalten würde.

A könnte aber Fahrlässigkeit vorzuwerfen sein. Fahrlässigkeit ist das Außerachtlassen der im Verkehr erforderlichen Sorgfalt (§ 276 Abs. 2). Grund für die Lieferungsverzögerung ist eine Unachtsamkeit des A. A hat folglich die im Verkehr erforderliche Sorgfalt nicht beachtet. Somit hat A durch fahrlässiges Verhalten gemäß § 276 Abs. 2 diese Lieferungsverzögerung verursacht.

Dieses Verschulden seines Erfüllungsgehilfen hat V gemäß § 278 wie eigenes Verschulden zu vertreten.

4. Schaden des K

Durch die Nichtleistung des V müsste dem K ein Schaden entstanden sein. Schaden nach der Regelung der §§ 249 ff. bedeutet eine Einbuße, die eine Person durch ein bestimmtes Ereignis gegen ihren Willen an Rechtsgütern erleidet.

K musste aufgrund der Nichtleistung des V bei einem anderen Händler 30 Spülmaschinen kaufen, was für ihn Mehrkosten in Höhe von 3300,– € verursacht hat. Somit ist dem K wegen der Nichtlieferung zunächst ein Schaden in Höhe von 3300,– € entstanden.

Es ist auch möglich, dass das schädigende Ereignis – hier die Nichtleistung – nicht nur den bereits vorhandenen Vermögensstand mindert, sondern auch das Hinzukommen neuer Vermögenswerte vermindert. Nach § 252 S. 1 erfasst der Schaden auch eine Einbuße letzterer Art, und es ist daher auch hierfür Ersatz zu leisten.

Bei K wollten zehn Kunden je eine Maschine des von V nicht gelieferten Typs kaufen. K konnte jedoch den Kunden die Spülmaschinen nicht liefern, sodass die Kunden bei der Konkurrenz kauften. Hätte K die Spülmaschinen rechtzeitig von V erhalten, wären die Kaufverträge nachweislich mit ihm abgeschlossen worden. In diesem Fall hätte K zehn Mal die Gewinnspanne für eine Spülmaschine in Höhe von 300,– € verdienen können. Dem K ist somit auch ein Schaden in Höhe von 3.000,– € in der Form des entgangenen Gewinns entstanden.

Der Schaden des K beläuft sich damit auf insgesamt 6300,– €.

5. Ergebnis

K hat gegen V einen Anspruch auf Zahlung von 6300,– € aus §§ 280 Abs. 1, Abs. 3, 281 Abs. 1 S. 1.

Lösung zu Aufgabe 6:

Anspruch des A gegen B auf Zahlung von 700 000,– € aus §§ 280 Abs. 1, 311 Abs. 2 Nr. 2, 241 Abs. 2

A könnte gegen B einen Anspruch auf Zahlung von 700 000,– € aus §§ 280 Abs. 1, 311 Abs. 2 Nr. 2, 241 Abs. 2 haben.

1. Schuldverhältnis zwischen A und B

Dann müsste zwischen A und B ein Schuldverhältnis im Sinne des § 280 Abs. 1 bestehen. A und B haben noch keinen Vertrag abgeschlossen. Es kommt daher nur die Entstehung eines vorvertraglichen Schuldverhältnisses gemäß § 311 Abs. 2 in Betracht. Ein solches Schuldverhältnis könnte gemäß § 311 Abs. 2 Nr. 2 mit der Anbahnung eines Vertrages entstanden sein.

Die Vertragsverhandlungen zwischen A und B über die Errichtung einer schlüsselfertigen Anlage waren bereits weit fortgeschritten. Es fehlte noch an der Einigung über den Preis. Somit liegt die Anbahnung eines Vertrages gemäß § 311 Abs. 2 Nr. 2 vor.

2. Pflichtverletzung des B

Ferner müsste B eine Pflicht aus diesem Schuldverhältnis verletzt haben. Aus dem vorvertraglichen Verhältnis gemäß § 311 Abs. 2 Nr. 2 ergab sich für B die Pflicht gegenüber A, diesem in angemessener Frist Klarheit darüber zu verschaffen, ob er einen Vertrag mit dem in Aussicht genommenen Inhalt abschließen will.

Die Pflichtverletzung des B liegt hier darin, dass er bei A das Vertrauen auf einen Vertragsschluss hervorgerufen hat und diesen Vertrag dann nicht mit A abgeschlossen hat, sondern mit einem anderen Unternehmer, ohne den A davon vorher rechtzeitig in Kenntnis zu setzen. A durfte nach dem bisherigen Verhalten des B, insbesondere wegen der Aufforderung, schon Bestellungen nach außen auszulösen, mit Sicherheit davon ausgehen, der Vertrag werde zustande kommen.

3. Vertretenmüssen des B

Des Weiteren müsste B seine Pflichtverletzung auch zu vertreten haben, also gemäß § 276 Abs. 1, Abs. 2 schuldhaft gehandelt haben. Das Verschulden des B könnte hier darin liegen, dass er bei A schuldhaft das Vertrauen geweckt und genährt hat, der Vertrag werde mit Sicherheit zustande kommen. A und B haben Vertragsverhandlungen aufgenommen, die bereits weit fortgeschritten waren. Im Zuge dieser Verhandlungen hat B den A gedrängt, bereits Verträge mit den Zulieferern abzuschließen und mit den Arbeiten zu beginnen. A durfte aufgrund dieser Aussage des B berechtigterweise davon ausgehen, dass der Vertrag über den Anlagenbau zustande kommen soll. B hat die Vertragsverhandlungen ohne triftigen Grund abgebrochen.

Mit diesem Verhalten gegenüber A hat B auch gegen die im Verkehr übliche Sorgfalt verstoßen und somit gemäß § 276 Abs. 1, Abs. 2 fahrlässig gehandelt.

Damit hat B seine Pflichtverletzung auch zu vertreten.

4. Schaden des A

Dem A müsste ferner ein Schaden entstanden sein. Der Ersatz des Schadens richtet sich nach der Regelung der §§ 249 ff. Der Gläubiger ist bei einer Pflichtverletzung aus einem vorvertraglichen Schuldverhältnis so zu stellen, wie er stünde, wenn er nicht auf das wirksame Zustandekommen des Vertrages vertraut hätte.

Hätte A nicht darauf vertraut, dass B mit ihm den Vertrag abschließt, hätte er nicht die Verträge mit den Zulieferern abgeschlossen. A hat für 700 000,– € von Zulieferern Teile bezogen und bereits bezahlt. Diese Teile kann A nicht anderweitig verwerten. Diese aus der Erfüllung der Kaufverträge für A entstandene Vermögenseinbuße stellt somit den zu ersetzenden Vertrauensschaden des A dar.

5. Ergebnis

A hat gegen B einen Anspruch auf Zahlung von 700 000,– € aus §§ 280 Abs. 1, 311 Abs. 2 Nr. 2, 241 Abs. 2.

Lösung zu Aufgabe 7:

I. Anspruch des K gegen V auf Nacherfüllung aus §§ 437 Nr. 1, 434 Abs. 1 S. 1, 439 Abs. 1

K könnte gegen V einen Anspruch auf Nacherfüllung aus §§ 437 Nr. 1, 434 Abs. 1 S. 1, 439 Abs. 1 haben.

1. Kaufvertrag

Dann müsste zunächst ein Kaufvertrag über die Möbel zwischen V und K zustande gekommen sein.

V hat sich mit K über den Verkauf der Möbel zum Preis von 10 000,– € geeinigt. Somit ist ein wirksamer Kaufvertrag zustande gekommen.

2. Sachmangel

Ferner müssten die Möbel einen Sachmangel im Sinne des § 434 Abs. 1 aufweisen.

Bei den Möbeln handelt es sich nicht um ein echtes Biedermeierzimmer, sondern um eine bloße Nachbildung aus dem Jahr 1956. Den Möbeln könnte damit gemäß § 434 Abs. 1 S. 1 die vertraglich vereinbarte Beschaffenheit fehlen. Dann müsste es sich bei dem Merkmal „Biedermeierzimmer" um eine Beschaffenheit im Sinne des § 434 Abs. 1 S. 1 handeln.

Der Begriff der Beschaffenheit umfasst die Eigenschaften, die der Kaufsache unmittelbar physisch anhaften, aber auch Umstände, die außerhalb der Sache liegen können. Die Herkunft der gekauften Möbel aus der Epoche des Biedermeier ist ein für deren Wert maßgebliches Merkmal. Damit handelt es sich beim Merkmal „Biedermeierzimmer" um eine Beschaffenheit im Sinne des § 434 Abs. 1 S. 1.

Des Weiteren müsste diese Beschaffenheit zwischen V und K vertraglich vereinbart worden sein. Vereinbarung über die Beschaffenheit bedeutet im Zweifel, dass die Parteien des Vertrages die Beschaffenheit der Kaufsache zum Vertragsinhalt erklärt haben.

V hat die Möbelgarnitur in seiner Zeitungsanzeige als „Biedermeierzimmer" angepriesen und ihr Alter mit 175 Jahren angegeben. Beim Verkaufsgespräch erklärte K dem V, er möchte seine Wohnung mit echten Stilmöbeln ausstatten. K wollte die Möbelgarnitur folglich nicht als Gebrauchsgegenstand erwerben, sondern es ging ihm gerade um deren Eigenschaft als Originale einer bestimmten Epoche. Demzufolge ist die Beschaffenheit der Möbelgarnitur als echtes Biedermeierzimmer zum Vertragsinhalt geworden und somit vereinbart worden.

Bei den Möbeln handelt es sich um bloße Nachbildungen von Biedermeiermöbeln. Den Möbeln fehlt damit die vertraglich vereinbarte Beschaffenheit gemäß § 434 Abs. 1 S. 1.

Somit liegt ein Sachmangel im Sinne des § 434 Abs. 1 vor.

3. Gefahrübergang

Der Mangel müsste ferner auch bei Gefahrübergang vorgelegen haben. Der Gefahrübergang erfolgt gemäß § 446 S. 1 mit Übergabe der Sache. Die Möbel waren schon von Anfang an mit dem Mangel behaftet, sodass der Mangel auch bei Übergabe und damit bei Gefahrübergang vorlag.

4. Zwischenergebnis

K könnte somit einen Anspruch gegen V auf Anspruch auf Nacherfüllung aus §§ 437 Nr. 1, 434 Abs. 1 S. 1, 439 Abs. 1 haben.

5. Ausschluss der Nacherfüllung gemäß § 275 Abs. 1

Die Nacherfüllung könnte gemäß § 275 Abs. 1 wegen Unmöglichkeit ausgeschlossen sein. Unmöglichkeit bedeutet: Die Leistung kann nicht oder nicht mehr erbracht werden. Unmöglichkeit der Leistung ist also jedenfalls anzunehmen, wenn der Leistungserfolg weder vom Schuldner, noch von irgendeinem Dritten herbeigeführt werden kann.

Eine Nacherfüllung durch die Beseitigung des Mangels ist unmöglich, da aus Möbeln aus dem Jahr 1956 keine Biedermeiermöbel gemacht werden können.

Eine Nacherfüllung in der Form der Lieferung einer mangelfreien Sache würde die Lieferung eines Original-Biedermeierzimmers bedeuten. V kann aber dem K kein Original-Biedermeierzimmer liefern, da solche Möbel nirgendwo sonst erhältlich sind und V sich diese also nicht verschaffen kann.

Somit ist dem V die Nacherfüllung gemäß § 275 Abs. 1 unmöglich.

6. Ergebnis

K hat gegen V keinen Anspruch auf Nacherfüllung aus §§ 437 Nr. 1, 434 Abs. 1 S. 1, 439 Abs. 1.

II. Anspruch des K gegen V auf Rückzahlung des Kaufpreises aus §§ 437 Nr. 2, 434 Abs. 1 S. 1, 326 Abs. 5, 346 Abs. 1

K könnte gegen V einen Anspruch auf Rückzahlung des Kaufpreises Zug um Zug gegen Rückgabe der Möbel aus §§ 437 Nr. 2, 434 Abs. 1 S. 1, 326 Abs. 5, 346 Abs. 1 haben.

Dann müsste zwischen K und V ein wirksamer Kaufvertrag bestehen und K müsste von diesem Vertrag wirksam zurücktreten können.

1. Kaufvertrag und Mangel der Kaufsache

K und V haben einen Kaufvertrag geschlossen. Die von K gekauften Möbel weisen einen Mangel gemäß § 434 Abs. 1 S. 1 auf, der auch bei Gefahrübergang bestand.

2. Ausschluss des Nacherfüllungsanspruchs

Der Nacherfüllungsanspruch ist, wie bereits festgestellt, gemäß § 275 Abs. 1 ausgeschlossen. Damit muss sich K nicht auf den Vorrang der Nacherfüllung verweisen lassen, sondern kann sofort sein Rücktrittsrecht ausüben.

3. Ausübung des Rücktrittsrechts

Grundsätzlich muss der Käufer, bevor er sein Rücktrittsrecht geltend machen kann, dem Verkäufer gemäß §§ 437 Nr. 2, 323 eine angemessene Frist zur Nacherfüllung setzen und diese muss erfolglos abgelaufen sein. Im Fall des § 275 Abs. 1 ist aber gemäß § 326 Abs. 5 die Fristsetzung für die Ausübung des Rücktrittsrechts entbehrlich.

Somit kann K sofort wirksam vom Kaufvertrag zurücktreten.

4. Ergebnis

K hat somit nach Ausübung seines Rücktrittsrechts einen Anspruch gegen V auf Rückzahlung des Kaufpreises Zug um Zug gegen Rückgabe der Möbel aus §§ 437 Nr. 2, 434 Abs. 1 S. 1, 323, 346 Abs. 1.

III. Anspruch des K gegen V auf Minderung des Kaufpreises aus §§ 437 Nr. 2, 434 Abs. 1 S. 1, 441

K könnte gegen V einen Anspruch auf Minderung des Kaufpreises aus §§ 437 Nr. 2, 434 Abs. 1 S. 1, 441 haben.

Dann müsste zwischen K und V ein wirksamer Kaufvertrag bestehen und K müsste den Kaufpreis wirksam mindern können.

1. Kaufvertrag und Mangel der Kaufsache

K und V haben einen Kaufvertrag geschlossen. Die von K gekauften Möbel weisen einen Mangel gemäß § 434 Abs. 1 S. 1 auf, der auch bei Gefahrübergang bestand.

2. Ausübung des Minderungsrechts

Der Nacherfüllungsanspruch ist, wie bereits festgestellt, gemäß § 275 Abs. 1 ausgeschlossen. Die Ausübung des Minderungsrechts ist damit nicht durch den Vorrang der Nacherfüllung ausgeschlossen. Somit kann K wirksam sein Minderungsrecht ausüben.

3. Ergebnis

K hat gegen V einen Anspruch auf Minderung des Kaufpreises aus §§ 437 Nr. 2, 434 Abs. 1 S. 1, 441.

Die Berechnung des geminderten Kaufpreises erfolgt gemäß § 441 Abs. 3.

Lösung zu Aufgabe 8:

I. Anspruch des R gegen A auf Nacherfüllung aus §§ 437 Nr. 1, 434 Abs. 1, 439 Abs. 1

R könnte gegen A einen Anspruch auf Nacherfüllung aus §§ 437 Nr. 1, 434 Abs. 1, 439 Abs. 1 haben.

1. Kaufvertrag

Dann müsste zunächst ein Kaufvertrag über den Kopierer zwischen R und A zustande gekommen sein.

A hat am 7. 1. 2010 mit R einen wirksamen Kaufvertrag über den Kopierer zum Preis von 1500,– € abgeschlossen. Somit ist ein wirksamer Kaufvertrag zustande gekommen.

2. Mangel des Kopiergeräts gemäß § 434 Abs. 1

Ferner müsste der Kopierer einen Sachmangel im Sinne des § 434 Abs. 1 aufweisen.

Anhaltspunkte für eine vertraglich vereinbarte Beschaffenheit oder eine nach dem Vertrag vorausgesetzte Verwendung bestehen nicht. Ein Sachmangel im Sinne des § 434 Abs. 1 S. 1, Abs. 1 S. 2 Nr. 1 kommt somit nicht in Betracht.

Es könnte aber ein Sachmangel gemäß § 434 Abs. 1 S. 2 Nr. 2 vorliegen. Dann müsste das Kopiergerät sich nicht für die gewöhnliche Verwendung eignen und nicht die Beschaffenheit aufweisen, die bei Sachen der gleichen Art üblich sind und die der Käufer nach der Art der Sache erwarten darf.

Das Kopiergerät knickt die Ecken des Papiers um und liefert Kopien, die mit schwarzen Streifen versehen sind. Die gewöhnliche Verwendung eines Kopiergeräts liegt in der Anfertigung einwandfreier Kopien. Diese Beschaffenheit darf der Käufer auch erwarten. Das von R gekaufte Kopiergerät ist somit für die gewöhnliche

Verwendung nicht geeignet. Es weist damit einen Sachmangel gemäß § 434 Abs. 1 S. 2 Nr. 2 auf.

3. Gefahrübergang

Der Mangel müsste ferner auch bei Gefahrübergang vorgelegen haben. Der Gefahrübergang erfolgt gemäß § 446 S. 1 mit Übergabe der Sache, somit hier mit Lieferung des Kopierers.

Für den Verbrauchsgüterkauf gilt die Sonderregel des § 476. Danach wird vermutet, dass der Sachmangel bereits bei Gefahrübergang vorgelegen hat, wenn er sich innerhalb der ersten sechs Monate nach Gefahrübergang zeigt. Bei dem zwischen A und R geschlossenen Kaufvertrag könnte es sich um einen Verbrauchsgüterkauf gemäß § 474 Abs. 1 handeln. Dann müsste A Unternehmer im Sinne des § 14 sein und R müsste Verbraucher im Sinne des § 13 sein. A ist als GmbH eine juristische Person und hat bei Abschluss des Kaufvertrages in Ausübung ihrer gewerblichen Tätigkeit gehandelt. Somit ist A Unternehmer im Sinne des § 14. R hat das Kopiergerät zu privaten Zwecken gekauft und ist somit Verbraucher im Sinne des § 13. Damit handelt es sich bei dem Kaufvertrag um einen Verbrauchsgüterkauf gemäß § 474 Abs. 1.

Der Kopierer weist schon bei der ersten Inbetriebnahme 4 Wochen nach Lieferung den Sachmangel auf. Damit greift die Vermutungsregel des § 476 ein.

4. Nacherfüllungsanspruch gemäß § 439

R könnte somit einen Anspruch gegen A auf Anspruch auf Nacherfüllung aus §§ 437 Nr. 1, 434 Abs. 1, 439 Abs. 1 haben.

5. Ausschluss des Nacherfüllungsanspruchs durch die Allgemeinen Geschäftsbedingungen

Fraglich ist, ob der Nacherfüllungsanspruch durch die von A verwendete Klausel, „Etwaige Gewährleistungsrechte muss der Käufer innerhalb eines Monats nach Lieferung des gekauften Geräts geltend machen." ausgeschlossen ist.

Gemäß § 475 Abs. 2, der bei Verbrauchsgüterkäufen Anwendung findet, ist jedoch eine Verkürzung der Verjährung der Ansprüche aus § 437 unzulässig. Somit kann sich A auf diese Vertragsklausel nicht berufen.

6. Ergebnis

K hat gegen V einen Anspruch auf Nacherfüllung aus §§ 437 Nr. 1, 434 Abs. 1, 439 Abs. 1.

II. Anspruch des R gegen A auf Rückzahlung des Kaufpreises aus §§ 437 Nr. 2, 434 Abs. 1, 323, 346 Abs. 1

R könnte gegen A einen Anspruch auf Rückzahlung des Kaufpreises Zug um Zug gegen Rückgabe des Kopiergeräts aus §§ 437 Nr. 2, 434 Abs. 1, 323, 346 Abs. 1 haben.

Dann müsste zwischen R und A ein wirksamer Kaufvertrag bestehen und R müsste von diesem Vertrag wirksam zurücktreten können.

1. Kaufvertrag und Mangel der Kaufsache

R und A haben einen Kaufvertrag geschlossen. Das von K gekaufte Kopiergerät weist einen Mangel gemäß § 434 Abs. 1 S. 1 auf, der auch bei Gefahrübergang bestand.

2. Ausübung des Rücktrittsrechts

Grundsätzlich muss der Käufer, bevor er sein Rücktrittsrecht geltend machen kann, dem Verkäufer gemäß §§ 437 Nr. 2, 323 eine angemessene Frist zur Nacherfüllung setzen und diese muss erfolglos abgelaufen sein.

3. Entbehrlichkeit der Fristsetzung

Die Fristsetzung könnte aber gemäß § 323 Abs. 2 Nr. 1 entbehrlich sein. A hat hier ausdrücklich erklärt, er weise sämtliche Ansprüche zurück. Damit hat er zum Ausdruck gebracht, dass er nicht bereit ist, eine Nacherfüllung in Form der Reparatur oder Neulieferung zu erbringen. Damit hat er die Leistung gemäß § 323 Abs. 2 Nr. 1 ernsthaft und endgültig verweigert.

Eine Fristsetzung ist somit nicht erforderlich.

4. Ergebnis

K hat somit nach Ausübung seines Rücktrittsrechts einen Anspruch gegen V auf Rückzahlung des Kaufpreises Zug um Zug gegen Rückgabe der Möbel aus §§ 437 Nr. 2, 434 Abs. 1 S. 1, 323, 346 Abs. 1.

Lösung zu Aufgabe 9:

I. Anspruch des V gegen Z auf Tieferlegung der Sickerstränge gemäß §§ 634 Nr. 1, 635 Abs. 1, 633 Abs. 2

V könnte gemäß §§ 634 Nr. 1, 635 Abs. 1, 633 Abs. 2 einen Anspruch auf Tieferlegung der Sickerstränge gegen Z haben.

1. Werkvertrag

Ein solcher Anspruch könnte bestehen, wenn zwischen V und Z ein Werkvertrag abgeschlossen worden ist. Durch den Werkvertrag wird der Unternehmer zur Herstellung des versprochenen Werkes, der Besteller zur Entrichtung der vereinbarten Vergütung verpflichtet (§ 631 Abs. 1). V und Z haben sich geeinigt, dass Z die Klärgrube errichten und dafür eine Vergütung von 10 000,– € erhalten soll. Demnach ist ein wirksamer Werkvertrag abgeschlossen worden.

2. Sachmangel

Ein Anspruch aus §§ 634 Nr. 1, 635 Abs. 1 setzt einen Sachmangel i. S. des § 633 Abs. 1, Abs. 2 voraus. Ein solcher liegt u. a. dann vor, wenn das Werk sich nicht für die gewöhnliche Verwendung eignet (§ 633 Abs. 2 Nr. 2). Durch die vom Bauplan abweichende zu hohe Verlegung der Sickerstränge wird die Verwendungsfähigkeit der Versickerungsanlage erheblich herabgesetzt. Das Werk ist nicht von der geschuldeten Beschaffenheit. Nach §§ 634 Nr. 1, 635 Abs. 1 kann V von Z Beseitigung des Mangels verlangen. Die Beseitigung des Mangels ist nur durch Tieferlegung der Sickerstränge möglich. Somit kann V die Tieferlegung der Sickerstränge fordern.

3. Verweigerungsrecht des Z

Unter den Voraussetzungen des § 635 Abs. 3 könnte Z die Beseitigung des Mangels verweigern. Die Tieferlegung erfordert aber keinen unverhältnismäßigen Aufwand, sodass sich Z nicht nach § 635 Abs. 3 weigern kann.

4. Kenntnis des V vom Mangel

V kannte bei der Abnahme den Mangel nicht. Folglich konnte der Mangelbeseitigungsanspruch nicht schon durch vorbehaltlose Abnahme in Kenntnis des Mangels gemäß § 640 Abs. 2 erlöschen.

5. Ergebnis

V kann also von Z die Tieferlegung der Sickerstränge gemäß §§ 634 Nr. 1, 635 Abs. 1, 633 Abs. 2 verlangen.

II. Anspruch des V gegen Z auf Ersatz der Aufwendungen gemäß §§ 637 Abs. 1, 634 Nr. 2, 633 Abs. 2

Ein Anspruch des V gegen Z auf Ersatz der Aufwendungen könnte sich aus §§ 637 Abs. 1, 634 Nr. 2, 633 Abs. 2 ergeben.

Der erforderliche Mangel des Werks liegt gemäß § 633 Abs. 2 S. 2 Nr. 2 vor. Gemäß § 634 Nr. 2 kann V daher unter den Voraussetzungen des § 637 Abs. 1 den Mangel selbst beseitigen und Aufwendungsersatz verlangen. Nach § 637 Abs. 1 muss der Besteller zunächst eine angemessene Frist zur Nacherfüllung setzen und diese muss erfolglos abgelaufen sein. Nach Fristablauf hat V gegen Z einen Anspruch auf Ersatz der Aufwendungen aus §§ 637 Abs. 1, 634 Nr. 2, 633 Abs. 2. V muss den Mangel nicht eigenhändig beseitigen, sondern kann den B mit der Mängelbeseitigung beauftragen und die Kosten als Aufwendungen von Z verlangen.

Lösung zu Aufgabe 10:

I. Anspruch des A gegen E aus §§ 683, 670 auf Zahlung von 2.500 €

A könnte gegen E einen Anspruch aus §§ 683, 670 auf Zahlung von 2.500 € erworben haben.

Zwischen A und E ist kein Vertrag geschlossen worden. Deshalb kommt nur ein Anspruch aus einem gesetzlichen Schuldverhältnis, hier der Geschäftsführung ohne Auftrag, in Betracht.

Ein Anspruch aus §§ 683, 670 setzt voraus, dass A ein fremdes Geschäft geführt hat. Der Begriff der **Geschäftsbesorgung** entspricht dem des § 662, d. h. er umfasst rechtsgeschäftliche und tatsächliche Handlungen, also auch die Alarmierung der Hafenaufsicht, damit das Boot des E gesichert werden konnte.

Gemäß § 677 muss es sich um ein fremdes Geschäft handeln. Dazu zählen alle Angelegenheiten, die nicht ausschließlich solche des Geschäftsführers selbst sind, sondern zumindest auch in den Sorgebereich eines anderen fallen. Da es dem A um die Rettung des Bootes des E ging, besorgte A kein eigenes, sondern ein fremdes Geschäft.

A müsste mit Fremdgeschäftsführungswillen gehandelt haben, d. h. mit dem Bewusstsein, die Angelegenheiten eines anderen zu besorgen oder doch mitzubesorgen. Der Wille, ein fremdes Geschäft zu besorgen, wird vermutet, wenn es sich objektiv um ein fremdes Geschäft handelt. A handelte erkennbar mit dem Willen, die Hafenaufsicht im Interesse des E aufmerksam zu machen.

Berechtigt ist die GoA nur dann, wenn sie dem Interesse und dem wirklichen oder mutmaßlichen Willen des Geschäftsherrn, hier des E, entspricht (§§ 677, 683). Beide Voraussetzungen müssen im Zeitpunkt der Übernahme der Geschäftsführung vorhanden sein. Die Übernahme muss also im objektiven Interesse des Geschäftsherrn liegen. Dabei ist die Gesamtlage des Geschäftsherrn zu beachten. Das objektive Interesse des E ist hier die Sicherung des Schiffes, welches ohne eine schnell eingeleitete Rettungsaktion nicht nur selbst beschädigt würde, sondern auch andere Schiffe oder Hafenanlagen beschädigen könnte.

Zu dem Interesse muss der tatsächliche oder mutmaßliche Wille des Geschäftsherrn hinzukommen. Der mutmaßliche Wille ist nur dann von Bedeutung, wenn der wirkliche Wille nicht erkennbar ist. Um den mutmaßlichen Willen feststellen zu können, muss danach gefragt werden, ob der Geschäftsherr bei objektiver Berücksichtigung aller Umstände der Geschäftsführung zugestimmt hätte. Eine objektive Betrachtung aus der Sicht des E führt angesichts der Schäden, welche drohen, wenn das Schiff nicht gesichert wird, zu dem Ergebnis, dass der mutmaßlich Wille des E dahin ging, möglichst schnell Rettungsmaßnahmen einzuleiten.

Der Tatbestand einer berechtigten Geschäftsführung ohne Auftrag liegt als vor.

Die Kosten für den Einsatz, welche die Hafenaufsicht von A fordert, sind typische Aufwendungen I. Sinne des § 670.

Deshalb kann A von E gemäß §§ 683, 670 Zahlung von 2.500 € verlangen.

II. Anspruch des A gegen E aus §§ 683, 679, 670 auf Zahlung von 2.500 € Abwandlung)

A könnte gegen E einen Anspruch aus §§ 683, 670 auf Zahlung von 2.500 € erworben haben.

E besorgt auch hier ein fremdes Geschäft mit Fremdgeschäftsführungswillen. Das Geschäft entspricht objektiv auch dem Interesse des E, aber der wirkliche Wille des E steht der Geschäftsführung durch A entgegen. Von dem Erfordernis des Willens ist allerdings unter den in § 679 genannten Voraussetzungen abzusehen. Ein Boot, welches bei Sturm ohne Führung auf dem Wasser treibt, stellt stets eine Gefahr für andere Schiffe dar. Es lag deshalb im öffentlichen Interesse, dass das Boot des E möglichst schnell geborgen wurde. Der entgegenstehende Wille des E ist deshalb nach § 679 unbeachtlich.

Demnach kann A von E gemäß §§ 683, 679, 670 Zahlung von 2.500 € verlangen.

Lösung zu Aufgabe 11:

Anspruch des M gegen B auf Zahlung von Maklerlohn gemäß § 652 Abs. 1 S. 1

Ein Anspruch des M gegen B auf Zahlung von Maklerlohn könnte sich aus § 652 Abs. 1 S. 1 ergeben.

Voraussetzung für einen Anspruch auf Maklerlohn aus § 652 Abs. 1 ist, dass zwischen M und B ein Maklervertrag vereinbart ist und das angestrebte Geschäft, hier ein Grundstückskaufvertrag, infolge der Maklertätigkeit zustande gekommen ist. B hat M mit dem Nachweis eines Kaufwilligen für sein Grundstück in Bonn beauftragt. Ein Maklervertrag ist demnach geschlossen worden. B und der von M vermittelte Kaufinteressent K haben einen Kaufvertrag über das Grundstück jedoch nicht abgeschlossen. B wollte nämlich sein Grundstück nicht veräußern, wozu er trotz des Maklervertrages mit M nicht verpflichtet war. Demnach ist eine der wesentlichen Voraussetzungen für das Entstehen des Maklerlohnanspruches nicht erfüllt.

M kann somit von B keinen Maklerlohn gemäß § 652 Abs. 1 S. 1 verlangen.

Lösung zu Aufgabe 12:

Die X-Bank könnte gegen H gemäß § 488 Abs. 1 BGB i.V.m. § 765 Abs. 1 BGB einen Anspruch auf Zahlung von € 50 000,– haben. H hat sich schriftlich zur Übernahme der Bürgschaft verpflichtet. Zwischen ihm und der Bank ist ein formwirk-

samer (vgl. §§ 766 S. 1, 492 Abs. 1 S. 5 Nr. 7 BGB) Bürgschaftsvertrag zustande gekommen, aus dem er der Bank selbstschuldnerisch haftet. Das bedeutet, dass die
X-Bank ihn in Anspruch nehmen kann, ohne zuvor Anstrengungen unternommen zu haben, die Darlehenssumme von S zu erhalten.

Auch die selbstschuldnerische Bürgschaft ist allerdings akzessorisch. Gemäß § 767
BGB hängt die Verpflichtung des Bürgen von dem jeweiligen Bestand der Hauptverbindlichkeit – hier der Darlehensrückzahlungsforderung, die die X-Bank gegen S hat – ab. Da die X-Bank den Teilbetrag von € 10 000,– und die Zinszahlung
entgegengenommen hat, ist die Darlehensforderung insoweit erfüllt. Die X-Bank
hat gegen S also nur noch eine Darlehensrückzahlungsforderung in Höhe von
€ 40 000,–. Gemäß § 607 BGB i.V.m. §§ 765 und 767 BGB kann sie auch nur Zahlung dieses Betrages von dem Bürgen H verlangen.

Lösung zu Aufgabe 13:

A. B kann von S aufgrund des Übergangs der Kaufpreisforderung, die A gegen S
besaß, die Zahlung von € 500,– gemäß § 774 Abs. 1 i. V. m. § 433 Abs. 2 BGB verlangen, wenn er als Bürge des S dessen Verpflichtung gegenüber A befriedigte.

A war Inhaber einer Kaufpreisforderung gemäß § 433 Abs. 2 BGB gegen S in Höhe
von € 500,–.

B hat sich für die Zahlung dieser Forderung gegenüber A formwirksam (§ 766
BGB) selbstschuldnerisch (§ 773 Abs. 1 Nr. 1) verbürgt.

Indem B die Forderung des A aus dem Kaufvertrag durch die Zahlung der € 500,–
befriedigte, ging die Kaufpreisforderung aus § 433 Abs. 2 BGB gegen S gemäß
§ 774 Abs. 1 BGB auf B über.

B kann somit von S gemäß § 433 Abs. 2 i. V. m. § 774 Abs. 1 BGB Zahlung von
€ 500,– verlangen.

B. B kann von S auch gemäß § 670 BGB Zahlung der € 500,– verlangen, wenn
zwischen S und B ein Auftragsverhältnis gemäß § 662 bestand und B durch die
Zahlung der € 500,– an A zum Zwecke der Ausführung des Auftrages Aufwendungen machte, die er den Umständen nach für erforderlich halten durfte.

Ein Auftragsvertrag i. S. von § 662 kommt zustande durch Angebot und Annahme. Indem S den B bat, er möge für ihn die selbstschuldnerische Bürgschaft übernehmen, machte er B das Angebot, dieser möge unentgeltlich ein Geschäft für ihn
besorgen.

Indem B die selbstschuldnerische Bürgschaft übernahm, nahm er das Angebot des
S an.

Zwischen B und S bestand somit ein Auftrag gemäß § 662.

Indem B den von A eingeforderten und von ihm verbürgten Betrag von € 500,- bezahlte, tätigte er auch Aufwendungen zum Zwecke der Ausführung des Auftragsvertrages, die er nach den Umständen für erforderlich halten durfte.

B kann somit von S auch gemäß § 670 BGB Zahlung von € 500,- verlangen.

Der Anspruch des B auf Zahlung von € 500,- ist somit aus zwei Anspruchsgrundlagen begründet. B kann selbstverständlich nur einmal Zahlung verlangen.

Lösung zu Aufgabe 14:

Anspruch des K gegen B auf Schadensersatz aus § 765 BGB i. V. mit §§ 437 Nr. 3, 280, 281 BGB

K könnte gegen B einen Anspruch auf Schadensersatz statt der Leistung aus § 765 BGB i. V. mit § 437 Nr. 3, 280, 281 BGB haben.

1. Wirksamer Bürgschaftsvertrag zwischen B und K

Zunächst ist zu prüfen, ob B und K einen wirksamen Bürgschaftsvertrag gemäß § 765 Abs. 1 BGB abgeschlossen haben.

B und K haben sich am 2.04.2010 über die Entstehung der Bürgschaft geeinigt. B hat auch die Bürgschaftserklärung gemäß § 766 S. 1 BGB schriftlich erteilt.

Damit ist eine wirksame Bürgschaftsverpflichtung des B gegenüber K entstanden.

Inhalt des Bürgschaftsvertrages ist die Übernahme einer Bürgschaft für „alle aus der Abwicklung des Kaufvertrages entstandenen Ansprüche". Es liegt somit eine Gewährleistungsbürgschaft des B vor.

2. Bestehen eines Schadensersatzanspruchs des K gegen V aus §§ 437 Nr. 3, 280, 281 BGB als wirksame Hauptverbindlichkeit

Wegen der Vereinbarung einer Gewährleistungsbürgschaft müsste als Hauptverbindlichkeit im Sinne des § 765 Abs. 1 BGB ein Gewährleistungsanspruch des K gegen V vorliegen.

Dieser könnte in einem Anspruch des K gegen V auf Schadensersatz aus §§ 437 Nr. 3, 280, 281 BGB bestehen.

a) Abschluss eines Kaufvertrages zwischen V und K

Dann müssten K und V zunächst einen Kaufvertrag geschlossen haben.

K und V haben sich am 2.4.2010 über den Kauf eines gebrauchten LKW zum Preis von € 75 000,- geeinigt. Somit besteht zwischen ihnen ein wirksamer Kaufvertrag.

b) Vorliegen eines Sachmangels

Des Weiteren müsste der verkaufte LKW einen Mangel aufweisen (§ 434 BGB).

Der LKW ist aufgrund der defekten Bremssysteme und anderer schwerer Fehler nicht technisch einwandfrei, sodass der LKW einen Mangel gemäß § 434 Abs. 1 S. 2 Nr. 2 BGB aufweist.

Ferner müsste V diesen Mangel gemäß §§ 280 Abs. 1, 276 Abs. 1 BGB zu vertreten haben. Hier kannte V die Mängel des LKW und handelte somit vorsätzlich.

Ein Vertretenmüssen i. S. des § 276 Abs. 1 BGB liegt damit vor.

Zu prüfen ist ferner, ob K eine Frist zur Mängelbeseitigung gemäß § 281 Abs. 1 BGB setzen musste. Diese Fristsetzung könnte aber gemäß § 281 abs. 2 BGB entbehrlich sein. Aufgrund der schweren Mängel des LKW und wegen des vorsätzlichen Verschweigens der Mängel durch V ist dem K eine vorherige Mängelbeseitigung nicht zuzumuten. Damit ist die Fristsetzung gemäß § 281 Abs. 2 BGB entbehrlich.

c) Ergebnis

K hat einen Anspruch gegen V auf Schadensersatz aus §§ 437 Nr. 3, 280, 281 BGB.

3. Einreden des B

Fraglich ist, ob sich B gegenüber K auf Einreden berufen kann.

B hatte eine Bürgschaft auf erstes Anfordern abgegeben. Somit kann er gegen die Inanspruchnahme durch K keine Einreden geltend machen.

4. Ergebnis

K hat gegen B einen Anspruch auf Schadensersatz statt der Leistung aus § 765 BGB i. V. mit §§ 437 Nr. 3, 280, 281 BGB.

K kann verlangen, so gestellt zu werden, wie er stünde, wenn der verkaufte PKW mangelfrei gewesen wäre.

Ein Käufer, der einen Schadensersatzanspruch nach §§ 280, 281 BGB geltend macht, kann zwischen zwei Berechnungsarten wählen: Entweder behält er die Kaufsache und verlangt den Ersatz der Differenz zwischen dem Wert der mangelhaften und dem hypothetischen Wert der mangelfreien Sache (sogenannter „kleiner Schadensersatz") oder er lehnt die mangelhafte Sache ab bzw. gibt sie zurück und verlangt den ihm durch die Nichterfüllung des Vertrages insgesamt entstandenen Schaden, insbesondere den gesamten gezahlten Kaufpreis ersetzt (sogenannter „großer Schadensersatz").

K kann somit wahlweise von B die Rückzahlung des gesamten Kaufpreises verlangen oder nach Berechnung des Minderwerts des LKW die Rückerstattung der Differenz. K kann ferner in beiden Fällen Ersatz des ihm entstandenen Ausfalls in Höhe von € 2300,– verlangen.

Lösung zu Aufgabe 15:

**Anspruch der X-Bank gegen F auf Zahlung von € 125 000,–
aus §§ 765 Abs. 1, 488 BGB**

Die X-Bank könnte gegen F einen Anspruch auf Zahlung von € 125 000,– aus §§ 765 Abs. 1, 488 BGB haben.

1. Wirksamer Bürgschaftsvertrag zwischen der X-Bank und F

Dazu müsste zunächst zwischen der X-Bank und F ein wirksamer Bürgschaftsvertrag abgeschlossen worden sein.

Die X-Bank und F haben sich über den Abschluss eines Bürgschaftsvertrages geeinigt. Die gemäß § 766 S. 1 BGB erforderliche Schriftform ist eingehalten worden. Somit ist zwischen der X-Bank und F ein wirksamer Bürgschaftsvertrag zustande gekommen.

2. Bestehen einer zu sichernden Hauptforderung

Des Weiteren muss eine Hauptforderung bestehen, welche durch die Bürgschaft gesichert werden soll.

Als zu sichernde Hauptforderungen sind nach dem Vertrag alle bestehenden und zukünftigen Forderungen der X-Bank gegen P vereinbart worden. Gemäß § 765 Abs. 2 BGB kann die Bürgschaft auch für eine künftige oder eine bedingte Verbindlichkeit übernommen werden. Allerdings ist dann erforderlich, dass der Schuldgrund für eine zukünftige Verbindlichkeit zumindest bestimmbar ist.

Die zu sichernden Forderungen ergeben sich aus der Geschäftsbeziehung zwischen der X-Bank und P und sind daher zumindest bestimmbar. Dies ist ausreichend, um den Umfang der Bürgschaftsverpflichtung festlegen zu können.

Damit besteht eine zu sichernde Hauptforderung.

3. Verstoß des Bürgschaftsvertrages gegen die §§ 307 ff.

Fraglich ist aber, ob F für die Überschreitung des Kontokorrentkredits durch P in Höhe von € 125 000,– haften muss. F wollte nämlich nur einen einzelnen Kredit, nämlich den Kredit über € 150 000,– sichern.

Er hatte jedoch mit seiner Unterschrift unter den Bürgschaftsvertrag formularmäßig die Bürgschaft für alle bestehenden und künftigen Forderungen der X-Bank gegen P übernommen. Diese Verpflichtung des F zur unbeschränkten Haftung könnte gegen § 305c Abs. 1 verstoßen und somit nicht Vertragsbestandteil geworden sein.

a) Verwendung allgemeiner Geschäftsbedingungen durch die X-Bank

Bei § 2 des Bürgschaftsvertrages müsste es sich zunächst um eine Allgemeine Geschäftsbedingung i. S. des § 305 Abs. 1 handeln.

Eine Begriffsbestimmung für Allgemeine Geschäftsbedingungen enthält § 305 Abs. 1. Danach liegen allgemeine Geschäftsbedingungen vor, wenn der Verwender für den potenziellen Vertragspartner einen fertigen Vertragsentwurf bereithält, der für eine „Vielzahl von Verträgen" bestimmt ist und wenn der Verwender diese vorformulierten Vertragsbedingungen dem Vertragspartner einseitig auferlegt.

Die X-Bank hatte ein Vertragsformular verwendet, in dem vorformulierte Vertragsklauseln enthalten waren. Somit handelt es sich bei § 2 des Bürgschaftsvertrages um eine Allgemeine Geschäftsbedingung.

b) Einbeziehung in den Bürgschaftsvertrag

Ferner muss diese Klausel auch nach § 305 Abs. 2 in den Bürgschaftsvertrag einbezogen worden sein. Das bedeutet, der Verwender muss einen ausdrücklichen Hinweis auf die Allgemeinen Geschäftsbedingungen geben und dem anderen Vertragspartner die Möglichkeit geben, in zumutbarer Weise vom Inhalt der Allgemeinen Geschäftsbedingungen Kenntnis zu nehmen. Der andere Vertragspartner muss außerdem eine Einverständniserklärung abgeben.

§ 2 des Bürgschaftsvertrages war auf dem Vertragsformular abgedruckt, sodass F die Möglichkeit hatte, von dieser Klausel Kenntnis zu nehmen. Dass F sich den Vertrag nicht durchgelesen hat, ändert an der Möglichkeit der Kenntnisnahme nichts, welche für die Einbeziehung nach § 305 Abs. 1 ausreichend ist.

F hat auch durch seine Unterschrift sein Einverständnis mit der Geltung des gesamten Vertragsinhalts bekundet.

Die Allgemeinen Geschäftsbedingungen sind folglich wirksam in den Vertrag einbezogen worden.

c) Verstoß der Klausel gegen § 305c Abs. 1

Die Einbeziehung der Haftung des Bürgen für alle bestehenden und zukünftigen Verbindlichkeiten könnte gegen § 305c Abs. 1 verstoßen. Danach werden überraschende Allgemeine Geschäftsbedingungen nicht Vertragsbestandteil.

Als überraschend wird eine Regelung in Allgemeinen Geschäftsbedingungen dann angesehen, wenn sie von den Erwartungen des Vertragspartners deutlich abweicht und dieser mit derselben den Umständen nach vernünftigerweise nicht zu rechnen braucht.

Die Erwartungen des Vertragspartners werden dabei von allgemeinen und von individuellen Begleitumständen des Vertragsschlusses bestimmt.

Bei dem Telefongespräch mit der X-Bank vor Abschluss des Bürgschaftsvertrages hatte F deutlich gemacht, nur für den Kredit in Höhe von € 150 000,– haften zu wollen, der für die Anschaffung der dringend erforderlichen zwei Maschinen diente. Für andere Verbindlichkeiten des P wollte sich F nicht verbürgen.

Es ging im vorliegenden Fall somit um die Absicherung eines konkreten Einzelkredits. F konnte daher darauf vertrauen, dass von ihm auch nur insoweit eine Bürgschaft erwartet wird.

Die Ausdehnung der Bürgenhaftung auf alle gegenwärtigen und zukünftigen Forderungen der X-Bank gegen P ist somit eine überraschende Klausel im Sinne des § 305 Abs. 1. Sie ist damit nicht Vertragsbestandteil geworden.

F ist nicht verpflichtet, für die Überschreitung des Kontokorrentkredits durch P zu haften.

4. Ergebnis

Die X-Bank hat gegen F keinen Anspruch auf Zahlung von € 125 000,– aus §§ 765 Abs. 1, 488 BGB.

Lösung zu Aufgabe 16:

1. Ein Anspruch des B gegen A auf Zahlung von € 1000,– könnte sich aus §§ 488 Abs. 1, 398 ergeben.

Voraussetzung ist zunächst, dass dem bisherigen Gläubiger N eine entsprechende Forderung gegen den Schuldner A zustand. Rechtsgrund dieser Forderung könnte § 488 Abs. 1 sein. Dann müsste zwischen A und N ein wirksamer Darlehensvertrag zustande gekommen sein. Indem sich A und N durch übereinstimmende Willenserklärungen (Angebot und Annahme, §§ 145 ff.) über die Hingabe der € 1000,– als Darlehen einigten und das Geld dem A übergeben wurde, ist zwischen ihnen ein Darlehensvertrag i.S. des § 488 Abs. 1 zustande gekommen. Dies müsste auch formwirksam geschehen sein. Das Formerfordernis könnte sich aus § 492 Abs. 1 ergeben. N ist kein gewerblicher Kreditgeber, sodass das Verbraucherkreditgesetz mit seinen Formerfordernissen daher hier keine Anwendung findet (vgl. § 491 Abs. 1). Damit hängt die Wirksamkeit des Vertrages nicht von der Einhaltung einer besonderen Form ab. A und N haben demnach wirksam einen Darlehensvertrag i. S. des § 488 Abs. 1 abgeschlossen, aus dem dem N eine Rückzahlungsforderung in Höhe von € 1000,– zusteht.

Diese Forderung müsste N dem B wirksam abgetreten haben, § 398.

N und B haben sich durch übereinstimmende Willenserklärungen (§§ 145 ff.) über die Übertragung der gegen A bestehenden Forderung auf B geeinigt, sodass B gemäß § 398 S. 2 an die Stelle des bisherigen Gläubigers N tritt. B hat demnach einen Anspruch gegen A auf Zahlung von € 1000,–.

Dieser Anspruch müsste ferner fällig und durchsetzbar sein. Der Darlehensrückzahlungsanspruch sollte sechs Monate nach der Hingabe am 2. 1. 2010, also am

3. 7. 2010 fällig werden. Einreden des A sind nicht ersichtlich, sodass der Anspruch auch durchsetzbar ist.

B kann somit von A die Zahlung von € 1000,– aus §§ 488 Abs. 1, 398 verlangen.

2. B könnte das Pfandrecht an der Computeranlage gemäß §§ 1204 Abs. 1, 401 Abs. 1, 1250 Abs. 1 als akzessorisches Sicherungsrecht der an ihn gemäß § 398 abgetretenen Darlehensrückzahlungsforderung erworben haben.

Dann müsste das Pfandrecht im Moment der (wirksamen) Abtretung der Forderung von N an B noch bestanden haben (vgl. § 401 Abs. 1). Voraussetzung dafür ist zunächst, dass das Pfandrecht zugunsten des N ursprünglich wirksam bestellt worden, also entstanden ist.

Dann müsste die Computeranlage, eine bewegliche Sache, zunächst zur Sicherung einer Forderung belastet worden sein (§ 1204 Abs. 1), die hier in der Darlehensrückzahlungsforderung des N gegen A aus § 488 Abs. 1 liegt. Weiterhin müssten sich A und N gemäß § 1205 Abs. 1 S. 1 – wie geschehen – darüber geeinigt haben, dass dem N das Pfandrecht zustehen soll. Schließlich müsste der Eigentümer dem Gläubiger die Sache gemäß § 1205 Abs. 1 S. 1 übergeben haben. A als Eigentümer hat die Computeranlage in die Wohnung des N gebracht. Damit sind die Voraussetzungen einer wirksamen Pfandrechtsbestellung erfüllt. Das Pfandrecht ist demnach entstanden.

Es könnte aber dadurch wieder erloschen sein, dass N dem A die Computeranlage zwischenzeitlich wieder ausgehändigt hat.

Gemäß § 1253 Abs. 1 S. 1 erlischt nämlich das Pfandrecht, wenn der Pfandgläubiger das Pfand dem Verpfänder bzw. dem Eigentümer zurückgibt. Genau dies aber hat N getan. Dabei ist die Tatsache, dass N dem A die Anlage nur „einige Tage" für bestimmte, wichtige Arbeiten überlassen und sie danach zurückfordern wollte, ohne Belang; entscheidend ist allein der Wille zur nicht ganz kurzfristigen Aushändigung an den Verpfänder bzw. Eigentümer. Durch die Übergabe der Anlage an A ist das Pfandrecht daher gemäß § 1253 Abs. 1 S. 1 erloschen, sodass es im Moment der Abtretung der Forderung von N an B nicht mehr bestand (vgl. § 401 Abs. 1). Folglich konnte das Pfandrecht auch nicht mit der Übertragung der Forderung als deren akzessorisches Sicherungsrecht gemäß §§ 1250 Abs. 1, 401 Abs. 1 auf B übergehen.

Dem B steht deshalb kein Pfandrecht an der Computeranlage des A zu, aus dem er die Befriedigung wegen seiner Forderung erreichen könnte.

Lösung zu Aufgabe 17:

Die Voraussetzungen für die Übertragung einer Forderung, die durch eine Briefhypothek gesichert ist, sind in §§ 398, 1154 Abs. 1 und 2 geregelt.

Gemäß §§ 398, 1154 Abs. 1 müsste G der Volksbank in W seine Darlehensrückzahlungsforderung gegen S abtreten.

Die Abtretungserklärung müsste G der Volksbank gemäß §§ 1154 Abs. 1 S. 1 grundsätzlich schriftlich erteilen, es sei denn, die Abtretung würde ins Grundbuch eingetragen (§ 1154 Abs. 2). Schließlich ist gemäß § 1154 Abs. 1 S. 1 noch die Übergabe des Hypothekenbriefes von G an W erforderlich.

Die Voraussetzungen für eine wirksame Übertragung einer Briefhypothek sind also:
- Abtretung der Forderung des Alt- an den Neugläubiger
- Erteilung einer schriftlichen Abtretungserklärung seitens des Altgläubigers oder Eintragung der Abtretung ins Grundbuch
- Übergabe des Hypothekenbriefes.

Mit der Abtretung der Forderung geht dann gleichzeitig gemäß §§ 401 Abs. 1, 1153 die Hypothek auf den Neugläubiger über.

Sachverzeichnis

Die angegebenen Zahlen verweisen auf die Randnummern des Buches.